Trotz allem

Trotz allem

Wege zur Selbstheilung für sexuell mißbrauchte Frauen

Ellen Bass/Laura Davis

Herausgegeben in Zusammenarbeit mit Donna Vita

Aus dem amerikanischen Englisch
von Karin Ayche

Orlanda Frauenverlag

Originaltitel: The courage to heal. A guide for women survivors of child sexual abuse.
Harper & Row, Publishers, New York, 1988
© 1988 by Ellen Bass and Laura Davis

CIP-Titelaufnahme der Deutschen Bibliothek

Bass, Ellen:
Trotz allem : Wege zur Selbstheilung für sexuell missbrauchte Frauen /
Ellen Bass ; Laura Davis. Aus d. amerikan. Engl. von Karin Ayche.
[Hrsg. in Zusammenarbeit mit Donna Vita]. – 1. Aufl. – Berlin : Orlanda-Frauenverl., 1990
   Einheitssacht.: The courage to heal ⟨dt.⟩
   ISBN 3-922166-61-X
NE: Davis, Laura:

4. Auflage 1992, 18.– 28. Tausend
© der deutschsprachigen Ausgabe
   Orlanda Frauenverlag GmbH
   Großgörschenstr. 40
   D-1000 Berlin 62

Alle Rechte vorbehalten
ISBN 3-922166-61-X

Der Verlag dankt Marion Mebes (von Donna Vita und Wildwasser Berlin) für die wertvollen Hinweise für die deutschsprachige Ausgabe, die zahlreichen Literaturangaben und die Adressen. Außerdem danken wir der Anwältin Gisela Leppers für ihre rechtlichen Auskünfte und den von ihr verfaßten Text »Anzeige und Gerichtsverfahren« (S. 290 ff.).
Wir danken auch der Übersetzerin Karin Ayche für ihr Engagement bei der Texterfassung.

Lektorat: Claudia Koppert
Übersetzung: Karin Ayche
Umschlag: An Dekker unter Verwendung eines Aquarells von Georgia O'Keeffe.
Die Grafik wurde uns freundlicherweise zur Verfügung gestellt von The Georgia O'Keeffe Estate.
Druck: Fuldaer Verlagsanstalt

Das Bundesministerium für Jugend, Familie, Frauen und Gesundheit
unterstützte die Herausgabe dieses Buches mit einem Übersetzungskostenzuschuß.

Inhaltsverzeichnis

Danksagungen 9
Vorwort 12
Einleitung: Heilung ist möglich 18
Über die Geschichten in diesem Buch 23
Hinweise zu den Schreibübungen 24

1 BESTANDSAUFNAHME

Die Beschädigungen erkennen 27
Damit fertig werden: Sei stolz auf alles, was du für dein Überleben getan hast 34

2 DER HEILUNGSPROZESS

Überblick 49
Die Entscheidung zu heilen 52
Chaos 57
Das Erinnern 62
Glauben, daß es geschehen ist 78
Das Schweigen brechen 84
Verstehen, daß es nicht deine Schuld war 96
Das Kind in dir 102
Dir selbst vertrauen 107
Schmerz und Trauer 109
Die Grundlage deiner Heilung: Zorn .. 113

Enthüllung und Konfrontation 123
Vergeben? 139
Religion und Spiritualität 144
Aufarbeiten und Weitergehen 149

3 VERHALTENSMUSTER ÄNDERN

Der Veränderungsprozeß 158
Selbstwertgefühl und innere Stärke 163
Gefühle 175
Dein Körper 191
Vertrauen und Nähe 206
Sexualität 221
Du und deine Kinder 252
Eltern und Verwandte 271

4 WENN DU EINER ÜBERLEBENDEN HELFEN WILLST

Grundsätzliches 294
Für Familienmitglieder 297
Für Partnerinnen und Partner 299
Für BeraterInnen und TherapeutInnen 322

Wo du Hilfe finden kannst 331
Literatur und andere Hinweise 336
Adressen 340
Stichwortverzeichnis 346

Lauf nicht davor weg. Vergrab es nicht. Versuch nicht, eine neue Realität zu schaffen, indem du dich in irgendwas hineinsteigerst oder dich durch deine Gefühle hindurchfrißt. Schneid dir nicht die Pulsadern auf. Pack das einfach an, denn es kommt sowieso immer wieder, wenn du weiterlebst. Es tut weh, aber du mußt weitermachen. Das gehört einfach zu deinem Leben.

Soledad, eine achtundzwanzigjährige Überlebende

Stecke genausoviel Energie und Entschlossenheit in deine Heilung wie in dein Überleben in den letzten zehn oder fünfzehn Jahren.

Dorianne, eine fünfunddreißigjährige Überlebende

Es gibt mehr als Wut, mehr als Trauer, mehr als Angst und Schrecken. Es gibt Hoffnung.

Edith Horning, eine sechsundvierzigjährige Überlebende

Danksagungen

Wir möchten den Hunderten von Überlebenden und ihren PartnerInnen danken, die auf unsere Anzeigen und auf unsere Anrufe geantwortet und ihre Geschichte mit uns geteilt haben. Wir danken auch den Teilnehmerinnen in Ellens Workshops, die uns erlaubten, ihre Geschichte zu erzählen und ihren Kampf zu beschreiben. Ihr Mut und ihre Entschlossenheit bestärkten uns in unserer Arbeit. Ohne sie würde es dieses Buch nicht geben.

Viele Leute haben uns bei der Durchführung dieses Projekts unschätzbare Hilfe geleistet. Wir möchten unseren gemeinsamen Dank aussprechen:

Janet Goldstein, unserer Redakteurin bei Harper & Row, für ihre unglaubliche Unterstützung, ihre guten Ideen, ihren Einsatz und ihren felsenfesten Glauben an dieses Buch vom ersten Tag an.

Katherine Ness, die die Herstellung von »Spezialfällen« betreut, für ihre über alle Maßen engagierte, aufmerksame und sorgfältige Arbeit und ihr persönliches Interesse; Laura Hough, die kreativ und aufmerksam das Layout besorgte und die ein wirklich schönes Buch gemacht hat; und unserer Agentin, Charlotte Raymond, die uns immer wieder Mut gemacht und geholfen hat.

Sandra Butler, Lucy Diggs, Jeanne Mayer Freebody, Dorothy Morales, Nona Olivia, Kay Slagle und Daniel Sonkin, die uns durch die Durchsicht des kompletten Manuskripts außerordentlich geholfen haben. Und Lucy Diggs für die umfangreichen Satzarbeiten und für das wunderbare Weihnachtsessen, das sie uns gekocht hat.

Lola Atkins, Janet Bryer, Jesse Burgess, Mariah Burton-Nelson, Pandora Carpenter, Lauren Crux, Carol Anne Dwight, Rashama Khalethia, Edith Kieffer, Ellen Lacroix, Donna Maimes, Wendy Maryott-Wilhelms, Rose Z. Moonwater, Pat Pavlat, Amy Pine, Robin Roberts, Helen Resneck-Sannes, Ariel Ellen Shayn, Roger Slagle, Deborah Stone und Karen Zelin für das sorgfältige Lesen einzelner Teile des Manuskripts.

Kristina Peterson, Margaret Hill, Pat Saliba und Emily Joy Hixson, die mit Laura zusammenwohnen, für ihre Liebe und Geduld während all der Tage, die Ellen im Wohnzimmer schlief und der Eßtisch mit Papier bepackt war.

Von den Überlebenden möchten wir besonders für ihren Beitrag danken Janice Avila, Rachel Bat Or, Shelley Bennet, Eileen Daly, Natalie Devora, Martha Elliott, Jill Fainberg, Ely Fuller, Ann Marie Godwin, Jayne Habe, Barbara Hamilton, Margaret Hawthorn, Rashama Khalethia, Edith Kieffer, Krishnabai, Dorianne Laux, Jennierose Lavender, Suzanne Leib, Cristin Lindstrom, Julie Martchenke, Erin May, Sharrin Michael, Janet Hanks Morehouse, Nina Newington, Kathleen O'Bannon und ihrer Tochter Maureen Davidson, Lynn Slade, Kay Slagle, Catherine Stifter, Teresa Strong, Josie Villalpando und Diana Wood.

Außerdem haben zu unserer Arbeit beigetragen: Jane Ariel, Beth Beurkens, Diana Bryce, Judy Butler, Don Cotton, Gabby Donnell, Linda Eberth, Sandi Gallant, Diane Hugs, Adrianne Chang Kwong, Julie

DANKSAGUNGEN

Robbins, Kathleen Rose, Sue Saperstein, Theresa Tollini, Donna Warnock, Mary Williams und Linda Wilson. Und die Fessenden-Studienstiftung, die uns geholfen hat, die Kosten zu tragen.

Ellen Bass

So viele Menschen haben mir Mut gemacht und geholfen, daß ich nicht alle aufzählen kann, aber ganz besonders möchte ich danken:

All den Workshop-Teilnehmerinnen, die mir beigebracht haben, was Überlebende brauchen, um zu heilen.

Mildred Bass, meiner Mutter, die mir vorbehaltlose Liebe und Rückhalt gegeben hat, wie jedes Kind sie verdient. Und Sarah Wolpert, ihrer Mutter, von der sie all das bekommen hat. Viel von dem, was ich Überlebenden geben kann, habe ich von ihnen.

Josephine Clayton, die mir eine zweite Mutter war, als ich eine brauchte.

Pat Pavlat, meiner Therapeutin, die so eine tolle Frau ist, daß ich sie mir zum Vorbild nehmen konnte. Und die mich auf den Gedanken gebracht hat, Angel's Landing hochzuklettern.

Florence Howe, die mich das Grundprinzip jeder Gruppenarbeit gelehrt hat: Respekt für die Gefühle und Gedanken jedes anderen Menschen. Und die mir so viele Türen geöffnet hat.

Marty Bridges, die mir bei dem ersten Ich-hab-es-nie-jemand-erzählt-Workshop geholfen hat; Pam Mitchell, die diese Workshops nach Boston gebracht hat; und Becky Northcutt, die sie wieder zurück nach Kalifornien brachte.

Susan Bass, die mich trotz meiner Bedenken immer wieder gedrängt hat, dieses Buch zu schreiben.

Laura Davis, die mich dazu gebracht hat zu überwinden, was ich für meine Grenzen gehalten hatte.

Saraswati Bass Nelson, der mein Interesse und mein Mitgefühl geweckt hat.

Und Janet Bryer, weil sie meine Verrücktheiten liebt statt meine Tugenden und mir beigebracht hat, herumzualbern.

Laura Davis

Mein erstes Buch zu einem Thema von so großer und persönlicher Bedeutung konnte ich nur schreiben, weil ich dabei so wahnsinnig viel Liebe und Unterstützung erfahren habe. Mein Dank gilt:

Karen Zelin, die alles war, was eine beste Freundin sein sollte; Natalie Devora, die mich auf alle möglichen Arten versorgt hat; Barbara Cymrot, Dafna Wu und Ruby, weil sie mir Familie waren; Nona Olivia für ihren Humor, Ansporn und ihre Klugheit; Aurora Levins Morales, die mir Entenbraten vorgesetzt und mich aufgefordert hat zu schreiben; und Roberta Rutkin, weil sie mich gelehrt hat, meine Kreativität zu respektieren.

Janet Bryer und Saraswati Bass Nelson für ihre Geduld, ihre Liebe, ihre zahllosen wunderbaren Essen und weil ich mich bei ihnen immer zu Hause fühlen durfte.

Abe Davis, meinem Vater, für seine konstruktiven Anregungen, seine Schlagfertigkeit und vor allem seinen unerschütterlichen Glauben an mich.

Linda Eberth, die mich gelehrt hat, daß Heilung möglich ist, sogar für mich.

Dagny Adamson, Marcy Alancraig, Ophelia Balderama, Theresa Carilli, Kimberly

DANKSAGUNGEN

Jane Carter, Lynn Chadwick, Diane Costa, Carol Anne Dwight, Brandy Eiger, Toke Hoppenbrouwers, Diane Hugs, Shama Khalethia, Wendy Maryott-Wilhelms, Helen Mayer, Jennifer Meyer, Nina Newington, Kathleen Rose, Paula Ross, Jane Scolieri, Ray Gwyn Smith, Catherine Stifter, Deborah Stone und Cheryl Wade für ihre Freundschaft, ihre Unterstützung und ihren Glauben an dieses Projekt.

Irena Klepfisz, Sandy Boucher und Tillie Olsen für ihre Anregungen, ihre Ratschläge und weil sie mich ermutigt haben zu schreiben.

Rick Eckel, Alan Burton und allen ReporterInnen von Youth News für ihre Geduld und Flexibilität.

Dorothy Morales, die eine kluge und großzügige Frau ist.

Melanie Joshua, die mir geholfen hat, in meinem Körper zu bleiben.

Und schließlich meiner Mitautorin, Ellen Bass, für tausend Dinge, aber vor allem deshalb, weil sie ihre Meinung geändert und ja gesagt hat.

Vorwort

Ellen Bass

Ich hörte zum ersten Mal, daß Kinder mißbraucht werden, als 1974 eine junge Frau in meinem Workshop für kreatives Schreiben ein zerknittertes Stück Papier aus ihrer Jeanstasche zog. Sie schrieb so unbestimmt, deutete nur an, daß mir nicht klar wurde, was sie sagen wollte, aber ich fühlte, es war wichtig. Behutsam ermutigte ich sie, mehr zu schreiben. Langsam enthüllte sie ihre Geschichte. Stück für Stück, auf Zetteln, ließ sie mich teilhaben an dem Schmerz über den Mißbrauch durch ihren Vater, und ich hörte ihr zu.[1]

Kurz danach erzählte mir eine andere Frau ihre Geschichte. Und dann eine andere. Und noch eine. Es gab damals keine Gruppen für Überlebende von Kindesmißbrauch, ebensowenig wie das Wort »Überlebende«[2] in diesem Zusammenhang. Aber sie fühlten, daß ich ihre Geschichten verstehen konnte, und mehr und mehr Frauen teilten sie mit mir. Der Psychologe Carl Rogers sagte einmal, wenn er in seinem Leben ein Thema aufgearbeitet hätte, sei es gewesen, als ob seine PatientInnen ein Telegramm erhalten hätten, daß sie jetzt mit diesem Problem in die Therapie kommen könnten. Als mir das Problem des Kindesmißbrauchs erst einmal bewußt geworden war, schienen die Frauen plötzlich zu wissen, daß sie gefahrlos mit mir darüber reden konnten.

Ich war bestürzt über die Anzahl der Frauen, die sexuell mißbraucht worden waren. Der Schmerz, den sie ertragen hatten, erschütterte mich. Und ebenso beeindruckten mich ihre Glaubwürdigkeit, ihre Fähigkeit, zu lieben und aus solcher Verwüstung heraus ihr Leben zu entwickeln. Die Leute sollten erfahren, was sie erlebt hatten und was das für kraftvolle, wunderbare Frauen sind.

1978, drei Monate nachdem mein erstes Kind geboren war, fingen fünf Frauen aus meinem Workshop und ich an, Geschichten zu sammeln für *I Never Told Anyone: Writings by Women, Survivors of Child Abuse* (etwa: »Ich hab es nie jemand erzählt: Aufzeichnungen von Frauen, die als Kind sexuell mißbraucht wurden«). Bis zum Erscheinen dieses Buches 1983 hatte ich eine ganze Menge über den Heilungsprozeß gelernt. Zum Beispiel, daß allein schon aufschreiben Heilen bedeutet.

Ich beschloß, eine Gruppe für Überlebende anzubieten, und entwickelte die Ich-hab-es-nie-jemand-erzählt-Workshops. Ich versuchte, einen Rahmen zu schaffen, in dem sich die Frauen sicher genug fühlen würden, sich ihrem eigenen Schmerz und Zorn zu stellen, und anfangen konnten zu heilen. Im ersten Workshop hörte ich vor allem zu. Ich wollte erfahren, worüber Überlebende sprechen müssen, was sie hören müssen. Die Frauen schrieben darüber, was sie bei dem Mißbrauch erlebt hatten, und lasen es der Gruppe vor. Allein die Möglichkeit, sich anderen Überlebenden mitzuteilen, bedeutete wirklich Heilen.

Die Frauen, die zu den Workshops kamen, hatten aufgrund ihrer Vergangenheit keinen Grund zu vertrauen. Als Kinder hatten sie gelernt, daß man ihr Vertrauen ausnützen würde. Und in der Gruppe vertrauten sie doch.

Wie die Workshops geht auch dieses Buch von der Annahme aus, daß alle Menschen *ganz* werden, ihre Möglichkeiten ausschöpfen wollen. Daß wir alle, wie Sämlinge oder Kaulquappen, zu unserem »wahren Selbst« finden wollen und daß wir das auch tun, wenn wir nicht daran gehindert werden. Menschen brauchen keinen Zwang, um zu wachsen. Wir brauchen nur günstige Umstände: Respekt, Liebe, Ehrlichkeit, und Platz, um Erfahrungen zu sammeln.

Seit Beginn dieser Workshops habe ich mit Hunderten von Überlebenden im ganzen Land gearbeitet. Ich richtete Workshops für die PartnerInnen von Überlebenden ein und Übungsseminare für Leute, die beruflich mit Überlebenden arbeiten. Ich erfuhr mit der Zeit, was alles nötig ist, um von sexuellem Kindesmißbrauch zu heilen. Und dieses Wissen will ich hier mit euch teilen.

Ich habe nie Psychologie studiert. Therapeutische Fähigkeiten erwarb ich vor allem in der Praxis. Seit ich 1970 anfing, als Therapeutin und Gruppenleiterin zu arbeiten, hatte ich die Möglichkeit, mich bei einer Reihe ausgezeichneter Therapeutinnen fortzubilden. Aber nichts von dem, was hier steht, basiert auf psychologischen Theorien. Der beschriebene Heilungsprozeß, die Vorschläge, die Übungen, die Analysen, die Schlußfolgerungen stammen alle aus den Erfahrungen von Überlebenden.

Ich bin auch Partnerin einer Überlebenden. Am Anfang unserer Beziehung hatten wir die gleichen Probleme mit Vertrauen, Nähe und Sexualität wie viele Paare; bei uns waren sie größer, weil meine Partnerin sexuell mißbraucht worden war. Jetzt, einige Jahre später, sind die Schwierigkeiten, die uns beide so gequält und auseinandergerissen haben, nicht mehr so schlimm. Die Beziehung wird nicht mehr von sexuellem Mißbrauch überschattet. Ich will dir das sagen, weil du, wenn du mitten im tiefsten Schmerz bist, dir schwer vorstellen kannst, daß es mal anders sein wird. Aber es wird anders. Und das dauert nicht ewig.

Meine Großmutter sagte immer: »Niemand kommt ganz ungeschoren davon.« Ich bin als Kind nicht sexuell mißbraucht worden, aber ich habe auch Wunden, die verheilen müssen. Seit ich vor drei Jahren dieses Buch begann, habe ich wichtige persönliche Veränderungen vorgenommen. Ich lebe noch im selben Haus, mit derselben Familie und tu die gleiche Arbeit. Aber ich bin nicht dieselbe. Angeregt durch die Frauen, mit denen ich arbeitete, bin ich ihrem Beispiel gefolgt. Langsam, immer wieder, Schritt für Schritt, immer ein bißchen, sind meine alten Ängste, meine wunden Punkte, mein Schutzverhalten, mit dem ich mich eingeschränkt hatte, weniger geworden. Nachdem ich Hunderten von Überlebenden gesagt hatte: »Heilung ist möglich«, kam ich darauf, daß das bei mir vielleicht auch geht.

Manchmal fragen die Leute: »Findest du es nicht deprimierend, ständig über Kindesmißbrauch nachzudenken?« Aber ich denke nicht viel über den Mißbrauch nach. Ich denke an die Heilung. Wenn ich zur Heilung von Frauen beitragen kann, kommt es mir ein bißchen vor, als würde ich bei einer Geburt helfen. Es ist sehr bewegend, das Wunder des Lebens so nah zu spüren. Wenn Frauen mir ihre verwundbarsten, zartesten Gefühle anvertrauen, ist mir bewußt, daß ich für diesen Moment ihr Innerstes in meinen Händen halte, und ich fühle mich gleichzeitig geehrt und sehr betroffen. Ich will, daß wir alle ganz werden. Und dann nicht stehenbleiben. Wenn wir erst einmal soweit sind, daß wir uns selbst gern haben, für uns sorgen und unser eigenes erfülltes Leben leben können, dann sind wir auch in der Lage, draußen in der Welt schöpferisch zu handeln, damit das Leben fortbestehen kann: die Eukalyptusbäume, die Osterglocken, der Kugelfisch, die Eichhörnchen, Seehunde, Kolibris, unsere eigenen Kinder.

Laura Davis
Ich weiß noch, wie ich Ellen eines Tages anrief, einige Monate, nachdem ich mich zum ersten Mal an den Inzest erinnert hatte. Ich weiß noch, wie ich es klingeln ließ, zwei-, drei-, viermal, sie mußte zu Hause sein! Sie mußte! Fünf-, sechs-, siebenmal, ich wußte,

VORWORT

wenn ich nicht sofort mit ihr sprechen konnte, würde ich es nicht den ganzen Nachmittag durchhalten. Acht-, neun-, zehnmal, na ja, vielleicht war sie gerade draußen und holte die Wäsche rein und konnte nicht so schnell ans Telefon kommen. Elf-, zwölf-, dreizehnmal, ich halt diesen Schmerz keinen Moment länger aus. Mein Herz tut weh, und ich kann nicht mehr. Vierzehn-, fünfzehnmal ...
Sie meldete sich, fröhlich und ruhig.
»Ellen, hier ist Laura. Du, sag mir bloß eins: Wird das jemals aufhören? Ist irgendwann Schluß damit? Ich halt das nicht mehr aus, und wenn du mir jetzt sagst, ich komme da durch, kann ich wenigstens diese Woche durchhalten.« Ich redete schnell, meine Worte überschlugen sich.

»Hallo, Laura. Gut, daß du angerufen hast.« Ihre Stimme war freundlich, beruhigend. »Ja, du kannst das schaffen. Heilung ist möglich. Du hast schon viel geschafft.«
»Viel geschafft? Wie kannst du das sagen? Ich kann nicht schlafen, und wenn ich schlaf, träum ich bloß davon. Ich kann an nichts anderes mehr denken. Jedes Kind, das ich auf der Straße seh, erinnert mich an Inzest. Ich hab keine Lust auf sexuelles Zusammensein, kann nichts essen, mein ganzer Körper fühlt sich an wie ein riesiges Stück Gummi. Ich heul die ganze Zeit. Mein ganzes Leben besteht nur aus Erinnerungsblitzen, in die Therapie gehen, über Inzest sprechen. Die halbe Zeit glaub ich nicht mal, daß es passiert ist, und die übrige Zeit bin ich sicher, es war meine Schuld.«
»Es ist passiert, Laura. Sieh dir an, was du durchmachst. Würde irgend jemand so eine Tortur freiwillig auf sich nehmen? Wozu solltest du etwas so Schlimmes erfinden? Du warst noch ein kleines Mädchen, Laura. Er war wie alt? Siebzig? Du warst ein Opfer. Du warst unschuldig. Du hast überhaupt nichts getan. Es war nicht deine Schuld.«
Immer wieder wiederholte Ellen diese einfachen Sätze: »Es war nicht deine Schuld. Ich glaub dir. Heilung ist möglich. Du schaffst es. Du kommst da raus.«
Ich zählte ihr meine ganzen Zweifel auf. Ich dachte mir neue Argumente aus. Ich wußte, die anderen Überlebenden dachten sich so etwas nicht aus, aber ich war die Ausnahme. Ich war immer die Ausnahme gewesen, mein Leben lang.
»Du kannst dagegen ankämpfen, soviel du willst, Laura«, sagte sie schließlich, »aber die Tür ist jetzt auf, und du bist mitten im Heilungsprozeß, ob es dir gefällt oder nicht.«
Dann kam eine lange Pause. Schließlich sagte ich: »Gibt es keinen Ausweg?«
»Der einzige Ausweg ist mitten durch, leider.«
Ich war lange still. »Aber es tut weh, Ellen. Es tut so weh.«
»Ich weiß, Laura. Ich weiß. Aber es gibt einen Weg durch diese Sache durch, und ich weiß, du wirst ihn finden.«

Ich wollte dieses Buch aus den gleichen Gründen schreiben, aus denen du es jetzt vermutlich in die Hand nimmst: Ich hatte ungeheure Schmerzen in meinem Leben, und ich wollte, daß sie aufhören. Sechs Monate, bevor ich wegen diesem Projekt Ellen ansprach, erinnerte ich mich zum ersten Mal daran, wie ich als Kind von meinem Großvater sexuell mißbraucht worden war. Seit der Zeit war mein Leben auseinandergebrochen. Meine Freundin hatte mich verlassen. Ich entfernte mich immer weiter von meiner Familie. Ich war sicher, ich würde verrückt werden. Ich mußte verstehen, was da mit mir passierte. Ich mußte mit anderen Frauen reden, die das durchgemacht hatten. Aus diesem Bedürfnis heraus wurde mein Wunsch, dieses Buch zu schreiben, geboren.
Im ersten Jahr unserer Zusammenarbeit war es meine Aufgabe, die Geschichten anderer Frauen zu sammeln. Ellen und ich schalteten Anzeigen in Zeitungen, schrieben an Frauen, die in ihren Workshops gewesen

VORWORT

waren, erzählten überall, was wir suchten. Ich wertete Hunderte von Anrufen aus und saß tagelang am Telefon, um mir die Geschichten von Überlebenden anzuhören, von denen einige noch nie jemandem von ihrem Mißbrauch erzählt hatten, bis sie unsere Anzeige lasen, unser Plakat sahen.

Viele meiner Interviewpartnerinnen arbeiteten seit Jahren aktiv an ihrer Heilung, trotzdem waren unsere Gespräche nie einfach. Eine Frau kam mit einer Tüte voller Essen zu mir und aß unaufhörlich während der ganzen drei Stunden, die wir miteinander sprachen. Eine andere mußte sich erst total zukiffen, bevor sie mir ihre Geschichte erzählen konnte. Eine dritte verbrannte Salbei und Zedernholz, um das Zimmer zu reinigen und sicher zu machen. Manchmal weinten die Frauen. Manchmal weinten wir beide.

Die Ehrlichkeit und der Mut dieser Frauen gaben mir immer wieder neue Hoffnung. Als ich zum Beispiel wegen meiner Erinnerungsblitze einfach kein sexuelles Zusammensein ertragen konnte, fragte ich eine Frau, die ich interviewte, was sie getan habe, um wieder eine lustvolle Sexualität zu entwickeln. Und wenn ich anfing, mir zu wünschen, ich könnte die Erinnerungen wegschieben, dahin, wo sie hergekommen waren, traf ich bestimmt eine Frau, die ihre Heilung als das größte Wunder in ihrem ganzen Leben bezeichnete.

Im Laufe der Monate bekamen wir immer mehr Interviews zusammen, und es zeigte sich langsam, daß es schreckliche Gemeinsamkeiten zwischen den Geschichten gab. Die schwarze ehemalige Nonne aus Boston und die Botschaftertochter aus Manila beschrieben die Stadien ihres Heilungsprozesses auf die gleiche Weise. Ein Muster begann sich abzuzeichnen. Was ich durchmachte, ergab einen Sinn.

Im Laufe meiner eigenen Heilung änderte sich meine Beziehung zu dem Buch. Meine eigenen Bedürfnisse traten allmählich in den Hintergrund, dafür wurde es immer wichtiger für mich, weiterzugeben, was ich lernte. Ich begann, auch sonst offener über das Buch zu sprechen. In den ersten paar Minuten des Gesprächs mit irgend jemand wurde ich meistens gefragt, warum ich es schreibe, und schon lag alles auf dem Tisch: »Weil ich selbst eine Überlebende bin.«

Viele wechselten schnell das Thema oder wandten sich ab. Aber erstaunlich viele kamen mit ihren eigenen Geschichten heraus. »Mir ist das auch passiert.« »Meine beste Freundin sagt, ihr Schwimmlehrer habe sie immer angefaßt.« »Die Tochter meines Nachbarn hat ihren Vater letzte Woche angezeigt.«

Bei der Entstehung eines Buches gibt es mehrere Phasen. Mir kamen sie vor wie die Phasen meines Heilungsprozesses. An jeder neuen Biegung erstarrte ich, war sicher, daß ich das nächste Hindernis auf gar keinen Fall überwinden könnte. Ich wagte nicht, meiner Familie gegenüberzutreten. Ich konnte nicht anfangen zu schreiben. Und dann machte ich ängstlich den ersten Schritt und war wieder in Bewegung.

Während des ersten Jahres schrieb ich nichts über meine eigene Erfahrung als Überlebende. Ellen begann mit dem ersten Entwurf, während ich fleißig die Interviews niederschrieb und redigierte. Im Innern wußte ich, daß dieses Buch genauso von meinem Leben handelte wie von dem der anderen Frauen, aber ich schob erfolgreich den unvermeidlichen Moment vor mir her, an dem ich auch meine Wahrheit würde erzählen müssen.

Ich erinnere mich sehr genau an den Tag. Es begann mit einem Satz, den ich zufällig in einem von Ellens Skripten las. Ich lag auf dem Boden in ihrem Wohnzimmer und las »Enthüllung und Konfrontation«, mit einem roten Marker in der Hand. Ellen erklärt darin die Tatsache, daß Familienmitglieder manchmal zunächst besorgt und hilfsbereit sind, wenn sie von dem sexuellen Mißbrauch erfahren, sich dann aber gegen

VORWORT

die Überlebende wenden. Sie hatte mich als Beispiel angeführt:

> Als Laura ihrer Mutter von dem Inzest erzählte, war die erste Reaktion der Mutter, daß sie ihr eines ihrer Lieblingsnachthemden schickte, um Laura zu trösten. Aber als sie dann darüber nachgedacht hatte, rief sie Laura noch einmal an und sagte ...

Den Inhalt des Telefongesprächs wußte Ellen nicht mehr und hatte hier aufgehört. Als ich das Geschriebene las, klumpte sich mein Frühstück im Magen zusammen. Ich begann zu zittern, dann fing ich an zu schwitzen. Angst schoß von meinem Magen direkt in meinen Kopf. Die Tatsache, daß ich ein Buch über meine Erfahrungen mit der Heilung von Inzest schrieb, konnte nicht mehr länger verleugnet werden. Da stand es, klar und deutlich. »Das handelt von mir! Von meinem Leben. Das ist *meine* Mutter, von der sie da spricht.«

»Den Teil wirst du noch mal neu schreiben müssen«, sagte Ellen, bewußt beiläufig. »In der ersten Person ist das viel besser.«

Ich nahm das Manuskript hoch und strich die »Lauras« durch. Das war nicht einfach. Ich hielt den Atem an und meine Hand zitterte. Überall, wo »Laura« stand, setzte ich das Wort »ich« ein. Und wo ich das Wort »ihr« fand, schrieb ich »mein«. Dann schrieb ich es zu Ende. Als ich fertig war, stand da:

> Als ich meine Mutter anrief und ihr sagte, daß mir der Inzest wieder eingefallen sei, war ihre erste Reaktion, mir zu sagen, daß sie mich liebte und mir helfen würde. Sie hatte ein altes Lieblingsnachthemd. Es war aus Baumwolle, gern getragen und verschlissen. Sie sagte, sie würde es mir mit der Post schicken, damit ich etwas hätte, was nach ihr rieche, weil sie nicht persönlich kommen könnte, um mich zu trösten.
> Eine Woche, nachdem das Nachthemd angekommen war, rief meine Mutter mich um vier Uhr morgens an und weckte mich aus tiefem Schlaf. Sie weinte: »Ich war die ganze Nacht auf, und du wirst auch nicht schlafen! Mein Vater hätte so etwas nie getan! Du denkst dir das nur aus, um mich zu zerstören! Du bist jetzt bloß auf dem Inzest-Trip! Du hast immer alles mitgemacht, was gerade »in« war. Das kommt bloß, weil du lesbisch bist. Ihr haßt doch alle die Männer. Ihr haßt doch alle eure Familien. Du willst mich umbringen. Du hättest mir nichts Schlimmeres antun können, und wenn du auf mich geschossen hättest.«

Die Worte strömten mit Macht heraus, füllten den ganzen Rand der Seite, liefen um die Ecke herum bis auch der ganze obere Rand voll war. Sie flimmerten vor meinen Augen, eine rote Fläche. »Geschafft«, sagte ich zu Ellen. Meine Stimme klang hoch und gepreßt. »Willst du hören?«

»Klar«, sagte sie. »Lies vor.«

Ich las. Sie tat so, als ob sie das Zittern in meiner Stimme nicht wahrnähme. »Hört sich besser an«, sagte sie. »Hört sich wirklich viel besser an.«

Nachdem ich das aufgeschrieben hatte, empfand ich tagelang nackten Terror, schlimmer als je zuvor. Ich redete mir immer mehr ein, Ellen wolle das Buch gar nicht wirklich mit mir schreiben. Es war klar, daß die ganze Zusammenarbeit sowieso ins Wasser fallen würde. Eine Verschwörung war gegen mich im Gange. Meine Angst wurde jeden Tag größer, immer unverhältnismäßiger.

Erst als meine Freundin Aurora, eine sehr kluge Autorin, mich zu gebratener Ente einlud, mich fütterte, mir gut zuredete und mir zuhörte, wurde ich langsam ruhiger und hörte, wie sie immer wieder - auf hundert verschiedene Arten - sagte: »Ja, Laura. Es kommt mir auch so vor, als müßtet ihr mal miteinander reden, du und Ellen. *Aber was ist mit diesen Sätzen, die du geschrieben hast?«*

VORWORT

Ich habe die Erfahrung gemacht, daß ich jedesmal, wenn das Thema Inzest irgendwie persönlich angesprochen wird, das gleiche Entsetzen noch einmal erlebe wie als Kind, als ich mißbraucht wurde. Es ist das gleiche Entsetzen, das auf den Gesichtern der Frauen auftauchte, wenn Smalltalk und Tee endlich vorbei waren und ich mit sanfter Stimme nachhakte: »Was ist dir passiert?« Das ist die Angst, die ich in den Augen anderer Frauen aufkommen sehe, wenn sie mich fragen, was ich mache, und die es nicht mehr ertragen können, mit mir zu sprechen, wenn sie die Antwort gehört haben. Diese Angst, dieses Entsetzen haben uns zum Schweigen gebracht.

Dieses Buch bot mir die Möglichkeit, das Schweigen zu brechen. Aber nicht nur das. In den letzten zweieinhalb Jahren hat es mich auch immer wieder angeregt, ermutigt und in Erstaunen versetzt. Durch dieses Buch habe ich gelernt, daß es möglich ist, etwas anzupacken, das mir so sehr weh getan hat, und das Blatt zu wenden. Ich hoffe, daß du das gleiche daraus lernst.

---

1 Diese Frau, Maggie Hoyal, wurde später eine fähige Autorin, zum Beispiel: *These Are the Things I Remember*, in: *I Never Told Anyone*. Hrsg. von Ellen Bass/Louise Thornton. New York 1983.

2 Frauen, die als Kind Opfer von sexuellem Mißbrauch waren, nennen sich in den USA häufig »survivors« (dt. »Überlebende«). »Survivor« betont nicht nur die Dramatik der Verletzung, sondern auch die Kraft und den Mut der Frauen, mit diesem Trauma zu leben sowie sich in aktiver Auseinandersetzung damit aus ihrer Opferrolle herauszuarbeiten. (Anm.d.Verl.)

Einleitung:
Heilung ist möglich

Er zog seine Hand aus meiner Hose und spuckte auf seine Finger und rieb sie gegeneinander. Er schien mich nicht einmal zu bemerken. Als ich hörte, wie er spuckte, wurde mir schlecht. Dann fuhr er mit seiner Hand wieder in meine Hose, und mit diesem singenden Tonfall, den er immer hatte, fing er an, etwas zu sagen.
Unsere Haustür, die mit dem Fliegengitter, fiel zu, und er riß seine Hand aus meiner Hose, als hätte er sich verbrannt. Dann sah er mich an und flüsterte mit rauher Stimme: »Sag bloß nichts deiner Mutter. Wenn du ihr jemals irgendwas erzählst, wirst du das bereuen, das schwör ich dir.«

Maggie Hoyal

Ich kann nicht weinen, ich kann nicht sprechen, ich krieg keine Luft. Mein Mund, mein ganzes Gesicht tut weh von seinen Stößen. Ich kann ihn nicht sehen, nur riesige Arme, nur dunkelbraunes Haar um einen nassen, roten Penis herum, der stößt und stößt. Ich tret nach dem Stuhl. Ich kratze ihn, an den Armen, seine Haut hängt unter meinen Fingernägeln. Er lacht, drückt fester, stößt seinen Penis in meinen Hals hinein. Küß ihn, küß ihn.

Experience Gibbs

Und dann, eines Nachmittags, als ich gerade von meinem Mittagsschlaf aufwachte, saß er neben mir auf dem Bettrand. Er steckte seine großen, schweren Finger in meine Hose und fing an, meine Klitoris zu reiben. Ich hatte keine Ahnung, was er machen wollte. Er fragte, oder eigentlich sagte er es mehr zu mir: »Das ist schön, oder?« Ich wußte nur, ich konnte nicht nein sagen. Ich fühlte mich so machtlos, ich konnte mich nicht einmal bewegen. Ich sagte ja.

Karen Asherah[3]

EINLEITUNG: HEILUNG IST MÖGLICH

Wenn du sexuell mißbraucht worden bist, bist du nicht allein. Jedes dritte Mädchen und jeder siebte Junge werden sexuell mißbraucht, bevor sie achtzehn sind[4]. Sexueller Mißbrauch geschieht bei Kindern jeder Klasse, Kultur, Rasse und jeden Geschlechts. Kinder werden von Vätern, Stiefvätern, Onkeln, Brüdern, Großeltern, Nachbarn, Freunden der Familie, Babysittern, Lehrern, Fremden und in seltenen Fällen von Tanten und Müttern mißbraucht. Es gibt Frauen, die Kinder mißbrauchen, aber die überwältigende Mehrheit der Täter sind heterosexuelle Männer.[5]

Jeder sexuelle Mißbrauch schädigt das Opfer, und das Trauma ist nicht zu Ende, wenn der Mißbrauch aufhört. Wenn du als Kind mißbraucht worden bist, erlebst du vermutlich heute noch Langzeitfolgen, die dein Verhalten Tag für Tag beeinträchtigen.

Aber es ist möglich zu heilen. Es ist sogar möglich, glücklich zu werden. Ein glückliches Leben bedeutet mehr als nur die Milderung der Symptome, mehr als ein provisorisches Pflaster, mehr als angemessenes Funktionieren. Ein glückliches Leben bedeutet, das Gefühl zu haben, ganz zu sein, Befriedigung in deinem Leben und in deiner Arbeit zu finden, echte Liebe und Vertrauen in deinen Beziehungen, Vergnügen an deinem Körper.

Ein großer Teil der bisherigen Literatur über Kindesmißbrauch dokumentiert die verheerenden Wirkungen des Mißbrauchs und beschreibt ausführlich die »Tragödie verpfuschter Leben«, sagt aber sehr wenig über die Genesung. In diesem Buch geht es um das Gesundwerden: was dazu nötig ist, wie du dich dabei fühlst und wie es dein Leben verändern kann.

Es heißt: »Die Zeit heilt alle Wunden«, und bis zu einem gewissen Grad stimmt das. Die Zeit wird einige deiner Schmerzen dämpfen, aber richtige Heilung beginnt erst, wenn du dich bewußt dafür entscheidest. Um von sexuellem Kindesmißbrauch zu heilen, mußt du dich jahrelang dafür einsetzen. Aber wenn du bereit bist, hart zu arbeiten, wenn du entschlossen bist, dauerhafte Veränderungen in deinem Leben durchzuführen, wenn du es schaffst, Menschen, die dir wirklich helfen, und eine gute Therapie zu finden, kannst du nicht nur heilen, sondern wirklich glücklich werden. Wir glauben an Wunder und an harte Arbeit.

Wie kann ich wissen, ob ich als Kind sexuell mißbraucht wurde?

Ist dir als Kind oder als Jugendliche folgendes geschehen:

- Bist du im Genitalbereich berührt worden?
- Hat man dir Pornos gezeigt oder dich gezwungen, Gerede über Sexualität anzuhören?
- Mußtest du für Sex- oder Pornophotos posieren?
- Warst du unnötiger medizinischer Behandlung ausgesetzt?
- Wurdest du von einem Erwachsenen oder deinem Bruder zu oralen sexuellen Handlungen gezwungen?

---

3 Alle Zitate aus Ellen Bass und Louise Thornton (Hg.): *I Never Told Anyone: Writings By Women Survivors of Child Sexual Abuse*. New York 1983.

4 Alle Zahlen aus Ellen Bass/Louise Thornton (Hg.): *I Never Told Anyone: Writings By Women Survivors of Child Sexual Abuse* (New York, 1983). Literatur zur Verbreitung von sexuellem Mißbrauch: Sandra Butler: *Conspiracy of Silence*. San Franzisco 1985. Florence Rush: *Das bestgehütete Geheimnis*. Berlin 1982. David Finkelhor: *Child Sexual Abuse*. Beverly Hills 1986. Diana E. H. Russel: *The Secret Trauma*. New York 1986.
Für die BRD können ähnliche Zahlen angenommen werden, die allerdings schwanken je nach Einschätzung der Höhe der Dunkelziffer und abhängig davon, wie eng oder weit der Begriff des sexuellen Mißbrauchs gefaßt wird. (Anm. d. Verl.)

5 Siehe Fußnote auf S. 89

EINLEITUNG: HEILUNG IST MÖGLICH

- Wurdest du vergewaltigt? Ist jemand auf andere Weise in dich eingedrungen?
- Wurdest du auf eine Art gestreichelt, geküßt, umarmt, die dir gar nicht gefiel?
- Mußtest du an einem Mißbrauchsritual teilnehmen, bei dem du körperlich oder sexuell gequält wurdest?
- Wurdest du gezwungen, dir sexuelle Handlungen oder Geschlechtsorgane anzusehen?
- Wurdest du auf eine Weise gebadet, die dir zudringlich erschien?
- Hat man über deinen Körper geredet oder sich über ihn lustig gemacht?
- Bist du zu sexuellem Kontakt überredet oder angestachelt worden, den du nicht wirklich wolltest?
- Warst du in Kinder-Prostitution oder Kinder-Pornographie verwickelt?[6]

Wenn du dich nicht an solche konkreten Geschehnisse erinnern kannst, und trotzdem das Gefühl hast, mißbraucht worden zu sein, stimmt es vermutlich (siehe »Aber ich kann mich an nichts erinnern«, Seite 73).

Die Frauen, die in Ellens Workshops kommen, haben oft Angst, daß ihr Mißbrauch nicht schlimm genug sei und sie nicht teilnehmen dürften. Sie sagen: »Es war kein Inzest, nur ein Freund der Familie«, oder »Ich war vierzehn, und es ist nur einmal passiert«, oder »Er hat mir nur Filme gezeigt«, oder »Es war mit meinem Bruder. Er war nur ein Jahr älter als ich.«

An solchen Aussagen läßt sich ablesen, wie massiv der Mißbrauch in unserer Gesellschaft heruntergespielt wird.

Die Tatsache, daß jemand anderes schlimmer mißbraucht worden ist als du selbst, macht doch dein eigenes Leiden nicht kleiner! Es ist ganz einfach sinnlos, Schmerz miteinander zu vergleichen.

Es gibt viele Arten des Herunterspielens. Besonders mies ist es zu behaupten, daß du gar nicht wirklich vergewaltigt worden seist, wenn der Mann seinen Penis nicht mit Gewalt in irgendeine Öffnung deines Körpers hineingesteckt hat. Das stimmt nicht. Wie schwerwiegend ein Mißbrauch ist, kann nicht allein an den körperlichen Handlungen abgelesen werden. Vergewaltigung wird durch deine Erfahrung als Kind bestimmt: deinen Körper, deine Gefühle, deinen Verstand. Selbstverständlich ist Vergewaltigung für ein kleines Kind qualvoll. Es gibt aber auch viele Arten von sexuellem Mißbrauch, die körperlich nicht schmerzen. Sie hinterlassen keine sichtbaren Narben.

Manchmal ist Mißbrauch gar nicht körperlich. Vielleicht stand dein Vater in der Badezimmertür und machte Anspielungen oder grinste nur anzüglich, wenn du zur Toilette gingst. Vielleicht lief dein Onkel nackt herum, lenkte die Aufmerksamkeit auf seinen Penis, erzählte von seinen sexuellen Heldentaten, fragte dich über deinen Körper aus. Vielleicht hat dich dein Tennislehrer so lange belästigt, bis du ihm genau erzähltest, was du mit deinem Freund machst. Es gibt viele Arten sexueller Gewalt.

Mißbrauch kann auch auf anderer Ebene stattfinden. Du hattest das Gefühl, dein Stiefvater war sich deiner körperlichen Gegenwart ständig bewußt, den ganzen Tag, jede Minute, egal, wie still und unaufdringlich du auch warst. Dein Nachbar beobachtete die Veränderungen deines Körpers mit aufdringlichem Interesse. Dein Vater ging mit dir aus, schrieb dir Liebesbriefe.

Es geht auch nicht darum, wie oft oder regelmäßig Mißbrauch stattfindet. Für einen Vertrauensbruch reicht eine Minute. Ein Vater braucht dreißig Sekunden, um seine Finger in die Unterhose seiner Tochter zu stecken. Und danach ist die Welt nicht mehr dieselbe.

---

6 In den USA haben zwischen 500.000 und 1.000.000 Kinder mit Prostitution und Pornographie zu tun; sehr viele von ihnen sind Inzestopfer. Quelle: Frédérique Dellacoste/Priscilla Alexander (Hg.): *Sex Work: Writings by Women*. Pittsburgh 1987. [Für die BRD liegen bisher keine Zahlen vor. (Anm.d.Verl.)]

Aber ich erinnere mich nicht

Kinder reagieren auf ihren Mißbrauch oft, indem sie ihn vergessen. Deshalb kann es sein, daß du dich nicht bewußt daran erinnerst, mißbraucht worden zu sein. Vielleicht hast du weite Teile deiner Kindheit vergessen. Aber an manche Dinge erinnerst du dich. Wenn du auf eine bestimmte Art angefaßt wirst, wird dir schlecht. Bestimmte Worte oder ein bestimmter Gesichtsausdruck machen dir Angst. Du weißt, daß du nie wolltest, daß deine Mutter dich anfaßt. Damals in der Realschulzeit schliefst du immer in deinen Kleidern. Du mußtest oft zum Arzt, weil du eine Infektion in der Vagina hattest.

Möglicherweise glaubst du, dich an nichts zu erinnern, aber wenn du anfängst, über das, was du noch weißt, zu sprechen, kann es gut sein, daß eine Mischung von Gefühlen, Reaktionen und Erinnerungen aufsteigt, die zusammen durchaus wichtige Informationen enthält. Um sagen zu können: »Ich bin mißbraucht worden«, brauchen deine Erinnerungen nicht so zu sein, daß sie einer Gerichtsverhandlung standhalten könnten.

Wissen um Mißbrauch beginnt oft mit einem winzigen Gefühl, einer Intuition oder vagen Ahnung. Es ist wichtig, daß du deiner inneren Stimme vertraust und von dort aus weiterarbeitest. Geh davon aus, daß deine Gefühle richtig sind. Bis jetzt hat noch keine Frau, mit der wir gesprochen haben, zuerst gedacht, sie sei vielleicht mißbraucht worden, und später entdeckt, daß es doch nicht stimmte. Es läuft immer andersrum: dem Verdacht folgt die Bestätigung. Wenn du glaubst, du seist mißbraucht worden, und dein Leben zeigt entsprechende Symptome, dann stimmt es auch.

Such dir Unterstützung

Egal, wie entschlossen du bist: Es ist äußerst schwierig, ganz allein von sexuellem Kindesmißbrauch zu heilen. Ein Teil des Schadens, den du erlitten hast, läßt sich auf die Heimlichkeit und Verschwiegenheit zurückführen, von denen der Mißbrauch umgeben war. Es ist fast unmöglich, gesund zu werden und gleichzeitig dieses einsame Schweigen fortzusetzen.

Du brauchst wenigstens eine Person, mit der du deinen Schmerz und deine Heilung teilen kannst. Das kann eine andere Überlebende sein, eine Frau aus einer Selbsthilfegruppe oder eine Therapeutin. Oder auch deine Freundin, dein Freund oder ein Familienmitglied, falls sie dich wirklich unterstützen, oder eines deiner Geschwister, das auch mißbraucht wurde. Ideal wäre es, wenn dich mehrere Personen unterstützen würden. (Siehe »Wo du Hilfe finden kannst«, Seite 331)

Wo stehst du jetzt?

Wir wissen nicht, an welchem Punkt deines Heilungsprozesses du jetzt stehst. Vielleicht betrachtest du dich noch nicht als Überlebende. Vielleicht fängst du gerade an, eine Verbindung herzustellen zwischen sexuellem Mißbrauch und seinen Auswirkungen auf dein Leben. Vielleicht befaßt du dich aber auch schon seit Jahren mit deiner Heilung und willst nur feststellen, wie weit du inzwischen gekommen bist. In diesem Buch findest du in jedem Fall detaillierte Hinweise, Unterstützung und Bestätigung.

Wie es sein wird, dieses Buch zu lesen

Dieses Buch zu lesen kann eine intensive, befreiende Erfahrung sein. Zu erkennen, daß dein bisheriges Leben durchaus einen Sinn ergibt und daß du nicht die einzige bist, die gelitten hat, löst bei dir vielleicht eine ungeheure Erleichterung aus. Aber Erleichterung ist nicht die einzige mögliche Reaktion.

EINLEITUNG: HEILUNG IST MÖGLICH

Während der Entstehung dieses Buchs haben wir Teile des Manuskripts vielen Überlebenden zum Lesen gegeben. Als Reaktion darauf sind Frauen hingegangen und haben die Täter gestellt, sie faßten ihren Entschluß zu heilen neu oder teilten ihn zum erstenmal offen ihren PartnerInnen mit. Manche erlebten einen Durchbruch im Bereich der Sexualität. Andere hörten auf, sich selbst die Schuld zu geben.

Frauen berichteten auch, daß sie wahnsinnige Angst, Wut, Schmerz empfanden. Andere haben Kontakt mit vergessenem Kummer und Schmerz aufgenommen. Frauen berichteten von Alpträumen, Erinnerungsblitzen, neuen Erinnerungen. Eine Überlebende, eine Alkoholikerin, die es langsam schaffte, trocken zu werden, fing an, um Alkohol zu betteln, als sie das Buch las. Eine andere Frau begann, sich mit ihrem Geliebten zu streiten. Einige entschlossen sich, eine Therapie zu machen. Alle sagten, ihr Leben habe sich verändert.

Wenn beim Lesen ungewohnte oder unangenehme Gefühle in dir aufsteigen, mach dir keine Sorgen. Starke Gefühle gehören zum Heilungsprozeß dazu. Wenn du aber diese Kapitel ganz locker durchliest, fühlst du dich wahrscheinlich nicht sicher genug, diese Themen anzugehen. Oder du reagierst auf dieses Buch mit dem gleichen Verhalten wie auf deinen Mißbrauch, indem du deinen Verstand von deinen Gefühlen trennst. Wenn das der Fall ist, hör auf, mach eine Pause, sprich mit jemand, die dich unterstützt, und mach später weiter. Du sollst dieses Buch auf keinen Fall »ertragen«, wie du den Mißbrauch ertragen hast: gefühllos und allein. Wenn du an einer Stelle nicht mehr weiterkommst, liegt dir vielleicht der Stoff in dem Kapitel nicht besonders. Zwing dich nicht, es zu lesen. Mach mit einem anderen Kapitel weiter.

Während du liest, ist es wichtig, daß du in dich hineinhörst und auf deine Gedanken und Gefühle achtest. Vielleicht erscheint dir die Idee, eine Beziehung zu dir selbst aufzubauen, fremd. Als Frauen haben wir gelernt, den Bedürfnissen anderer nachzukommen und daß es egoistisch ist, sich auf sich selbst zu konzentrieren. Aber Heilung verlangt, daß du dich selbst am allerwichtigsten nimmst.

Neulich morgens, als Ellen ihren Anrufbeantworter abhörte, war folgende Nachricht drauf: »Ich ruf an, um euch zu sagen, daß ich wirklich heile. Und das ist das schönste Gefühl, das ich je hatte. Ich bin ganz.«

Auch du verdienst dieses Gefühl.

Über die Geschichten in diesem Buch

Mehr als zweihundert Überlebende sind auf uns zugekommen, um sich für dieses Buch interviewen zu lassen. Mit fünfzig der Frauen haben wir intensiv gesprochen, und von der Erfahrung jeder einzelnen Frau taucht in diesem Buch ein Stück auf. Ebenso erlaubten uns TeilnehmerInnen von Ellens Workshops (für Überlebende, PartnerInnen und Therapeutinnen) dankenswerterweise, ihre Erfahrungen hier aufzunehmen.

Die Überlebenden in diesem Buch sind ganz verschieden: Du findest Frauen unterschiedlichen Alters mit unterschiedlichem wirtschaftlichen Hintergrund, Frauen mit unterschiedlicher sexueller Präferenz und Frauen verschiedener Rassen. Einige leben in festen Beziehungen, andere allein, es gibt Mütter und Frauen ohne Kinder, Frauen, die unter unterschiedlichen Bedingungen und von unterschiedlichen Tätern mißbraucht wurden. Du wirst über Frauen lesen, die sich in verschiedenen Phasen ihres Heilungsprozesses befinden, und über Frauen, die auf unterschiedliche Art ihre Heilung angegangen sind.

Die Zitate und Geschichten in diesem Buch stammen von Überlebenden und den PartnerInnen von Überlebenden. Jedes Zitat steht für sich und für die Erfahrung einer Person. Wir haben aber der Übersichtlichkeit halber nicht unter jedes Zitat einen Namen gesetzt, sondern nur, wenn es wichtig für die Geschichte war oder jemand ausdrücklich darum gebeten hatte, genannt zu werden. Unsere eigenen Erfahrungen haben wir mit unseren Vornamen gekennzeichnet.

Obwohl wir auch die Erfahrungen männlicher Partner und Helfer veröffentlicht haben, wenden wir uns bewußt nicht direkt an männliche Überlebende. Viele Jungen werden mißbraucht, und männliche überlebende brauchen und verdienen Hilfe bei ihrer Heilung, aber wir haben dieses Buch für Frauen geschrieben, weil wir von den Erfahrungen von Frauen am meisten verstehen. Weite Teile des Heilungsprozesses gelten jedoch nicht nur für Frauen, und darum hoffen wir, daß auch Männer, die dieses Buch lesen, es hilfreich finden werden. In den USA ist inzwischen auch eine breite Unterstützungsbewegung für männliche Überlebende entstanden, in der BRD gibt es erste zaghafte Ansätze in dieser Richtung.

Hinweise zu den Schreibübungen

In Ellens Ich-hab-es-nie-jemand-gesagt-Workshops für erwachsene Überlebende von sexuellem Kindesmißbrauch kommen zehn bis zwanzig Frauen zusammen, um in einer unterstützenden, vertraulichen und sicheren Umgebung ihren Gefühlen nachzugehen, über ihre Vergewaltigung zu trauern, ihre Kräfte zu sammeln und ihr Überleben zu feiern.

Die Teilnehmerinnen werden gebeten, darüber zu schreiben, wie sie als Kind sexuell mißbraucht wurden. Nachdem viele so oft erlebt haben, daß ihre Erfahrungen verleugnet, heruntergespielt oder verdreht wurden, stellt Schreiben einen wichtigen Zugang zum Heilen dar, weil es die Möglichkeit bietet, deine eigene Realität zu definieren. Du kannst sagen: »Das ist mir passiert. So schlimm war es. Der Erwachsene war schuld und verantwortlich. Ich war - und bin - unschuldig.«

Indem zu zurückgehst und das, was geschehen ist, aufschreibst, erlebst du auch deine Gefühle neu und bist in der Lage zu trauern. Du gräbst in den vergessenen Winkeln nach der Erinnerung, dem Schmerz, der Angst und der Wut. Du erlebst deine Geschichte noch einmal.

Warum schreiben?

Das Praktische am Schreiben ist, daß es fast immer geht. Um drei Uhr morgens, wenn du allein bist oder deine Partnerin/deinen Partner nicht wecken willst, wenn deine Freundin verreist ist, wenn bei deiner Therapeutin der Anrufbeantworter läuft und sogar deine Katze draußen herumstreunt, ist dein Tagebuch da. Es ist ruhig, billig und tragbar. Ein Tagebuch kann dir helfen herauszufinden, wie du dich fühlst, was du denkst, was du brauchst, was du sagen willst, wie du mit einer Situation umgehen willst, indem du einfach darüber schreibst.

Alle können das Schreiben nutzen

Es ist immer gut, das Schreiben als Heilmittel zu benutzen, egal, ob du an einem organisierten Workshop für Überlebende teilnimmst oder nicht. Du brauchst dich nicht für eine Schriftstellerin zu halten, du brauchst nicht einmal gern zu schreiben. Vielleicht hast du nur eine schlechte Ausbildung erhalten, oder deine Rechtschreibung ist schwach, oder du denkst, du kannst überhaupt nicht schreiben.

Manche Überlebende haben richtige Schreibhemmungen. Wenn deine Mutter dein Tagebuch gelesen hat, wenn dein Vater Deutschlehrer war und alles kritisiert hat, was du geschrieben hast, wenn deine beste Freundin deine persönlichen Briefe in der Klasse herumgezeigt hat, dann hast du vielleicht nichts mehr dafür übrig, Worte zu Papier zu bringen. Aber wir haben alle das starke Bedürfnis, uns auszudrücken. Möglicherweise hast du andere Formen gefunden, aber vielleicht solltest du es doch einmal mit dem Schreiben als einer Heilmethode versuchen. Viele Frauen, die zunächst sehr wider-

ZU DEN SCHREIBÜBUNGEN

strebend mit dem Schreiben anfingen, haben diese Übungen gemacht - und enorm davon profitiert.

Der Rahmen

Such dir eine Zeit und einen Ort aus, wo du ungestört bist. Vielleicht ist dazu etwas Organisation nötig, aber du verdienst diese Zeit. Gut ist eine halbe Stunde pro Übung für das reine Schreiben. Natürlich kannst du das nach Belieben ausdehnen, aber vielleicht fühlst du dich wohler, wenn du dir eine bestimmte Zeit setzt.

Beim Schreiben über sexuellen Mißbrauch können starke Gefühle hochkommen, deswegen zwäng deine halbe Stunde nicht zwischen Die-Kinder-von-der-Schule-Abholen und Abendessen machen ein. Sorge unbedingt dafür, daß du hinterher etwas Zeit hast, die Wirkung des Schreibens zu verarbeiten.

Gehört werden

Das Schreiben selbst hilft sehr, aber es ist auch wichtig, das Geschriebene einem anderen Menschen mitzuteilen. Lies es hinterher einer Person vor, die aufmerksam und verständnisvoll zuhört. *Paß unbedingt auf dich auf, und such dir keinen Menschen aus, der/die dich wieder irgendwie mißbrauchen wird.*

Wenn du niemandem direkt vorlesen kannst, was du geschrieben hast, lies es dir selbst laut vor, dann hast du wenigstens *eine* aufmerksame Zuhörerin. Allein die Worte laut auszusprechen kann sie schon wirklicher machen.

Wenn die Person, der du vorlesen willst, keine Erfahrung darin hat, sich persönliche Aufzeichnungen anzuhören, sag ihr, was du brauchst. Zum Beispiel, daß sie nicht kritisieren oder werten soll, was du sagst, oder daß sie Fragen stellen soll, um dir zu helfen, weiter darüber zu sprechen, oder daß sie einfach ruhig zuhören soll. Vielleicht willst du getröstet werden. Vielleicht auch nicht. Normalerweise reagieren die Leute besser, wenn du ihnen sagst, was du willst.

Grundregeln

Versuch, alles zu vergessen, was du bisher über das Schreiben gehört hast. Was du machen wirst, ist so etwas wie freies Schreiben oder innerer Monolog. Du sollst nichts Literarisches schaffen oder einem anderen Menschen etwas verständlich machen. Es geht eher um eine Art Kurzschluß, damit ein paar von deinen Sicherungen, deinen Zensoren, ausgeschaltet werden und du an das herankommst, was du sagen mußt.

Schreib in einem durch. Such dir eine angenehme Geschwindigkeit, und halte nicht inne. Wenn du steckenbleibst oder dir nichts mehr einfällt, kannst du schreiben: »Das ist die blödeste Übung, von der ich je gehört hab«, oder »Ich hab Hunger, vielleicht ist

Die Schreibübungen

Die Auswirkungen	Seite 33
Verhalten in Not	Seite 48
Was dir passiert ist	Seite 74
Das Kind in dir	Seite 106
Trauern	Seite 112
Beschreibe eine Konfrontation	Seite 138
Rekonstruiere die Geschichte deiner Familie	Seite 143
Änderung der Verhaltensmuster	Seite 162
Deine Familie jetzt	Seite 289

ZU DEN SCHREIBÜBUNGEN

die Zeit schon um.« Eine Frau schrieb zum Beispiel alle paar Zeilen: »Mehr kann ich nicht sagen«, und dann schrieb sie weiter. Indem sie es sich erlaubte, das Weitermachen zu verweigern, schaffte sie es jedesmal, einen Schritt weiterzugehen.

Du brauchst nicht in ganzen Sätzen zu schreiben. Deine Rechtschreibung und Zeichensetzung sind gleichgültig. Es kann auf deutsch sein oder in irgendeiner anderen Sprache. Vielleicht habt ihr, als du klein warst, eine andere Sprache gesprochen, und die Erinnerung kommt in dieser Sprache wieder. Wenn du mißbraucht worden bist, bevor du sprechen gelernt hast, schreibst du vielleicht in Babysprache.

1 BESTANDSAUFNAHME

Die Beschädigungen erkennen

Manche Leute fragen mich: »Warum zerrst du das jetzt hervor?« Warum? *Warum?* Weil es mein Leben in wirklich jeder Hinsicht bestimmt hat. Es hat mir geschadet, wo es nur ging. Es hat alles Wertvolle in meinem Leben zerstört. Ich habe kein richtiges Gefühlsleben. Ich habe Angst zu lieben. Es hat mir meine Kinder genommen. Ich habe es in der Welt zu nichts gebracht. Hätte ich eine schöne Kindheit gehabt, könnte ich heute alles mögliche sein. Ich weiß, alles, mit dem ich mich heute nicht beschäftige, wird mich auch noch für den Rest meines Lebens belasten. Es ist mir egal, ob das alles vor 500 Jahren passiert ist! Es hat mich die ganze Zeit beeinflußt, und es ist wichtig. Es ist sehr wichtig.

Jennierose Lavender, eine siebenundvierzigjährige Überlebende

Die Langzeitfolgen sexuellen Kindesmißbrauchs können so weitreichend sein, daß es manchmal schwierig ist, festzustellen, wie der Mißbrauch dich genau beeinflußt hat. Er durchdringt alles: dein Selbstgefühl, deine nahen Beziehungen, deine Sexualität, deine Mutterschaft, dein Arbeitsleben, sogar deine geistige Gesundheit. Wohin du siehst, findest du seine Auswirkungen. Eine Überlebende beschreibt das so:

> Es ist wie ein Bild, an das ich mich erinnere, in so einem Heft für Kinder: Darauf war ein Fahrrad in einem Baum versteckt, jemandem wuchs eine Banane aus dem Ohr heraus, und alle Leute standen auf dem Kopf. Darunter stand: »Was ist falsch in diesem Bild?« Aber so viele Dinge waren durcheinander und hatten da nichts zu suchen. Es wäre leichter gewesen, wenn es geheißen hätte: »Was stimmt in diesem Bild?«

Viele Überlebende sind zu sehr damit beschäftigt zu überleben, um zu merken, auf wie vielfältige Weise sie durch den Mißbrauch verletzt worden sind. Aber du kannst nicht gesund werden, bevor du nicht die Bereiche, die Heilung nötig haben, erkennst.

BESTANDSAUFNAHME

Da sexueller Mißbrauch nur einer von vielen Faktoren ist, die deine Entwicklung beeinflußt haben, ist es nicht immer möglich, seine Auswirkungen getrennt von anderen Einflüssen zu betrachten. Ist dein Selbstwertgefühl gering, weil du als schwarzes Kind in einer rassistischen Gesellschaft aufgewachsen bist? Weil du in einer Kultur aufgewachsen bist, die nicht viel von Frauen hält? Weil deine Mutter Alkoholikerin war? Oder weil du belästigt wurdest, als du neun warst? Das Zusammenspiel Hunderter von Faktoren macht dich zu der, die du heute bist.

Wie deine Umgebung damals auf den Mißbrauch reagiert hat, ist wichtig für seine Folgen. Wenn auf die Enthüllung des Kindes Mitgefühl und konsequentes Einschreiten erfolgen, beginnt die Heilung sofort. Aber wenn niemand deinen Schmerz bemerkt, gar nicht oder nur mit Vorwürfen darauf reagiert hat, niemand dir glauben wollte oder wenn du weitere Gewalttaten erleiden mußtest, geschah nichts, um den Schaden wieder gutzumachen. Und die Art und Weise, auf die du versucht hast, mit dem Mißbrauch zurechtzukommen, zieht möglicherweise weitere Probleme nach sich.

Nicht alle Überlebenden haben die gleichen Schäden davongetragen. Möglicherweise bist du in einem Bereich deines Lebens erfolgreich, in einem anderen jedoch nicht. Vielleicht bist du an deinem Arbeitsplatz und als Mutter sehr tüchtig, es fällt dir aber schwer, Nähe zuzulassen und zu vertrauen. Manche Frauen haben ständig das nagende Gefühl, daß irgend etwas nicht stimmt. Für andere ist der Schaden so offenkundig, daß sie meinen, sie hätten ihr Leben verschwendet:

> Mir haben sie mein ganzes Leben gestohlen. Ich könnte heute eine ganz andere Frau sein. Als Kind hätte ich eine bessere Ausbildung bekommen müssen. Ich hab zu früh geheiratet. Ich hab mich hinter meinem Mann versteckt und keinen Kontakt zu anderen Leuten bekommen. Ich habe kein erfülltes Leben gehabt. Es ist nie zu spät, aber ich habe erst angefangen, daran zu arbeiten, als ich achtunddreißig war, und nicht alles kann wieder gutgemacht werden. Und deswegen bin ich so wütend.

Die Auswirkungen von Kindesmißbrauch können verheerend sein, aber sie müssen nicht unheilbar sein. Beim Lesen dieses Kapitels wirst du vielleicht manchmal zustimmend nicken - »Ja. Das stimmt. Ich auch.« - und erkennen, vielleicht zum ersten Mal, auf welche Bereiche deines Lebens sich der Mißbrauch auswirkt. Schau dir die folgende Liste an, und frag dich, in welcher Weise du betroffen bist. Solche Eingeständnisse sind vermutlich schmerzhaft, aber sie gehören unbedingt zu deiner Heilung.

Selbstwertgefühl und persönliche Kraft

Bei dem Mißbrauch wurden deine Grenzen, dein Recht, nein zu sagen, dein Gefühl für Gerechtigkeit, vergewaltigt. Du warst machtlos. Der Mißbrauch demütigte dich und demonstrierte dir deinen geringen Wert. Du hattest keine Möglichkeit, etwas dagegen zu tun.

Falls du damals davon erzählt hast, hörten sie nicht auf dich; sie sagten, du hättest das alles erfunden oder am besten solltest du alles vergessen. Vielleicht haben sie dir die Schuld gegeben. Deine Realität wurde verleugnet oder verdreht, und du dachtest, du seist verrückt. Du hast nicht den Täter oder deine Eltern als schlecht empfunden, sondern allmählich geglaubt, du verdienst es nicht, daß sie auf dich aufpassen, oder daß du es tatsächlich verdienst, mißbraucht zu werden. Du fühltest dich isoliert und allein. Vielen mißbrauchten Kindern wird direkt gesagt, sie würden es niemals zu etwas bringen, sie seien dumm oder sie seien nur zu Sex zu gebrauchen. Solche Botschaften machen es einem schwer, an sich zu glauben.

DIE BESCHÄDIGUNGEN ERKENNEN

Wo stehst du jetzt?
- Denkst du, du seist schlecht, schmutzig, oder schämst du dich?
- Fühlst du dich machtlos, wie ein Opfer?
- Hast du das Gefühl, du seist anders als andere Menschen?
- Denkst du, ganz tief in deinem Innern stimme etwas nicht mit dir?
- Empfindest du dich manchmal als selbstzerstörerisch, oder denkst du an Selbstmord? Oder möchtest du manchmal nur noch sterben?
- Haßt du dich?
- Fällt es dir schwer, liebevoll und gut zu dir zu sein? Kannst du es genießen, dich wohlzufühlen?
- Fällt es dir schwer, auf deine Intuition zu vertrauen?
- Fühlst du dich unfähig, dich in gefährlichen Situationen zu verteidigen oder zu schützen? Bist du als Erwachsene wiederholt zum Opfer von Vergewaltigung, Überfall, Körperverletzung oder ähnlichem geworden?
- Kennst du deine eigenen Interessen, Talente oder Ziele?
- Fällt es dir schwer, dich für etwas zu begeistern? Fühlst du dich oft wie gelähmt?
- Hast du Angst vor Erfolg?
- Bringst du die Dinge, die du anfängst, zu Ende?
- Meinst du, du müßtest immer perfekt sein?
- Kompensierst du mit Arbeit oder Leistung das Gefühl, daß du in anderen Bereichen deines Lebens nicht so gut zurechtkommst?

Gefühle

Als Kind konntest du es dir nicht leisten, das volle Ausmaß deiner Angst, deines Schreckens, deines Schmerzes, deiner Qual oder deiner Wut zu fühlen. Denn das hätte schlimme Folgen gehabt. Du hättest nicht mehr zusammen mit den anderen Kindern zur Schule gehen, mit ihnen zusammen rechnen lernen können, wenn dir der Ernst deiner Lage, das tatsächliche Ausmaß deiner Sorgen bewußt gewesen wären. Und du konntest nicht daran denken, deinen Vater umzubringen, während du darauf angewiesen warst, daß er dich ernährt.

Deine unschuldige Liebe und dein Vertrauen wurden mißbraucht, und du hast daraus gelernt, dich nicht mehr auf deine Gefühle zu verlassen. Vielleicht hast du gesagt, wie es dir geht, und deine Gefühle wurden ignoriert oder verlacht. Es wurde dir gesagt, du solltest dir keine Sorgen machen. Und du wurdest weiter belästigt.

Falls die Erwachsenen um dich herum ihre Gefühle nicht kontrollieren konnten, so hast du daraus gelernt, daß Gefühle zu Gewalt und Zerstörung führen. Zorn verhieß Schläge oder zerschlagenes Mobiliar.

Vielleicht hast du gelernt, körperlichen Schmerz nicht zu fühlen, weil er zu schlimm war oder weil du dem Täter nicht die Genugtuung geben wolltest, dich weinen zu sehen. Aber niemand kann Gefühle selektiv abblocken, und darum hast du überhaupt aufgehört zu fühlen.

Wo stehst du jetzt?
- Erkennst du deine Gefühle? Kannst du sie voneinander unterscheiden?
- Fällt es dir schwer, deine Gefühle auszudrücken?
- Sind Gefühle für dich etwas Wertvolles, oder betrachtest du sie als Schwäche?
- Kannst du Zorn akzeptieren? Traurigkeit? Glück? Ruhe?
- Fühlst du dich meistens verwirrt und durcheinander?
- Erlebst du viele unterschiedliche Gefühle oder nur ein paar?
- Neigst du zu Depressionen, Alpträumen, plötzlichen Angstzuständen?
- Hast du schon einmal Angst gehabt, verrückt zu werden?
- Hast du Angst vor deinen Gefühlen? Dachtest du schon einmal, daß du sie nicht mehr beherrschen kannst?

BESTANDSAUFNAHME

- Warst du schon einmal gewalttätig oder vor Zorn beleidigend und verletzend?

Dein Körper

Kinder erfahren die Welt durch ihren Körper. Durch den sexuellen Mißbrauch hast du erfahren, daß die Welt kein sicherer Ort ist. Du hast Schmerz erlebt, Verrat, widersprüchliche Gefühle des Erregtseins. Kinder lernen oft, ihren Körper von sich abzuspalten, um diese Gefühle zu vermeiden - oder sie erstarren, so gut sie können.

Wo stehst du jetzt?
- Fühlst du dich meistens in deinem Körper anwesend? Oder kennst du das Gefühl, als hättest du deinen Körper verlassen?
- Benutzt du manchmal Alkohol, Drogen, Medikamente oder Nahrungsmittel auf eine Weise, die du selbst nicht gut findest?
- Erlebst du eine Vielfalt von Gefühlen in deinem Körper? Oder fühlst du manchmal gar nichts?
- Nimmst du die Botschaften deines Körpers – Hunger, Angst, Müdigkeit, Schmerz – wahr?
- Fällt es dir schwer, deinen Körper gern zu haben und zu akzeptieren? Fühlst du dich darin zu Hause?
- Hast du irgendwelche körperlichen Beschwerden, von denen du glaubst, daß sie mit dem Mißbrauch zu tun haben könnten?
- Macht es dir Spaß, dich zu bewegen, zum Beispiel beim Tanzen, beim Sport, beim Wandern?
- Hast du dich jemals absichtlich verletzt oder deinen Körper mißhandelt?

Vertrauen und Nähe

Die Grundlagen für Vertrauen und Nähe - Geben und Nehmen, Vertrauen und Vertrauen rechtfertigen - werden in der Kindheit gelernt. Wenn Kinder dauerhafte liebevolle Aufmerksamkeit erhalten, entwickeln sie die Fähigkeit, konstruktive Beziehungen aufzubauen und aufrechtzuerhalten. Durch Mißbrauch wird unglücklicherweise dein natürliches Vertrauen zerstört, und zwar von Erwachsenen, die die kindliche Unwissenheit mißbrauchen. Man hat dir gesagt: »Papa faßt dich nur an, weil er dich liebt«, oder »Ich tu das, damit du deinem Mann eines Tages eine gute Frau sein wirst«. Du bist mit verwirrenden Botschaften über den Zusammenhang zwischen Sexualität und Liebe, Vertrauen und Verrat aufgewachsen.

Wo stehst du jetzt?
- Findest du es schwierig, anderen Menschen zu vertrauen? Hast du enge Freundinnen oder Freunde?
- Kannst du dir eine gute Liebesbeziehung vorstellen?
- Ist es schwierig für dich, Zuwendung zu geben oder zu empfangen? Liebevoll zu sein?
- Hast du Angst vor Menschen? Fühlst du dich fremd oder einsam?
- Gerätst du immer wieder an Leute, die nicht zu dir passen oder unerreichbar sind?
- Hattest du schon einmal eine Beziehung mit jemandem, der dich an den Mißbraucher erinnert hat?
- Fühlst du dich oft ausgenutzt?
- Hast du die Erfahrung gemacht, daß deine Beziehungen einfach nicht funktionieren?
- Fällt es dir schwer, dich auf etwas oder jemanden einzulassen? Gerätst du in Panik, wenn Menschen dir zu nahe kommen?
- Hast du die Erfahrung gemacht, daß du Nähe zu Freundinnen oder Freunden

herstellen kannst, aber anscheinend nicht mit einer/einem Geliebten zurechtkommst?
- Merkst du, daß du dich an Menschen klammerst, wenn du sie gern hast?
- Stellst du andere Menschen immer wieder auf die Probe?
- Erwartest du, von anderen Menschen verlassen zu werden?
- Kannst du nein sagen?

Sexualität

Durch sexuellen Mißbrauch werden Kinder ihrer natürlichen sexuellen Erlebnismöglichkeiten beraubt. Du wurdest nach dem Zeitplan und entsprechend den Bedürfnissen eines Erwachsenen zur Sexualität gebracht. Du hattest nie Gelegenheit, deine eigene Lust auf deine Art zu entdecken, von innen heraus zu erfahren. Sexuelle Erregung war für dich verbunden mit Scham, Ekel, Schmerz und Demütigung. Auch deine Lust bekam einen üblen Beigeschmack. Und die Lust des Täters war gefährlich, eine außer Kontrolle geratene Macht, die er benutzte, um dich zu verletzen.

Oft spalten sich Kinder von ihrem Körper ab oder erstarren, während sie sexuell mißbraucht werden. Du hast dich von deinen sexuellen Empfindungen getrennt.

Wenn das Mißbrauchtwerden mit Zärtlichkeit verbunden war, wurde dein Bedürfnis nach liebevoller Zuwendung mit Sexualität verknüpft. Du hast nicht gelernt, diesem Bedürfnis auf andere Weise nachzugehen.

Wo stehst du jetzt?
- Kannst du bei sexuellen Begegnungen wirklich da sein? Läßt du Sexualität über dich ergehen, ohne etwas zu fühlen, oder gerätst du in Panik?
- Versuchst du, sexuelle Kontakte zu benutzen, um Bedürfnisse nichtsexueller Art zu befriedigen? Kannst du andere Arten von liebevollem Verhalten und von Nähe ertragen?

- Beobachtest du, daß du sexuelle Begegnungen vermeidest oder daß du Sex herausforderst, den du in Wirklichkeit nicht willst? Kannst du nein sagen?
- Hast du das Gefühl, du besitzt hauptsächlich sexuellen Wert?
- Hast du sexuelle Beziehungen zu Partnern, die dich respektieren? Hast du schon Partner gehabt, die dich sexuell mißbrauchten?
- Warst du schon einmal Prostituierte? Oder hast du deine Sexualität auf irgendwie berechnende Weise benutzt?
- Erlebst du sexuelle Lust? Begierde? Hältst du Lust für etwas Schlechtes?
- Denkst du manchmal, Sexualität sei widerlich oder du seist widerlich, weil du Freude daran hast?
- Erregen dich gewalttätige oder sadistische Phantasien oder die Vorstellung von sexuellen Kontakten mit nahen Verwandten?
- Mußt du alles, was mit Sexualität zu tun hat, unter Kontrolle haben, um dich sicher zu fühlen?
- Passiert es, daß du dich plötzlich in deine Kindheit zurückversetzt fühlst und wieder erlebst, wie du mißbraucht wurdest?
- Hast du Sex, weil du Lust dazu hast oder weil dein Partner/deine Partnerin es will?
- Hast du selbst schon einmal jemanden sexuell mißbraucht?

Kinder und Muttersein

Wenn der Mißbrauch in deiner eigenen Familie stattfand oder wenn deine Familie dich nicht beschützt oder unterstützt hat, bist du in einer gestörten, nicht funktionsfähigen Familie aufgewachsen. Du hattest keine gesunden Rollenmodelle. Bevor du nicht deinem Mißbrauch ins Auge siehst und anfängst zu heilen, wirst du dich vermutlich ähnlich verhalten, wie du es bei deinen Eltern gesehen hast.

BESTANDSAUFNAHME

Wo stehst du jetzt?
- Sind dir Kinder unangenehm? Hast du Angst vor ihnen?
- Hast du schon einmal Gewalt angewendet? Oder warst kurz davor?
- Findest du es schwer, Kindern Grenzen zu setzen? Ihre Bedürfnisse und deine eigenen gegeneinander abzuwägen?
- Fällt es dir schwer, mit Kindern eng zusammenzusein? Ist es dir angenehm, zärtlich zu ihnen zu sein?
- Hattest du schon einmal Schwierigkeiten, Kinder zu beschützen, die dir anvertraut waren?
- Bist du überfürsorglich?
- Hast du deinen Kindern beigebracht, auf sich selbst aufzupassen? Hast du mit ihnen offen über Sexualität gesprochen?

Eltern und Verwandte

In Inzest-Familien sind die Beziehungen verzerrt. Das Wichtigste - Grundvertrauen, Kommunikation und Sicherheit - fehlt, und statt dessen gibt es Heimlichkeit, Isolation und Angst. Falls du von einem Familienmitglied mißbraucht worden bist, wurdest du vielleicht zum Sündenbock der Familie gemacht, hat man dir immer wieder gesagt, du seist verrückt oder schlecht. Vielleicht fühltest du dich isoliert, hattest niemanden, der/die für dich da war.

Alkoholismus und andere krankhafte Verhaltensmuster, die für das Funktionieren der Familie schädlich sind, treten oft gemeinsam mit sexuellem Mißbrauch auf, vielleicht mußtest du auch noch mit solchen Problemen zurechtkommen. Vielleicht wurde dir auch die Verantwortung aufgezwungen für Dinge, für die eigentlich Erwachsene zuständig sind.

Falls du außerhalb deiner Familie mißbraucht worden bist und dir deine Familie nicht richtig zugehört hat, hast du gelernt, daß dein Schmerz nicht wichtig ist, daß du dich nicht darauf verlassen kannst, von deiner Familie beschützt oder verstanden zu werden.

Wo stehst du jetzt?
- Bist du zufrieden mit den Beziehungen zu deinen Familienangehörigen? Oder sind sie mühsam und schwierig?
- Ist der sexuelle Mißbrauch in deiner Familie anerkannt? Unterstützt dich deine Familie?
- Hast du immer, wenn du mit deiner Familie zusammen bist, das Gefühl, verrückt zu sein, weniger wert, oder bist du deprimiert?
- Lehnt dich deine Familie ab?
- Hast du den Täter zur Rede gestellt oder anderen Familienmitgliedern von dem Mißbrauch erzählt?
- Fühlst du dich sicher, wenn du mit deiner Familie zusammen bist?
- Erwartest du, daß sich die Menschen in deiner Familie ändern? Daß sie sich um dich kümmern? Deinen Standpunkt verstehen? Dir glauben? Gibst du die Hoffnung nicht auf?
- Gibt es immer noch Inzest in deiner Familie?

Du kannst von den Auswirkungen des Mißbrauchs heilen und gesund werden

Falls du dich überfordert fühlst, wenn du dieses Kapitel liest, denk daran, daß du das Schlimmste, den Mißbrauch selbst, bereits überlebt hast. Du hast überlebt, obwohl deine Chancen unglaublich schlecht und deine Situation furchtbar waren. Derselbe Mißbrauch, der dich so vieles gekostet hat, hat dir auch zu vielen inneren Fähigkeiten verholfen, die du jetzt zur Heilung brauchst. Eine Eigenschaft, die ganz bestimmt jede Überlebende hat, ist Stärke. Und wenn du weißt, was zum Heilen nötig ist, gibt dir diese Stärke auch sofort die nötige Entschlußkraft. Eine Frau drückte das so aus: »Mich verarscht keiner mehr.«

DIE BESCHÄDIGUNGEN ERKENNEN

Schreibübungen:
Die Auswirkungen

(Siehe Grundregeln für Schreibübungen, auf Seite 25)
Schreib auf, wie du heute noch unter dem Mißbrauch leidest. Was trägst du immer noch mit dir herum in bezug auf dein Selbstwertgefühl, deine Arbeit, deine Beziehungen, deine Sexualität? Wo ist dein Leben immer noch schmerzhaft, eingeschränkt? Schreib über die Stärken, die du infolge des Mißbrauchs entwickelt hast. Denk darüber nach, was es dich gekostet hat zu überleben. Welche Eigenschaften haben dir geholfen, es zu schaffen? Beharrlichkeit? Flexibilität? Autonomie? Schreibe mit Stolz über deine Stärken.

BESTANDSAUFNAHME

Damit fertig werden: Sei stolz auf alles, was du für dein Überleben getan hast

Mein ganzes Leben ging es eigentlich nur darum, damit fertig zu werden.

eine fünfunddreißigjährige Überlebende

Du hast eine Überlebensstrategie entwickelt, um mit der seelischen Erschütterung des sexuellen Mißbrauchs fertig zu werden. Konfliktverhalten bedingt immer wieder neues Konfliktverhalten. Vielleicht bist du von zu Hause weggelaufen oder hast zu Alkohol, Drogen oder Medikamenten gegriffen. Vielleicht bist du auch ungeheuer tüchtig geworden, warst besonders gut in der Schule und hast zu Hause auf deine Brüder und Schwestern aufgepaßt. Vielleicht hast du vergessen, was mit dir geschehen ist, hast dich in dich selbst zurückgezogen oder deine Gefühle einfach von dir abgetrennt. Das Wenige, das du hattest, um für dich zu sorgen, hast du genutzt, um zu überleben.

Viele Überlebende kritisieren sich selbst für die Art und Weise, wie sie mit diesen Konflikten gelebt haben. Vielleicht willst du manches, was du tun mußtest, um zu überleben, gar nicht zugeben. Aber für das Überleben mußt du dich nicht schämen. Du hast überlebt, und du solltest stolz auf deine Fähigkeiten sein.

Einige deiner Überlebensmethoden haben sich zu Stärken entwickelt (du bist beruflich erfolgreich, bist nicht abhängig von anderen, hast Sinn für Humor, verlierst in Krisensituationen nicht den Kopf), andere Methoden zu selbstzerstörerischen Mustern (Diebstahl, Drogen-, Medikamenten- und Alkoholmißbrauch, zwanghaftes Essen). Oft hat ein Verhaltensmuster gesunde und auch destruktive Aspekte. Für die Heilung mußt du zwischen den beiden Aspekten unterscheiden lernen. Dann kannst du dich über deine Stärken freuen und gleichzeitig die Muster verändern, die dir nichts mehr nützen.

Unter den verschiedenen Überlebensmethoden wirst du einige finden, die allgemein für fast alle Überlebenden gelten. Andere sind individuell, vielleicht kennst du sie, vielleicht auch nicht. Es ist wichtig für dich festzustellen, auf welche Weise du überlebt hast. Das ist ein wesentlicher erster Schritt für Veränderungen in deinem Leben.

Die Grundlagen

Verharmlosen

Verharmlosen heißt, sich vorzumachen, was auch immer passiert sein mag, kann so schlimm gar nicht gewesen sein: »Mein Vater ist ein bißchen mies drauf«, wenn er in Wirklichkeit gerade einen Sessel zertrümmert hat. Kinder, die in einer Atmosphäre von Gewalt heranwachsen, denken oft, alle anderen Menschen wüchsen genauso auf. Deckt denn nicht jeder Vater seine Tochter abends im Bett so liebevoll zu?

Ja, ich habe es heruntergespielt. »Ach, dein Vater steckt dir seinen Schwanz in den Mund? Na und? Ist das was Besonderes?« Bis vor fünf Jahren konnten die

Leute mich fragen: »Bist du als Kind mißhandelt worden?« und ich sagte immer: »Nein!« Schließlich bin ich nicht dran gestorben. Ich kam mit gebrochenen Knochen ins Krankenhaus, aber ich bin nicht dran gestorben. Das ganze Haus war voller Blut, aber ich hab immerhin überlebt.

Rationalisieren (Vernunftgründe suchen)
Kinder versuchen, Gründe zu finden, um die Gewalt wegzuerklären. »Er konnte nichts dazu. Er war betrunken.« Sie erfinden Gründe, die den Täter entschuldigen.

»Vier Kinder waren einfach zuviel für sie. Kein Wunder, daß sie sich nicht um mich gekümmert hat.« Der Täter steht hierbei weiter im Mittelpunkt:

Ein Teil von mir überlegt ständig: »Warum hat er das getan, verdammt? Was kann diesen armen Mann so schrecklich verletzt haben, daß er sich in solche Dinge flüchten mußte?« Auf diese Weise dramatisiere ich seine Geschichte und nicht meine. Ich versuche, ihm zu verzeihen, anstatt den wirklichen Zorn und die Wut, die ich fühle, zuzulassen.

Was mein Vater mir gesagt hat

von Dorianne Laux

Immer brav getan,
was man mir sagte,
abgewaschen
und die Küche aufgeräumt,
die Schnur des Staubsaugers
um meine Hand gewickelt,
Wäsche auf die Leine gehängt.
Immer gibt es viel zu tun,
und ich tu es.
Das Bügeleisen
steht in der Halterung
aus Drahtgeflecht,
heiß in der flachen Schale
des Sommers,
als seine Handfläche das Buch
zur Seite fegt,
das ich gerade lese.
Ich tu, wie mir gesagt wird,
sein Penis wie der Gartenschlauch
hier im Schlafzimmer, dort im Bad,
über der Toilette oder
meinem nackten Bauch.
Ich erfülle meine Aufgaben,
rupfe Unkraut hinter'm Haus,
fühle die hornige Schale von Käfern,
Schneckenhäuser,
stopfe totes Gras in schwarze Beutel.
Nachts seine sicheren Schritte
barfüßig, Licht über der Tür,
in dem Flur, der in mein Zimmer führt.
Seine Stimme,
das Zischen von Rasensprengern,
nasser Schweiß in seinen
Höhlungen,
der Schleim noch feucht
in meinen Augen,
als ich aufwache.
Sommer vorbei.
Schularbeit war nichts für mich.
Die Glätte eines Füllers
ungewohnt für meine Finger,
das Zartgefühl,
das den Verstand befreit.
Geschichte.
Jahreszahlen hängen an der Wand.
Neben jedem Präsidenten ein Zitat.
Bilder von Büffeln,
Weizenfeldern,
ein Wagenzug zu einer Burg
versammelt für die Nacht,
meine Hand geht hoch,
ich will sie fragen:
Wo schliefen die Kinder?

Ungeschehenmachen

Das heißt, wegsehen und sich vormachen, was auch immer gerade passiert, geschehe nicht wirklich, oder was auch immer geschehen ist, sei einfach nicht passiert. Das ist ein Grundmuster in Alkoholikerfamilien. Und bei Inzest ist es fast immer vorhanden. »Ich muß es nur lang genug ignorieren, dann ist es weg.«

Ignorieren ist auch eine Möglichkeit, niemandem von der Tat erzählen zu müssen. Oft ist es einfacher für ein Kind, die Wirklichkeit zu ignorieren, als der Tatsache ins Auge zu sehen, daß die Erwachsenen um es herum es nicht beschützen wollen und es tatsächlich vielleicht eher verletzen.

Eine Frau erinnert sich daran, wie ein Junge aus der Nachbarschaft ihr erzählte, jeder wisse, daß ihr Vater sie am Abend vorher geschlagen habe. Sie hatten sie alle schreien hören. »Ich sagte ihm: ›Das war ich nicht. Mein Vater würde mich niemals schlagen.‹« Manche Überlebende geben zu, mißhandelt worden zu sein, aber sie bestreiten, daß das irgendwelche Auswirkungen auf sie gehabt habe. »Ich habe meinem Therapeuten gesagt, daß ich das schon verarbeitet habe«, sagte eine Frau, »er hat mir geglaubt.«

Vergessen

Zu *vergessen* ist eine der häufigsten und wirkungsvollsten Methoden, mit denen Kinder auf sexuellen Mißbrauch reagieren. Die Psyche besitzt ungeheure Verdrängungskraft. Viele Kinder können den Mißbrauch vergessen, *sogar während er geschieht*:

> Ich stellte mir einen Wandschrank vor. Alles, was mit mir geschah, stopfte ich gleich ganz hinten in diesen Schrank, und dann machte ich die Tür zu.

Die Fähigkeit zu vergessen erklärt, wieso so vielen erwachsenen Überlebenden gar nicht klar ist, daß sie mißbraucht worden sind. (Für eine gründliche Erklärung dieses Phänomens siehe »Das Erinnern«, Seite 62) Einige Überlebende erinnern sich an den Mißbrauch, wissen aber nicht mehr, was sie damals gefühlt haben. Eine Frau, die während ihrer gesamten Kindheit wiederholt von ihrem Stiefvater und ihrem Bruder belästigt wurde, sagt: »Ich hatte völlig verdrängt, daß mir das unangenehm war.«

Abspalten

»Abspalten« beschreibt den Vorgang, daß die Überlebende ihr Bewußtsein von ihrem Körper trennt oder ihren Körper »verläßt«.

Mangelnde Integration

Ein Nebenprodukt des Vergessens ist das Gefühl, in mehr als eine Person gespalten zu sein. Da ist zum Beispiel das kleine Mädchen, das die schöne Kindheit erlebt, aber darunter gibt es das Kind, das zu Alpträumen neigt und Menschen sieht, die sich in den dunklen Ecken ihres Zimmers verstecken.

Viele Überlebende leben auch als Erwachsene weiter nach diesem Muster. Innen fühlst du dich böse und schlecht und weißt, daß da etwas ganz und gar nicht stimmt, aber nach außen hin zeigst du eine andere Fassade. Laura erinnert sich:

> Mit einundzwanzig lag ich in meinem Bett, unfähig aufzustehen, beobachtete, wie die Wanzen über meine Bettlaken krabbelten, und dachte, ich würde mich entweder umbringen oder verrückt werden. Eine halbe Stunde später drehte ich mich um und schrieb meiner Mutter mal wieder einen fröhlichen Brief, wie gut es mir ginge. Ich versuchte verzeifelt, die Fassade aufrechtzuerhalten.

Aber die Fassade ist oft sehr brüchig. Eine sechsundfünfzigjährige Psychotherapeutin berichtet, wie sie mit dem Gespaltensein gelebt hat:

> Ich machte immer alles hundertprozentig. Ich war ungeheuer tüchtig. An der Uni war ich immer eine der Besten. Ich

bekam sogar ein Fulbright-Stipendium für London. Alle hielten mich für wahnsinnig erfolgreich.

Ich entwickelte eine komplette zweite Persönlichkeit, die nur auf dem basierte, was man von mir erwartete, und versteckte mich. Meine zwischenmenschlichen Beziehungen bestanden ausschließlich aus dem Austausch von Selbstdarstellungen. Ich besaß Geld und Status, deshalb kam ich damit durch.

Ich wußte, ich war krank. Ich wußte, ich hatte etwas furchtbar Schlimmes. Unter dieser falschen Persönlichkeit war völlige Leere und unter der Leere eine ungeheuere Wut. Ich war sicher, wenn ich mir jemals erlauben würde, in meinem Verhalten etwas von den Problemen zu zeigen, die ich in mir drinnen hatte, würde alles zusammenbrechen, und ich würde im Irrenhaus oder in Polizeigewahrsam landen.

Bei extremem Mißbrauch kann diese Art des Gespaltenseins zur Entwicklung von Mehrfach-Persönlichkeiten führen.

Deinen Körper abspalten
Kinder, die mißbraucht oder geschlagen werden, machen oft ihren Körper gefühllos, damit sie nicht merken, was ihnen angetan wird. Andere verlassen tatsächlich ihren Körper und betrachten die Mißhandlung wie aus großer Entfernung.

> Es war, als ob ich aufstiege, aus meinem Körper heraus. Ich konnte fühlen, wie ich auf einem Stuhl saß, und ich konnte fühlen, wie ich aus meinem Körper herausschwebte. Genauso war es: auf halber Höhe in der Luft schweben. Ich weiß, mein Körper sitzt auf dem Stuhl, aber der Rest von mir ist draußen.

(Mehr über diese Art von Spaltung in »Was du gegen das Abspalten tun kannst«, S. 193)

BESTANDSAUFNAHME

Zwei Bilder
von meiner Schwester

von Dorianne Laux

*Wenn ein normaler Mensch schweigt,
kann das Taktik sein.
Wenn ein Schriftsteller schweigt,
lügt er.*

Jaroslav Seifert

Eine Pose wie die Monroe,
im gleißenden Sonnenlicht,
die Augen niedergeschlagen,
eine langstielige Plastikrose
zwischen ihren Zähnen.
Mein abgelegter Badeanzug
hängt in Falten über ihren Rippen,
die Träger mit Nadeln festgesteckt
im Nacken.
Barfuß auf dem heißen Zement,
X-Beine, komisch,
wären da nicht
ihre anmutig angewinkelten Arme,
ihr Körper, zart,
vor dem körnigen Gips der Wand.

Das andere Bild hab ich im Kopf.
Jahre später.
In Farbe.
Blondes Haar kringelt sich weg
von den Flächen ihres Gesichts
wie Hobelspäne.
Sie trägt ein zitronengelbes,
zerknittertes T-Shirt,
abgeschnittene Jeans,
ihr Nabel zu einem Schlitz
zusammengedrückt
über dem silbernen Druckknopf.
Sie steht in der Diele
mit dem Rücken an der Wand,
während Dad ihr seinen Gürtel
ins Gesicht schlenkert.
Ein Fetzen Haut hängt
von ihrer bloßen Schulter herunter,
über ihre Oberschenkel
laufen Schlangenlinien,
ein vollkommener Ring
um ihren langen Hals.
Sie sieht durch ihn hindurch,
als könne sie
hinter seinen Kopf sehen.
Sie fordert ihn heraus.
Los. Schlag mich noch mal.
Er läßt den zusammengefalteten
Gürtel auseinanderfallen
bis zum Boden,
hält das Ende fest und holt aus.
Die Schnalle ratscht
über ihren Wangenknochen.
Sie bewegt sich nicht,
schreit nicht,
wimmert nicht einmal,
als die Wunde
auf ihrer Schläfe
sich öffnet,
weiter und weiter,
wie eine Blume in einem
Disney-Film.
Nur ihre Augenlider
mit den lilafarbenen Blütenblättern
senken sich,
und als er weggeht,
bewegen sich nur ihre Augen,
wie die Augen eines Porträts,
die dir folgen,
durch den ganzen Museumssaal,
ihr Gesicht ein unerbittlicher Mond,
der das Auto die ganze Nacht
verfolgt, im Rückfenster klebt,
egal, wie viele Kurven du fährst,
egal, wie weit du kommst.

Kontrollieren

Das Bedürfnis, alles unter Kontrolle zu haben, ist ein Faden, der sich durch das Leben vieler Überlebender zieht:

> Es ist mir ungeheuer wichtig, daß alles so läuft, wie ich mir das denke. Ich hab das Gefühl, ich sterbe, wenn ich meine Vorstellungen nicht durchsetzen kann. Es gibt viele kleine, alltägliche Zwischenfälle, die mir das Gefühl geben, schrecklich hilflos zu sein.

Wenn Überlebende in einer chaotischen Umgebung aufgewachsen sind, unternehmen sie oft große Anstrengungen, um in ihrem Leben Ordnung zu halten.

> Meine Schuhe müssen abends immer an den gleichen Platz gestellt werden. Mein Zimmer ist immer aufgeräumt. Wenn ich morgens zur Arbeit komme, lege ich routinemäßig meinen Kugelschreiber an seinen Platz, meine Schlüssel an ihren. Wo immer ich Ordnung halten kann, tu ich das auch, weil es, als ich ein Kind war, so viele Stellen gab, die ich nicht unter Kontrolle hatte.

Alles im Griff zu haben kann positiv sein. Gute Organisation ist ein Plus, wenn du berufstätig oder Mutter bist. Nachteile können mangelnde Flexibilität sein und Probleme, wenn es um Verhandlungen oder Kompromisse geht.

Chaos

Manchmal gelingt es Überlebenden, alles unter Kontrolle zu halten, indem sie Chaos schaffen. Wenn dein Verhalten außer Kontrolle gerät, zwingst du die Leute um dich herum, alles liegen- und stehenzulassen und auf deine neusten Probleme einzugehen. Auf diese Weise bekommst du Aufmerksamkeit (wenn auch negative) und bist tatsächlich die Bestimmende. Lauras Vater sagte immer: »Eine Familie ist eine Diktatur, die von ihrem kränkesten Mitglied regiert wird.«

Wie Kinder von Alkoholikern sind auch Überlebende oft ebenso gut darin, Krisen zu beenden, wie sie sie hervorrufen können:

> Es heißt, daß Menschen sich zu dem hingezogen fühlen, was bequem ist, was sie kennen. Wenn das stimmt, dann erklärt es, warum man Überlebende in den meisten Fällen mitten im Chaos vorfindet. Nicht nur, daß sie es gut kennen. Sie können auch wunderbar damit umgehen. Ich kam immer mit jeder Ausnahmesituation zurecht und fühlte mich tatsächlich in meinem Element. Nicht so in meinem normalen Alltagsleben: Damit kam ich überhaupt nicht klar. Im Alltäglichen habe ich immer übertrieben und eher sinnlos reagiert.

> Bevor ich herausfand, daß ich eine Überlebende bin, fragte ich mich manchmal, warum mein Leben so voller Erschütterungen ist. Nicht nur, daß es um mich nie auch nur halbwegs ruhig war. Allein bei dem Gedanken daran geriet ich in Panik. Immer wenn mein Leben zur Ruhe kam, begann ich zu wünschen, etwas Wichtiges möge passieren, damit ich mich »zu Hause« fühlen könnte. Während andere Leute stets versuchen, in nichts hineinzugeraten, bekam ich nie genug.

Jerilyn Munyon

Diese Fähigkeit, Krisen zu managen, kann aus dir eine hervorragende Mitarbeiterin in der Notaufnahme machen oder eine gute Ambulanz-Fahrerin, sie kann aber auch dazu beitragen, deine Gefühle von dir fernzuhalten. Wenn du von Gefühlsintensität und Dramatik abhängig bist, könntest du eine begnadete Bühnendarstellerin werden, aber vielleicht läufst du auch vor dir selbst davon.

BESTANDSAUFNAHME

Abheben

Überlebende besitzen oft die gefährliche Fähigkeit, »abzuheben« und nicht mehr anwesend zu sein. Es gibt da viele Möglichkeiten:

> Ich lief oft in Wände, Türen und Möbel hinein, weil ich nicht in meinem Körper war, aber ein paar blaue Flecke waren nicht so schlimm, wenn ich dafür vergessen konnte.

Eine andere Überlebende sucht sich immer, wenn sie sich vor etwas fürchtet, einen Gegenstand im Raum und starrt ihn an - genau wie damals, als sie belästigt wurde:

> Ich erinnere mich genau an die kleinsten Details der verschiedenen Räume, in denen ich war. Ich weiß nicht mehr, mit wem ich gesprochen habe oder worüber wir sprachen, aber ich kann dir ganz genau erzählen, wie das Fenster aussah!

Das Problem bei dieser Art der Distanzierung ist, daß du dich selbst nicht nur dem Schmerz verschließt, sondern auch dem Reichtum des Lebens und des menschlichen Gefühls. Du gehst dem Schmerz aus dem Weg und verpaßt dabei auch alles andere:

> Ich habe einen großen Teil meines Lebens damit verbracht, abzuheben und zu verschwinden. Ich bin stolz darauf, wie gut ich das kann. Ich habe schon da gesessen und war völlig abwesend, und dann kam ich wieder und hatte keine Ahnung, wo ich in dem Gespräch war. Und die ganze Zeit hatte ich geredet. Und das Merkwürdigste ist, daß die meisten Leute gar nicht merken, daß ich nicht da bin!

Während eines Interviews führten sowohl Laura als auch die andere Überlebende ihre Fähigkeit abzuheben vor. Laura erzählt:

> Wir lachten darüber, wie gut wir beide verschwinden können, und ich drehte mich um und fragte sie, wie lange sie während des Interviews anwesend gewesen sei. »Och, ungefähr siebzig Prozent«, antwortete sie. »Und du?« »Och, ungefähr fünfundsechzig Prozent. Das ist ein anstrengender Tag für mich.« Wir lachten. Das mußt du dir vorstellen: Zwei Überlebende in einem Gespräch über das Heilen, und keine von uns war wirklich ganz da. Wir vereinbarten auf der Stelle, sofort abzubrechen, wenn eine von uns anfinge zu verschwinden, und dann darüber zu sprechen, was es ausgelöst habe.

Erhöhte Wachsamkeit

Als Kind hat dich deine Fähigkeit, dich den geringsten Veränderungen in deiner Umgebung anzupassen, möglicherweise vor Mißbrauch gerettet. Vielleicht bist du dir immer sehr bewußt, wo du dich in einem Raum befindest. Vielleicht setzt du dich so, daß du den Eingang im Auge hast, und paßt auf, daß sich dir niemand von hinten nähern kann. Vielleicht beobachtest du auch die Menschen um dich herum mit erhöhter Wachsamkeit, errätst ihre Wünsche und Launen immer schon im voraus. Eine Frau erzählte, daß sie aus diesen Gründen eine notorische Klatschtante sei. Wenn sie immer auf dem Laufenden darüber war, was jede und jeder um sie herum tat, konnte niemand sie jemals wieder überraschen.

Erhöhte Aufmerksamkeit kann ein Plus sein. Überlebende sind schon ausgezeichnete Therapeutinnen geworden, einfühlsame Ärztinnen, Reporterinnen, die Skandale aufgedeckt und die Öffentlichkeit aufgerüttelt haben, aufmerksame Mütter, mitfühlende Freundinnen. Eine Überlebende arbeitet in einem Labor der Kriminalpolizei und analysiert Beweismaterial in Fällen von Vergewaltigung. Wie sie sagt, ist sie dank ihrer erhöhten Aufmerksamkeit hervorragend für diese Arbeit geeignet. Andere Überlebende haben auf der Basis ihrer Feinfühligkeit spiritistische Fähigkeiten entwickelt. Dennoch kann dieser Zustand ständiger Anspannung aufreibend sein. Schließlich müssen wir alle irgendwann einmal entspannen.

Humor

Ein Sinn für drastischen Humor, schneidende Ironie oder Zynismus kann dir über harte Zeiten hinweghelfen. Solange du die Leute unterhältst, wahrst du eine gewisse schützende Distanz. Und solange du selbst lachst, brauchst du nicht zu weinen:

> Jahrelang habe ich meinen Humor benutzt, um den Schmerz und die Scham, die ich wegen des Inzests empfand, zu kompensieren. Mein Humor war natürlich Galgenhumor. Oft richtete er sich gegen die Absurdität der heilen Welt: die Familie hinter dem weißen Holzzaun, das Blut tropfte von den säuberlich gestrichenen Pfählen, auf denen die Töchter zum Opfer aufgespießt waren. Das war meine Art, die Wahrheit zu erzählen über etwas, von dem ich nicht sicher war, daß mir irgend jemand glauben würde, die/der es nicht selbst erlebt hatte.

Einmal fragte ich meinen Therapeuten nach meinem Sinn für Humor. Es schien mir nicht richtig, über diese Dinge zu lachen. Er meinte: »Humor ist nur eine Möglichkeit, mit Unglück fertigzuwerden. Andere Menschen beginnen, sich selbst oder andere zu zerstören, oder sie legen Feuer oder trinken sich zu Tode. Unter den vielen Möglichkeiten, die es gibt, um mit großem Schmerz fertigzuwerden, hast du dir eine ausgesucht, die relativ harmlos ist und das Leben lachend bejaht. Keine schlechte Wahl. Gar keine schlechte Wahl.«

Humor kann ein Plus sein. Die Leute sind gern mit dir zusammen. Vielleicht bewahrst du dich davor, deprimiert zu sein. Vielleicht wirst du sogar Komikerin oder Unterhaltungskünstlerin. Sinn der Sache ist es, den Humor wirksam zu nutzen, ohne sich dahinter zu verstecken.

Rastlosigkeit

Rastlos beschäftigt zu sein kann dazu dienen, sich aus einer Situation herauszuhalten und Gefühle zu vermeiden. Viele Überlebende leben ihr ganzes Leben lang nach irgendwelchen Listen, die sie als erstes am Morgen schreiben. Eine Frau dazu: »Ich bedauere oft, daß ich nie meinen eigenen Lebensrhythmus gefunden habe.«

Flucht

Als Kind oder Jugendliche hast du vielleicht versucht wegzulaufen. Oder du warst ein eher passiver Typ und hast dich in Schlaf, Bücher, ins Fernsehen geflüchtet. Viele erwachsene Überlebende lesen immer noch wie besessen. Eine Frau erzählt: »Ich kaufte mir dann immer so einen Schundroman und las, bis ich einschlief, normalerweise mindestens sechsunddreißig Stunden an einem Stück.« Andere verbringen Stunden vor dem Fernseher.

Wenn du es dir nicht leisten konntest zu glauben, daß du tatsächlich mißbraucht wurdest, hast du getan, als passierte in Wirklichkeit etwas anderes. Manchmal erfinden Kinder Phantasien, die den Wunsch nach Macht in einer machtlosen Situation ausdrücken. Eine Frau träumte von einem kleinen Haus, in dem sie ganz allein wohnen konnte, mit Schlössern an den Türen. Eine andere träumte während ihrer ganzen Kindheit von Rache:

> Ich schaute mir im Fernsehen immer Perry Mason an, um auf Ideen zu kommen, wie ich meinen Vater töten könnte. Jeden Tag eine neue Methode. Egal, wer in Perry Mason an dem Tag getötet wurde, wenn ich am Abend ins Bett ging, wußte ich immer, so würde ich meinen Vater umbringen. Einmal war in Perry

Mason so ein Typ, der tötete seine Frau, indem er einen Fön in die Badewanne warf. Ich stellte mir vor, wie ich ihn damit töten würde. Das war so gut wie der elektrische Stuhl. Ich weiß auch noch, wie ich mir ganz genau vorstellte, ich würde gemahlenes Glas in den Hackbraten tun. Ich war die Köchin. Ich dachte daran, ihn zu erstechen, zu erschießen. Jede Nacht brachte ich ihn anders um.

Viele Überlebende leben auch als Erwachsene mit intensiven Phantasien:

Seit ich erwachsen bin, sind es Phantasien, in denen das Gute siegt, Phantasien, in denen ich Macht habe in der Welt, Rachephantasien. In diese Phantasien kann ich mich so hineinsteigern, daß ich richtig weine. Ich liebe Phantasien, in denen ich sterbe und alle bedauern, wie sehr sie mir immer unrecht getan haben. Das sind einfach aktualisierte Versionen der Tagträume, die ich als Kind hatte. Ich kann mich darin stundenlang verlieren. Es ist viel ungefährlicher, in meinem Kopf Lösungen zu finden, als etwas in der Welt zu ändern.

Phantasien können aber auch die Basis eines erfüllten, schöpferischen Lebens bilden. Eine Jugendliche mußte so dringend fliehen, daß sie glaubte, die Science-Fiction-Serie »Raumschiff Enterprise« sei Realität. Als die Serie nicht mehr lief, hörte sie die Stimmen der DarstellerInnen in ihrem Kopf und begann, ihre eigenen Folgen zu schreiben. Heute ist sie eine erfolgreiche Science-Fiction-Autorin.

Wenn der Schmerz unerträglich wird

Psychische Störungen

Probleme treten auf, wenn die Grenze zwischen Phantasie und Realität verschwimmt. Für viele Überlebende scheint es durchaus sinnvoll, »verrückt zu werden«:

Ich hatte mein Leben lang psychische Probleme. Psychiatrische Kliniken waren für mich eher so etwas wie Erholung, weil sie mich von meiner Familie wegbrachten. Es war wie ein erweitertes Weglaufen. Ich hatte keinerlei Kontrolle über mein Leben. Was mein Vater nicht bestimmte, bestimmte meine Mutter. Es war nicht mein Leben. Ich war in diesem Körper, aber wie eine Marionette, und alle anderen zogen an den Fäden. *Ich mußte krank werden, um da rauszukommen.* Ich ging in meinem Kopf einfach immer weiter und weiter, um gar nichts mehr mit der Realität zu tun zu haben.

Selbstverletzung

Selbstverletzung ist eine Möglichkeit für Überlebende, die Kontrolle über ihr Schmerzempfinden nicht zu verlieren. Anstatt dich mißhandeln zu lassen, verletzt du dich selbst. Eine Frau schlug sich mit einem Gürtel und fügte sich ernsthafte Verletzungen zu. Eine andere schnitt mit einem Messer an ihrem Bein herum:

Ich wollte mich verletzen, mir selbst Schmerz zufügen, und normalerweise tu ich das, indem ich mich mit einem Messer schneide. Ich hab das Gefühl, der Schmerz in mir drin ist so schlimm, daß er herauskommt, wenn ich mich schneide. Oft hab ich Phantasien und stell mir vor, ich haue mit meinen Fäusten durch Glas, und ich denk einfach, wenn ich zusehe, wie das Blut an dem Glas herunterläuft, geht der Schmerz bestimmt irgendwie weg. So, als ob du ein Ballon wärst, zu prall aufgeblasen, und du müßtest mal kurz etwas Luft ablassen. Wenn du das einmal gemacht hast, wird es immer leichter. Es ist eine Sucht wie jede andere.

Oft hab ich das Bedürfnis danach, wenn ich mich an etwas erinnere. Dann fühl

ich, wie ich die Kontrolle über meinen Schmerz verliere. Wenn ich mich schneide, wissen die anderen, welche Schmerzen ich leide. Sonst merken sie es nicht, vor allem, weil ich versuche, keine Gefühle zu zeigen.
Auf der anderen Seite lenkt körperlicher Schmerz von psychischem Schmerz ab. Auf diese Weise brauche ich mich nicht auf meine verletzten Gefühle zu konzentrieren. Sonst fühle ich mich immer so gefangen und hilflos.

(Für weitere Information darüber, wie ein Selbstverletzungsmuster unterbrochen werden kann, siehe »Lernen, sich nicht mehr zu verletzen«, Seite 203.)

Selbstmordversuche
Oft scheint Selbstmord der einzige Ausweg zu sein aus einem Leben, dem du völlig hilflos ausgeliefert bist.

> Ich habe oft, sehr oft, versucht, Selbstmord zu begehen, und hab es ernst gemeint, aber irgend etwas in mir will nicht sterben. Ich hab mir eine Rasierklinge in die Vene gehauen, und das Blut spritzte nur so heraus, aber gestorben bin ich nicht. Ich hab achtundzwanzig Meprobamat genommen, ein starkes Beruhigungsmittel. Die Hälfte hätte eigentlich reichen müssen, aber ich bin nicht gestorben. Ich habe einen starken Lebenswillen.

Selbstmordversuche sind nicht immer so offensichtlich. Eine Frau betete während ihrer ganzen Kindheit: »Und wenn ich sterbe heute nacht...«, und drückte sich dabei selbst die Daumen. (Wenn du Selbstmordgedanken hegst, siehe »Bring dich nicht um«, Seite 186.)

Sucht und Isolation

Sucht ist eine sehr verbreitete Reaktion auf den Schmerz sexueller Mißhandlung. Diese Sucht richtet sich normalerweise gegen die Überlebende selbst, sie ist selbstzerstörerisch. Du kannst süchtig sein nach gefährlichen Situationen, nach Krisen oder nach Sex. Vielleicht greifst du zu Drogen, Medikamenten, Alkohol oder ißt zwanghaft, um die Erinnerungen nicht hochkommen zu lassen, um deine Gefühle zu betäuben. Du mußt deine Süchte bändigen, wenn du heilen willst. (Mehr über den Kampf gegen Süchte unter »Von der Sucht zu Freiheit«, Seite 197)

Isolation ist oft eine Begleiterscheinung von Sucht. Wenn dir niemand nahe ist, kann dich niemand verletzen. Überlebende schließen andere oft aus, zimmern sich ein beschränktes Leben nach ihren eigenen Vorstellungen.

**Bevor ich mich erinnerte:
Sunnys Geschichte**

Mit meiner Mutter zusammen hab ich angefangen zu trinken, nachmittags, nach der Schule. Ihre Cocktail-Stunde begann mit dem Nachmittagsprogramm im Fernsehen. Sie war behindert, und wenn ich aus der Schule kam, sagte sie immer: »Mach mir einen Drink.« Und eines Tages hieß es dann: »Mach uns einen Drink.« Erst als ich siebzehn war und von zu Hause wegging, zum College, hatte ich die ersten Filmrisse und fing ernsthaft an zu trinken.
Ich war nie eine große Partygängerin, ging selten in Bars. Ich trank allein zu Hause. Ich trank, bis ich das Bewußtsein verlor oder bis die Flasche leer war. Es war immer das letzte Mal, warum also nicht alles austrinken?
Genauso machte ich es mit dem Essen. Morgens aß ich gar nichts, denn ich war jeden Morgen auf Diät. Das ging so bis zwei oder

drei Uhr nachmittags, und dann fing ich immer an zu essen. Anstatt eine Mahlzeit zu essen wie ein normaler Mensch, kaufte ich mir meistens ein Kilo Eiscreme oder einen Berg Kuchen und aß innerhalb kurzer Zeit ungeheuer viel. Es schmeckte mir nie. Ich hatte ein schlechtes Gewissen, und das Essen machte alles nur schlimmer. Ich fühlte mich schrecklich, eine Versagerin. Und dann dachte ich immer: »Na gut, morgen fang ich an.«

Bevor ich zu den Anonymen Alkoholikern ging und trocken wurde, dachte ich, kein Mensch auf der Welt hätte solche Gefühle wie ich, täte die Dinge, die ich tu, lebte, wie ich lebe. Ich lebte wie eine Ratte. Ich zog mich normal an und hatte eine Arbeit und eine hübsche Wohnung. Aber freitags kam ich nach Hause, zog die Vorhänge zu, schloß die Tür ab, guckte mir alte Filme an und trank und aß.

Ich sah mir nie etwas Aktuelles an - die Tagesschau, Sport. Nur alte Kinofilme, die nichts mit der Realität zu tun hatten. Oder diese Serien. Ich betrachtete die Darsteller als meine Familie. Besonders an Feiertagen freute ich mich, sie zu sehen. Ich feierte Weihnachten mit meiner »Familie«.

Ich zog mich nur an, um einkaufen zu gehen. Ein Getränkeladen war einen Block weiter. Den einen Block fuhr ich mit dem Auto. Manchmal schaffte ich es nicht einmal bis nach Hause. Ich mußte anhalten und an eine der neugekauften Flaschen gehen.

Manchmal kleidete ich mich nicht einmal an. Ich zog bloß einen Mantel über mein Nachthemd und fuhr los.

Ich hatte ein schlechtes Gewissen, weil ich so lebte, aber ich versuchte, nicht darüber nachzudenken. Ich wußte, da stimmt etwas nicht, aber ich wußte nicht genau, was das war. Ich wußte, andere Leute leben nicht so. Ich dachte immer, eines Tages würde ich etwas daran ändern. Aber nicht heute.

Ich hatte keine FreundInnen. Ich kannte gerade eine Handvoll Leute. Ich weiß noch, wie ich dachte, wenn ich sterbe, merkt das als erstes meine Vermieterin, weil ich am Ersten meine Miete nicht zahle. Es gab wirklich niemanden in meinem Leben. Niemand, die oder der mir etwas bedeutete. Ich war unglaublich isoliert. Und ich machte immer so weiter, bis ich zu den Anonymen Alkoholikern kam.

Eßprobleme

Eßprobleme gehen oft auf Mißbrauch zurück. Junge Mädchen, die sexuell mißbraucht wurden, entwickeln manchmal Anorexie (Magersucht) oder Bulimie (Eß- und Brechsucht). In einem starr strukturierten Familiensystem, in dem der Mißbrauch versteckt wird und nach außen hin alles normal ist, können Anorexie oder Bulimie ein Schrei nach Hilfe sein. Für Mädchen, die zu sexuellem Kontakt gezwungen wurden, kann es furchterregend sein, in einen Frauenkörper hineinzuwachsen. Anorexie und Bulimie sind möglicherweise der Versuch, nein zu sagen, die Kontrolle über den sich verändernden Körper nicht zu verlieren.

Zwanghaftes Essen ist ein anderer verzweifelter Versuch, damit fertig zu werden. Überlebende denken manchmal, wenn sie dick wären, blieben ihnen sexuelle Annäherungsversuche erspart.

Ich bin zu dick, seit ich neun war. Ich kann mich genau an den Tag erinnern, an dem ich anfing zu essen. Das war an dem Tag, an dem mein Stiefvater vor allen Leuten an mir herumfummelte. Er zog mir meinen Badeanzug aus, und unter dem Vorwand, mich abzutrocknen, steckte er seine Finger in mich rein. Ich fühlte mich so furchtbar bloßgestellt. Und ich weiß noch, daß ich an dem Tag zu essen begann. Und ich ging wirklich auf wie ein Hefekloß.

Ich esse immer wieder ganz bewußt, um zuzunehmen. Mein Gewicht soll mich zudecken, beschützen. Wenn ich abnehme, fühle ich mich so bloßgestellt und nackt. Ich hasse das. Es ist auch nicht leicht, so dick zu sein. Es beeinträchtigt mein Leben überall. Aber ich brauche diesen Schutz noch.

Eine andere Überlebende erzählt: »Ich aß immer weiter, damit ich nicht darüber reden brauchte, was passiert war. Ich paßte bloß auf, daß mein Mund immer voll war.«
Zwanghaftes Essen muß sich nicht auf die Figur auswirken. Es gibt dicke Frauen, die nicht eßsüchtig sind, und dünne Frauen, die zwanghaft essen. In unserer Kultur ist Fett ein Makel, aber wir haben alle von Natur aus unterschiedliche Figuren. Dicksein braucht kein Hinweis auf irgendwelche Gefühle oder Probleme zu sein.
(Mehr über Anorexie, Bulimie und zwanghaftes Essen unter »Eßprobleme«, S. 198.)

Lügen

Wenn Kindern befohlen wird, niemals über die Vergewaltigung zu sprechen, oder wenn sie nicht wollen, daß bekannt wird, was wirklich zu Hause vor sich geht, lernen sie, geschickt zu lügen. Viele erwachsene Überlebende sind zwanghafte Lügnerinnen, und die verschwiegene Vergewaltigung wird immer die größte Lüge von allen bleiben.

Klauen

Klauen ist eine Tätigkeit, die volle Konzentration erfordert. Sie ermöglicht es dir, für eine kurze Zeit alles zu vergessen - auch die Vergewaltigung. Du schaffst dir Zerstreuung oder Aufregung, du erlebst die Gefühle wieder, die du hattest, als du zum ersten Mal vergewaltigt wurdest: Schuldgefühle, Furcht und Schrecken, den Adrenalinstoß. Diebstahl ist auch eine Möglichkeit, der Autorität zu trotzen, ein Versuch zurückzuholen, was dir gestohlen wurde, einen Ausgleich zu schaffen. Und Diebstahl kann auch ein Schrei um Hilfe sein:

> Ich habe eineinhalb Jahre daran gearbeitet, eine Diebin zu werden. Anfangs, als ich aufhörte zu trinken, war es eine Art Ausgleich. Ich klaute nicht, weil ich den Kram haben wollte: Ich wurde wahnsinnig high davon. Leider dauerte das immer nur etwa dreißig Sekunden, und darum mußte ich es ständig wiederholen.
> Ich beging Unterschlagungen bei der Firma, für die ich arbeitete. Mir gelang ein Riesenversicherungsbetrug. Ich beging Ladendiebstähle. Ich sammelte soviel Zeug an, daß ich anfing, es fortzuwerfen. Mein Auto war voller Beute. Ich wurde nie erwischt.
> Vor fünf Jahren, zu Weihnachten, hörte ich auf zu klauen. Es war lange kein Tag vergangen, an dem ich nicht zumindest irgend etwas gestohlen hatte. An dem Tag waren alle Geschäfte geschlossen, es schien also ein guter Tag, um damit aufzuhören. Zum Schluß hab ich bei den AA [Anonymen Alkoholikern] angerufen und ihnen erzählt, daß ich da ein Problem hätte. Schon das Erzählen erleichterte mich.

Glücksspiel

Durch Glücksspiel kannst du die Hoffnung aufrechterhalten, daß das Leben sich vielleicht wie durch Zauberhand ändern wird. Hier kannst du deine Sehnsucht ausleben: Du kannst dir wünschen, endlich einmal Glück zu haben, Gerechtigkeit zu erfahren. Wenn du den großen Gewinn machst, wirst du endlich bekommen, was dir zusteht.
Glücksspiel ist auch Nervenkitzel, eine Möglichkeit, vor den Schwierigkeiten und Bedrohungen des täglichen Lebens in eine andere Welt zu flüchten, in eine Welt, die dich völlig in Anspruch nimmt und in der Risiken und Chancen klar verteilt sind.

Arbeitssüchtig

Überlebende haben oft ein sehr starkes Bedürfnis, etwas zu leisten, einen Ausgleich zu schaffen für das Schlechte, das sie in sich vermuten. Sich bei der Arbeit auszuzeichnen ist etwas, das sie selbst beeinflussen können und das in unserer Leistungsgesellschaft viel Anerkennung findet. Arbeit im Übermaß kann ein Zeichen dafür sein, daß

BESTANDSAUFNAHME

du sehr zielstrebig und erfolgsorientiert bist, sie kann aber auch andeuten, daß du deinem eigenen Erleben und einer Verbindung zu den Menschen um dich herum ausweichst:

> Ich bestand zu hundert Prozent aus Arbeit. Als ich anfing, nebenher noch zu studieren, blockte ich einfach gemeinsame Unternehmungen und Nähe mit anderen ab. Ich hatte mir ein wirklich hartes Studium ausgesucht, wollte mein Diplom in Betriebswirtschaft machen und war entschlossen, ausgezeichnet abzuschneiden. Wenn ich nicht an meinem Arbeitsplatz arbeitete, dann für die Schule, die mich in meinem Job weiterbringen sollte. Mein Jahresgehalt stieg um 30.000 DM. Das war alles, was zählte. Nur dort konnte ich noch beweisen, daß ich etwas wert war.

Sicherheit um jeden Preis

Manche Überlebende haben das Bedürfnis, loszuziehen und alle möglichen Hindernisse zu überwinden, andere entscheiden sich für Sicherheit. Das sind die gehorsamen Töchter, die Vorzeigestudentinnen, guten Ehefrauen und selbstlosen Mütter. Sie gehen selten Risiken ein, sie opfern ihre Möglichkeiten für Schutz und Sicherheit. Die Entscheidung für Sicherheit kann dir festen Boden und Stabilität geben, sie kann aber auch bedeuten, daß du deinen Ehrgeiz und deine Pläne aufgibst.

Die meisten Frauen finden Sicherheit in ihren Familien:

> Ich habe einen Mann geheiratet, von dem ich wußte, er war beständig, würde mich nie verlassen, und mich vor allem nie bedrängen. Er war wie ein Fels. Ich selbst hatte das Gefühl, auf so unsicherem Grund zu stehen. Wir führten eine konventionelle Ehe. Ich brauchte eigentlich nichts zu tun. Ich klammerte mich einfach an meinen Mann. Er war sehr erfolgreich, und lange sonnte ich mich in seinem Glanz. Unter seiner Schutzherrschaft lebte ich zweiundzwanzig Jahre lang, und so habe ich überlebt.

Vermeidung von Nähe

Wenn du niemanden an dich heranläßt, kann dich auch niemand verletzen. Eine Frau drückte das so aus: »Niemand kann dich ausnutzen oder schlecht behandeln, wenn du dich erst gar nicht auf eine Beziehung einläßt.« Und eine andere fügte hinzu: »Ich hab darauf geachtet, daß ich immer in Sicherheit war und allein.«

Überlebende unternehmen erhebliche Anstrengungen, um zu große Nähe zu vermeiden. Eine Frau: »Ich kann einfach aufhören, mit jemandem befreundet zu sein, ohne auch nur noch einmal darüber nachzudenken.« Eine andere fing nur Beziehungen mit Männern an, die weit genug von ihr entfernt wohnten: »Einer von ihnen wohnte eine Flugstunde entfernt, und der andere hatte kein Auto. Das war richtig gut.«

Bei anderen Überlebenden ist es nicht so offensichtlich, daß sie Nähe vermeiden. Auf den ersten Blick erscheinen sie offen und freundlich, aber sie verbergen ihre Gefühle. Eine Überlebende hatte eine »Liste mit zehn offiziellen Geheimnissen«, von der sie uns erzählte:

> Ich erzähle den Leuten Dinge über mich, die eigentlich zu persönlich sind, um erzählt zu werden. Aber in Wirklichkeit vertraue ich ihnen nicht und lasse sie auch nicht zu nahe kommen. Sie wissen nicht, was ich wirklich denke. Das erzähle ich fast nie.

Wenn du Nähe und Vertrautheit vermeidest, bist du in Sicherheit, und manchmal führt das auch zu positiven Charakterzügen, wie zum Beispiel Unabhängigkeit und Selbständigkeit. Es bedeutet jedoch auch, daß du alles Positive ausläßt, was eine gesunde Beziehung mit sich bringen kann.

Die gute alte Religion

Sicherheit kannst du auch in einer Glaubensgemeinschaft finden, die klar definierte Gebote hat.

> Ich bin süchtig nach Religion und Theologie. Ich bin nach Chassidischer Tradition getraut worden. Ich kann alle möglichen Volkszugehörigkeiten nachahmen. Ich bin süchtig nach Gruppen. Ich bin wie ein Schwamm. Stell mich irgendwo hin, wo die Leute nett zu mir sind, und irgendwann bin ich typischer als sie selbst.
> Als ich zwölf war, konvertierte ich und wurde Jüdin. Neun Jahre lang machte ich in orthodoxem chassidischem Judentum. Führte ein koscheres Haus, hielt den Sabbat ein, alle diese Dinge. Schließlich wurde mir das Judentum zu langweilig, und ich schaltete um auf Swami Satchidananda. Ich machte Yoga. Ich ging nach Indien und wohnte in einem Ashram.

Auch eher traditionelle Religion kann ein Hoffnungsanker sein. Der Reiz göttlicher Vergebung ist manchmal sehr verlockend für die Überlebende, die immer noch das Gefühl hat, der Mißbrauch sei ihre eigene Schuld gewesen.

Marilyns Geschichte: Wiedergeboren

Ich fand eine gewisse Sicherheit in einer baptistischen Wiedertäufergruppe, als ich fünfzehn war. Der Prediger sprach davon, wie schlecht wir alle seien und wie uns unsere Sünden alle vergeben werden könnten.

Alle gingen zur Bob-Jones-Universität mit den rosafarbenen und hellblauen Bürgersteigen, wo die Jungen auf Hellblau liefen und die Mädchen auf Rosa. Wir wollten alle auf diese Universiät. Das war das Größte. Wir waren ständig auf der Straße, predigten, verteilten Schriften, legten unseren FreundInnen gegenüber Zeugnis ab.

Die Kirche war für mich die Befreiung. Sie gab mir eine Struktur: Wenn du das und das tust, ist alles in Ordnung. Es gibt ausdrückliche Gebote und Verbote, die von der Kanzel verkündet werden, und es gibt weniger strenge Regeln, die dir deine FreundInnen vermitteln. Du weißt, in welchen Läden du welche Kleider kaufen sollst. Du weißt, welche Nachthemden du zu tragen hast. Du weißt, auf welche Art du mit deinem Mann sexuell verkehren darfst und was nicht erlaubt ist. Ihr kocht alle das gleiche. Ihr zieht alle eure Kinder auf die gleiche Weise groß. Und wenn du all diese Dinge befolgst, kann dir nichts geschehen. Das war das Wesentliche.

Ich war fest davon überzeugt, daß Gott bei jeder Kleinigkeit, die ich tat, bei mir war, auch wenn ich Lebensmittel einkaufte. Ich glaubte, solange ich im Licht der Erkenntnis wandelte, könnte mir nichts geschehen, mit dem Gott nicht einverstanden wäre. Ich wußte, wenn ich mich nicht entscheiden konnte, brauchte ich nur zu warten und Gott würde mir sagen, was ich zu tun hätte. Ich übernahm keine Verantwortung für mein Leben, das sollte ich nicht. Ich sollte Gottes Willen erkennen in allem, was ich tat. Ich ging in den Laden, und das Sofa, das mir schon länger gefallen hatte, war gerade im Sonderangebot, und es war Gottes Wille, daß ich es kaufte.

Ich gab Bibelstunden für Frauen. Die Bücher, nach denen ich so lange gelebt und unterrichtet habe, hießen ungefähr »Die Würde der Frau« und »Die vollkommene Frau«. Heute ist es mir peinlich, wenn ich an diese Frauen denke, und ich hoffe, sie haben vergessen, was ich ihnen beigebracht habe. Eine von ihnen war manchmal etwas widerspenstig, und ich sagte ihr dann, sie solle ihrem Mann gefügig sein. Und ich wußte immer die passende Bibelstelle.

Ich ließ keinen Zweifel zu. Keinen. Ich verschlang diese Dinge nur so, denn sie gaben mir große Sicherheit. Ich wußte, mir würde vergeben werden, daß ich so ein schlechter Mensch war.

Zwanghaftes Suchen oder Vermeiden von Sexualität

Wenn das Mißbrauchtwerden als Kind deine einzige Gelegenheit zu Körperkontakt war, suchst du möglicherweise Nähe weiterhin ausschließlich auf sexuellem Gebiet. Vielleicht wechseln deine PartnerInnen häufig, oder du versuchst, nichtsexuellen Bedürfnissen durch sexuellen Kontakt gerecht zu werden.

Manche Überlebende benutzen Sexualität zur Flucht oder erleben sie als Sucht. Manche geben sich große Mühe, Sexualität zu vermeiden.

> Ich habe bewußt einen Mann geheiratet, der eigentlich keine Sexualität hatte. Er war die Sorte »dreimal im Jahr«, und er war genau, was ich suchte. Wenn wir ein Kind wollten, maß ich meine Körpertemperatur. Die Empfängnis meiner Kinder hatte echt Ähnlichkeit mit künstlicher Befruchtung.

Andere machen ihre Körper so gefühllos, daß sie nicht mehr reagieren:

> Auf die Tatsache, daß der Inzest nicht nur unangenehme Gefühle in mir auslöste, habe ich zum Teil reagiert, indem ich mir sagte: »Es wird nie schön sein. Sex wird nie schön sein, weil es schön war, als es nicht hätte schön sein dürfen.« Also fühle ich gar nichts. Ich beachte Sex überhaupt nicht. Ich mache mir nichts daraus, und es bedeutet mir nichts. Die andere Person ist glücklich, wenn es vorüber ist. Und ich kann es nicht abwarten wegzukommen, damit ich das nicht noch einmal erleben muß.

Du kannst dich ändern

Als Kind hattest du keine große Wahl. Heute hast du mehr Möglichkeiten. Du kannst selbstzerstörerische Muster erkennen. Du kannst unter deinen Verhaltensmustern auswählen. Du kannst solche, die dir nicht länger nützen, ablegen und die positiven Anteile beibehalten (siehe 3. Kapitel mit Vorschlägen zur Änderung von individuellen Verhaltensmustern).

Nicht alle Überlebenden haben die gleichen Chancen. Wenn du auf eine Weise reagiert hast, die positiv bewertet wurde - indem du besonders fürsorglich warst oder erfolgreich bei der Arbeit -, hast du jetzt vielleicht mehr Möglichkeiten, als wenn du zu Drogen gegriffen hast, um zu überleben. Wenn du in einem Gefängnis oder in einer psychiatrischen Klinik eingesperrt bist, hast du selbstverständlich nicht die gleiche Möglichkeit, über eine Änderung deines Lebens zu bestimmen. Wurde deine Gesundheit von deinen Eßproblemen in Mitleidenschaft gezogen, wirst du dich sehr konkreten Einschränkungen gegenübersehen. Und natürlich beeinflussen wirtschaftlicher und sozialer Status, Rasse und sexuelle Orientierung deinen Spielraum.

Schreibübung: Verhalten in Not

(Siehe Grundregeln für Schreibübungen, Seite 25)

Du hast jetzt viel darüber gelesen, wie andere Frauen mit ihrer Situation fertig geworden sind. Einige der Methoden gelten sicher auch für dich. Vielleicht gibt es auch andere Muster, die hier nicht erwähnt wurden und die doch in deinem Leben immer wiederkehren. Hier hast du jetzt Gelegenheit, über deine Erfahrung zu schreiben: Wie hast du dich verhalten, um damit fertig zu werden? Erinnerst du dich an dein Verhalten? Verhältst du dich immer noch so? In welcher Weise hat es dein Leben beeinflußt? Beschreib alles, so genau, wie du kannst, und immer mit Respekt für das, was du getan hast.

Laß dir für das Schreiben eine halbe Stunde Zeit.

2 DER HEILUNGSPROZESS

Überblick

»Gib nicht auf.« Ich wüßte nichts Besseres, was ich einer Frau sagen könnte, der gerade bewußt geworden ist, daß sie eine Überlebende ist. Ganz am Anfang ist das das Wichtigste. Es gibt Frauen, die es geschafft haben, und so abgedroschen, so dumm und so belanglos sich das jetzt auch für dich anhören mag, später wirst du weniger Schmerzen haben. Und das kann schon bald sein. Wenn du es bis hierher geschafft hast, hast du verdammt gute Anlagen. Also vertrau einfach darauf, egal, was dir von außen signalisiert wird. Du bist die einzige, die dir sagen kann, was du tun mußt, um zu heilen. *Gib dich nicht auf.*

Oft kommen Überlebende in Ellens Workshops und erwarten, daß sie ihr Geld bezahlen, ein Wochenende investieren und dann geheilt sind. Eine Frau: »Ich dachte, wenn ich erst einmal jemandem erzählt habe, was mir passiert ist, wäre alles vorbei. Ich wollte gesund werden und dachte natürlich, das ginge über Nacht.«

Wir leben in einer Gesellschaft der Fertiggerichte, des Mikrowellenherds, der Schnellreinigungen. Wir haben uns angewöhnt, sofort mit Ergebnissen zu rechnen. Aber tiefgehende Veränderungen brauchen Zeit.

Der Heilungsprozess ist eine kontinuierliche Entwicklung. Er beginnt mit dem Bewußtwerden der Tatsache, daß du den Mißbrauch überlebt und bis zum Erwachsensein durchgehalten hast. Und er endet mit einem zufriedenen Leben, das nicht mehr von dem bestimmt wird, was dir als Kind geschehen ist. Dazwischen liegt das Thema dieses Buches.

Bis vor kurzem noch mußten sich Überlebende ohne Karte auf diesen Weg machen, ohne Zusicherungen und mit wenigen Rollenvorbildern. Diese Frauen waren Pionierinnen. Wir haben viel von den mutigen Maßnahmen gelernt, die sie ihrer Heilung wegen ergriffen haben.

Uns wurde deutlich, daß Heilen kein zufälliger Prozess ist. Es gibt erkennbare Stadien, durch die alle Überlebenden gehen. Folgende Kapitel liefern dir eine Beschreibung dieser Stadien, so daß du dich orientieren

DER HEILUNGSPROZESS

kannst, was du schon geschafft hast und was noch vor dir liegt.

Wir stellen diese Stadien in einer bestimmten Reihenfolge vor, aber wahrscheinlich wirst du sie anders erleben. Nur wenige Überlebende beenden Stadium eins und machen dann weiter mit Stadium zwei. Heilung geschieht nicht geradlinig. Sie ist eher untrennbarer Bestandteil deines Lebens. Eine Überlebende drückt das so aus: »Egal, was geschieht, ich kann es zu einem Teil meines Heilens machen.«

Häufig wird der Heilungsverlauf mit einer Spirale verglichen. Du kommst immer wieder durch dieselben Stadien. Aber während du die Spirale hinaufwanderst, durchläufst du diese Stadien auf einer anderen Ebene, mit einer anderen Perspektive. Es mag sein, daß du dich ein oder zwei Jahre lang intensiv mit deinem Mißbrauch beschäftigst. Dann machst du eine Pause und konzentrierst dich mehr auf die Gegenwart. Vielleicht lassen ein Jahr später Veränderungen in deinem Leben - eine neue Beziehung, die Geburt eines Kindes, ein Schulabschluß oder einfach ein innerer Druck - neue, nicht aufgearbeitete Erinnerungen und Gefühle hochkommen, und du kannst dich wieder auf sie konzentrieren, aufbrechen zu einer zweiten oder dritten oder vierten Entdeckungsrundreise. Mit jedem neuen Abschnitt wird deine Fähigkeit, zu fühlen, dich zu erinnern, dauerhafte Veränderungen zu vollziehen, gestärkt.

Die verschiedenen Stadien

Die meisten dieser Stadien sind für jede Überlebende nötig, ein paar von ihnen - Chaos, Erinnerung an den Mißbrauch, deine Familie zur Rede stellen, Vergeben - gelten allerdings nicht für jede Frau.

Entscheidung für die Heilung. Wenn du erst einmal die Auswirkungen des sexuellen Mißbrauchs in deinem Leben erkannt hast, mußt du dir aktiv vornehmen zu heilen. Wirkliche Heilung kann nur erfolgen, wenn du dich dafür entscheidest und bereit bist, dich zu ändern.

Chaos. Wenn du anfängst, dich mit deinen Erinnerungen und verdrängten Gefühlen auseinanderzusetzen, kann dies dein Leben in ein totales Chaos stürzen. Vergiß nicht, das ist nur eine Entwicklungsphase. Es wird nicht immer so bleiben.

Das Erinnern. Viele Überlebende verdrängen alle Erinnerung an das, was mit ihnen als Kind geschehen ist. Diejenigen, die die konkreten Vorfälle nicht vergessen, vergessen oft ihre damaligen Gefühle. Erinnern bedeutet, sowohl die Erinnerung als auch das Gefühl zurückzuholen.

Glauben, daß es geschehen ist. Überlebende mißtrauen oft ihren eigenen Wahrnehmungen. Langsam daran zu glauben, daß der Mißbrauch wirklich stattgefunden und daß er dich tatsächlich verletzt hat, ist ein notwendiger Bestandteil des Heilungsprozeßes.

Das Schweigen brechen. Die meisten erwachsenen Überlebenden haben während ihrer Kindheit den Mißbrauch geheimgehalten. Einer anderen Person zu erzählen, was geschehen ist, hat eine starke heilende Wirkung, die das demütigende Gefühl, ein Opfer zu sein, auflösen kann.

Verstehen, daß es nicht deine Schuld war. Normalerweise glauben Kinder, daß der Mißbrauch ihre Schuld sei. Erwachsene Überlebende müssen die Schuld dem geben, der sie tatsächlich auf sich geladen hat, nämlich dem Täter.

Kontakt herstellen zu dem Kind in dir. Viele Überlebende haben den Kontakt zu ihrer eigenen Verletzlichkeit verloren. Wenn du die Verbindung zu dem Kind in dir wiederherstellst, kann dir das helfen, Mitgefühl für dich selbst zu empfinden, stärkeren Zorn auf den, der dich mißbraucht hat, und größere Nähe zu anderen.

Dir selbst vertrauen. Am besten läßt du dich durch den Heilungsprozeß von deiner inneren Stimme leiten. Wenn du lernst, deinen eigenen Wahrnehmungen, Gefühlen, deiner Intuition zu vertrauen, bildest du eine neue Grundlage für deinen Umgang mit der Welt.

Schmerz und Trauer. Die meisten Frauen, die als Kind mißbraucht wurden und als Erwachsene kämpfen mußten, um zurechtzukommen, haben nicht bewußt gefühlt, welchen Verlust sie erlitten haben. Zu trauern ist eine Möglichkeit, deinen Schmerz zu respektieren, ihn loszulassen und in der Gegenwart anzukommen.

Die Grundlage deines Heilens: Zorn. Zorn ist eine starke und befreiende Kraft. Ob du erst Verbindung dazu aufnehmen mußt oder immer mehr als genug davon verspürt hast: deinen Zorn mit voller Wucht auf den Täter zu richten und auf die Menschen, die dich nicht beschützt haben, ist unentbehrlich für dein Heilen.

Enthüllung und Konfrontation. Dem Täter und/oder deiner Familie direkt gegenüberzutreten und sie mit dem Geschehenen zu konfrontieren ist für manche (nicht für alle) Überlebende eine intensive, klärende Erfahrung.

Vergeben? Dem Täter zu vergeben ist *nicht* wesentlicher Bestandteil des Heilungsverlaufs, obwohl es sehr oft empfohlen wird. Wirklich wichtig ist es nur, dir selbst zu vergeben.

Religion und Spiritualität. Zu wissen, daß es eine Macht gibt oder ein höheres Wesen, das mächtiger ist als du selbst, kann für den Heilungsverlauf von großem Vorteil sein. Jede Frau erlebt dieses Bewußtsein anders. Vielleicht findest du es in der traditionellen Religion, in der Meditation, in der Natur oder in deiner Selbsthilfegruppe.

Aufarbeiten und Weitergehen. Wenn du immer wieder aufs neue diese Entwicklungsstufen durchläufst, kommst du irgendwann zu einem Punkt der Integration, des inneren Gleichgewichts. Deine Gefühle und Vorstellungen stabilisieren sich. Du triffst dich mit dem Täter und mit den anderen Familienmitgliedern auf einer neuen Basis. Du löschst deine Geschichte nicht aus, aber du führst tiefgehende und dauerhafte Veränderungen in deinem Leben durch. Wenn du durch dein Heilen Bewußtsein, Mitgefühl und Kraft gewonnen hast, bist du in der Lage, auf eine bessere Welt hinzuarbeiten.

DER HEILUNGSPROZESS

Die Entscheidung zu heilen

Sei darauf gefaßt, daß du erst einmal alles verlierst, wenn du anfängst zu heilen. Heilkraft ist eine verheerende Kraft, der nichts heilig ist. Während mein alter Schmerz sich befreit, zerstört er die Strukturen und Grundlagen, die ich aus Schwäche und Unwissenheit aufgebaut habe. Es ist eine Ironie des Schicksals und ungerecht: Nur ich selbst kann dafür bezahlen, daß ich eine Lüge gelebt habe. Ich erlebe das Wunder einer Wiedergeburt, heller, klarer als eine Geburt, und seltsamerweise geschieht das während ein und desselben Lebens. *Ely Fuller*

Von sexuellem Kindesmißbrauch heilen zu wollen ist eine kraftvolle, lebensbejahende Entscheidung. Jede Überlebende hat das Recht dazu und verdient es, diesen Entschluß zu fassen. Auch wenn du vielleicht schon ein wenig Heilung in deinem Leben erfahren hast - in deiner Pflegefamilie, durch die Liebe deiner Partnerin/deines Partners, in einer Arbeit, die dich erfüllt und befriedigt -, die *Entscheidung* für die Heilung, die Entscheidung, deinem eigenen Wachsen Vorrang zu geben, setzt eine heilende Kraft frei, die Erfüllung und Intensität in dein Leben bringen wird, wie du es nie für möglich gehalten hättest:

> Zum ersten Mal freue ich mich an Dingen wie den Vögeln und den Blumen, an dem Gefühl der Sonne auf meiner Haut - ganz einfache Sachen. Ich kann ein gutes Buch lesen. Ich kann in der Sonne sitzen. Ich kann mich gar nicht daran erinnern, diese Dinge jemals genossen zu haben, nicht einmal als Kind. Ich bin aufgewacht. Wenn das nicht passiert wäre, würde ich immer noch schlafen. Jetzt fühle ich mich zum ersten Mal lebendig. Und ehrlich gesagt: Es lohnt sich.

> Ich bin jetzt hier. Meine Gedanken und Gefühle verlieren sich nicht in der Zukunft, ich verschwende sie nicht an irgendwelche Erinnerungen. Jetzt bin ich hier. Ich erlebe bewußt jedes bißchen meines Lebens, und ich laß mir nichts davon entgehen.

> Es hat mir die Möglichkeit gegeben, mich anzusehen. Ich bin offener geworden für Gefühle. Ich habe so viel gelernt. Nicht alles ist schlecht. Du heilst wirklich. Und du wirst wirklich stärker. Ich weiß nicht, was kommen müßte, um mich unterzukriegen, aber es müßte schon etwas wirklich Schlimmes sein. Ich bin tatsächlich eine Überlebende, eine, die durchkommt.

Der Entschluß zu heilen erwächst für jede Überlebende aus unterschiedlichen Lebensumständen. Ein junges Mädchen, das seinen Vater anzeigt, weil er es belästigt hat, wird der Richter vielleicht in eine Therapie schicken. Eine Frau von fünfundzwanzig heiratet vielleicht und merkt plötzlich, daß sie die Nähe zu ihrem Mann, die sie vor ihrer Heirat empfunden hat, nicht aufrechterhalten kann. Eine Dreißigjährige hat das Ge-

fühl, den Verstand zu verlieren, als ihre Tochter das Alter erreicht, in dem sie selbst vergewaltigt wurde. Eine ältere Frau entschließt sich zu ihrer Heilung, als der Mann, der sie mißbraucht hat, beerdigt wird.
Andere Frauen beschreiben, daß sie »es im Kopf nicht mehr aushielten« oder »ganz unten angekommen waren«, bevor sie sich entschlossen zu heilen. Eine Frau ließ sich erst helfen, als sie wegen ihrer Eßprobleme ins Krankenhaus mußte: »Ich habe mich jahrelang gegen eine Therapeutin gesträubt. Ich begann erst, mich damit auseinanderzusetzen, als ich gar nicht mehr anders konnte.« Nicht alle entscheiden sich freiwillig für ihre Heilung:

> Es war wie ein Zwang. Ich denke, jeder Mensch fühlt den Drang, zu wachsen und heil zu sein. Jede von uns drängt es, etwas gegen ihren Schmerz zu unternehmen.

Eine einzige menschliche Begegnung kann den Anstoß zur Heilung geben. Eine Überlebende entschloß sich zu heilen, weil eine Freundin ihr gesagt hatte: »Ich traue dir nicht. Ich denke immer, du sagst mir nicht die Wahrheit. Ich kann nicht offen mit dir sein, mit dir über meine Gefühle reden, weil ich nicht weiß, was du damit machst.« Das versetzte der Überlebenden einen Schock. Einmal, weil es stimmte, und zum zweiten, weil sie gedacht hatte, die Freundin würde niemals merken, daß sie nur so tat, als ob. »Ich hatte das Gefühl, sie war in meinen Kopf hineingekrochen und hatte gesehen, was wirklich drin war. Sie sprach aus, was ich mein Leben lang gefühlt hatte. Und ich ging in eine Therapie.«
Eine andere Frau entschloß sich zu heilen, als ihre jüngere Schwester sich umbrachte: »Sie hatte es nicht geschafft. Ich mußte verstehen, was mit ihr geschehen war, und für mich Mittel finden, um zu verhindern, daß mir das gleiche passierte.«
Eine junge Frau erzählt, daß eine Hausarbeit, ein Referat, sie dazu brachte, heilen zu wollen.

DIE ENTSCHEIDUNG ZU HEILEN

Ich war zwanzig. Ich studierte Psychologie und arbeitete an einer Untersuchung über die Nachwirkungen von Inzest bei den Überlebenden. Klar, die wenigsten Leute suchen sich so ein Thema aus! Aber es kam mir einfach hoch. Ich wollte meinen Großvater zerstören. Am Ende der Arbeit hätte ich ihn kastrieren können. Ich dachte, wenn ich diese Arbeit schriebe, würde ich das alles überwinden, würde ich heilen. Aber statt dessen brachen meine Gefühle ständig und überall einfach hervor. Als das Referat fertig war, brach ich zusammen. Ich hatte schon länger über eine Therapie nachgedacht, und ein paar Tage später suchte ich mir eine Therapeutin.

Eine Überlebende, die Nonne bei den Karmeliterinnen gewesen war, beschreibt ihren Entschluß zu heilen als das Bedürfnis, sich über die Gründe für ihren Eintritt ins Kloster klarer zu werden. »Ich liebte das Kloster, aber irgendwie mißtraute ich meiner Entscheidung. Ich hatte das Gefühl, wenn ich den sexuellen Mißbrauch nicht aufarbeiten würde, könnte ich niemals wissen, ob ich dieses Leben wirklich aus einer Position der Gesundheit heraus wählte und ob ich mich wirklich aus den richtigen Gründen für ein religiöses Leben entschied. Ich wollte sichergehen, daß die richtigen Gründe zu meiner Entscheidung führten, egal, wie ich mich entscheiden würde.«

Es ist nicht leicht

Es lohnt sich immer zu heilen, aber leicht ist es fast nie. Wenn du dich dafür entscheidest, an Dingen zu arbeiten, die mit dem Mißbrauch zu tun haben, wirst du vor Fragen stehen, die du niemals stellen wolltest, und du wirst Antworten finden, die du nicht erwartet hast. Wenn du einmal damit angefangen hast, wird dein Leben nie mehr sein wie vorher:

DER HEILUNGSPROZESS

Mein Therapeut hätte mich niemals angelogen. Er sagte immer: »Ich kann dir nichts garantieren. Ich weiß nicht, ob es dir besser gehen wird, wenn du darüber geredet hast. Vielleicht geht es dir dann auch viel schlechter.« Und es war schwer, den Sprung zu machen, egal, wohin, mit der Vorstellung, daß der Sprung selbst die Hauptsache war.

Ich gab damit eine wirklich sehr lebensfähige, kraftvolle Frau voller Selbstvertrauen auf. Aufgrund der Inzesterfahrung hatte ich auch sehr positive Seiten entwickelt. Und darauf wollte ich nicht verzichten. Vielleicht war das nicht die beste Art, um damit fertig zu werden, aber wenigstens war sie mir vertraut. Ich fühlte mich unglaublich verletzlich, als ich alles aufgeben mußte, und fragte mich, in welche Leere ich dann geworfen sein würde. Ich fühlte mich lange, als sei ich wundgelaufen und müßte doch immer weitergehen.

Vielleicht fragst du dich, ob das Risiko sich lohnt. Aber wie eine Überlebende sagt: »Das war einfach die Entscheidung mit den besten Aussichten.«

Die Entscheidung zu heilen bedeutet oft eine ungeheure Belastung für Ehen und Beziehungen, den Umgang mit Eltern, anderen Verwandten, manchmal sogar für deine Kinder. Es kann schwer sein, zur Arbeit zu gehen, zu studieren, zu denken, zu lächeln, Leistung zu bringen, zu funktionieren. Es kann sogar schwierig sein, zu schlafen, zu essen oder einfach mit dem Weinen aufzuhören.

Wenn ich gewußt hätte, daß irgend etwas so weh tun oder so schlimm sein könnte, hätte ich niemals beschlossen zu heilen. Aber du kannst auch nicht zurück. Du kannst die Erinnerung nicht rückgängig machen. So viele Jahre lang hat mir nichts weh getan. Irgendwie kann ich nicht mit Schmerzen umgehen. Ich kann nur *keine* Schmerzen empfinden. Und deswegen war es wirklich schlimm.

Manchmal ist der Anfang des Heilungsprozeßes so voller Krisen, daß die Frauen gar nicht glauben können, daß sie überhaupt eine Entscheidung getroffen haben. Als Laura sich daran erinnerte, wie sie mißbraucht worden war und zum ersten Mal zu einer Therapeutin ging, beschloß sie zu heilen. Aber es kam ihr nicht so vor:

Lange fühlte ich mich als Opfer des Heilungsverlaufs. Ich sollte mich selbst dazu entschlossen haben? Nie! Die Erinnerung an den Inzest war mir *widerfahren*. Die Erinnerungen waren wie diese dünnen Regenmäntel in den kleinen Päckchen. Wenn ich einmal einen auseinandergefaltet hatte, bekam ich ihn nie wieder ordentlich hinein. Die ganze Sache geriet mir außer Kontrolle, ich fühlte mich wie von einem Hurrikan mitgerissen.

Manche wichtige Entscheidung treffen wir, ohne wirklich zu wissen, auf was wir uns da einlassen:

Obwohl ich mich manchmal an einen dunklen Ort verkriechen und vor der Wirklichkeit verstecken und manchmal völlig aufgeben will, mache ich weiter. Ich weiß nicht, wohin dieses »Heilen« mich führt. Ich lebe von der Hoffnung anderer Menschen. Ich lebe vom dem Glauben anderer Menschen, daß das Leben besser werden wird. Ich frage mich immer wieder, ob es das wert ist, aber ich mache weiter. Das ist also Heilung ...

Die Entscheidung, aktiv zu heilen, versetzt dich in Angst und Schrecken, denn sie bedeutet, daß du wieder bereit sein mußt zu hoffen. Vielen Überlebenden hat Hoffnung nur Enttäuschung gebracht.

Auch wenn du große Angst davor hast, ja zu dir selbst zu sagen, so bedeutet es doch eine ungeheure Erleichterung, wenn du endlich innehältst und deinen eigenen bösen Geistern gegenübertrittst. Es hat eine seltsam belebende Wirkung, dem Schrecken ins Gesicht zu schauen und dabei dein eigenes Spiegelbild zu sehen. Es tröstet zu wissen, daß du niemandem mehr etwas vormachen mußt, daß du tun wirst, was du kannst, um zu heilen. Wie eine Überlebende es ausdrückt: »Ich weiß jetzt: Jedesmal, wenn ich meine Vergangenheit akzeptiere und meinen Platz in der Gegenwart respektiere, gebe ich mir selbst eine Zukunft.«

Wir alle haben es verdient zu heilen

Zusätzlich zu den bereits erwähnten Hindernissen gibt es für einige Frauen noch weitere Faktoren, die sie davon abhalten, über ihren Mißbrauch zu sprechen oder davon zu heilen: Alter, Hautfarbe, religiöser Hintergrund und anderes bestimmen und beeinflussen ihre Entscheidung.

Sie werden es gegen uns verwenden:
Die Geschichte der Rachel Bat Or

Rachel Bat Or ist einundvierzig, lesbisch und wohnt in Oakland, Kalifornien. Sie arbeitet mit Überlebenden sexuellen Mißbrauchs und hilft ihnen, ihre Kraft zurückzugewinnen. Als Kind jüdischer Eltern wurde sie von allen vier Mitgliedern ihrer Familie mißbraucht: von ihrer Mutter, ihrem Vater, ihrem Bruder, ihrem Großvater. Im Laufe ihres eigenen Heilungsprozeßes und während ihrer Arbeit mit anderen Überlebenden hat Rachel bei vielen jüdischen Frauen festgestellt, daß sie sich nur sehr widerwillig eingestehen, mißbraucht worden zu sein, und daher nur schweren Herzens dazu entschließen zu heilen.

Angesichts des Lebens unserer Eltern in Armut oder auf der Flucht aus antisemitischen Ländern wird alles, was mit uns geschieht, verharmlost. Solange wir ein Dach über dem Kopf haben, Kleider und zu essen, kann nichts, was uns widerfährt, so schlimm sein. Denn sie mußten mit Ratten leben, in unglaublicher Armut, die Familien waren oft gezwungen, sich zu trennen, um nach Amerika zu kommen. Und egal, wie schrecklich es in uns aussieht, wir haben deshalb das Gefühl, wir dürften das nicht laut sagen, denn unsere Eltern hatten es noch viel schwerer.

Außerdem gelten wir jüdischen Frauen als laut und ehrgeizig und die Männer als sanft und arbeitssam. Wir lernen, Mitleid mit den Männern zu empfinden und die Schuld bei den Frauen zu suchen. Wenn also die Männer - unsere Väter und Brüder - uns mißbrauchen, gibt es keinen unmittelbaren Haß, weil sie in den religiösen Lehren und unserer Kultur so sehr gepriesen werden. Es ist daher sehr schwierig für uns, zu unserem Zorn zu stehen.

Und dann gibt es noch den Mythos, jüdische Männer seien keine Trinker- oder Schlägertypen. Wenn deine Familie anders ist, darf das also nicht zugegeben werden.

Dann heißt es: »Was werden die Nachbarn sagen? Wir sind Juden.« Wir müssen unsere Religion vor Kritik bewahren und ignorieren deshalb alles, was in unserer Familie geschieht. Wenn es irgendwelche Probleme gibt, fällt das auf die gesamte Religion zurück und nicht nur auf unsere Familie. Das wissen wir. Und das ist nicht nur ein Mythos.

Und dann gibt es noch einen letzten Punkt, der uns wirklich in Verlegenheit bringt, diese Zweiteilung: wir/die anderen. Wenn wir tatsächlich erzählen, was mit uns geschieht, sagen wir es gewöhnlich »ihnen«, einer Person, die nicht jüdisch ist, die außerhalb der Familie steht, unsere Familie nicht ehrt. Und damit verlieren wir die Sicherheit des »Wir«. Es ist schwer, zu einer/einem »anderen« zu gehen. Vielleicht bringen wir den Mut dazu auf, aber wir verlieren dann all die Vorteile, die das »Wir«-Gefühl mit sich bringt.

DER HEILUNGSPROZESS

**Es ist nie zu spät:
Die Geschichte der Barbara Hamilton**

Barbara Hamilton ist fünfundsechzig. In ihrer Kindheit wurde sie von ihrem Vater belästigt. Sie wurde erwachsen, heiratete, zog sechs Kinder groß und hat inzwischen auch Enkel- und Großenkel. Bis vor ein paar Jahren, als sie begann, über diese Belästigungen zu sprechen, wußte sie nicht, daß auch einige ihrer Kinder und Enkelinnen belästigt worden sind, entweder von Barbaras Vater oder anderen Tätern. Sie spricht über die Probleme, die ältere Frauen haben, wenn sie den Entschluß fassen zu heilen.

Wenn du älter wirst, besonders als Frau, spürst du von allen Seiten Zurückweisung. Die Gesellschaft wertet dich ab, und das macht dich richtiggehend zum Opfer. Als Überlebende sexuellen Mißbrauchs kennst du dieses Gefühl der Isolation nur zu gut. Während der Jahre, in denen ich meine Kinder großzog, verdrängte ich es, aber als die Kinder aus dem Haus gingen und ich schließlich allein war und die Unsicherheit durch das Älterwerden immer größer wurde, kam alles wieder hoch. Ich mußte erkennen, daß nichts aufgearbeitet und bewältigt war. Ich hatte lediglich zugegeben, daß es geschehen war, und mich im Grunde nicht wirklich damit beschäftigt. Und fünfzig Jahre lang hatte ich es verdrängt.
Warte nicht. Warte nicht, denn es wird nicht weggehen. Es kommt immer wieder, und es wird schlimmer. Aber auch ältere Frauen verdienen es zu heilen. Sicher gibt es Tausende wie mich, die mit dieser Last leben, so wie ich es gemacht habe. Und obwohl das ganze Buch sich eigentlich auf jüngere Frauen konzentriert, glaube ich nicht, daß du jemals zu alt bist. Vielleicht bist du krank. Vielleicht ist es so zu schwer für dich. Du hast auch bestimmt nicht die gleichen Erfahrungen gemacht wie eine junge Frau. Weil du älter bist, wird es dir kaum jemals möglich sein, dem Mißbraucher gegenüberzutreten. Aber es lohnt sich. Ich habe jetzt ein soviel besseres Gefühl mir selbst gegenüber.
Trotz meines Grauens, trotz meines Unglücks, trotz der Wochen voller schlafloser Nächte bin ich endlich lebendig. Ich tu nicht nur so, als sei ich echt. Ich gebe keine Vorstellungen mehr. Ich würde für nichts in der Welt wieder so sein wollen, wie ich war. Es ist wirklich, als sei ich ein ganz anderer Mensch. Ich bin, wo ich bin, und ich mache das beste daraus. Ich weiß jetzt, daß ich mutig bin: Ich war stark genug, dieser Sache ins Gesicht zu sehen. Es ist einfach nie zu spät. Wenn du dir überlegst, was Grandma Moses noch mit fünfundneunzig gemacht hat! Es gibt noch Hoffnung.
Es ist, als ob du von Schwarz-Weiß auf Farbe umsteigst und vorher nicht einmal wußtest, daß alles nur Schwarz-Weiß war. Weißt du noch, wie du zum ersten Mal einen Film in Farbe gesehen hast? Die Zeit wird kommen, und dein ganzes Leben wird in Farbe ablaufen. Und es lohnt sich.
Wenn du sagst: »Wozu das alles? Ich habe es bisher auch so geschafft«, dann sage ich: »Du hast es *nicht* geschafft, du hast nicht einmal ein Bruchstück deines wahren Selbst gelebt. Vielleicht unterdrückst du eine Künstlerin in dir. Vielleicht erstickst du alle möglichen Arten, dich und dein Selbst auszudrücken. Es ist wichtig, daß du dich mitteilst, in deinem Interesse und in dem anderer. Du kannst es wenigstens versuchen.

Chaos

Frage: Warst du während deines Heilungsprozeßes davon »wie besessen«?
Antwort: Machst du Witze? Und wie! Ich weiß noch, wie ich am Anfang zum Beispiel für zwei Tage zu so einer Konferenz über Inzest fuhr, und dann konnte ich die ganze Nacht den Erlebnisbericht von einer Überlebenden, Michelle Morris, nicht mehr aus der Hand legen. Das Buch heißt *Diesmal überlebe ich* (Berlin 1988.)

Das Gefühl während dieser Phase läßt sich ungefähr so beschreiben: Du gehst aus der Tür, um zur Arbeit zu gehen, und du fällst die Treppe hinunter und brichst dir ein Bein. Dein Mann will dich ins Krankenhaus fahren, aber das Auto springt nicht an. Ihr geht zurück zum Haus, um einen Krankenwagen zu rufen, und stellt fest, ihr habt euch ausgesperrt. Gerade als ein Polizeiwagen vorfährt, um euch zu helfen, kommt das große Erdbeben, und dein Zuhause, dein Mann, dein gebrochenes Bein und das Polizeiauto verschwinden in einem gähnenden Abgrund.

Viele Frauen durchleben ein Stadium, in dem sexueller Mißbrauch buchstäblich das einzige ist, an was sie denken können. Vielleicht redest du wie besessen mit jeder Person, die dir zuhört, darüber, oder dein Leben ist plötzlich voll von kleinen Alltagskrisen, die dich überwältigen. Vielleicht fühlst du dich immer wieder schlagartig in deine Kindheit zurückversetzt und kannst nichts dagegen tun. Du weinst den ganzen Tag oder kannst nicht zur Arbeit gehen. Vielleicht träumst du von dem Mann, der dich mißbraucht hat, und hast Angst einzuschlafen:

Bei mir brach alles zusammen. Ich aß nichts. Ich schlief nicht. Ich gab meine Arbeitsstelle auf. Aber ich hatte Angst, allein zu Hause zu bleiben. Mitten in der Nacht ging ich hinaus und versteckte mich irgendwo, hinter einem Pennertreff oder so. Ich hatte furchtbare Alpträume, in denen mein Vater vorkam. Ich hatte alle möglichen Phantasien. Ich hörte das Geräusch, wie der Reißverschluß meines Vaters sich langsam öffnete, das metallische Geräusch seiner Gürtelschnalle. Und dann stellte ich mir das ganze Blut vor. Körperlich war ich völlig fertig. Ich hatte Läuse und hatte den ganzen Monat nicht gebadet. Ich hatte Angst vor der Dusche.

Wenn du vergessen hast, daß du mißbraucht worden bist, kann es eher passieren, daß das Thema sexueller Mißbrauch dich plötzlich besetzt. Als Laura anfing, sich zu erinnern, reichte allein schon der Schock, um sie für mehrere Monate auf Inzest zu fixieren: »Es stimmte, ich hatte nicht viele wirkliche Erinnerungen aus meiner Kindheit, aber ich hatte mir ein Bild zurechtgelegt, mit dem ich angeben konnte, so ein Bild glücklicher Kindertage. Nicht, daß alle diese guten Dinge, an die ich mich erinnerte, nicht passiert wären. Ich hatte nur irgendwie die Tatsache vergessen, daß ich auch sexuell mißbraucht worden war.«

> Mein eigenes Dementi zu durchbrechen, nicht mehr abzustreiten, daß es passiert war, und zu versuchen, die neue Wirklichkeit in den zerstörten Rahmen der alten einzufügen, reichte, um mich in eine totale Krise zu stürzen. Ich hatte das Gefühl, mir sei mein ganzes Fundament gestohlen worden. Wenn das wirklich geschehen sein konnte, wenn ich das wirklich hatte vergessen können, dann stand plötzlich alles in Frage, was ich in bezug auf mein Leben als selbstverständlich vorausgesetzt hatte.

Für Laura bedeutete das Erinnern ein wahrhaftiges Erdbeben. Frauen beschreiben die ersten Abschnitte im Prozeß ihres Heilens oft als eine Vielzahl von Naturkatastrophen: »Es war, als würde ich von einem Tornado hochgerissen«, »Es war, als sei ich in eine Lawine geraten«, »Ein Vulkan brach aus«.

> Ich hatte das Gefühl, in einem Raum zu stehen und auf den Fußboden zu sehen. Ich war in Stücken über den ganzen Fußboden verteilt, und ich mußte überall hingehen, die Stücke aufsammeln und sie wieder zusammensetzen. Jedes einzelne ansehen und sagen: »Das bin ich«, es bei mir einsetzen und sagen: »Hier gehört es hin« oder »Nein, verkehrte Stelle«. Dann mußte ich die Stelle finden, in die es wirklich hineinpaßte. Ich sammelte Teile meines Lebens auf, betrachtete sie und fragte mich: »Will ich das behalten? Brauche ich es überhaupt noch? Wann wird es nicht mehr weh tun?«

Dieses Chaos kannst du dir nicht selbst aussuchen, aber du mußt da durch bis ans andere Ufer. Du kannst es nicht ignorieren. Eine Überlebende: »Es ist, als ob du ein neues Wort lernst. Schon am nächsten Tag begegnet es dir in allem, was du liest, und vorher hattest du es noch niemals gesehen.«

Chaos:
Die Geschichte von Catherine

Catherine begann sich mit der Tatsache ihres sexuellen Mißbrauchs auseinanderzusetzen, als sie an einer Therapiegruppe für die Angehörigen von AlkoholikerInnen teilnahm. Sie rief eine Therapeutin an und sagte: »Ich brauche eine Therapie. Ich bin als Kind von jemandem aus meiner Familie sexuell mißbraucht worden.«

Drei Monate später gab Catherine ihren Job auf. Ihr Chef war oft unverschämt und grob beleidigend. »Ich beschloß, soweit es in meiner Macht stand, alles auszuschalten, was mich belastete, und darum ging ich.«

An dem Punkt brach das Chaos mit voller Wucht aus. »Ich hatte keine täglichen Verpflichtungen mehr. Ich brauchte für niemanden mehr präsentabel zu sein. In einem solchen Moment kann die Verzweiflung an die Oberfläche kommen. Ich fühlte plötzlich diese maßlose Traurigkeit.

Ich gab alles andere in meinem Leben einfach auf. Als ob jeden Morgen, wenn ich aufwachte, in meinem Wohnzimmer in großen, zwei Meter hohen Buchstaben geschrieben stände: *Inzest!* Das stand jetzt in meinem Kopf so im Vordergrund, daß ich dachte, alle anderen wüßten, daß ich ein Inzest-Opfer war. Ich dachte, man sähe es mir an. Ich war sicher, alle wüßten genau, warum ich so eine Null war. Ich hatte ständig Angst, jemandem zu erzählen, daß das der Grund für meine Therapie war, weil ich mich so schämte.«

Catherine brach auch den Kontakt zu den meisten ihrer Bekannten ab. »Ich hatte keine Kraft, mich mit anderen Leuten und ihren Problemen auseinanderzusetzen.

Meine Reserven waren erschöpft. Ich verbrachte immer weniger Zeit mit flüchtigen Bekannten. Dann begann ich, mich mehr auf meine Freundinnen zu verlassen. Ich erzählte ihnen mehr über meine Therapie und darüber, was ich entdeckte. Die Leute, die ich nur angerufen hatte, um zu sagen: ›Hey, komm, wir gehen Rollschuh laufen‹, rief ich nicht mehr an.«

Catherine fühlte sich völlig erschöpft und schlief jede Nacht zehn oder zwölf Stunden. »Lange Zeit wollte ich nur schlafen und am nächsten Tag wieder aufwachen können.«
Sie traf einige Notfallvorkehrungen, damit sie in diesen ersten Stadien versorgt sein würde. »Ich mußte Leute finden, die bei mir bleiben würden, egal, wie es mir ginge. Ich hatte eine Freundin, die als Kind geschlagen worden war. Sie verstand mich. Ich konnte sie anrufen, wenn es mir schlecht ging, konnte rübergehen und einfach bloß essen und fernsehen. Es war in Ordnung, zu ihr rüberzugehen und sich beschissen zu fühlen. Sie wußte, was los war, aber wir redeten nur darüber, wenn ich damit anfing.
Ich mußte auch einen sicheren Ort finden, an dem ich allein sein konnte. Ich ging im Wald spazieren. Ich fuhr fünfzig Kilometer mit dem Rad. Ich war viel allein draußen. Ich fühlte mich da viel sicherer als zu Hause, wo jemand vielleicht zufällig bei mir vorbeikommen könnte.«
Auch Catherines Selbstbewußtsein war heftig angeschlagen. Wie viele andere Überlebende empfand sie eine tiefe Verwirrung. »Das war ein ganz blödes Gefühl. Ich mußte alles ausprobieren, was vorher normal für mich gewesen war. Ich mußte mir beweisen, daß ich einkaufen gehen, autofahren *und* gleichzeitig ein Inzest-Opfer sein konnte. Und ich mußte lange zu Hause sitzen und denken: Jetzt weiß ich, ich bin ein Inzest-Opfer. Und, ja, ich wohne immer noch hier. Und, ja, meine Katzen haben mich immer noch gern.‹ Nach außen war alles gleich geblieben, aber innerlich herrschte das totale Chaos. Ich fühlte mich ein Jahr lang, als wäre ich in einem Vakuum und als lägen vor mir nur diese schlimmen Erinnerungen und Tränen.«

Catherines Verbindung zu ihrer Therapeutin war eine wichtige Rettungsleine während ihrer Chaos-Phase. »Das einzige, was mich rettete, wenn ich mich völlig von allem abgeschnitten fühlte, war die Telefonnummer meiner Therapeutin, die ich überall hingeschrieben hatte, überall in meiner Wohnung. Sie stand auf dem Spiegel im Badezimmer. Sie stand in meinem Tagebuch. Sie stand in den Büchern, die ich las. Ich steckte überall kleine Zettel mit der Nummer hinein. Ich brannte sie in mein Gehirn ein, so daß ich jederzeit aufhören und sie anrufen konnte. Und oft, schon wenn ich anrief und sie hatte nur ihren Anrufbeantworter an, und ich konnte mit meiner wirklichen, meiner brüchigen, verheulten Stimme eine Nachricht hinterlassen, ihr sagen, daß sie mich anrufen solle, wußte ich, daß ich um Hilfe bitten konnte. Es erinnerte mich daran, daß da tatsächlich noch etwas anderes war außer meinem Schmerz und meiner Depression. Da stand tatsächlich jemand Wache, und ich konnte sie um Hilfe bitten. Ich wußte, sie würde mich irgendwann anrufen, und solange würde ich es noch aushalten.«
Bei Catherine dauerte es viele Monate, bis der Druck nachließ. »Nach etwa einem Jahr hatte ich das Gefühl, es bewegte sich etwas. Ich konnte meinen Kopf ein kleines Stück heben und merken, daß die Jahreszeit sich geändert hatte. Mir wurde langsam klar, daß ich, auch wenn ich eine Inzest-Überlebende bin, mein Leben weiterleben kann. Ich wollte all die Dinge wieder machen, die ich im Jahr davor aufgegeben hatte. Ich war in der Lage zu sagen: ›Ich gehe nur noch einmal pro Woche zur Therapie und denke zwanzig Stunden pro Woche an Inzest, anstatt zweimal pro Woche zu gehen und hundert Stunden pro Woche über Inzest nachzudenken.‹ Ich hatte die Wahl. Wenn ich wollte, konnte ich manchmal aufhören, darüber nachzudenken. Das war eine ungeheure Erleichterung.«

DER HEILUNGSPROZESS

Das Chaos überleben

Wichtig ist, immer daran zu denken, daß dieses Chaos ein Stadium ist, das ganz natürlich zum Heilungsverlauf gehört und irgendwann zu Ende sein wird. Krisen sind nun einmal so, daß sie dich überwältigen. Wenn du mittendrin steckst, siehst du nichts anderes. Aber die Zeit wird kommen, in der du nicht mehr vierundzwanzig Stunden am Tag an sexuellen Mißbrauch denkst, davon ißt und träumst.

- **Verletz dich nicht.** Versuch nicht, dich umzubringen. Du verdienst zu leben. Wenn du anfängst, an Selbstmord zu denken oder selbstzerstörerische Gedanken hast, hol dir Hilfe. (Und lies »Bring dich nicht um«, Seite 186.)
- **Du wirst deinen Verstand nicht verlieren.** Was du jetzt durchmachst, ist eine bekannte Phase des Heilungsprozesses. (Wenn du in Panik gerätst, lies »Panik«, Seite 184.)
- **Such dir Menschen,** mit denen du sprechen kannst. Versuch nicht, es allein zu ertragen.
- **Such dir gute professionelle Hilfe.** (Wenn du nicht weißt, wohin du dich wenden sollst, siehe unter »Wo du Hilfe finden kannst«, Seite 331.)
- **Laß dir von anderen Überlebenden helfen.** Wahrscheinlich kann dir nur eine andere Überlebende so oft und so lange zuhören, wie du reden mußt.
- **Es ist völlig in Ordnung, wenn du im Moment an nichts anderes mehr denken kannst.** Wenn du auch noch anfängst, dich dafür zu hassen, daß du jetzt an diesem Punkt bist, machst du alles nur schlimmer.
- **Mach dir möglichst oft selbst eine Freude.** (Vorschläge siehe »Sei gut zu dir selbst«, Seite 172.)
- **Laß alles sein, was nicht wirklich wichtig ist.** Tu alles, um den Druck zu verringern. Das heißt: Laß Leute fallen, die dir nichts bringen. Verplane deine Freizeit nicht mehr so, unternimm weniger. Arbeite weniger, such dir eventuell ein Kindermädchen.
- **Schaff dir zu Hause einen sicheren Bereich.** Du brauchst mindestens einen Ort, an dem du dich sicher fühlst. (Vorschläge siehe »Ein sicherer Ort«, Seite 188.)
- **Paß auf, was du an Drogen, Medikamenten und Alkohol zu dir nimmst.** Wenn du deine Gefühle betäubst, dauert die Krise nur länger.
- **Beende Situationen, die schlecht für dich sind.** Wenn du irgendwo ständig schlecht behandelt, beleidigt, beschimpft oder gedemütigt wirst, mußt du da raus. (Wenn du einen Partner hast, der dich schlecht behandelt, siehe »Wie erkenne ich eine schlechte Beziehung?«, Seite 216.)
- **Durchhalten ist alles.** Du mußt Situationen beenden, die schlecht für dich sind, aber ansonsten ist diese Phase normalerweise kein guter Zeitpunkt, um größere Veränderungen in deinem Leben vorzunehmen oder Entscheidungen zu treffen.
- **Denk daran, wie tapfer du bist.** Das ist eine ganz schlimme, schwierige Zeit. Du brauchst sonst nichts zu tun. Es reicht, wenn du sie durchstehst.
- **Vergiß nicht zu atmen.** Bleib so eng wie möglich in Kontakt mit deinem Körper. (Siehe »Übungen: Wie nehme ich mit meinem Körper Kontakt auf?«, Seite 200.)
- **Versuch, allmählich an etwas zu glauben, das größer ist als du selbst.** Glaube kann dir Mut und Kraft geben.
- **All das geht vorbei.** Morgen oder nächste Woche oder nächstes Jahr wirst du dich anders fühlen als heute. (Siehe besonders »Warum es sich gelohnt hat«, Seite 157.)

Andere heilende Krisen

Wenn das Chaos-Stadium vorüber ist, hast du die heftigste Krise hinter dir, aber vielleicht erlebst du im Laufe deiner Heilung noch andere Krisenzeiten. Diese Phasen können schlimm sein, trotzdem wollen wir sie heilende Krisen nennen, denn in ihnen ist tiefgreifendes Wachstum möglich.

Manche Frauen haben in ihrem Leben so viele Verletzungen erlebt, daß ihr Chaos-Stadium, mit nur kurzen weniger intensiven Pausen, mehrere Jahre dauert. Sie mögen bemerkenswerte Veränderungen in ihrem Leben durchführen, trotzdem denken sie immer noch an Selbstmord, Selbstzerstörung oder sind besessen von dem Thema sexueller Mißbrauch. Wenn das bei dir so ist, such dir soviel Unterstützung wie möglich, und denk daran, es wird nicht ewig dauern.

Was mir Mut gemacht hat

»Ich hatte eines Tages dieses Bild vor mir. Ich stand am Ende des Tunnels und konnte hinaussehen in den blauen Himmel. Ich stand auf diesem schmalen Sims, hielt mich nirgends fest, hielt mein Gleichgewicht. Meine Arme waren ausgebreitet, und gleich würde ich losfliegen.«

»Ich war Nonne in einem kontemplativen Orden. Wir führten ein in uns gekehrtes, religiöser Betrachtung gewidmetes Leben. Daher wußte ich, daß alles seine Zeit braucht. Ich war auf ein inneres Leben ausgerichtet. Ich wußte, von Gottes Geist erfüllt zu werden, Gott zu erkennen, das geht sehr langsam vor sich. Ich wußte einfach, daß ich Gott Tag für Tag etwas näherkam. Und ich fühlte, daß das gleiche auch für meinen Umgang mit dem Inzest galt. Ich vertraute einfach darauf, daß da etwas geschah, daß es da im Verborgenen eine Bewegung, ein Wachsen gab.«

»Wenn ich sicher bin, gleich sperren sie mich ein, weil ich den Verstand verloren habe, denke ich an das, was mir meine Therapeutin immer und immer wieder sagt: ›Das ist ein Teil deines Veränderungsprozesses‹, und das macht mir Mut. Daran habe ich mich geklammert, wenn ich wirklich sonst nichts mehr hatte: ›Das ist ein anerkannter Teil deines Veränderungsprozesses.‹«

»Meine Freundin Patricia machte mir Mut. Sie hat praktisch so lange auf mich eingeredet, bis ich leben wollte. Sie erzählte mir von allen möglichen schönen Sachen, die das Leben ausmachen. Ich glaubte ihr, denn ich hatte sie sehr gern und sie war mir wichtig, und ich wußte, ich war ihr wichtig.«

»Meine Schwester macht mir Mut, weil sie so kämpft. Sie hat es viel schlimmer gehabt als ich. Sie hat den absoluten Nazi-Terror durchgemacht, und jetzt kämpft sie, um zu leben. Es ist unglaublich, Menschen machen so furchtbare Dinge durch und wollen doch immer noch leben.« »Das Lesen hat mir viel Hoffnung gegeben. Durch die Beschäftigung mit der Literatur habe ich mich in das Wunder des menschlichen Geistes verliebt.«

»Ich lernte eine andere Überlebende kennen, die seit sieben Jahren in einer funktionierenden Beziehung lebt, und das hat mir viel neue Hoffnung gegeben.«

»Meine eigene innere Stärke gab mir Zuversicht. Ich geb einfach nicht auf. Punkt.«

»Musik. Spirituals haben mir wirklich geholfen. Nina Simone. ›Ooooh child, things are gonna get easier. Ooooh, child, things'll get brighter.‹ ›The Need to be Me‹, von Esther Satterfield.«

DER HEILUNGSPROZESS

Das Erinnern

Ich habe den Erinnerungen ins Gesicht gesehen und ihren Atem gerochen. Sie können mich nicht mehr verletzen.

Für viele Überlebende ist das Erinnern der erste Schritt zur Heilung. Am Anfang mußt du dich vielleicht daran erinnern, daß du überhaupt mißbraucht *wurdest*. Als zweites kommen individuelle Erinnerungen. (Wenn du denkst, du seist mißbraucht worden, dich aber nicht daran erinnern kannst, siehe »Aber ich kann mich an nichts erinnern«, Seite 73.) Die dritte Art des Erinnerns ist das Wiederfinden der Gefühle, die du während des Mißbrauchs hattest. Viele Frauen können sich genau an das körperliche Geschehen erinnern, haben aber vergessen, welche Gefühle sie dabei hatten: »Ich hätte dir die ganzen Einzelheiten meines Mißbrauchs herunterrattern können wie einen Einkaufszettel, aber mich an die Angst zu erinnern, das Entsetzen, den Schmerz, das war etwas ganz anderes.«

Das Ausmaß des Vergessens ist bei jeder Überlebenden anders. Wenn du als junge Frau den Täter angezeigt und vor Gericht gegen ihn ausgesagt hast, wirst du ebensowenig vergessen haben, wie wenn du das Kind des Täters großziehen oder abtreiben mußtest. Vielleicht war dir der Mißbrauch auch jeden Tag so gegenwärtig, daß du ihn gar nicht vergessen konntest.

Eine Frau, die sich lebhaft an das Geschehene erinnert, wünscht sich manchmal, sie *hätte* es vergessen: »Ich wollte, ich hätte Elektroschocks bekommen können wie meine Mutter. Sie hat große Teile ihres Lebens vergessen, und darum habe ich sie immer beneidet.« Andererseits sei sie froh, daß sie immer gewußt habe, wie schlimm es um sie stand. »Wenigstens wußte ich, warum ich mich so merkwürdig verhielt. Ich wußte, was passiert war, und konnte an diesem verfluchten Problem arbeiten.«

Vielleicht hast du nicht alles vergessen, sondern ein selektives Gedächtnis entwickelt, um zu überleben.

Ich wußte immer, daß unsere Beziehung inzestuös war. Ich weiß noch, als ich zum ersten Mal das Wort »Inzest« hörte, war ich siebzehn. Ich wußte nicht, daß es dafür ein Wort gibt. Ich habe nie vergessen, wie mein Vater nach meinen Brüsten gegrapscht und mich geküßt hat.

Ich sagte zu meiner Therapeutin: »Ich erinnere mich an jede miese Kleinigkeit.« Ich wußte noch so vieles, wie konnte da noch mehr sein? Ich erinnerte mich *nur* an Mißbrauch. Aber nicht daran, vergewaltigt worden zu sein, obwohl ich wußte, es war geschehen. Ich erklärte meiner Therapeutin energisch: »Ich will mich nicht daran erinnern, vergewaltigt worden zu sein.« Monatelang sprachen wir über die Tatsache, daß ich mich nicht daran erinnern wollte. Und doch wußte ich, daß mein Vater mein erster Mann gewesen war.

Es gibt kein richtig oder falsch, wenn es um das Erinnern geht. Vielleicht hast du viele unterschiedliche Erinnerungen. Oder auch nur eine. Jahre des Mißbrauchs werden manchmal zusammengeschoben in eine einzige Erinnerung. Wenn du anfängst, dich zu erinnern, siehst du vielleicht jeden Tag neue Bilder vor dir, wochenlang. Oder du erlebst deine Erinnerungen in großen Schüben, innerhalb weniger Tage drei oder vier auf einmal und dann wieder monatelang überhaupt nichts. Manchmal können sich Überlebende an einen Mißbraucher erinnern oder an eine bestimmte Art des Mißbrauchs, und Jahre später fällt ihnen dann ein zweiter Mißbraucher oder eine andere Form des Mißbrauchs ein.

Es gibt Frauen mit Mißbrauchssymptomen, die sich nicht daran erinnern können, mißbraucht worden zu sein. Vielleicht hast du bloß so ein Gefühl, daß da etwas passiert ist. Dafür gibt es Gründe, und um die zu verstehen, müssen wir uns erst einmal ansehen, wie frühe Erinnerungen gespeichert werden.

Wie funktionieren Erinnerungen überhaupt?

Erinnerungen werden auf sehr komplizierte Weise gespeichert, und zwar unterschiedliche Erfahrungen jeweils in der rechten oder linken Hälfte unseres Gehirns. Die linke Gehirnhälfte speichert logische, sprachorientierte Erfahrung in ihrer natürlichen Folge; die rechte speichert Erfahrungen, die auf unserer Wahrnehmung beruhen und eher räumlichen Bezug haben. Wenn wir versuchen, mit Techniken der linken Hälfte, wie zum Beispiel Logik oder Sprache, an die Informationen der rechten Hälfte heranzukommen, klappt das manchmal nicht. Es gibt ein paar Erfahrungen, an die wir uns einfach nicht exakt und der Reihe nach erinnern können.

Wenn du mißbraucht worden bist, bevor du sprechen konntest oder gerade, als du sprechen lerntest, hattest du keine Möglichkeit zu begreifen, was da mit dir geschah. Babys können nicht unterscheiden, ob sie nach jemandes Penis greifen oder nach seinem Bein. Wenn man ihnen einen Penis in den Mund steckt, nuckeln sie daran genau wie an einer Brust oder einem Fläschchen. Kleine Kinder erleben bewußt, wissen aber nicht, wie das heißt - zum Beispiel »sexueller Mißbrauch« - und kennen die Bedeutung dessen nicht, was da mit ihnen geschieht.

Schwierigkeiten bereitet auch die simple Tatsache, daß du dich an etwas sehr lange Zurückliegendes erinnern willst. Wenn du Freundinnen fragst, die nicht mißbraucht worden sind, wirst du merken, daß die meisten sich an viele Einzelheiten aus ihrer Kindheit auch nicht mehr erinnern können. Und es fällt uns noch schwerer, uns an die Zeiten zu erinnern, in denen wir verletzt, gedemütigt oder auf andere Weise vergewaltigt worden sind.

Wurdest du nur einmal mißbraucht oder läßt sich der Mißbrauch nicht richtig in Worte fassen (jemand ist dir auf eine üble Weise zu nahe gekommen, hat dich merkwürdig lüstern angesehen oder du hast andere, eher unterschwellige Formen von Mißbrauch erlebt), ist es vielleicht noch schwerer, sich daran zu erinnern. Andere können sich nicht im Detail erinnern, weil sie fortwährend mißbraucht wurden. Eine Überlebende fragt: »Kannst du dich an jede einzelne Mahlzeit erinnern, die du gegessen hast? Was es zu Abend gegeben hat an dem Dienstag, als du sechs wurdest? Ich erinnere mich an den Geschmack. Der war beständig, wie beim Essen. Der war immer da.«

Wie du dich erinnerst

Weggepackte Erinnerungen wiederzufinden ist anders, als wenn du bewußt zurückdenkst. Die Erinnerungen sind oft unklar und kommen dir vor wie ein Traum oder als würdest du das alles von ganz weit weg sehen.

> Wenn ich mich an die Vergewaltigung selbst erinnere, kommt es mir vor, als

würde ich am Ende eines Tunnels stehen und hineinsehen. Das liegt daran, daß ich dabei meinen Körper buchstäblich verlassen habe. Deswegen erinnere ich mich aus diesem Blickwinkel; da liegt richtig ein Abstand zwischen mir und dem, was da passiert. Diese Erinnerungen sind auch nicht so klar wie die anderen. Es kommt mir vor, als wenn sie in einer anderen Welt passiert wären.

Manchmal tauchen die Erinnerungen auch nach und nach auf, in ganz kleinen Fetzen.

Ich fuhr zum Beispiel von meiner Therapeutin nach Hause, und plötzlich fielen mir Dinge wieder ein, nur Bruchstücke: blutige Bettlaken oder wie ich in der Badewanne sitze oder wie mein Nachthemd durch die Gegend fliegt. Lange ging das so. Mir fiel alles mögliche um die Vergewaltigung herum ein, aber an die Vergewaltigung selbst konnte ich mich nicht erinnern.

Bruchstückhafte Erinnerungen lassen sich nur schwer zeitlich einordnen. Möglicherweise weißt du nicht genau, wann der Mißbrauch anfing, wie alt du damals warst oder wann und warum er beendet wurde. Diese Bruchstücke nach und nach zusammenzubringen ähnelt einem Puzzle oder einer Arbeit als Detektivin.

Teilweise fühlte ich mich, als wäre ich einem Mordfall auf der Spur und würde ihn aufklären. »Also: Ich hab auf die Uhr geguckt. Es war mitten am Nachmittag. Wieso war es nachmittags? Wo könnte meine Mutter gewesen sein? Klar, wahrscheinlich war sie bei ...« Diesen Hinweisen nachzugehen, um herauszufinden, was genau passiert ist, hat tatsächlich Spaß gemacht.

Ella erinnerte sich in Bruchstücken. Um sie zu verstehen, fing sie an, ihr eigenes merkwürdiges Benehmen zu untersuchen. Sie analysierte einige zwanghafte Verhaltensweisen, zum Beispiel daß sie jedesmal, wenn sie mit jemandem ins Bett ging, auf das Licht starrte.

Ich schlaf mit jemandem und denke: »Jede andere würde das jetzt genießen. Bloß ich muß immer auf das Licht starren.« Ich kann mich an jede einzelne Lampe in jedem einzelnen Haus erinnern, in dem wir jemals gewohnt haben! Warum habe ich diesen Tick mit dem Lichtschein unter der Tür und mit dem Stromausfall? Für eine erwachsene Frau ist es verrückt, sich so anzustellen. Warum sollte jemand herumlaufen und den Strom abschalten? Woher kommt das?

Es kam daher, daß sie abends immer aufgepaßt hatte, ob die Schritte ihres Vaters vor ihrer Tür haltmachen würden. Wenn er stehenblieb, würde er auch hereinkommen und sie belästigen. Als Ella erst einmal angefangen hatte, auf solche Einzelheiten zu achten, paßten die Erinnerungen langsam zusammen und ergaben einen Sinn.

Erinnerungsblitze
In einem Erinnerungsblitz erlebst du den ganzen Mißbrauch noch einmal. Möglicherweise fühlst du wieder das gleiche wie damals, oder du bleibst starr und unbeteiligt, als ob du einen Film über das Leben einer anderen Frau sehen würdest.
Oft sind solche Erinnerungsblitze visuell, bildhaft: »Ich sah, wie der Penis auf mich zukam« oder »Ich konnte sein Gesicht nicht sehen, nur den dicken, schwarzen Gürtel, den er immer umhatte«. Beim ersten Mal kann die Erinnerung sehr lebhaft sein:

Ich merkte, mein Mann wollte gern mit mir schlafen. Plötzlich ging mir diese Rückblende wie ein Blitz durch den Kopf. Am ehesten kann ich es beschreiben wie ein Dia, das bei einem Dia-Vortrag zu schnell wechselt, aber langsam genug, daß du einen Teil des Bildes erkennst. Jemand zwängte irgendwelche Finger in meine Vagina. Es war sehr eindrücklich, und so viele meiner Gefühle waren wieder da, daß ich wußte, ich stellte mir nicht bloß etwas vor. Irgend etwas ließ mich innehalten und aufmerksam werden. Ich blieb liegen und ließ den Film ein paarmal ablaufen.

Ich fühlte mich verwirrt und wußte, da passierte etwas mit mir. Sogar die Schmerzen waren wieder da. Ich wühlte in meinem Kopf nach einer Erklärung. »War das vielleicht irgendein brutaler Geliebter, den ich mal hatte?« Ich wußte sofort, das war es nicht. Also stieg ich wieder ein in diesen Film. Jedesmal, wenn ich zurückging, versuchte ich, ein bißchen mehr zu sehen. Sein Gesicht konnte ich nicht erkennen, aber ich roch meinen Vater.

Manchmal sind visuelle Erinnerungen vollständiger. Eine Überlebende kennt beide Arten von Erinnerungen:

Ein Erinnerungsblitz ist wie ein Dia im Vergleich zu einem Film. Ein Unterschied wie zwischen einem kurzen Blick in ein Zimmer und einem gemütlichen Rundblick. Wenn du dich vollständig erinnerst, ist das, als wenn die Kamera langsam die ganze Szene nach und nach heranholen würde, mit allen Details, mit Ton, Gefühl und mit allen Bildern auf einmal.

Aber nicht jede Erinnerung ist visuell. Eine Frau war enttäuscht, weil ihr einfach keine Bilder kamen. Ihr Vater hatte sie im Auto mit dem Messer bedroht, im Dunkeln, mit ihrem Gesicht nach unten, hatte er sie vergewaltigt. Sie hatte nie irgend etwas gesehen. Aber sie hatte ihn gehört. Und als sie anfing, das alles aufzuschreiben, auf Spanisch, in ihrer Muttersprache, war alles wieder da: seine Drohungen, seine Brutalität, seine Vergewaltigung.

Regression (Rückführung)
Regression ist eine weitere Möglichkeit, die Erinnerung zurückzugewinnen. Unter der Leitung einer vertrauenswürdigen Therapeutin ist es möglich, in frühere Zeiten zurückzugehen. Oder vielleicht erlebst du auch, wie du allein auf eine solche Rückreise gehst, nur von deinem eigenen Unterbewußtsein geleitet.

Die meisten Rückführungen, die ich erlebt habe, waren fast, als ob ich einen Ausflug machen würde. Sie dauerten immer so drei oder vier Stunden. Eine ganz besonders eindrückliche körperliche Reise in die Vergangenheit habe ich einmal spät abends erlebt, als ich mit Barbara darüber sprach, daß sie eine Freundin besuchen wollte. Plötzlich hatte ich ein Gefühl, als würde ich in einen Abfluß hineingezogen. Und dann fühlte ich mich richtig wie ein Baby. Ich fing an, zu weinen und mich festzuklammern und sagte: »Du kannst nicht weggehen! Du mußt bei mir bleiben!« Und ich hatte die Stimme und Gedankengänge einer Fünfjährigen und benutzte die Worte einer Fünfjährigen.

Plötzlich dachte ich, ich müßte mich übergeben. Ich rannte ins Bad, und dann weinte ich richtig. Ich sah viele Situationen aus meiner Kindheit. Situationen, in denen ich mich zurückgestoßen gefühlt hatte, rasten mir durch den Kopf, fast wie Dias.

Barbara hielt mich fest und half mir da durch. »Heul ruhig. Das ist in Ordnung. Du kommst da schon durch.« Daß sie dasaß und zuhörte, half mir wirklich. Ich heulte einfach weiter und beschrieb Barbara all die Bilder, die an mir vorbeizogen. Nach etwa zwanzig Minuten schlief ich ein und schlief so tief wie monatelang nicht mehr. Am nächsten Morgen fühlte ich mich um eine Riesenlast erleichtert.

DER HEILUNGSPROZESS

Die Sinne erinnern sich

Oft löst eine bestimmte Berührung, ein Geruch oder ein Geräusch die Erinnerung aus. Vielleicht fällt es dir wieder ein, wenn du in deine Stadt zurückkommst, in euer Haus, in das Zimmer, in dem der Mißbrauch stattfand. Oder wenn du das Rasierwasser des Täters irgendwo riechst.

Die fünfunddreißigjährige Ella dazu: »Mir haben der Tastsinn und andere Sinne die Erinnerung zurückgebracht. Gewebe. Geräusche. Der Geruch des Hauses meines Vaters. Jemand, der nach Wodka riecht.«

Als Kind hatte Ella eine rote Zauberdecke. Ihre Großmutter hatte sie für sie gemacht. Sie sollte sie beschützen. Ihr konnte nichts Böses passieren, solange sie unter dieser Decke lag. Viele Jahre lang war diese Decke verschwunden, aber als Ella sie schließlich wiederbekam, mit einundzwanzig, löste das eine ganze Reihe von Erinnerungen aus.

Auch Berührung, Massage kann Erinnerungen wecken. Vielleicht erstarrst du während der Liebe plötzlich und siehst Bilder. Dein Geliebter atmet dir genauso ins Ohr wie der Mißbraucher damals, und alles bricht wieder über dich herein:

> Manchmal, wenn wir gerade miteinander schlafen, merk ich, wie mein Kopf einfach anfängt wegzuschweben. Ich hab das Gefühl, mich buchstäblich von meinen Schultern abzuspalten, und ich fühle mich schwerelos und etwas schwindlig. Als ob jemand über meinem Kopf einen Fön auf mich richten würde. Von oben kommt viel Bewegung herunter, an meinen Haaren entlang. Und ich hab das Gefühl, ich steig aus meinem Kopf heraus nach oben. Ich weiß dann gar nicht mehr richtig, wo ich bin.
> Es passiert mir auch oft, daß ich mich genau an den Hüften abtrenne. Meine Beine werden sehr schwer und richtig massiv. Sie fühlen sich an wie ein totes Gewicht, wie ein Stück Holz. Keine Energie geht mehr da durch. Dann wird mir richtig schlecht im Magen, furchtbar schlecht. Ich weiß genau, in diesem Moment ist es ganz nah, was immer es auch sein mag. Und wenn ich aufpasse, kann ich es sehen und wegrücken.

Der Körper merkt sich, was das Bewußtsein vergessen will

Vielleicht erinnerst du dich auch nur an die Gefühle. In unserem Körper sind Erinnerungen gespeichert, und es ist möglich, das Entsetzen der Tat körperlich noch einmal zu erleben. Vielleicht verkrampft sich dein Körper, oder du fühlst die Schreie, die du als Kind nicht schreien konntest. Oder du meinst, du erstickst und kannst nicht atmen.

> Ich hatte immer Körpererinnerungen, völlig ohne Bilder. Ich fing an zu schreien und fühlte, wie etwas aus meinem Körper herauskam, über das ich keine Kontrolle hatte. Meistens kamen diese Erinnerungen sofort, nachdem ich mit jemandem geschlafen hatte, oder mittendrin, oder mitten in einem Streit. Wenn meine Leidenschaft irgendwie entfacht war, fiel mir mein Körper ein, obwohl ich kein bewußtes Bild davon hatte, nur dieses Schreien, das da aus mir herauskam.

Verschiedene Arten, sich zu erinnern

Erinnerungen können unter vielen verschiedenen Bedingungen wiederkommen. Vielleicht erinnerst du dich, weil du endlich eine Beziehung hast, in der du dich sicher fühlst. Oder weil du gerade eine Scheidung hinter dir hast und dein ganzes Leben auseinanderbricht. Oft erinnern sich Frauen an den Mißbrauch in ihrer Kindheit, wenn sie als Erwachsene vergewaltigt oder körperlich angegriffen werden.

Erinnerungen kommen nicht immer auf dramatische Weise an die Oberfläche. Während sie mit ihrer Freundin sprach, hörte eine Frau sich plötzlich selbst etwas sagen, von dem ihr gar nicht klar war, daß sie es wußte. »Als ob ich es immer gewußt hätte«, sagt sie. »Ich hab bloß zwanzig oder dreißig Jahre lang nicht dran gedacht. Bis zu dem Moment hatte ich es vergessen.«

Es kann dir auch scheinbar ohne Grund wieder einfallen. Oder weil dir immer wieder Alpträume etwas sagen wollen:

> Ich hatte immer diesen Traum, in dem mein Bruder versuchte, mich zu vergewaltigen. Ein wirrer, unklarer Traum. Wenn ich aufwachte, fand ich ihn ziemlich widerlich, weil es mir im Traum gefallen hatte. Ich dachte dann: »Du bist krank. Wozu träumst du so was? Willst du das denn?« Ich fühlte mich schuldig und schob mir immer weiter die Schuld zu, denn damals war es noch ein Traum und noch nicht Geschichte.
>
> Dann, vor sechs Monaten, saß ich in einem Kurs »Was tun, wenn jemand versucht, dich zu vergewaltigen?« Ich weiß nicht einmal mehr, was die Trainerin erzählte, aber plötzlich wurde mir klar, daß das gar kein Traum war, sondern daß ich das wirklich erlebt hatte. An den Rest der Stunde kann ich mich nicht mehr erinnern. Ich war völlig fertig.

Die Tatsache, daß diese Frau sich mitten in einem Kurs über Vergewaltigung erinnerte, ist durchaus von Bedeutung. Seit die Medien sexuellen Mißbrauch mehr und mehr beachten, kommt bei immer mehr Frauen die Erinnerung plötzlich wieder an die Oberfläche.

Das Thema »Sexueller Mißbrauch« in den Medien

Jennierose, die sich mit Mitte vierzig erinnerte, sah sich zusammen mit ihrem Freund eine Sendung über Sexualstraftäter im Gefängnis an. Die Gruppenleiterin ermutigte die Täter, ihre Gefühle zuzulassen, um sich an die traumatischen Ereignisse ihrer eigenen Kindheit erinnern zu können.

Mitten in der Sendung sah Jennierose ihren Freund an und sagte: »Ich wollte, ich könnte zu so einer Therapeutin gehen. Ich weiß, da war etwas, aber ich kann mich nicht daran erinnern.« Kaum hatte sie das gesagt, sah Jennierose ihren Vater vor sich, wie er zum ersten Mal von hinten in sie eindrang, als sie viereinhalb war und ihre Mutter im Krankenhaus, weil sie noch ein Kind bekam. »Ich hatte das Bild vor mir, in allen Einzelheiten, ich konnte sogar sehen, wie unsere Gardinen am Fenster sich bewegten.«

Weinend sagte Jennierose zu ihrem Freund: »Ich glaub, ich hab mir das ausgedacht.« Ihr Freund sagte nur: »Überleg! Denk nach! Sag, du hast es erfunden.« Aber es ging nicht. Jennierose wußte, sie sagte die Wahrheit.

Frauen erinnern sich häufig auf diese Weise. Oft fühlen sie sich sehr unbehaglich (ihnen wird übel, schwindlig, sie können sich nicht konzentrieren, fangen an zu weinen), wenn sie die Geschichte einer anderen Überlebenden hören und erkennen, daß das, was da beschrieben wird, auch ihre eigene Geschichte ist.

DER HEILUNGSPROZESS

Während der Liebe

von Laura Davis

Es war ein sonniger Sonntagmorgen. Wir hatten uns lange nicht mehr geliebt. Wir lagen im Bett, aneinandergeschmiegt wie zwei Löffel. Ich schlief noch halb und fühlte ihre warme Schwere um mich herum, ihre Knie schmiegten sich in meine Kniekehlen. Ihr Moschusatem streichelte meinen Hals, warm und vertraut, ihre Fingerspitzen streiften sanft über meinen Rücken, eine Frage: »Können wir jetzt? Ich will dich.«
Ich drehte mich zu ihr um und sah in ihre grün-goldenen Augen, die ich so liebte. Ich konnte es immer noch kaum glauben. Wie eine Zauberin hatte diese Frau alle meine Schutzwälle durchbrochen und mich entwaffnet. Sie hatte es geschafft, bis zu mir vorzudringen, und ich vertraute ihr. Endlich, mit achtundzwanzig, liebte ich und hatte keine Angst. Vorher war ich eine ziemliche Einzelgängerin gewesen, vor allem damit beschäftigt, Karriere zu machen. Mein Leben spielte sich in meinem Kopf ab, ich hatte Angst zu lieben. Ich wußte nicht, warum, aber ich hatte solchen Horror davor, daß ich einfach immer auf Distanz blieb, niemand kam an mich heran. Ich hatte andere Freundinnen gehabt, klar. Mit einigen machte ich Schluß, wenn sie zu nahe kamen. Mit anderen hatte ich oberfächliche Beziehungen. Aber sie war die erste, die durch all diese Mauern bis zu mir vorgedrungen war. Sie war die Frau, von der ich immer geträumt hatte, aber ich hätte nie gedacht, daß es sie wirklich gibt. An solchen gemächlichen Sonntagmorgen erfüllte mich ihre sanfte Gegenwart immer noch mit ungläubigem Staunen. Ich war glücklich, so glücklich wie noch nie.
Um die Frage ihrer Finger zu beantworten, die mich sanft erforschten, sah ich also hoch, lächelte sie an, um sie einzuladen, mich zu liebkosen, und berührte sanft ihr Gesicht. Sie preßte ihren Bauch gegen meinen, und ich fühlte die heftige Kraft unserer Leidenschaft, die plötzlich von Haut zu Haut loderte. »Ich liebe diese Frau«, dachte ich. »Und wir haben noch unser ganzes gemeinsames Leben vor uns.«
Sie küßte mich jetzt, nur ganz leicht und langsam. Sie wartete auf meine Antwort, ich sollte mich erheben, auf diesem Strom reiten, ihn zu fassen bekommen wie Winde die Segel, mit ihr fliegen. »Gut«, dachte ich. Meine Zunge antwortete, ließ sich mitreißen, mein Körper war fest an ihren gedrängt, meine Erregung wuchs.
Ihre Augen leuchteten. Auf diesen Moment hatte sie lange, lange gewartet. »Ich will dich«, sagte sie. Ihre Finger drangen in mich ein, und ihr Körper brannte an meinem. »Ich will dich.«
Und dann fühlte ich es. Schleichend, unverkennbar. Schmerzlich vertraut. Ein kleiner Funken von Entsetzen und dann die Wand. Eine undurchdringliche Mauer ragte plötzlich zwischen uns auf, mein Körper wich zurück, mein Kopf hob ab. Ich versuchte, mich zurückzurufen, aber es war schon zu spät. Ich war weg.
»Gut. Du wolltest wohl zu hoch hinaus«, dachte ich. »Für Waffeln reichen die Eier nicht. Aber ein paar Kartoffeln hab ich noch. Bratkartoffeln sind auch nicht schlecht.« Ich schloß die Augen, versuchte noch einmal, mich zurückzuholen. »Komm, Laura. Du willst hier sein.

DAS ERINNERN

Du willst das alles. Geh wieder in deinen Körper. Los. Das ist die Frau, die du liebst!« Aber es klappte nicht. Mein Kopf war schon weit weg, hoch oben über meinem Körper, drehte sich, tanzte in merkwürdigen Schleifen. Ich hatte nichts mehr im Griff. Mein Körper lag auf dem Bett unter mir und bewegte sich immer noch. Wie ich das haßte. Der alte Schmerz brach wieder über mich herein, ich konnte einfach nicht dableiben.
Ich ließ meine Zärtlichkeiten langsamer werden, drehte meinen Mund weg. Ich wurde still, zog mich zurück. Sah wieder in ihr Gesicht, angespannt und hart vor Enttäuschung. »Es tut mir leid, Liebste«, sagte ich nach einer Weile. »Ich kann einfach nicht.« Sie war verletzt, fühlte sich getäuscht. Die Tränen standen noch in ihren Augen. Wir waren uns so nahe gewesen.
Das war nicht das erste Mal, daß ich »verschwunden« war. Auch nicht das zweite. Das war eine alte, vertraute Geschichte, eine riesige Kluft, die sich zwischen uns öffnete, immer breiter, je näher wir uns kamen.
»Wo warst du, verdammt noch mal?« schrie sie mich jetzt an, ihre monatelange Geduld war plötzlich zu Ende. »Verdammt, wo bist du? Was ist überhaupt mit dir los?«
Dann Stille. Ihre Worte hallten in mir, gruben sich ein, drangen tief in mein Innerstes. Ich fühlte, wie sie mich erstickten. Nichts anderes war wirklich. Ich wußte nicht, wo ich war, wen ich da ansah. Ihr Gesicht wurde unscharf. Mir blieb die Luft weg. Ich sah nichts mehr. Ich tat gar nichts mehr. Ich fühlte nur noch, wie diese Fragen sich immer tiefer in mich hineinbohrten. Ich muß furchtbar ausgesehen haben, denn ihr Gesicht entspannte sich, sie legte ihren Arm um mich und sah mich besorgt und voll zärtlicher Liebe an. »Du mußt atmen, Liebste«, sagte sie. »Los, atme.«
An mehr erinnere ich mich nicht. Ich weiß, es verging einige Zeit, ruhig, nachdenklich. Irgend etwas geschah mit mir. Ich konnte es fühlen: Ein kleines bißchen Wahrheit stieg wie eine Luftblase von tief in mir auf, Wissen aus einem namenlosen Kern, Wissen, das Jahre voller Nebel durchdringt und sich nicht verleugnen läßt.
Ich fing an zu weinen. Ich wurde von heftigem Weinen geschüttelt, so heftig, daß ich Angst bekam und völlig durcheinander war. Ich fühlte mich hilflos, mir tat alles weh, wie einem Kind, das Schmerzen hat. So hatte ich noch nie geweint. Was passierte da mit mir? Jemand hatte mir sehr weh getan.
Sie strich mir über die Stirn, bedeckte sie mit Küssen. »Liebste, was ist los?«
Schluchzen schüttelte mich. Ein Horror, eine Wahrheit, ein Wissen, zu furchtbar, um es auszusprechen, brachen sich schließlich Bahn. Ich verstand die Worte erst, als sie aus mir herausströmten. Ich wußte, ich würde etwas sagen, aber ich wußte nicht, was.
»Ich bin vergewaltigt worden«, sagte ich endlich, mit der winzigen Stimme eines Kindes gelangen mir schließlich diese vier Worte. Als ich hörte, wie sie die Stille des sonnigen Morgens durchschnitten, wußte ich, daß sie wahr waren. »Ich bin vergewaltigt worden.«

DER HEILUNGSPROZESS

Wenn du eine Sucht aufgibst

Viele Überlebende finden die Erinnerung an ihren Mißbrauch wieder, wenn sie aufhören, zu trinken, Medikamente oder Drogen zu nehmen oder zwanghaft zu essen. Süchte können jede Erinnerung an den Mißbrauch wirksam abblocken. Anna Stevens erzählt:

> Irgendwann beschloß ich, nicht mehr zu trinken. Ich mußte anfangen zu fühlen. Die Verbindung zu dem Mißbrauch war fast sofort da. Und ich hab andere Frauen beobachtet, die zu den Anonymen Alkoholikern kamen und das gleiche gemacht haben. Sie haben gerade Zeit, sich durch die erste Woche durchzuzittern, und dann durchforsten sie auch schon ihre Erinnerungen. Und du weißt, was kommt, aber sie wissen es nicht.

Wenn du Kinder hast

Mütter erinnern sich oft an ihren Mißbrauch, wenn sie die Verletzlichkeit ihrer Kinder sehen oder wenn ihre Kinder in das Alter kommen, in dem ihr eigener Mißbrauch begann. Manchmal fällt es ihnen wieder ein, wenn ihr eigenes Kind mißbraucht wird. Dana bekam vom Richter die Auflage, zu einer Therapeutin zu gehen, als ihre dreijährige Tochter Christy belästigt worden war. Dana fing an, sich zu erinnern, als sie unbewußt ihren eigenen Namen für den ihrer Tochter einsetzte:

> Ich saß in der Therapie und sprach über Christy, und statt zu sagen »Christy«, sagte ich »ich«. Und ich bekam das gar nicht mit. Aber meine Therapeutin wohl. Sie hatte immer den Verdacht gehabt, ich sei auch mißbraucht worden, hatte aber nichts zu mir gesagt.
>
> Sie erzählte mir was ich gesagt hatte. Ich: »Ich? Ich habe ›ich‹ gesagt?« Ich hatte mich nicht einmal gehört. Es war richtig gespenstisch.
>
> Es kam heraus, daß ich mich auf der Basis meines eigenen Mißbrauchs mit Christys Mißbrauch beschäftigte. Die Dinge, die ich am schlimmsten fand und die mich am meisten verletzt hatten, waren die, die mir passiert waren, und nicht, was Christy passiert war. Daß ich zusammenbrach und mir so vieles wieder einfiel, als ich das mit Christy herausfand, lag zum Teil daran, daß mein Mann mit ihr das gleiche machte, was mein Vater mit mir gemacht hatte.

Nach einem wichtigen Todesfall

Viele Frauen haben zuviel Angst, sich zu erinnern, solange die Täter noch leben: »Ich konnte es mir erst leisten, mich daran zu erinnern, als meine beiden Eltern tot waren, als da niemand mehr war, der mich verletzen konnte.« Eine siebenundvierzigjährige Frau erinnerte sich erst eineinhalb Jahre, nachdem ihre Mutter gestorben war: »Da konnte ich meiner Mutter nicht mehr weh tun, indem ich es ihr sagte.«

Die Gefühle kommen wieder

Ein Teil der Erinnerung ist unabhängig von Gefühlen. Aber wenn du dich mit deinen Gefühlen erinnerst, können Hilflosigkeit, Angst und Schrecken, der körperliche Schmerz so echt sein wie alles, was du heute erlebst. Du fühlst dich vielleicht, als würdest du zermalmt, auseinandergerissen oder erstickt. Es kann auch sexuelle Erregung dabeisein, und das erschreckt dich möglicherweise, aber Erregung ist eine natürliche Reaktion auf sexuelle Stimulierung. Es gibt keinen Grund, sich dafür zu schämen.

Vielleicht erinnerst du dich daran, wie du Nähe gespürt hast, du warst glücklich, eingehüllt in eine besondere Art von Liebe. Ekel und Entsetzen sind nicht die einzigen Gefühle, die auftauchen. Es gibt gar keine *richtigen* Gefühle, du mußt fühlen, auch wenn du dabei ins Schleudern kommst.

> Als ich anfing, mich zu erinnern, machte ich gefühlsmäßig erst mal dicht. Ich stieg

hoch in meinen Kopf und vergaß die Gegend um meine Eingeweide. So schützte ich mich selbst. Lange war das bloß eine intellektuelle Übung. »Ach, deshalb hab ich Probleme mit Männern und Autorität. Vielleicht kann ich mich deshalb an vieles aus meiner Kindheit nicht erinnern.« Ich brauchte noch neun Monate, nachdem ich angefangen hatte, mich zu erinnern, bis meine Gefühle wie Blasen begannen aufzusteigen.

Ich merke, wie ich in die Gefühle hineinrutschte, die ich während des Mißbrauchs damals nicht fühlen durfte, um mich nicht in Gefahr zu bringen. Das erste war diese ungeheure Isolation. Und dann überfiel mich der absolute Horror. Ich merkte, wie furchterregend die Welt ist. Die schlimmste Angst kam zum Schluß hoch. Ich fühlte, daß sie die ganze Zeit oben in meinem Hals gesessen und nur darauf gewartet hatte, mit einem Schrei herauszukommen.

Ich stand richtig auf der Kippe. Ich hatte ein Gespräch mit meinem Chef, der mir sagte, meine Leistung sei nicht besonders. Ich erzählte ihm schließlich, was passiert war, das ist schon hart, einer männlichen Autoritätsperson zu erzählen, daß du dich an Inzest in deiner Familie erinnerst. Das beste, was er tun konnte, war, sich zurückzuziehen und mich in Ruhe zu lassen.

Dann schleppte ich diesen ganzen Druck von außen mit mir herum: Meine Arbeitsstelle war in Gefahr, mein Leben brach auseinander, und ich hatte alle diese Gefühle, mit denen ich nichts anfangen konnte. Um nicht vollkommen aus der Fassung zu geraten, fing ich an, zwanghaft zu essen. Schließlich entschied ich mich, diese ganze Sache nicht mehr allein durchstehen zu wollen. Ich machte eine Therapie.

Durch diese Gefühle gehen zu müssen gehört zum schlimmsten, was die Erinnerung mit sich bringt. »Ich finde es zum Kotzen, daß ich das zweimal überleben muß, bloß diesmal mit Gefühlen«, sagt eine Frau. »Diesmal ist es schlimmer. Ich kann mich nicht mehr so gut raushalten.«

Eine andere Frau: »Am Anfang war ich hart im Nehmen, was die Erinnerung betraf. Ich war wieder auf meinem Hochleistungstrip. Ich würde tolle Arbeit leisten. Ich dachte, das wichtige sei, Bilder wiederzufinden. Ich erinnerte mich an tausend Sachen und alles auf intellektueller Ebene. Es war, als ob ich Inzestarbeit › machen ‹ würde, so wie andere Leute Englisch oder Schreibmaschine.«

Erst nach einem Jahr Therapie merkte diese Frau langsam, daß *sie* diejenige war, die mißbraucht worden war. »Mir wurde schließlich klar, ich *fühlte* schließlich, daß das mir passiert war und daß es mir geschadet hatte. Ich mußte erkennen, daß die ganze Erinnerung allein die Sache nicht erledigen würde. *Es ging um mich*!«

Für Erinnerungen offen sein

Nur wenige Überlebende haben das Gefühl, ihre Erinnerung im Griff zu haben, sondern umgekehrt denken die meisten, daß ihre Erinnerung sie im Griff hat, daß sie sich Zeit und Ort, an denen die Bilder auftauchen, nicht aussuchen können. Vielleicht kannst du sie eine Weile zurückdrängen, aber der Preis - Kopfschmerzen, Alpträume, Erschöpfung - ist zu hoch. Es lohnt sich nicht, das Unvermeidliche aufzuhalten.

Nicht jede Frau merkt, wenn eine Erinnerung sich anbahnt, aber viele werden vorher gewarnt, durch ein bestimmtes Gefühl oder durch eine ganze Reihe von Gefühlen. Vielleicht verkrampft sich dein Magen. Oder du kannst nicht richtig schlafen, hast beängstigende Träume.

Ich weiß immer, wenn sie kommen. Ich krieg unheimlich Angst. Ich reg mich über alles auf. Ich werd traurig. Meistens kommen zuerst Ärger, große Unruhe und Angst. Und ich hab die Wahl. Eine richtige bewußte Wahl. Entweder ich will es, oder ich will es nicht. Und ich hab oft gesagt: »Ich will es nicht.« Und jedesmal ging es mir einfach schlechter und schlechter. Ich wurde immer depressiver. Und ich ging ständig wegen irgendwas die Wände hoch.

Jetzt sag ich dazu nicht mehr nein. Das lohnt sich nicht. Anscheinend muß mein Körper das einfach rauslassen. Je gesünder ich werde, desto mehr wird mir klar, daß diese Erinnerungen buchstäblich in meinem Körper gespeichert sind, und sie müssen raus. Oder ich schlepp sie ewig mit mir rum.

Sich nach und nach erinnern

Wenn du eine Folge von Erinnerungen aufgearbeitet hast, kommt oft schon die nächste an die Oberfläche.

> Je mehr ich an dem Mißbrauch arbeitete, desto mehr fiel mir ein. Erst fiel mir mein Bruder ein, dann mein Großvater. Ungefähr sechs Monate danach erinnerte ich mich an meinen Vater. Und dann, so ein Jahr später, erinnerte ich mich an meine Mutter. Zuerst fiel mir das »Leichteste« ein und zuletzt das »Schlimmste«. Obwohl es furchtbar für mich war zu erkennen, daß mich jedes Mitglied meiner Familie mißbraucht hat, hatte es auch etwas Beruhigendes. Lange fühlte ich mich schlechter, als es den ersten Erinnerungen entsprochen hätte. Deswegen gaben mir die Erinnerungen an den restlichen Mißbrauch tatsächlich wieder Boden unter die Füße, weil sie meine Gefühle erklärten.

Die Wirkung neuer Erinnerungen verändert sich mit der Zeit:

> Die erste Flut von Erinnerungen kam, als ich fünfundzwanzig war. Die Erinnerungen, die jetzt auftauchen, sind wie Feineinstellungen: mehr Einzelheiten, mehr Feinstruktur. Obwohl da am Anfang ein stärkeres Gefühl von Schock und seelischer Klärung war, finde ich es jetzt schlimmer, mich zu erinnern. Ich glaube meinen Erinnerungen jetzt. Sie tun mehr weh. Ich hab jetzt die Gefühle, um ihre Wirkung zu empfinden. Ich kann jetzt sehen, wie mein Leben beeinträchtigt worden ist.

Auch Laura findet neue Erinnerungen schlimmer:

> Immer, wenn ich gerade glaubte, mein Leben würde wieder normal und ich könnte den Inzest beiseite schieben, bekam ich einen neuen Erinnerungsblitz, der viel brutaler war als meine ersten. Ich war wütend. Ich wollte damit fertig sein. Ich wollte nicht wieder mit dem Inzest anfangen. Und mein Widerstand erschwerte das Erinnern.

Andere Überlebende sagen, es werde leichter, mit den Erinnerungen umzugehen:

> Jetzt, wo ich mich damit abgefunden habe, daß ich mißbraucht worden bin, haben neue Bilder, neue Ereignisse, nicht mehr die gleiche Wirkung. Den Kampf zu glauben, daß es passiert ist, muß ich nicht jedesmal neu kämpfen, wenn wieder etwas genau da reinpaßt. Als ich erst einmal einen Rahmen hatte, in den ich die neuen Erinnerungen einpassen konnte, wurden meine Erholungszeiten viel kürzer. Meine ersten Erinnerungen überwältigten mich so stark, daß ich Wochen brauchte, um damit fertig zu werden. Jetzt heul ich vielleicht zehn Minuten oder bin eine Stunde deprimiert. Nicht, daß ich keine neuen Erinnerungen mehr hätte. Sie machen mich nur nicht mehr so fertig.

Und neue Erinnerungen nehmen nichts weg von der Heilung, die du schon geschafft

DAS ERINNERN

hast. *Es klingt paradox, aber du kurierst jetzt schon die Wirkung der Dinge aus, an die du dich erst noch erinnern mußt.*

Wenn sich eine Erinnerung anbahnt

- **Such dir einen Ort, wo du dich sicher fühlst.** Wenn du an deiner Arbeitsstelle bist, versuche, nach Hause zu gehen. Such dir einen sicheren Platz bei dir zu Hause (siehe »Ein sicherer Ort«, Seite 188), oder geh zu einer guten Freundin.
- **Ruf eine Person an, die dich unterstützt.** Vielleicht möchtest du vor, während oder nach deiner Erinnerung mit deiner Freundin oder mit deinem Freund zusammensein, mit einer Frau aus der Selbsthilfegruppe oder mit deiner Therapeutin. Oder du bist lieber allein.
- **Kämpf nicht dagegen an.** Am besten entspannst du dich und läßt die Erinnerung kommen. Greif nicht zu Medikamenten, Alkohol oder Essen, um sie zu unterdrücken.
- **Denk daran, es ist bloß eine Erinnerung.** Du erlebst die Erinnerung an einen Mißbrauch, der vor langer Zeit geschehen ist. Der Mißbraucher wird dir jetzt nicht wirklich weh tun, auch wenn es dir so vorkommt. Eine Erinnerung neu zu erleben ist Teil deiner Heilung und nicht eine Fortsetzung des Mißbrauchs.
- **Du mußt damit rechnen, daß es dir etwas ausmacht.** Erinnerungen wiederzufinden ist eine schmerzhafte, anstrengende Erfahrung. Vielleicht brauchst du eine Weile, um dich davon zu erholen. Am besten läßt du dir Zeit und erwartest nicht, anschließend direkt loslaufen und etwas anderes tun zu können.
- **Sei gut zu dir.** Eine Erinnerung zu haben ist eine Erfahrung, die dich sehr verletzlich macht. Gönne dir etwas Besonderes (Vorschläge unter »Sei gut zu dir selbst«, Seite 172).
- **Sag wenigstens einem Menschen Bescheid.** Auch wenn du lieber allein bist mit einer neuen Erinnerung, solltest du jemandem davon erzählen. Als Kind hast du allein gelitten. Das mußt du nicht noch einmal.

»Aber ich kann mich an nichts erinnern«

Wenn du dich nicht an deinen Mißbrauch erinnern kannst, bist du nicht die einzige. Viele Frauen können sich nicht erinnern, und manche werden sich nie erinnern. Das heißt nicht, daß du nicht mißbraucht worden bist.

Ohne Erinnerung kann es schwerer sein, den Mißbrauch als etwas wirklich Geschehenes anzusehen. Vielleicht bist du nicht sicher, ob du deiner Intuition glauben sollst, und willst einen »Beweis«. Das ist zwar ein natürlicher, aber nicht immer erfüllbarer Wunsch. Das Unterbewußtsein gibt sein Wissen nach seinen eigenen Gesetzen preis, und die richten sich nicht immer nach deinen Wünschen oder deinem Zeitplan.

Eine achtunddreißigjährige Überlebende beschrieb ihre Beziehung zu ihrem Vater als »emotional inzestuös«. Sie hatte nie besondere Erinnerungen an irgendwelche körperlichen Kontakte zwischen ihnen, und es machte ihr lange zu schaffen, daß sie keine konkreten Angaben machen konnte. Mit der Zeit gelang es ihr aber, die fehlende Erinnerung zu akzeptieren.

Will ich wissen, ob zwischen meinem Vater und mir körperlich etwas passiert ist? Ehrlich, ich glaube, daß wir das erst erfahren, wenn wir stark genug dazu sind. Unser Unterbewußtsein beschützt uns auf wunderbare Weise, und ich glaub, wenn ich stark genug bin, um es zu ertragen, werde ich es erfahren.

DER HEILUNGSPROZESS

Ein Jahr lang hab ich wie verrückt versucht, mich zu erinnern, und dann hatte ich es satt, herumzusitzen und darüber zu reden, daß ich mich nicht erinnern kann. Ich dachte: »Gut. Tun wir so, als ob.« Das ist, als ob du nach Hause kämst, und ein Einbrecher wäre dagewesen, alles läge im Zimmer herum, das Fenster stände offen, der Vorhang wehte im Wind, und die Katze wäre weg. Du weißt, du bist bestohlen worden, aber du wirst nie wissen, wer es war. Also, was machst du? Rumsitzen und versuchen, es herauszufinden, während dein Zeug herumliegt? Nein, du fängst an aufzuräumen und sauberzumachen. Du vergitterst deine Fenster. Du gehst davon aus, daß jemand da war. Vielleicht kommt jemand vorbei und fragt: »Woher weißt du, daß jemand da war?« Du weißt es nicht.

Und so hab ich es auch gemacht. Ich hatte die Symptome. In jeder Inzest-Gruppe fühlte ich, daß ich da genau richtig war. Ständig klingelte es bei mir. Ich fühlte, da war etwas, an das ich nicht herankam, an das ich mich noch nicht erinnern konnte. Und an dem Punkt steckte meine Heilung fest.

Ich wollte konkrete Erinnerungen, zum Teil, weil ich ein schlechtes Gewissen hatte, diesem Mann so etwas Ungeheuerliches vorzuwerfen. Vielleicht stimmte es ja gar nicht. Wie furchtbar, wie konnte ich ihm so etwas nur unterstellen? Darum wollte ich die Erinnerungen. Ich wollte sicher sein. Und dann gibt es immer noch dieses alte Vorurteil, Frauen wollten vergewaltigt werden.

Ich mußte mich fragen: »Warum hab ich all diese Gefühle? Warum bin ich so verängstigt, wenn gar nichts passiert ist?« Wenn du nicht an die Fakten herankommst, nimm, was du hast.

Ich habe nur den Schaden. Und deswegen komm ich mit dieser Geschichte von dem Einbrecher. Mir gehört der Schaden. Ich will gesund werden. Wegen des Schadens bin ich sehr krank geworden und hab irgendwann erkannt: »Ich bin achtunddreißig. Was soll ich jetzt machen? Nochmal zwanzig Jahre auf eine Erinnerung warten?« Lieber werde ich gesund. Und vielleicht fällt mir ja, je stärker ich werde, um so mehr wieder ein. Vielleicht hab ich das Pferd auch beim Schwanz aufgezäumt. Vielleicht weiß ich jetzt soviel, wie ich wissen kann, ohne zusammenzubrechen. Ich will nicht verrückt werden. Ich will draußen in der Welt leben. Vielleicht sollte ich froh sein, daß mich mein Unterbewußtsein so beschützt. Die Überlebende in mir ist verdammt clever. Also stütz ich mich auf Indizien und seh zu, daß ich gesund werde. Ich geh in diese Inzestgruppen und sag den Leuten: »Ich hab keine Bilder«, und dann mach ich weiter und erzähl von meinem Vater, und niemand sagt: »Du hast hier nichts verloren.«

Schreibübung: Was dir passiert ist

(Grundregeln für Schreibübungen, siehe Seite 25.)

Schreib darüber, wie es damals war, als du sexuell mißbraucht wurdest. Viele Frauen finden es sehr schwierig, den Leuten zu sagen, daß sie sexuell mißbraucht worden sind. Tun sie es doch, drücken sie es meistens sehr allgemein aus: »Mein Bruder hat mich belästigt« oder »Ich wurde vergewaltigt, als ich zehn war«. Nur selten erzählen wir Einzelheiten, zum Teil, weil es schon schwer genug ist, die Tatsache überhaupt auszusprechen, und zum Teil, weil wir die Leute schonen wollen. Wir wollen uns nicht aufdrängen.

Aber die knappe Aussage »Mein Stiefvater hat mich mißbraucht« hat kaum etwas damit zu tun, wie du mit dem Mißbrauch lebst, wie du deine Erinnerungsblitze erlebst. Sie enthält

DAS ERINNERN

keinen Hinweis darauf, daß dich ein Schauder überläuft, wenn irgend etwas deine Erinnerung weckt. In Wirklichkeit erinnerst du dich an den Lichtschein auf der Treppe, an den Schlafanzug, den du anhattest, den Geruch nach Alkohol in seinem Atem, das Gefühl der Steine zwischen deinen Schultern, als du auf den Kies geworfen wurdest, dieses furchtbare leise Lachen, du hörst, wie unten im Wohnzimmer der Fernseher läuft. Wenn du schreibst, erzähle so viel wie möglich über diese Einzelheiten, die du mit deinen verschiedenen Sinnen wahrgenommen hast.

Wenn dein Mißbrauch über einen zu langen Zeitraum angedauert hat und zu viele Täter beteiligt waren, als daß du alles in einer halben Stunde aufschreiben könntest, halte dich trotzdem an die Zeit. Mach dir keine Gedanken, womit du anfangen sollst. Fang mit dem Zugänglichsten an oder mit dem, womit du dich am dringendsten glaubst beschäftigen zu müssen. Das ist eine Übung, die du immer wieder machen kannst.

Wenn du dich nicht erinnern kannst, schreib über das, was du noch weißt. Schaff den Kontext noch einmal neu, die Situation, in der der Mißbrauch geschah. Beschreib, wo du als Kind gelebt hast. Was geschah in deiner Familie, in deiner Nachbarschaft, in deinem Leben? Oft fällt Frauen dann doch eine ganze Menge ein. Aber weil das Bild nicht logisch irgendwo hineinpaßt und auch nicht ganz vollständig ist, haben sie das Gefühl, sie dürften das, was sie wissen, nicht »Erinnerung« nennen. Fang mit dem an, was du hast. Wenn du das richtig nutzt, bekommst du meistens mehr. Wenn du an Dinge kommst, die du nicht sagen kannst, weil es einfach zu schwer ist, zu schmerzhaft oder zu demütigend, versuch, sie trotzdem aufzuschreiben. Du brauchst sie niemandem mitzuteilen, wenn du nicht willst, aber um zu heilen, mußt du ehrlich mit dir selbst sein. Wenn du irgend etwas absolut nicht aufschreiben kannst, dann schreib wenigstens, daß da etwas ist, was du nicht aufschreiben kannst oder willst. Damit hinterläßt du immerhin für dich selbst einen Hinweis. Du erkennst an, daß es da eine schwierige Stelle gibt.

Wenn du auf irgendwelche Nebenwege gerätst, ruf dich nicht zu schnell zurück. Manchmal kann uns etwas scheinbar Unwichtiges zu etwas Wichtigerem führen. Natürlich sollst du beim Thema bleiben, aber laß die Zügel locker. Es gibt bei dieser Übung kein richtig oder falsch. Vielleicht schreibst du linear, eines nach dem anderen, und erzählst deine Geschichte in chronologischer Reihenfolge. Vielleicht ist es auch ein Brei von Gefühlen und Empfindungen. Oder es ist unscharf, eine lockeres Netz von einzelnen Bruchstücken. Für alle Schreibübungen gilt: Versuche nicht, zu urteilen oder zu zensieren. Denk nicht, du müßtest irgendwelche Normen erfüllen. Und vergleiche, was du geschrieben hast, nicht mit dem von anderen Frauen. Dies ist eine Chance, etwas aufzudecken und gesund zu werden, und nicht, Leistung zu bringen und die Erwartungen von jemandem zu erfüllen, nicht einmal deine eigenen.

DER HEILUNGSPROZESS

Ich danke dem Himmel

von Teresa Strong
Teresa Strongs poetische Antwort auf diese Übung ist lebendig und sehr bewegend. Wir hoffen, sie veranlaßt dich, deine eigene Geschichte zu erzählen.

Morgendämmerung, graue Welt, Traumwelt, eine Zeit außerhalb der Welt. Ich schlafe, oder wenigstens denke ich das. Ich träume, oder vielleicht bin ich verrückt wie meine Großmutter. Ich schlafe im Hinterzimmer und höre, wie mein Großvater (und ich weiß, er ist nicht wirklich mein Großvater) hereinkommt. Er setzt sich neben das Bett, in dem ich immer geschlafen habe, in dem jetzt meine Nichte schläft. (Hol sie *raus* aus diesem Scheißbett. Es sollte verbrannt werden, zerhackt und zerstört. Niemand sollte in diesem Bett schlafen.) Er setzt sich neben das Bett und fängt an, mich aus dem Schlaf zu holen, indem er mit seiner Hand auf mir herumreibt, über der Bettdecke (die ganze Welt schläft) und unter der Bettdecke und unter meinem Nachthemd und überall und überall. Und seine Berührung ist sanft, und er streichelt mich, und ich weiß nicht, was passiert, aber es fühlt sich an, als steh ich unter Strom, als ob das Leben durch mich hindurchfließt. Und es ist schön, berührt zu werden, und manchmal tu ich, als ob ich noch schlafe, und manchmal schlaf ich noch, und er macht weiter, berührt mich, streichelt mich, seine Finger gleiten über meinen Körper, und dann, irgendwo in dem Beben und in diesem Gefühl, daß das Leben durch mich hindurchfließt, blitzt es plötzlich auf: *Gefahr! Gefahr! Gefahr! Halt!* Und in dem Moment wird er schneller, und er streichelt mich nicht mehr, berührt mich nicht mehr. Er grapscht und reibt und drückt mich herunter und liegt über mir. Und ich seh nur noch graue Stahlkugeln, wo vorher seine Augen waren. Und er ist über mir, und aus einem Augenwinkel seh ich nur noch den Himmel und ein Blatt. Daran halt ich mich fest.

Das ist der Himmel. Ich weiß, das ist der Himmel. Das ist ein Stück Himmel, und das ist ein Blatt. Und ich halt mich mit meinem Auge am Himmel fest, und mein Großvater flüstert mir ins Ohr: »Oh, Süße, schau, wie dir das gefällt, und das Schönste kommt noch.«

Ich hör, wie sein Reißverschluß aufgeht. Mein Körper stößt und windet sich unter ihm. *Ich* sage, das ist, weil ich weg will, und er kichert fast (nie sehe ich ihn so breit lächeln wie bei diesen Gelegenheiten) und sagt mir, wie sehr es mir gefällt. Seine Berührung ist nicht mehr menschlich. Er drückt und grapscht nur noch. Und dann hab ich seinen Penis vor meinem Gesicht, und ich weiß, entweder träum ich oder ich bin verrückt oder ich sterbe jetzt gleich, und ich kann mich nur noch am Himmel festhalten. Und das tu ich.

Das ist der Himmel, und das ist ein Blatt, und er steckt mir seinen Penis in den Mund. Ich sterbe und behalte immer den Himmel im Auge, und er stößt, heftig, und ich denke, das Dach von meinem Mund reißt gleich auseinander. Und ich hab das Gefühl, er ist ganz unten in meinem Hals. Ich krieg keine Luft! Ich krieg keine Luft! Ich muß brechen! *Wo* ist das Blatt? Ich seh nichts. Mir wird schlecht. Ich will *sterben*. Ich will raus aus meinem Körper. Ich versteck mich in meinem Kopf und dann im Himmel. Mein Hals brennt. Er kommt. Halb in meinem Hals, halb in meinem Gesicht. Ich schnapp nach Luft. Er hält mir den Mund zu, und ich seh den Himmel nicht mehr. Ich *muß* den Himmel sehen: Nur so komm ich hier lebend raus.

Manchmal putzt er mein Gesicht ab, und manchmal zwingt er mich, es runterzuschlucken. Manchmal grinst er, und manchmal streichelt er mich lange. Manchmal seh ich den Himmel gar nicht mehr und verlier das Bewußtsein. Und wenn ich aufwach, weil ich hör, wie das Frühstück gemacht wird, ist die Welt normal und schön. Mit der Zeit macht er sich nicht mehr die Mühe, streichelt, berührt mich nicht mehr, nimmt mich nicht mehr in den Arm. Ich bin gar nicht da. Aber jedes Mal bevor er geht, beugt er sich runter, seine Nase fährt an meinem Ohr vorbei, und er flüstert: »Denk dran, Süße, es ist nichts passiert.« Und ich streng mich an, ihm zu gefallen, und denk immer schön dran.

Einmal hab ich meine Mutter gebeten, mich in einem anderen Zimmer schlafen zu lassen. Und sie sagt nein, weil ich jetzt vier bin und ein großes Mädchen. Mein Großvater erzählt mir immer andere Geschichten. Manchmal sagt er, wenn ich es erzähle, weiß jeder, daß ich verrückt bin, und sie schicken mich weg. Und er wird dafür sorgen, daß ich nie zurückkomm, anders als bei meiner Großmutter. Er sagt auch, wenn herauskommt, wie gern ich das hab (bei diesen Worten streichelt er mich wieder wie lange nicht, und es gefällt mir wirklich), krieg ich Ärger. Nur Nutten, böse Mädchen, Verrückte lassen sich gerne so anfassen. Und außerdem, sagt er, kommen wir ihn jedes Jahr besuchen, wenn mein Vater Urlaub hat.

Wenn der Morgen graut, tu ich also so lange wie möglich, als ob ich schlafe, bis er mich wachrüttelt. Und wenn es nicht mehr geht, such ich nach dem Himmel. Und ich sage keinem, daß ich mich gerne anfassen laß und daß ich verrückt bin. Ich führ die Leute an der Nase rum. Ich krieg gute Noten in der Schule, damit niemand merkt, ich bin verrückt. Und keiner darf mich anfassen, damit sie nicht merken, daß mir das gefällt. Und ich halt mich am Himmel fest.

DER HEILUNGSPROZESS

Glauben, daß es geschehen ist

Bis vor drei Monaten hab ich nicht *wirklich* geglaubt, daß es passiert ist: »Das war Hypnose«, »Ich hab es mir nur eingebildet.« Ich benahm mich, als sei es wirklich geschehen. Ich ging in eine Gruppe für Inzest-Überlebende. Ich erzählte den Leuten offen davon. Aber wenn ich allein war, sagte ich mir: »In *Wirklichkeit* stimmt das alles nicht.«

Um von sexuellem Kindesmißbrauch zu heilen, mußt du glauben, daß du ein Opfer warst, daß der Mißbrauch wirklich stattgefunden hat. Das fällt Überlebenden oft schwer. Wenn du dein Leben damit verbracht hast, die Realität deines Mißbrauchs zu verleugnen, wenn du gar nicht wirklich willst, daß es stimmt, oder wenn deine Familie dir immer wieder erzählt, du seist verrückt oder eine Lügnerin, kann es schwierig sein, unbeirrbar an dem Wissen festzuhalten, daß du mißbraucht worden bist.

Vielleicht bereitet es dir auch gar keine Schwierigkeiten, vielleicht wirst du sogar bestätigt. Eine Schwester oder ein Bruder erinnert sich. Eine Mutter sagt: »Aber Schatz, wir mußten doch bei ihm bleiben.« Körperliche Narben einer Vergewaltigung im Alter von vier Jahren. Das Attest einer Ärztin. Zeugenaussagen vor Gericht. Ein Täter, der sagt: »Ja, das habe ich getan.« Eine Nachbarin, die sich erinnert. Ein anderes Kind, dem du es erzählt hast.

> Ich erhielt Gewißheit, als ich meiner Mutter erzählte, woran ich mich erinnerte. Ihr Gesicht wurde plötzlich ausdruckslos, als stehe sie unter einem Schock. Und dann sagte sie: »Das ist dein altes Zimmer auf der Farm in Kentucky.«

Aber die meisten Überlebenden haben keinerlei Zugang zu Beweisen, und nur wenige erfahren von Familienmitgliedern Unterstützung oder Bestätigung.

Auch wenn deine Erinnerungen unvollständig sind, auch wenn deine Familie darauf besteht, daß niemals etwas geschehen ist, mußt du dir trotzdem glauben. Auch wenn dir das, was du erlebt hast, zu extrem vorkommt, um möglich zu sein, oder nicht schlimm genug, um als Mißbrauch zu gelten, auch wenn du denkst: »Ich hab es mir bestimmt ausgedacht« oder »Kein Mensch würde das mit einem Kind machen«, mußt du dich mit der Tatsache deines Mißbrauchs abfinden, und zwar immer wieder neu.

Die Funktion des Abstreitens

Überlebende geben sich oft ungeheure Mühe, ihre Erinnerungen zu verleugnen. Eine Frau schaffte es, sich selbst davon zu überzeugen, daß alles nur ein Traum war, eine andere sagte: »Das war bestimmt in meinem früheren Leben.« Als Laura die ersten Bilder von ihrem konkreten Mißbrauch erinnerte, wollte sie nicht glauben, was sie sah:

Ich versuchte leidenschaftlich, es nicht zu glauben. Selbst als ein Teil von mir die Wahrheit anerkannte, versuchte der andere Teil noch heftig zu verleugnen, was ich gesehen hatte. Es gab Zeiten, da hätte ich mich lieber als verrückt betrachtet als zugegeben, was mir geschehen war. Ich kam aus einer wunderbaren Familie. *Ich* konnte nicht als Kind vergewaltigt worden sein. *Ich* konnte nicht von meinem Großvater belästigt worden sein, den ich verehrt und geliebt hatte. Ich erinnerte mich an all die tollen Sachen, die er machte. Daß er mich mißbraucht haben sollte, war ausgeschlossen! Es konnte nicht wahr sein!

Diese Art des Leugnens mag überraschen, aber in Wirklichkeit ist es eine notwendige Phase, um mit traumatischem Schmerz, Schmerz in Form einer seelischen Erschütterung, fertig zu werden. Das Leugnen gewährt dir Aufschub, wenn du es nicht länger ertragen kannst, dich mit dem kleinen, verletzten Kind in dir zu identifizieren. Es ermöglicht dir, zur Arbeit zu gehen, deinen Kindern Frühstück zu machen. Es ist eine Überlebenstechnik und versetzt dich in die Lage, eine Geschwindigkeit zu finden, die dich nicht überfordert.

In den Anfangsstadien kann dein Glaube an deine Erinnerungen kommen und auch wieder verschwinden:

> Es ist, als sei ich in einem Nebel, der sich lichtet. Es kommt die Erinnerung an etwas, das ich erlebt habe. Ich erlebe es noch einmal. Dann weiß ich, es stimmt. »Das war echt. Ich will nicht, daß es stimmt. Aber es ist passiert.« Kaum habe ich das gesagt, fang ich auch schon an es abzustreiten: »Aber ich liebe meinen Vater. Das hätte er niemals getan.« Und dann gibt es diese kleinen Dinger in mir, die mich fragen: »Aber was war das für eine geheimnisvolle Blasenentzündung, als ich acht war? Als ich im Krankenhaus war, konnte er mir nicht in die Augen sehen.«

Ein dramatisches Beispiel für diesen unsicheren Glauben an Erinnerungen gab es in einem von Ellens Workshops. Während einer Schreibübung schrieb eine Frau über den Mißbrauch, den sie erlebt hatte, bevor sie sprechen gelernt hatte. Als sie es der Gruppe laut vorlas, erlebte sie eine vollkommene Regression, ein Zurückgehen in ihre Kindheit. Schluchzend, stammelnd und zitternd erlebte sie den Mißbrauch noch einmal. Alle waren sehr erschüttert.

Am gleichen Tag noch fragte dieselbe Frau: »Meint ihr, ich könnte wirklich mißbraucht worden sein? Vielleicht hab ich nur geschauspielert.« Eine andere Frau aus der Gruppe sah sie an und sagte: »Hättest du Freude und Glück genauso überzeugend spielen können? Wenn du so eine große Schauspielerin bist, wieso spielst du nur die eine Szene, immer und immer wieder?«

Es ist normal, daß du von Zeit zu Zeit an deiner Erfahrung zweifelst. Aber das bedeutet nur, daß es wehtut, Erinnerungen zu akzeptieren, und nicht, daß du nicht mißbraucht worden bist.

DER HEILUNGSPROZESS

Es gibt Dinge

von Lisa Schweig

1. Fakten und Zahlen

Es gibt Fakten und Zahlen
Daten und Zeiten
Wahre Aussagen
Es gibt Dinge, die ich weiß.

Ich weiß, was ich anhatte
Ich weiß, was ich nicht anhatte
Ich weiß, wo ich war
Ich weiß, wer bei mir war

Ich weiß seinen Körper über mir
Ich weiß seine Hand an meiner Brust
Ich weiß, seine Hand geht nach unten
Ich weiß, da ist noch mehr

Ich weiß, ich hatte Angst
Ich weiß, ich rollte mich zusammen
Ich weiß, ich hab mich gewehrt
Ich weiß, ich hab nein gesagt.

2. Verwirrung und Zweifel

Es gibt Verwirrung und Zweifel
Frust und Leugnen
Infragestellen
Es gibt Dinge, die ich nicht weiß.

Ich weiß nicht, warum
oder wie es wirklich
passiert ist.

Ich weiß nicht, wann
es begann
wo
er aufhörte

Ich weiß nicht, wer
er ist
falls
ich ihn liebe.

Sieh dir dein Leben an

Bestätigung für deinen Verdacht kannst du finden, indem du dir dein Leben ansiehst: Du siehst die Auswirkungen des Mißbrauchs und dann, nachdem du mit dem Heilungsprozeß begonnen hast, wie sich dein Verhalten ändert, wenn auch vielleicht nur leicht. Wenn dem so ist, kannst du sicher annehmen, daß du völlig recht hast.

Am schwierigsten war es, zu akzeptieren und zu glauben, daß es wirklich geschehen war. In der Gruppe zu sein hat mir sehr geholfen. Ich konnte andere Frauen sehen, die sexuellen Mißbrauch durchgemacht haben, und meine Symptome waren ähnlich: Selbstmordgedanken, Weglaufen, eine hohe Schmerzgrenze, Blackouts, ewig Mißerfolge überall, Leugnen, meine Neigung, mich immer abzusondern.
Was mich in meinem Verdacht sehr bestätigt hat, war die Beobachtung, wie meine eigenen Verhaltensmuster sich änderten. Zum Beispiel gingen meine Paranoia weg und meine Wahnvorstellungen. Ich dachte vorher immer, die Mafia sei hinter mir her und jemand würde das Haus, in dem ich mich aufhielt, in Brand stecken. Als ich mich an den Inzest erinnerte, wurde mir klar, daß das die Drohungen meines Vaters waren. Wir hatten so einen großen Wandschrank aus Zedernholz. Mein Vater ging mit mir immer da hinein, schloß die Tür zu und drang dann von hinten in mich ein. Dann drohte er immer, Feuer an den Schrank zu legen. Er sagte, wenn ich es jemand erzählte, käme die Mafia und würde mich abholen. Sobald mir diese Verbindungen bewußt wurden, hörten meine Wahnvorstellungen auf.

Erstes Licht

von Aurora Levins Morales

Dies ist ein Auszug aus einem längeren, unvollendeten Stück. Die Hauptdarstellerin, ein neunjähriges Mädchen, ist gerade von ihrem Onkel vergewaltigt worden.

Sie lag auf dem schmalen Bett im sehr frühen Morgenlicht und fühlte, wie sie starb. Sie blieb ganz still, bis sie gar nichts mehr fühlen konnte, und dann wußte sie, es war geschafft. Sie war tot. Jetzt, das wußte sie, kam das Waschen der Leiche, und diese hier hatte es nötig. Das Monster, das sie getötet hatte, hatte sie blutig zurückgelassen. Es war seltsam, im eigenen Bett getötet zu werden, einfach so, an so einem normalen Ort. Nichts sah verändert aus, aber alles schien ungewohnt. Wie in einem schlechten Traum, wenn, nachdem du aufgewacht bist, die Kleider, die über dem Stuhl hängen, immer noch aussehen wie ein Wolf, und du hast Angst, dich zu bewegen.

Nur daß sie sich nicht daran erinnern konnte, nach diesem Traum aufgewacht zu sein. Die Ereignisse waren nahtlos ineinander übergegangen. Sie hatte aufgepaßt, aber das einzige Aufwachen, an das sie sich erinnerte, war, daß die Tür sich öffnete und das Monster in ihr Zimmer kam.

Also mußte es stimmen. Während sie das dachte, fühlte sie, wie die Kälte in ihrem Körper sich ausbreitete. Denn was wäre, wenn sie darauf bestehen würden, daß es ein Traum war? Darauf bestehen würden, daß sie noch lebte? Was wäre, wenn sie sie zwingen würden, zu laufen und zu sprechen und zur Schule zu gehen und zu essen, obwohl sie in Wirklichkeit tot war? Was wäre, wenn sie ihr sagen würden, sie tue nur so, als ob?

Plötzlich erinnerte sie sich, klein und klar, wie ein Bild auf einem ganz winzigen, weit entfernten Fernsehschirm, an den Nachmittag mit ihrer Tante Luisa. Sie hatten gespielt, daß sie eine Hexe wäre, und ihre Tante war das böse Ungeheuer, das in der Gegend herumzog. Mitten im Spiel hatte ihre Tante keine Lust mehr gehabt und gesagt, sie sei überhaupt kein böses Ungeheuer.

Enttäuscht, weil das Spiel zu Ende war, hatte sie darauf bestanden: »Bist du doch, bist du doch, bist du *wirklich*!« Tante Luisa hatte sich mit ihr auf den Boden gesetzt und ernsthaft mit ihr geredet. Ihr Gesicht - lang und um Augen und Mund angespannt - hatte ihr Angst gemacht.

»Es ist in Ordnung, wenn du spielst und Geschichten erfindest, aber du darfst nicht glauben, was du dir ausdenkst. Du mußt den Unterschied kennen zwischen wirklich und als ob. Sonst denken die Leute, du wärst verrückt.« Dann flüsterte sie: »Vielleicht hätten sie recht!«

Jetzt war ihre Tante im Krankenhaus, und die anderen sagten nur immer, daß sie sich nicht wohl fühle.

Also wenn dies nur ein Traum war und sie keinen Unterschied feststellen konnte, war sie vielleicht verrückt. Aber auch wenn sie nicht verrückt war, auch wenn das Monster echt war, was wäre, wenn ihr niemand glauben würde? Sie würden denken, sie sei sowieso verrückt, und sie in die Klapsmühle stecken. Sie stellte sich eine Klapsmühle vor. Sie war aus glattem Holz wie die alte Kaffeemühle ihrer Mutter, und die verrückten Leute wurden oben eingefüllt und durchgemahlen und zum Schluß lagen sie unten in dieser Schublade. Sie würde das ganz und gar nicht wollen. Da wäre es schon besser, ihnen etwas vorzumachen, ihnen nach dem Mund zu reden und so zu tun, als sei sie lebendig.

DER HEILUNGSPROZESS

Als erstes kam das Waschen. Wenn eine Tote gewaschen wurde, kamen die anderen später, um sie anzusehen und zu sagen: »Sie sieht genau wie immer aus« oder »Sie sieht aus, als würde sie nur schlafen.« Von jetzt an würde sie tun, als ob sie nur schliefe, und sie würde genauso aussehen wie immer.

Es wurde jetzt langsam heller. Sie konnte das Blut auf ihrem Oberschenkel sehen, aber auf dem Bett war noch nichts. Sie stand leise auf und ging ins Bad, schloß leise die Tür, um ihre Großmutter nicht aufzuwecken. Mit nassem Toilettenpapier begann sie, sich zwischen den Beinen zu waschen, und weil sie tot war, tat es fast gar nicht weh.

Du brauchst Bestätigung

Emily, die als ganz kleines Kind von ihren Eltern mißbraucht worden war, sträubte sich lange zu glauben, daß es passiert war. Obwohl sie unter einer Vielzahl von seelischen Schäden litt, konnte sie ihre Erinnerungen nicht mit dem jetzigen Verhalten ihrer Eltern in Einklang bringen. Auf den Mißbrauch angesprochen, stritten ihre Eltern alles ab, und ihr Vater schlug vor, zu einem Therapeuten zu gehen, einen Lügendetektortest zu machen - alles mögliche, um seine Unschuld zu beweisen.

Jedesmal, wenn Emily mit ihren Eltern sprach, wurde sie krank: Die Kluft zwischen dem, was sie in ihrem Inneren wußte, und dem, wie sie es darstellten, war zu groß. Sie war leicht davon zu überzeugen, daß sie eine schreckliche Person sei, weil sie sich solche Lügen ausdenke. Erst als Emily jeden Kontakt mit ihren Eltern abbrach und eine tragfähige Beziehung zu einer guten Therapeutin aufbaute, die ihr glaubte, hörte sie auf, an sich selbst zu zweifeln, und kam mit ihrer Heilung voran.

Es ist wichtig, mit Menschen zu sprechen, die dir glauben und deine Erfahrung bestätigen.

Wenn ich mit meiner Therapeutin darüber sprach, was die Leute in meiner Familie mir angetan hatten, sagte sie zu mir: »Das ist Mißbrauch. Es ist furchtbar, daß dir das geschehen ist.« Und für mich war das ein Schock, denn ich dachte, ich hätte eine normale Kindheit gehabt. Ich wußte nur, daß es Mißbrauch war, weil andere Leute mir das sagten. Ich lief die ganze Zeit herum und sagte: »Meine Familie hat mich mißbraucht.« Ich mußte es oft sagen, um es wirklich zu glauben. Meine ersten eineinhalb Jahre verbrachte ich nur damit, die Tatsache zu akzeptieren, daß ich mißbraucht worden war.

Glauben, daß es zählt: Vickis Geschichte

Viele Frauen glauben, ihr Mißbrauch zähle nicht, weil er nur einmal geschehen ist. Aber jeder Mißbrauch verursacht Schaden.

Bei uns zu Hause war immer so eine merkwürdige Atmosphäre, weil sich mein Vater wirklich seltsam benahm. Er war einfach immer zu liebevoll, zu nah. Er küßte mich immer zu lange. Als ich dreizehn, vierzehn war, wurde es noch schlimmer. Es fiel ihm schwerer sich zurückzuhalten. Meine Freundinnen hatten ein komisches Gefühl, wenn er da war, und gegenüber meinen Freunden benahm er sich richtig feindselig.

Mein Vater hat mich einmal belästigt, als ich zwölf war. Ich lag im Bett und schlief. Er kam in mein Zimmer und legte sich neben mich. Er fuhr mit seiner Hand unten in meinen Schlafanzug und fing an, mit meiner Vagina zu spielen. Davon wachte ich auf. Ich drehte mich von ihm weg. Ich tat so, als drehte ich mich im Schlaf um. Er muß Angst bekommen haben, ich könnte aufwachen, und verschwand. Ich weiß noch, wie ich seinen Schatten draußen vor der Tür beobachtete. Er hat es nie wieder versucht.

Vor der Belästigung fühlte ich mich in meinem Körper sehr frei. Ich fühlte mich wunderbar. Ich kam langsam in die Pubertät. Ich war offen und beliebt und hatte meine ersten Freunde. Alles erwachte mehr und mehr. Und meine erste sexuelle Erfahrung machte ich mit meinem Vater. Er war der allererste Mann, der meinen Genitalbereich berührte.

Ich war sehr verstört und verwirrt. Ich liebte meinen Vater. Wir hatten eine wirklich enge Beziehung. Nach der Belästigung bekam ich starke Depressionen. Ich brach den Kontakt zur Außenwelt völlig ab. Ich verschwand hinter einem Schleier, und das war's dann. Erst mit zweiundzwanzig merkte ich, daß da etwas nicht stimmte. Ich wollte herausfinden, wer ich ohne Schleier war.

Ich habe nie vergessen, was geschehen ist. Es verlagerte sich in mein Unterbewußtsein. Ich dachte nicht viel darüber nach, aber es hat langfristige Auswirkungen gehabt. Es ist mir wirklich schwergefallen, Nähe zu meinen Geliebten herzustellen. Ich habe übermäßige Angst, die Kontrolle über eine Beziehung zu verlieren.

In den letzten fünf Jahren habe ich mich von meinem Vater entfremdet, genau seit dem Tag, an dem ich ihn darauf angesprochen habe. Unsere Beziehung ist praktisch auseinandergebrochen.

Ich hab das, was mir geschehen ist, nie mit dem verglichen, was andere durchgemacht haben, weil es mir wirklich entsetzlich ging. Es verwüstete mein Leben und die Leben meiner Geliebten. Es ist nicht nötig, daß es immer und immer wieder geschieht, damit du weißt: »Das ist wirklich furchtbar.« Ein Kind fühlt schnell die verheerende Wirkung, wenn ein Elternteil gewisse Grenzen überschreitet.

Wenn mir eine Frau erzählte: »Ach, na ja, er hat mich nur ein bißchen gestreichelt. Es war nicht weiter aufregend«, dann fragte ich immer: »Wenn du eine wirklich intensive Beziehung zu einer anderen Person aufnimmst, wie fühlst du dich dann? Macht es dir Angst? Als ob du in der Falle sitzen würdest? Oder fühlst du dich, als ob du mit diesem Menschen eine Einheit bilden würdest?« Versuch das wirklich einmal herauszufinden. Wie ist deine Beziehung zu anderen Menschen tatsächlich, tief in deinem Inneren? Und dann überleg dir noch einmal, ob es Schaden angerichtet hat.

Wenn es dich daran hindert, einem anderen Menschen wirklich nahe sein zu können, zählt es. Es zählt, wenn es dein Leben zerstört hat, wenn ein Teil von dir einfach fehlt. Auch wenn es nur einmal geschehen ist, zählt es.

Du wirst es nicht von einem Tag auf den anderen glauben können

Auch wenn du erst einmal weißt, daß die Fakten stimmen, kann es dir gefühlsmäßig immer noch schwerfallen zu glauben, daß es passiert ist. Glauben stellt sich normalerweise nicht von einem Tag auf den anderen ein, es ist ein kontinuierliches Erwachen.

> Am Anfang bezweifelte ich regelrecht, daß der Mißbrauch überhaupt stattgefunden hatte. Mit der Zeit betrachtete ich es dann immer noch als etwas, das einem sehr entfernten Menschen passiert war. Dann ist es mir gelungen, es mehr in meine Lebensumstände zu integrieren. Wenn ich Leuten etwas über mein Leben erzähle, spreche ich auch davon. Ich rede offen darüber, genauso als würde ich die Tatsache erzählen, daß meine Familie oft ins Museum ging, als ich klein war. Es ist kein Geheimnis mehr, für das ich mich schämen müßte und das nichts mit dem zu tun hat, wer ich sonst noch bin. Vorher dachte ich immer, ich hätte eine schöne Kindheit gehabt, und irgendwo daneben war dieser furchtbare Mißbrauch, für den ich mich so schämte. Aber jetzt weiß ich, es hat nur ein Kind gegeben, und das hat das alles erlebt und überlebt.

DER HEILUNGSPROZESS

Das Schweigen brechen

Was würde geschehen, wenn *eine* Frau die Wahrheit über ihr Leben erzählte? Die Welt würde in ihren Grundfesten erschüttert.

Muriel Rukeyser, aus »Käthe Kollwitz«

Ein wichtiger Bestandteil deiner Heilung von sexuellem Kindesmißbrauch ist, daß du die Wahrheit über dein Leben erzählst. Die sexuelle Belästigung von Kindern und die Scham, die sie verursacht, gedeihen in einer Atmosphäre des Verschweigens. Dieses Schweigen zu brechen ist sehr heilsam und kann doch vielen Überlebenden schwerfallen.

> Ich fühle mich sehr einsam und isoliert. Ich hatte immer soviel zu sagen, und ich hab es nie gesagt. Am meisten hat mich daran gehindert, daß ich so gut gelernt hatte, still zu sein. Der Inzest war so eng damit verbunden, zum Schweigen gebracht zu werden und mich selbst zum Schweigen zu bringen.

Wie du zum Schweigen gebracht wurdest

Vielleicht warst du noch ein Kind, als du zum ersten Mal versucht hast, über deinen Mißbrauch zu sprechen. Unter idealen Bedingungen hätten die anderen dir geglaubt, dich beschützt und dir versichert, daß der Mißbrauch nicht deine Schuld war. Du hättest eine altersgemäße Therapie erhalten und wärst mit anderen Kindern in eine Gruppe gekommen. Wenn der Täter ein Familienmitglied war, wäre er weggeschickt worden und nicht du.

Unglücklicherweise hast du vermutlich eine andere Reaktion erfahren. Es ist wahrscheinlicher, daß du bedroht, beschuldigt oder Lügnerin genannt worden bist. Sie haben dich beschuldigt, »es darauf angelegt zu haben«, oder sie nannten dich »eine kleine Hure«. Vielleicht hat man dich während des Mißbrauchs gewarnt, nichts zu verraten: »Es würde deine Mutter umbringen, wenn sie es wüßte« oder »Ich bring dich um, wenn du etwas sagst«.

Es kann auch sein, daß du etwas gesagt hast, und das hat zu weiterem Mißbrauch geführt. Ein Kind vertraute sich ihrer besten Freundin an. Das Mädchen erzählte es ihrem Vater, der nach den Einzelheiten fragte. Dann nahm er beide Mädchen mit in die Garage und machte mit ihnen all die Dinge, von denen er gerade gehört hatte.

Wenn das Opfer etwas erzählt, bringt das den Täter oft in Wut. Die elfjährige Carey wurde sowohl von ihrer Mutter als auch von ihrem Stiefvater mißbraucht.

> Als ich elf war, ging ich mit meiner besten Freundin reiten. Ich erzählte meiner Freundin, was ich mit meinem Stiefvater machte. Sie erzählte es ihrer Mutter, die meine Mutter anrief. Als ich nach Hause kam, kam meine Mutter aus dem Haus gerannt, rasend, verrückt vor Wut. Sie packte mich und riß mich vom Pferd herunter. Unter Tritten und Schlägen schleifte sie mich ins Haus, die Treppe

hoch in mein Zimmer. Sie warf mich aufs Bett und schrie mich an, weil ich Geschichten erzählen würde.

Ich schluchzte und sagte: »Das sind keine Geschichten, es ist wahr, und du weißt, daß es wahr ist.« Und sie fing an, mir den Hals zuzudrücken. Mein Stiefvater stand direkt hinter ihr und sah zu. Sein Gesicht zeigte keine Regung.

Ich bekam keine Luft mehr. Ich glaube, sie hätte mich getötet. Das war das dritte Mal, daß sie es versuchte. Schließlich zog er sie von mir weg und sagte: »Du weißt, daß keiner ihr glauben wird. Keiner glaubt irgendwas, was sie sagt.«

Falls dein Fall vor Gericht gekommen ist, warst du vielleicht brutalen Zeugenvernehmungen ausgeliefert, wurdest von unsensiblen Anwälten gequält oder immer wieder gezwungen, dem Täter ins Gesicht zu sehen.[1]

Wenn sich deine Mutter von deinem Vater hat scheiden lassen, weil er dich mißbraucht hat, fühlst du dich vielleicht schuldig und denkst, du hättest die Ehe ruiniert, deine Familie auseinandergebracht, ein »glückliches Heim« zerstört.

Manche Kinder, auf die nicht aggressiv und grausam reagiert wird, erfahren statt dessen oft ein furchtbares Schweigen, oder es wird ihnen verboten, jemals wieder von dem Mißbrauch zu sprechen. Oft machen Familien weiter, als sei nichts geschehen, und erwähnen es niemals. In solchen Fällen wird den Kindern die Botschaft vermittelt, daß das, was sie erfahren haben, zu schrecklich sei, um ausgesprochen zu werden. Woraus die Kinder folgern, daß *sie selbst* auch zu schrecklich seien.

So lernen Kinder, daß sie niemandem vertrauen können. Wenn sie sich jemandem mitteilen, bekommen sie keine Hilfe, sondern schaden sich nur oder werden mißachtet. Sie lernen, daß es nicht sinnvoll ist, die Wahrheit zu sagen. In anderen Worten:

Sie lernen Scham, Verschlossenheit und Schweigen.

---

1 Anders als beispielsweise in einigen US-Staaten oder England, wo begonnen wird, die Prozeßordnungen so zu ändern, daß sie den besonderen Bedürfnissen von Kindern, die Zeugenaussagen machen müssen, entgegenkommen, hat sich in der Bundesrepublik in dieser Hinsicht noch kaum etwas verändert. Es gilt die strenge Strafprozeßordnung mit ihren starren Vorschriften zu den Beweismitteln und zum Zeugenbeweis auch für Verhandlungen, die sexuellen Mißbrauch zum Gegenstand haben und bei denen Kinder oder Jugendliche die Geschädigten sind. Zwar bemühen sich einzelne RichterInnen, auf die kindlichen Zeugen adäquat einzugehen, indem sie zum Beispiel bei der Vernehmung der Kinder die Roben ausziehen und mit den Kindern auf gleicher (räumlicher) Ebene reden. Diese Bemühungen hängen jedoch vom Einfühlungsvermögen der einzelnen RichterInnen ab und können, so gut sie auch gemeint sein mögen, gerade das Gegenteil von dem bewirken, was beabsichtigt ist. So zum Beispiel, wenn ein Richter zu einem Kind sagt: »Du weißt, du hier die Wahrheit sagen mußt, denn wenn das, was du uns erzählst, stimmt, dann muß dein Papa für einige Jahre ins Gefängnis.«

Zwar gibt es einige Bestimmungen im Gesetz, die ausdrücklich dem Schutz jugendlicher Zeugen und Zeuginnen dienen, so zum Beispiel die Vorschrift, daß Zeugen und Zeuginnen unter sechzehn Jahren allein vom Vorsitzenden befragt werden sollen, oder die Vorschrift, daß der Angeklagte bei der Vernehmung jugendlicher Zeugen leichter aus dem Verhandlungssaal verwiesen werden kann. Das sind jedoch nur minimale Schutzvorschriften für jugendliche Zeuginnen und Zeugen.

Noch weit entfernt scheint die Bundesrepublik davon, zum Beispiel Videofilme von der Aussage eines Kindes zuzulassen oder auch nur als Hilfsbeweismittel einzusetzen oder Zeugen vom Hörensagen, zum Beispiel die Therapeutin eines Kindes oder eine Mitarbeiterin der in vielen Orten bestehenden Selbsthilfegruppen und Beratungsstellen für sexuell mißbrauchte Kinder, an Stelle des Kindes zuzulassen, wie es zum Beispiel in Israel üblich ist, wo Kinder im Falle von sexuellem Mißbrauch nie vor Gericht erscheinen müssen.

Die Vorbehalte gegenüber Zeugenaussagen von Kindern ändern sich langsam, nicht zuletzt deshalb, weil in den letzten Jahren angefangen wurde, das Thema »sexueller Mißbrauch von Kindern« zu enttabuisieren und mittlerweile Untersuchungen und Erkenntnisse über das Ausmaß sexueller Gewalt an Kindern vorliegen. Dennoch werden in einer Vielzahl von Fällen, in denen Kinder Geschädigte und die einzigen Belastungszeugen sind, schon im frühen Stadium des Verfahrens Glaubwürdigkeitsgutachten eingeholt. (Anm. Gisela Leppers)

DER HEILUNGSPROZESS

Wie Kinder es sagen

Normalerweise sagen Kinder nicht: »Mein Bruder hat mich sechsmal belästigt«, aber auf ihre eigene Art »sagen« sie es alle, wenn sie mißbraucht worden sind. Sie benutzen vage Umschreibungen: »Ich mag Mrs. Johnson nicht« oder »Ich will nicht mehr zu den Pfadfindern gehen«. Für ein Kind ist »Ich will nicht mehr zum Opa fahren. Bitte schickt mich da nicht mehr hin« eine sehr klare Botschaft.

Wenn Kinder es nicht mit Worten sagen, dann oft durch ihr Verhalten. Sie machen ihr Bett naß. Sie stehlen aus der Geldbörse der Eltern. Sie haben Angst einzuschlafen und wachen schreiend aus Alpträumen auf. Sie fallen in eher babyhaftes Verhalten zurück. Sie wollen nicht allein bleiben. Sie bekommen Asthma. Sie essen nichts mehr. Sie haben Probleme in der Schule. Sie schreien jedes Mal hysterisch, wenn ein bestimmter Babysitter kommt. Sie zeigen frühzeitig Interesse für Sexualität. Mit verführerischem Benehmen versuchen sie zu bekommen, was sie wollen.

Manchmal reagieren ältere Kinder oder Jugendliche mit Aufsässigkeit oder geraten mit dem Gesetz in Konflikt. Sie haben Depressionen, nehmen Drogen oder zeigen selbstzerstörerisches Verhalten. Sie hoffen, daß jemand dadurch auf sie aufmerksam wird, aber meistens wird ihr Verhalten falsch verstanden. Sie gelten als »schlecht« oder »dumm«. Sie merken das und verlieren jede Hoffnung: »Vielleicht haben sie recht. Ich tauge nichts. Kein Wunder, daß er das mit mir macht.«

Einfühlsame Eltern bemerken Veränderungen und reagieren darauf. Sie hören zu, egal, wie ihre Kinder sich ausdrücken. Aber bis vor kurzem hörte den meisten mißbrauchten Kindern niemand zu.[2] Niemand wollte es wissen. Sie befanden sich in einer Situation, in der sie mißbraucht wurden, oft gleichzeitig niedergedrückt durch die unrealistische Vorstellung, sie seien selbst schuld daran, und sie trugen diese geheime Last ganz allein. Wenn du glaubst, daß du nichts gesagt hast, denk noch einmal nach. Auf deine eigene Weise hast du um Hilfe gerufen - und sie nicht bekommen.

Du mußt es wagen, darüber zu sprechen

Nicht nur Kinder erfuhren verletzende oder unsensible Reaktionen, wenn sie versuchten, über ihren Mißbrauch zu sprechen. Erwachsene Überlebende erlebten ähnliches: Man machte sie für ihren Mißbrauch verantwortlich, hat sie ausgelacht oder gemieden. Trotz dieser negativen Erfahrungen ist es nötig, den Sprung zu wagen und darüber zu sprechen.

Das wird dich verändern. Wenn du einen anderen Menschen wissen läßt, was du durchgemacht hast, und dieser Mensch hört dir mit Respekt und echtem Mitgefühl zu, beginnst du, dich zu ändern, und das ist nötig, um zu heilen.

Catherine sprach zum ersten Mal in einer Therapiegruppe über ihren Mißbrauch:

Ich sollte aufstehen und darüber sprechen, was meine Eltern mir angetan hatten und warum es schwer für mich gewesen war, in meiner Familie aufzuwachsen. Ich weiß noch, wie ich in der Gruppe saß und weinte und sagte: »Ich kann euch das nicht sagen. Meine Eltern kommen und holen mich, wenn ich euch das sage!« Es war schrecklich. Die anderen machten mir Mut, meine Geschichte zu erzählen, und schließlich hab ich's getan.

---

2 Dies ändert sich langsam, da immer mehr Eltern, TherapeutInnen und Institutionen bewußt geworden ist, daß Mitgefühl und Hilfe nötig sind, wenn Kinder mißbraucht werden. Wir hoffen, daß wir in einigen Jahren soweit sein werden, daß jede Überlebende sofort professionelle und verständnisvolle Hilfe bekommen kann. Dann werden sich die seelischen Erschütterungen gar nicht erst festsetzen, und es wird viel einfacher sein, sie zu heilen.

Als es vorbei war, ging ich nach Hause und legte mich ins Bett und wartete buchstäblich darauf zu sterben. Ich hatte nie vorher jemandem etwas erzählt. Ich wußte, meine Eltern würden herausfinden, daß ich sie verraten hatte, und würden mich holen.
Und da beschloß ich, jemand zu werden, die sprechen kann, anstatt jemand zu sein, die Geheimnisse bewahren muß.

In Workshops ist die Wirkung oft beträchtlich, wenn eine Frau ihre Geschichte erzählt. Sie fühlt sich nicht mehr so anders oder allein. Sie weiß, sie wird verstanden, denn sie hat selbst den Geschichten anderer Überlebender zugehört und sie verstanden. Sie erfährt, daß sie wichtig, daß sie liebenswert ist, denn sie spürt das Mitgefühl der anderen Frauen. Sie hören ihr zu und gehen auf sie ein. Sie fühlt sich mit sich selbst im reinen, denn sie läßt ihre wirklichen Gefühle zu. Sie fühlt sich befreit, denn das Erzählen bedeutet auch Erleichterung.

Nachdem ich mit meiner Therapeutin über den Inzest gesprochen hatte, blieb er immer noch fast so ein großes Geheimnis wie vorher, weil ich es niemandem sonst erzählt hatte. In die Gruppe zu gehen und es all diesen Leuten zu sagen war wichtig. Es war ein richtiges »Coming out«.

Wenn du es erstmal in einer Gruppe erzählt hast, merkst du vielleicht, daß es trotz aller Schwierigkeiten nicht *nur* schlimm ist, Überlebende zu sein. Eine Frau dazu: »Wir sind ein wunderbarer, mutiger Haufen Frauen. Und ich bin stolz, eine davon zu sein.«

Warum es dich verändert, wenn du darüber sprichst

- Du überwindest deine Schmach und deine Verschwiegenheit, die dich bisher isoliert haben.
- Du verleugnest deinen Mißbrauch nicht mehr, sondern erkennst an, daß er wirklich passiert ist.
- Du schaffst dir die Möglichkeit, Verständnis und Hilfe zu bekommen.
- Du kommst mehr mit deinen Gefühlen in Berührung.
- Du hast die Möglichkeit, deine Erfahrung (und dich selbst) mit den mitfühlenden Augen einer Frau zu sehen, die dich unterstützt.
- Du schaffst in Beziehungen Raum für Nähe, die auf Ehrlichkeit beruht.
- Du erweist dich als eine Frau, die in der Gegenwart lebt und sich mit dem Mißbrauch in ihrer Vergangenheit beschäftigt.
- Du schließt dich einer Gemeinschaft mutiger Frauen an, die nicht mehr bereit sind, schweigend zu leiden.
- Du hilfst, den sexuellen Mißbrauch von Kindern zu beenden, indem du das Schweigen, in dem er gedeiht, brichst.
- Du wirst zum Vorbild für andere Überlebende.
- Du wirst dich (eines Tages) stolz und stark fühlen.

Das Schweigen brechen: Mißbrauch durch Frauen

Obwohl sexueller Mißbrauch zum allergrößten Teil von heterosexuellen Männern verübt wird, gibt es auch einen kleinen Prozentsatz von Täterinnen. Sowohl Mädchen als auch Jungen werden von ihren Müttern, Tanten, Großmüttern oder anderen Frauen mißbraucht.[3] Der größte Teil der Inzest-Literatur konzentriert sich auf den Inzest Vater/Tochter oder ausschließlich auf den Mißbrauch durch einen männlichen Täter, daher fühlen sich Überlebende, die von Frauen mißbraucht worden sind, noch isolierter. Bei einer Veranstaltung zum Thema Inzest-Kunst 1980 in Los Angeles zeigte eine Frau einen Videofilm, in dem sie über den Inzest mit ihrer Mutter sprach. Die Teilnehmerinnen reagierten schockiert und ungläubig.

> Eine Frau, die ein grundlegendes Buch über Inzest geschrieben hatte, erhob sich im Publikum und sagte: »Es gibt keinen Inzest zwischen Müttern und Töchtern.« Also ging ich nach Hause und dachte: »Ich muß verrückt sein.«

Diese Weigerung, Frauen als Täterinnen anzuerkennen, beginnt langsam nachzulassen. In den USA gibt es hie und da Gruppen für von Frauen mißbrauchte Überlebende, in der BRD bislang noch nicht.

> Ich merke, daß es vielen Leuten unangenehm ist, wenn ich meine Geschichte erzähle. Die Leute winden sich irgendwie. Es ist fast, als würden sie mir nicht ganz glauben. Ich kann nicht einfach meine Geschichte erzählen, ohne sie anschließend zu erklären.

> Die Leute denken gern in Kategorien. Wenn du also über Frauen als Sexualtäterinnen sprichst, zerstörst du eine ganze Reihe von Mythen: Frauen haben keinen Geschlechtstrieb. Frauen sind sanft. Frauen sind passiv. Wie könnte eine Frau so etwas mit einem Kind machen?
> Aber die Leute müssen das hören. Sie müssen hören: »Ich bin ein Inzest-Opfer, und es war meine *Mutter*.« Auch Frauen mißbrauchen, und wenn wir das hier nicht aussprechen, kann keine Heilung erfolgen.

Die meisten Themen in diesem Buch gelten in gleicher Weise für alle Überlebenden, aber einige speziell für Überlebende, die von Frauen mißbraucht worden sind. Manchmal mißbrauchen Frauen ihre Opfer auf offen sexuelle oder gewalttätige Weise, aber häufiger und typischer ist eher subtiler Mißbrauch, ohne oder fast ohne den Einsatz von Gewalt. Mißbrauch durch Frauen versteckt sich oft hinter Kuscheln und Schmusen und der täglichen liebevollen Fürsorge. Diese Vergewaltigung ist oft verschwommener, weniger eindeutig als ein Penis in einer Vagina. Aber sie hat die gleiche verheerende Wirkung.

Kinder haben meist eine sehr enge Beziehung zu ihren Müttern, daher kann gerade der Mißbrauch durch die Mutter zur Folge haben, daß ein Kind schließlich die Grenzen zwischen sich selbst und der Frau, die es mißbraucht, nicht mehr erkennen kann.

> Eine ganze Weile wußte ich nicht, wo meine Mutter aufhörte und wo ich begann. Ich dachte, sie hätte psychische Macht über mich. Ich war davon überzeugt, sie wüßte immer genau, was ich denke. Es war, als wäre sie in

meinem Körper, und sie war böse. Ich wußte, ich war besessen, verhext, sie würde von mir Besitz ergreifen. Ich hatte später richtig Angst, wenn ich mir all die Dinge ansähe, die ich an mir nicht leiden kann, daß das meine Mutter in mir drin sein würde. Und ich hab im Laufe der letzten Jahre ganz schön wachsen müssen, um zu wissen, daß sie nicht mehr in mir drin ist.

Andere Frauen hatten große Schwierigkeiten, erwachsen zu werden und zuzusehen, wie ihr Körper dem ihrer Mutter immer ähnlicher wurde.

Ich hab mich sehr lange gar nicht als Frau gesehen. Als ich mit achtzehn von zu Hause wegging, bezeichnete ich mich immer noch als Mädchen, weil ich das, was ich mit »Frau« verband, Geschlecht, Sexualität, einfach nicht vertragen konnte. Meine Mutter war eine Frau, aber ich war ein Mädchen. Wenn Frausein hieß, so zu sein wie sie, dann wollte ich das nicht. Ich brauchte lange, um diesen Selbsthaß loszuwerden.

Es ist wichtig, daß der Schmerz und der Verrat, den von Frauen mißbrauchte Überlebende erfahren haben, nicht geringschätzig behandelt werden. Jede Überlebende verdient zu heilen.

---

3 In den letzten Jahren haben WissenschafterInnen die lange vertretene Annahme, die große Mehrzahl von Sexualstraftaten werde von Männern verübt, in Frage gestellt. Einige prominente ExpertInnen haben Theorien veröffentlicht, nach denen die Zahl der Frauen, die Kinder mißbrauchen, bisher unterschätzt werde und weit höher sei als bisher angenommen.
Diana Russell (*The Secret Trauma*, New York 1986) und David Finkelhor (*Child Sexual Abuse*, Beverly Hills 1986) haben diese Theorien durch Untersuchungen widerlegt. Ihre Arbeiten zeigen zwar, daß auch Frauen mißbrauchen, aber sie belegen auch, daß nicht mehr als fünf Prozent der mißbrauchten Mädchen und zwanzig Prozent der mißbrauchten Jungen von Täterinnen belästigt worden waren.
Russel und Finkelhor haben eine Liste von Gründen zusammengestellt, warum Kinder öfter von Männern mißbraucht werden als von Frauen. Grundlegend für diesen geschlechtsspezifischen Unterschied ist die unterschiedliche Sozialisation von Männern und Frauen. 1. Frauen werden dazu erzogen, größere, ältere und stärkere Partner zu bevorzugen. Männer werden dazu erzogen, jüngere, kleinere, eher unschuldige, schwache und verletzliche PartnerInnen zu bevorzugen. Kinder besitzen eindeutig diese Eigenschaften. 2. Frauen ergreifen auf sexuellem Gebiet seltener die Initiative. Und da es unwahrscheinlich ist, daß Kinder sexuellen Kontakt mit einem/einer Erwachsenen herbeiführen, ist Mißbrauch weniger wahrscheinlich. Männer werden dazu erzogen, auf sexuellem Gebiet die Initiative zu ergreifen, Hindernisse, die ihnen den sexuellen Kontakt verwehren, zu überwinden und Widerstand sogar als Zeichen für verdecktes sexuelles Begehren anzusehen. 3. Frauen können besser zwischen Zuneigung und Sexualität unterscheiden. Männer empfinden Zuneigung eher als sexuell erregend oder als Aufforderung. 4. Frauen wechseln im allgemeinen weniger oft ihre sexuellen Beziehungen. 5. Frauen empfinden sexuelle Erregung im Rahmen einer Beziehung als ganzer. Männer werden öfter von sexuellen Stimuli (zum Beispiel Pornographie) angeregt, unabhängig von der Dynamik in der Beziehung. 6. Frauen sind zu mütterlichem Schutz und Verantwortungsgefühl erzogen worden. Das kann dazu beitragen, daß ihnen eher bewußt ist, daß sexueller Kontakt Kinder verletzt. 7. Weitaus mehr Frauen sind selbst zu Opfern geworden. Ehemalige Opfer sind besser in der Lage, sich in das verletzliche Kind einzufühlen. 8. Es gibt keine kulturgeschichtliche Billigung von sexuellem Kontakt zwischen Frauen und Kindern. Der sexuelle Kontakt zwischen Männern und Kindern wird - da Tradition - eher akzeptiert. 9. Das Selbstwertgefühl von Frauen ist weniger mit Sexualität verbunden. Für Männer besteht ein Zusammenhang zwischen der Möglichkeit zu sexuellem Kontakt und ihrem Selbstwertgefühl. Wenn also die sexuelle Erlebnisfähigkeit von Männern gestört ist, wenden sie sich eher Kindern zu.
Aufgrund dieser geschlechtsspezifischen Sozialisation ist es unwahrscheinlich, daß die Zahl der Mütter, die ihre Kinder mißbrauchen, stark ansteigen wird.

DER HEILUNGSPROZESS

Unterschiedliche Ebenen des Erzählens

Es gibt viele Ebenen, auf denen du darüber sprechen kannst, angefangen vom ersten Mal, wenn du dich traust, dieses Thema anzusprechen, bis zu dem Zeitpunkt, ab dem du ganz normal darüber reden kannst wie über andere Bereiche deines Lebens auch. Und jedesmal erlebst du es anders: wenn du es deiner Therapeutin erzählst, deiner Selbsthilfegruppe, deinem Partner/deiner Partnerin, deinem neuen Geliebten, einer Freundin, öffentlich, schriftlich.

Vielleicht sprichst du ganz unbeteiligt darüber, traurig, wütend oder manchmal sogar humorvoll. Ich erinnere mich an einen Sommer, es ist noch nicht lange her, als die Teilnehmerinnen einer Ich-hab-es-nie-jemand-erzählt-Gruppe dem Workshop den Spitznamen »Inzest-Camp« gaben, und eine Frau schickte allen möglichen Leuten T-Shirts mit der Aufschrift »I.C. Überlebende« vorne drauf.

Jude Brister, eine der Herausgeberinnen von *I Never Told Anyone* (New York 1983) erzählt, daß sie jedesmal, wenn sie über ihren Mißbrauch sprach, mehr Abstand zu ihrem Schmerz gewann, sich zunehmend weniger als Opfer empfand und statt dessen als eine starke, fähige Erwachsene.

Auch Ella hat schon oft über ihre Erfahrungen gesprochen:

> Bei mir gab es mindestens drei verschiedene Ebenen des Erzählens. Die erste hieß, daß ich die Geschichte erzählte und gar nichts dabei fühlte. Als sei ich nicht dabeigewesen. Ich sagte zwar »ich«, aber gleichzeitig dachte ich nicht wirklich, das sei mir passiert. Auf dieser Ebene glaubte ich immer noch nicht wirklich, daß es passiert war. Und teilweise diente das Erzählen in Wirklichkeit dazu, meine Wut herauszulassen. Ich zahlte es ihnen damit heim - »Und ich werd alles über euch erzählen!« oder »Damals konnte ich machen, was ich wollte. Kein Mensch hat sich über euch aufgeregt. Aber jetzt! Guckt euch das an!«
>
> Und dann gab es eine richtig schmerzhafte Ebene des Erzählens. Voller Angst. Der Ton meiner Stimme veränderte sich, und ich sah aus wie eine Siebenjährige. Meine Sprache war einfacher. Und es tat weh. Auf dieser Ebene entdeckte ich meine Gefühle. Und normalerweise wurden die Leute beim Zuhören traurig. Ich tat ihnen leid. Zu den Leuten, denen ich so davon erzählte, gehörten meine Therapeutin, meine beste Freundin, Menschen, die, bezahlt oder unbezahlt, auf mich acht gaben. Dazu gehörten auch die Frauen meiner Selbsthilfegruppe. Ich erzählte nicht wie ein Opfer, sondern wie ein kleines Kind, dem etwas weh tut.
>
> Auf der dritten Ebene trat ich ein Stück zurück, um das Bild im größeren Rahmen zu sehen. Ich schaute mir an, was in der Familie ablief, und verstand den Rest der Geschichte. Ich sah, was passierte und warum es passierte. Ich schüttete den Mißbrauch durch ein Sieb, und jetzt blieben Teile zurück, die ich vorher, als ich nur verletzt oder wütend war, nicht hatte sehen können.
>
> So kam ich von Wut über Schmerz zum In-Ordnung-Bringen. Im Hebräischen gibt es ein Wort, *tikun*, das heißt in Ordnung bringen, reparieren, heilen. Diese Art zu erzählen war *tikun*.

Wem willst du es erzählen

Wenn du in einer Therapie oder einer Selbsthilfegruppe bist, in der du dich sicher fühlst, ist das ein ausgezeichneter Ort, um zum ersten Mal über deinen Mißbrauch zu sprechen. Vielleicht hast du Angst davor, und es hilft, wenn du weißt, daß alle dir voll Mitgefühl zuhören. (Wenn du dich in deiner Therapie oder deiner Gruppe nicht sicher genug fühlst, um darüber zu sprechen, lies »Wo du Hilfe finden kannst« auf Seite 331. Dann weißt du, ob deine Therapeutin/dein Therapeut in Ordnung ist und es dir einfach schwer fällt zu vertrauen oder ob du dir besser jemand anders suchst.)

Es ist auch wichtig, deinem Partner/deiner Partnerin, Geliebten oder engen FreundInnen davon zu erzählen. Die Leute um dich herum müssen wissen, warum du manchmal traurig, wütend, schlecht gelaunt oder unansprechbar bist oder allein sein mußt. Deine FreundInnen müssen verstehen, warum du ihnen nicht sofort vertrauen kannst. Deine Geliebte/dein Geliebter muß wissen, warum du mit Sexualität Schwierigkeiten hast, warum du dich zurückziehst oder klammerst. Es ist viel Arbeit nötig, um gesunde Beziehungen aufzubauen, und du brauchst die Menschen in deinem Leben als Verbündete. Es ist allerdings weder nötig noch angebracht, allen, die du triffst, davon zu erzählen, aber die Menschen, denen du nah sein willst, müssen es erfahren.

> Ich lauf nicht rum und erzähl jeder Menschenseele, die ich treff, daß ich ein Inzest-Opfer bin. Ich will nicht so definiert werden. Aber ich hatte eine Zeit, da war es so ähnlich. Das war das erste, was ich den Leuten sagte, fast allen. »Wußtest du, daß ich von meinem Vater mißbraucht worden bin?« - »Ehrlich? Find ich gut, daß du es sagst.« Das ist wie mit jeder Bewegung, Black Power oder die Lesben- und Schwulenbewegung, du brauchst eine gewisse Zeit, in der du diese Identität ausprobierst und Anspruch darauf erhebst. Ich brauchte das auch, aber mit der Zeit ist das Bedürfnis verblaßt. Jetzt mach ich einfach, was ich gerade will. Wenn ich das Gefühl hab, ich sollte es jemand erzählen, tu ich das. Wenn nicht, dann nicht.

Für manche Frauen geht das Erzählen sogar noch weiter. Sie betrachten es als politische Notwendigkeit. Dorianne Laux, die Workshops über sexuellen Mißbrauch für Jugendliche leitet und überall oft und gern aus ihrer Lyrik über Inzest vorliest, erklärt:

> So viele Frauen denken immer noch, sie müßten die Tatsache verstecken, daß sie mißbraucht wurden. Ich kann es richtig ihren Körpern ansehen, daß sie tatsächlich Angst haben, jemand könnte es herausfinden. Und das gefällt mir nicht. Ich brauche diese Angst nicht zu haben.
>
> Ich benutze immer meinen Vor- und Nachnamen, wenn ich über Inzest spreche. Für mich ist das eine eine politische Stellungnahme. Ich brauche mich für nichts zu schämen. Ich brauche nicht anonym zu bleiben. Es könnte mir irgendwie schaden, aber das will ich nicht hoffen. Es sollte *ihm* schaden.
>
> Und dieses ganze Prinzip der Geheimhaltung wiederholt sich ja immer weiter, wenn ich meinen Namen da raushalte. Inzest braucht nicht versteckt zu werden. Genau das Gegenteil ist nötig. Die Leute müssen herauskommen und sagen: »Ich heiße soundso, und das ist mir passiert, und ich bin wütend darüber.«
>
> Außerdem bin ich eigentlich ein ziemlich angepaßter Mensch und ein gutes Rollenvorbild für die jungen Leute, mit denen ich arbeite. Darum ist es wirklich wichtig für mich, aufzustehen und zu sagen, wer ich bin.

Wie sagst du es?

Um mit einer guten Therapeutin oder einer Selbsthilfegruppe für Überlebende über deinen Mißbrauch zu sprechen, ist keine Planung notwendig. Sie sollten in der Lage sein, dich zu hören, gleichgültig, wie du die Worte herausbringst. Aber wenn du es FreundInnen oder deiner Familie zum ersten Mal sagst, solltest du dafür sorgen, daß die Umstände so günstig wie möglich sind. (Das gilt nur für Familienmitglieder, von denen du erwartest, daß sie dich unterstützen werden. Wenn du die Absicht hast, negativ eingestellten oder unberechenbaren Familienmitgliedern davon zu erzählen, lies »Enthüllung und Konfrontation«

auf Seite 123. Das ist ein völlig anderes Erzählen.)
Such dir die Menschen, die dich unterstützen sollen, klug aus. Folgende Fragen können dir dabei helfen:

- Hat dieser Mensch mich gern, und respektiert sie/er mich?
- Will diese Person, daß es mir gut geht?
- Ist das jemand, mit der/dem ich schon vorher einmal über meine Gefühle sprechen konnte?
- Vertraue ich dieser Person?
- Fühl ich mich mit dieser Person sicher?

Wenn du all diese Fragen mit ja beantworten kannst, hast du dir wahrscheinlich jemanden ausgesucht, die/der dich unterstützen wird.

Sag der Person deiner Wahl, daß du etwas Persönliches und Verletzliches erzählen willst, und frag, ob ihr der Zeitpunkt recht ist, um darüber zu sprechen. Schlag vor, es eventuell zu verschieben. Wenn du fragst, überzeug dich davon, daß deine Freundin oder dein Freund nicht in fünf Minuten aus dem Haus muß, um zur Arbeit zu gehen. Du solltest ihr/ihm die Möglichkeit geben, das Gespräch zu verschieben oder sich darauf einzustellen.

Wenn du eine bestimmte Reaktion willst oder nicht willst, sag das. Vielleicht willst du, daß deine Freundin zuhört, aber keine Ratschläge erteilt. Oder daß sie Fragen stellt oder daß sie ganz ruhig zuhört. Vielleicht willst du im Arm gehalten werden oder daß sie dich gar nicht anfaßt. Oft wollen Leute helfen, aber sie wissen nicht, wie (oder wie sie dich fragen sollen). Eine gute Freundin oder ein guter Freund wird dir für deine Hinweise dankbar sein.

Und wenn du willst, daß das, was du sagst, vertraulich behandelt wird, sag das. Es ist zwar wichtig, daß das Schweigen gebrochen wird, aber du mußt das Tempo bestimmen.

Die Spreu vom Weizen trennen

Es ist eine Auszeichnung und eine Ehre, die Wahrheit über das Leben eines Menschen zu hören. Wenn du anderen deine Geschichte erzählst, sollten sie das so empfinden. Aber weil das nicht immer der Fall ist, mußt du auf mögliche negative Reaktionen gefaßt sein.

Manche Leute fühlen sich vielleicht bedroht. Manche starren plötzlich ausdruckslos vor sich hin oder erleiden einen Schock. Sie erinnern sich vielleicht an ihren eigenen Mißbrauch. Wenn ihnen das nicht bewußt ist, sind alle ihre Sicherungseinrichtungen alarmiert und versuchen, sie vor ihrer eigenen Erinnerung zu schützen. Einige reagieren vielleicht mit Entsetzen. Manche glauben dir vielleicht zunächst gar nicht. Andere können unglaublich gemein sein. Eine Frau wartete, bis sie drei Kinder hatte, bevor sie ihrem Mann endlich von dem Inzest erzählte. Seine Antwort: »Du meinst, ich war nicht der erste?«

Eine Überlebende hätte es am liebsten gar nicht erzählt: »Ich hatte Angst vor den Reaktionen der Leute. Die Leute lieben Opfer. Das ist das Animalische in den Menschen, ihre Aufmerksamkeit wird geweckt, und sie stürzen sich einfach auf dich.« Andere Leute finden die Geschichten von Überlebenden erregend und fragen nach »Details«. In einer Gesellschaft, in der der sexuelle Mißbrauch von Kindern erotisiert wird, überrascht das nicht.

Auch wenn du auf einige feindliche, unsensible oder beleidigende Reaktionen treffen wirst, ist es trotzdem wichtig, daß du davon sprichst. In deinen Beziehungen wird sich die Spreu vom Weizen trennen, wenn du anfängst, offen zu sagen, wer du wirklich bist und wie du dich wirklich fühlst. Einige Beziehungen werden dieser Belastung nicht standhalten, und du wirst um sie trauern wie um deine anderen Verluste. Oder du beschließt, die Beziehung lieber auf einer oberflächlicheren Ebene fortzusetzen, als sie völlig aufzugeben.

Neben diesen unbefriedigenden Reaktionen erfährst du wahrscheinlich auch Unterstützung und liebevolle Sorge, wie Laura es beschreibt:

> Als ich mich zum ersten Mal an meinen Mißbrauch erinnerte, hat mich das völlig überwältigt. Ich hörte auf, meine Freundinnen anzurufen, und wenn sie mich anriefen, war ich kühl und beschäftigt. Karen, meine engste Freundin, war verletzt und wütend. Sie wollte mich schon abschreiben. Schließlich erzählte ich ihr von dem Mißbrauch. Als sie erst einmal wußte, was los war, verhielt sie sich ganz toll. Sie wurde meine selbsloseste Unterstützung.

Es ist wichtig, daß du ein paar Beziehungen hast, in denen du völlig du selbst sein kannst - mit deiner Geschichte, deinem Schmerz und deinem Zorn -, und diese Beziehungen kannst du nur aufbauen, indem du dich ehrlich mitteilst. Wenn dir jemand mit der gleichen Ehrlichkeit begegnet, fühlst du wirkliche Nähe.

Einhundertsiebenundfünfzig Arten, meine Inzest-Geschichte zu erzählen

von Emily Levy

Erzähl es auf Spanisch
In Zeichensprache.
Erzähl es als Gedicht
Als Theaterstück
Als Brief an Präsident Reagan.
Erzähl es,
als hinge mein Leben davon ab.

Ich wurde nicht belästigt als Kind.
Ich hatte Angst, als ich drei war,
ein Mann würde mitten in der Nacht
in mein Zimmer kommen
und mich HOLEN.
Wie kam ich darauf?

Ich frage mich, warum ich meinen Vater so hasse. Die Erklärungen, die ich gefunden habe, reichen nicht aus für den ganzen Zorn und Haß, den ich fühle.
Es könnte vielleicht möglich sein,
daß ich als Kind mißbraucht wurde.

Erzähl es als Fall vor Gericht
Als Debatte im Kongreß
Als würden sie die Macht der Kinder respektieren.
Nenn es häuslichen Terrorismus
Nationalsport.
Mach einen Spruch für den
Gummi-Twist:

A ich heiße Annie
Er hat ihn mir in den Arsch gesteckt
Jetzt bin ich wütend
Und jetzt mach ich Ärger.

B ich heiße Betty
Der Schwanz war von meinem
Bruder
Und ich hab ein Buch geschrieben.
Jetzt muß er dafür büßen.

C ich heiße Carla
Er versprach mir, ich krieg eine Cola,

DER HEILUNGSPROZESS

Ich erzählte es meiner Cousine
Und ihr Daddy hatte keine Chance.

D ich heiße Doris
Ich lag noch in den Windeln drin ...

Erzähl es als Graffiti
Als Predigt.
Erzähl es als Chiffre-Anzeige.

*Warum trag ich,
wenn ich meinen Vater besuche,
extra einen langen Schal,
der meine Brust bedeckt?*

*Er kann mich überhaupt nicht
mißbraucht haben.
Ich würde mich daran erinnern. Ich
habe ein gutes Gedächtnis. Die
ganze Familie sagt das.*

*Warum fing ich plötzlich an, ihn zu
hassen, als ich elf Jahre alt war?*

Ich denke, mein Vater hat mich vielleicht mißbraucht, als ich klein war.

Erzähl es als Fernsehreklame
Als wissenschaftliches Experiment
Als Country & Western-Song
Erzähl es wie die Geschichte des
Altertums
Als Science Fiction
Erzähl es in deinem Schlaf:

Diesmal beschloß ich, ich würde ihn kriegen und er mich nicht. Ich stieß ihn wütend zurück, kratzte seinen Schwanz mit meinen Fingernägeln, grub sie in sein Fleisch so tief ich konnte. Ich machte immer weiter, wollte, daß er kam. Dann wurde mir klar, es war gemeiner aufzuhören. Sobald ich aufhörte, war meine Mutter wieder da.

Erzähl es als Gutenachtgeschichte
Auf einem Autoaufkleber
Erzähl es, als ob es uns gefallen hätte.

*Als ich ein Kind war, sagte ich immer:
»Faß mich nicht an, ich bin lebendig.« Wie kam ich zu diesem Spruch?*

Erzähl es als Begründung für einen Atomkrieg
Als Begründung für »Nie wieder Krieg«
Erzähl es als Glückwunschkarte:

> An eine geliebte Nichte -
> An diesem Tag denk ich an dich
> Tugendhaft, ehrlich, ordentlich
> Ein hübscher' Kind nie aufgetaucht
> Kein Wunder,
> Paps hat dich mißbraucht.

> Dein ros'ger Busen, feuchte Zung
> Welch wunderschönes Kind.
> So jung!
> Zur Krönung deiner Schönheit
> Glück
> Vom Papa ein Familienfick.

> Mein Glückwunsch nun,
> stimm ein, wer mag:
> Happy Vergewalt'gungstag.

Erzähl es als Klatschspalte
Als Letzer Wille und Testament
Als Beweisstück für Ripleys »Henker«.

Denk ich mir das aus als Entschuldigung, um ihn zu hassen? Wenn ich ihn zu Unrecht beschuldige, werd ich mir das nie verzeihen.

Erzähl es als Seifenoper
Als Botschaft für den Anrufbeantworter.

Erzähl es als Brettspiel: »Zwei Einsen. Scheiße, ich hab zwei Einsen.«

»Ha, ha. Du wirst von deinem Zwillingsbruder belästigt. Dein Alptraum-Quotient steigt um sechzig Prozent, deine Therapieerwartung um drei Jahre, und deine Sexualität muß zur Reparatur in die Werkstatt.«

»Hey, gib mir den Stein. Ich kann meine Sexualität selbst in die Werkstatt bringen!«

»O.k. Ich bin dran. Drei. Eins, zwei, drei. Gut! ›Feministische Ärztin‹!«

»Zieh dir eine Karte.«

»›Du mußt zu einem dreitägigen Workshop, wo du weinst, darüber redest, warum du geweint hast, und darüber redest, was du gesagt hast, warum du geweint hast. Sechs Monate Therapie weniger.‹ Gut!«

»Wieso kriegst du immer die Guten? Ich bin dran.«

Erzähl es als Buch »Wie repariere ich mein ...«
Als Tagesschau Als Gebrauchsanweisung auf der Verpackung.

Warum verkrampfen sich die Muskeln meiner Vagina, wenn ich seinen Namen höre?

Erzähl es als Märchen
Als Zauberkunststück.
Erzähl es, als ob es gerade passiert:

Ich küsse deine Lippen, als ginge ich in einem üppigen Garten spazieren. Ich beobachte jede Regung, die in deinen dunklen Augen aufblüht.

Meine Handflächen umschließen deine Brüste, deine Fingernägel wandern über meinen Bauch. Wir schaukeln, bis du auf mir liegst. Du drückst dein Knie gegen meine Möse, flüsterst, Ich will dich, Liebste, und plötzlich wirst du zu ihm. Du drückst mich hinunter, hältst mich so fest, daß ich keine Luft bekomme. Du stößt deinen Schwanz in mich hinein, bestehst darauf, daß ich es will. Ich ringe mit deinem Körper, und mit der Stimme in meinem Kopf sage ich mir: Beruhige dich. Das hier ist anders. Du bist freiwillig hier.
Du fragst: Hey, wo bist du? Was ist passiert? Meine Augen beschreiben dir klar die Angst, die mein Mund nicht aussprechen kann. Du seufzt und hältst mich sanft in deinen Armen. Schließlich weine ich.

Erzähl es als heilendes Ritual
Als Grabinschrift
Als würde es heute in sieben Generationen entdeckt und interpretiert.

Vielleicht nannte mich meine Familie »Die, die nichts vergißt«, damit sie glauben konnten, alles, was ich nicht mehr wisse, sei auch nicht geschehen.

Erzähl es als Weltkarte

Als sei es immer noch verboten, die Worte auszusprechen.

Mein Vater hat mich mißbraucht, als ich klein war.

Erzähl es, damit es nie wieder geschieht.

DER HEILUNGSPROZESS

Verstehen, daß es nicht deine Schuld war

Ich weiß, ich war erst fünf Jahre alt, aber ich war außergewöhnlich intelligent für eine Fünfjährige. Ich hätte einen Ausweg finden müssen.

Oft glauben Opfer, sie seien schuld daran, daß sie sexuell mißbraucht wurden. Viele erwachsene Überlebende glauben das immer noch, obwohl keine von ihnen jemals daran schuld war. Es gibt viele Gründe für diese Selbstbeschuldigungen.

Einigen Überlebenden ist von dem Mißbraucher ausdrücklich gesagt worden, sie seien selbst schuld: »Du bist ein böses Mädchen, schlecht, schmutzig. Darum tu ich das.« »In Wirklichkeit willst du, daß das passiert. Ich weiß es genau.« »Mein kleines Mädchen ist so sexy. Ich kann einfach nicht anders.«

Du wurdest bestraft, wenn es herauskam. Wenn du etwas erzählt hast, wurde dir vielleicht gesagt, du würdest lügen und dir furchtbare Dinge ausdenken. Oder es wurde nie wieder ein Wort darüber verloren, und du hast das so verstanden, daß es zu schrecklich sei, um darüber zu sprechen.

Vielleicht hat dich deine Religion gelehrt, du seist eine Sünderin, unrein, und würdest in die Hölle kommen. Vielleicht warst du irgendwann überzeugt davon, du seist nicht liebenswert, auch nicht für Gott. Eine Frau erzählt: »Das kleine vergewaltigte Mädchen in mir drin wartet immer noch darauf, daß sie der Blitz erschlägt, weil sie den anderen Leuten erzählt hat, was mit ihr geschehen ist. Wenn ich sage: › Ich glaube, es war mein Vater ‹, komm ich in die Hölle.«

Ein kleines Mädchen wurde von dem Mißbraucher sogar inständig gebeten, ihn davon abzuhalten. Er erzählte ihr ständig, wie falsch das alles sei und sie sollte ihn das nie wieder tun lassen - und dann vergewaltigte er sie noch einmal.

Ich wußte, ich bin wirklich schlecht. So wie in diesen Horror-Filmen, in denen ein Kind vom Teufel besessen ist, wo in diesem unschuldigen kleinen Kind schon die Saat des Bösen steckt. Ich dachte immer, schon durch meine bloße Anwesenheit ginge es den Leuten schlecht und es passierten schlimme Dinge. Ich dachte, ich müßte irgendwas tun, damit alles anders wird. Wenn ich nur gute Noten hätte, würde mein Vater aufhören, mich anzufassen. Durch mein Verhalten könnte ich alles beeinflussen. Niemand um mich herum schien irgend etwas im Griff zu haben. Ich hab immer noch dieses seltsame Gefühl, ich könnte durch meine Gegenwart oder durch das, was ich tu, alles beeinflussen.

Es gibt auch weniger offensichtliche Gründe, warum Überlebende sich selbst die Schuld geben. Für ein Kind ist es eine ungeheure und erschreckende Erkenntnis, festzustellen, wie verletzlich und machtlos es tatsächlich ist. Wenn du dachtest, du seist böse und du hättest Einfluß darauf, wie du behandelt würdest, warst du damit in deiner Vorstellung nicht völlig hilflos und ohne Einfluß, auch wenn das natürlich nicht stimmte. Und wenn du dachtest, du seist böse, hattest du immerhin für die Zukunft einen gewissen Spielraum, in dem du gut werden könntest und dadurch alles besser werden würde.

In Wahrheit hat nichts, was du getan hast, den Mißbrauch verursacht; du hättest nichts tun können, um ihn zu verhindern. Deine Welt war ein unsicherer Ort mit nicht vertrauenswürdigen Erwachsenen, die die Kontrolle über die Situation verloren hatten, ein Ort, an dem dein Wohl und manchmal sogar dein Leben in Gefahr waren. Diese Sichtweise ist realistisch, aber für viele Kinder schmerzlicher als der Gedanke, sie seien schlecht und trügen irgendwie die Verantwortung für den Mißbrauch. Denn wenn du nicht einmal darauf hoffen kannst, daß die Leute, die dazu da sind, dich zu lieben und zu beschützen, das auch tun, an wen sollst du dich denn dann wenden?

Wenn du deine Unschuld einsiehst, akzeptierst du die Tatsache, daß die Menschen, die du geliebt hast, nicht dein Bestes im Sinn hatten. In einem Workshop beschuldigte sich eine Frau, weil sie erst mit zwölf nein gesagt hatte. Ihr Vater hatte aufgehört. »Warum konnte ich das nicht gleich tun, mit vier, als er anfing?« quälte sie sich. »Ich *hätte* ihn abhalten können.«

Eine andere Frau antwortete ihr: »Ich hab nein gesagt, und mein Vater hat nie aufgehört. Ich hab gekämpft, getreten und nein geschrien. Aber wenn dich jemand mißbraucht, hört er nicht auf, weil du nein sagst. Er hört auf, wenn er genug hat. Als du zwölf warst, hatte dein Vater genug. Vielleicht mochte er nur kleine Kinder. Du hattest weniger Macht, als du glaubst.«

Frauen fühlen sich schuldig, weil sie Geld angenommen haben, Geschenke oder besondere Vergünstigungen. Aber wenn du es geschafft hast, wenigstens eine Kleinigkeit dafür zu bekommen, solltest du dir auf die Schulter klopfen. Eine Frau in einem Workshop bekam von ihrem Mißbraucher ein Fahrrad. Damit konnte sie von zu Hause wegfahren, hinaus in den Wald und sich dort unter den Bäumen sicher fühlen. Sie machte sich Vorwürfe, weil sie das Fahrrad genommen hatte. Das ist Unsinn. Sie verdient Anerkennung, weil sie in dieser Wüste genommen hat, was sie kriegen konnte.

Aber ich wollte Nähe

Viele Überlebende schämen sich ganz besonders, wenn sie beachtet und geliebt werden wollten und sich deshalb nicht gegen sexuelle Annäherungsversuche gewehrt haben. Oder wenn sie diese Aufmerksamkeit gesucht haben. Vielleicht war diese Nähe schön für dich. Vielleicht hast du den Mann angebetet, der dich mißbraucht hat. Vielleicht war es wunderbar, Opas Liebling zu sein: »Ich war es, die zu ihm hinging, damit er mir den Rücken rubbelte« oder »Ich ging immer wieder hin« oder »Ich kletterte zu ihm ins Bett«.

Aber du warst nicht im Unrecht. Jedes Kind braucht Aufmerksamkeit. Jedes Kind braucht Liebe. Das sind Grundbedürfnisse. Und wenn beides nicht in gesunder, kindgerechter Form angeboten wird, nehmen Kinder, was sie eben kriegen können.

Aber es war schön

Manche Frauen haben während des Mißbrauchs nur Schmerz und Taubheit empfunden, andere auch sinnliches oder sexuelles Vergnügen, Erregung und einen Orgasmus. Selbst wenn du den Mißbrauch als verwirrend, erschreckend oder furchtbar erlebt hast, hattest du vielleicht auch irgendwie angenehme Gefühle. Für viele Frauen ist dieser Aspekt der schwierigste.

> Manches war schön, und ... ach, Mist! Es ist immer noch schwer für mich, darüber zu reden. Wenn ich denke, manchmal, wenn ich meiner Mutter sehr nah war, so sexuell, wenn ich richtig angetörnt war, das ist mir richtig unangenehm. Das kommt mir richtig kaputt vor. Das ist mir immer noch peinlich.

Eine andere Frau wurde von einer ganzen Bande vergewaltigt und hatte einen Orgasmus. »Lange konnte ich nicht verstehen, warum Gott meinen Körper so geschaffen hatte. Ich vergaß, was geschehen war, denn ich schämte mich so, weil es mir gefallen hatte.« Als sie sich zum ersten Mal wieder an die Vergewaltigung erinnerte, las sie *Voices in the Night*[1] (»Stimmen in der Nacht«), ein Buch über sexuellen Mißbrauch, in einer Nacht durch, um herauszufinden, ob noch irgendeine andere Frau während einer Vergewaltigung einen Orgasmus hatte. Sie mußte dringend wissen, daß sie nicht die einzige war.

Du mußt wissen, daß deine sexuellen Reaktionen auf den Mißbrauch durchaus natürlich waren. Auch wenn dir diese Gefühle gefallen haben, heißt das immer noch nicht, daß du irgendwie verantwortlich warst.

Unser Körper reagiert auf Stimulierung. Unsere ganze Physiologie ist darauf angelegt, uns Lust zu verschaffen. Diese unwillkürlichen Körperreaktionen haben wir nicht immer unter Kontrolle. Wenn wir ein Brötchen essen, verdaut unser Magen das Brötchen. Wir können unseren Magen nicht davon abhalten. Und so ähnlich ist es, wenn wir sexuell stimuliert werden: Wir können unseren Körper nicht immer davon abhalten, darauf zu reagieren.

Das Mädchen oder die Frau, die sexuell mißbraucht wird und dabei einen Orgasmus erlebt, will nicht mißbraucht werden. Ihre sexuelle Reaktion bedeutet auch nicht, daß sexuelles Vergnügen etwas Schlechtes ist. Und es handelt sich hier auch nicht - was sehr wichtig ist - um einen Verrat durch ihren Körper. Ihr Körper hat genau richtig reagiert. Du bist nicht von deinem Körper im Stich gelassen worden, sondern von den Erwachsenen, die dich mißbraucht haben.

Saphyre mußte erst viel Liebe für sich selbst aufbringen, um sich nicht mehr dafür zu schämen:

> Ich mußte mir klarmachen, ich hatte nicht deshalb einen Orgasmus gehabt, weil mir das gefiel, sondern weil ich den Körper einer Frau habe, der dazu da ist, Leidenschaft zu empfinden. Mein Körper hat auf die Berührung reagiert. Das war alles. Und die Erwachsenen hatten nicht das Recht, damit herumzuspielen. Die Wut darüber hat mir geholfen, die Scham zu überwinden.

Aber ich war älter

Wenn Kinder mißbraucht werden, schädigt das ihre Fähigkeit, nein zu sagen und sich abzugrenzen, schwer. Deshalb hast du dir auch dann nichts vorzuwerfen, wenn der Mißbrauch andauerte, als du erwachsen wurdest. Es gibt kein magisches Alter, ab dem du plötzlich zur mitverantwortlichen Partnerin beim sexuellen Mißbrauch wirst. Auch wenn dein Vater immer noch mit dir ins Bett geht, wenn du dreißig bist, ist das nicht deine Schuld. Altersmäßig bist du vielleicht erwachsen, aber du reagierst immer noch wie ein kleines, machtloses Kind.

Mary wurde während ihrer gesamten Kindheit regelmäßig von ihrem Stiefvater und ihren Brüdern mißbraucht. Mit einundzwanzig fuhr sie mal übers Wochenende mit ihrem zweiundzwanzigjährigen Bruder und einigen seiner Freunde weg. Die beiden wurden gebeten, sich ein Zimmer zu teilen. »Ich schlief die ganze Nacht auf dem Boden im Bad, weil mein Bruder mich nicht in Ruhe lassen wollte. Er bettelte, ich sollte mit ihm schlafen. Er hörte nicht auf, an mir rumzutatschen. Schließlich hab ich mich im Bad eingeschlossen.«

Lange hatte Mary deswegen Schuldgefühle. Er war ihr Bruder und nur ein Jahr älter als sie. Sie war erwachsen und hätte es besser wissen müssen. Sie hätte erst gar nicht mitfahren sollen. Es war alles ihre Schuld.

Erst in einer Therapie begann Mary zu erkennen, was wirklich dahinter steckte. »Mir war an diesem Wochenende, mit einundzwanzig, genau das gleiche passiert wie damals, als ich acht war und zusammen mit meinem Vater baden mußte. Ich hatte einfach keine Übung darin, nein zu sagen.«

---

[1] Toni McNaron und Yarrow Morgan (Hg.), Minneapolis 1982.

Wenn deine Grenzen ständig verletzt worden sind, ist es unfair, von dir zu erwarten, daß du sie plötzlich verteidigen kannst. Du wirst nicht plötzlich selbstsicher und stark, bloß weil du erwachsen bist und von zu Hause weggehst. Egal, wie alt du bist, egal, in welchem Verhälnis du zum Täter stehst, wenn dich jemand, der stärker ist als du, zu einer sexuellen Beziehung zwingt, wirst du mißbraucht.

Es ist nie deine Schuld

Es ist unfair, von Kindern zu erwarten, daß sie sich selbst verteidigen können. Kinder probieren vieles aus. Sie probieren Grenzen aus. Sie probieren Höhen aus. Das gehört dazu. Durch dieses Ausprobieren lernen sie die Welt kennen. Und es ist *immer* Aufgabe und in der Verantwortlichkeit der Erwachsenen, Kindern mit Rücksicht und Respekt zu begegnen.

Selbst wenn ein sechzehnjähriges Mädchen nackt ins Wohnzimmer kommt und sich ihrem Vater an den Hals wirft, rechtfertigt das nicht, daß er sie sexuell berührt. Ein verantwortungsbewußter Vater wird sich sagen: »Da gibt es wohl ein Problem.« Er wird sie bitten, sich anzuziehen, und wird mit ihr sprechen, ihr wenn nötig professionelle Hilfe besorgen. Egal, in welchem Alter oder unter welchen Umständen, es gibt keine Entschuldigung für sexuellen Mißbrauch. Es liegt ausschließlich in der Verantwortung der Erwachsenen, mit Kindern keinen sexuellen Kontakt zu unterhalten.

Als Kind hattest du weder das Wissen, die Geschicklichkeit noch die Kraft, dich zu verteidigen. Heute gibt es in den USA wenigstens in den Schulen Programme zur Verhinderung von Kindesmißbrauch, in denen Kinder lernen, sich »umsichtig, stark und frei« zu verhalten.[2] Heute vermitteln viele Eltern ihren Kinder wenigstens, daß sie das Recht haben, nein zu sagen. Keine Frau, die wir kennen, hat als Kind gehört, daß sie das Recht habe, über ihren Körper zu bestimmen. Sogar diejenigen unter euch, die versucht haben, sich zu wehren oder zu kämpfen, haben oft nur noch größeren Druck erlebt.

Bubba Esther
von Ruth Whitman

Sie war immer noch außer sich,
sie wollte es mir erzählen,
sie sah immer noch
seine schrecklichen Hände:

   wie sie damals nach Hamburg kam,
   ein junges Mädchen von siebzehn,
   eine sommersprossige,
   hellhäutige Jüdin
   aus Kovno mit ihrem Onkel,
   in einem alten Haus auf ihn wartete,
   als er die Tickets kaufte
   für den Dampfer nach Amerika

   und wie er in ihr Zimmer kam,
   sich auf ihr Bett setzte,
   ihre Taille umfaßte,
   nach dem Busen grapschte, sagte,
   für einen Kuß
   bekomme sie ihr Ticket,
   ihr Röcke waren zerdrückt,
   ihr Unterrock zerrissen,
   er hatte schlechte Zähne,
   roch nach Zwiebeln,
   sie schämte sich

sie schämt sich immer noch,
achzig Jahr später liegt sie
im Krankenhaus und versucht,
es mir zu erzählen,
zitternd, weinend vor Wut.

---

[2] In den deutschsprachigen Ländern gibt es das bisher nicht, allerdings arbeiten inzwischen Vereine zur Prävention von sexuellem Mißbrauch u.a. auch in dieser Richtung (Adressen unter dem Stichwort »Prävention« bei Literatur und andere Hinweise). (Anm.d.Verl.)

DER HEILUNGSPROZESS

Die Scham überwinden

Ein deutliches Anzeichen für Heilung ist, wenn du dich weniger schämst. Wenn du über deinen Mißbrauch sprichst, schaust du den Leuten nicht mehr auf ihre Armbanduhr, sondern ins Gesicht. Und irgendwann kannst du ihnen in die Augen sehen, es ihnen erzählen - ohne das Gefühl, sie wüßten jetzt, was für eine Null du bist - und sagen: »Und mir geht's gut, ich bin o.k.«, und brauchst nicht zurückzufragen: »Stimmt doch? Ich bin doch o.k., oder?«

Es gibt viele Möglichkeiten, die Scham zu überwinden. Am wirksamsten ist es, einfach über deinen Mißbrauch zu sprechen. Scham existiert in einer Atmospäre der Verschwiegenheit. Wenn du anfängst, offen die Wahrheit über dein Leben zu erzählen, wirst du langsam aufhören, dich zu schämen.

> Du kennst das Wort: »Die Wahrheit wird euch befreien.« Und so ist es wirklich. Ich sitze nicht mehr in einem Käfig. Nicht mehr wie hinter Gittern. Das beste ist: Es gibt keine Geheimnisse mehr. Und gerade die Geheimnisse bringen dich um. Nicht das Gift und der Haß. Geheimnisse zu haben bringt dich um. Weil du ständig in der Angst lebst, jemand könnte es herausfinden. Geheimnisse machen die Menschen kaputt, und sie machen sie unnötig kaputt. Wenn du dein Geheimnis aufgibst, ist es, als wärst du neugeboren, weil du keine Angst mehr hast.

Schließ dich einer Gruppe für Überlebende an

Mit anderen Überlebenden in einer Gruppe zu sein kann sehr viel dazu beitragen, die Scham zu überwinden. Wenn du andere Frauen über ihren Mißbrauch sprechen hörst und es nicht widerlich findest, wenn du siehst, wie dieselben Frauen deiner Geschichte mit Respekt zuhören, dann beginnst du, dich selbst als stolze Überlebende zu fühlen und nicht mehr als Opfer, das mit dem Täter gemeinsame Sache gemacht hat: »Wenn deine Therapeutin sagt: › Es war nicht deine Schuld ‹, ist das eine Sache. Aber wenn dir das acht Frauen sagen, ist das viel wirkungsvoller.«

Sprich es öffentlich aus

Es hilft dir sehr, es öffentlich auszusprechen - indem du andere Überlebende unterstützt oder an Projekten zum Schutz von Kindern gegen Mißbrauch oder Vergewaltigung mitarbeitest. Das Gefühl der Scham verschwindet, und statt dessen merkst du, daß du tüchtig bist und Kraft hast. Jennifer war in ihren Zwanzigern Prostituierte und Diebin gewesen. An die Öffentlichkeit zu gehen half ihr, ihre Scham ein für allemal loszuwerden:

> Nachdem ich eine Weile an meinem Inzest gearbeitet hatte, fühlte ich das Bedürfnis, anderen zu helfen. Ich tat das, indem ich mit den Kindern in der Schule sprach und in Fortbildungsgruppen für Leute, die beruflich damit zu tun haben. Eine dieser Fortbildungsgruppen war für Polizeibeamte. All die Jahre war ich sicher gewesen, daß die Leute mich immer noch für eine Prostituierte hielten. Und das war zwanzig Jahre her! Vor all diesen Bullen stand ich auf und sagte: »Ich bin keine Diebin. Ich bin keine Prostituierte.« Das war einer der größten Momente in meinem ganzen Leben. Ich hatte dem Feind ins Auge gesehen.

Schau dir die Kinder an

Indem du dich eine Weile mit Kindern beschäftigst, kannst du dich davon überzeugen, daß der Mißbrauch nicht deine Schuld war. Kinder helfen dir, dich daran zu erinnern, wie klein und machtlos du damals tatsächlich warst. Eine Mutter erzählte:

VERSTEHEN, DASS ES NICHT DEINE SCHULD WAR

Ich beobachtete, wie meine Tochter größer wurde, und hatte so ein Gefühl von: »Wie kann jemand einem Kind so etwas antun?« aber irgendwie schien das Gefühl auf mich selbst nicht zu passen. Vernunftsmäßig war ich schon lange in der Lage gewesen, mir die Mißhandlung von Kindern zu erklären. Aber als ich sah, wie wenig Kraft sie hatte, wie klein sie war, wenn ich sie ins Bett steckte, bekam ich einen wirklichen Eindruck davon, wie klein und verletzlich *ich* gewesen sein mußte. Ich verstand jetzt auch in meinem Innersten, daß Mißbrauch einfach nicht richtig ist. Und daß ich nicht die Verantwortung trug für das, was mit mir geschehen war. Ich begann, mir selbst zu vergeben.

In ihren Workshops über sexuellen Kindesmißbrauch für Jugendliche reicht diese Frau ein Bild herum, das sie selbst als Dreijährige zeigt. »Ich sage ihnen: ›Das ist das Kind, mit dem mein Vater sexuellen Kontakt hatte, das Kind mit dem Gummihöschen und den kleinen Schnürschühchen.‹ Das Bild zeig ich immer, damit die Kinder wissen, daß es nicht meine Schuld war.«

Das geht auch, wenn du keine eigenen Kinder hast: Das nächste Mal, wenn du an einem Schulhof vorbeikommst oder wenn du Kinder auf der Straße spielen siehst, schau nach Kindern, die so alt sind wie du damals, als dein Mißbrauch begann. Beobachte, wie sie miteinander umgehen. Hör dir diese hellen Kinderstimmen an. Sieh dir an, wie klein sie tatsächlich sind. Glaubst du ernsthaft, eines dieser Kinder verdiente es, mißbraucht zu werden?

Wenn du immer noch glaubst, der Mißbrauch sei deine Schuld gewesen, dann hast du vergessen, wie arglos das Verlangen eines Kindes ist, Liebe zu teilen. Eine Frau erzählte die folgende Geschichte:

> Als meine Tochter ungefähr sechs war, waren wir mit dem Auto unterwegs, um Freundinnen zu besuchen, und sie sagte mir, sie wolle mein Liebhaber sein. Ich wußte, sie hatte eine etwas verworrene Vorstellung von Liebhabern, aber immerhin klar genug, um zu wissen, daß sie das wollte. Ich antwortete sanft, das ginge nicht. Schnell sagte sie: »Ich weiß, ich bin zu klein, aber wenn ich groß bin.«
> »Nein«, erklärte ich. »Auch wenn du groß bist, bin ich immer noch deine Mama, und du bist meine Tochter. Wir haben eine besondere Beziehung, das wird sich nie ändern. Du kannst nie meine Liebhaberin sein, aber wir werden uns immer auf unsere ganz besondere Art liebhaben.«
> Sie stimmte mir zu: »Ja, das soll immer so bleiben.« Dann, als wir ausstiegen, drehte sie sich zu mir um: »Mama, erzähl aber keinem, was wir besprochen haben, ja?«
> Ich nahm sie bei der Hand, als wir zum Haus gingen. »Natürlich nicht.«

Diese unschuldige Liebe nutzen die Täter aus, wenn sie ein Kind mißbrauchen.

DER HEILUNGSPROZESS

Das Kind in dir

Als ich zum ersten Mal Leute davon sprechen hörte, wir sollten dem Kind in uns vergeben, war ich amüsiert und dachte: »Kalifornien. Mal wieder eine neue Psycho-Technik.« In mir gab es kein kleines Mädchen. Und wenn, war sie zu schwach und hilflos, als daß ich sie hätte kennenlernen wollen. Sie war es, die mir alles eingebrockt hatte. Sie brachte nur Ärger, und ich wollte nichts mit ihr zu tun haben.

Viele Überlebende haben Probleme mit der Vorstellung von dem Kind in ihnen, obwohl es für ihre Heilung ganz wesentlich ist, daß sie diesem kleinen Mädchen vergeben. Zu oft geben Frauen ihr die Schuld, hassen sie oder ignorieren sie völlig. Überlebende hassen sich dafür, daß sie einmal klein gewesen sind, daß sie Liebe gebraucht haben, daß sie sich »mißbrauchen ließen«.

Vielleicht fühlst du dich zerrissen, bist gefangen in einem wirklichen Zwiespalt. Auf der einen Seite bist »du« die, die draußen in der »wirklichen« Welt lebt, und auf der anderen Seite das Kind in dir, das immer noch ein verängstigtes Opfer ist: »Ich fühlte mich, als ob all meine Erfolge nur ein einziger Betrug wären, weil ich das kleine Kind ignorierte, das nie damit fertig geworden ist und das deswegen immer noch ein Leben voller Demütigung und Schmerz lebt.« Diese Überlebende malte sich aus, wie sie als erfolgreiche Karrierefrau mit dem Aktenkoffer in der Hand morgens zur Arbeit ging. Und sie stellte sich vor, wie dicht neben ihr ein kleines Kind immer wieder jammerte: »Du kannst nicht zur Arbeit gehen! Du mußt zu Hause bleiben und dich um mich kümmern.«

Lange konnte diese Frau mit dem Aktenkoffer nur eines antworten: »Ich kann dich nicht ertragen. Ich hasse dich, und ich will hier nicht rumsitzen und mir den ganzen Tag dein trauriges kleines Gesicht ansehen!«

Es fiel mir wirklich schwer, mit dem kleinen Mädchen Frieden zu schließen. Ich mußte einsehen, daß ich den Feind die ganze Zeit am falschen Ort angesiedelt hatte. Und als ich langsam sah, was sie zu verarbeiten hatte und wie großartig sie das machte, staunte ich immer mehr, daß sie das alles überhaupt überlebt hatte. Ich brauchte lange, um sie zu akzeptieren und gern zu haben, aber schließlich schaffte ich es doch, ihr langsam die Zügel zu lockern.

Warum es schwer ist

Es hilft, wenn du weißt, warum es dir so schwer fällt, dich dem kleinen Mädchen zu öffnen. Zum einen hing dein Überleben davon ab, daß du ihre Verletzlichkeit verbargst. Schon dir die Tatsache einzugestehen, daß du einmal ein Kind *gewesen* bist, kann sehr beängstigend sein. Dazu mußt du dich an eine Zeit erinnern, in der du nicht die Macht hattest, dich zu beschützen. Du mußt dich an deine Scham, deine Verletzlichkeit und deinen Schmerz erinnern. Du mußt dir eingestehen, daß der Mißbrauch wirklich dir passiert ist. Eine Frau fand es ganz besonders schlimm, die Tatsache zu akzeptieren, daß der Inzest nichts war, was sie sich als Erwachsene eingeredet hatte. Noch nach mehreren Jahren Therapie konnte sie sich, wie viele Überlebende, nicht daran erinnern, überhaupt Kind gewesen zu sein. Erst als ihre Therapeutin sie bat, Bilder von sich aus unterschiedlichen Altersstufen mitzubringen, erkannte sie langsam, daß sie dieselbe Person war, die als Kind belästigt worden war. »Sieh mal«, sagte die Therapeutin und zeigte auf die Fotos, »*Das bist du.* Das ist etwas, was dir passiert ist. Siehst du, daß das Kind nur *so* groß ist? Kannst du sehen, daß du dieses Kind bist?«

Oft erzählen Überlebende, die Mütter sind, die Verletzlichkeit ihrer eigenen Kinder habe es ihnen ermöglicht, mit dem Kind in sich Kontakt aufzunehmen. Lauras neue Verbindung mit dem Kind in ihr kam auf ähnliche Weise zustande:

Ich hab Kinder immer gern gehabt, aber nachdem ich mich an den Inzest erinnert hatte, tat es mir monatelang zu weh, sie um mich zu haben. Ich sah sie spielen oder die Straße hinunterlaufen, kleine Mädchen, die Röcke flogen hoch, und weiße Baumwollhöschen kamen zum Vorschein, und ich krümmte mich innerlich. »Sie sind so verletzlich«, dachte ich dann. »Sie sind so klein.«

Ich verbrachte Halloween, den Abend vor Allerheiligen, bei meiner Freundin. Ein paar Monate vorher hatte ich meine ersten Erinnerungen gehabt. Jetzt war ich geflohen vor den Kindern, die in meiner Nachbarschaft herumziehen würden. Diese unschuldigen kleinen Gesichter zu sehen tat mir immer noch zu weh. Sie standen in der Tür, sagten ihren Vers auf und baten um eine Gabe. Und ich konnte immer nur denken: »Wer wird sich an euch vergreifen?« Jedes Kind schien mir wie eine Zielscheibe.

Es klingelte an der Tür. Meine Freundin bat mich zu öffnen. Ich machte auf, und da standen eine Mutter und ein kleines Mädchen. Das Mädchen war als Engel verkleidet, in einem fließenden, weißen Kleid mit Goldbesatz. Sie hatte glattes, blondes Haar, einen Pagenkopf. Auf dem Kopf trug sie einen Heiligenschein aus Alufolie und einem umgebogenen Drahtbügel. Ich fragte sie nach ihrem Alter. »Fünfeinhalb!« antwortete sie stolz.

Ich konnte meine Blicke nicht von ihr wenden. Sie sah genau aus wie ich in diesem Alter. Als ob ich durch einen Spiegel fünfundzwanzig Jahre zurückschauen würde. Ich starrte sie bloß an, bis ihre Mutter ihren Arm beschützend um ihre Schultern legte und mich ärgerlich ansah. Ich gab dem Mädchen einen Schokoladenriegel und drehte mich weg. Langsam schloß ich die Tür und setzte mich wie benommen im Wohnzimmer hin.

»So klein war ich! So klein war ich, als er mir Gewalt angetan hat. Wie konnte er bloß?« Tränen der Wut und des Kummers stiegen auf. Ich war völlig unschuldig! Ich hätte nichts tun können, um mich zu schützen. Ich hatte überhaupt keine Schuld daran. »Ich war nur ein Kind«, weinte ich ins leere Wohnzimmer hinein, während mich die plötzliche Erkenntnis schüttelte, was ein Kind von fünf wirklich ist.

Kontakt aufnehmen

Ohne das kleine Mädchen fehlt dir etwas. Du hast keinen Zugang zu ihrer Sanftheit und Nachgiebigkeit, zu ihrer Fähigkeit, zu vertrauen und zu staunen. Wenn du das Kind in dir haßt, haßt du einen Teil von dir selbst. Erst wenn du dich um sie kümmerst, kannst du wirklich lernen, dich deiner selbst liebevoll anzunehmen. Und auch wenn du zunächst mißtrauisch bist und zwiespältige Gefühle hast: Es gehört zu deiner Heilung, daß du sie als einen Teil von dir akzeptierst.

Ich mußte mich dem Kind in mir richtig unterordnen. Ich mußte sagen: »Was brauchst du heute? Was kann ich tun, damit du dich sicher fühlst? Nein, ich werde dich nicht einfach wegschicken.« Ich mußte buchstäblich tun, was sie wollte. Ich mußte sagen: »Gut, du willst nicht, daß ich allen möglichen Leuten erzähle, was los ist.« Oder: »Gut, du willst, daß ich mir heute mittag fünf

Minuten Zeit nehme, um mit dir zu sprechen.«

Es war wirklich toll, denn plötzlich fühlte ich mich richtig verantwortlich für dieses Kind. Ich wollte langsam, daß sie ein Teil von mir sein sollte. Ich wollte ihr helfen, sich wohlzufühlen. Das Gefühl kannte ich vorher gar nicht. Was ich kannte, war: »Schafft mir verdammt noch mal dieses Scheißkind vom Hals, und laßt mich mit meinem Leben vorankommen!«

Ich merkte, daß ich die Fähigkeit hatte, liebevoll für sie zu sorgen, und das fand ich unglaublich. Ich hatte immer gesagt, ich wollte nie Kinder haben, weil ich mit ihnen nicht machen wollte, was meine Eltern mit mir gemacht hatten. Die Tatsache, daß ich elterliche Fähigkeiten mir selbst gegenüber entwickeln konnte, war also wirklich wichtig.

Wenn du mit diesem Kind in dir eng verbunden bist, mußt du ihren heftigen Schmerz und ihre schreckliche Furcht wahrnehmen und sie nachts trösten. Das wird nicht leicht sein. Aber das Kind in dir in den Arm zu nehmen tut nicht nur weh. Es bedeutet auch, daß du dich mehr verwöhnst als sonst. Julie Mines veranstaltet für sich Geburtstagsparties:

Als ich fünfundzwanzig wurde, nahm ich an, daß meine Heilung etwa fünf Jahre dauern würde, also bis dreißig. Ich dachte mir einen Countdown aus für diese Zeit. Ich begann mit meinem »fünften« Geburtstag, und jetzt zähle ich herunter bis zu meinem ersten. Meinen »fünften« habe ich mit Kindergeschichten und Schokoladentorte gefeiert. Nächsten Freitag feiere ich meinen »dritten« Geburtstag mit den Frauen in meinem Leben, die mir helfen zu heilen. Ich werde ein Zelt aus Bettlaken bauen, wir werden drinnen sitzen und im Schein der Taschenlampe Geschichten lesen. Wir werden sogar Sterne ans Zeltdach heften, die im Dunkeln leuchten. Ich finde es toll, klein zu sein!

Eine andere Frau richtete für die verletzten Kinder in ihr ganze Spielzimmer ein. Sie schuf jedem einen sicheren Platz, richtig mit Spielzeug, das dem Alter angemessen war, mit Plüschtieren, Postkarten, Zeichnungen und vielem, was ihr Dasein bestätigte.

Du kannst Bilder malen oder im Halbdunkel Verstecken spielen. Eine Frau brachte ihren Mann dazu, ihr jeden Abend, bevor sie einschlief, aus Kinderbüchern vorzulesen. Eine andere setzte sich vor dem Schlafengehen hin und schrieb dem Kind in ihr einen Brief. »Ich schrieb ihr lauter nette Sachen. Und morgens bin ich dann aufgestanden und hab es gelesen.«

Es ist unsere Aufgabe, diesem kleinen Mädchen Freude zu bereiten und uns die Geschichten anzuhören, die sie zu erzählen hat. Gizelle dazu:

Ich fing an, ihr zuzuhören und sie zu respektieren, ihr Freude zu bereiten. Ich hatte das Bedürfnis, ihre Mutter zu sein. Das weckte meine eigene heilende Kraft. Und ich verstand sie immer besser: ob sie das Bedürfnis hatte, etwas schönes Weiches anzuziehen oder ein Eis zu essen oder *Alle lieben Lucy* zu gucken oder draußen in den Blumen zu sitzen. Sie wußte, was sie brauchte, um zu heilen.

Und ich finde das jetzt auch langsam heraus. Sie wird mich führen. Sie ist es, die verletzt wurde. Sie weiß, ob sie in den Arm genommen werden will. Vielleicht will sie manchmal bloß, daß du ihre Haare bürstest. Sie *weiß*, und ich tu, soviel ich kann. Ich nehm mich in den Arm. Ich streichel mich. Oder ich wiege mich sanft. Ich tröste das Kind.

Das Kind kennenlernen

von Eleanor

Als ich erzählte, wie sehr ich es brauchte, dick zu sein, um mich vor Männern sicher zu fühlen, bat mich meine Therapeutin, mir vorzustellen, was das kleine Mädchen in mir brauchen würde, um sich sicher zu fühlen. Als ich meine Augen schloß, sah ich mich als kleines Mädchen die Straße hinuntergehen, mit einem Maschinengewehr, einem Schultergurt voller Patronen, ein paar Handgranaten und mit einem Messer in meinen Cowgirl-Stiefeln. Meine Therapeutin stellte fest, daß mein Kind glaube, selbst auf sich aufpassen zu müssen, obwohl es meine Aufgabe sei, so erwachsen zu werden, daß ich sie beschützen könne. Dann brauche sie das nicht mehr mit übermäßigem Körpergewicht und anderen Schutzmaßnahmen selbst zu tun.

Ein anderes Mal stellte ich mir vor, wie ich auf das kleine Mädchen zuging, um ihr zu sagen, ich würde dafür sorgen, daß ihr nichts passierte. Sie spielte im Sandkasten mit Spielzeugsoldaten und -panzern. Sie hatte Khaki-Shorts an, ein T-Shirt und trug einen Militärhelm. Sie sah mich nicht einmal an. Höhnisch sagte sie: »Klar.« Aber sie glaubte mir. Als sie merkte, daß ich das sah, sagte sie: »Aber glaub bloß nicht, ich zieh mir jetzt ein Kleid an und bin lieb und nett.« Und ich antwortete, sie solle sich keine Sorgen machen. Sie brauche überhaupt nichts zu tun, damit ich sie beschütze.

Noch am selben Tag ließ sie mich, ganz kurz nur, verschiedene Seiten von sich sehen, manchmal hart im Nehmen, manchmal verletzlich, weich, weiblich, hübsch, verängstigt. Einmal traf ich sie in Jeans und T-Shirt. Sie trug so eine gesprenkelte Militärmütze. Lange, weiche Locken hatten sich aus der Mütze gelöst und fielen auf ihren Rücken und ihre Schultern. Ich fragte, ob ich irgend etwas für sie tun könne. Ohne einen Moment zu zögern, antwortete sie: »Du könntest *endlich* aufhören, mich mit Essen vollzustopfen!«

»Wieso?« fragte ich fassungslos. »*Du* willst das doch. *Du* willst doch den ganzen Mist.«

Sie schnalzte ungeduldig mit der Zunge, westernmäßig. »Eine *muß* hier die Erwachsene sein, weißt du. Bloß weil ich alles essen will, heißt das nicht, daß du mir alles geben mußt. Du läßt deinen Sohn doch auch nicht jeden Mist essen, egal, wie er sich anstellt. Liebst du mich nicht genauso wie ihn? Ich weiß sowieso nicht, was du hast.«

Ich finde sie wunderbar. Manchmal schüchtert sie mich aber auch ein. Ich habe ihr gesagt, daß ich darüber nachdenken werde, aber daß ich nicht zaubern könne und daß sie Geduld haben müsse, während ich lerne, liebevoll für sie zu sorgen. Sie scheint damit zufrieden zu sein. Sie vertraut Erwachsenen nicht, aber sie findet, ich bin viel besser als die meisten Erwachsenen. Sie hat mich gern. Vielleicht nicht ohne Vorbehalte, aber sie hat mich gern. Sie hat gesehen, wie ich für meinen Sohn sorge, und sie vertraut darauf, daß ich mich wirklich bemühe weiterzukommen. Sie hat beschlossen, daß ich lernfähig bin. Sie ist so ein cleveres, lebendiges, tapferes kleines Ding. Wenn sie glaubt, daß ich es schaffe, dann kann ich es schaffen. Sie besitzt ausgezeichnete Menschenkenntnis. Ich hab Hoffnung. Ich hab eine neue Chance. Ich fang jetzt an.

DER HEILUNGSPROZESS

Schreibübung: Das Kind in dir

(Siehe die Grundregeln für Schreibübungen, Seite 25)

Hier kannst du mit dem Kind in dir sprechen. Wenn du in der Lage bist, das kleine Mädchen in dir zu lieben und zu trösten, wenn du zulassen kannst, daß dein erwachsenes Selbst das Mitgefühl ausdrückt, das du für dieses kleine Mädchen empfindest, dann schreib ihr jetzt und sag es ihr. Du kannst den Brief direkt an sie richten. Oder du kannst in einen brieflichen Dialog mit ihr treten, indem du erst als Erwachsene schreibst und dann als Kind antwortest.

Wenn du noch gar kein Gefühl, keine Zärtlichkeit oder keine Verbindung mit dem Kind spürst, schreib erst einmal, wie du dich ehrlich fühlst. Du kannst nicht schreiben: »Ich liebe dich. Ich werde für dich sorgen«, wenn das gelogen ist. Fang an mit: »Ich bin bereit, mich hinzusetzen und dir zu schreiben, auch wenn ich nicht ganz sicher bin, daß es dich gibt« oder »Du bist mir noch gar nicht sympathisch« oder sogar »Ich hasse dich. Du hast mir diese Scheiße erst eingebrockt«. Jeder Anknüpfungspunkt ist ein Anfang. Du kannst keine liebevolle Beziehung haben, wenn du nicht erst einmal den Kontakt herstellst. Mach den ersten Schritt.

Wenn du mit dem Kind in dir gar nichts anfangen kannst, stell dir ein anderes Mädchen vor, das so alt ist wie du damals, als du mißbraucht wurdest. Versuch, statt dessen an sie zu schreiben.

Diese Übung kannst du auch gut öfter machen, besonders wenn du zu Anfang noch kein Mitleid spürst. Irgendwann wirst du in der Lage sein, dem kleinen Mädchen zu sagen, daß sie unschuldig ist und daß du sie beschützen wirst.

Dir selbst vertrauen

Immer und immer wieder mußte ich mir selbst sagen: »Hör auf dich.« Wenn mein Körper mir sagt, ich soll aufhören, hör ich auf. Wenn mein Körper mir sagt, ich soll gehen, geh ich. Vorher hatte ich immer versucht, meine Grenzen zu überwinden, und jedesmal wurde mir schlecht. Jetzt habe ich gelernt, auf mich zu hören, und brauche nicht mehr zu weit zu gehen. Ich hör auf mich, weil ich mich selbst am besten heilen kann. Auch die beste Therapeutin kann mir nicht bei meiner Heilung helfen, solange ich nicht auf meinen eigenen Körper höre.

Wenn Kinder mißbraucht werden, nehmen sie bedrohliche Dinge wahr. Zuzugeben, daß der Nachbar, der dich auf der Schaukel angeschubst hat und der dir zum Geburtstag immer etwas schenkte, auch der Mann war, der dich gezwungen hat, seinen Penis in den Mund zu nehmen, war unerträglich. Zuzugeben, daß dein Vater, der arbeiten ging, damit du zu essen hattest, und der abends lange aufblieb, um dir eine Puppenstube zu bauen, so seltsam lächelte, wenn er dein Geschlecht berührte, war zu schrecklich. Also hast du dir vorgemacht, sie täten das gar nicht oder diese Dinge seien völlig normal. Es ist unglaublich, welche Mühe Kinder sich geben, ihre Wahrnehmungen umzudeuten.

Wenn mein Vater abends in mein Zimmer kam, dachte ich: »Das ist nicht mein Vater. Das ist ein Wesen von einem anderen Stern.« Ich sah zu, wie diese Leute diese Sachen mit mir machten, und dachte: »Außerirdische haben von ihren Körpern Besitz ergriffen.« Und diese Außerirdischen machten etwas mit mir. Das Original war immer noch irgendwo da draußen. Warum kamen sie bloß nicht zurück? Ich dachte: »Daddy, warum hast du diese Außerirdischen in deinen Körper gelassen?«

Wenn dir deine Bezugspersonen gesagt haben, was du erlebt hast sei nicht wirklich passiert oder es sei völlig anders gewesen, warst du vermutlich verwirrt und unglücklich und wußtest nicht, was wirklich stimmte.

Ein Vater kann die Brust seiner Tochter berühren und das wegerklären, indem er sagt: »Ich will dich nur gut zudecken.« Eine Tochter kann ihrer Mutter erzählen, daß ihr Stiefvater sie so merkwürdig angefaßt habe. Die Mutter kann antworten: »Ach Schatz, das hast du geträumt.«

Nicht nur bei ihren Familienmitgliedern finden die Überlebenden keine Beachtung. Viele junge Mädchen versuchen, es ihren LehrerInnen zu sagen, ihren TherapeutInnen, ihren Geistlichen oder anderen Erwachsenen und hören nur: »Du mußt dich irren. Dein Onkel Jimmy ist doch in der Kirche und Gemeindehelfer.« Es gibt Überlebende, die sind zu TherapeutInnen gegangen, um sich helfen zu lassen, und haben nur gehört: »Das sollten Sie inzwischen überwunden haben« oder »Das war doch nur Ihr Bruder. Alle Kinder machen das«.

Vielleicht hast du große Angst, deiner inneren Stimme zu vertrauen, aus Furcht vor dem, was sie dir sagen wird. Eine Überlebende erzählt:« Meine größte Angst ist, daß ich verrückt werde wie meine Mutter, wenn ich auf mein Inneres höre. Sie hat oft zu mir gesagt: › Du hast die gleichen Kräfte wie ich. ‹ Für mich bedeutet das, wenn ich auf meine innere Stimme höre, dann rutsche ich langsam in meine Innenwelt hinein, und die ist wirklich verrückt.«

Es mag dir schwerfallen, an deine eigenen Wahrnehmungen zu glauben, aber du kannst lernen, deiner inneren Stimme zu vertrauen.

DER HEILUNGSPROZESS

Die innere Stimme

In uns allen gibt es eine innere Stimme, die uns sagen kann, wie wir uns fühlen. Wenn sie unterdrückt wird oder du gewohnt bist, sie nicht zu beachten, ist sie vielleicht sehr dünn, nur so ein Piepsen. Aber es gibt sie. Und je mehr du ihr zuhörst und auf sie hörst, desto stärker und klarer wird die Stimme werden.

Bei Übungen zur Vorbeugung von Kindesmißbrauch in den USA lernen die Kinder, ihre innere Stimme zu erkennen, die sie warnt, wenn etwas nicht in Ordnung ist. Sie nennen diese Stimme - die Intuition - das »komische Gefühl«. Mit etwas Hilfestellung fällt es Kindern leicht, dieses Gefühl als Gefahr zu erkennen: »Huuch, hier stimmt etwas nicht.«

Dieses »komische Gefühl« sagt dir, wenn du auf der Straße in Gefahr bist. Es läßt dich auf die andere Straßenseite gehen oder einen Umweg laufen. Es ist der sechste Sinn.

Jede Frau erlebt ihre innere Stimme anders. Vielleicht träumst du schlecht. Oder du hast Kopfschmerzen. Du fühlst dich erschöpft. Du stopfst plötzlich ungeheure Mengen Chips in dich hinein. Oder du merkst, du hast innerhalb von zwei Tagen zweimal deine Wohnung geputzt. Wichtig ist nicht, was du erlebst, sondern daß du es als Botschaft erkennst.

Vor ein paar Jahren entdeckte Ellen, daß sich ihr Magen jedesmal verkrampfte, wenn sie dabei war, einen Fehler zu machen:

Im Rückblick konnte ich sehen, daß dieser simple körperliche Warnmechanismus mein Leben lang funktioniert hat, aber ich hatte vorher nie darauf geachtet. Ich hatte nie angehalten und gefragt: »Na, was will mir mein Magen denn jetzt schon wieder sagen?« Als ich erst einmal anfing, zuzuhören und dieses Gefühl zu respektieren, traf ich Entscheidungen, die viel besser für mich waren. Wenn ich jetzt dieses Gefühl hab, unterbrech ich, was ich gerade tu, und nehm mir eine Minute Zeit, um herauszufinden, woher das Gefühl kommt. Das hat mir wahnsinnig geholfen.

(Mehr darüber, wie du Kontakt zu deiner inneren Stimme findest, auf Seite 175, »Gefühle«.)

Schmerz und Trauer

Manchmal denk ich, ich werd noch vor Kummer sterben. Keine ist bisher gestorben, bloß weil sie zwei Stunden geheult hat, aber genauso kommt es mir vor.

Als Überlebende von Kindesmißbrauch hast du um vieles zu trauern: um den Verlust deiner Gefühle; weil du im Stich gelassen wurdest; um die Vergangenheit und um die Gegenwart; um die Verletzungen und Schäden, die du jetzt heilen mußt, um die Zeit, die das dauert, um das Geld, das es kostet, um die Beziehungen, die daran zerbrochen sind, um die Freude, die dir entgangen ist. Und du trauerst um die Chancen, die du verpaßt hast, weil du zu sehr damit beschäftigt warst, überhaupt zurechtzukommen.

Und manchmal treffen dich die Verluste besonders persönlich:

Ich kann mich nicht erinnern, Jungfrau gewesen zu sein. Das war unfair. Jede andere mußte Jungfrau sein. Das hat mir immer echt weh getan. Und ich bin immer noch richtig wütend, daß sie mir das genommen haben. Keiner hat mich gefragt. Es war einfach weg. Ich konnte es nicht mehr verschenken. Ich weiß, das ist ist bloß ein Klischee, typisch »heile Welt«. Aber ich hatte davon geträumt wie jede andere Frau. Egal, ob es jetzt wichtig ist oder nicht, für mich war es wichtig.

Wenn du immer gedacht hast, du hättest eine »glückliche« Kindheit gehabt, dann mußt du um die Kindheit trauern, die du glaubtest, gehabt zu haben. Wenn du von deinem Vater oder deiner Mutter mißbraucht worden bist oder wenn dich niemand beschützt oder dir zugehört hat, mußt du die Vorstellung aufgeben, deine Eltern hätten nur dein Bestes gewollt. Zum Trauern gehört, daß du die bedingungslose Liebe, die du als Kind für deine Familie empfunden hast, durch eine realistische Bewertung ersetzt. Vielleicht war deine Kindheit ganz entsetzlich. Vielleicht gab es neben dem Mißbrauch auch immer wieder schöne Momente. Wenn du den Täter noch liebst, ihn irgendwie gern hast, mußt du das mit der Tatsache auf einen Nenner bringen, daß er dich mißbraucht hat.

Vielleicht trauerst du, weil du keine Großeltern für deine Kinder hast, weil du nie etwas erben wirst, weil du kein Elternhaus hast.

Du mußt auch um das zerstörte Bild von einer gerechten Welt trauern, in der für Kinder gesorgt ist und in der die Menschen einander respektieren. Du trauerst um deine verlorene Unschuld, um dein verlorenes Vertrauen. Und manchmal mußt du sogar um ein Stück von dir trauern, das es nicht geschafft hat:

Ich ging nach unten und wollte die Kinder in mir besuchen. Das erste, das ich sah, saß bloß herum in meinem Magen, ganz außen auf einem Bordstein. Sie saß da, den Kopf auf ihre Hand gestützt, und sah sehr unglücklich aus. Und manchmal sprang sie wie verrückt rauf und runter, manisch. Ein Mädchen war in meinem Herzen. Sie saß in einem Zimmer hinter der Tür. Manchmal machte sie die Tür auf und sah vorsichtig heraus, und dann schloß sie die Tür, weil sie Angst bekam. Und dann gab es eine, die war tot. Ich hatte lange darauf gewartet, daß sie endlich aufwacht. Und eines Tages lag ich im Bett und weinte und sagte: »Komm, du mußt jetzt aufwachen, es wird Zeit.« Aber sie war tot. Ich weinte sehr, und trauerte um diesen Teil von mir, der gestorben war. Der Teil von mir, der wirklich an das Gute in der Familie und in jedem Menschen hatte glauben wollen, war einfach gestorben.

Manche Überlebende trauern nicht nur um sich selbst, sondern auch um den Mißbrauch, den die Täter erfahren haben. Sie trauern um die Generationen von Opfern, die den Mißbrauch immer weiter fortsetzen. Eine Frau, die von ihrer Mutter mißbraucht worden war, erzählt:

Ich war sehr unglücklich und weinte viel, als mir klar wurde, daß ich nicht so eine Familie hatte, wie ich dachte, daß alle anderen sie hätten. Das tat mir wirklich weh. Das tut immer noch weh. Das überfällt mich richtig. Ich weine dann bittere Tränen, und trauere um das, was ich nicht haben konnte. Ich trauere auch um meine Mutter. Es tut mir weh, daß sie so krank ist. Es tut mir weh, daß sie nie erkannt hat, was für ein wunderbarer Mensch sie ist, und daß sie es immer noch nicht weiß. Sie mußte mich mißbrauchen, weil sie sich selbst so haßt. Lange war ich zornig darüber, aber dann begann ich, um sie zu trauern, denn sie *ist* wunderbar, sie ist liebevoll; ihre kranke Seite gewinnt nur immer wieder die Oberhand.

Unterdrückter Kummer

Unterdrückter Kummer vergiftet dich, beschränkt deine Fähigkeit, Freude zu empfinden, spontan zu sein, zu leben. Für die Heilung von traumatischen Erfahrungen ist es sehr wichtig, daß du deine Gefühle ausdrückst und mitteilst. Als Kind konntest du das nicht. Die große innere Qual, die Angst, die Wut in voller Wucht zu fühlen, ohne jede Hilfe, wären zu schlimm und unerträglich gewesen. Deshalb hast du diese Gefühle unterdrückt. Aber du bist sie nicht losgeworden.

Um diese schmerzlichen Gefühle zuzulassen und in deinem Leben weiterzukommen, ist es paradoxerweise notwendig, zurückzugehen und deine Erfahrungen als Kind noch einmal zu erleben: zu trauern, dieses Mal mit der Hilfe einer Person, die auf deiner Seite steht, und mit der Unterstützung deines Erwachsenenselbst.

Du brauchst nichts Besonderes oder Außergewöhnliches zum Heilen, sondern etwas erstaunlich Einfaches (obwohl viele Überlebende Probleme haben, es zu bekommen). Alles, was du brauchst, sind die Sicherheit und die Unterstützung, die es dir ermöglichen, zur Quelle deines Schmerzes zurückzugehen, die Gefühle zu fühlen, die du damals zurückdrängen mußtest. Du brauchst jemand, der/die dir zuhört, dich tröstet, und du mußt lernen, gut zu dir selbst zu sein und dich selbst zu trösten.

Und auf diese Weise findet eine Veränderung statt. Indem du ein Gefühl ganz fühlst, es kennenlernst, es lebst, mitteilst, darstellst, ihm vollen Ausdruck verleihst, beginnt dieses Gefühl, sich zu verwandeln. Um Kummer und Schmerz zu überwinden, mußt du sie in ihrer ganzen Tiefe erleben, sie zur Kenntnis und ernst nehmen und jemandem mitteilen. So integrierst du, was als Kind mit dir geschehen ist, in dein Erwachsenendasein.

Kummer

Vielleicht kommt es dir albern vor, über Dinge zu weinen, die vor langer Zeit geschehen sind. Aber Kummer und Trauer warten darauf, zum Ausdruck gebracht zu werden.

Wenn du dir das nicht gestattest, wird der Kummer zu einer Art eiterndem Geschwür, das deine Lebendigkeit einschränken, dich krank machen, deine Fähigkeit zu lieben verringern kann.

Kummer kommt und geht nach seinem eigenen Gesetz. Du kannst nicht sagen: »Na gut, jetzt trauer ich mal«, sondern mußt diesen Gefühlen, sobald sie aufsteigen, Raum geben. Du kannst nur dann wirklich trauern, wenn du dir das zugestehst und dir Zeit und Raum dafür nimmst.

Nachdem ich einige Monate Therapie gemacht hatte, begann mein ganzes Selbst, sich auf die Umgebung, in der ich meine Gefühle zulassen konnte, einzustellen. Es gab Wochen, da betrat ich das Gebäude, stieg die Treppen hoch, meldete mich am Empfang an, alles mit einem Lächeln auf den Lippen und schwungvollem Gang. Und dann betrat ich die Praxis, meine Therapeutin schloß die Tür und hatte nicht mal Zeit, sich hinzusetzen, da weinte ich schon. Tief in mir hatten meine Gefühle gewartet, bis ich für sie Zeit und Mitgefühl finden würde.

Die Rolle des Rituals

Um deinen Kummer und deine Trauer nicht zu ersticken, solltest du diese Zeit so wichtig nehmen, als sei eine dir nahestehende Person gestorben. Eine Überlebende, deren Eltern sie mißbraucht haben und noch sehr lebendig sind, trug monatelang Schwarz und erzählte überall, ihre Eltern seien gestorben. Eine andere Frau schrieb eine Grabrede auf ihren Täter und stellte sich vor, wie sie an seinem Grab stand und allen genau erzählte, warum sie ihn nie vergessen würde. Eine dritte hielt eine Totenwache. Solche Rituale können als Schlüssel dienen, um die Tür zum Kummer zu öffnen.

Ich schrieb ein Scheidungsurteil über meine Scheidung von meiner Mutter, weil ich ständig diese Träume hatte, in denen ich versuchte, die Nabelschnur durchzuschneiden, und sie das nie zuließ. Ich konnte mir einfach nicht vorstellen, Abstand von ihr zu gewinnen. Wir sprachen nicht miteinander. Wir besuchten uns nie, aber ich fühlte mich immer noch zu sehr mit ihr verbunden.

Vielleicht kannst du mit so einem Ritual oder einer Zeremonie gar nichts anfangen. Vielleicht weinst du bloß viel. Eine Frau erzählt: »Ich hatte jahrelang nicht geweint. Erst jetzt kann ich das wieder. Und ich weiß gar nicht, ob ich das so gut finde. Manchmal komm ich mir vor wie die Niagara-Fälle.«

Egal, wie du trauerst: Erlaub es dir, all die Gefühle zuzulassen, die du dein Leben lang bekämpft und unterdrückt hast. Trauern kann eine große Erleichterung sein.

Nenn ihn dein eigen, deinen eignen Schmerz

für Alana und Irma
von Patricia Roth Schwartz

Ergreif Besitz
von deinem eignen Schmerz.
Warum nicht? Er gehört dir.

Du hast ihn gejagt, gestoßen,
auf den Strich geschickt -
und dein Körper -
Atem, Leben, Mut, Glanz,
Zärtlichkeit, Sanftheit -
bezahlt jetzt den Preis.

DER HEILUNGSPROZESS

Also bekenn dich zu deinem
Schmerz. Warum nicht?

Du hast ihn zum Frühstück gegessen.
Ihn nachts in den Schlaf gesungen,
ihn im Waschbecken ausgespült,
ihn aufgehen sehen mit dem Brot.

Also: Nimm ihn, dreh ihn,
laß ihn tanzen,
hinein in Blutbahn, Brustbein, Haare,
Haut.

Gib ihm einen Namen.
Was du besitzt,
kann dich nicht besitzen.

Schreibübung: Trauern

(Siehe Grundregeln für Schreibübungen, Seite 25.)

Schreib auf, was du verloren hast, was dir genommen wurde, was zerstört worden ist. Schreib über das Ausmaß der Beschädigung. Schreib über die Dinge, um die du trauern mußt. Hier ist Gelegenheit, deinen Schmerz zum Ausdruck zu bringen und darüber zu schreiben, wie es dir mit deinem Verlust geht.

Die Grundlage deiner Heilung: Zorn

Wenn ich wütend bin, dann deshalb, weil ich weiß, ich bin es wert, daß jemand meinetwegen wütend wird.

Shama, eine fünfundzwanzigjährige Überlebende

Nur wenige Frauen akzeptieren Zorn ohne Vorbehalte als wirksames Heilmittel. Traditionsgemäß lernen Frauen, nett zu sein, verbindlich, verständnisvoll, höflich. Zornige Frauen werden als Männerhasserinnen, Schwanzabschneiderinnen und frustrierte Zicken abgestempelt. Sogar die Anhänger der »New-Age«-Psychotherapie betrachten Zorn normalerweise als ein Stadium, durch das die Klientin/der Klient sich hindurcharbeiten muß, oder als etwas Giftiges, das entfernt werden muß. Und die meisten westlichen und östlichen Religionen lehren uns, zu vergeben und zu lieben. Folglich unterdrücken viele Überlebende ihren Zorn und wenden ihn gegen sich selbst.

Ich bin Albino, und ich bekomme jedesmal, wenn ich in die Sonne gehe, einen schlimmen Sonnenbrand. Als Kind ging mir das immer ziemlich auf die Nerven, was bei mir zu Hause lief. Aber bei uns durftest du deinen Ärger nicht zeigen. Anstatt etwas zu sagen, ging ich also immer bewußt hinaus in die Sonne, ohne einen Hut oder einen anderen Schutz. Und hinterher kam ich übersät mit Blasen und mit Fieber nach Hause.

Andere Überlebende sind ständig voller Zorn. Aufgewachsen in Familien oder Situationen, in denen Feindseligkeit herrschte, lernten sie früh, um ihr Überleben zu kämpfen. Durch ihren Zorn waren sie jederzeit auf Kampf eingestellt. Und manchmal verschwamm die Grenze zwischen Zorn und Gewalt, und aus dem Zorn wurde eine destruktive Kraft.

Ich bin mit ärger- und wuterfüllten Männern und Frauen aufgewachsen. Auch meine Eltern und meine Verwandten waren so. Ich weiß noch, wie meine Mutter die Scheiße aus dieser Frau in der Bar herausprügelte, weil die gesagt hatte: »Wir lassen hier keine dreckigen Mexikaner rein.« Aber dann fielen meine Eltern deswegen übereinander her und über uns. Zorn, Gewalt und Selbstverteidigung - ich kann das gar nicht auseinanderhalten.

Aber Zorn muß nicht unterdrückt werden oder zerstörerisch sein. Er kann sowohl eine angemessene Reaktion auf einen gewalttätigen Übergriff sein als auch eine kraftvolle Energie, die Veränderungen herbeiführt.

Den Zorn verleugnen und umleiten

Zorn ist eine natürliche Reaktion auf Mißbrauch. Du warst damals vermutlich nicht in der Lage, deine Vergewaltigung zu verstehen, auszudrücken oder darauf zu reagieren. Vielleicht hast du nicht einmal gewußt, daß du das Recht hattest, dich vergewaltigt zu fühlen. Anstatt auf deine Mißbraucher zornig zu sein, hast du deinen Zorn verleugnet und gleichzeitig umgeleitet.

Um die Verbindung zu ihrem Zorn zu unterbrechen, versetzen sich manche Überlebende so sehr in die Situation des Täters, daß sie den Kontakt zu sich selbst und zu ihren eigenen Gefühlen verlieren. Dieses Vorgehen ist allgemein üblich und wird von dem größten Teil der Gesellschaft begeistert unterstützt. Viele finden es leichter, Sympathien für den Täter zu entwickeln als unbeirrt dem Opfer beizustehen. Das gilt besonders, wenn erst einmal eine gewisse Zeit vergangen und der Täter ein alter Mann und das Opfer eine erwachsene Frau ist. Die Leute empfinden Mitleid mit dem Täter, werten selbst schwache Versöhnungsversuche von seiner Seite als ehrliches Bemühen und machen der Überlebenden Vorwürfe, wenn sie weiter zornig ist.

Wenn du aber nicht in der Lage bist, deine Wut auf den Täter zu richten, geht sie woandershin - bei vielen Überlebenden richtet sie sich gegen sie selbst, was zu Depression und zu Selbstzerstörung führt. Vielleicht wolltest du dich selbst schon einmal verletzen oder töten. Vielleicht denkst du, du seist von Grund auf schlecht, kritisierst dich unerbittlich und wertest dich selbst ab. Oder du stopfst deinen Zorn mit Essen voll, erträngst ihn mit Alkohol, erstickst ihn mit Medikamenten, machst dich krank. Adrienne Rich schreibt: »Die meisten Frauen kommen nicht einmal an ihren Zorn heran, außer um ihn wie einen rostigen Nagel immer weiter nach innen zu treiben.«[1]

Da du gelernt hast, dir selbst die Schuld zu geben, bleibst du wütend auf das Kind in dir – das Kind, das verletzlich war, das verletzt wurde, das unfähig war, sich selbst zu beschützen, das Liebe und Aufmerksamkeit gebraucht hätte, das sexuelle Erregung oder einen Orgasmus erlebt hat. Aber dieses kleine Mädchen hat nichts falsch gemacht. Sie hat deinen Zorn nicht verdient.

Wenn du um dich schlägst

Viele Überlebende richten ihren Zorn auch gegen ihre PartnerInnen und Geliebten, gegen FreundInnen, KollegInnen und Kinder. Sie schlagen nach denen, die (normalerweise) nichts Böses im Sinn haben. Vielleicht bist du brutal zu deinem Kind oder schlägst auf deinen Geliebten ein, wenn du wütend wirst.

Ich hatte viele gewalttätige Beziehungen. Ich wußte gar nicht, wie es geht, nicht zu kämpfen. Wenn ich wütend wurde, war das mein erster Impuls [ihre Faust knallt hart in die andere Hand], denn das hatte ich zu Hause gesehen. Jedesmal, wenn ich auf jemand wütend wurde, fühlte ich direkt, wie das Adrenalin in meinen Armen rauf- und runterlief. Meine Muskeln wurden richtig hart, meine Fäuste ballten sich, und der Schweiß brach mir aus. Ich war bereit, die Person durchzuprügeln.

Wenn Gewalt Teil deines Lebens gewesen ist und du deinen Zorn auf gewaltsame Weise ausdrückst, brauchst du sofort Hilfe. Wut ist in Ordnung, aber es ist nicht in Ordnung, gewalttätig zu sein. (Siehe Seite 184: »Gewaltanwendung im Zorn«.)

Wenn du nicht körperlich kämpfst, wählst du vielleicht verbale Kämpfe oder fängst an rumzukritisieren. Du willst deinem Sohn sagen, er soll seine Hausaufgaben machen, und plötzlich stehst du da und schreist ihn an oder beschimpfst ihn. Dein Mann vergißt, Öl nachzufüllen, und du sagst ihm, er sei ein blöder Idiot. Verbale Demütigungen sind keine Gewalttätigkeiten, trotzdem sind sie destruktiv.

Deinen Zorn dorthin richten, wo er hingehört

Es wird Zeit, daß du deinen Zorn genau und in angemessener Weise auf diejenigen richtest, die dich vergewaltigt haben. Du mußt dich von der Verantwortung für das, was dir angetan wurde, befreien und die Verantwor-

---

[1] Adrienne Rich: »Disloyal to Civilisation«, in *Lies, Secrets, and Silence*. New York 1979, S. 309.

tung dem Täter geben. Dein Zorn muß eindeutig dem Täter gelten.

> Es ist mir schwergefallen, meinen Zorn auf meinen Dad zu richten. Mein Therapeut sagte ständig: »Na, wie hast du dich gefühlt, als dein Vater dich hochhob und gegen die Wand knallte?«
> Und ich sagte dann: »Na ja, irgendwie dachte ich, er ist ein Arschloch.«
> Und mein Therapeut sagte dann: »Hmmm.«
> Einmal, nach jahrelanger Therapie, als er mich etwas über meinen Vater fragte, hatte ich einen Bleistift in der Hand, und ich schmiß den Bleistift quer durch den Raum und sagte: »Das Arschloch!«
> Das war das erste Mal, daß ich überhaupt richtig wütend auf ihn war. Klar, ich hatte mich schon vorher über meinen Vater aufgeregt. Aber es ging immer in alle möglichen Richtungen. Und das war jetzt das erste Mal in all den Jahren, daß ich einfach wütend war auf ihn. Punkt. Ohne darüber zu lachen, ohne sarkastisch zu sein oder ihn zu verteidigen. Voll geradeaus: »Der Dreckskerl!«

Nimm mit deinem Zorn Kontakt auf

Wenn du einfach nicht wütend sein kannst, gibt es viele Möglichkeiten, die Verbindung zu deinem Zorn herzustellen. So wie du einen Motor anschmeißt, kannst du auch deinen Ärger in Gang setzen. Wenn du den Dreh erst einmal heraushast, läuft es von allein. Oft ist es zunächst leichter, über den Schmerz eines anderen Menschen in Zorn zu geraten als über den eigenen. Stell dir vor, ein Kind, das du liebst, wird so behandelt, wie du behandelt worden bist. Lies, was andere Überlebende geschrieben haben. Hör dir auf Konferenzen, in Workshops und in kleinen Selbsthilfegruppen ihre Geschichten an. Du kannst dir den Ausdruck des Schmerzes in ihren Gesichtern ansehen und dich davon berühren lassen. Du kannst dich von ihrer Wut anstecken lassen. Du mußt wissen, daß jedesmal, wenn du für einen anderen Menschen weinst oder wütend wirst, dein eigener Schmerz und dein eigener Zorn angesprochen werden.

Es hilft auch, eine wütende Körperhaltung einzunehmen. Drohende Gesten, ein drohender Gesichtsausdruck unterstützen das Hochkommen von Ärger. Eine Frau, die von sich selbst sagt, sie könne sich viel eher verletzt als zornig fühlen, erzählt, wie sie während einer Therapiesitzung leise weinte:

> Meine Therapeutin rückte schnell mit ihrem Stuhl vor, so daß ihre Knie meine fast berührten. Dann streckte sie ihre Hände aus, die Handflächen mir entgegengerichtet, und forderte mich auf, meine Handflächen gegen ihre zu legen. »Drück«, sagte sie. »Drück mich weg.« Ich drückte gegen ihre Handflächen, und sie drückte zurück. Als ich fester drückte, antwortete sie mit dem gleichen Druck. Ich brauchte meine ganze Kraft, um nicht nachzugeben. Innerhalb von Sekunden war ich wütend. Die Tränen waren schon lange weg. Ich kochte vor Wut! Und das war ein kraftvolles Gefühl.

Therapie und Selbsthilfegruppen können ideale Orte sein, um deinen Ärger aufzurühren:

> Untergründig empfand ich einen unglaublichen Ärger, aber ich hatte mir mein Leben lang keinen Ärger gestattet. Es war wirklich schwierig, ihn jetzt rauszulassen. Eines Tages erhob sich meine Therapeutin aus ihrem Sessel und sagte: »Dein Vater sitzt in diesem Sessel«, und gab mir ein aufgerolltes Handtuch: »Ich will, daß du deinen Vater schlägst.«
> Ich brauchte lange, um mich dazu zu überwinden, aber als ich erst einmal angefangen hatte, konnte ich nicht mehr aufhören. Ich drosch und weinte, bis ich völlig

erschöpft war. Ich fühlte mich so erleichtert.
Das war ein wichtiger Wendepunkt für mich. Danach hab ich noch viel auf Betten herumgehauen und geweint und böse Briefe an meinen toten Vater geschrieben. Ich hab sogar mit einem Punching-Ball gearbeitet.

Eine andere Möglichkeit, mit deinem Zorn in Kontakt zu kommen, ist das Rollenspiel. Dabei wird eine Situation nachgespielt, die dich in der Vergangenheit zornig gemacht hat. Eine Therapeutin, ein Freund, eine Freundin oder ein Gruppenmitglied kann die Rolle der Person spielen, auf die du böse bist. Du beschreibst die Gesten und Worte, die dich damals wütend gemacht haben, und dann inszenierst du die ganze Situation noch einmal. Dieses Mal kannst du deinen Zorn zeigen und dir Befreiung und Erleichterung verschaffen.

Damit diese Art der Übung ungefährlich bleibt, müssen die beteiligten Personen zuverlässig sein und mit heftigen Gefühlsbewegungen umgehen können. Es muß Richtlinien geben für den Ausdruck von Zorn, zum Beispiel, daß niemand verletzt werden darf, du selbst auch nicht. Es sollte auch vereinbart werden, daß du jederzeit aufhören kannst, wenn du genug hast.
Falls du lieber allein mit deinem Ärger arbeitest, gibt es eine Reihe von Schreibübungen, die deinen Zorn entfachen können. Liste die Folgeschäden des Mißbrauchs auf, die du immer noch spürst. Wenn du das sorgfältig machst, kannst du es kaum vermeiden, dich wenigstens etwas zu ärgern. Du kannst deinem Täter auch einen Brief schreiben. Versuch, mit »Ich hasse dich« anzufangen.
Eva Smith fand ein gutes Ventil für ihren Zorn:

> Ein Freund von mir machte keramische Sachen, und wenn die gesprungen waren oder egal was, hob er sie für mich auf. Ich kam immer so um Mitternacht. Ich ging dann hinter das Haus und knallte sie gegen den Zaun. Ein Wunder, daß niemand die Polizei gerufen hat, so wie ich da draußen stand und mit Sachen um mich schmiß.

Wenn innere Kontrollen deinen Zorn auf den Täter zurückhalten, kannst du sie überlisten, indem du deinen Zorn an leichter zugängliche Themen anhängst: Wenn politische Themen wie Apartheid in Südafrika dich leicht in Rage bringen, dann reg dich über diese Probleme auf, und wenn du richtig wütend bist, vergegenwärtige dir, daß die Mentalität, die es Weißen erlaubt, Schwarze zu foltern, dieselbe Mentalität ist, die es deinem Täter erlaubt hat, seine verdrehten, unbeherrschten Bedürfnisse, Ängste und seine Unbarmherzigkeit an dir auszulassen. Ordne dein eigenes Trauma unter den anderen Übeln dieser Welt ein, und am Ende wirst du wütend werden.

Angst vor Zorn

Viele Überlebende haben aufgrund schlechter Erfahrungen Angst, zornig zu werden. Eine Überlebende dazu: »Ich hab den Unterschied zwischen Ärger und Gewalt noch nicht kapiert. Wenn ich Lärm höre, denk ich, sie sind hinter mir her.« Vielleicht hast du in deiner Familie zerstörerischen und außer Kontrolle geratenen Ärger erlebt. Aber das muß nicht sein. Du kannst deinen Ärger so in Bahnen lenken, daß du ihn ganz und gar gut findest.
Sogar Frauen ohne gewalttätige Erfahrungen in der Vergangenheit haben oft Angst, daß sie jemanden verletzen oder töten könnten, wenn sie ihren Zorn nicht mehr bändigen.

> Ich weiß, die Wut ist da. Ich hab zuviel Angst, mich darauf einzulassen. Ich hab Angst, ich werde mit mir selbst nicht behutsam umgehen. Ich werde die Wut gegen mich selbst richten. Und ich bin so daran gewöhnt, wie Leute anderen weh

Die Mütter waren schon immer schuld

Obwohl unsere Kultur zornige Frauen mißbilligt, richtet sich Zorn gern gegen die Frauen. Frauen, und vor allem Mütter, sind regelmäßig Gegenstand der Empörung, egal, für welchen Ärger eine Schuldige gesucht wird. Manchmal ist das ganz offensichtlich, zum Beispiel wenn eine Mutter dafür verantwortlich gemacht wird, daß der Vater das gemeinsame Kind mißbraucht hat.

Dieses Umlenken der Verantwortlichkeit war schon immer üblich, und viele Psychologen und Soziologen teilen diesen Standpunkt. Sie führen an, daß die Frau versagt habe und die Bedürfnisse des Ehemannes nach Zuwendung und Sex nur ungenügend befriedigen konnte. Sie verweisen auf ihr Trinken, ihre Krankheit, ihre Nachtschicht oder anderweitige Gründe für ihre zeitweise Nichtverfügbarkeit. »Und darum«, so verteidigt sich der Vater, »habe ich mich meiner Tochter zugewandt.«

Das ist absurd. Es ist nie jemand anders dafür verantwortlich, wenn ein Mann ein Kind mißbraucht. Egal, welche Fehler eine Mutter gemacht haben mag, kein Verhalten ihrerseits gibt irgend einem Mann das Recht, ein Kind sexuell zu mißbrauchen. Frauen darf nicht länger für etwas, das Männer getan haben, die Schuld zugeschoben werden.

Manche Überlebende geben ebenfalls ihren Müttern die Schuld und sind schließlich auf ihre Mütter viel wütender als auf die Täter selbst. Die Gründe dafür sind logisch: Die Gesellschaft fördert das. Es ist angenehmer, einfacher, erträglicher, die Schuld den Müttern zu geben, denn insgesamt werden wir mehr von Männern bedroht als von Frauen. Die Gruppe der Männer hat mehr Macht in unserer Gesellschaft: Männer sind kräftiger, reicher, selbstsicherer, wenden eher Gewalt an. Viele von uns haben ihre banale Kraft persönlich zu spüren bekommen. Wenn es also gilt, Ärger auszudrücken oder ihn auch nur zu fühlen, fällt uns das gegenüber einer Frau normalerweise leichter. Übrigens sind zu diesem Zeitpunkt die meisten Überlebenden schon lange auf sich selbst wütend.

Gleichzeitig hast du das Recht, auf deine Mutter wütend zu sein. Die Mütter von mißbrauchten Kindern sind oft ängstlich, auf ihre eigene Sicherheit bedacht und tendieren dazu, von bestimmten Dingen nichts wissen zu wollen. Wenn deine Mutter dir nicht zugehört hat, als du versuchtest, es ihr zu erzählen, wenn sie einen gewalttätigen Mann oder einen Alkoholiker nicht verlassen hat, wenn sie dir die nötige Wärme, Aufmerksamkeit und das nötige Verständnis nicht gegeben hat, hast du das Recht, sie verantwortlich zu machen.

Während einige Frauen all ihren Zorn gegen ihre Mütter richten, haben andere Angst, überhaupt wütend auf sie zu sein. Vielleicht siehst du so sehr die Unterdrückung deiner Mutter, daß du deine eigene unterschätzt oder ignorierst. Vielleicht fühlst du dich mit ihr solidarisch als Frau in einer patriarchalischen Gesellschaft und glaubst, dein Zorn würde dieses Bündnis bedrohen. Aber wenn dich deine Mutter nicht beschützt, weggesehen, dich gefügig gemacht oder dir die Schuld gegeben hat, ist es unvermeidlich, daß du Gefühle des Zorns mit dir herumträgst. Du mußt diesen Zorn fühlen, ernst nehmen und ausdrücken. Das ist nicht nur dein Recht, sondern unentbehrlich für deine Heilung.

Trotzdem darfst du - außer wenn es deine Mutter war, die dich mißbraucht hat - nicht deinen ganzen Zorn gegen sie richten. Der Täter verdient seinen Anteil. Übrigens wirst du, wenn du erst einmal wagst, die tatsächliche Tiefe und Kraft deines Zornes kennenzulernen, merken, daß er wirklich für alle reicht.

tun. Ich will das nicht genauso machen. Ich weiß nicht, wie ich meinen Zorn auf ungefährliche Weise rausbringen kann.

Ganz selten lassen Frauen ihren Zorn gewaltsam an den Leuten aus, die sie als Kind mißbraucht haben. Und bei Frauen, in deren Familie nicht geprügelt wurde, ist die Angst, sie könnten jemanden mit ihrem Zorn verletzen, normalerweise unrealistisch.

Ärger ist ein Gefühl, und Gefühle allein tun niemandem Gewalt an. Es ist wichtig, daß du unterscheidest zwischen der Erfahrung, wie das ist, zornig zu sein, und dem Ausdruck dieses Zorns. Wenn du deinen Zorn zur Kenntnis nimmst, steht es dir frei zu entscheiden, ob und wie du ihn zeigen willst. Zorn braucht kein unbeherrschtes, unbeherrschbares Phänomen zu sein. Wenn du deinen Ärger positiv siehst und ihn kennenlernst, kannst du ihn nach deinen Bedürfnissen steuern – so wie eine erfahrene Reiterin ein kraftvolles Pferd lenkt.

Zorn und Liebe

Frauen meinen oft, Zorn und Liebe seien unvereinbar, und lassen sich deshalb davon abhalten, ihre unterdrückten Gefühle rauszubringen. Zorn und Liebe sind nicht unvereinbar. Irgendwann einmal sind die meisten von uns schon auf jeden und jede wütend gewesen, die wir lieben und mit denen wir eng zusammenleben. Wenn du aber von jemandem mißbraucht worden bist, der dir nahesteht und mit dem du schöne Zeiten erlebt hast, wirst du es schwer haben, deinen Zorn zu merken, aus Angst, die positiven Seiten dieser Beziehung oder deiner Kindheit dadurch auszulöschen.
Aber Wut löscht nichts in deiner Geschichte aus, was du bewahren willst. Was dir gutgetan hat, kann weiterhin in deinem Gedächtnis bleiben.[2] Du verlierst nichts von deiner Vergangenheit, wenn du wütend wirst, außer deiner Illusion, der Täter sei unschuldig.

Oft haben Überlebende Angst, wütend zu sein, weil sie denken, die Wut werde sie auffressen. Sie fühlen, daß der Zorn tief sitzt, und befürchten, darin zu versinken, verbittert und feindselig zu werden, wenn sie sich erstmal darauf einlassen. Aber Zorn verfolgt dich nur, wenn du ihn unterdrückst oder an der falschen Stelle herausläßt. Wenn du deinem Zorn offen begegnest – dich mit ihm identifizierst, ihn kennenlernst, ihn in Bahnen lenkst –, bist du befreit.

Am liebsten würde ich ihn umbringen

Früher oder später haben viele Überlebende massiv das Gefühl, sie müßten sich an den Leuten rächen, die sie so furchtbar verletzt haben. Du träumst vielleicht von Mord oder Kastration. Es kann wohltuend sein, sich solche Szenen bis ins Detail lebhaft vorzustellen. Sich rächen zu wollen ist ein natürlicher Impuls, eine gesunde Reaktion. Stell es dir ruhig nach Herzenslust vor. Es kann wirklich befriedigend sein, wenn du dir selbst zugestehst, deine Rache auszumalen. Wenn du anfängst, darüber nachzudenken, wie du deine Phantasien in die Tat umsetzen könntest, mußt du dir überlegen, welche Folgen das für deine eigene Zukunft haben würde. Es ist unklug, in dieser Gesellschaft gewaltsam Rache zu üben; wahrscheinlich würdest du nur immer wieder zum Opfer werden.

> Ich sag mir immer: »Warte. Moment mal. Ich will nicht ins Gefängnis. Ich will

---

2 Natürlich ist es völlig in Ordnung, wenn du deinen Mißbraucher nicht magst. Das sollte klar sein. Aber weil viele Frauen das Gefühl haben, sie seien verpflichtet, jeden Menschen zu lieben, ist es nötig, immer und immer wieder zu betonen, daß du das Recht hast, den Menschen, der dich mißbraucht hat, nicht zu lieben – auch wenn er dich ernährt hat, dir beigebracht hat, Fahrrad zu fahren, oder dir Gutenachtgeschichten vorgelesen hat.

nicht, daß die Bullen kommen.« Als ich klein war, kamen ständig die Bullen. Und ich will nicht wieder ins Gefängnis wegen Körperverletzung.

Du mußt dir auch überlegen, ob du dieses gewalttätige Verhalten weiter fortsetzen oder ob du den Kreislauf unterbrechen willst. Soledad dazu: »Ich hab gelernt, menschliches Leben zu respektieren.«
Du kannst auch mit gewaltlosen Mitteln Vergeltung üben: Du kannst den Täter vor Gericht bringen, ihn anzeigen und der Polizei übergeben. Eine Frau drohte ihrem Mißbraucher mit folgendem Telegramm:

Du wolltest wissen, warum ich nichts mehr mit Dir zu tun haben will. Jetzt weiß ich warum, und ich lasse Dich beobachten. Wenn Du jemals wieder ein kleines Mädchen belästigst, wenn Du sie auch nur schief ansiehst, bringe ich Dich vor Gericht, und ich gewinne.
Barbara Littleford

Ihre Nachricht wurde telefonisch übermittelt um 14.19 Uhr am 21. Jan. und wurde entgegengenommen von Jack.
Wir danken Ihnen für die Inanspruchnahme unserer Dienstleistungen.
Western Union

Eine andere Frau, die von ihrem Großvater mißbraucht worden war, ging zu seinem Totenbett und stellte ihn vor all den anderen Verwandten zornig zur Rede, mitten im Krankenhaus.
Manche Überlebende haben das Gefühl, es liege nicht in ihrer Macht, Rache zu üben. Eine Frau, eine fromme Christin, sagt einfach: »Gott wird sich um ihn kümmern. Das ist nicht meine Aufgabe.« Eine andere Frau sagte, sie könne ihrem Vater nichts Schlimmeres antun, als das, was er sich selber antue. Er hatte Hodenkrebs und lag im Sterben. Und manchmal ist die beste Art, sich zu rächen, ein glückliches und zufriedenes Leben zu führen.

Die Kraft der Wut: drei Geschichten

Barbara Hamilton, eine fünfundsechzigjährige Überlebende, schreibt gerade ein Buch über ihren Mißbrauch und ihre Heilung. Sie beschreibt, wie sie zum ersten Mal wirklich Kontakt zu ihrer Wut bekam.

Ich raste zurück und erwischte meine Therapeutin gerade noch, bevor sie nach Hause ging. Ich begann zu toben, und die ganze psychiatrische Abteilung hörte mich, das Haus fiel fast zusammen. Alles kam hoch. All die Obszönitäten, und alles hing miteinander zusammen. Ich bin von Männern mißbraucht worden und meine Kinder auch. Vom Kopf her war ich schon vorher böse auf meinen Vater gewesen, aber jetzt platzte ich einfach. Ich brüllte und heulte meine Wut laut heraus, egal, wer mich hörte. Ich knallte meine Brille gegen die Wand. Ich rastete völlig aus. Es war eigentlich kein schönes Gefühl, aber es war ein Wendepunkt. Es war so völlig klar, woher die Wut kam. Von da an hörte ich auf, mir selbst die Schuld zu geben.

Wenn du deinen Zorn viele Jahre lang unterdrückt hast, kannst du leicht explodieren. Aber auch Zorn, der sich plötzlich wie ein Gewitter entlädt, muß nicht gefährlich sein. Esther Barclay schaffte es, ihrem Zorn zu vertrauen, und das Ergebnis war erstaunlich:

Während meine Erinnerungen nach und nach wiederkamen, erlebte ich zunächst schreckliche Angst und dann eine ungeheure Wut auf meine Eltern. Ich platzte fast vor Wut. ... Eines Nachts wachte ich von lautem Weinen auf. Noch bevor ich ganz da war, merkte ich, daß ich selbst es war, die weinte, und daß das Weinen aus meinen Fußsohlen kam. Als ich ganz wach wurde, schlang ich meine Arme um mich und weinte vor Erleichterung. Ich wußte nicht, wo das hinführen sollte, aber dann, kurz nach einer besonders schweren Therapiesitzung, in der ich intensiv an meinem Zorn auf meinen Vater gearbeitet hatte, fielen mir zwei Dinge auf: 1. Ich sah plötzlich anders; die Farben waren leuchtend und klar, wie ich das bis dahin nicht gekannt hatte. 2. Einige Tage lang taten mein Rücken und meine Beine weh und waren sehr empfindlich, so als ob eine riesige Wurzel herausgezogen würde mit all den kleinen Verästelungen, die da dranhängen.

Und Edith Hornings Erfahrung zeigt, welch starke Heilwirkung Zorn haben kann:

Meine Therapeutin saß auf der einen Seite, und auf der anderen Seite saß ein Mann, der mir sehr nahestand. Ich sollte mir vorstellen, ich säße in einem Kino, oben auf dem Balkon, und unten, weit weg auf der winzigen Leinwand zeigten sie meinen Vater. Ich stellte mir vor, er käme immer näher, würde immer größer, und gleichzeitig sagten mir die beiden rechts und links von mir, ich sollte ihn aufhalten, ich sollte irgendwas tun, egal was, um ihn ungefährlich zu machen. Ich sollte nein sagen. Ich brauchte zwei oder drei Anläufe, bevor ich mich traute zu schreien. Plötzlich fühlte ich einen unglaublichen Strom von Gefühlen in mir aufwallen. Ich schrie: »Nein! Geh weg! Hör auf damit!« Und in meiner Vorstellung sah ich, wie mein Vater immer kleiner und kleiner wurde. Und ich trieb ihn immer weiter zurück, bis er wirklich winzig war, bloß noch ein Wurm.

Und von dem Moment an hörte mein Vater auf, stärker zu sein als ich. Und ich hörte auch auf, meine Mutter oder meinen Vater zu verteidigen. Sie taten mir nicht mehr leid. Sie haben ihre Entscheidungen getroffen, sie hatten die Wahl, genau wie ich. Und wenn du dich für etwas entscheidest, mußt du dafür bezahlen. Ich hab bezahlt. Sie bezahlen jetzt. So ist das eben.

Wie du deine Wut konstruktiv ausdrücken kannst

Ob du deine Wut dem Menschen, der dich mißbraucht hat, direkt zeigst oder selbst damit arbeitest - auf jeden Fall mußt du sie rausbringen. Du kannst:

- offen darüber sprechen
- Briefe schreiben (um sie abzuschicken oder auch nur, damit deine Gefühle aktiviert werden)
- mit einem Tennisschläger auf dem Bett herumhauen
- altes Geschirr zerschlagen
- schreien (such dir eine Freundin, die mit dir schreit)
- dir ein Ärger-Ritual ausdenken (zum Strand gehen und dort ein Bild verbrennen)
- einen Kurs über die Kunst der Kriegsführung belegen
- dir vorstellen, du schlägst und trittst den Täter, wenn du Aerobic oder ähnliches machst
- einen Marsch der Überlebenden organisieren
- ehrenamtlich auf einem Recyclinghof mitarbeiten und Glas zerschlagen
- einen Zornestanz tanzen

Die Liste ist endlos. Du kannst deine Wut kreativ und - nicht zuletzt - zur Heilung einsetzen.

Der Zorn anderer kann dich unterstützen

In der Einleitung zu *Ich hab es nie jemand erzählt* beschreibt Ellen, wie sie als Kind durch den Zorn ihrer Mutter beschützt wurde, als ein Lieferbote versuchte, sie zu belästigen:[3]

> Meine Mutter wurde ungeheuer wütend. Dann schmiß sie ihn raus. Ich war ihr wichtig. Nicht dieser Bote. Sie sagte mir nicht, ich müsse Rücksicht auf seine Gefühle nehmen oder auf seine miese Kindheit. Es war ihr egal, ob er vielleicht keinen neuen Job finden würde. Ich war ihr wichtig. Sie vermittelte mir, daß ich wichtig bin, daß ich wert bin, beschützt zu werden, ihres Zornes würdig.

Auch wenn der Kontakt zu deiner eigenen Wut noch nicht so stabil ist, tut dir die Wut eines anderen Menschen um deinetwillen vielleicht gut. TherapeutInnen lernen, daß sie keinesfalls mehr Gefühle zeigen dürfen als ihre KlientInnen, und Eltern bekommen zu hören, sie dürften nicht »überreagieren«, wenn ihre Kinder mißbraucht werden. Trotzdem kann dir der Zorn einer anderen Person helfen, deinen eigenen zu merken. Manche Frauen sagen zum Beispiel: »Ich hab immer noch zu große Angst, selbst auf ihn wütend zu werden, aber es tut gut, wenn ich seh, wie wütend du wirst.« Ellen erlebt das oft:

> Meine Arbeit lebt von der Wut. Die Frauen, mit denen ich das Glück habe zu arbeiten, fühlen die Kraft meines Zorns, und das ist für sie Zuflucht, zündender Funke, ein bißchen frische Luft, Vorbild, aufregende, vielleicht beängstigende Möglichkeit und Bestätigung.

Ebenso kann der Zorn einer Frau dem Zorn einer anderen den Weg bahnen. In einem Workshop versuchte Patricia zu begründen, warum ihr Vater sie mißbraucht habe. Eine andere Frau war lange still, und dann brach es plötzlich mit Macht aus ihr heraus. Sie sagte, sie könne nicht verstehen, wie es irgend jemand schaffe, nicht wütend zu sein. Sie sei so wütend, die ganze Zeit so wütend. Sie habe das Gefühl, sie stehe mit ihrem mächtigen Zorn ganz allein da. Anstatt sich von diesem Ausbruch eingeschüchtert oder kritisiert zu fühlen, ging Patricia ganz schnell hinüber zu der aufgebrachten Frau und nahm ihre Hände. Sie sagte, diese Frau habe die Grenzen säuberlichen, wohlgezügelten Ärgers überschritten und ihr dadurch ermöglicht, an ihre eigene versteckte Wut heranzukommen. Patricia war dankbar und sah diesen heftigen Zorn als wertvolles Geschenk an.

Zorn – selbstverständlicher Teil deines Lebens

Während du mit deiner Wut immer vertrauter wirst und lernst, sie auszudrücken, kann sie allmählich zu einem Teil deines täglichen Lebens werden. Wenn sie nicht mehr so unterdrückt wird, ist sie kein gefährliches Pulverfaß mehr, sondern nur noch eines von deinen vielen Gefühlen.

> Ich lerne jetzt, den Leuten zu sagen, wenn ich verärgert bin, ohne daß dann dieser ganze Horror wieder losgeht. Ich kann sagen: »Nein, das stört mich«, ohne Angst zu haben, daß gleich etwas passiert.

Ärger kann so ungefährlich sein, daß nicht einmal Kinder davor Angst haben. In Ellens Familie gibt es einen riesigen Plüschfrosch, den eine Freundin für zwei Dollar auf dem Flohmarkt gekauft hat:

> Wenn eine von uns richtig wütend wird, trampelt sie auf ihm herum. Als meine Tochter noch ganz klein war, sagte sie zu mir: »Big Frosch darfst du ruhig verhauen, weil er nicht lebendig ist. Das tut ihm in Wirklichkeit gar nicht weh.« Und manchmal, wenn ich schlecht gelaunt

---

[3] Ellen Bass und Louise Thornton (Hg.): *I Never Told Anyone: Writings by Women Survivors of Child Abuse.* New York 1983.

war, sagte sie zu mir: »Komm, hol dir Big Frosch, Mama. Den kannst du anschreien, soviel du willst. Es ist niemand hier, nur ich und du. Und mich stört's nicht.«

Wut und der Entschluß zu handeln

Unsere Aufgabe ist es natürlich, die aus dem Unglücklichsein herrührende Wut umzuwandeln in eine entschlossene Wut und dadurch etwas zu ändern. Ich glaube, das ist eine gute Definition für Revolution.

Barbara Deming[4]

In Ellens Geschichte darüber, wie ihre Mutter sie vor dem Lieferboten beschützte, fühlt ihre Mutter Zorn, drückt ihren Zorn aus, und dann handelt sie ihrem Zorn entsprechend. Sie feuert den Boten. Sie droht, alles seiner Frau zu erzählen, wenn er noch einmal mit Ellen spräche. Sie zeigt, daß sie etwas unternehmen kann. Das ist der Punkt.

Eine Frau Ende dreißig beschreibt, wie ihr klar wurde, daß sie etwas tun muß:

> Anfang der Siebziger, als ich anfing, an Selbsterfahrungs- und Therapiegruppen teilzunehmen, lernten wir überall, wir sollten unseren Ärger ausdrücken. Offensichtlich hatte ich eine Menge auszudrücken. Ich schrie, demolierte Stühle, haute auf Kissen herum, knallte Türen, heulte und tobte einige Jahre lang. Ich hatte einen Mann geheiratet, zu dem ich überhaupt nicht paßte, und beide zeigten wir, wieviel Zorn wir aufeinander hatten, oft auf kränkende und verletzende Weise. Aber das hat mir kein bißchen geholfen. Ich brauchte lange, um zu verstehen, daß es nicht ausreichte, meinen Ärger zu fühlen und zu zeigen. Der letzte, wichtige Schritt fehlte. Ich handelte nicht meiner Wut entsprechend. Irgendwann hatte ich dann doch genug Mut und Verstand, um etwas zu unternehmen. Ich ließ mich scheiden, und meine ständige Wut war weg.

Handeln mit Hilfe und entsprechend deiner Wut ist wesentlicher Teil deiner Heilung. Wenn du auf deinen Ärger hörst, wenn du dich von ihm leiten läßt, dann wird er zu einem wertvollen Hilfsmittel und verhilft dir zu konstruktiven Veränderungen.

Julio Toribio ist Lehrer in einem Selbstverteidigungskurs, in dem Frauen lernen, sich zu wehren, wenn sie überfallen werden. Er erzählt, er habe mit dieser Arbeit angefangen, weil seine Schwiegermutter ermordet wurde und er nach einer Möglichkeit suchte, seinen Schmerz und seine Wut konstruktiv umzusetzen.[5] (Siehe auch Seite 204: »Selbstverteidigung: Damit dich keiner mehr aufs Kreuz legt«)

Ihr Zorn hat Frauen dazu gebracht, den Kontakt zu dem Mißbraucher abzubrechen. Sie brauchen jetzt keine Kniffe in den Po mehr zu ertragen, keine anzüglichen Witze oder betrunkene Anmache, während sie sich mit der Verwandtschaft um die Weihnachtsgans versammeln. Frauen hat ihr Zorn geholfen, die Arbeitsstelle bei einem tyrannischen Chef zu kündigen, sich von dem prügelnden Ehemann scheiden zu lassen, von Drogen oder Alkohol wegzukommen. Indem du deinen Ärger auf die richtige Person lenkst - auf den Täter und weg von dir selbst -, ermöglichst du es dir, dich selbst zu respektieren, gut zu dir sein und auch draußen in der Welt konstruktiv tätig zu werden.

---

4 Barbara Deming: »On Anger«, in Jane Meyerding (Hg.): *We Are All Part Of One Another: A Barbara Deming Reader*. Philadelphia 1984, S. 213.

5 Mary Tesoro: »When Violence Becomes Necessary«, in *Community Spirit Magazine*. Februar 1985.

Enthüllung und Konfrontation

Wenn du meinst, du müßtest mit deiner Mutter darüber sprechen, wenn du meinst, du müßtest den Mann, der dich mißbraucht hat, zur Rede stellen, dann tu das. Ehe du dich versiehst, ist dieser Mensch tot, und du wünschst dir dann dein Leben lang, du hättest es getan. Unausgesprochene Vorwürfe wirst du nie mehr los.

Jede hat das Recht, die Wahrheit über ihr Leben zu sagen. Die meisten Überlebenden haben gelernt, ihren Mißbrauch geheimzuhalten, aber dieses Schweigen geschah ausschließlich im Interesse der Täter. Und es schützt auch nicht die Kinder, die immer noch Kontakt mit dem Täter haben.

Viele Überlebende haben das dringende Bedürfnis, alles zu erzählen. Wenn du aber daran denkst, dieses Tabu, dieses Schweigen, zu brechen, spürst du vielleicht trotzdem Angst und Verwirrung. Vielleicht fragst du dich, ob du das Recht dazu hast, oder du stellst deine Beweggründe in Frage. Um zu verstehen, warum diese Gefühle so stark sind, denk daran, daß du aus einer Situation, aus einer Familie kommst, in der du nicht nur selbst unterdrückt wurdest, sondern auch die gesamte soziale Struktur von Unterdrückung geprägt war. Du bedrohst das Schweigen, das die Basis aller Familienstrukturen ist, in denen mißbraucht wird. Du unternimmst revolutionäre Schritte, um allen Kindern Selbstachtung und Respekt zu verschaffen. Du übst deine Macht aus.

Es gibt viele Gründe, den Täter zur Rede stellen oder darüber sprechen zu wollen, was er getan hat. Vielleicht willst du, daß jemand bestätigt, daß diese Dinge wirklich passiert sind, vielleicht jemand aus deiner Familie, der/die ebenfalls mißbraucht worden ist oder deinen Mißbrauch bezeugen kann. Vielleicht suchst du konkrete Informationen, die dir helfen, deine Erinnerungen zu ergänzen. Vielleicht willst du, daß der Täter oder die Eltern, die dich nicht beschützt haben oder andere die Bedeutung dessen erkennen, was mit dir geschehen ist. Vielleicht willst du, daß sie leiden. Vielleicht willst du dich rächen. Vielleicht willst du das Schweigen brechen. Vielleicht willst du finanzielle Wiedergutmachung, oder daß sie deine Therapie bezahlen. Vielleicht willst du andere warnen, deren Kinder immer noch in Gefahr sind. (*Und sie sind in Gefahr.* Wir haben zahllose Geschichten von Überlebenden gehört, die dachten, der Täter könne nur sie verletzen, und dann gemerkt haben, daß er auch ihre eigenen Kinder, Nichten oder Neffen mißbrauchte.) Vielleicht willst du herausfinden, ob es möglich ist, eine aufrichtige Beziehung herzustellen, Verständnis und Hilfe zu finden. Wenn du beschließt, darüber zu sprechen, hast du vermutlich mehrere Absichten, und einige davon sind einigermaßen realistisch, andere weniger.

Es gibt keine Richtlinie, wie du dabei vorgehen sollst. Den richtigen Zeitpunkt, die richtige Art, es zu sagen, gibt es nicht. Niemand kann dir sagen, ob es richtig oder falsch ist, zu reden. Es ist sehr wichtig, daß du dich nicht zu dieser Konfrontation drängen läßt. Es gibt Phasen, die für den Heilungsprozeß absolut notwendig sind. Das gilt *nicht* für die Konfrontation mit dem Täter und die Information der Familienmitglieder.

Bei allem, was du tust, darfst du nicht vergessen, daß du es für dich selbst tust. Überleg dir deine Entscheidung sorgfältig und egal, wie du dich entscheidest, wähle den Weg,

DER HEILUNGSPROZESS

der die größte Gewähr dafür bietet, daß du es schaffst, deinen Anspruch auf Offenheit und Ehrlichkeit durchzusetzen.

Die Entscheidung treffen

Es gibt einige Fragen, die du dir stellen kannst und die dir bei deiner Entscheidung helfen können:

- Mit wem will ich sprechen? Warum?
- Was erhoffe ich mir von dieser Konfrontation? Sind meine Erwartungen realistisch?
- Was sind meine Motive für diese Konfrontation oder Enthüllung?
- Gibt es jemanden, die/der mir die Informationen geben kann, die ich brauche?
- Was hab ich zu gewinnen? Was zu verlieren?
- Setze ich etwas aufs Spiel, was ich noch von meiner Familie haben will? Eine Arbeit im Familienunternehmen? Eine Erbschaft?
- Könnte ich damit leben, wenn mich meine Familie von Familientreffen ausschließen würde?
- Bin ich bereit zu riskieren, daß ich den Kontakt zu anderen Familienmitgliedern verliere, mit denen ich in Kontakt bleiben möchte?
- Bin ich stark und ausgeglichen genug, um aushalten zu können, daß sie sagen, ich sei verrückt?
- Werde ich es schaffen, bei meiner Überzeugung zu bleiben, auch wenn sie alle den Mißbrauch abstreiten?
- Komme ich gegen den Zorn an, der mir wahrscheinlich entgegenschlägt?
- Was mach ich, wenn gar keine Reaktion kommt?
- Hab ich genug Rückendeckung, Personen, die vor, während und nach der Konfrontation zu mir halten?
- Kann ich mir das schlimmste mögliche Resultat und auch das bestmögliche Ergebnis realistisch vorstellen?
- Könnte ich mit beidem leben?
- Bin ich auf die Konfrontation vorbereitet?

Die Welt geht davon nicht unter

Wenn du beschließt, nichts zu sagen, mußt du sicher sein, daß du nicht aus Scham schweigst oder weil du immer noch denkst, es sei wichtiger, den Täter oder die Familie zu schützen, als etwas für dich zu tun. Es gibt einige gute Gründe, nichts zu sagen, aber Scham und der Schutz eines kranken Familiensystems gehören nicht dazu (siehe »Wenn du auf eine Konfrontation verzichtest«, Seite 132).

Celia ist Schriftstellerin. Als sie anfing, über den Inzest zu schreiben und mit ihrer Arbeit an die Öffentlichkeit zu gehen, hatte sie große Angst. Sie war überzeugt, ihre Worte würden ihre Familie zerstören. Wie viele andere mißbrauchte Kinder war sie mit einer unrealistischen Vorstellung von ihrer eigenen Macht aufgewachsen. »Ich hatte tatsächlich das Gefühl, ich könnte irgendeine Kleinigkeit sagen oder machen, und die Welt würde untergehen, und alle Menschen würden vernichtet. Ich mußte mir erst einmal klarmachen, daß meine Familie über all die Inzest-Jahre hinweg intakt geblieben war. Bloß weil ich jetzt den Mund aufmachte und darüber sprach, würden diese Beziehungen nicht zerbrechen.«

Als Celia schließlich mit öffentlichen Lesungen ihres Buches begann, hatte ihre Mutter Angst, Celia würde die Beziehung zu ihr beenden. Aber Celia beschloß, ihre Familie weiterhin zu besuchen. »Indem ich das tat«, sagt sie, »zeigte ich meiner Mutter ›Ich muß euch nicht nur hassen. Ich muß euch nicht nur lieben. Ich kann beides tun.‹ Ich zeigte ihr damit, daß es möglich ist, über diese Dinge zu reden, ohne daß die Welt untergeht.«

Jetzt wird er mich endlich lieben, ich bin ganz sicher

Wenn du erwägst, den Täter zur Rechenschaft zu ziehen oder ihn bloßzustellen, mußt du dir die möglichen Reaktionen realistisch vor Augen führen. Jemand, der dich in der Vergangenheit mißbraucht hat, wird wohl kaum plötzlich Verständnis für deine Bedürfnisse entwickeln. Vielleicht erfährst du etwas Mitgefühl und Anteilnahme, aber normalerweise sprengt die Aufdeckung von Mißbrauch ein Familiensystem des gemeinsamen Leugnens. Oft empfinden Familienmitglieder die Enthüllung als so bedrohlich, daß sie, was geschehen ist, abstreiten, es herunterspielen oder der Überlebenden alle Schuld zuschieben. Eine Überlebende, die ihrer Mutter schrieb, sie sei von ihrem Vater mißbraucht worden, bekam von dieser einen Brief zurück, in dem stand, obwohl es schwer für sie sei, verzeihe sie *ihr* (der Überlebenden), daß sie sexuellen Kontakt mit ihrem Vater gehabt habe!

Eine andere Frau, deren Großvater sie brutal überfallen hatte, als sie im Keller Räuber und Gendarm spielte, erzählte ihrer Mutter von dem Mißbrauch. Ihre Mutter antwortete: »Du hast es so gewollt. Wozu spielst du sonst im Keller? Das wolltest du doch bloß.« Diese Art extremer Abwehr ist sehr verbreitet. Denk daran, wenn deine Mutter dich nicht vor deinen älteren Brüdern oder vor deinem Onkel beschützt hat, wird sie wohl kaum Verständnis für dich aufbringen, wenn du jetzt mit ihr sprichst.

Oft sind auch andere Familienmitglieder mißbraucht worden und haben es entweder völlig verdrängt oder wollen den damit verbundenen Schmerz vermeiden. Diese Gefühle anzusprechen kann so bedrohlich sein oder würde solche Veränderungen notwendig machen, daß die Familie die Überlebende lieber völlig zurückstößt, als sich mit ihr auseinanderzusetzen. Es ist daher unbedingt notwendig, daß du dich vor und bei jeder Konfrontation vor allem auf dich selbst konzentrierst: darauf, was *du* willst oder sagen mußt, wie *du* mit der Situation umgehen willst, und nicht auf irgendeine Reaktion, die du dir vielleicht erhoffst.

Du solltest nicht so naiv sein und erwarten, daß du jetzt, wenn du alles erzählst, endlich all das bekommen wirst, was du als Kind nicht hattest. Oder daß dir, wenn du alles »richtig« erzählst, die Hilfe und Liebe zukommt, auf die du einen Anspruch hast. Und doch erhoffen sich viele Überlebende, bewußt oder unbewußt, genau diese Reaktion. Du mußt dir darüber ganz im klaren sein, sonst bringst du dich wieder in eine Situation, in der du im Stich gelassen wirst. Du solltest dem Täter nur gegenübertreten oder gegenüber der Familie deinen Mißbrauch aufdecken, wenn du beschlossen hast, die Illusionen aufzugeben und offen zu machen, was Realität ist. Du mußt dich von der Vorstellung verabschieden, deine Familie wollte nur dein Bestes.

Wenn (was selten geschieht) deine Mutter, die dich nicht beschützt hat, jemand anders aus der Familie oder sogar der Mißbraucher selbst dir wirklich zuhören kann, Verständnis zeigt und dir helfen will, dann hat es sich gelohnt.

Es hat uns einander nähergebracht: Vickis Geschichte

Ich hab meiner Mutter während einer Therapiesitzung gesagt, daß mein Vater mich mißbraucht hat. Ich hatte diese Sitzung mit ihrer Therapeutin abgesprochen, weil gerade es ihr zu sagen mir am allerschwersten fiel. Ich rief sie an und sagte: »Mama, ich hab was wirklich Wichtiges, worüber ich mit dir reden will. Kann ich kommen und mit dir zu deiner Therapeutin gehen? Das wär bestimmt viel einfacher.«

Ihre erste Reaktion war: »Ist was mit dir?« Und ich sagte: »Nein, alles in Ordnung.« Sie sagte, sie habe nichts dagegen, ich solle ihre Therapeutin anrufen. Das tat ich. Ich sagte der Therapeutin, um was es ging, und wir machten einen Termin aus für zwei Wochen später. In der Zwischenzeit sprach ich mehrmals mit meiner Mutter. Sie hat nicht ein Mal gesagt: »Sag mir, worum es geht. Du machst mich ganz verrückt.« Aber sie hatte große Angst.

Ich flog rüber, und sie holte mich am Flughafen ab. Im Auto, unterwegs zur Therapeutin, sagte sie: »Ich will dich zwei Dinge fragen. Hast du irgendeine schlimme Krankheit und stirbst?« Ich dachte, mir bricht das Herz. Ihre zweite Frage war: »Bist du in ganz großen Schwierigkeiten?« Ich sagte: »Weder noch.« Sie sagte: »Jetzt geht's mir wieder besser.«

Als ich ihr schließlich sagte, daß mein Vater mich mißbraucht hat, war ihre Reaktion so, wie ich sie mir während meiner ganzen Kindheit gewünscht hatte. Sie sah mich an und sagte: »Das tut mir so leid.« Sie streckte ihre Hand nach mir aus und hielt mich fest, wie eine Mutter ihr Kind hält, wenn es sich verletzt hat. Das war nicht ausgedacht. Das war echt. Sie ging spontan auf mich zu. In meinem Kopf rasten zwanzig Jahre an mir vorbei. Ich dachte: »Mein Gott, warum hab ich es ihr nicht früher gesagt?« Sie war völlig auf meiner Seite.

Sie bestritt überhaupt nichts. Und erst, als die Sitzung schon halb um war, fing sie damit an, was für eine schlechte Mutter sie gewesen sein muß. Dann wurde sie wahnsinnig wütend auf meinen Vater. Sie wollte zu ihm hingehen und ihm eine Kugel in den Kopf schießen. Sie wollte ihn umbringen. Es war wunderbar.

Daß ich es ihr gesagt habe, hat uns näher zusammengebracht. Wir sind jetzt viel offener miteinander.

Konfrontation außerhalb der Familie

Wenn die Person, die dich mißbraucht hat, kein Familienmitglied ist, kann dir das die Sache erleichtern, weil du die Konfrontation nur für dich selbst suchst und kein Verlangen nach Aussöhnung hast. Auch für deine Familie ist es nicht so bedrohlich, dich zu unterstützen. Selbstverständlich hält es deine Mutter leichter aus zu hören, daß ein Nachbar oder ein Lehrer ihre Tochter mißbraucht hat, als wenn ihr Mann, ihr Vater oder ihr Sohn es gewesen wäre.

Aber egal, um welche Situation es sich handelt, wichtig ist, daß du die Auswirkungen, die diese Konfrontation auf dich haben kann, nicht unterschätzt. Eine Frau, die von ihrem Lehrer mißbraucht worden war, zitterte eine ganze Nacht und konnte nicht schlafen, bloß weil sie den Namen des Mannes im Telefonbuch gesucht und gefunden hatte. Wenn du das Tabu, das Schweigen, brichst, nimm das nicht auf die leichte Schulter. Es kann deine ganze Welt aus den Angeln heben.

Sich auf die Konfrontation vorbereiten

Es ist unmöglich vorherzusagen, welche Reaktion dir entgegengebracht werden wird, aber wahrscheinlich ist sie nicht befriedigend, verständnisvoll und voller Mitgefühl. Falls doch, wunderbar. Aber darauf kannst du dich keinesfalls verlassen. Statt dessen mußt du für dich selbst handeln, d.h., das sagen, was du zu sagen hast, und die Konfrontation danach bewerten, was *du* getan hast, und nicht danach, wie darauf reagiert wurde.

Es ist wichtig, daß du dich auf abwehrende und aggressive Reaktionen einstellst. Als Kind wurdest du vergewaltigt und hattest keinerlei Möglichkeit, dich zu schützen. Jetzt brauchst du nicht mehr so verletzbar zu sein.

Du hast viele Möglichkeiten, dich zu schützen, zum Beispiel kannst du mit den Familienmitgliedern einzeln sprechen, statt mit allen auf einmal. Vielleicht willst du auch nur mit einigen reden und mit anderen nicht. Es gibt auch die Möglichkeit, einzeln mit den Personen zu sprechen, die am ehesten zu dir halten könnten. Achte auf dein eigenes inneres Tempo.

Hast du aber einmal angefangen, darüber

zu reden, ist der Stein ins Rollen gebracht. Auch wenn du es jemandem erzählst, und sie oder ihn bittest, es für sich zu behalten, richten sie sich vielleicht nicht nach deinen Wünschen. Unterschätze den Vertrauensbruch nicht, den du in einer Familie erleben kannst, in der es sowieso nie üblich war, einander wirklich ernst zu nehmen.

Warte, bis du sicher genug bist
Meistens ist es gut, erst einmal an deinen eigenen Gefühlen zu arbeiten, bevor du mit Familienmitgliedern sprichst, die vielleicht doch nicht auf deiner Seite stehen werden. Wenn du immer noch im Zweifel bist, ob es wirklich passiert ist, nicht sicher bist, ob es wirklich so schlimm war, immer noch glaubst, es sei deine Schuld, dann ist das kein günstiger Zeitpunkt, um zu versuchen, mit Leuten fertig zu werden, die deine Äußerungen wahrscheinlich bestreiten oder dich angreifen werden.
Wenn deine Erinnerungen an den Mißbrauch noch verschwommen sind, werden sie dich vielleicht nach Einzelheiten fragen. Linda bekam einen Brief von einer ihrer Verwandten, die nur nach Beweisen fragte:

> Vergewaltigung und Inzest gehören zu den abscheulichsten Verbrechen, und er ist nicht schuldig, nur weil du fünfundzwanzig Jahre alte Visionen hast ... Das sind sehr ernsthafte Anschuldigungen, und du solltest besser konkrete Beweise beibringen, um das zu untermauern.

Natürlich sind solche Fragen nach Beweisen Unsinn. Es ist nicht deine Aufgabe zu beweisen, daß du mißbraucht worden bist. Du mußt aber selbst einschätzen können, ob du dich stark genug fühlst, um solchen Angriffen standhalten zu können. Es hilft dir, wenn du dir erst einmal Leute heraussuchst, die auf deiner Seite stehen werden, anstatt deinen derzeitigen Stand noch mehr zu schwächen. Auf diese Weise schaffst du dir erst einmal eine eigene Basis.

Deine eigenen Bedürfnisse haben Vorrang
Wenn du dich auf eine Konfrontation oder eine Enthüllung vorbereitest, solltest du stets daran denken, daß Konfrontationen - außer zum Schutz anderer Kinder - für dich da sind. Nimm dir Zeit, dich vorzubereiten. Du bestimmst den Ablauf: Du steckst das Feld ab, bestimmst den Zeitplan, suchst den Ort aus.
Nach jahrelanger Unterbrechung nahm Louise wieder Kontakt zu ihrem Vater auf. Sie stellte ihn wegen des Mißbrauchs zur Rede, und ein schmerzhafter Briefwechsel begann. Nach etwa einem Jahr wurde deutlich, daß er sich nicht über Briefe mitteilen konnte, und wenn Louise eine befriedigende Gegenüberstellung wollte, mußte sie ihn schon persönlich treffen.
Ihr Mann schlug ihr vor, wenn sie mit ihrem Vater spreche, sollte jemand dabei sein, ein Vermittler oder eine Therapeutin. Louise antwortete: »Ich glaub nicht, daß da unten jemand ist, der das machen könnte.«
Ihr Mann ging fast an die Decke. »Da unten? Willst du wirklich da runterfahren? Wieso läßt du deine ganze Rückendeckung hier und fährst dahin? Er soll herkommen.« »Oh«, antwortete Louise, »auf die Idee wäre ich gar nicht gekommen.«
Wie Louise haben auch viele andere Überlebende Probleme, herauszufinden, wie sie auf sich aufpassen könnten. Aber wenn du eine Konfrontation erwägst, ist es absolut notwendig, zuerst an deine eigenen Bedürfnisse zu denken. Wo und wann die Konfrontation stattfindet, ist von ganz großer Bedeutung.
Die Vorbereitung auf die Konfrontation kann so wichtig sein wie diese selbst. Du kannst in der Therapie oder mit FreundInnen Rollenspiele machen und mögliche Szenen durchspielen. Übe vorher, was du sagen willst, und deine Antwort auf verschiedene Reaktionen. Du kannst dir aufschreiben, was du sagen willst, und die wichtigsten Punkte auswendig lernen. Wenn du nervös wirst, weißt du es dann immer noch.

DER HEILUNGSPROZESS

Überleg dir und sprich darüber, was du eigentlich willst. Was willst du sagen? Was willst du erreichen? Mach dir klar, was tatsächlich möglich ist (ich will meiner Mutter sagen, daß mein Vater mich vergewaltigt hat), was unvorhersehbar ist (ich will, daß sie mir zuhört; ich will, daß ihr meine Gefühle wichtig sind) und was vermutlich illusorisch ist (ich will, daß sie sich jetzt richtig um mich kümmert; ich will, daß sie sich von ihm scheiden läßt; ich will, daß sie mir hilft, wenn ich ihn auf Schadenersatz verklage).

Überleg dir mehrere mögliche Ergebnisse, auch ein paar ungünstige. Stell dir die schlimmste Reaktion vor, die kommen könnte. Kannst du damit leben?

Eine Frau wollte ihrer Mutter sagen, daß ihr Vater sie mißbraucht hatte, und fürchtete, ihre Mutter könnte damit nicht umgehen:

> Ich wußte, sie würde mich nicht angreifen oder zurückweisen, aber ich hatte Angst, sie würde nichts mehr essen, nicht mehr schlafen, krank werden, einen Herzanfall bekommen und sterben. Meine Therapeutin sagte, ich sollte mir überlegen, ob ich damit leben könnte, mit ihrem Tod. Das war eine schwierige Sitzung, aber ich fand heraus, daß ihr Tod nicht meine Schuld sein würde. Wenn sie krank würde und sterben würde, wäre das ihre eigene Entscheidung. Es gab genug andere Möglichkeiten für sie, auf die Mitteilung, daß ich mißbraucht worden bin, zu reagieren, und wenn sie sich den Tod aussuchte, war ich nicht dafür verantwortlich. Natürlich wäre ich sehr unglücklich; es würde mir schwerfallen, mir nicht doch die Schuld zu geben. Es wäre schlimm für mich, wenn sie nicht mehr da wäre, aber ich würde deswegen nicht selbst sterben. Ich würde mich erholen. So würde ich mich entscheiden.

Es stellte sich heraus, daß die Mutter dieser Frau weder krank wurde noch starb. Aber ihre Tochter mußte sich die schlimmste Möglichkeit vor Augen führen und wissen, sie würde damit umgehen können, nur so konnte sie ihre Wahrheit aussprechen.

Das innere Gleichgewicht halten

Wenn du mit Menschen sprichst, die dich mißbraucht haben, oder mit engen Freunden der Familie, kann es passieren, daß du in die Unsicherheit deiner Kindheit zurückfällst. Vielleicht fängst du an, an deiner eigenen Realität zu zweifeln. Deshalb solltest du dir unbedingt ausreichend Rückhalt verschaffen, bevor du auf einen Täter oder auf Familienmitglieder zugehst. Du brauchst Personen, die deine Situation und dich selbst in der Gegenwart bestätigen und die dir vermitteln, daß das, was du weißt und sagst, seinen Sinn hat.

Alles aufzuschreiben hilft dir auch, dein inneres Gleichgewicht zu bewahren. Wenn du Briefe schreibst, behalte einen Durchschlag für dich; mache Telefon- und Gesprächsnotizen; wenn du bei deinen Leuten zu Besuch bist, schreib jeden Tag auf, was passiert ist. Wenn du hinfährst, nimm etwas mit, was dich an dein heutiges Leben erinnert: Fotos, dein Kissen, ein Lieblingsandenken oder ein Geschenk einer guten Freundin. Wenn du unterwegs bist, kannst du auch kurz zu Hause anrufen, um Kontakt zu der Wirklichkeit dort zu behalten. Oder noch besser: nimm dir eine Freundin als Zeugin mit. Überleg dir gut, wen du mitnimmst. Such dir jemanden aus, die/der nicht von deiner Familie vereinnahmt werden kann. (Ein anderes Familienmitglied ist meistens keine gute Idee.) Sag dieser Person klar, was du erwartest. Sie muß deine Erwartungen auch wirklich erfüllen können.

Die Konfrontation

In Konfrontationen mußt du sagen, was du sagen willst und was du dir wünschst. Falls du es nicht bekommst, hast du dann wenigstens die Genugtuung, daß du deine Meinung gesagt hast. Du mußt genau sagen, was du willst: ob eine Entschuldigung, ein Schuldbekenntnis, das Eingeständnis, daß das, was du sagst, wahr ist, die Einwilligung, dich zu entschädigen oder Zahlungen zu leisten, oder eine Veränderung eurer gegenwärtigen Beziehung (zum Beispiel: Bitte nimm mich nicht mehr in den Arm). Vielleicht verlangst du, daß der Täter bestimmte Bücher über sexuellen Mißbrauch liest oder eine Therapie macht. Wahrscheinlich wird die Konfrontation den Täter psychisch nicht sehr verändern, deswegen ist es meistens wirksamer, konkrete Forderungen zu stellen und nicht zu verlangen, daß jemand seine Einstellung ändert. Wenn du genau gesagt hast, was du dir wünschst, erkennst du auch hinterher einfacher, ob du es bekommst.

Es gibt viele Möglichkeiten der Konfrontation oder Enthüllung. Du kannst es persönlich tun, telefonisch, per Telegramm oder durch einen Boten. Eine Frau fuhr vor zwanzig Jahren zum Begräbnis ihres Großvaters und erzählte allen Leuten am Grab, was er ihr angetan hatte. In Santa Cruz, in Kalifornien, gehen Frauen der Gruppe »Frauen-gegen-Vergewaltigung« mit der Überlebenden und stellen den Vergewaltiger an seinem Arbeitsplatz zur Rede. Dann stehen da zehn oder zwanzig Frauen um einen Mann herum, während die Überlebende beim Namen nennt, was er ihr angetan hat. Eine solche Konfrontation ist von starker und dauerhafter Wirkung.

Eine Überlebende erzählte uns die Geschichte einer Frau, die ihren Bruder an seinem Hochzeitstag bloßstellte. Sie schrieb genau auf, was er ihr angetan hatte, und machte Kopien davon. Bei der Begrüßung der Gäste gab sie jeder und jedem einen verschlossenen Umschlag und sagte: »Ich habe aufgeschrieben, was ich an diesem Tag empfinde. Bitte lies es, wenn du zu Hause bist.«

Bei der ersten Konfrontation darfst du nicht diskutieren, dir die Version des Täters von der Geschichte anhören oder herumstehen und die Reaktion der einzelnen Leute abwarten. Geh rein, sag, was du zu sagen hast, und sieh zu, daß du wieder rauskommst. Mach es kurz. Wenn du ein Gespräch willst, mußt du dir das für ein anderes Mal vornehmen.

Aber er wird sich rächen

Vielleicht hast du Angst, der Mißbraucher würde dich noch mehr verletzen, wenn du ihn zur Rede stellen würdest. Eine Frau war sicher, ihr Vater würde bei ihr vor der Tür auftauchen und sie umbringen. In Wirklichkeit versteckte er sich danach vor ihr und ging ihr aus dem Weg. *Er* hatte Angst vor *ihr*. Vielleicht ist dir das nicht klar, aber du hast ziemlich viel Macht, wenn du beschließt, den Täter bloßzustellen und mit seiner Tat zu konfrontieren.

Natürlich kann es in einigen Fällen auch gefährlich sein. Dann ist es wichtig, entsprechende Maßnahmen zu ergreifen. Du mußt für angemessenen Schutz sorgen, damit er bei der Konfrontation nicht erneut über dich herfällt. Zum Beispiel triffst du ihn vielleicht besser irgendwo in der Öffentlichkeit, gibst ihm deine Adresse oder Telefonnummer nicht oder bringst ZeugInnen mit. Du kannst auch beschließen, ganz auf eine Konfrontation zu verzichten, weil dieser Mensch zu gewalttätig und unberechenbar ist.

Danach

Die Nachwirkungen einer Konfrontation können schrecklich sein, wundervoll oder irgendwo dazwischen. Oft fürchten Frauen, eine Enthüllung könnte eine Katastrophe auslösen: Die Mutter werde verrückt, der Vater bringe sich um, die Tante ließe sich vom Onkel scheiden, der Rektor schmeiße den Lehrer raus. Tatsächlich passiert wahrscheinlich gar nicht viel. Ganze Familien, Lehrkörper, Systeme können so tun, als sei nie etwas gesagt worden. Du erwartest ein

Erdbeben und bekommst nichts als einen Schauder.

Möglicherweise erlebst du zunächst auch eine positive Reaktion, und dann, wenn die Leute allmählich begreifen, was du sagst, wird dir die Unterstützung wieder entzogen. Es kann auch sein, daß zunächst negativ reagiert wird, aber mit der Zeit verarbeitet die Familie vielleicht die Nachricht und bringt dann mehr Verständnis auf. Es kann sich auch ein Familienmitglied auf deine Seite schlagen und ein anderes dich zurückstoßen. Alicia schrieb an ihre Eltern und erzählte ihnen, daß ihr Onkel sie mitbraucht hatte:

> Meine Mutter antwortete mir und schrieb, ich sei böse und gemein. Der Brief war mit der Hand geschrieben, und sie hat auf den zwei Seiten wohl zwölfmal das Wort »Mißbrauch« benutzt. Immer wieder stand da, *ich* hätte *sie* mißbraucht. Es war klar, daß *sie* in dieser Situation das mißbrauchte Kind sein wollte.
>
> Aber mein Vater hat wunderbar reagiert. Und dabei ging es um seinen Bruder. Am Anfang, als er meinen Brief bekam, schrieb er mir ein paar Zeilen: »Ich hab nicht das Gefühl, ich müßte Steve verteidigen. Ich denke an das kleine Mädchen und möchte ihr am liebsten über den Kopf streichen und sie trösten.« Das war genau die richtige Reaktion. Es war klar, daß er mir glaubte. Ich weiß, ich hab wirklich Glück gehabt.
>
> Ein paar Monate nach dem Brief besuchte ich sie. Er und ich saßen zusammen im Auto, und irgendwann sagte er: »Darf ich dich was fragen wegen des Inzests?«
>
> Und ich sagte: »Ja«. Ich dachte, er würde mich jetzt nach irgendwelchen Details fragen.
>
> Aber er wollte nur wissen: »Wirst du dich irgendwann davon erholen? Ist das irgendwann vorbei?«
>
> Ich war so gerührt. Sein Bruder war ihm egal. Er sagte nicht: »Bist du sicher?« Er wollte nur hören, daß ich irgendwann gesund sein würde, und dann wollte er wis-

Wie du andere Kinder schützen kannst

Viele Frauen wurden von Tätern belästigt, die beruflich mit Kindern arbeiten: von Lehrern und Therapeuten. Immer mehr von diesen Überlebenden stellen heute ihre Täter zur Rede und informieren die Schulen und Institutionen, in denen der Mißbrauch stattgefunden hat, um andere Kinder zu schützen.

Ob der Täter mit Kindern arbeitet, ein Nachbar ist, der Zugang hat zu Kindern, oder ein Familienmitglied, der Schutz anderer Kinder heute und in der Zukunft ist ein ganz wichtiger Aspekt. Sexueller Mißbrauch von Kindern gedeiht in einem Klima, in dem Menschen die Vergangenheit am liebsten vergessen wollen und einfach hoffen, daß nichts mehr passiert. Als Erwachsene sind wir alle für die Kinder verantwortlich, wir haben die Pflicht, den Täter mit seiner Tat zu konfrontieren, Eltern zu warnen, zu deren Kindern der Täter Zugang hat, die zuständigen Leute in Zeltlagern und Schulen zu informieren und den Kindern zu zeigen, daß wir ihnen zuhören, wenn sie etwas zu sagen haben.

Manchmal ist es schwierig, dein eigenes Bedürfnis, zu schweigen oder langsam vorzugehen, gegen die dringende Notwendigkeit abzuwägen, die Kinder zu beschützen, die jetzt in Gefahr sind. Während du dich deinem eigenen Schmerz öffnest und von deinen eigenen Erlebnissen überwältigt wirst, denkst du plötzlich an eine Nichte oder einen Enkel:

> Ich hatte fünfzehn Jahre lang keinen Kontakt zu meinem Vater gehabt, als mich meine Schwester anrief. Sie war endlich wütend geworden über das, was er ihr angetan hatte. Er hatte uns beide seit unserer frühesten Kindheit belästigt, und sie hatte ihm seitdem

ENTHÜLLUNG UND KONFRONTATION

immer verziehen. Während des Gesprächs erzählte sie mir, unsere Halbschwester lasse ihr Baby bei ihm zum Babysitten. Uns wurde klar, daß er das kleine Mädchen vielleicht belästigte, und wir überlegten, ob wir unsere Schwester anrufen und sie warnen sollten. Erst machte sich meine Schwester Sorgen, wir würden vielleicht aus den falschen Beweggründen anrufen: um uns zu rächen. Ich sagte: »Ja und? Und wenn wir rachsüchtig sind? Er hat sich jahrelang an uns gerächt. Außerdem müssen wir an das Kind denken.«

Wir riefen also unsere Schwester an und sagten ihr, daß unser Vater uns und andere Pflegekinder jahrelang belästigt hätte und daß wir uns um die Sicherheit ihrer Tochter Sorgen machten. Sie nahm das alles sehr ruhig auf und bedankte sich, weil wir es ihr gesagt hatten. Wir hatten gleichzeitig Angst und fühlten uns stark. Vor allem hatten wir das Gefühl, daß wir für das kleine Mädchen etwas getan hatten, was niemals jemand für uns getan hatte: Wir hatten darüber gesprochen, wir hatten sie beschützt, wir hatten ihre Sicherheit wichtiger genommen als unser Geheimnis.

Du sollst dich nicht aufopfern, um andere zu schützen, aber Kinder brauchen und verdienen Schutz. Um zu entscheiden, was du in einer solchen Situation tun sollst, mußt du alle Faktoren in Betracht ziehen:

- Sind die Kinder jetzt im Moment in Gefahr?
- Wieviel Zeit brauche ich, um mich vorzubereiten?
- Gibt es die Möglichkeit, die Eltern der Kinder zu informieren, bevor ich soweit bin, daß ich dem Täter gegenübertreten kann?
- Gibt es etwas, was ich jetzt tun kann, auch wenn ich weiß, ich muß später noch mehr tun?

Vielleicht gibt es mehr Möglichkeiten, als du glaubst. Du kannst das Jugendamt anrufen und den Mißbrauch anonym anzeigen. Du kannst mit den LehrerInnen des Kindes sprechen oder mit der Hausärztin. Eine Frau dachte, ihr Bruder würde seine Kinder mißbrauchen. Sie schickte den Kindern Bücher zu dem Thema, mit Hinweisen, wie Kinder sich verhalten und daß sie auf keinen Fall schweigen sollten. Eine andere Frau wußte, daß die Kinder ihres Nachbarn vom Großvater väterlicherseits mißbraucht wurden. Anstatt mit dem Vater zu sprechen, von dem sie annahm, daß er defensiv und möglicherweise feindselig reagieren würde, beschloß sie, mit seiner Frau zu reden. Da sie nicht mit dem Großvater verwandt war, war sie eher offen für die Information.

sen, wie er mir helfen könnte. Er bot mir an, mir bei der Suche nach konkreten Fakten zu helfen. Er sagte, er wolle herausfinden, wann mein Onkel zu Hause gewesen sei und wann nicht, um mir zu helfen, den Mißbrauch zeitlich einzuordenen. Mein Vater setzte sich wirklich hin und half mir in Erfahrung zu bringen, wie und wann es passiert sein könnte.

Über meine Mutter sagte er nur: »Wir sind da unterschiedlicher Meinung. Denk nicht, daß wir das beide gleich sehen.«

Konfrontationen und Enthüllungen können schwierig sein, beängstigend, schmerzhaft und anstrengend. Sie bieten dir aber auch Gelegenheit, deine Gefühle direkt auszudrücken, den verqueren Geheimhaltungspakt zu brechen, deine eigenen Bedürfnisse und Grenzen geltend zu machen, deine Ängste zu überwinden und etwas für dich selbst zu unternehmen. All das sind wichtige und wirksame Schritte, um aus der Rolle eines Opfers herauszukommen.

Gleichgültig, welche Konsequenzen es hat, normalerweise fühlst du neben deinen ganzen anderen Gefühlen immer eine gewisse Erleichterung. Es liegt kein Geheimnis mehr in der Luft. Du brauchst nichts mehr zu verstecken. Wenn du den Weihnachtsbaum nicht schmücken willst, nicht an der chinesischen Neujahrsfeier oder an der Hochzeit deiner Cousine teilnehmen willst, weil du keine Lust hast, den Täter zu treffen, brauchst du nicht zu lügen. Nach der Konfrontation oder der Enthüllung wirst du neu entscheiden müssen, was für eine Art von Beziehung du - wenn überhaupt - sowohl zu dem Mißbraucher als auch zu anderen in Zukunft haben willst. Vielleicht willst du den Täter nie wieder sehen. Vielleicht beschließt du auch, zerbrochene Beziehungen wieder aufzubauen (mehr Anregungen dazu auf Seite 271, »Eltern und Verwandte«).

Wenn du auf eine Konfrontation verzichtest

Auf die Konfrontation des Täters oder deiner Familie zu verzichten ist eine völlig vernünftige Entscheidung, vorausgesetzt, du hast sie aus einer Position der Stärke heraus getroffen und nicht aus Angst. Manchmal fühlen sich Frauen von anderen Überlebenden unter Druck gesetzt, die besonders schmerzhafte Konfrontationen erlebt haben: »Wir haben es geschafft. Du kannst es auch schaffen.« Diese Art von Gruppendruck schadet nur. Du bist nicht »mehr geheilt«, wenn du die Konfrontation herbeiführst, als wenn du es unterläßt.

Es gibt viele Gründe, auf eine Konfrontation zu verzichten. Vielleicht bist du tatsächlich in Gefahr. Vielleicht hast du nicht genug Rückhalt. Vielleicht willst du diesen zusätzlichen Streß nicht auf dich nehmen. Vielleicht fühlst du dich in deiner Wahrnehmung der Wirklichkeit nicht sicher genug. Vielleicht willst du den endgültigen Bruch mit deiner Familie nicht riskieren. Vielleicht zahlen deine Eltern für dein Studium, und du kannst es dir noch nicht leisten, finanziell ohne sie auszukommen. Oder du willst einfach nicht mißbilligt werden und erneut hören, du seist verrückt.

Bei mir ist es so, daß ich denke, es wird mich nicht sehr befriedigen, wenn ich meinen Mißbraucher damit konfrontiere. Er ist wirklich jemand, der sich die Realität zurechtbiegt. Er ist mehrmals verheiratet gewesen, und jedesmal, wenn er sich scheiden läßt, rechtfertigt er sich, indem er sagt, seine Frau sei verrückt, und dabei benutzt er diese ganzen psychologischen Ausdrücke. Ich will nicht, daß er diesen Mist über mich erzählt.

Auch bei den meisten Leuten in meiner Familie habe ich das Gefühl, es würde mir nicht viel bringen, mit ihnen zu sprechen. Wenn ich keine Bestätigung bekomme, ist es Unsinn, Energie damit zu verschwenden, mit Leuten zu reden, die mich wahrscheinlich nur mit Dreck bewerfen werden. Ich hab beschlossen, nur mit denen in meiner Familie zu sprechen, die mir entweder zusätzliche Informationen liefern können oder mich bestätigen werden.

Gleichgültig, welche Gründe du hast: Wenn du nicht zu einer Konfrontation bereit bist oder wenn es für dich verkehrt wäre, fühl dich nicht dazu verpflichtet. Du kannst ohne sie heilen.

Was tun, wenn er nicht mehr da ist?
Vielleicht hast du nicht die Möglichkeit, deinen Mißbraucher mit der Tat zu konfrontieren oder Familienmitgliedern gegenüber bloßzustellen. Wenn du den Täter nicht kanntest oder aus den Augen verloren hast, bedauerst du jetzt vielleicht, daß du keine

ENTHÜLLUNG UND KONFRONTATION

Möglichkeit zur Konfrontation hast. Wenn der Täter nicht mehr lebt, bist du wütend, daß keine Versöhnung mehr möglich ist. Gleichzeitig bist du vielleicht wahnsinnig erleichtert, daß dir der Kummer, den du in den Gesichtern anderer Überlebender siehst, erspart bleibt, daß du nicht mit der Hoffnung herumzulaufen brauchst, eines Tages (wenn du gut genug bist, lange genug wartest, genug betest) werde alles anders.

Wenn der Täter gestorben ist, bist du vielleicht froh, daß er tot ist. Das ist völlig in Ordnung. Eine Frau sagte, sie kann es kaum erwarten, daß ihr Vater endlich stirbt, damit sie auf sein Grab spucken kann. Eine andere erzählt:

> Es gab Zeiten, da wußte ich, mein Vater konnte von Glück sagen, daß er schon tot war, denn wenn er noch gelebt hätte, hätte ich ihn umgebracht. Ich hätte ihn zu Matsch geschlagen. Er wäre über achtzig gewesen, und ich hätte ihn fertiggemacht. Ich kann mir richtig vorstellen, wie er alles abgestritten hätte, wie ich in Wut geraten wäre und nicht einmal gewußt hätte, was ich tu, bis es zu spät gewesen wäre und ich hinter Gittern gesessen hätte.

Vermutlich hätte diese Frau ihren Vater gar nicht wirklich getötet, aber es tat ihr gut, sich das vorzustellen. Indem sie sich die Konfrontation ausmalte, hatte sie einen Ort, wo sie ihren Zorn hinlenken konnte, und sie hatte die Möglichkeit, sich stark zu fühlen. Der Tod ihres Vaters hielt sie nicht davon ab, aktiv an ihren Gefühlen zu arbeiten. Sein Tod bedeutete nur, daß sie nicht die Möglichkeit hatte, ihm direkt gegenüberzutreten.

Die Tatsache, daß dein Mißbraucher oder andere wichtige Menschen nicht mehr verfügbar sind, bedeutet nicht, daß du deine Beziehung zu ihnen nicht aufarbeiten kannst (oder wirst). Du wirst sie nie wieder sehen, aber du mußt trotzdem an deinen Gefühlen arbeiten.

Du kannst trotzdem weitermachen

Auch ohne direkte Konfrontation kannst du ihre Genugtuung und klärende Wirkung erleben. Es gibt viele symbolische Möglichkeiten, dem Täter gegenüberzutreten oder deine Verbindung zu ihm abzubrechen. Du kannst ihm einen Brief schreiben und ihn nicht abschicken (Vorschläge dazu in den Übungen am Ende dieses Kapitels). Du kannst ein Gedicht schreiben oder ein Bild von deinem Mißbrauch malen und es in einem Informationsblatt für Überlebende veröffentlichen. Du kannst einer Beratungsstelle für sexuell mißbrauchte Frauen und Mädchen Geld spenden oder dir ein eigenes Ritual ausdenken:

> Einmal hab ich meinen Onkel bestattet und ihn aufs Meer hinausgeschickt. Das ist ein indianisches Ritual. Ich sang und weinte dazu. Ich tat ihn und alles, was er mir angetan hatte, in so einen kleinen Abfalleimer und stellte mir vor, wie er wegtrieb. Ich nahm ein Foto von ihm und verbrannte es.

Vieles kannst du auch in einem Workshop oder einer Therapiesitzung machen. Psychodrama ist besonders brauchbar, um Konfrontationen durchzuspielen. Du suchst dir Personen aus, die bestimmte Menschen aus deinem Leben spielen sollen. Du erklärst ihnen, wie diese Leute sind und was sie sagen könnten, damit sie auch entsprechend auf dich reagieren können. Dann setzt du das Ganze in Szene und spielst es mit ihnen durch. Psychodrama kann manchmal recht realistisch und ein dramatisches und wirksames Hilfsmittel sein, wenn eine echte Konfrontation nicht möglich ist.

Ich hab es gemacht: Catherines Geschichte

Catherine ist achtundzwanzig und Produzentin bei einem Radiosender an der Westküste. Sie wuchs in einer Kleinstadt im Mittleren Westen der USA auf, beide Eltern tranken. Ihr Vater war Arzt, die Mutter Schwester in einer psychiatrischen Klinik. Catherine wurde von frühester Kindheit an von ihrem Vater mißbraucht. Ein Jahr nachdem sie sich langsam wieder daran erinnert hatte, führte sie die folgende Konfrontation herbei:

Ich hatte mehr und mehr den Wunsch, mit meinem Vater oder meiner Mutter darüber zu sprechen. An einem Wochenende rief meine Mutter mich an. Sie sagte, sie habe sich Sorgen um mich gemacht, weil ich so deprimiert gewesen sei. Sie wollte wissen, warum ich nicht mehr so häufig nach Hause käme und was eigentlich los sei.
Ich war gerade aufgestanden und dachte: »Na ja, ich kann es ihr auch jetzt gleich sagen.« Also sagte ich ihr einfach: »Ich bin als Kind mißbraucht worden, und ich glaub, es war Papa.« Ich dachte: »Mein Gott! Warum hast du das gesagt? Du schläfst ja noch halb! Was hast du jetzt gemacht?«
Ich konnte hören, wie meine Mutter am anderen Ende der Leitung hustete und keine Luft mehr bekam. Es war furchtbar. Sie weinte, während ich die Geschichte erzählte. Ich weinte auch.
Am Anfang war sie sehr liebevoll. Als erstes sagte sie: »Ich glaub dir hundertprozentig. Ich konnte dir schon als Kind immer alles glauben. Normalerweise halten Mütter bei solchen Sachen zu den Vätern, aber ich werde das nicht tun.«
Ein paar Tage später bekam ich einen Brief von ihr, in dem sie mich fragte, wie sie überhaupt weiter mit ihm zusammenleben könne. Von da an begann sich ihre Haltung zu ändern. Und jetzt bestreitet sie völlig, daß es jemals passiert ist.

Das Gespräch mit meinem Vater
Ich hatte sie ausdrücklich gebeten, nichts meinem Vater zu sagen, ich wollte selbst bestimmen können, wann ich mit ihm darüber sprechen wollte. Aber sie erzählte ihm alles, und eine Woche später rief er an und fragte sehr wütend: »Was erzählst du da für eine Scheiße mit dem Inzest?«
Und in dem Moment beschloß ich, ihm die ganze Geschichte zu erzählen, und wir verbrachten die nächsten zwei Stunden am Telefon, schrien einander an, daß er es nicht gewesen sei und daß er es doch gewesen sei, warum ich nicht früher etwas gesagt hätte und warum ich es vergessen hätte. Er sagte, es sei typisch für mich, ihn zu beschuldigen, und er habe mich im Leben nie angerührt. Er verlangte Beweise, und ich sollte ihn treffen. Ich sagte, ich wüßte nicht, ob ich ihn zu dem Zeitpunkt treffen wollte, und wenn, dann nach meinem Zeitplan und da, wo ich es wollte. Ihm gegenüber hart zu bleiben und meinen eigenen Stand zu bewahren war wirklich unheimlich schwer. Ich bin stolz, daß ich das geschafft habe.
Ich legte auf. Die ganze Zeit am Telefon hatte ich erfolgreich meine Position verteidigt: daß man mir das angetan hatte, daß ich verletzt worden war, daß ich wütend war, daß es keine Entschuldigung dafür gab. Ich hatte ihn angeschrien, und ich hatte ihm die Tatsachen genannt. Mein Verstand und meine Gefühle waren dabei unversehrt geblieben. Und ich fühlte mich richtig stark.

Familientherapie
Ich bat meine Mutter und meinen Vater, mit mir eine Sitzung Familientherapie zu machen. Ich traf sie für zwei Stunden. Beide fuhren wir zweihundert Kilometer, um dorthin zu kommen. Während wir auf meine Therapeutin warteten, war die Atmosphäre sehr angespannt. Argwöhnische Blicke gingen hin und her.
Als die Sitzung anfing, erklärte meine Therapeutin zunächst, worum es ging. Sie sagte, wir seien zusammengekommen, um über mein Gefühl zu sprechen, ich sei mißbraucht worden. Sie sagte, wir müßten sorgfältig unterscheiden zwischen Offenheit und Zuneigung, und wenn wir einen Fehler machen würden, dann sei das ein Fehler auf dem Gebiet der Offenheit. Sie sagte, die Sit-

zung würde sich mit den schlechten Dingen beschäftigen, die geschehen seien, aber daß das nicht bedeuten sollte, es habe in unserem Familienleben nichts Gutes gegeben.

Dann war ich dran. Meine Aufgabe war es, meinen Eltern zu zeigen, wie verletzt ich war, vor ihnen zu weinen und ihnen zu sagen, was passiert war. Es fiel mir schwer, mich Menschen gegenüber so verletzlich zu zeigen, von denen ich wußte, daß sie viel Haß für mich empfanden.

Meine größte Angst war, es würde sich herausstellen, daß meine Eltern die liebsten, nettesten und vernünftigsten Leute wären, die niemals jemanden mißbraucht hätten, und daß meine Therapeutin merken würde, was für eine Lügnerin ich bin. Innerhalb von fünf Minuten führten sie ihre gesamte Beziehung vor: Brüllen, Schreien, alles, was sie so draufhaben. Es war erleichternd, daß eine andere Person einmal sah, was mein Leben lang bei uns losgewesen ist.

Was sich für mich seit dieser Sitzung am meisten verändert hat, ist meine Hoffnung, sie würden sich irgendwann ändern. Sie sank abrupt auf minus zehn. Die Sitzung hat dazu beigetragen, meine Hoffnung zu zerstören, sie seien vielleicht wirklich nicht die Menschen gewesen, die mir das angetan haben.

Während ich ihnen in der Sitzung zuhörte und sie beobachtete, sah ich, wie destruktiv sie waren. Es fiel mir leichter, mich auf meine eigene Arbeit zu konzentrieren und sie nicht mit hineinzuziehen, denn sie hätten mir ganz bestimmt nicht geholfen.

Ich bin froh, daß ich es gemacht habe

Ich bin wirklich froh, daß ich es meinen Eltern gesagt habe. Es war eine der unangenehmsten Sachen, die ich in meinem Leben gemacht habe. Aber das befreiende Gefühl, wenn du den Leuten, die dich mißbraucht haben, die Wahrheit ins Gesicht sagst, ist unglaublich. Du fühlst dich vorher mies, du fühlst dich mies, während du es ihnen sagst, und du fühlst dich nachher mies, aber wenigstens schwebt es nicht mehr über deinem Kopf.

Ich möchte den Frauen, die an eine Konfrontation denken, sagen, was ich mir während der Familiensitzung, die mir wirklich geholfen hat und vor der ich so große Angst hatte, ständig gesagt habe. Ich empfehle es jeder Frau, die fürchtet, sie könnte kneifen und nicht alles sagen, was sie zu sagen hat. Stell dir einfach vor, sie sterben in dem Moment, in dem du die Sitzung beendest. Ich hab mir vorgestellt, sie wären tot, und ich würde noch leben, meine Hände ringen und fragen: »Warum? Warum hab ich es ihnen nicht gesagt?« Das hat mir wirklich geholfen, mutig zu sein und das Schlimmste zu sagen, ohne sie zu schonen.

Schreibübung: Enthüllung und Konfrontation

(Siehe Grundregeln für Schreibübungen, auf Seite 25.)

Schreib deinem Mißbraucher einen Brief. Versuch nicht, vernünftig zu sein. Das ist kein Brief zum Absenden, obwohl du ihn absenden kannst, wenn du fertig bist. Du kannst ihn auch ändern und eine andere Fassung abschicken. Schreib so, als wolltest du ihn nicht absenden, damit du genau sagen kannst, was du sagen willst, ohne über mögliche Auswirkungen nachdenken zu müssen. Sei so wütend und verletzt und grob, wie du willst. Betrachte es als klärendes Gewitter.

Du kannst diesen Brief mehrmals schreiben. Vielleicht hattest du mehr als einen Mißbraucher. Vielleicht ändern sich deine Gefühle für den Täter mit der Zeit. Du kannst auch an deine Mutter oder an eine andere Person schreiben, die dich nicht beschützt hat.

DER HEILUNGSPROZESS

Was war am schlimmsten, und wovor hattest du die größte Angst?

Laura erzählt: Jedesmal, wenn ich mich hinsetzte, um ein neues Kapitel zu diesem Buch zu schreiben, dachte ich über das Thema nach und sagte mir: »Das war das Schlimmste bei der ganzen Auseinandersetzung mit dem Mißbrauch.« Zu glauben, daß es passiert ist, war am schlimmsten. Nein, sich wieder zu erinnern war am schlimmsten. Und dann war wieder die Auseinandersetzung mit meiner Familie am schlimmsten. In Wahrheit war immer das Stadium am schlimmsten, in dem ich mich gerade befand.

Was fanden andere Überlebende am schlimmsten?

»Am schlimmsten war, daß ich jede Woche wieder in die Therapie gehen mußte.«

»Mit dem gemeinschaftlichen Zorn und der kollektiven Lügerei in der Familie hatte ich die größten Probleme. Ich seh sie als eine große Wolke, als einen großen Schatten über mir hängen, der mir sagt, ich wolle mich nur wichtig machen.«

»Am schwersten fiel es mir, die Tatsache zu akzeptieren, daß jemand, den ich liebte und verehrte - mein Vater -, mich so schlimm vergewaltigt haben konnte. Das und die Tatsache, daß er vor drei Jahren gestorben ist und ich niemals vor ihn hintreten und ihn fragen kann: ›Warum hast du mir das angetan?‹«

»Am schlimmsten ist, daß ich diese ganze Konfrontation mit meinem Vater immer noch vor mir hab.«

»Meine Mutter, ihre absolute Weigerung, davon zu hören.«

»Am schwierigsten war es, mit meinen Gefühlen in Kontakt zu kommen, mir selbst zuzugestehen, traurig zu sein und zu weinen.«

»Daß er meinen Körper *immer noch* störte, war ganz, ganz schlimm. Daß ich noch Jahre, nachdem er mich angefaßt hatte, zu manchen Gefühlen nicht in der Lage war, daß ich immer noch keine angstfreie sexuelle Beziehung haben konnte. Daß es nicht aufhörte, als er aufhörte, mich anzufassen.«

»Noch einmal in diese absolute Isolation hineinzugehen, wie total einsam ich damals gewesen bin, mich daran zu erinnern, wie bedrohlich die Welt damals war.«

»Am schwersten fiel es mir, geduldig zu sein.«

»Das Schwierigste für mich ist immer noch eine enge Zweierbeziehung mit einem Mann. Das fällt mir einfach nicht leicht, und das hat nichts mit dem Mann zu tun. Das mach ich ganz alleine.«

»Sexualität, denn alles kannst du auch nicht allein machen. Irgendwann brauchst du eine andere Person, die mitmacht.«

»Das Schlimmste an meinem Heilungsprozeß war der Versuch, ihn zu beenden.«

Wovor hast du am meisten Angst gehabt?

»Am meisten Angst hatte ich, weil ich das alles allein machen mußte. Egal, wie viele Leute mir zeigten, wie besorgt sie um mich waren, oder mir sagten, ich würde das schon schaffen, die Arbeit mußte ich allein tun. Wenn ich bloß daran dachte, bekam ich so eine furchtbare Angst, daß ich es fast nicht ertragen hätte.«

»Am meisten Angst hab ich davor, jemand könnte mir zu nahe kommen. Furchtbare Angst.«

»Nie wieder hab ich solche Angst gehabt wie damals, als es tatsächlich passiert ist. Den Heilungsprozeß kannst du damit gar nicht vergleichen.«

»Meine größte Angst war, meine Erinnerungen würden beweisen, ich sei eine Nutte. Ich würde herausfinden, alles sei wirklich meine Schuld gewesen. Und wenn ich wirklich schlecht gewesen wäre, dann hätte ich sterben müssen.«

»Am schrecklichsten war es, als ich mich selbst verletzen oder umbringen wollte.«

»Es machte mir Angst, wenn ich dachte, daß die Therapie ewig dauern würde und daß ich gar keine Fortschritte machte.«

»Am schlimmsten ist die Panik. Als ob du dich immer mehr auflösen würdest, und du hast nichts, woran du dich festhalten kannst. Du hast bloß diesen Horror und ein wahnsinniges Bedürfnis, etwas zu tun, und du kannst gar nichts tun.«

»Es zu sagen.«

»Am meisten Angst hat es mir gemacht, über meine Psychose zu sprechen und meine Medikamente aufzugeben und es noch einmal mit Vertrauen zu versuchen.«

»Mich nicht mehr auszublenden. Der Entschluß, in der Gegenwart zu bleiben, hat mir große Angst gemacht.«

»Zu einer männlichen Autoritätsperson zu sagen: ›Nein, das mach ich nicht‹, davor hatte ich große Angst.«

»Ich hatte am meisten Angst, die Tatsache zu akzeptieren, daß meine Mutter meinen Vater liebt, sich für ihn entschieden hat und daß ich sie verloren hab.«

»Ich habe unheimliche Angst, ich könnte verrückt sein, so wie meine Mutter.«

»Am meisten Angst hatte ich, als ich nicht wußte, ob ich es schaffen würde oder nicht, als ich dachte, ich würde lieber sterben, als noch mehr zu erfahren, noch mehr zu fühlen oder auch bloß zu wissen, daß das alles stimmt. Ich hatte wirklich das Gefühl, ihm könnte es immer noch gelingen, mich umzubringen.«

»Es kling widersinnig, aber am meisten hab ich mich davor gefürchtet, meinen Ängsten ins Gesicht zu sehen.«

Beschreibe eine Konfrontation

Sandra Butler, die Autorin von *Conspiracy of Silence* (etwa: »Eine Verschwörung des Schweigens«, San Francisco 1985) bietet Kurse für TherapeutInnen an und leitet Workshops für Überlebende, in denen sie Schreiben als Hilfsmittel benutzt. Eine Reihe ihrer Übungen sollen Überlebenden helfen, Verbindung mit ihren Gefühlen aufzunehmen. Diese Übungen lassen sich auch ausgezeichnet bei der Vorbereitung auf eine Konfrontation einsetzen.

Sandra Butler bittet die Teilnehmerinnen, sich einen wichtigen Menschen aus ihrer Kindheit auszusuchen, zu dem ihre Gefühle ungeklärt sind: »Und jetzt schreibt alles auf, was in dieser Beziehung ungesagt geblieben ist. Diese Person kann euch nicht unterbrechen oder bedrohen, sondern muß sitzenbleiben und zuhören. Ihr könnt ruhig alles aufschreiben: die Wut, die Enttäuschung, den Verrat, die Traurigkeit, den Verlust. Fangt an mit: ›Es gibt einige wichtige Dinge, die du hören mußt.‹«

Nach zehn oder fünfzehn Minuten gibt Sandra eine neue Aufgabe: »Jetzt stellt euch vor, wie diese Person reagieren könnte, und schreibt das auf. Versetzt euch in sie hinein und redet so, wie ihr glaubt, daß sie reden würde. Laßt den Menschen genauso kraftvoll auf das antworten, was ihr gesagt habt.«

Nach weiteren zehn Minuten unterbricht Sandra wieder: »Und jetzt nehmt wieder euren eigenen Standpunkt ein, und stellt ein paar Regeln auf, wie die Kommunikation von jetzt an aussehen soll. Fangt an mit: ›Obwohl ich nicht glaube, daß dieses Gespräch unsere ganze gemeinsame Vergangenheit klären wird, will ich ein paar grundsätzliche Regeln festsetzen. Es gibt ein paar Dinge, die müssen wir klarstellen.‹«

Zehn Minuten später unterbricht sie wieder: »Ab jetzt wechselt ihr so lange hin und her, bis ihr das Gefühl habt, die Begegnung ist zu Ende. Bleibt so leidenschaftlich und kraftvoll wie möglich.«

Vergeben?

Ich werde meinem Vater nie vergeben. Es wäre etwas ganz anderes, wenn er irgendwann zu mir gekommen wäre und gesagt hätte: »Was ich getan habe, tut mir leid. Ich habe dir schrecklich weh getan. Ich werde jetzt eine Therapie machen. Ich werde daran arbeiten.« Aber so etwas hat er nie getan.
Er müßte sich schon verdammt anstrengen, bevor ich ihm verzeihen würde, und genauso hart daran arbeiten, wie ich daran arbeite, seit ich siebzehn bin. Und soviel Zeit hat er in seinem Leben nicht mehr, er wird bald sterben. Also ist es sehr unwahrscheinlich, daß ich meinem Vater noch mal verzeihe.

Wenn von den verschiedenen Stadien des Heilungsprozesses die Rede ist, kommt unweigerlich die Frage: Was ist mit Vergebung? Um zu heilen, mußt du nur einem Menschen vergeben, und zwar *dir selbst*. Mitgefühl und Vergebung für den Täter zu entwickeln oder für die Mitglieder deiner Familie, die dich nicht beschützt haben, ist für den Heilungsprozeß *nicht* nötig. Darauf brauchst du nicht zu hoffen, und danach brauchst du nicht zu streben. Das ist nicht das Ziel.
Irgendwann mußt du zu einer Lösung kommen, mit deiner Vergangenheit Frieden schließen und nach vorne schauen, aber ob diese Lösung Vergebung mit einschließt, mußt du selber wissen. Vielleicht wirst du niemals verzeihen können, und das ist vollkommen in Ordnung.

> Verzeihen? Da habe ich meine Zweifel. Akzeptieren vielleicht, aber verzeihen nicht. Akzeptieren, wer er war und was mit mir geschehen ist. Denn das kann ich nicht ändern. Aber ich kann ihm nicht verzeihen. Er hat mir zwanzig Jahre meines Lebens geraubt.

Viele Frauen versuchen verzweifelt zu verzeihen. Oft erzählen Überlebende, wie festgefahren sie sich fühlen. Sie haben Angst, sie könnten nicht völlig heilen, weil sie sich nicht vorstellen können, dem Menschen, der sie mißbraucht hat, jemals zu vergeben. Aber, wie Ellen in ihren Workshops sagt: »Warum solltest du? Erst nehmen sie dir alles, und dann wollen sie auch noch, daß du ihnen vergibst? Sie sollen selbst zusehen, wie sie zurechtkommen. Du hast genug gegeben.«

Was ist Vergebung, und wer hat etwas davon?

Um genau herauszufinden, was Vergebung ist, haben wir im Wörterbuch nachgesehen und folgende Definitionen gefunden: (a) aufhören, auf einen Missetäter ärgerlich zu sein; (b) Ansprüche auf Entschädigung durch einen Missetäter aufgeben; eine Zahlung erlassen.
Der Begriff Vergebung hat also zwei Aspekte. Der eine ist, daß du auf deinen Zorn verzichtest und dem Täter keine Schuld mehr gibst; du entschuldigst, was er dir angetan hat. Der andere Aspekt ist, daß du nicht mehr versuchst, irgendeine Entschädigung von deinem Täter zu bekommen. Du verzichtest auf eine finanzielle Entschädigung, ein Schuldbekenntnis, eine Entschuldigung, Respekt, Liebe, Verständnis – auf alles. Indem du diese beiden Aspekte von Vergebung voneinander trennst, kannst du feststellen, was zur Heilung von sexuellem Mißbrauch nötig ist und was nicht.
Es ist richtig, daß du früher oder später aufhören mußt zu versuchen, irgend etwas vom Täter zurückzubekommen. Das hat aber

Zeit. Egal, wie du zurückschlägst, es ist angemessen und mutig. Trotzdem sitzt du irgendwann in der Falle, wenn du nicht aufhörst, von dem Täter etwas zu fordern, was er dir nicht geben wird. Irgendwann kommt der Zeitpunkt, da ist es nicht mehr so wichtig, was du dem Täter gegenüber, sondern was du dir selbst gegenüber fühlst, deinem jetzigen Leben und deiner Zukunft gegenüber. Auf den Täter kommt es nicht mehr an. Dann wirst du sagen: »Auf *mich* kommt es an. Der Kerl kann mir gestohlen bleiben, ich will mein eigenes Leben leben.« Du erkennst, daß viele deiner heutigen Probleme durch den Mißbrauch in deiner Vergangenheit bedingt sind, aber du erkennst auch, daß du die Kraft hast, vieles daran zu ändern.

Diese Haltung läßt sich durchaus mit deinem Zorn vereinbaren. Und bedeutet in keiner Weise, daß du dem Täter vergibst oder ihn entschuldigst.

Wenn eine Freundin aus Versehen unsere Gefühle verletzt und sich entschuldigt, verzeihen wir ihr. Wir machen ihr keine Vorwürfe mehr. Die Beziehung ist wieder in Ordnung. Wir sind versöhnt und vertrauen und respektieren einander weiterin, ohne daß noch ein Rest von Ärger zwischen uns stünde. Diese Art des Vergebens – keine Wut mehr empfinden und dem Täter verzeihen, wieder eine vertrauensvolle Beziehung herstellen – ist nicht nötig, um von der seelischen Erschütterung durch den Mißbrauch als Kind zu heilen. Du bist nicht moralischer oder mutiger, wenn du verzeihst.

»Ach Schatz, komm, laß es vergeben und vergessen sein«

Es ist unverschämt, einer Überlebenden vorzuschlagen, sie solle dem Mißbraucher vergeben. Dieser Ratschlag wertet ihre Gefühle ab und verleugnet sie. Aber das Thema Verzeihen wird dir von Leuten, die sich mit deinem Zorn unbehaglich fühlen oder dich wieder unter ihren Einfluß bringen wollen, immer wieder aufgetischt werden. Du brauchst nicht für immer wütend zu bleiben, aber laß dir von niemandem einreden, du müßtest deinen Zorn gegen das »höhere Gut« der Verzeihung eintauschen.

Wenn du sehr religiös bist, vor allem sehr christlich religiös, denkst du vielleicht, es sei deine heilige Pflicht, zu vergeben.[1] Das stimmt einfach nicht. Wenn es so etwas wie göttliche Vergebung gibt, dann soll Gott das machen und nicht du. Wenn sich im Laufe deiner Heilung von allein und spontan Mitgefühl und der Wunsch zu vergeben einstellen, gut. Sie können zu deiner Heilung beitragen, aber nicht, wenn sie gewaltsam herbeigesehnt wurden, weil du dachtest, du müßtest diese Gefühle haben.

Wenn du versuchst zu vergeben, verursachst du einen völlig überflüssigen Kurzschluß in einem Heilungsprozeß. Indem du die Dinge beschleunigen willst, damit du »endlich vergeben« kannst, fällst du dir selbst am gründlichsten und am schnellsten in den Rücken. Du kannst nicht vergeben, nur weil du es willst. Du kannst anderen erst vergeben (und das muß nicht sein), wenn du all die Stadien des Erinnerns, der Trauer, des Zorns und des Weitermachens hinter dir hast. Verzeihen ist nicht das Ziel, sondern nur ein Nebenprodukt.

Deine Heilung hängt sehr davon ab, ob du in der Lage bist, dir selbst zu vergeben, und nicht davon, daß du dem Mißbraucher vergeben kannst. Ich finde, jede Minute, die du damit zubringst zu versuchen, dem Täter zu vergeben, ist vergeu-

---

[1] Eine ausgezeichnete Analyse der Rolle, die die christliche Vergebung bei der Heilung von sexuellem Kindesmißbrauch spielt, findest du in *Sexual Violence: The Unmentionable Sin* (etwa: »Sexueller Mißbrauch: die unaussprechliche Sünde«) von Marie M. Fortune. New York 1983). Die Autorin kombiniert die theologische Sicht mit einer feministischen Analyse sexueller Gewalt.

dete Zeit. Du versuchst doch auch nicht, Hitler zu verzeihen. Seinetwegen sitzt du ja auch nicht herum und arbeitest daran. Es gibt genug andere Dinge, die du mit deinem Leben machen kannst.
Dir selbst zu vergeben ist wichtig, und wenn du anfängst, diese Vergebung zu spüren, weitet sie sich unwillkürlich auch auf andere Menschen aus. Du beginnst zu verstehen, was Menschlichkeit eigentlich bedeutet. Du wirst fähig zu merken, wenn jemand etwas Richtiges tut. Du kannst auf eine menschliche, liebevolle Geste reagieren. Und darum geht es bei der Vergebung.

Und wenn ich plötzlich doch Mitleid habe?

Das ist auch in Ordnung. Mitgefühl für ein anderes menschliches Wesen tut gut. Oft entsteht es, weil du Mitgefühl mit dir selbst empfindest oder weil du zum Beispiel ein bestimmtes Familienmitglied plötzlich mit anderen Augen siehst:

Manchmal hab ich Gefühle der Verzeihung für meinen Bruder, weil er in einer ähnlich unangenehmen Lage war wie ich. Er hat sich wirklich um mich gekümmert.

Eine Frau verzieh ihrer Mutter, die sie damals nicht beschützt hatte. Jetzt konnte sie die Position ihrer Mutter innerhalb der Familie besser einschätzen.

Meine Mutter hatte kein bißchen mehr Macht als wir. Sie war vor allem Opfer. Ich hab immer noch ein Bild vor Augen, da steht meine Mutter mit uns Kindern im Flur, während mein Vater im Badezimmer einen meiner Brüder schlägt. Wir weinen alle und rufen: »Daddy, Daddy! Daddy!« Und meine Mutter sagt die ganze Zeit: »Hör auf! Oh, hör auf, hör auf!« Und sie steht da und weint wie wir. In meinen Augen war sie genauso ein Teil der allgemeinen Hilflosigkeit wie wir. Ich glaub wirklich, sie tat, was sie tun konnte. Das war nicht viel, aber mehr konnte sie nicht tun.

Laura machte eine ähnliche Erfahrung anläßlich einer Schreibübung:[2]

Ich nahm an einem zweiwöchigen Workshop teil. Eine meiner Aufgaben bestand darin, mir etwas aus der Vergangenheit meiner Familie vorzunehmen, über das ich nie wirklich etwas hatte herausfinden können, und mit Hilfe des wenigen, was ich wußte, zu erzählen, was wirklich passiert war. Ich beschrieb die Kindheit meiner Mutter.
Für den Anfang hatte ich nicht viel: Sie war das Vorzeigemädchen einer Einwandererfamilie gewesen. Sie wurde zur Tür geschickt, wenn Leute kamen, mit denen man englisch sprechen mußte. Ich wußte, sie schämte sich für ihr Zuhause, sie flüchtete sich ins Roxy, in die Welt des Kinos, ein Film kostete fünf Cent. Ich wußte, mein Großvater war ihr Vater gewesen, sie mußte jeden Tag mit ihm zusammenwohnen. Und ich hatte ein Foto von ihr gesehen, ein verängstigtes, schüchternes, heimatloses kleines Mädchen. Den Rest dachte ich mir aus.
Es war eine verrückte Übung. Ich sollte über meine Mutter nachdenken, nicht nur als meine Mutter, sondern als eine Frau, die ein ganzes Leben gelebt hatte, bevor sie mit mir schwanger wurde, und noch einmal ein ganzes Leben danach. Ich begann, aus ihrer Sicht zu verstehen, warum sie auf mich so reagiert hatte. Ich empfand Mitleid mit ihr, und das war ein schönes Gefühl.

---

[2] Diese Übung kann auch in anderen Fällen ein wirksames Heilmittel sein. (Siehe »Schreibübung: Rekonstruiere die Geschichte deiner Familie« auf Seite 143.)

DER HEILUNGSPROZESS

Solches Mitgefühl stellt sich von allein ein, oft dann, wenn du am wenigsten damit rechnest. Eine Frau, die von allen vier Mitgliedern ihrer Familie mißbraucht worden war, schwor, sie würde ihnen niemals vergeben. Sie hatte sie abgeschrieben und ihr eigenes Leben weitergelebt. Monate später verspürte sie den Wunsch, an Yom Kippur in die Synagoge zu gehen. Yom Kippur ist der Tag, an dem die Juden für ihre Sünden um Vergebung bitten und gleichzeitig vergeben, was andere ihnen angetan haben. Ohne daß sie es geplant oder erwartet hätte, fing diese Frau plötzlich heftig an zu weinen, und sie merkte zu ihrer großen Überraschung, wie sie nicht nur sich selbst von ganzem Herzen vergab, sondern auch ihrer Familie. »Von dem Tag an gehörte mein Leben mir. Zum ersten Mal in meinem Leben fühlte ich, daß ich mich von ihnen getrennt hatte.« Diese Frau hat sich durch die Erfahrung des Verzeihens verändert, eine Erfahrung, die sie nicht geplant hatte und auch nicht hätte planen können.

Bei Frauen, die irgendwann von selbst Mitgefühl empfinden oder verzeihen, stellt sich oft auch ein neues Gefühl von Freiheit ein:

> Nach der Trauer, dem Zorn und dem Gefühl des Verlusts kam irgendwann der Zeitpunkt, an dem ich ihr verziehen habe. Es war nicht in Ordnung, was sie getan hat. Ich kann keine Entschuldigung für sie finden, aber ich vergeb ihr von Herzen. Ich hab meinen Zorn losgelassen, und seitdem trag ich auch nicht mehr so schwer daran. Ich kann aufrechter gehen. Ihr zu verzeihen hilft mir, mich selbst zu heilen.
>
> Mir fällt auf, daß viele meiner Gefühle schwächer geworden sind, seit ich ihm verziehen habe. Ich wache nicht mehr auf und meine, ich müßte mit Messern nach seinem Foto werfen. Ich träume jetzt auch wieder von ihm, nachdem ich jahrelang nicht in der Lage war, mir sein Gesicht vorzustellen. Jetzt kann ich sagen: »Ich fürchte mich nicht mehr vor deinem Gesicht. Dein Name macht mir keine Angst mehr.«

Wenn du Gefühle der Vergebung empfindest, ist es ganz wichtig, daß sie für *dich selbst* gelten. Du kannst nicht jemand anderem Dinge verzeihen, die er in seinem Leben getan hat. Wenn Mißbraucher heilen sollen, geht das nur, wenn sie anerkennen, was sie getan haben, wenn sie Wiedergutmachung leisten, ihren eigenen Schmerz aufarbeiten und *sich selbst* vergeben.

Nicht alle Überlebenden werden Mitgefühl mit dem Täter und den Familienmitgliedern empfinden. In Anbetracht dessen, was jemand getan hat, ist es vielleicht auch gar nicht angemessen.

> Ich vergebe ihm nicht. Er war erwachsen. Ich kann doch nicht jemandem vergeben, der so etwas einem Kind antut, und dann noch jemandem, der mir das angetan hat. Wenn jemand versuchen sollte, das mit meinen Kindern zu machen, ich würde ihn ohne viel Umstände umbringen. Er verdient es, als einsamer, unglücklicher Mann zu sterben. Soll es mit ihm sterben. Soll es ihn umbringen, ich würde mich freuen. Mich bringt es nicht um.

Aber er hatte doch selbst so eine schlimme Kindheit

Laura weiß noch, wie ihre Mutter von ihrer Arbeit als Sozialarbeiterin nach Hause kam und ihnen Geschichten von all den verrückten, verkorksten Leuten erzählte, mit denen sie arbeitete:

> Sie ging mit uns zum Burger King, und über den Pommes erzählte sie uns dann eine besonders spannende Geschichte über einen sechzehnjährigen Mörder oder einen fünfzehnjährigen Vergewaltiger. Wir sahen dann von unserer Cola hoch und fragten immer dasselbe: »Aber

VERGEBEN?

warum, Mama? Warum tut jemand so was?«
Die Antwort meiner Mutter war immer die gleiche. Sie griff nach ihrem doppelten Cheeseburger und sagte: »Er hatte eine schwierige Kindheit.«

Es stimmt, daß viele Täter als Kind selbst mißbraucht wurden und daß sexueller Mißbrauch eine Generation nach der anderen massiv schädigt. Trotzdem ist das kein ausreichender Grund, die furchtbaren Dinge, die Erwachsene Kindern antun, zu entschuldigen. Viele Frauen sind mißbraucht worden, und die allermeisten von ihnen sind nicht zu Tätern geworden. Egal, wie schlimm die Kindheit gewesen ist, für den Mißbrauch von Kindern gibt es keine Entschuldigung.

Arschloch. Er hat mich kaputtgemacht, und mir ist scheißegal, was ihm vielleicht irgendwann passiert ist. Mir ist es passiert, und ich hab's mit meinen Kindern nicht gemacht! Die Ausrede ist Schwachsinn. Völlige Scheiße.
Ich würde meinem Vater nie verzeihen, nicht in tausend Jahren. Er hatte die Wahl. Er hat eine Entscheidung getroffen. Ich mußte in meinem Leben genauso schwierige Entscheidungen treffen. Manchmal hab ich falsch entschieden. Aber meistens hab ich mir große Mühe gegeben, damit das nicht passiert. Und ich glaube nicht, daß er sich auch nur ein bißchen bemüht hat. Er hat einfach immer gemacht, wonach ihm gerade war.

Dir selbst vergeben

Wirklich wichtig ist nur, daß du dir selbst vergibst. Du mußt dir vergeben, daß du Bedürfnisse hattest und daß du klein warst. Du mußt dir vergeben, daß du dich arrangiert hast, so gut du konntest. Eine Frau sagt: »Ich mußte meinem Körper vergeben, daß er reagiert hat. Ich mußte mir vergeben, daß ich nicht in der Lage war, meinen Vater zu durchschauen und den Mißbrauch zu vermeiden.«
Du mußt dir vergeben, daß du als Erwachsene mit Einschränkungen gelebt hast. Du mußt dir vergeben, daß du deine Opferrolle weitergelebt hast, daß du nicht wußtest, wie du deine eigenen Kinder beschützen solltest, oder daß du andere mißbraucht hast. Du mußt dir vergeben, daß du jetzt Zeit zum Heilen brauchst. Und du mußt für dich selbst, so großzügig du nur kannst, all dein Mitgefühl und dein Verständnis aufbringen, damit du deine Aufmerksamkeit und deine Energie auf deine eigene Heilung konzentrieren kannst. *Dieses* Verzeihen ist unentbehrlich.

Schreibübung: Rekonstruiere die Geschichte deiner Familie
(Grundregeln, siehe Seite 25)
Irena Klepfisz, die Autorin von Keeper of Accounts (etwa: »Buch führen«) und eine ausgezeichnete Lehrerin, hat eine Übung entwickelt, die es dir ermöglicht, Dinge aus deiner Geschichte oder aus der Geschichte deiner Familie zusammenzufügen, die du gar nicht wissen kannst. Diese Art der »Erinnerung«, die sie »imaginative reconstruction« nennt, kann ein wirksames Heilmittel sein, wenn es darum geht, dich mit Menschen oder Mustern aus deiner Familie auseinanderzusetzen. Du schreibst zwar über Dinge, die du eigentlich gar nicht wissen kannst, aber das Ergebnis ist merkwürdig realistisch:
Nimm etwas aus der Geschichte deiner Familie, über das du nie wirklich etwas herausfinden konntest. Zum Beispiel die Kindheit deines Vaters oder die Umstände im Leben deiner Mutter, die es verhindert haben, daß sie dich beschützen konnte. Nimm alle Einzelheiten zu Hilfe, die du kennst, und denk dir deine eigene Geschichte aus. Benutze alles, was du weißt, als Fundament, und bau deine Geschichte darauf auf, indem du dir vorstellst, was tatsächlich passiert sein könnte.

DER HEILUNGSPROZESS

Religion und Spiritualität

Eine Stimme in mir sagte: »Du schaffst das.« Und diese Stimme gab mir Hoffnung und Mut. Irgendwie war ich sicher, da passierte etwas, es gab einen Grund für all dies, und ich würde bis zum Ende durchhalten. Und ich denke, das war mein Glaube.

Deine spirituelle Seite zu entdecken kann wichtig sein für deinen Heilungsprozeß.
Die Zwölf-Punkte-Programme[1] (Anonyme Alkoholiker, Al-Anon und andere, die Millionen Menschen geholfen haben, von ihrer Sucht loszukommen) basieren schon seit langem darauf. Trotzdem schrecken die Worte »Religiosität« und »Spiritualität« viele Leute ab. Vielleicht denkst du dabei an den unfreiwilligen gemeinsamen Kirchgang oder die frömmelnde Heuchelei des Menschen, der dich mißbraucht hat. Vielleicht auch an Steifheit und strengen Formalismus, oder du hast, wie viele Überlebende, deinen Glauben verloren.

Ich war zwanzig Jahre lang in einer sehr konservativen Glaubensgemeinschaft. Lange dachte ich, Jesus könnte mich heilen. Mit achtunddreißig machte ich in meiner Not eine Hypnotherapie, um meine starken Migräneanfälle endlich zu kurieren. Und dabei erinnerte ich mich an den sexuellen Mißbrauch. Und das erste, was ich dachte, war: »Was ist das eigentlich für ein Gott, an den ich da glaube?«
Ein kleines Mädchen war geschlagen und vergewaltigt worden, und kein Gott hatte irgend etwas dagegen getan. Ich wurde richtig wütend. Also ging ich zu meinem Priester, und er erzählte mir die übliche Geschichte: Nicht Gott sei dafür verantwortlich, sondern die Schlechtigkeit der Menschen. Er sagte mir, ich dürfe auf Gott nicht böse sein.
Je mehr ich mich erinnerte, desto klarer wurde mir, daß ich Gott völlig egal war. Und wenn ich ihm egal war, dann war er nicht der, für den ich ihn gehalten hatte. Und wer war er dann?
Ich habe dadurch einen schweren Verlust erlitten. Mein Bedürfnis nach etwas, an das ich glauben kann, war mein Leben lang befriedigt worden. Und jetzt weiß ich nicht mehr, wohin damit. Das tut sehr weh. Ich weiß nicht mehr, wohin ich gehöre, und frage mich nach dem Sinn meines Lebens. Keiner meiner Freunde aus der Kirche will noch etwas mit mir zu tun haben. Und ich habe bis jetzt keinen Gott gefunden, an den ich glauben kann.

Die spirituellen Kräfte, die dir bei deiner Heilung helfen können, sind das genaue Gegenteil dieser Entfremdung. Sie sind ist eine Leidenschaft für das Leben, ein Gefühl des Verbundenseins und ein Gefühl, Teil des Lebens um dich herum zu sein. Viele Menschen erleben das in der Natur, wenn sie beobachten, wie die Wellen des Ozeans heranrollen, wenn sie über weite Grasebenen blicken oder durch die Wüste wandern. Wenn du einer anderen Person wirklich nah bist, wenn du singst und wenn du dich fühlst, als würdest du schweben, wenn du ein Kind ansiehst und ins Staunen gerätst, dann stehst du in Verbindung mit etwas, das größer ist als du selbst. Es gibt eine Lebenskraft, die die Dinge wachsen läßt, die Gewit-

---

[1] Die 12-Punkte-Programme enthalten die grundlegenden Einsichten und die Weltanschauung der AA- und Al-Anon-Gruppen. (Anm.d.Verl.)

ter macht und Gebirgsketten und Avocados, die genau so sind, wie sie sein sollen. Die Tatsache, daß du ein Baby erschaffen und zur Welt bringen kannst, zusehen kannst, wie es strampelt, sich später langsam aufsetzt und dann krabbelt, ist ein Wunder des Lebens. In jedem Lebewesen steckt etwas, das zu seinem vollen Selbst finden will: Die Kaulquappe will zum Frosch werden, die Puppe zum Schmetterling, ein verletztes menschliches Wesen will wieder ganz werden. Und das ist Spiritualität: in Verbindung zu bleiben mit dem Teil von dir, der heilen will, gesund sein will, vollständig und wirklich lebendig. Der kleine Teil von dir, der jetzt schon ganz ist, kann dich durch den Heilungsprozeß führen. Das ist deine innere Stimme, und du lernst langsam, ihr wieder zu vertrauen.

Wenn die Wolkendecke aufreißt

Laura hat einmal ein paar Jahre in Ketchikan, in Alaska, verbracht, der regnerischsten Stadt Nordamerikas, wo die durchschnittliche jährliche Niederschlagsmenge bei vier Metern liegt. »Es regnete ständig. Wir waren auf einer Insel, und die ganze Zeit war es grau und stürmisch und bedeckt. Ich wußte gar nicht mehr, wie das war, Sonne. Aber jedes Mal, wenn ich wegflog, erlebte ich etwas Wunderbares. Das Flugzeug hob ab. Es regnete wie immer. Aber Sekunden später brachen wir durch die Wolkendecke, und dahinter war strahlendster Sonnenschein. Er war die ganze Zeit dagewesen. Ich hatte ihn nur von unten nicht sehen können.«
Mit dem Heilen ist es genauso. Die Frau, die du werden willst, ist schon da; du kannst sie bloß nicht immer sehen. Wenn du dich darauf konzentrierst, wie weit du noch gehen mußt, anstatt dich umzudrehen und zu sehen, wie weit du schon gekommen bist, bleibst du im Gewitter gefangen und vergißt, daß direkt darüber die Sonne ist. Du verlierst den Überblick. Konzentriere dich auf die Ruhe in dir, dann kannst du den Überblick wiedergewinnen, dann weißt du wieder, daß du mehr bist als nur das mißbrauchte Kind, das vor Verzweiflung weint. Du sollst nicht über deinen Mißbrauch hinauswachsen oder deine »schlechten« Seiten loswerden, sondern dich weiten, so daß du für alles Platz hast. Dann kannst du langsam dein Selbst und deinen Kampf auseinanderhalten.

Den Glauben bewahren

Du kannst den Überblick verlieren, wenn du dich ausschließlich auf deine Probleme konzentrierst, deinen Heilungsprozeß und deinen Schmerz. Es ist unvermeidlich und in mancher Beziehung ganz gut, daß diese Dinge jetzt mehr oder weniger dein Bewußtsein beherrschen, aber über einen bestimmten Punkt hinaus kann das selbstzerstörerisch werden. Eine solche übermäßige Fixierung rührt oft daher, daß eine Frau nicht davon überzeugt ist, daß sie den Heilungsprozeß durch ihre eigene harte Arbeit und Entschlossenheit schon in Gang gesetzt hat. Sie denkt, sie müßte jede Sekunde wachsam sein. Aber das funktioniert nicht.
Wenn du eine Wunde hast und draufdrückst und darauf bestehst, daß sie *jetzt* heilen soll, heilt sie nicht. Aber wenn du sie versorgst und deine Aufmerksamkeit dann anderen Dingen zuwendest, wird sie wie von selbst heilen.
Auf diese Weise erfolgt oft der Durchbruch. Du arbeitest und arbeitest und plötzlich, wenn du aufhörst, dich anzustrengen, wächst du. Aber um loslassen zu können, mußt du glauben und darauf vertrauen, daß du die Kraft hast, dich zu heilen. Und jedes Mal, wenn du das tust, kommst du ein kleines bißchen weiter voran. Deine Zuversicht, daß du es schaffen wirst, wächst.
Wenn Religion sowieso zu deinem Leben gehört, wird dein Glaube für deine Heilung vermutlich eine große Rolle spielen. Mary, eine Überlebende, die einige Jahre als

Nonne gelebt hat, erzählt folgende Geschichte: »Ich hatte ein Bild von Jesus. Und ich benutzte es, wie man eine Kerze benutzt, um mich zum Gebet geistig zu sammeln. Und ich sah das Bild an und sagte: › Das ist zuviel für mich! Schluß. Du mußt machen, daß das aufhört. Mein Herz kann nicht noch mehr Schmerz ertragen. Es heißt, du bürdest uns nicht mehr auf, als wir tragen können, aber ich sag dir, hier ist Schluß. Mehr ertrag ich nicht. ‹ Und irgendwie ging dieser Moment des Schmerzes vorüber, und meine Last war nicht mehr so schwer.«

Aber gleichgültig, wie stark du glaubst, der Glaube arbeitet erst dann für dich, wenn du die Ärmel hochkrempelst und selber auch deinen Teil tust. Eine Beziehung zu Gott zu haben bedeutet nicht, daß er – oder sie – alle Arbeit übernimmt. Mary erklärt: »Ich glaube wirklich, daß es Gottes Wille war, daß ich daran arbeiten und nicht aufgeben sollte. Ich habe immer daran geglaubt, daß Gott mich mit einem starken Willen gesegnet hat, damit ich überleben konnte, was ich überlebt habe. Woche für Woche entschied ich mich für die Therapie. Ich entschied mich für Gottes Gnade. Ich hätte nicht mehr hinzugehen brauchen, hätte einfach sagen können, ich möchte lieber in der Stille leiden, wie ich immer gelitten habe. Aber andererseits hatte Gott mich mit der Möglichkeit gesegnet zu wählen. Ich denke, Gott hat fünfundsechzig Prozent Anteil und meine Courage fünfunddreißig Prozent.«

Ob du ein konkretes Bild von einem Gott hast, ob du glaubst, daß es eine in uns allen wirkende Lebenskraft gibt, oder ob du einfach auf deine eigene Intuition vertraust: wenn du an etwas glaubst, das stärker und beständiger ist als deine unsteten Gefühle und Gedanken, kann dir das während deiner Heilung Trost und Halt sein.

Herausfinden, was du schon weißt

Wenn du eine Entscheidung triffst und eine Freundin sagt dir: »Schlaf erstmal darüber«, meint sie in Wirklichkeit, daß du die Bedeutung deiner Entscheidung – an deinem Bewußtsein vorbei – auf dich wirken lassen sollst. Unentschlossen schlafen wir ein, und nach dem Aufwachen wissen wir ganz genau, wie wir entscheiden.

Indem du in dein Inneres hineinhorchst, kannst du diese Klarheit gewinnen, du kannst deine Bemühungen mit einem gewissen Abstand betrachten und eine kurze Erholungspause einlegen. Du findest in dir drinnen einen Ort der Stille, der Ruhe, eine neutrale Ecke. Hier kannst du in deinem inneren Gleichgewicht ruhen und beobachten, was weiter passiert. Und du erkennst, was wesentlich ist, und kannst auf das andere verzichten.

Dieser Zustand ist angenehm. Seine Ruhe gleicht der vorm Einschlafen oder der friedlichen Stille, die du manchmal spürst, wenn du aufwachst, bevor all die Gedanken des Tages über dich hereinbrechen. Er kann erholsam sein, wie ein Ort, an dem du deine Last für einen Moment ablegen kannst. Wie ein Ort, an den du gehen kannst, um neue Kraft zu schöpfen, bevor du den Kampf wieder aufnimmst. Wie eine Oase. Ein Ort der Nahrung, der Erfrischung und des Wiederbelebens. So wie sich ein Baby an der Brust der Mutter fühlt. Als ob dich jemand in den Arm nehmen und trösten würde, wenn du Angst hast.

RELIGION UND SPIRITUALITÄT

Vergiß nicht, Luna überlebt

Für Pamela
Von Barbara Kingsolver

Denk daran, Luna überlebt,
zieht sich lang, sicheldünn,
eine gekrümmte Frau. Unberührbar,
biegt sie sich um den Schatten,
der sich gegen sie drückt, und sie

wartet. Denk daran, wie du gewartet hast,
als die Nächte ihre Dunkelheit ausbluteten
wie Tinte, um die kommenden Tage zu
schwärzen,
das eine Auge des Morgens zu blenden.
So lerntest du, dein Leben
langzuziehen wie Luna,
gekrümmt wie ein Fötus um den

Schatten herum.
Gekrümmt in deinem Bett,
die kleinen Blumen deiner Knie, Knospen,
gegen die Wand gepreßt,
gegen die Ironie der Kinderfarben auf den
Steinen des gewöhnlichen Gefängisses:
des Hauses, in dem du jemandes Tochter,
Schwester, jemandes Fleisch, jemandes

Blut bist. Das Lamm und die Jungfrau
Maria haben dich in dieser Dunkelheit
zurückgelassen,
schwimmend wie einen Suppenknochen.
Du beobachtest
das Festmahl der Kannibalen aus deinem
Versteck heraus
und betest, daß dir dein Anteil
erspart bleiben möge.
Nur auf die Sonne wartest du,
das Licht, Schutzengel aller Kinder,
die nach dem häuslichen Verbrechen
wie tot daliegen. Du hältst dein Herz an
wie eine Uhr: Diese Stunden
gehören dir nicht. Du versteckst
dein Leben an einem andern Ort,
den Glückspfennig vom Bettler
schnell in den Schuh, wenn er

kommt. Denn er kommt, so sicher
wie das Amen in der Kirche. Das gehört zu
deinem Zuhause wie alles andere. Und
ihm
kannst du nicht entkommen, und während
dein Herz stillsteht, nimmt er dir etwas weg.
Du wirst Jahre brauchen, zu

verstehen: warum du den Schlaf zurück-
hältst
vor dem Mund, der sich im Dunkeln öffnet,
warum du ihn nicht fütterst mit
den Träumen, fest verschlossen
in einer Höhle voller Tränen; warum dich
die Schwarze Witwe immer noch besucht,
ihr Gift quillt hervor, in Tropfen,
die sie wie Granaten auf einen Faden zieht
deinen Unterleib hinab,
die furchterregenden Juwelen einer Frau,
die du nach innen trugst, ein Kind,

im Dunkeln ausgeraubt.
Endlich weißt du es.
Du hast deine Taubheit aufgeschlitzt
mit den Klingen deiner eigenen Augen.
In den Jahren des Beobachtens sind dir
die Augen einer Katze gewachsen,
du kannst im Dunkeln sehen.
Und diese Augen sind dein Glück.
Sie werden immer das Gift
von den Juwelen unterscheiden, die beide
in deinem Fleisch eingebettet sind.
Sie werden immer die Dunkelheit kennen,
die jetzt einer deiner Namen ist,
aber nicht der Name, auf den du hörst.
Du bist die, die weiß, hinter Flut und Ebbe
der Schatten ist Luna immer

ganz. Du erfaßt das Silber mit deinen
Augen und hämmerst es,
sauber wie Gedichte in Stahl,
zum feinen, glänzenden Bogen
deines Lebens,
der Sichel,
dem Fötus,
dem überlebenden Mond.

DER HEILUNGSPROZESS

Liebe schöpfen

Alle Überlebenden von sexuellem Mißbrauch haben ein ganz starkes Bedürfnis nach Liebe und Freundschaft und oft das Gefühl, niemals genug bekommen zu können. Sie versuchen ständig, jetzt die Liebe und Sicherheit nachzuholen, die sie als Kind nicht haben konnten. Dein Glaube kann dir helfen, Liebe zu finden.

> Ich glaube, wie die meisten Überlebenden brauche ich so viel Liebe, das ist wie ein Faß ohne Boden. Ich glaube nicht mehr, daß Menschen allein das füllen können. Wenn es irgendwo auf der Welt eine Quelle der Liebe geben sollte, die dieses Bedürfnis stillen kann, dann ist das bestimmt kein menschliches Wesen.

»Es ist gar nicht gesagt, daß dieses Loch niemals gefüllt werden kann«, sagte eine Überlebende. »Liebe kommt nicht nur von den beiden Menschen, die mich großgezogen haben. Ich kann mich um mich kümmern. Andere Menschen können mich lieben. Gott kann mich lieben.«

Mit dieser Liebe gewinnst du das Gefühl, einen Platz in der Welt zu haben, und Sicherheit. Dein Glaube an deine Fähigkeit zu heilen wird tiefer, und diese Liebe ist nicht von irgendwelchen Menschen abhängig. Sie ist in dir selbst begründet und kann dir von niemandem weggenommen werden.

Spiritualität ist keine Flucht

Wenn du mit deinem Inneren, mit deinen spirituellen Kräften, Kontakt aufnimmst, geschieht das, um deine Heilung zu erleichtern, nicht, um ihr zu entkommen. Spiritualität ist keine Abkürzung, die dir ein paar Stadien deines Heilungsprozesses erspart. Spiritualität stellt keine Alternative zu anderen Stadien dar. Du mußt trotzdem deinen Zorn spüren, deinen Schmerz aufarbeiten, dir den entstandenen Schaden in seinem vollen Ausmaß vor Augen führen. Spiritualität sollte vielmehr eine Bereicherung deiner Heilung darstellen, eine Quelle, aus der du Trost und Anregung schöpfen kannst.

Bestimmte Religionen und Weltanschauungen lehren die Vermeidung von Gefühlen, besonders von Ärger. Sie halten Vergebung für wichtig und werden dich vermutlich nicht bei der Konfrontation deines Täters unterstützen. Eine solche Haltung fördert deine Heilung nicht. Wenn du einer Gemeinschaft angehörst, die deine Bedürfnisse als Überlebende in einem aktiven Heilungsprozeß für unrichtig erklärt, tust du dir keinen Gefallen.

Eine persönliche Sache

Glaube ist eine sehr persönliche Sache. Vielleicht denkst du, das ist alles peinlicher Mist, und willst nichts damit zu tun haben. Vielleicht hast du das vage Bedürfnis nach etwas, aber du weißt nicht genau, was es ist. Oder du hast eigene konkrete Übungen oder Rituale. Vielleicht hast du in der Natur ein Gefühl des Friedens oder bekommst in deiner wöchentlichen Selbsthilfegruppe neue Anregungen und neuen Mut. Niemand kann dir sagen, wie du es richtig machen sollst. Deine Erfahrung wird einzigartig sein.

> Ich stelle mir gern vor, heute wäre der letzte Tag, den ich zu leben hätte. Wenn das mein letzter Atemzug wäre, was wäre mir wichtig? Ich denke an das Lied »Gracias a la Vida« über die einfachen Dinge des Lebens. In dem Lied heißt es: »Danke für das Alphabet. Danke für die Worte. Danke, daß ich Musik hören kann. Danke, daß ich sehen kann.« Ich habe mir jeden Tag die Zeit genommen, die einfachen Dinge zu sehen, für die ich dankbar sein muß. Und das war eines der Mittel, die mir am meisten bei meiner Heilung geholfen haben. Laß es gut sein für heute. Um mein Gleichgewicht zu finden, muß ich mein ganzes Tun unterbrechen und mich an den kleinen Dingen freuen.

Aufarbeiten und weitergehen

Ich hab das Gefühl, am Ziel angelangt und endlich frei zu sein. Es bleibt noch viel zu tun, aber ich weiß, ich kann es schaffen. Ich hab mein Handwerk gelernt, und ich weiß, wie ich vorgehen muß. Wenn ich jetzt über den Inzest rede, erzähle ich oft von der Heilung, dem Erfolg und der Freude.

Saphyre

Jean Williams ist Inzestüberlebende und Tochter einer Alkoholikerin. Sie hat viele Jahre lang an ihrer Heilung von sexuellem Kindesmißbrauch gearbeitet. Vor kurzem fiel ihr auf, daß sich ihr Blickwinkel drastisch verändert hatte:

> Ich war für ein paar Monate nach Mexiko gegangen und hatte durch das Leben in einer anderen Kultur viel gelernt. Als ich zurückkam, war mein Briefkasten voll von Rundschreiben und Flugblättern über Selbsterfahrungsgruppen und Selbstverwirklichungs-Workshops. Und ich dachte: »Mein Gott! Ich will nichts mehr an mir verbessern. Ich will in keine Therapie mehr gehen. So, wie ich bin, bin ich gut genug! Elf Jahre lange hab ich an mir gearbeitet. Es wird Zeit, daß ich merke, *ich bin am Ziel.*« Ich will tun, was mir Spaß macht, und nicht irgend etwas an mir reparieren. Ich *bin* geheilt. Ich bin ganz. Ich bin startbereit.

Es ist gar nicht so einfach für Überlebende vorwärtszugehen. Es braucht seine Zeit. Druck von außen bringt gar nichts. Und du wirst Druck bekommen. Sobald du den Mund aufmachst, werden dir die Leute raten, es zu vergessen und »die Vergangenheit ruhen zu lassen«. Aber wenn du nur vorwärtsgehst, um anderen eine Freude zu machen, tust du dir selbst keinen Gefallen.

Die meisten Überlebenden gelangen während ihrer Heilung an Punkte, wo sie »weiterkommen« wollen, einfach weil es ein so schmerzhafter Prozeß ist. Wenn du lediglich deiner Wut, deinen Eltern, deinen Mißbrauchern oder deiner eigenen Verletzlichkeit nicht ins Gesicht sehen willst, ist das Flucht und keine Befreiung.

Wenn du dich durch alle Phasen des Heilungsprozesses durcharbeitest, ergibt sich wirkliches Vorankommen ganz von allein. Das geschieht langsam und vielleicht gerade dann, wenn du gar nicht damit rechnest.

> Jetzt weiß ich, daß meine Lage nicht hoffnungslos ist. Das bedeutet, ich kann morgens aufstehen, in den Spiegel sehen und brauche nicht zu sagen: »O Gott, schon wieder Inzest.« Ich kann mir die Zähne putzen und bin schon fast fertig mit dem Frühstück, bevor es mir einfällt. Oder ich geh ins Kino und lache den ganzen Film über und hab nicht ein Mal an den Mißbrauch gedacht.

Stabilisierung

Dein Aufarbeiten nähert sich dem Ende, wenn sich deine Gefühle und dein Standpunkt langsam stabilisieren. Das Auf und Ab deiner Gefühle wird langsam ausgeglichener. Du bezweifelst nicht länger, was mit dir geschehen ist. Du siehst, daß dein Leben mehr ist als nur eine Reaktion auf Mißbrauch.

Wer sich mein Leben ansieht, mag denken, daß es da ein paar wirkliche Tragödien gegeben hat, und das stimmt, aber es gab auch wahnsinnig schöne Zeiten. Für mich überwiegen sie die anderen bei weitem.

Eine Überlebende, in deren Kindheit es trotz des Mißbrauchs immer wieder auch schöne Zeiten gegeben hatte, setzte sich mit einem Taschenrechner hin und rechnete aus, an wie viele Minuten sie sich tatsächlich erinnerte, in denen sie als Kind mißbraucht worden war. Diese Zahl multiplizierte sie mit fünf, weil sie annahm, daß sie vermutlich vieles vergessen hatte. Dann verglich sie das Ergebnis mit der Gesamtzahl der Minuten ihrer Kindheit. Die Minuten ohne Mißbrauch überwogen bei weitem. »Es hat mir geholfen zu sehen, daß es auch andere, positivere Kräfte gab, die mich als Kind geformt haben. Es gab andere Dinge, auf die ich bauen konnte.«

Weiterzukommen bedeutet, die Stärken, die du entwickelt hast, anzuerkennen. Du bejahst deine Energie, deinen Willen, gesund zu sein. Du trittst für das ein, was du für wahr hältst. Du wagst dich in die Höhle deiner Dämonen und kommst da lebend wieder heraus. Und schließlich änderst du, was du ändern kannst, und was du nicht ändern kannst, läßt du links liegen.

Die Beziehung zu Tätern und zur Familie klären

Bevor du weitermachen kannst, mußt du auch deine Beziehung zu den Mißbrauchern und zu denen, die dich nicht beschützt haben oder jetzt nicht auf deiner Seite stehen, geklärt haben. Du wirst dir darüber klar werden, welche Gefühle du für jede dieser Personen empfindest und wie du über sie denkst.

Solange du immer noch gehofft hast, sie würden sich ändern, sich entschuldigen oder dich verstehen, hast du dir Illusionen gemacht. Jetzt hörst du auf, dein Leben auf diese Hoffnung zu gründen und von einer Seite Hilfe zu erwarten, die sie dir vermutlich nie gewähren wird. Dadurch machst du dich empfänglich für einen neuen und realistischeren Reichtum in deinem Leben.

Die Beziehung zu deiner Familie oder deinen Mißbrauchern zu klären hat oft erstaunliche Wirkung. Es ist, als ob all die Energie, die du wie durch einen Trichter die ganze Zeit in diese alte Sehnsucht gesteckt hast, plötzlich frei wäre, und als würdest du in die Gegenwart katapultiert. Deine Identifikation mit dem Mißbrauch und mit seinen Folgen wird viel schwächer, und du hast die Freiheit, ein neues und befriedigenderes Verhältnis zu dir selbst und zur Welt zu genießen.

Ich habe lange gebraucht, bis ich akzeptieren konnte, daß Menschen, die mich hätten lieben und auf mich aufpassen sollen, mich belästigt und mein Leben unglücklich gemacht haben und mir dann auch noch ins Gesicht lügen und es abstreiten. Es ist mir sehr schwergefallen, diese Realität in dem Bild vom trauten amerikanischen Heim unterzubringen, das ich immer noch im Kopf habe.

Aber es hat sich gelohnt, weil sich meine Weltsicht ganz stark verändert hat. Jetzt kann ich mir wieder ein eigenes Leben schaffen. Solange ich an diesen Illusionen und Vorstellungen festhielt, die niemals gestimmt haben und sich niemals erfüllt hätten, hat mich das eingeschränkt. Solange Wolken meine Vergangenheit verhüllten, war es sehr schwierig für mich, Schritte in eine andere Richtung zu unternehmen. Wenn ich es nicht geschafft hätte, mich mit der Realität in meiner Familie abzufinden, wäre die einzige Möglichkeit gewesen, alles noch einmal zu wiederholen.

Nicht an der Beschädigung festhalten

Es mag während des Heilungsprozesses Zeiten geben, da siehst du nur sexuellen Mißbrauch, Zeiten, da verlierst du die Tatsache aus den Augen, daß *du all diese Zeit und Energie in deine Heilung steckst, damit du in deinem Leben auch noch zu etwas anderem kommen kannst.* Es mag sogar sein, daß ein Teil von dir es nicht schaffen will. Überlebende beklagen sich oft, daß die Heilung so lange dauert. Aber als engagierte Überlebende von sexuellem Mißbrauch hast du auch eine gewisse Identität. Diese Identität ist eng mit deinem Überleben verknüpft, und es kann schwer sein, sie aufzugeben.

Viele Menschen bleiben im Zorn, im Haß und in der Angst stecken. Aber ich merkte, ich brauchte mich damit nicht weiter aufzuhalten. Ich stellte mir einen dicken Schleimpfropfen vor, den ich aushusten mußte und beschloß: »Gut, lange genug laufe ich jetzt herum und würde am liebsten jedem ins Gesicht springen, der mich schief ansieht. So will ich mich jetzt nicht mehr fühlen.« Und dann dachte ich: »Wie würde ich mich denn gern fühlen?«
Ich wollte mich sicher fühlen in der Welt. Ich wollte mich stark fühlen. Und dann habe ich mich auf das konzentriert, was in meinem Leben klappte, darauf, wie ich meine Kraft im täglichen Leben einsetzte. Ich hörte auf herumzusitzen, in offenen Wunden zu bohren und zu sagen: »Wenn ich nur tief genug bohre, dann kommt hier richtiges Blut raus.« Ich begann zu funktionieren, als müßte ich mein Gepäck nicht mehr mit mir herumschleppen. Und irgendwann kam der Moment, an dem ich die Taschen einfach nicht mehr trug.
Manchmal kommt der Gepäckträger noch, bringt sie mir und sagt: »Hier ist ihr Gepäck, gnädige Frau.« Und ich öffne es und seh es noch einmal durch. Und dann sage ich: »Jetzt hab ich erst mal genug gesehen. Ich will mit meinem Leben wieder weitermachen.« Und das Leben ist so viel besser geworden. Es ist so erleichternd, nicht mehr ständig zu leiden. Und das hat nichts mit Verdrängung zu tun. Das ist eine gewachsene Veränderung. Da stand nicht plötzlich ein Schild an der Straße, auf dem stand: »Ortsende ›Schuld‹/Ortsanfang ›Neues Heilungsgebiet‹«. Es war fast, als wenn du nach der Dusche in den zunächst völlig beschlagenen Spiegel blickst, und dich dann allmählich – während die Feuchtigkeit langsam wegtrocknet – immer klarer siehst. Es wurde einfach alles klarer.
Ich begann, mich mehr mit der Frau in Verbindung zu bringen, die ich wurde, und nicht mehr mit der Frau, die ich gewesen war. Und wenn ich mein Gepäck auf der einen Seite stehenlasse und hinüberwechsle in mein neues Selbst, dann erkenne ich mich wieder. Ich bin keine Fassade, ich bin wirklich. Ich bin die, die ich war, bevor ich mißbraucht wurde.

Das Kind beruhigen

Vielleicht fällt es dir schwer weiterzugehen, weil du das Gefühl hast, du würdest das verletzte Kind in dir im Stich lassen. Wenn du mit Schwierigkeiten kämpfen mußtest, um eine Verbindung zu dem Schmerz deiner Kindheit herzustellen, bist du jetzt vielleicht überrascht, wie sehr du daran hängst. Evie Malcolm erzählt:

Ich will mich damit nicht rechtfertigen, aber ich hatte das Gefühl, wenn ich den Schaden hinter mir lasse, bedeutet das, ich lasse das elfjährige Mädchen im Stich, das noch in mir lebendig ist, für die niemand da war, auf die niemand gehört hat. Wenn ich wieder gesund werde, wenn die blauen Flecken heilen, dann wird nichts mehr zu sehen sein, und es wird sein, als habe niemand sie jemals gehört. Und das wäre ein schlimmer Treuebruch, ein Verrat an dem kleinen Mädchen.
Darum versuche ich, die Symptome des Schadens zu heilen und über sie hinwegzukommen, ohne zu verdrängen, daß es geschehen ist. Mein intellektuelles »Ich« spricht so. Nicht das elfjährige Mädchen.

DER HEILUNGSPROZESS

> Sie will nicht loslassen. Das ist rein gefühlsmäßig. Und Gefühle können sehr stark sein. Du kannst intellektuell genau das Richtige denken und emotional sehr kindlich sein. Und das verängstigte Kind in mir will nicht vergessen werden. Also muß ich sie beruhigen und ihr sagen, wenn ich gesund werde, bedeutet das nicht, daß ich sie im Stich lasse oder ihren Schmerz verleugne.

Du brauchst das Kind in dir nicht zurückzulassen. Indem du heilst, schaffst du ihr vielmehr einen sicheren, gesunden Ort, an dem sie sich entfalten kann.

Integration (Wiederherstellung eines Ganzen)

Integration ist ein wichtiger Teil des Weiterkommens. Du betrachtest dich als ein Ganzes, nicht als Summe von Einzelteilen. Dein Körper, deine Sexualität, deine Gefühle und dein Intellekt sind miteinander verbundene Teile eines Ganzen. Du beginnst, die grauen, die verschwommenen Zwischenräume zu akzeptieren, die unsere Menschlichkeit ausmachen.

> Für jemand aus meiner Familie ist es außerordentlich schwer, etwas zu akzeptieren, das nicht eindeutig ist. Nicht alles ist schwarz oder weiß. Nicht alles ist sauber und ordentlich. Nicht alles funktioniert perfekt. Ich lerne, mit dieser Vorstellung zu leben, und das ist für mich ein Zeichen, daß ich wirklich heile. Es fiel mir sehr schwer zu akzeptieren, daß es mir auch weiterhin schlecht gehen wird. Ich dachte, wenn du geheilt bist, ist alles gut, aber das stimmt nicht. Du fühlst dich immer noch beschissen, aber nicht mehr die ganze Zeit. Ich wollte mir bestimmte Sachen aussuchen: Humor, Wärme, Liebe, Spaß. Ich wollte keine Angst, keinen Ärger oder andere »schlechte Gefühle«. Aber sie gehören einfach dazu.

Integration bedeutet, daß du dich darauf einstellst, dein Leben lang zu wachsen. Susan King fand ein schönes Bild für ihren Heilungsprozeß:

> Ich denke an die russische Babuschka-Puppe meiner Schwester. Sie hat mich fasziniert. Eine buntbemalte Holzpuppe. Ich konnte sie an der Taille auseinandernehmen, und darin war eine weitere, kleinere Puppe. Und darin eine andere und eine andere und zu allerletzt ein Baby in Windeln. Und jede Susan in mir hat in sich wieder eine andere kleine Susan. Und ich befinde mich, jetzt in diesem Moment, in einer weiseren, grauhaarigen Susan, die erst noch kommen wird. Wie die russische Puppe bin ich rund – und ganz.

Die Krisen verabschieden

Du kannst dich ganz gut an den greifbaren Schmerz und das Durcheinander deiner Heilung gewöhnen. Ständig in einer Krisensituation zu sein bedeutet, daß du die bei dir anstehenden Veränderungen nicht angehen mußt. Gerade Überlebende, die mit der Krise inzwischen vertraut sind, merken, wie schwer es sein kann, sie aufzugeben.

> Ich bin süchtig nach Intensität, sozusagen ein Aufregungs-Junkie. Wenn ich mich über irgendwas aufgeregt habe und es ist vorbei, fühl ich mich verloren. Worüber soll ich jetzt weinen und toben? Wo soll ich mich jetzt reinsteigern? Was bringt jetzt den Geschmack von »Sturmhöhe« in mein Leben?
> Ich betrachte es fast als körperliche Abhängigkeit. Ich war inzwischen abhängig von leidenschaftlichen Auseinandersetzungen und von einem hohen Adrenalinspiegel. Um davon loszukommen, mußte ich mich langsam entwöhnen. Inzwischen bin ich soweit, daß ich tatsächlich kurze Phasen erlebe, in denen ich einfach nur zufrieden bin und es merke und es genieße.

AUFARBEITEN UND WEITERGEHEN

Versöhnung

von Cheryl Marie Wade

Siebenunddreißig Jahre, in denen ich den sexuellen Mißbrauch durch meinen Vater verdrängt habe; jetzt zolle ich ihnen Tribut: massiver Verschleiß meines gesamten Gelenkgewebes. Um beweglich zu sein, benutze ich einen elektrischen Rollstuhl, und meine fast knochenlosen Finger sind so zerbrechlich wie ein Flügel, den eine Katze erwischt hat. In der Sprache der Ärzte heißt das rheumatische Arthritis. Ich nenne es die beredte Antwort meines Körpers auf meine Inzestgeschichte.

Ich rolle meinen Stuhl durch Mojave-Sand
bis ich einsinke
Da sitz ich
die Sonne heizt meine morschen
Knochen so brüchig
als ich aufstehe
fühle ich
kein Schienbein
stößt in Knöchel
kein Knöchel
drückt in Ferse
keine Ferse schlägt in Nagelschuh
die Knochen meines Beckens
knacken
und ich falle
in Zeitlupe
auf die warmen
warmen Körner

Gebleicht
weiß
nichts als ein Haufen weißer Hölzchen
Er kommt
mit seinem kleinen Mädchen
Ihre Hand in seiner
lenkt er
ihre Augen auf die Eidechse
glitzernd schillernd
aber sie sieht den weißen Zweig
zu ihren Füßen

Sie bückt sich und mit kleiner
vollkommener Hand
hebt sie auf was einst
mein schmerzender Finger war
Daddy guck
ein Schatz
Er beugt sich herunter
bewundert ihren Fund
Sie steckt ihn in die Tasche seines
karierten Flanellhemdes
und die beiden wandern weiter
Mein Schädel
öffnet sich weit
nimmt die Wüste in sich auf
singt der trockenen trockenen Luft ein
Hosianna.

Wenn du auf Streß und Durcheinander als beherrschende Faktoren in deinem Lebens verzichten kannst, ist das ein Meilenstein in deinem Heilungsprozeß. Vielleicht bist du voller Elan und stolz auf dich. Aber es kann auch sein, daß du dich nach dem anfänglichen Triumph innerlich leer fühlst. Du hast Platz geschaffen, damit sich neues entwickeln kann, aber gleichzeitig gerätst du vielleicht in eine verwirrende Befangenheit, in einen Zustand der Orientierungslosigkeit, in dem du ganz auf dich allein gestellt bist, sozusagen auf dem Nullpunkt angelangt.

Es mag einige Zeit dauern, bevor du langsam anfängst, dunkel zu ahnen, wer du sein wirst. Solche Zeiten des Freigesetztseins können unheimlich sein, aber du wirst deine Orientierung wiederfinden. Du wirst da durchkommen, und dann wirst du stärker sein als jemals vorher.

In der Gegenwart leben
Wenn du auf die Krisen verzichtest, schaffst du Raum für die Fülle und Vielfalt des Stoffes, aus dem das ganz normale Leben ist. Du entdeckst neue, weniger anstrengende Möglichkeiten, dich für etwas zu begeistern: schwierige Arbeitsprojekte, die dich heraus-

fordern, kreative Tätigkeiten, wie Malen oder Schreiben, oder du riskierst einmal etwas mehr Nähe in einer Beziehung.

Zum Weiterkommen gehört auch, daß du lernst, die euphorischen Phasen in deinem Leben durch ruhige, friedliche Zeiten auszugleichen. Mit etwas Übung kannst du in einfachen Dingen Zufriedenheit finden: beim Musikhören, Kochen, Spazierengehen. Aus der Ruhe heraus aus kannst du abschätzen, was du willst, und die entsprechenden Schritte unternehmen.

Wenn du noch nicht weißt, was du in deinem Leben willst, hast du jetzt Gelegenheit, unterschiedliche Möglichkeiten auszuprobieren. Mach eine Liste von den Dingen, die du schon immer einmal machen oder werden wolltest. Diese Art der Selbstentdeckung kann dir niemand wieder wegnehmen. Du hast davon mehr als von einer Krise. Indem du die Folgen der Vergangenheit hinter dir läßt, eröffnet sich dir eine Zukunft.

> Ich habe draußen auf der Straße gelebt, ein hartes Leben. Ich bin rein in Anstalten und wieder raus. Ich weiß nicht, was jetzt passieren wird. So vieles hat sich geändert, und ich sehe mich jetzt mit anderen Augen. Ich bin siebenundvierzig Jahre alt, und mit siebenundvierzig gibt es nicht so viele Möglichkeiten wie mit fünfzehn. Aber ich werde mir nicht im Weg stehen. Im Gegenteil: Ich bin für alles offen.

Wie geheilt muß ich sein?

Die Heilung ist kein ewiger Kampf, so eine Art Sisyphusarbeit, bei der du einen Felsbrocken bergauf wälzen mußt, der immer wieder nur auf dich zurückrollt. Irgendwann hörst du auf, dich als Opfer zu fühlen, als Opfer des Mißbrauchs und auch als Opfer der Heilung selbst.

Neulich sprach Ellen mit einer jungen Frau, die jetzt seit zwei Jahren eine Therapie macht und aktiv an ihrer Heilung arbeitet. Weil die Arbeit so anstrengend war, hatte sie anfangs ihre anderen Aktivitäten eingeschränkt, um ihre Energie ganz auf ihre Heilung verwenden zu können. Nach und nach kam sie dann in die Lage, neben der Arbeit an ihrer Heilung auch noch anderen Interessen nachzugehen, und konnte ihrem Leben Schule, eine Halbtagsstelle und einen Geliebten hinzufügen.

Jetzt hatte diese Frau die Gelegenheit, in eine andere Stadt zu gehen, dort mit ihrem Geliebten zusammenzuziehen und eine Ausbildung zu machen, die sie sehr gern machen wollte. »Aber«, sagte sie zu Ellen, »ich denke, ich sollte vielleicht warten, bis es mir wirklich besser geht. Meine Therapie ist noch nicht zu Ende. Wie geheilt muß ich sein, um tun zu können, was ich will?«

Ellen hat gelacht und ihr gesagt, sie solle es machen. Es ist Teil deiner Heilung, wenn du tust, was du tun willst, was du sowohl befriedigend als auch vergnüglich findest. Du brauchst nicht zu warten.

Es ist kein Ende in Sicht

Völlige Heilung gibt es nicht. Du wirst deine Geschichte nie auslöschen. Der Mißbrauch ist geschehen. Er hat dich stark beeinflußt und geprägt. Das wird sich nie ändern. Aber du *kannst* für dich zu einer Lösung kommen.

> Ich weiß nicht, ob ich jemals vollkommen geheilt sein werde. Es ist, als hätte ich eine Wunde gehabt, die oberflächlich abgeheilt wäre, aber darunter immer noch entzündet. Eine solche Wunde muß aufgeschnitten und gereinigt werden, damit sich eine gute, gesunde Narbe bilden kann. Und wenn die Wunde dann anfängt zu vernarben, ist das kein angenehmer Anblick, aber es tut nicht mehr weh. Die Oberfläche ist uneben, und ich weiß, die Wunde ist da, aber ich kann sie anfassen, und es tut nicht weh. So ist es auch hier. Die Wunde ist jetzt sauber.

AUFARBEITEN UND WEITERGEHEN

Das heißt nicht, daß das für jede Narbe gilt. Ich bin sicher, ich werde mit den Jahren noch ein paar entdecken. Eins steht fest: Bei Frauen wie uns wird es immer irgend etwas geben, was hochkommt. Ich glaube nicht, daß ich jemals völlig geheilt sein werde, weil mein Vertrauen in die Welt einfach bis ins Mark erschüttert worden ist. Ich glaube nicht an die völlige Umwandlung einer solchen Erfahrung. Dazu sind Menschen einfach zu vielschichtig.

Du mußt die Tatsache akzeptieren, daß der Heilungsprozeß dein ganzes Leben lang immer weitergehen wird. Eine Frau hat Jahre damit verbracht, sich jedesmal zu widersetzen und sich selbst zu hassen, wenn der Inzest an einer anderen Stelle wieder auftauchte:

> Letztendlich mußte ich erkennen, daß er ein Teil von mir ist. Er ist nicht etwas, das ich loswerden kann. Die Art, wie ich damit umgehe, wird sich ändern, aber ich glaube, der Inzest wird immer da sein. Und ich glaube, ich muß es irgendwie schaffen, ihn zu lieben, denn dann liebe ich mich wirklich ganz. Wenn ich mich wirklich ohne Vorbehalte lieben will, muß ich alles an mir schätzen, und das hier ist eben auch ein Teil von mir.

Viele Überlebende entscheiden sich in der Not und aus Schmerz und Scham für die Heilung, und zu Beginn empfinden sie die Arbeit häufig als Last. Aber wenn du erst einmal das Stadium »Aufarbeiten und weitermachen« erreicht hast, weißt du die gründliche Heilung, die du bewirkt hast, zu schätzen. Du erkennst, daß die Heilung dir mehr gebracht hat als nur Linderung deines Schmerzes. Vielleicht siehst du deine Heilung tatsächlich als den Beginn eines lebenslangen Wachsens. Eine Überlebende drückte das so aus: »Ich habe nicht vor aufzuhören. Ich habe die Absicht zu wachsen, bis ich sterbe.«

Gemeinsam etwas tun

Wenn du heilst, dich langsam gestärkt, im Gleichgewicht und ganz fühlst, wirst du merken, daß Energie für konstruktive, lebensbejahende Projekte aufbringen kannst. Jetzt brauchst du nicht mehr zu kämpfen, nur um Tag für Tag halbwegs zurechtzukommen. Du kannst anfangen, etwas an der Welt zu tun.

Wenn ich mir überlege, daß Überlebende draußen in der Welt einwandfrei funktionieren und dabei vielleicht zwanzig Prozent ihrer Energie einsetzen ... Kannst du dir vorstellen, was wir schaffen können, wenn wir auch an die anderen achtzig Prozent herankommen? Wenn wir uns erholen könnten, den Mißbrauch stoppen und alle Menschen heilen könnten, wäre die Welt, in der wir leben, traumhaft.

Überleg dir einmal, was dich alles am Wachsen gehindert hat, wieviel Energie du verbraucht hast, nur um dich mit deinen Fingernägeln irgendwo festzukrallen und nicht abzustürzen; was du alles hättest schaffen, erreichen oder einfach genießen können, wenn du dich nicht unter der Last deines Mißbrauchs hättest abmühen müssen. Da kommt bestimmt ganz schön was zusammen.

Wenn du das jetzt mit der Anzahl der anderen Frauen multiplizierst, die genauso kämpfen – nicht nur jetzt, sondern in all den vergangenen Jahrzehnten und Jahrhunderten: Es ist furchtbar.

Jetzt stell dir vor, alle Frauen wären geheilt und all die Energie würde nicht mehr für das reine Überleben gebraucht, sondern stünde für Kreativität, zwischenmenschliche Beziehungen, für die Befreiung politischer Gefangener, die Abrüstung zur Verfügung. Die Wirkung auf die Welt wäre unvorstellbar.

In keiner aufgezeichneten geschichtlichen Epoche haben Frauen in ihrer Gesamtheit Macht besessen. Wir fangen erst an, uns vorzustellen, was das bedeuten könnte.

DER HEILUNGSPROZESS

Die Heilung vollzieht sich von innen nach außen

In erster Linie bist du immer dir selbst verpflichtet. Wenn du in der Gegend herumrennst und gute Taten vollbringst, ohne dich um deine eigenen Bedürfnisse zu kümmern, schaffst du mehr Probleme, als du löst. Zu lange hat man von Frauen erwartet, daß sie anderen helfen und sich selbst dabei aufopfern.

Es ist ein bißchen wie mit den Sauerstoffmasken im Flugzeug. Wenn du mit kleinen Kindern fliegst, sagt dir die Stewardess, du sollst dich zuerst um deine eigene Maske kümmern und dann dem Kind helfen. Deine erste Reaktion wäre vielleicht, zuerst dem Kind zu helfen, aber wenn du das Bewußtsein verlierst, während du versuchst, deinem Kind zu helfen, überlebt niemand. Wenn du zuerst für deine eigene Stabilität sorgst, kannst du anderen helfen, und dann sind alle in Sicherheit.

Die Verantwortung für jedes Heilen liegt zunächst bei dir selbst. Sie hört dort aber nicht auf. Sexueller Kindesmißbrauch entsteht aus der gleichen Angst, dem gleichen Haß, der gleichen Unterdrückung, dem Egoismus und der Ignoranz, die Menschen dazu bringen, auf andere Weise Mißbrauch zu treiben. Unsere Gesellschaft ist tief davon geprägt und vergewaltigt auch im großen Rahmen: Wir produzieren Atommüll, unsere Wanderarbeiter existieren unter unmenschlichen Lebensbedingungen, wir haben die Übergriffe des Ku Klux Klan ...

Zu deiner Heilung gehört auch die Heilung der Erde. Wenn das für dich nicht von größter Bedeutung ist, gibt es wenig Hoffnung für die Welt.

Du bist es, die von Gerechtigkeit und auch von Ungerechtigkeit etwas versteht, von Mißbrauch und Respekt, davon, was es heißt, zu leiden und zu heilen. Du hast die Klarsicht, den Mut und das Mitgefühl, um zur Lebensqualität und zum Fortbestand des Lebens auf dieser Erde beizutragen.

Warum es sich gelohnt hat

»Ich fühl mich manchmal wie Rip Van Winkle[2], als ob ich gerade aufwachen würde. Weinen zum Beispiel: Ich weine jetzt. Damit hatte ich aufgehört, als ich acht war. Oder Lachen. Kichern. Mit meinen Kindern herumtoben, ohne daß eine von uns Angst haben muß. Spielen. Mich ärgern über jemand, die oder den ich liebe. Die Wahrheit sagen. Etwas fühlen in dem Moment, in dem es passiert, und nicht fünf Minuten später, fünf Jahre später, immer mit Verspätung. Dinge riskieren, die ich vorher niemals gewagt hätte. Wirklich so ähnlich, als würde ich aufwachen. Das ist ein blödes Bild, aber es ist genau wie bei den Blumen. Sie blühen einfach auf.«

»Alleinzusein ist für mich wichtig geworden. Ich fühlte mich immer furchtbar einsam. Jetzt brauche ich mich nicht mehr einsam zu fühlen.«

»Ich habe nicht mehr diese Angst vor Leuten wie früher. Ich hab eine wahnsinnig lange Liste mit Telefonnummern und rede wirklich mit den Leuten. Von den Schranken, die ich immer zwischen mir und anderen Menschen aufgebaut habe, sind schon viele weg.«

»Die Art und Weise, wie ich das, was mich geschädigt hat, umgewandelt und konstruktiv nutzbar gemacht habe. Das ist mein Überlebenswerkzeug, und ich habe es zurechtgefeilt, um es im wirklichen Leben zu benutzen. Darauf bin ich stolz.«

»Ich fühle mein Leben intensiver. Schmerz, aber auch die schönen Dinge. Ich kann einen Spaziergang durch den Park machen und wirklich verärgert sein, und kann trotzdem sehen, wie wunderbar alles ist.«

»Ich hab jetzt mehr innere Ruhe. Ich hab das Gefühl, als sei ich jetzt normal. Als brauchte ich diese Last nicht mehr mit mir herumzuschleppen.«

»Jetzt überlebe ich nicht mehr. Im Gegenteil: Ich lebe. Ich sehe mein Leben jetzt mit völlig anderen Augen. Ich kann mich jetzt viel besser leiden. Und meistens bin ich glücklich. Fast immer bin ich ganz ich selbst, eigentlich immer.«

---

2 Rip Van Winkle ist der Hauptcharakter einer gleichnamigen Geschichte aus Washington Ervings *Sketch-Book*.
Rip Van Winkle schläft zwanzig Jahre lang in den Catskill Mountains, und als er aufwacht, hat sich alles verändert. (Anm.d.Ü.)

3 VERHALTENSMUSTER ÄNDERN

Der Veränderungsprozeß

Lange kam ich mir vor wie zweite Wahl, wie beschädigt. Mich beschäftigte nur die Frage: »Was stimmt nicht mit mir?« Aber trotzdem machte ich weiter. Ein Teil von mir wußte, daß ich mich nicht damit abzufinden brauchte. Meine Zellen erneuern sich alle sieben Jahre von Grund auf. Wie konnte ich immer noch beschädigt sein? Natürlich könnte ich mich ändern.
Saphyre

Wenn du anfängst, dich an deinen Mißbrauch zu erinnern oder dir seine Folgen vor Augen zu führen, fühlst du dich vielleicht ungeheuer erleichtert. Endlich gibt es einen Grund für deine Probleme. Jemand und etwas ist daran schuld. Aber irgendwann merkst du dann, daß es nicht so einfach - und so fair - ist. Eine Überlebende sagte: »Mein Großvater war tot und nicht mehr da, und ich lebte noch und hatte immer noch meine alten Probleme. Ich mußte zur Kenntnis nehmen, daß ich etwas tun mußte, wenn ich anders leben wollte.«

Eine Frau machte zehn Jahre lang eine Therapie, um die Folgen ihres Inzests aufzuarbeiten, bevor sie merkte, daß sie diejenige war, die ihr Leben ändern mußte:

> Anstatt mich eine Stunde in der Woche in der Therapie mit meinem Inzest zu beschäftigen, mußte ich in meinem wirklichen Leben daran arbeiten. Ich mußte aufhören, für vierzig Dollar in der Stunde zu erzählen, und statt dessen etwas tun. Es ist erheblich billiger, wenn du dich in deiner eigenen Zeit selbst aufrichtest, als wenn du von einer Stunde in der Woche abhängst, damit es dir besser geht. Ich konnte wunderbar über meine Probleme sprechen und hatte die ganzen Ausdrücke drauf, aber ich merkte jetzt, daß ich im wirklichen Leben nichts für mich tat.

> Ich beschloß, mein Leben zu ändern und für das, was ab jetzt mit mir geschah, die Verantwortung zu übernehmen. Ich fragte mich zum Beispiel: »Wie hab ich es geschafft, mich selbst zu lähmen? Warum hab ich diese destruktive Beziehung nicht beendet?«

Und von da an kümmerte ich mich um mein Leben. Ich beendete meine Beziehung, ich suchte mir eine neue Arbeit, eine andere Wohnung. Ich nahm die Sache in die Hand! Ich verklagte meinen Ex-Freund wegen Körperverletzung. Ich holte mir Geld zurück, das ich verliehen hatte. Ich kämpfte mit meinem geschiedenen Mann um das Sorgerecht. Ich begann, wütend zu werden, zu weinen. Ich hab mich wirklich verändert. Ich *sehe* anders *aus*. Ich *klinge* anders. Ich habe mein Leben bewußt verändert.

Wie du dich verändern kannst

Das sind die wichtigsten Schritte:

- **Mach dir bewußt, welches Verhalten du ändern willst.**
- **Überleg dir, warum du dieses Verhalten überhaupt erst entwickelt hast.** Wann war das erste Mal – an das du dich erinnern kannst –, daß du dich so gefühlt oder verhalten hast? Was war da los? Versuch zu verstehen, warum du dieses Verhalten brauchtest.
- **Hab Verständnis und Mitgefühl für das, was du in der Vergangenheit getan hast.** Auch wenn du nicht die sinnvollsten und gesündesten Entscheidungen getroffen hast, damals hast du keine andere Möglichkeit gesehen. Und jetzt triffst du bessere Entscheidungen. Vergiß das nicht.
- **Finde neue Möglichkeiten, deine Bedürfnisse zu befriedigen.** Nicht bei allen Veränderungen kommt ein unerfülltes Bedürfnis zum Vorschein, aber bei vielen. Indem du solche Bedürfnisse ernst nimmst und neue Wege findest, ihnen gerecht zu werden, schaffst du die Voraussetzung, Veränderungen aufrechterhalten zu können.
- **Such dir Unterstützung.** Deine Umgebung, die Menschen um dich herum, beeinflussen deine Fähigkeit, Veränderungen vorzunehmen. Menschen, die selbst an ihrer Entwicklung und an Veränderungen in ihrem eigenen Leben arbeiten, werden dir Mut machen und dich durch ihr Beispiel unterstützen. Menschen, die nach den Mustern leben, die du jetzt versuchst zu durchbrechen, werden ständig probieren, dich daran zu hindern. Unterschätze ihren Einfluß nicht.
- **Versuch es mehrmals.** Manchmal klappt etwas auf Anhieb, und du fühlst, wie du Auftrieb bekommst, aber meistens ist eine Veränderung ein mühsamer Prozeß, der nichts Aufregendes oder Heldenhaftes an sich hat. Die täglichen kleinen Schritte sind es, die zu einer wirklichen Veränderung und zu einem lebenswerteren Leben führen.
- **Bleib hartnäckig.** Die meisten Veränderungen in unserem Leben erfordern ständige Wiederholung. Wenn es reichen würde, *eine* Zigarette nicht zu rauchen, wäre es nicht so schwer, mit dem Rauchen aufzuhören.

Was Veränderungen behindern kann

Wir ändern uns nicht in einem leeren Raum. Entscheidungen wirken sich auf die Menschen um uns herum aus. Dein Entschluß, dich zu ändern, kann auf sie bedrohlich wirken, denn er bedeutet, daß sie sich auch ändern müssen. Obwohl es eine Veränderung zum Besseren hin ist, sind die Menschen nicht immer bereit, sich dafür zu entscheiden.

Eine sechsundvierzigjährige Überlebende beschrieb, wie ihr zweiter Mann reagierte, als sie eine Therapie anfing: »Ich machte Veränderung um Veränderung um Veränderung. John geriet in Panik. Was geschah da mit der Frau, die er geheiratet hatte? Mit der kleinen Witwe mit drei Kindern? Die war ich plötzlich nicht mehr. Jetzt war ich eine Frau, deren Leben gerade erst anfing.«

VERHALTENSMUSTER ÄNDERN

Veränderungen erfordern Unterstützung und eine Gemeinschaft. Wenn du das bei den dir nahestehenden Menschen nicht findest, such woanders danach, bei neuen FreundInnen, einer Therapeutin oder einer Gruppe anderer Überlebender.

Gesteh dir deine Angst ein

Es hilft, wenn du deine Ängste benennst. Eine Frau, die ständig unter Depressionen und Antriebsschwäche litt, stellte eine Liste der Dinge auf, die sie in ihrem Leben angehen müßte, falls sie wirklich gesund würde. Ihre Liste war sehr umfangreich.
Sie würde sich mit einem möglichen Erfolg – oder Mißerfolg – in ihrer Karriere auseinandersetzen müssen. Sie würde größere Nähe zu ihrem Freund riskieren müssen. Sie würde aufhören müssen, ihre Familie für ihre Probleme verantwortlich zu machen, sie würde ihr Bild von sich selbst als Verliererin aufgeben müssen. Sie würde ihre Identität als Kranke, als Opfer verlieren. Sie würde lernen müssen, mit ihren wirklichen Gefühlen umzugehen, anstatt sie hinter Hoffnungslosigkeit und Angst zu verbergen. Sie würde andere Menschen durch ihre eigenen inneren Werte anziehen müssen, und nicht, indem sie ihr Mitleid ansprach. Angesichts dieser langen Liste konnte sie verstehen, warum sie Angst hatte.

Laß dich von deiner Angst nicht aufhalten

Ungewohnte und aufregende Schritte im Leben werden oft von Angst begleitet. Wenn du zum ersten Mal in der Öffentlichkeit singst, läßt die Angst deine Knie zittern, du hast Angst, wenn du deinem Mißbraucher gegenübertrittst oder wenn du dich ernsthaft um eine Arbeit bewirbst. Wenn du etwas Neues, Herausforderndes tust, brauchst du diese Energie. Ihr Stoff ist Adrenalin. Frauen ergreift diese Art Angst oft, wenn sie die für sie absolut richtigen Schritte unternehmen.
Laß dich von deiner Angst nicht aufhalten.

Du kannst mit der Angst weitermachen und die gewünschten Veränderungen vornehmen. Du machst es einfach trotzdem. Du machst es ängstlich. Du machst es nervös, ungeschickt. Du zitterst oder schwitzt. Du machst es nicht elegant oder souverän, aber du machst es.

Alte Muster wehren sich

Jede gewohnte Verhaltensweise beruht auf einem Muster. Es ist immer tief eingefahren, durch Wiederholung verfestigt und führt zu einem bekannten Ergebnis. Auch wenn das Ergebnis letztendlich nicht das ist, was du willst, macht seine Vorhersehbarkeit einen Teil seiner Macht aus. Normalerweise nehmen Muster unbewußt als Verhaltensweise in einer Situation, in der du nur begrenzte Wahlmöglichkeiten hast, ihren Anfang. Sie helfen dir, aber du zahlst auch dafür.
Muster führen quasi ein Eigenleben und überdauern mit großer Beharrlichkeit. Wenn sie in Gefahr geraten, aufgelöst zu werden, schlagen sie mit Macht zurück. Wenn du ein Muster einmal erkannt hast und beschließt, es aufzubrechen, verstärkt es sich oft. Laura erinnert sich:

> Ich beschloß, ich wollte mehr da sein in meinem Leben, ich wollte mich nicht mehr jedesmal ausblenden, wenn ein starkes Gefühl auftauchte. Aber das Muster schlug brutal zurück. Alles wurde viel schlimmer, als es jemals gewesen war. Jetzt war ich nur noch ausgeblendet. Schließlich, als ich schon dachte, ich könnte es nicht mehr aushalten, ich würde da niemals durchkommen, zerbrach es. Ich hatte das Wunder vollbracht, anwesend bleiben zu können, auch wenn mir dabei sehr unbehaglich war.

Eine andere Frau, die eine ganze Reihe gewalttätiger Beziehungen hinter sich hatte, arbeitete daran, dieses Muster zu ändern. Aber gerade, als das Muster sich langsam

DER VERÄNDERUNGSPROZESS

lockerte, sagt sie, »hatte ich eine drei Wochen lange Affäre, in der ich jede einzelne meiner beschissenen Beziehungen noch einmal voll erlebte. Ich durchlief meine ganzen Muster so richtig im Schnelldurchgang. Wie in einem Charlie-Chaplin-Film.«

Wichtig ist, daß du an diesem kritischen Punkt nicht aufgibst. Vermutlich bedeutet das Gefühl: »Ich halt es nicht mehr aus«, daß die Veränderung ganz nahe bevorsteht, an der du so hart arbeitest.

Sich selbst zu lieben fällt schwer

Sei nett zu dir. Hab Geduld. Babies können auch nicht heute krabbeln und morgen laufen. Bei ihnen werden wir nicht ungeduldig oder ärgerlich, wenn sie stolpern und umfallen. Im Gegenteil, wir finden ihre ersten Versuche wunderbar, auch wenn sie mit einem Plumps enden.

Verzeih es dir, wenn du zurückrutschst, sei gut zu dir, allein schon das bricht ein Muster auf. Eine Überlebende erzählte, wie sie sich selbst gegenüber mit der Zeit nachsichtiger wurde:

Wenn ich in ein altes Muster rutsche, kommt es mir fast vor, als ob ich ein Paar Schuhe anziehen würde, die mir nicht mehr passen. Ich hab sie wieder angezogen, und jetzt versuch ich, ein bißchen damit zu steppen, und es klappt nicht. Am Anfang machte ich mir Vorwürfe: »Warum hast du die blöden Schuhe wieder angezogen?« Ich wurde dann richtig mutlos und dachte, ich würde mich nie ändern.

Aber seit ich mit meiner Heilung weitergekommen bin, kann ich nachsichtiger mit mir sein: »O Gott, ich bin wieder ausgerutscht.« Jetzt klopf ich mir auf die Schulter, weil ich es so schnell gemerkt hab, und dann frag ich mich: »Wodurch ist es diesmal ausgelöst worden?« Statt mich selbst zu bestrafen, sag ich mir, das nächste Mal werde ich auf mich aufpassen, und überleg mir, wie ich das am besten mache.«

Erkenne deine Leistungen an

Oft wissen Menschen ganz genau, wie schwierig etwas ist, bevor sie damit anfangen. Du hast Angst, du zögerst, du nimmst deine Kraft und deinen Mut zusammen, und irgendwie schaffst du, das zu tun, was du vorhattest. Und dann, sobald du es hinter dir hast, kannst du es gar nicht abwarten: »Gut. Und als nächstes?« Oder noch schlimmer: Du kritisierst dich und sagst: »Ich weiß nicht, warum ich mich so angestellt hab. Es war nichts Besonderes.«

Es war etwas Besonderes. Und das mußt du anerkennen.

Eine Frau, mit der Ellen therapeutische Gespräche führte, war wütend auf sich selbst, weil sie eine Beziehung zu einem Mann hatte, aus dem sie sich wirklich nichts machte. Sie hatte Angst, nie wieder jemanden zu finden, der sie wollte, sie hatte Angst, einsam zu sein, deshalb setzte sie diese Beziehung fort. Ab und zu versuchte sie, den Mut aufzubringen, mit ihm Schluß zu machen, aber jedesmal kam sie ins Schwanken und blieb. Endlich, nach vielen Monaten, beendete sie die Beziehung. In der Woche sprach sie fast während des gesamten Gesprächs von anderen Dingen und erwähnte nur, daß sie mit diesem Mann Schluß gemacht hatte. Und im gleichen Satz sagte sie, sie hätte ein schlechtes Gewissen, weil ihre Gefühle immer noch nicht eindeutig seien und sie sich immer noch fragte, ob sie nicht zurückgehen sollte.

»Moment«, sagte Ellen. »Du hast mit ihm Schluß gemacht?«

»Ja, aber ich bin mir gar nicht sicher, daß das richtig war. Ich hab ...«

Ellen unterbrach wieder. »Aber du hast Schluß gemacht. Auch wenn du irgendwann beschließt, daß du zurückgehen willst, hast du genau das getan, was du wirklich tun wolltest und wovor du Angst hattest. Du hast es geschafft! Und das ist dir nicht mal einen ganzen Satz wert.«

Schließlich beruhigte sich die Frau doch soweit, daß sie ihre Leistung wahrnehmen konnte. Sie war bereit zu hören, daß viele

161

VERHALTENSMUSTER ÄNDERN

Menschen sich unbehaglich fühlen, wenn sie anders handeln, als sie es gewöhnt sind, auch wenn es in ihrem eigenen Interesse ist.

Ein Grund zu feiern

Wenn du ein Ziel erreicht oder eine Änderung durchgeführt hast, an der du hart arbeiten mußtest, ist das ein Grund zu feiern. Du wirst selbst am besten wissen, mit welcher Art Feierlichkeit du dich wohlfühlst, ob irgendwie bizarr oder ernsthaft. Iß Hummer, kauf eine schöne Karte und schick sie dir. Zelebriere ein Ritual. Zünde eine Kerze an. Mach etwas Besonderes für dich.

Schreibübung: Änderung der Verhaltensmuster

(Siehe Grundregeln für Schreibübungen, auf Seite 25.)

1. Nimm dir die Zeit, festzustellen, wie weit du mit deiner Heilung gekommen bist. Stehst du am Anfang, oder hast du schon gewisse Fortschritte gemacht? Was hast du schon erreicht? Worauf kannst du schon stolz sein? Welche Barrieren hast du überwunden? Welche kleinen (und großen) Erfolge hast du erreicht? Erkenne deine Leistungen an. In allen Einzelheiten.

2. Du hast schon eine Menge Arbeit geleistet; und es bleibt noch viel zu tun. Welche Ziele hast du jetzt bei der Heilung? Welche Möglichkeiten gibt es für dich, auf diese Ziele hinzuarbeiten? Schreib über das, was du noch machen mußt, um in deinem Leben voranzukommen. Das kann allgemein sein, zum Beispiel: »Ich muß mehr Verständnis und Mitgefühl für mich aufbringen«, oder konkret, zum Beispiel: »Das Bild von dem Mann, der mich mißbraucht hat, hängt immer noch in meinem Wohnzimmer. Ich muß es verbrennen.«

Änderungen

von Ellen Bass

Hier, wo ich die alten Wurzeln herausreiße
aus meiner Brust, wie die Tomaten,
die wir wachsen lassen bis in den Dezember,
Stämme, dick wie junge Bäume.

Das ist der Augenblick,
wenn die uralten Ängste
stürmen wie Vollblüter, die nach
mehr und mehr Zügel verlangen.
Und ich sitze im Sulky, und aus
irgendeinem Grund, den sie nicht kennen,
ziehe ich die Zügel an, um sie zu bremsen.

Die Angst packt mich wie ein Virus,
und ich schwitze,
fiebrig versuche ich
sie auszubrennen. Diese Angst ist unsichtbar. Nur eine Frau ist zu sehen, die sich benimmt wie jeden Tag,
Tee trinkt, ins Kino geht,
im Bett liest. Wenn ich siege,
werde ich noch genauso aussehen.

Doch ich ziehe einen Karren aus eingefahrenen Furchen heraus, ein halbes Jahrhundert tief. Ich bahne eine Lichtung durch die herabgefallenen Äste meines Herzens. Ohne die Präzision eines Lasers, nur mit dem primitiven Messer meiner Bedürfnisse, unterbreche ich die Kabel meines Gehirns und schließe sie wieder an. Ich ändere mich.

Selbstwertgefühl und innere Stärke

Ich weiß noch, wie ich in depressiven Phasen sagte: »Du glaubst, ich sei ein guter Mensch, bin ich aber nicht. Ich bin schlecht.« Tief drinnen, unter all dieser Scheiße von der unkomplizierten, beliebten und erfolgreichen Superfrau, hab ich diesen kleinen Kern, diesen bösen Keim, der mich dazu zwingt, nach außen hin perfekt zu sein. Denn wenn ich so tu, als sei ich gut, dann kann ich damit ausgleichen, was für ein böser Mensch ich in Wirklichkeit bin.

Selbstwertgefühl ist für Frauen ein wichtiges Thema. Unsere Kultur wertet Frauen ab, deshalb haben wir oft mit dem Gefühl der Unzulänglichkeit zu kämpfen oder zweifeln an uns selbst. Für Überlebende sind diese Punkte noch akuter. Du bist früh verletzt und beschädigt worden. In deinem Inneren ist etwas zerbrochen. Dir wurde als Kind die Bestätigung verweigert, daß du wertvoll, daß du tüchtig und in Ordnung warst, so wie du warst, und daß du Liebe verdientest. Du bekamst keine Möglichkeit, dich gut zu finden. statt dessen wurdest du mißbraucht. Hinterher fühltest du dich schmutzig und irgendwie schuldig. Und weil du dich auf die eine oder andere Weise mit der Situation arrangieren mußtest, hast du dich später vielleicht noch mieser gefühlt, dich noch mehr geschämt.

Vielleicht drückt sich dein mangelndes Selbstbewußtsein in einem ständigen Gefühl der Wertlosigkeit aus, eine Stimme im Hintergrund sagt dir immer wieder, du hättest nicht genug getan, du hättest es nicht richtig gemacht, du hättest es nicht verdient. Oder deine Gefühle zu dir selbst schwanken. Meistens findest du dich gut, und die selbstkritischen Gefühle ruhen, bis du einen Dämpfer bekommst: du verlierst etwas, etwas verändert sich, du streitest dich mit einer Person, die du gern hast. Dann verlierst du plötzlich den Draht zu deinen guten Eigenschaften. Dein positives Verhältnis zu dir selbst, das du so sorgsam aufgebaut hast, scheint plötzlich verschwunden, unerreichbar.

Manchmal sieht es so aus, als käme der Selbsthaß aus heiterem Himmel. Eine unbedeutende Begegnung kann eine ganze Lawine von Selbstzweifeln und Unsicherheit auslösen. In der Prüfung verstehst du eine Aufgabe falsch, und du sagst dir: »Ich bin zu blöd dafür. Ich werd nie etwas schaffen.« Du machst mit jemandem Schluß, weil du merkst, der Mensch ist nicht gut für dich, und anstatt stolz auf dich zu sein, weil du Grenzen setzt, fühlst du dich verlassen und bist sicher, daß du dich nie wieder verlieben wirst. Obwohl du tust, was für dich richtig ist, fühlst du dich doch zum Schluß, als hättest du alles verkehrt gemacht - schon wieder.

Selbstwertgefühl erlebst du aus dem Moment heraus, und dein Verhältnis zu dir selbst wird im Verlauf des Heilungsprozesses immer wieder schlechter und besser werden.

Am Anfang, wenn die ersten Erinnerungen wiederkommen, wenn du mit der Wahrheit konfrontiert bist, Schwierigkeiten hast zu akzeptieren, was dir geschehen ist, oder wenn du dich mit dem Mißbraucher auseinandersetzt, fühlst du dich vielleicht schlechter als vorher. Oft sind Scham, Ohnmachtsgefühle und Selbsthaß zusammen mit den Erinnerungen zurückgehalten worden, und wenn jetzt die Erinnerungen auftauchen, kommen diese Gefühle mit.

Deine Heilung betrifft nicht nur den Schmerz. Es geht darum, daß du lernst, dich selbst zu lieben. Während du langsam die Rolle des Opfers ablegst und zu einer stolzen Überlebenden wirst, erlebst du Augenblicke der Hoffnung, des Stolzes, der Befriedigung. Das sind normale Begleiterscheinungen der Heilung.

In diesem Buch geht es um die Stärkung deines Selbstwertgefühls. Ob du mit dem Kind in dir Kontakt aufnimmst, deinen Zorn entdeckst, an deiner Sexualität arbeitest oder um die Vergangenheit trauerst, du baust eine nachgiebigere, liebevollere Beziehung zu dir selbst auf. In diesem Kapitel findest du ein paar konkrete Hinweise, die dir helfen können, ein positiveres Verhältnis zu dir selbst zu entwickeln - allein, in der Beziehung zu anderen und in deiner Arbeit.

Verinnerlichte Botschaften

Als du mißbraucht wurdest, haben sie dir vermutlich direkt oder indirekt gesagt, daß der Mißbrauch deine Schuld gewesen sei, vielleicht auch, daß du schlecht oder dumm seist. Vielleicht haben sie dich gedemütigt oder eine Lügnerin genannt. Vielen Überlebenden ist gesagt worden, sie würden es niemals zu etwas bringen. Vielleicht wird dir das heute immer noch vermittelt. Eine Überlebende, deren Gedicht in einer Zeitung abgedruckt wurde, schickte ihrer Mutter eine Kopie davon. Ihre Mutter antwortete: »Das war nur Anfängerglück. Du schreibst bestimmt kein zweites Gedicht.«

Eine andere Frau, die zur »tollsten Frau der High School« gewählt worden war, hatte so ein verdrehtes Bild von sich selbst, daß sie überzeugt war, ihre FreundInnen hätten sie nur aus Mitleid gewählt.

Auch wenn dir das alles nicht so direkt vermittelt wurde, hat dir doch die Tatsache, daß du mißbraucht wurdest, gezeigt, daß du machtlos und allein warst, nicht wert, beschützt oder geliebt zu werden. Indem dich deine Familie ignoriert oder vernachlässigt hat, wurde dein Wert an sich geleugnet. Du hast gelernt, daß du nichtswürdig warst und unfähig, in der Welt etwas zu bewirken.

Wenn unser eigener Wert oft genug geleugnet wird, fangen wir an zu glauben, daß mit uns etwas nicht stimmt. Das kann dazu führen, daß du glaubst, Du seist nur zum Sex zu gebrauchen, kein Mensch könne dich gern haben; was tu tust, sei sowieso nicht wichtig, oder sogar, daß du es nicht verdienst zu leben. Ellen sagt: »Überlebende sind auf Selbstzerstörung programmiert worden. Du hast gelernt, dich selbst so nachhaltig herabzusetzen, daß die Mißbraucher dazu gar nicht mehr nötig sind. Die können in Ruhe Golf spielen, während du dich selbst fertigmachst.«

Oft bedroht dieser Hang zur Selbstzerstörung das positive, konstruktive Selbstkonzept, das du aufzubauen versuchst.

> Ich habe mich oft wie zwei verschiedene Menschen gefühlt. Mittwochs wollte ich mir einen Revolver kaufen und mich erschießen. Der Laden machte um sechs Uhr zu. Wir hatten eine Vertriebsbesprechung in der Firma, aber ich ging nicht hin, weil ich sonst zu spät zu dem Laden gekommen wäre.
>
> Den ganzen Tag lang hab ich mir diese Scheiße mit dem Revolver überlegt, aber ich hatte auch eine Liste von den Dingen gemacht, die ich gerne tat. Und dann, auf dem Weg zu dem Laden, beschloß ich, daß ich den Revolver eigentlich gar nicht kaufen wollte. Also hab ich statt dessen einen Teddybär erstanden. Ich hab einen Termin für eine Massage gemacht. Und ich hab mir eine Karte zu einer Veranstaltung besorgt, die ich gerne besuchen wollte.
>
> Oft sind da zwei Menschen am Werk. Die Frau in mir drin, die wirklich alles tut, um gesund zu werden. Und dann diese andere Frau, die so oft geschlagen worden ist. Sie macht einfach da weiter, wo mein Vater aufgehört hat.

Die verinnerlichten Botschaften ändern

Zu Beginn deiner Heilung fühlst du dich vielleicht ständig mit negativen Botschaften konfrontiert. Aber mit der Zeit verschiebt sich das Bild, das du von dir hattest, und diese Botschaften werden schwächer. Vor dem Hintergrund einer grundsätzlich positiven Einstellung zu dir selbst werden sie dir deutlicher auffallen.

Vielleicht denkst du, solche Gedanken kämen ohne Grund, aber Tatsache ist, daß sie immer von irgend etwas ausgelöst werden. Versuche jedesmal, wenn du dich mit dir schlecht fühlst, den Gedanken oder die Begebenheit, die das Gefühl ausgelöst haben, herauszufiltern. Nach den Anfangsschwierigkeiten wirst du bald in der Lage sein, dir ein paar kurze Fragen zu beantworten:

- Wann hat das Gefühl angefangen?
- Hab ich mit jemandem ein unangenehmes Gespräch geführt? Einen unangenehmen Anruf oder Brief erhalten?
- Hat mir jemand Angst eingejagt oder mich wütend gemacht?
- Gibt es einen Grund, warum ich mich im Moment besonders verletzlich fühle?
- Wann hat meine positive Einstellung zu mir aufgehört?

Wenn du herausgefunden hast, welcher Anlaß oder welcher Gedanke dieses Gefühl ausgelöst hat, frag dich: »Ist mir das schon öfter passiert?« Suche in deiner Erinnerung und überlege, wann du dich zum ersten Mal so gefühlt hast, wann du gerade diese Lüge zum ersten Mal gehört hast. In welchem Zusammenhang? Wer hat dir gesagt, du seist egoistisch? Wer hat dir gesagt, du würdest stören? Wann hast du beschlossen, daß du die Böse bist?

Fühl noch einmal den Schmerz des Kindes, das du einmal warst. Laß dein Mitleid mit ihm zu, deinen Zorn auf diejenigen, die es verletzt haben, und alle anderen Gefühle. Diese Gefühle wahrzunehmen und auszudrücken hilft dir, dich aus dem Griff der negativen Botschaften, die du verinnerlicht hast, zu befreien.

Wenn du die Lügen erkennst, die du über dich gehört hast, kannst du sie auch loswerden. Eine Frau - sie nannte die Stimmen in ihrem Kopf »das Komitee« - schoß sie nach und nach alle ab:

Immer, wenn ich anfange, mich mies zu finden, sag ich: »Gut. Wer spricht da? Wer im Komitee sagt da, › Du schaffst das sowieso nicht. Das kannst du nicht?‹ Daddy? Mommy? Das Kind, das Angst hat? Das verletzte Kind? Oder ist das Oma Jean?«

Wenn alle Komiteemitglieder zusammen in meinem Kopf sitzen und ich nichts sehen und nichts fühlen kann, dann muß ich ihre Stimmen voneinander trennen und sie zum Schweigen bringen. Ich gucke mir ein Komiteemitglied aus und schmeiß es raus. Ich sage: »Stop. Raus! Das ist mein Kopf! *Ich* bestimme, was hier läuft. Du hast mir nichts zu sagen! *Raus!*«

Allein schon wenn du den Ursprung deiner negativen Gedanken erkennst, wird das deinen Hang, dich schlecht mit dir zu fühlen, drastisch einschränken. Du suchst den Ursprung dieser negativen Bilder und gehst damit davon aus, daß sie tatsächlich irgendwo herkommen. Du bestätigst, daß du dich nicht so fühlst, weil es stimmt, sondern weil du darauf programmiert worden bist.

Wenn du die Lüge zurückgewiesen hast, ersetzt du sie durch die Wahrheit über dich. Wenn du denkst, du verdienst keine Liebe, dann sag dir: »Ich bin ein wunderbares menschliches Wesen. Allein schon, weil ich lebe, verdiene ich Liebe. Einfach, weil ich ein Mensch bin. Ich brauche gar nichts dafür zu tun.« Und das ist die Wahrheit. Wenn du es noch nicht glaubst, sag es trotzdem. Mit der Zeit wirst du es glauben (siehe »Sag es dir laut, oder stell es dir bildlich vor«, auf Seite 169).

Manchmal, besonders am Anfang, kann die Ansicht einer Freundin sehr nützlich sein.

VERHALTENSMUSTER ÄNDERN

Laura hat zusammen mit ihrer besten Freundin ein einmaliges System entwickelt:

> Immer wenn eine von uns etwas Destruktives und nicht unserem gesündesten, erwachsensten Selbst Entsprechendes sagt, unterbricht die andere mit unserem geheimen Codewort liebevoll das Gespräch: »Tomate!« Wenn ich anfange mit: »Ach, das klappt nie! Das schaffe ich niemals«, schreit sie: »Tomate! Tomate!« bis ich aufgebe und lachen muß. Wenn ich einen richtig schlechten Tag hab, erklärt sie mir geduldig, als sei ich ein Kind, *warum* meine Tomatenmeinung nicht stimmt. Dann setzt sie die Wahrheit dafür ein, so wie sie sie sieht: »Laura, du bist eine starke Frau, meine beste Freundin. Natürlich kannst du das!« So eine Freundin zu haben hilft wirklich.

Grenzen setzen

Die Fähigkeit, Grenzen zu setzen, ist ganz wesentlich, für ein positives Verhältnis zu dir selbst. Viele Überlebende haben nicht gelernt, über ihre eigene Zeit zu verfügen, ihren Körper zu schützen, zunächst an sich selbst zu denken und nein zu sagen.

> Ich hab meine Zeit immer allen zur Verfügung gestellt, die sie wollten, denn ich bin nicht davon ausgegangen, daß ich darüber zu bestimmen hätte. Als ich klein war, haben alle sich von mir geholt, was sie gerade wollten. Meine Grenzen sind miserabel. Es ist schon lächerlich, wie wenig Widerstand ich biete. Ich tu alles, worum ich gebeten werde. Wenn du das machst, haben dich alle Leute gern. Und es ist für mich sehr wichtig, daß die Leute mich gern haben.

Nein sagen ist schwer zu lernen, aber wenn du erst einmal aufhören kannst, Dinge zu tun, die du nicht tun willst, wird dich das sehr erleichtern. Indem du Grenzen setzt, tust du etwas für deine Sicherheit und gleichzeitig auch für deine Freiheit. Indem du zu anderen Leuten nein sagst, sagst du allmählich ja zu dir selbst.

Aber es ist nicht leicht, nein zu sagen. Als Frauen haben wir gelernt, anderen gefällig zu sein und ihren Bedürfnissen Vorrang zu geben.

> Ich fuhr zu einem Workshop zum Thema »Verabredungen«. Wir wurden in Zweiergruppen eingeteilt und sollten versuchen, uns miteinander zu verabreden. Diejenigen von uns, die angesprochen wurden, sollten nein sagen. Wir hatten die Anweisung, die Einladung abzulehnen. Aber als die Frauen hinterher in der Gruppe erzählten, wie es gelaufen war, hatten erstaunlich viele trotzdem ja gesagt. Eine hatte sich sogar angeboten, das Abendessen zu kochen.

Wenn du dir nicht vorstellen kannst, nein zu sagen, dann üb das. Bitte eine Freundin, mit dir ein Rollenspiel zu machen. Denk dir eine Szene aus, in der du gebeten – oder angewiesen – wirst, etwas zu tun, was du nicht tun willst. Dann sag nein. Achte auf die Gefühle, die hochkommen, aber sag auf jeden Fall nein. Wenn du denkst: »Ich kann einfach nicht nein sagen«, dann überlege, warum nicht. Was würde passieren, wenn du nein sagst? Glaubst du, du oder der/die andere käme damit nicht zurecht? Wann ja, warum? Sprich über deine Gefühle, und sag dann trotzdem nein. Tauscht die Rollen. Hör dir an, wie deine Freundin nein sagt. Versuch, es so zu sagen wie sie.

Danach achte auf Situationen in deinem Leben, in denen du nein sagen willst. Fang mit dem Leichtesten an. Wenn ein Freund dich bittet, mit ihm mittagessen zu gehen, aber du in der Zeit eigentlich Klavier spielen wolltest (und du willst *wirklich* Klavier spielen), sag nein. Wenn dich deine Sechsjährige bittet, ihr die Milch zu holen, sag ihr, daß sie das jetzt bestimmt schon selbst kann.

Wenn du noch nie (oder so gut wie nie) nein gesagt hast, kommen dir deine ersten Versu-

Die häufigsten Einzeiler

Ich hasse mich.

»Ich fühlte mich, als hätte ich eine schmierige, feuchte, klebrige Masse in mir drin. Ich wußte, alles in mir war böse, und etwas davon blieb an allen hängen, mit denen ich in Kontakt kam. Also ließ ich keinen Menschen wirklich an mich ran.«

Ich verdiene es nicht.

»Im Grunde besteh ich nur aus Streß. Die normalen Vergnügen, die andere Leute genießen - Zusammensein mit anderen, Entspannen, Spaß -, sind mir immer unerreichbar vorgekommen. Ich flirte herum und tu, als wär ich wunders wie toll, aber in Wirklichkeit glaub ich nicht, daß mich jemals jemand lieben wird. Ich weiß, eigentlich bin ich dazu bestimmt, allein zu sein.«

Das kann ich nicht.

»Als ich klein war, erwarteten alle von mir, daß ich erwachsen sein sollte. Ich mußte kochen und das Haus in Ordnung halten. Mit neun, zehn Jahren war ich schon für alles verantwortlich. Und wie gut kann ein Kind wohl den Haushalt führen? Ich machte immer alles verkehrt. Ständig meckerten sie an mir herum. Jetzt versuch ich's erst gar nicht mehr. Wozu? Ich mach ja doch alles verkehrt.«

Alles muß perfekt sein.

Bei uns zu Hause waren sie großzügig bei Mißerfolgen, aber kleinlich mit Anerkennung. Wenn mir jemand sagt: »Das hast du super gemacht«, dann sag ich: »Ja, aber guck, da ist ein Fehler.« Es fällt mir schwer, das Gute zu sehen. Ich seh immer nur das Haar in der Suppe.«

Egal, was ich mach, es ist nie genug.

»Ich weiß, ich bin tüchtig. Ich weiß, ich kann vieles. Wenn ich sag, ich mach was, dann weiß ich genau, ich schaff das auch. Und wahrscheinlich doppelt so schnell wie alle anderen. Mein Problem ist, daß ich nicht das Gefühl hab, das wäre etwas Besonderes. Warum sollte ich dafür Geld oder Anerkennung oder davon Selbstvertrauen bekommen? Alles, was ich mach, und wenn es noch so toll ist, gleicht ja nur aus, was passiert ist, als ich klein war. Meine Leistungen bringen mich nur auf plus minus null.«

Es lohnt sich sowieso nicht.

»Ich war noch nie ehrgeizig. Kein Stück. Ich hab eine unheimliche Nase für Geschäfte, aber ich nutz das nur für andere Leute und nie für mich. Warum? Ich wollte noch nie mehr als nur das Nötigste. Ich wollte immer nur überleben. Ich wollte immer nur normal sein. Und dabei bedeutet Leben soviel mehr.«

Was ich will, ist sowieso egal.

»Von klein auf war ich der Schuttabladeplatz. Vier Menschen wohnten bei uns zu Hause, und jeder einzelne hat mich mißbraucht. Ich hab nur gelernt, Mißbrauch zu akzeptieren. Ich war nie lange genug in meinem Körper, um zu wissen: Wollte ich schreiben? Wollte ich zeichnen? Wollte ich spielen? Ich hab nie gelernt, zu wissen, was ich wollte. Darum hab ich später alle Jobs angenommen, die mir zufällig über den Weg liefen.«

che vielleicht ungeschickt oder unhöflich vor. Wenn du das Gefühl hast, du hättest nicht das Recht, nein zu sagen, oder wenn du das noch nie gemacht hast, bringst du möglicherweise umständliche Erklärungen an oder lehnst entschiedener ab als nötig. Aber du mußt nicht laut werden oder einen feindseligen Ton anschlagen, um nein zu sagen. Wenn allmählich sicherer wirst, daß du das Recht hast, nein zu sagen, wird bald schon ein einfacher Satz reichen: »Nein, ich will nicht«, »Nein, danke«, »Nein, ich hab keine Lust.«

Wenn du dein Leben lang auf andere Leute Rücksicht genommen und ja gesagt hast, triffst du vielleicht auf Widerstand und Verärgerung, wenn du anfängst, nein zu sagen. Vielleicht sagen dir die Leute, vorher seist du netter gewesen und hättest ihnen besser gefallen. Vielleicht sagen sie auch, du seist egoistisch. Andererseits merkst du wahrscheinlich, daß die FreundInnen, die froh sind, daß du endlich etwas für dich tust, deine Ehrlichkeit und Klarheit respektieren.

Auch wenn es manchmal Überwindung kostet, nein zu sagen, lohnt es sich. Du fühlst dich sicherer, denn du schützt dich vor unangenehmen Situationen. Du kriegst mehr und öfter das, was du willst. Du fühlst dich weniger als Opfer. Du hast mehr Selbstvertrauen, fühlst dich stärker und gewinnst Selbstachtung. Dein Selbstwertgefühl wächst.

Entwirf ein positives Bild von dir selbst

Lebe für dich selbst
Wir alle haben das Recht, Entscheidungen zu treffen, von denen wir uns Genugtuung erhoffen. Wir haben das Recht auf unsere eigenen Wertvorstellungen, unsere Art zu leben und das Recht, unsere Prioritäten zu setzen. Wenn du immer noch versuchst, es den anderen recht zu machen, wenn du immer noch hoffst, irgend jemandes Aner-

Autobiographie in fünf kurzen Kapiteln
von Portia Nelson

I
Ich geh die Straße hinunter.
Da ist ein tiefes Loch im Bürgersteig.
Ich fall hinein
Ich bin verloren ... ich bin hilflos
Es ist nicht meine Schuld.
Es dauert ein ganzes Leben,
da wieder herauszufinden.

II
Ich geh dieselbe Straße hinunter.
Da ist ein tiefes Loch im Bürgersteig.
Ich tu so, als würde ich es nicht sehen.
Ich fall wieder hinein.
Ich kann nicht glauben,
daß ich wieder am selben Punkt bin.
Aber es ist nicht meine Schuld.
Es dauert immer noch lange,
herauszukommen.

III
Ich geh dieselbe Straße hinunter.
Da ist ein tiefes Loch im Bürgersteig.
Ich seh es.
Ich fall wieder hinein ... das ist die Gewohnheit.
Ich hab die Augen offen.
Ich weiß, wo ich bin.
Es ist meine Schuld.
Ich bin sofort wieder draußen.

IV
Ich geh dieselbe Straße hinunter.
Da ist ein tiefes Loch im Bürgersteig.
Ich lauf um das Loch herum.

V
Ich geh eine andere Straße hinunter.

kennung zu gewinnen, dann wirst du niemals interessant genug, dünn genug, erfolgreich genug sein. Versuch, dein Leben aus deinem Inneren heraus zu gestalten und nicht nach äußeren Erwägungen.
Versuch, die Erwartungen deines Vaters beiseite zu schieben. Hör auf, dich mit deiner besten Freundin zu vergleichen. Überleg dir, was du gerne machst, mit wem du gerne zusammen bist, was wichtig für dich ist.
Geh diese Veränderungen langsam an. Selbst nachzudenken und deine eigenen Entscheidungen zu treffen bereitet dir vielleicht Angst. Wenn du auf die Erwartungen verzichtest, die andere Leute an dich haben, hast du vielleicht zunächst ein Gefühl der Leere. Aber dich als unabhängige Erwachsene zu sehen, die für ihre eigenen Entscheidungen einstehen kann, hilft dir, dich so zu akzeptieren, wie du bist. Wenn du anfängst, deinen Entscheidungen zu trauen und deine eigenen Ziele zu verfolgen, steigt deine Selbstachtung von allein.

Tu Dinge, auf die du stolz sein kannst

Du kannst unmöglich eine positive Einstellung zu dir selbst entwickeln, wenn du Dinge tust, die du verachtest. Als zwanghafte Spielerin, die nicht genug Zeit mit ihren Kindern verbringt, oder wenn du einer Therapie aus dem Weg gehst, wirst du keine positive Einstellung zu dir selbst gewinnen. Um dein Selbstwertgefühl aufzubauen, mußt du Dinge tun, die du respektieren und bewundern kannst.

Sag es dir laut, oder stell es dir bildlich vor

Viele Frauen fanden es beim Aufbau ihres positiven Selbstbildes hilfreich, sich selbst Bestätigung zu geben. Du kannst zum Beispiel sagen: »Ich bin eine schätzenswerte Frau«, »Ich mag mich«, »Ich bin liebenswert«, »Ich kann meinen Wahrnehmungen trauen.« Wenn du das täglich wiederholst - laut oder schriftlich -, bestätigst du systematisch deine positiven Eigenschaften.

Manchen Frauen liegt es näher auszudrücken, wie sie gern werden möchten. Vielleicht möchtest du dich gern stark und tüchtig fühlen. Zur Zeit fühlst du dich vielleicht stärker als früher, aber immer noch nicht besonders stark. Indem du dir bestätigst: »Ich bin stark und tüchtig«, schaffst du ein Bild von dir selbst, dem du später entsprechen wirst. Und gleichzeitig machst du wahr, was du dir wünschst.

Eine andere gute Methode, um deinem Ziel näherzukommen, ist, dir bildlich vorzustellen, wie du sein willst: Dazu kannst du dir verschiedene Situationen ausmalen, die dich tüchtiger und stärker zeigen - vielleicht stehst du als brillante Rednerin vor einer Jury und vertrittst hervorragend deinen Standpunkt, du machst deinen schwarzen Gürtel in Karate, oder du läufst bloß die Straße hinunter, aufrecht und mit erhobenem Kopf. Du kannst dir vorstellen, daß du eine gute Beziehung hast oder wie du dich prächtig amüsierst. Du kannst dir ganze Drehbücher ausdenken. Eine Frau, die sich immer irgendwie schmutzig fühlte, als ob sie überall voll Scheiße wäre, stellte sich vor, wie sie die ganze Scheiße abkratzen und ihren Mißbraucher damit beschmeißen würde. Hinterher fühlte sie sich großartig.

Betone das Positive

Gewohnt, dich selbst als unfähig oder wertlos zu betrachten, siehst du vielleicht die guten Seiten an dir überhaupt nicht. Liste die Dinge, die du gut kannst, auf. Nimm alles mit auf. »Spiegeleier kriege ich perfekt hin, ich kann laut auf zwei Fingern pfeifen, ich krieg jeden Knoten auf.« Mach noch eine Liste von dem, was dir an dir gefällt: »Mir gefällt, daß ich gut zuhören kann. Mir gefallen meine Füße. Mir gefällt meine Dickköpfigkeit.« Lies dir diese Listen vor, wenn du in selbstkritischer Stimmung bist. Such dir eine Freundin, die dir beipflichtet, und lies ihr die Listen vor. Oder frag deine FreundInnen, was ihnen an dir gefällt. Hör zu, und schreib es auf.

VERHALTENSMUSTER ÄNDERN

Wichtig ist, daß du sowohl kleine als auch große Veränderungen anerkennst. Eva, eine Überlebende, die früher von ihrem Ehemann geschlagen wurde, war begeistert, als sie sah, wie sehr ihr Selbstbild sich verändert hatte:

> Früher hatte ich immer das Gefühl, was ich sage, zählt sowieso nicht, und niemand hört mir zu. Ich mochte mich selbst nicht leiden. Ich hab mir richtig Mühe gegeben, damit alles in meinem Leben genau dem entsprach, was mein Mann schon immer über mich gesagt hatte und was ich selber von mir hielt. Ich brauchte lange, bis ich soweit war, daß ich mein Leben selbst bestimmen und andere Leute mich und das, was ich dachte, nicht mehr beherrschen konnten.
>
> Das hat sich alles wahnsinnig geändert. Ich hab jetzt viel mehr Selbstvertrauen und weiß, wer ich bin. Als ich jung war, hat mir manches an mir gefallen. Das hab ich mir zurückgeholt. Irgendwie bin ich eine starke Frau. Ich war die mutigste Frau weit und breit. Und dann gab es eine Zeit, da hatte ich Angst, was die Leute sagen würden, und jetzt ist es mir total egal. Ich werde sein, wie ich wirklich bin, und wenn die Leute damit nicht klarkommen, haben sie Pech gehabt.

Such dir eine Aufgabe

Wenn du dabei bist, in Selbsthaß und Verzweiflung abzudriften, hilft es dir vielleicht, dich mit Hilfe einer überschaubaren Aufgabe, die du gut erledigen kannst, in der Gegenwart zu verankern - putzen, eine Suppe kochen oder Blumen pflanzen. Ellen sagt, wenn sie sich miserabel fühle, helfe es ihr, irgendwelche Arbeiten zu erledigen:

> Oft geh ich an meinen Schreibtisch und beantworte die Post, bezahl Rechnungen und erledige den ganzen Papierkram, der sich da angesammelt hat. Es tut mir auch gut, wenn ich irgendwo ausmiste. Und wenn ich abwasche: das warme Wasser und das sichtbare Ergebnis. Wenn ich solche Routinearbeiten erledigt hab, fühl ich mich vielleicht nicht großartig, aber wenigstens hab ich das gute Gefühl, etwas getan zu haben.

Mach mal Pause

Wenn du intensiv damit beschäftigt bist, das Trauma deines sexuellen Mißbrauchs zu bearbeiten, kann es leicht vorkommen, daß du dich fühlst, als seist du nichts anderes als sexuell mißbraucht. Du gehst in die Therapie, zu Gruppentreffen, du heulst, tobst, streitest dich mit deinem Partner oder deiner Partnerin, versuchst, von irgendwelchen Abhängigkeiten loszukommen, und liest, redest und träumst von sexuellem Mißbrauch.

Es ist oft unvermeidlich und auch sinnvoll, daß du dich intensiv mit deinem Heilen beschäftigst, aber es hilft dir, wenn du innehältst und dir vergegenwärtigst, wie weit du gekommen bist. Wenn du das Gefühl hast, daß du immer noch nicht geheilt bist und im Grunde noch dieselben Probleme hast, erinnere dich daran, daß das nicht alles ist. Tatsächlich sind deine Probleme wahrscheinlich inzwischen weniger gravierend, und möglicherweise gehst du jetzt auch völlig anders mit ihnen um.

Wenn du innehältst, kannst du sehen, daß du mehr bist als nur eine Reaktion auf Mißbrauch. Wenn du die anderen Bereiche deines Lebens achtest, bestätigst du dir, daß du eine Frau mit einer Vielzahl unterschiedlicher Eigenschaften, Interessen und Fähigkeiten bist und daß der Mißbrauch und seine Folgen, auch wenn sie oft oder fast immer dein Leben überschatten, trotzdem nicht alles zerstören können.

Selbstachtung in Beziehungen

Um ein gesundes Selbstbild aufzubauen, ist es wichtig, mit Menschen zusammenzusein, die dir ein positives Bild von dir widerspiegeln, die daran glauben, daß du stark bist und gut und daß du die Fähigkeit besitzt, dein Leben in die Hand zu nehmen.

Du mußt dein Leben so einrichten, daß du mit Menschen in Verbindung stehst, die dich respektieren, dich verstehen und dich ernst nehmen. Das hattest du als Kind nicht, und das brauchst du jetzt für ein gesundes Selbstwertgefühl.

Du mußt den Kontakt zu Leuten abbrechen, die dich dazu bringen, dich mies zu fühlen: ob es dein Mann ist, dein Geliebter, die Nachbarin, die dich ständig ausnutzt, jemand aus deinem Elternhaus oder der Mißbraucher. Bemüh dich statt dessen, Beziehungen zu Menschen aufzubauen, die dich respektieren und verstehen, und pflege diese Beziehungen.

Das können FreundInnen sein oder auch nur Bekannte, deine Therapeutin, KollegInnen, LehrerInnen, Familienmitglieder, andere Überlebende, Frauen aus deiner Gruppe.

Gestehe dir selbst die Entscheidung zu, mit wem du Umgang haben willst. Natürlich kannst du den Kontakt zu Leuten, die dich nicht respektieren, nicht immer ganz abbrechen (zum Beispiel zu dem Lehrer in einem Pflichtfach), aber du mußt ausmisten und dich – soweit wie möglich – von allen trennen, die dich geringschätzen. Dann wirst du hören, wie positiv über dich gesprochen wird. Hör zu. Nimm es auf.

Ich höre von den Leuten um mich herum, daß ich mutig sei, und oft bin ich überrascht. Ich hab nicht das Gefühl, daß ich für das, was ich mach, Mut brauche. Ich *mußte* es einfach tun. Jetzt, wo ich höre, daß andere sagen, ich sei mutig, fang ich langsam an, das etwas anders zu sehen.

Ellen hatte eine ihrer Klientinnen mit der Zeit sehr gern. Einmal war diese Frau deprimiert, weil sie keinen Freund und auch keinen großen FreundInnenkreis hatte. Ellen tröstete sie damit, daß sie intensivere Beziehungen zu anderen würde herstellen können, wenn sie erst einmal sich selbst gegenüber eine positivere Einstellung gefunden hätte. »Du bist eine liebenswerte Frau«, sagte Ellen zu ihr. »Ich hab dich gern.«

Die Frau redete weiter, als ob Ellen nichts gesagt hätte. »Hast du gehört, daß ich gesagt hab, ›Ich hab dich gern‹?« fragte Ellen.

Die Frau sah Ellen skeptisch an. »Nein.«

»Na gut, versuchen wir es noch mal: Ich hab dich gern.«

»Mit dir ist das was anderes. Ich bezahl dich dafür, daß du mich gern hast«, wandte die Frau ein.

»Nein«, antwortete Ellen. »Du bezahlst mich dafür, daß ich dir helfe und dich bei deiner Heilung unterstütze, daß ich mich darum kümmere, was mit dir wird. Aber du kannst mich nicht dafür bezahlen, daß ich dich gern hab. Und zufällig hab ich dich gern.«

Die Frau sah Ellen wieder an und nickte und nahm ein kleines bißchen davon auf.

Am Anfang kann einfache, echte Wertschätzung deiner Person so ungewohnt sein, daß du sie nicht einmal bemerkst. Übe, das Positive zu hören, das andere Menschen dir von dir selbst widerspiegeln. Es wäre schade, es zu vergeuden.

Übung: Liebevolle Eltern

In ihrem Buch *Solving Women's Problems* (etwa: »Probleme von Frauen, und wie sie gelöst werden können«, New York 1980) beschreibt Hogie Wyckoff eine Gruppenübung, die sie »liebevolle Eltern« nennt. Auf ein großes Blatt Papier schreiben die Frauen, was ihre ideale liebevolle Mutter oder ihr idealer liebevoller Vater zu ihnen sagen sollte: »Ich hab dich lieb«, »Du bist hübsch«, »Ich hab dich lieb, so wie du bist«, »Ich bin stolz auf dich.« Sie benutzen Buntstifte und ihre »andere« Hand zum Schreiben (die linke, wenn du Rechtshänderin bist, und umgekehrt), damit die Buchstaben kindlicher sind. Wenn ihre Listen fertig

Sei gut zu dir selbst

Es gibt tausend Möglichkeiten, wie du dich selbst verwöhnen kannst. Überlege dir etwas, was dir guttut, und tu es oft. Das ist keine beliebige Angelegenheit, sondern notwendig, um sich gut zu fühlen, und gehört einfach dazu. Tu dir wenigstens einmal am Tag etwas Gutes.

»Ich liebe Lasagne. Also geh ich aus und esse Lasagne.«

»Ich geh unheimlich gern ins Kino, und ich kauf gern Bücher. Also tu ich beides oft.«

»Ich fahr am Wochenende weg, irgendwo hin, wo es mir gefällt.«

»Ein paarmal in der Woche nehme ich mir die Zeit und komm bewußt nach Hause und denke *nicht* an Inzest. Oder ich geh mit einer Freundin weg, und wir vereinbaren, nicht darüber zu sprechen.«

»Ich geh oft in die Sauna und zur Massage.«

»Ich mach jetzt mehr Gymnastik.«

»Ich umgeb mich mit Leuten, mit denen ich über mein ganzes Leben sprechen kann, vor denen ich keine Geheimnisse zu haben brauche. Ich hab schwer arbeiten müssen, um das Geheimnis aus meinem Leben herauszubekommen. Ich muß mit den Menschen um mich herum genauso leicht darüber reden können, wie ich sie fragen kann, wie sie ihren Kaffee wollen.«

»Ich bin in einer Selbsthilfegruppe und habe enge Kontakte mit den anderen aus der Gruppe. Wir sprechen jeden zweiten Tag miteinander. Und wenn es einer von uns richtig schlecht geht, wenn sie sich etwas antun will oder so, dann gehen wir hin. Wir helfen einander wirklich unheimlich.«

»Überall in meinem Zimmer hängen Zettel, die mich bestätigen. Darauf steht zum Beispiel: »Ich hab es nicht verdient, verletzt zu werden«, »Mein Körper ist völlig in Ordnung«, »Ich hab mich gern«, »Ich bin nachgiebig und geduldig mit mir«, »Ich bin o.k.«, »Ich verzeih mir«.«

»Wenn ich aus einer schmerzlichen Therapiesitzung komme, kauf ich mir immer Blumen, egal, wie ich mich dabei fühle.«

»Ich mach mir ein gutes Frühstück. Ich versuch, darauf zu achten, was ich esse. Das ist das wenigste, was ich tun kann.«

»Ich schreibe.«

»Ich koch mir eine große Tasse Tee und mach es mir mit einem Buch gemütlich. Oder ich laß mir ein richtig heißes Bad ein mit irgendeinem schönen Badeöl und bleib mit einem Buch in der Wanne, bis das Wasser kalt wird.«

»Ich hab mir Kleider in leuchtenden Farben gekauft, und sie stehen mir viel besser, letztes Jahr dieses absolut wahnsinnige smaragdgrüne Kleid, total edel. Ich seh toll darin aus, das war ein richtiges Geschenk und wirklich ein Schritt für mich, es nicht bloß zu kaufen, weil es runtergesetzt war.«

»Wenn ich in meinem Garten arbeite, seh ich immer meinen Heilungsprozeß vor mir. Gartenarbeit war ganz neu für mich. Als wir unser Haus kauften, war der Garten völlig zugewachsen. Mit der Heckenschere bin ich rausgegangen und hab alles zurückgeschnitten. Zwanzigmal sind wir zum Abfallhaufen gefahren. Bei jeder Schaufel voll Dreck, der rauskam, und mit jeder neuen Pflanze, die ich setzte, hatte ich das Gefühl, als würde ich das für mich selbst tun.«

»Ich versuch, so oft ich kann, draußen in der Natur zu sein, spazierenzugehen, zu wandern oder Ski zu fahren.«

sind, steht jede Frau auf und liest alles laut vor, genauso, wie sie es gerne hören würde: warm, liebevoll, langsam, zärtlich. Als nächstes gibt jede Frau ihre Liste einer Partnerin, die sie dann in ihrem Schoß wiegt und streichelt und ihr die Liste immer wieder von neuem vorliest, liebevoll und fürsorglich. Dann werden die Rollen getauscht.

Auf diesem Weg kannst du etwas von der liebevollen Fürsorge erfahren, die du brauchst. Diese Übung kannst du in Gruppen machen, auch mit deinem Partner oder deiner Partnerin, mit einer Freundin oder mit einer Therapeutin.

Ein Name für mich: Rachel Bat Or

Manche Frauen ändern ihren Namen und machen damit deutlich, daß sie ihre eigene Identität gefunden haben. Dieses traditionelle Mittel benutzen viele Kulturen, um wichtige Veränderungen zu markieren. Rachel Bat Or versammelte ihre Freundinnen um sich, um mit ihnen die Zeremonie der Namensgebung zu vollziehen. Sie erlebte sowohl den Namenwechsel als auch die Inszenierung des Rituals als Kraftschub und Erneuerung.

Ich habe meinen Namen geändert. Das war das Gesündeste und Beste, was ich jemals für mich getan habe. Mein alter Name war Ruthann Theodore. Und den hab ich nie gemocht. Ich wollte einen Namen haben, der ausdrückte, wer ich wirklich bin. Auf »Rachel« zu kommen, war einfach. Das war der Name meiner Großmutter, mein Name auf hebräisch, eigentlich hätte ich so heißen sollen. Und dann erzählte mir eine Freundin, die Hebräisch spricht, daß Bat Or »Tochter des Lichts« bedeutet, und das fand ich gut. Das Licht - und damit meine ich meine innere Erleuchtung - hat mich am Leben erhalten und mich dazu gebracht, mich zu heilen. Und ich wollte die Tochter von jemandem sein. Ich hatte das Gefühl, meine Eltern verloren zu haben. Und darüber war ich sehr traurig. Also hab ich meinen Namen geändert in Rachel Bat Or.

Ich hab neun Freundinnen eingeladen, Frauen, die ich seit neun Jahren kannte. Zusammen bildeten wir einen Minyan.[1]
Als erstes stellten wir uns im Kreis auf. Wir blickten in alle Himmelsrichtungen und luden die Geister von dort ein teilzunehmen. Jede Frau sah in eine andere Richtung, und so setzten wir uns auch hin. Und jede sagte: »Der Geist aus dem Osten sei willkommen ...« Der Osten bedeutet Luft und Sonnenaufgang und Frühling, die Anfänge. Und dann erzählten alle, warum ich sie an diese Himmelsrichtung erinnerte und welche Stärken ich hätte, die genauso seien. Der Süden bedeutet Feuer, Mittagszeit, Sommerzeit. Er platzt vor Energie. Der Westen bedeutet Wasser, Gefühle, Dämmerung und Herbst. Das Ende kündigt sich an, wenn langsam alles zur Ruhe kommt. Und der Norden ist sehr dunkel und Erde und Nacht und Winter; der Ort, an den wir uns zurückziehen, wenn wir etwas in uns aufnehmen, der Ort des Todes und der Wiedergeburt.
Zusammen lasen wir »Die Schwestern Rachels«. Ich hatte es geschrieben:

Und die Schwestern Rachels versammelten sich um sie, um die Namensgebung zu feiern. Lange hatte sie auf diesen Augenblick gewartet. Davon geträumt. Pläne geschmiedet. Manchmal bezweifelt, daß es jemals geschehen würde. Jede Schwester erhob sich, und eine nach der anderen sprach laut zu Rachel und den anderen Schwestern. Und als sie sprachen, ließen sie ihren Gefühlen freien Lauf.
Rachel, für diesen Augenblick hast du hart gearbeitet. Du bist tapfer gewesen, und jetzt wirst du dafür belohnt.
Rachel, viele Jahre lang konntest du nicht fühlen, wer du bist. Aber du hast sie überlebt, und heute läßt du Gefühle zu.

---

[1] In der jüdischen Tradition ist ein Minyan die Mindestanzahl von Männern, die nötig sind, um einen Gottesdienst zu feiern.

VERHALTENSMUSTER ÄNDERN

Rachel, du hast dich viele Jahre lang um andere gekümmert und ihnen geholfen zu wachsen. Jetzt bist du an der Reihe. Jetzt sollst du umsorgt und verwöhnt werden.
Rachel, du hast nicht zugelassen, daß die Freude und der Schmerz der Liebe an dich herankamen. Es wird Zeit, daß du fühlst, wie Liebe aus dir herausströmt und in dich hinein.
Rachel, oft hast du gedacht, der Tod sei einer der Gründe zu leben. Jetzt weißt du, daß das Leben die einzige Lebensmöglichkeit ist.
Rachel, du bist oft allein gewesen. Von heute an werden wir bei dir sein. Unsere Liebe, unsere Fürsorge, unsere Gefühle, unser Leben werden dich begleiten. Wir bezeugen deinen tapferen Kampf ums Überleben, zollen ihm Anerkennung und spenden seinem Erfolg Beifall. Rachel, jetzt bist du wieder ganz.

Es ging eine große Kraft von ihren Blicken aus, als sie jeweils einen dieser Sätze lasen. Und dann las die Freundin, die mir geholfen hatte, den Namen auszusuchen, das hebräische Gebet vor, das gesprochen wird, wenn Mädchen einen Namen bekommen:

Gib dieser Frau Kraft für sich selbst,
für ihre Freundinnen, ihren Geliebten,
    und für ihren Sohn;
Und ihr Name soll genannt werden
in Israel
Rachel Bat Or.
Wir wollen uns freuen an dieser schönen und starken Frau.
Und dann las ich »Ich bin Rachel, die Tochter des Lichts«:
Ich bin Rachel, die Tochter des Lichts.
Ich verweigere meiner Mutter ihren Anspruch auf mein Dasein.
Aber ich bin nicht allein oder mutterlos.
Ich habe das Licht, das mich umsorgt und mich tröstet, wenn ich traurig bin.
Ich wende mich an das Licht um Rat in meinen Nöten, und ich bin sicher, das Licht wird mir den richtigen Weg weisen.
In diesem Licht kann ich Stärken und Schwächen ausdrücken, Liebe und Haß, Angst und Wohlbehagen, Spontaneität und Unbeweglichkeit, Nachdenklichkeit und Unbesonnenheit, Geduld und Ungeduld.
All meine Seiten werden anerkannt und respektiert.
In mir ist nichts, das in diesem Licht nicht heilig wäre.
Ich bin Rachel, die Tochter des Lichts.

Danach sprachen wir alle über unsere Namen. Jede hatte irgendeine Beziehung zu ihrem Namen. Entweder hatte sie ihn geändert oder darüber nachgedacht, ihn zu ändern, oder sie fand ihn wirklich gut.
Zum Schluß bat ich alle, meinen alten Namen auf ein Stück Papier zu schreiben und ihn in ein fließendes Gewässer zu werfen. Ich wollte den Namen nicht zerstören, aber ich wollte ihn nicht. Ich wollte ihn weitergeben. Dann lösten wir den Kreis auf und machten ein Fest.
Als alle gegangen waren, merkte ich erst richtig, daß ich einen neuen Namen hatte. Vorher hatte ich gegrübelt: »Was bedeutet mir der Name eigentlich? Habe ich ihn wirklich verdient?« Aber nach dem Ritual merkte ich, daß meine Schwestern mir den Namen gegeben hatten und daß es jetzt wirklich meiner war.

Gefühle

Vier überlebende, nach ihren Gefühlen befragt:
»Gefühle? Was für Gefühle? Gibt's hier auch Gefühle?«
»Was hast du gesagt? Hm? Ich hab nicht richtig gehört, was du gesagt hast.«
»Meine Gefühle spielen sich meistens in meinem Kopf ab.«
»Ich glaub, mit einem Gefühl pro Tag komm ich klar, aber mehr nicht.«

Gefühle haben wir immer, ob sie uns bewußt sind oder nicht. Gefühle entstehen als Reaktion auf alles, was um und in uns geschieht. Bedrohung macht uns ängstlich. Wenn uns jemand weh tut, sind wir verletzt und wütend. Wenn wir uns sicher fühlen und in jeder Hinsicht satt, sind wir zufrieden. Das sind natürliche Reaktionen. Wir sind vielleicht nicht immer in der Lage, unsere Gefühle zu erkennen und zu verstehen, aber sie sind da.

Lange dachte ich, ich würde nichts fühlen. Ich hatte meine eigenen inneren Stimmungen so lange ignoriert, daß ich sicher war, ich hatte gar keine Gefühle, mit denen ich hätte Kontakt aufnehmen können. Ich stellte mir Gefühle als etwas Mystisches vor, das ich mir zusammenbrauen müßte, und nicht als einen Teil von mir, der bereits funktionierte und den ich nur noch zu entdecken brauchte. Falls Gefühle auftauchten, hatten sie nichts mit mir zu tun, und ich mußte sie so schnell wie möglich überwinden, damit ich mich wieder in die Sicherheit der Gleichgültigkeit zurückziehen konnte: empfindungslos und kontrolliert.

Als Kind wurden deine Gefühle – Liebe und Vertrauen – mißbraucht. Dein Schmerz, dein Zorn und deine Angst waren zu groß. Du hättest sie niemals in ihrer vollen Wucht spüren und gleichzeitig weiter funktionieren können. Also hast du deine Gefühle unterdrückt, um zu überleben.

Gewisse Gefühle gingen einfach unter. Ich hörte einfach auf, sie zu haben, schon als ich noch ganz klein war. Ich hatte auch keine körperlichen Empfindungen mehr. Du konntest mich schlagen, und es tat buchstäblich nicht weh. Mit dreizehn war schließlich auch meine Wut weg. Und als meine Wut weg war, fühlte ich auch keine Liebe mehr. Meistens hatte ich Langeweile, was ja eigentlich kein Gefühl ist, sondern ein Mangel an Gefühl. Die Höhen und Tiefen waren raus.

Aber wir alle brauchen Gefühle. Auf der Grundlage von Gefühlen entwickeln wir unsere Einsichten und die Fähigkeit, uns zu orientieren und die richtigen Entscheidungen zu treffen. Gefühle, auch schmerzliche Gefühle, sind Verbündete, die uns wissen lassen, was in uns abläuft, und oft auch, wie wir auf Situationen reagieren sollen.

Gefühle bilden eine Einheit

Wenn du dich deinen Gefühlen öffnest, kannst du nicht unter ihnen auswählen. Sie gehören zusammen. Eine von Ellens Klientinnen war viele Jahre lang von ihrem Vater mißbraucht worden. Als sie und Ellen begannen, miteinander zu arbeiten, sagte sie, sie habe das Gefühl, empfindungslos zu sein. Sie wollte Gefühle haben. Nach einigen Monaten weinte sie während der Sitzungen, weinte zu Hause, weinte, wenn sie mit Freundinnen ausging. Eines Tages kam sie herein, fing an zu weinen, und dann lachte sie: »Jetzt hab ich wirklich, was ich wollte.« Ja. Sie fühlte. Und Gefühle sind eben so, daß du dir nicht aussuchen kannst, was du fühlen willst. Wenn du beschließt zu fühlen, dann fühlst du die Gefühle, die da sind. Bei dieser Frau waren es viel Schmerz und Trauer. Und danach viel Wut und etwas Angst. Aber zwischen diesen schwierigen Gefühlen waren auch Stolz, Hoffnung, Freude, Selbstachtung und wachsende Zufriedenheit versteckt.

Um zu fühlen, mußt du dich dem gesamten Spektrum deiner Gefühle öffnen.

> Zuerst, als ich anfing, mich an meine Vorstellung von Gefühlen heranzutasten – und am Anfang *war* es nur eine Vorstellung –, teilte ich alle möglichen Gefühle in zwei Gruppen ein: in gute Gefühle und schlechte Gefühle. Jedesmal, wenn ich ein Gefühl hatte, dachte ich: »Ist das ein schlechtes Gefühl oder ein gutes Gefühl? Ist das ein Gefühl, das ich zulassen darf?« Und dann fühlte ich es, oder ich unterdrückte es. Es fiel mir schwer zu akzeptieren, daß es bei Gefühlen kein richtig oder falsch gibt.

Je besser du deine Gefühle akzeptieren kannst, ohne sie zu bewerten, desto leichter wird es für dich sein, sie zu erleben, mit ihnen zu arbeiten und aus ihnen zu lernen.

Mit deinen Gefühlen Kontakt aufnehmen

Du fühlst in deinem Körper

Um mit deinen Gefühlen in Kontakt zu kommen, mußt du in deinem Körper leben und auf die Empfindungen achten, die da sind. Gefühle sind genau das – Empfindungen, die du in deinem Körper wahrnimmst: Angst schnürt dir die Kehle zu, du zitterst, dein Magen verkrampft sich, es verschlägt dir den Atem, Tränen steigen dir in die Augen, dein Schoß wird feucht, du fühlst Wärme in deiner Brust, deine Hände kribbeln, es wird dir warm ums Herz.

Wenn du deinen Körper lange ignoriert hast, kommt es dir wahrscheinlich merkwürdig oder ungewohnt vor, dich auf diese Wahrnehmungen einzustellen. Oder du kannst diese Vorgänge in deinem Körper spüren, sie vielleicht unbeteiligt schildern, aber weißt nicht, was sie bedeuten.

Ganz kleine Kinder haben nicht den Überblick, um sagen zu können: »Ich hab Angst.« Sie sagen: »Mein Bauch ist ganz komisch.« Wenn Erwachsene dieser Wahrnehmung einen Namen geben, lernt das Kind, die Empfindung mit dem Gefühl zu verbinden.

Wenn niemand deine Gefühle beachtet hat und du nie gelernt hast, deine Empfindungen beim Namen zu nennen, wirst du ganz von vorne anfangen und selbst lernen, die Botschaften zu verstehen, die dein Körper dir vermittelt.

Achte darauf

Wir fühlen alle auf unterschiedliche Weise, mit unterschiedlicher Intensität. Deine Gefühle kennenzulernen hilft dir, dich selbst als einzigartige Frau wahrzunehmen. Viele Überlebende sind ihr Leben lang weggelaufen, um ihre Gefühle nicht zu nah an sich herankommen zu lassen. Nimm dir wenigstens die Zeit, dich zu fragen: »Wie fühle ich mich?« Jedesmal, wenn du merkst, daß dich automatische Reaktionen steuern, bleib stehen und konzentriere dich auf deinen Körper. Bist du in deinem Körper? Was empfindest du? Was könnten dir diese Empfindungen sagen?

Achte auch auf dein Verhalten. Wenn du dich seltsam benimmst, die Türen knallst, in der Küche wütend mit dem Geschirr herumschepperst oder wegen einer Kleinigkeit anfängst zu weinen, dann hast du vielleicht ein Gefühl, das du noch nicht merken willst. Laura erinnert sich:

> Als ich anfing, auf meine Gefühle zu achten, kam es mir vor, als hätte ich mich in dichtem Nebel verlaufen. Oder ich wurde von Zuständen wie Langeweile, Verwir-

rung, Verzweiflung, Hoffnungslosigkeit oder Unruhe überwältigt. Mit der Zeit lernte ich, daß das nicht die eigentlichen Gefühle waren, sondern Deckel, mit denen ich meine Gefühle verschlossen hielt. Sobald ich einen Blick auf das nackte Gefühl geworfen hatte, warf ich eine dicke Decke darüber, um es zu verstecken. Wenn ich unter der Langeweile nachsah, war darunter meistens Zorn. Unruhe verbarg große Angst. Hoffnungslosigkeit und Depression waren nach innen gewendeter Zorn. Und so weiter.

Wenn du gewohnt bist, deine Gefühle zu verstecken, geschieht das vielleicht so schnell und unwillkürlich, daß du nicht einmal Gelegenheit hast, das ursprüngliche Gefühl zu spüren. Du fängst an, dich glücklich zu fühlen, und rutschst in Unruhe hinein. Du bist wütend, und sofort haßt du dich. Jede von uns hat andere Muster, aber wenn du von Zuständen wie Depression, Verwirrung oder Schuldgefühlen überwältigt wirst, liegt darunter wahrscheinlich ein bestimmtes Gefühl, das von einem bestimmten Ereignis ausgelöst wird.

Manchmal handelt es sich um ein Gedankenmuster, das einsetzt, sobald du etwas fühlst. Wenn du dich in einem alten Gedankengang verfängst, der dich dahin bringt, dich schlecht zu fühlen, liegt vermutlich darunter ein Gefühl. Gedanken wie »Ich werde mich nie ändern« oder »Die Leute mögen mich nicht« sind meist Anzeichen für unterdrückte Gefühle. Als Kind konntest du dir nicht leisten zu sagen: »Ich hasse meinen Vater. Ich will ihn umbringen«, also hast du dich statt dessen selbst gehaßt und hundert Gründe gefunden, warum du schlecht warst und warum der Mißbrauch deine Schuld war. Inzwischen ist das wie eine Spur in einer ungeteerten Straße. Hunderte von Autos benutzen dieselbe Spur, bis die Reifen der Spur automatisch folgen. Das gleiche gilt für Gedanken. Wenn du dein Leben lang geübt hast, das erste Aufflackern von Ärger in »Ich bin schlecht« umzusetzen, dann mußt du die Gefühle unter dieser Gewohnheit erforschen und bewußt aus der Spur ausscheren (mehr über das Ändern negativer Muster unter »Verinnerlichte Botschaften«, Seite 164).

Respektiere deine Gefühle

Wenn du anfängst, deine schlichten, unverfälschten Gefühle wahrzunehmen, brauchst du dir nur noch bewußt zu machen: »Ich fühle ein Gefühl.« Wenn du traurig bist, erlaub dir, traurig zu sein. Mach dir keine Sorgen, gerate nicht in Panik, du brauchst deswegen nichts zu unternehmen. Es ist völlig in Ordnung, einfach bloß traurig zu sein. Deine Gefühle sind nicht gefährlich. Und die meisten Menschen merken, wenn sie erst einmal damit angefangen haben, daß es nicht so schlimm ist, wie sie vorher dachten.

Je mehr ich fühlte, desto leichter wurde es. Meine Angst vor meinen Gefühlen wurde kleiner und kleiner. Zwar war ich jetzt nicht mehr in der Lage, irgendwelche Dinge einfach beiseite zu schieben, und vieles tat sehr weh, aber vor allem fühlte ich mich erleichtert. Ich merkte, daß meine Angst vor Gefühlen und der Streß, ständig meine Gefühle zu verdrängen, schmerzhafter waren als die Gefühle selbst. Einige Gefühle – vor allem die alten, die ich noch einmal durchmachen mußte – waren wirklich so schlimm, wie ich gedacht hatte, aber sie haben nicht ewig gedauert.

Gefühle sind eigenständig und haben einen Wert an sich, aber wenn sie dir nicht vertraut sind, kann dir ein Gefühl, das du nicht mit einem konkreten Ereignis in Verbindung bringen kannst, Angst bereiten.

Immer, wenn ich ein starkes Gefühl hab, denk ich: »Da muß es doch einen Grund geben, warum ich mich so fühle.« Und

Übungen, wie du mit deinen Gefühlen Kontakt aufnehmen kannst

Kreativität

Alle schöpferischen Tätigkeiten können dir helfen, die Verbindung zu deinen Gefühlen herzustellen. Leg eine Platte auf, und beweg dich zu deinen Gefühlen. Sing einen Blues, ein trauriges Lied. Schneide Wörter und Bilder aus Zeitschriften aus, und stell sie zu einer Collage zusammen. Du brauchst keine Künstlerin, Tänzerin oder Musikerin zu sein, um deine Gefühle so darzustellen. Es geht nicht um Leistung, sondern darum, dich auszudrücken.

Male deine Gefühle

Amy Pine, eine Therapeutin aus Santa Cruz, arbeitet mit einer Methode, die auf schöpferischem Gestalten basiert. Sie schlägt vor zu versuchen, ein Gefühl, das du *hast*, bildlich darzustellen. Nimm Farbe, Formen, verschiedene Materialien, drück unterschiedlich fest auf, male, so groß du *willst*, und benutze auch richtige Bilder oder Figuren zum Aufkleben. Und anschließend stelle dar, wie du dich fühlen willst. Zeige diese Bilder jemandem. Was stellen sie dar? Was fällt dir auf, wenn du sie dir ansiehst? Dann fertige ein drittes Bild an, das die Elemente aus dem ersten so umsetzt, daß sie einen Übergang zum zweiten bilden. Was mußte geschehen, um sie zu verbinden? Wie hast du das gemacht? Gibt es da irgendeinen Zusammenhang mit etwas, das du in deinem Leben tun könntest?

Benutze deinen Verstand

Wenn du ein Gefühl nicht sofort identifizieren kannst, hilft dir vielleicht manchmal dein Intellekt. Sag dir:

»Mein Freund hat mich verlassen, und ich fühle gar nichts. Was würde jemand anders in dieser Situation fühlen? Was hab ich aus Büchern, Filmen und von Freundinnen über die Gefühle erfahren, die unter diesen Umständen üblich sind? Vielleicht Erleichterung? Zorn? Bin ich unglücklich? Vielleicht ist deswegen mein Hals wie zugeschnürt?«

Die nächsten beiden Übungen (aus Learning to Live Without Violence, *etwa: »Lernen, ohne Gewalt zu leben«, von Daniel Sonkin und Michael Durphy, San Francisco 1985) können dir helfen, wenn du anfängst, deine Gefühle zu identifizieren.*

Fühlen contra Denken

Oft verwechseln die Leute Gefühle mit Gedanken oder Beobachtungen. Zum Beispiel:
»Ich hab das Gefühl, das war unfair.«
»Ich hab das Gefühl, du wirst mich verlassen.«
Das sind Aussagen über deine Gedanken und nicht über deine Gefühle. Um herauszufinden, ob es bei einer Aussage um Gedanken geht, kannst du statt »ich hab das Gefühl« »ich glaube« einsetzen. Wenn es einen Sinn ergibt, handelt es sich vermutlich eher um einen Gedanken oder um eine Beobachtung als um eine Aussage über Gefühle. Wir können die genannten Gedankenaussagen auch in Gefühlsaussagen umwandeln:
»Ich fühle mich verletzt durch das, was du getan hast.«
»Ich habe Angst, du könntest mich verlassen.«

GEFÜHLE

Was sind Gefühle?
Die folgende Liste enthält Wörter, die Gefühle ausdrücken. Sprich sie laut und jedes Wort mehrmals aus, mit unterschiedlicher Stimme und Betonung, oder sag es lauter oder weicher. Achte auf deine Gefühle, während du die einzelnen Wörter sagst. Welche Empfindungen weckt das Wort in dir? Wie fühlt sich dein Körper? Passen einige Wörter zu dir und andere nicht? Schreib noch andere Wörter auf, die speziell dich beschreiben. Wenn du fertig bist, unterstreich die drei Wörter, auf die du am stärksten reagierst.

begeistert
zärtlich
traurig
einsam
reizbar
enttäuscht
angsterfüllt
zufrieden
deprimiert
schüchtern
verletzt
eifersüchtig
liebevoll
ausgelassen
glücklich
....
....
....
....
....

wenn ich es herausfinde, bin ich unheimlich erleichtert. »Ach so! Deswegen bin ich so wütend.« Ich hab weniger Angst vor meinen Gefühlen, wenn ich sie verstehen kann.

Es ist beruhigend zu verstehen, warum du ein bestimmtes Gefühl hast oder woher das Gefühl kommt, aber das klappt nicht immer. Das Gefühl zählt aber auch, wenn du das nicht herausfindest.
Es dauert eine gewisse Zeit, bis du deine Gefühle respektieren und an sie glauben kannst. Aber irgendwann hörst du auf, Gefühle als etwas zu betrachten, das nichts mit dir zu tun hat.

Ich habe meine Gefühle in mein Leben integriert. Ich brauch mir nicht extra Zeit zu reservieren, um zu fühlen. Wenn ich irgendwo die Straße entlanglaufe und traurig bin, kann ich anfangen zu weinen. Ich brauche nicht zu warten, bis ich zu Hause bin, und brauche nicht zu überlegen, wann ich Zeit dafür habe. Meine Gefühle sind ein Teil von mir, sie sind nicht irgendwo außerhalb meines Körpers. Ich brauche keinen Termin mehr zu machen, um meine Gefühle zu spüren.

Es liegt in der Natur von Gefühlen, daß sie kommen und gehen, ansteigen und abebben, sich verändern. Jetzt kannst du wütend sein, eine Stunde später traurig und dann wieder voller Liebe. Schmerz verwandelt sich in Wut und Wut in Erleichterung. Wenn Gefühle nicht unterdrückt werden, verschieben sie sich ganz von selbst und im selben Auf und Ab, wie du die Welt erlebst. Es klingt paradox, aber um ein Gefühl loszuwerden, ist es am besten, sich wirklich darauf einzulassen. Indem du ein Gefühl akzeptierst und ausdrückst, verändert es sich oft.
Das ist so ähnlich wie bei einem Feuerwehrschlauch. Wenn er vorne zugedreht ist, ist der innere Druck ungeheuer hoch. Mit Macht schießt das Wasser heraus, aber nur,

bis der Druck ausgeglichen ist, danach fließt es gleichmäßig durch den Schlauch und erfüllt seinen Zweck.

Wenn du mit Gefühlen arbeitest, die du lange verleugnet hast, werden sie sich nicht so leicht verändern wie augenblickliche Gefühle, aber alle Gefühle ändern sich irgendwann, wenn sie erst einmal zum Ausdruck kommen dürfen.

Such dir Unterstützung, um zu fühlen

Wenn deine Gefühle verleugnet oder kritisiert worden sind, als du klein warst, brauchst du vielleicht eine gewisse Zeit, bis du dich sicher genug fühlst, sie auszudrücken. Viele Frauen erleben diese Sicherheit zum ersten Mal bei einer Therapeutin:

> Eines Tages sagte meine Therapeutin zu mir: »Ich laß dich nicht im Stich, egal, was du machst.« Noch bevor die Sitzung um war, war ich zum ersten Mal auf sie wütend.

Wenn du mit Menschen zusammen bist, die deine Gefühle respektieren und die auch Kontakt zu ihren eigenen haben, kann das den Lernprozeß beschleunigen. Durch ihre Rückmeldung, ihr Beispiel, ihre Behutsamkeit kannst du lernen, Verbindung zu deinen eigenen Gefühlen aufzunehmen.

> Am Anfang wußte ich nicht, wie ich allein Gefühle haben sollte. Ich fühlte gar nichts, bis ich meinen Freund, meine Therapeutin oder eine wirklich gute Freundin traf. Sie lockten meine Gefühle aus mir heraus, halfen mir zu merken, was ich fühlte. Wenn sie mich in den Arm nahmen oder mit mir sprachen, quetschte ich ein paar Tränen hervor oder war einen Augenblick lang schweigend wütend. Ich brauchte Trost und Erlaubnis von jemand anders, um fühlen zu können.

Selbstverständlich ist es gut, wenn du Menschen um dich herum hast, die dich gern haben und dir helfen, wenn du anfängst, mit deinen Gefühlen in Kontakt zu kommen. Aber mit der Zeit wirst du dich sicher genug fühlen, dich auch allein zu öffnen. In Gedanken oder auch laut kannst du dich mit all dem trösten, was die anderen dir gesagt haben: »Du kannst ruhig weinen, das ist völlig in Ordnung« oder »Du hast ein Recht auf deine Wut«. Laß dir von dem Teil von dir helfen, der für dich sorgen und für dich einstehen kann, und damit hast du eine kluge und liebevolle Mutter gefunden für das verängstigte, verletzte oder wütende Kind in dir. Du kannst dir selbst über das Haar streichen, dich im Schaukelstuhl wiegen, dir eine Tasse warme Milch mit Honig machen oder auf einem Stapel Kissen herumhauen. Du wirst deine eigene Übungsleiterin, deine eigene Hebamme und gibst dir selbst die Erlaubnis.

Deine Gefühle zeigen

Auch wenn du angefangen hast, deine Gefühle zu spüren, fällt es dir vielleicht immer noch schwer, sie auszudrücken:

> Mein Gesichtsausdruck paßte nicht zu dem, was ich sagte. Ich grinste ständig. Ich konnte voll in der Scheiße hängen, bis über die Ohren in Depressionen, aber ich lächelte weiter, egal, was war. Die Welt um mich herum durfte nicht wissen, wie groß mein Schmerz war, und mein Geheimnis nicht kennen. So konnten sie mich nicht aufs Kreuz legen.

Und Laura erinnert sich:

> Das Problem hab ich mein Leben lang gehabt. Ich war überwältigt von meinen Gefühlen, und niemand glaubte mir, weil es mir nicht anzusehen war. Wenn der Kummer mir das Herz zerriß und mir liefen ein paar Tränen über die Wangen,

dann war das schon unheimlich viel. Ich dachte an Selbstmord, ich war sicher, ich würde verrückt, und meine Freundinnen dachten, ich hätte irgendein kleines Wehwehchen. Lange dachte ich, daß etwas mit mir nicht stimme, daß ich meine Gefühle irgendwie dramatischer zeigen müßte, damit sie zur Kenntnis genommen würden. Ich war gar nicht wirklich wütend, solange ich nicht mit bloßen Händen Telefonbücher zerriß. Wenn ich glücklich war und keine Luftsprünge vor Freude machte, dann zählte das nicht.

Es gibt keine einzig richtige Art, Gefühle zu zeigen. Jede von uns hat ihren eigenen Stil, ihre eigene Art und Weise. Aber es ist wichtig, daß du in der Lage bist, auszudrücken, was du fühlst, und zwar so, daß es dir richtig vorkommt und sich anderen mitteilt.
Bei gewissen Arten, Gefühle zu äußern, kannst du ziemlich sicher sein, daß du gehört wirst. Wenn du sagst: »Ich bin sauer. Wenn du später kommst und nicht anrufst, mach ich mir Sorgen. Bitte ruf mich nächstes Mal an«, dann ist die Reaktion wahrscheinlich positiver, als wenn du sagst: »Du bist der rücksichtsloseste Mensch, den ich kenne. Meine Gefühle sind dir völlig egal.«
Auch der richtige Zeitpunkt ist wichtig. Wenn du etwas zu sagen hast, was wichtig ist oder wobei du dir eine Blöße gibst und verletzlich bist, dann untergrabe deine Position nicht, indem du dir einen ungünstigen Moment aussuchst, in dem du vermutlich auf kein aufmerksames Ohr treffen wirst. Du solltest dir – und deiner Freundin oder deinem Freund – eine faire Ausgangsposition gönnen.

Lerne, Unterschiede zu machen
In einer idealen Welt könntest du deine Gefühle überall und jederzeit zeigen. Aber in so einer Welt leben wir nicht, und deshalb mußt du jedesmal, wenn du überlegst, ob du deine Gefühle zeigen sollst, zu einer ausgewogenen Entscheidung kommen, d.h. Gefühle, Verstand und Urteilskraft berücksichtigen.
Auf einen Polizeibeamten wütend zu werden, der dich herauswinkt und dir einen Strafzettel verpaßt, ist nicht sonderlich sinnvoll. Willst du aber zu jemandem eine enge Beziehung haben, mußt du deine Gefühle zeigen. Aber nicht alle Beziehungen sind enge Beziehungen.

Körperarbeit zur Freisetzung von Gefühlen

Gefühle aus der Gegenwart zu erkennen und auszudrücken ist oft einfacher, als mit den verdrängten Gefühlen aus deiner Kindheit in Kontakt zu kommen. Zu deinem Heilungsprozeß gehört es jedoch auch, daß du zu diesen Gefühlen zurückgehst (siehe »Schmerz und Trauer«, Seite 109).
Ein wichtiges Hilfsmittel dafür ist Körperarbeit. Erinnerungen und Gefühle werden im Körper gespeichert, und die körperliche Aufarbeitung von Gefühlen kann das Gespräch wirksam unterstützen. Mit der nötigen Vorsicht und einer vertrauenswürdigen Person, die dich unterstützt, ist Körperarbeit ein äußerst wirksames Mittel, um emotionalen Ballast loszuwerden.
Einige Therapien, wie Bioenergetik, Rebirthing, Primärtherapie und Psychodrama, arbeiten auch mit sehr heftigen kathartischen[2] Erlebnissen zur Freisetzung von Gefühlen. Diese Methode ist sehr wirkungsvoll und intensiv (und führt die Frauen manchmal zurück zum Moment ihres Mißbrauchs), darum ist es wichtig, diese Übungen unter der Leitung einer erfahrenen Person zu machen, die auch damit zurechtkommt, wenn tiefer Schmerz zum Ausdruck gebracht wird.

---

[2] Katharsis: das Sichbefreien von seelischen Konflikten und inneren Spannungen durch eine emotionale Abreaktion (Anm.d.Verl.)

VERHALTENSMUSTER ÄNDERN

Übungen zur Freisetzung von Gefühlen[3]

Wut: Du brauchst eine unterstützende Person. Nimm dir einen Tennisschläger, und hau damit auf einer Matraze herum oder auf einem Haufen Kissen. Benutze Geräusche und Worte, wenn du Wut fühlst. Laß sie heraus. Du kannst mit voller Kraft loslegen oder auch ganz behutsam und dich dann steigern. Deine Unterstützerin kann dich ermutigen und anfeuern und hinterher auch mit dir über deine Gefühle sprechen.

Kummer: Wenn dir danach zumute ist, du aber einfach nicht heulen kannst, laß dir von deinem Atem helfen, deine Gefühle mit den verschiedenen Ausdrucksmöglichkeiten zu verbinden. Atme in übertriebener Weise - zum Beispiel lang ausatmen, zitterig einatmen, gib dabei Töne von dir, wenn du kannst. Wenn keine Tränen fließen, ist das auch in Ordnung. Achte auf deine Gefühle, Gedanken, Empfindungen.

Verspannung: Betätige deinen Körper. Mach mit deiner Freundin einen Ringkampf. Hack Holz. Schwimm.

Lernen, ohne Gewalt zu leben

Learning to Live Without Violence *von Daniel Jay Sonkin und Michael Durphy (San Francisco 1985) enthält sinnvolle, praktikable Anweisungen zur Änderung destruktiver Muster im Hinblick auf den Ausdruck von Ärger. Es richtet sich an Männer, ist aber auch für Frauen nützlich.*

Erkenne deinen eigenen Ärger

Ärger und Gewalt sind zwei verschiedene Sachen. Ärger ist ein Gefühl, und Gewalt ist eine der Verhaltensweisen, die dieses Gefühl ausdrücken können. Viele Menschen wissen nicht, daß sie ärgerlich sind, bevor ihr Ärger nicht explodiert. Wenn du lernst, die Anzeichen deines Ärgers wahrzunehmen, wird dir das helfen, deine Gewalttätigkeit unter Kontrolle zu bekommen. (Du kannst diese Fragen auch verändern, um damit andere Gefühle identifizieren zu lernen, zum Beispiel Traurigkeit oder Angst.)

Körperliche Anzeichen

- Wie fühlt sich dein Körper an, wenn du ärgerlich bist? (Traurig? Erschrocken? Glücklich?)
- Sind die Muskeln in deinem Nacken, deinen Armen, Beinen, deinem Gesicht angespannt?
- Schwitzt du, oder wird dir kalt?
- Atmest du tiefer, schneller, leichter, langsamer?
- Bekommst du Kopfschmerzen? Magenschmerzen?

Verhaltenssignale

Wie verhältst du dich, wenn du ärgerlich bist?

---
[3] Diese Übungen stammen von Amy Pine.

- Wirst du gemein? Gibst du anderen die Schuld?
- Verhältst du dich besonders nett?
- Fängst du an zu lachen?
- Wirst du sarkastisch?
- Ziehst du dich zurück?
- Hältst du Verabredungen nicht ein? Kommst zu spät oder gehst früher?
- Kannst du nicht essen oder schlafen? Ißt du oder schläfst du mehr als sonst?

Geh für eine Stunde weg

Für eine Weile zu verschwinden ist ein wesentliches Hilfsmittel, um Gewalt unter Kontrolle zu bekommen. Dadurch hast du die Möglichkeit, destruktive Verhaltensmuster zu durchbrechen. Du kannst damit nicht nur weitere Gewalt verhindern, sondern auch neues Vertrauen aufbauen. Die Regeln sind einfach:

- Wenn du merkst, wie du wütend wirst, sag: »Ich fühl, wie ich ärgerlich werde. Ich brauch etwas Zeit für mich.« Auf diese Weise teilst du direkt mit, was los ist. Du übernimmst die Verantwortung für deine eigenen Gefühle und gibst dir oder dem anderen das sichere Gefühl, daß du entschlossen bist, Gewalt zu vermeiden.
- Verschwinde für eine Stunde.
- Trink nichts, nimm keine Drogen oder Medikamente, fahr nicht Auto.
- Geh spazieren, joggen, fahr mit dem Rad. Körperliche Betätigung hilft dir, Spannung in deinem Körper abzubauen.
- Komm nach einer Stunde zurück (nicht früher und nicht später). Wenn du die Vereinbarungen einhältst, die du triffst, baust du Vertrauen auf.
- Geh wieder rein, und frag die Person, über die du dich geärgert hast, ob sie mit dir darüber sprechen will. Wenn ihr beide wollt, sprecht darüber, was dich geärgert hat und warum du raus mußtest. Wenn es dir immer noch schwerfällt, darüber zu reden, komm später noch einmal darauf zurück.

Alkohol, Medikamente, Drogen

Alkohol, Medikamente und Drogen verursachen keine Gewalt. Wenn du aber schon Probleme mit Gewalt hast, können sie sie verschlimmern. Alkohol, Drogen und viele Medikamente unterdrücken Gefühle. Es wird dir nicht so schnell bewußt, daß du wütend wirst, weshalb du weniger in der Lage bist, für eine Weile wegzugehen oder deinen Ärger in angemessener Weise auszudrücken. Auch deine Fähigkeit, gewalttätige Impulse unter Kontrolle zu halten, kann beeinträchtigt werden. Wenn du Alkohol- oder Drogenprobleme hast oder medikamentenabhängig bist, mußt du unbedingt etwas gegen deine Sucht tun, wenn du dein gewalttätiges Verhalten beenden willst.

Angst vor Gefühlen

Viele Überlebende haben Angst, wenn sie ihre Gefühle zulassen, könnten sie außer Kontrolle geraten.

> Ich hatte wahnsinnige Angst vor meinem Ärger. Ich wußte, wenn ich nicht über das, was mit mir geschehen war, lachte, würde ich total durchdrehen und jeden umbringen, der sich mir in den Weg stellte.

Es ist schon möglich, daß du eine ganze Weile wütend oder sehr traurig sein wirst, aber du brauchst dich von diesen Gefühlen nicht unterkriegen zu lassen.

> Ich hab immer nur ein wenig Gefühl auf einmal zugelassen, mein Ventil für Ge-

fühle war nie ganz offen und auch nie ganz zu, meine Gefühle wurden nie völlig unterdrückt und konnten mich auch nie überwältigen. Ich konnte mich schlecht fühlen, ohne mir gleich etwas antun zu wollen. Ich konnte mich fürchten, ohne gleich zu Tode erschrocken zu sein. Es gab eine ganze Reihe von Abstufungen. Als ich erst einmal aufgehört hatte, meine Gefühle beherrschen zu wollen, konnte ich sie besser steuern, als ich dachte.

Wenn du deine Gefühle lange unterdrückt hast, ist es klar, daß du auf der Hut bist. Aber wenn du starke Gefühle hast, muß das nicht heißen, daß du dich nicht mehr beherrschen kannst. Wenn du wütend auf Kissen herumhaust, bedeutet das nicht, daß du den Verstand verloren hast. Ganz im Gegenteil: Wenn du intensive Gefühle auf sichere und sinnvolle Weise ausdrückst und abreagierst, sinkt die Wahrscheinlichkeit, daß du eines Tages explodierst. Nur ganz wenige Mörder haben gerade in einer Therapiesitzung oder Selbsthilfegruppe auf Kissen herumgeschlagen, bevor sie jemanden ermorden.

Gewaltanwendung im Zorn

Wenn du deine Kinder ohrfeigst, deine KollegInnen anschreist, wegen irgendwelcher alltäglicher Kleinigkeiten auf deinen Partner/deine Partnerin wütend bist, lenkst du deinen Ärger vermutlich in die falsche Richtung. Es kann zwar sein, daß dein Ärger in der gegenwärtigen Situation ausgelöst wurde und ihr durchaus angemessen ist, es kann aber auch sein, daß du aus dem mit Wut gefüllten Brunnen deiner Kindheit schöpfst. Wenn beides miteinander verschwimmt, kannst du leicht in einer Form reagieren, die zu den heutigen Anlässen in keinem Verhältnis steht. Sobald du merkst, daß deine Gefühle nicht in die Gegenwart passen, brich ab. Geh weg – mit irgendeiner Begründung oder Entschuldigung –, und versuch, die alte Situation und die neue auseinanderzuhalten. Wenn dir das schwerfällt, hilft dir etwas Körperarbeit. Dabei kannst du deine alte Wut aktiv und zielgerichtet zum Ausdruck bringen. (Das gilt auch für andere Gefühle, zum Beispiel sich abgelehnt, verlassen oder verletzt fühlen.)

Gewalt ist eine Möglichkeit, Macht über andere auszuüben. Kurzfristig funktioniert das, aber es hilft dir nicht weiter. Du kannst nicht von den Folgen deines Mißbrauchs als Kind heilen, wenn du selbst andere immer weiter mißbrauchst. Wenn du zur Zeit jemanden schlägst oder geschlagen wirst, oder wenn du merkst, daß du immer wieder in Schlägereien oder in gefährliche Situationen gerätst, dann hör jetzt damit auf und such dir Hilfe.

Panik

Panik heißt, daß du vor deinen eigenen Gefühlen solche Angst bekommst, daß du nicht mehr aus noch ein weißt und wie du dich beruhigen sollst. Panisch ist es auch, wenn du wie verrückt versuchst, Gefühle oder Erinnerungen zurückzuhalten. Manchmal scheinen die zwar aus heiterem Himmel zu kommen, aber einen Auslöser gibt es immer, oft etwas, was dich unbewußt an deinen Mißbrauch erinnert.

Randi Taylor geriet jedesmal in Panik, wenn sie an einer roten Ampel halten mußte. Das Gefühl, eingesperrt zu sein und sich nicht bewegen zu können, erinnerte sie an das Gefühl, das sie hatte, als sie belästigt wurde.

Wenn dich Panik ergriffen hat, sind dir diese Verbindungen meistens nicht bewußt. Du fühlst nur, daß du aus der Fassung gerätst. Dein Herz schlägt bis zum Hals, du hast das Gefühl, dein Körper explodiert gleich, du willst weglaufen. Auch deine Wahrnehmung kann sich verändern. Du hast Angst, verrückt zu werden. Und daß du nicht verstehst, was los ist, macht alles nur noch schlimmer.

GEFÜHLE

Laura hatte ihren ersten Anfall von Panik, als sie zwanzig war:

> Ich hatte Angst. Ich hatte Angst vor der Angst, und diese Gefühle bauten sich immer weiter auf, bis alles außer Kontrolle geriet. Mit jeder Minute wurde meine Angst größer, und ich fand die Notbremse nicht. Irgendwie reichte mein Verstand doch noch soweit, meine beste Freundin anzurufen. Ich weiß noch, wie ich ihr am Telefon sagte: »Entweder mir erscheint gleich der liebe Gott, oder ich werde verrückt, oder ich bring mich um.« Sie gab mir einen unbezahlbaren und einfachen Rat. Er half mir durch diesen Anfall von Panik und noch durch viele andere schwierige Situationen in den Jahren danach. »Atme, Laura«, sagte sie. »Atme einfach.«

Wenn du anfängst, in Panik zu geraten, atme. Laß sich das Gefühl setzen. Frauen denken oft, sie müßten ganz schnell etwas tun, um von dieser Angst wegzukommen, aber dieser panische Drang läßt deine Angst eher noch eskalieren. Überstürze nichts. Sag dir statt dessen, daß das nur ein Gefühl ist, egal, wie stark es sein mag.

Aus einer Panik heraus triffst du fast immer schlechte Entscheidungen. Ob du mit der Hand eine Fensterscheibe einschlägst, zu schnell fährst oder deinen Chef anschreist, das alles kann langfristige negative Konsequenzen haben.

Du mußt dich von deiner eigenen Urteilskraft lenken lassen, von deinem Gefühl von Stimmigsein, wenn du nicht von Angst besessen bist. Von Zuständen großer Angst kannst du dich befreien, indem du deine Gefühle in einer sicheren Umgebung zum Ausdruck bringst. Eine Therapiegruppe ist eine gute Gelegenheit, mit tief vergrabenen Gefühlen in Berührung zu kommen. Die Autofahrt nach Hause nicht. Wenn du etwas traurig bist oder sogar während du in die Nacht hinausschreist, kannst du vermutlich noch gefahrlos Auto fahren, aber nicht, wenn du gerade den Horror deiner Vergewaltigung noch einmal erlebst. Wenn du zu dem Schluß kommst, daß du deine Gefühle zum jetzigen Zeitpunkt nicht ausdrücken oder abreagieren willst, unternimm etwas zur Beruhigung.

Wie du dich beruhigen kannst

Die wirksamste Methode, eine Panik in den Griff zu bekommen, ist, rechtzeitig etwas dagegen zu tun. Im fortgeschritteneren Stadium ist Panik schwieriger aufzuhalten. Konzentrier dich wenigstens auf etwas Positives, damit du dich selbst und andere nicht verletzt.

Zur Beruhigung solltest du irgend etwas machen, was dir guttut, egal was, auch wenn es dir albern vorkommt oder peinlich ist. Probier alles mögliche aus, und stell dir eine Liste von dem zusammen, was wirkt. Versuch, möglichst viele Sinne in deiner Liste zu berücksichtigen (Fühlen, Hören, Sehen, Schmecken, Riechen). Schreib auch wirklich eine richtige Liste, und halte sie griffbereit. Wenn du in Panik gerätst, denkst du nicht mehr so klar und konstruktiv. Wenn du alles aufgeschrieben hast, brauchst du nur deine Liste zu nehmen und dich von oben nach unten durchzuarbeiten.

Eine Liste könnte zum Beispiel so aussehen:

Was ich tun kann, wenn ich verzweifelt bin

1. Atmen.
2. Mir meinen Teddybär holen.
3. Eine Kassette mit Entspannungsübungen einlegen.
4. Mich in meinen Schaukelstuhl setzen.
5. Natalie anrufen (555-9887).
6. Vicky anrufen, wenn Natalie nicht zu Hause ist (555-6632). Meine Liste von Leuten, die mich unterstützen, immer weiter durchprobieren. (Namen und Nummern hier eintragen.)
7. Die Katze streicheln.
8. Ein heißes Bad nehmen.
9. Hundertmal schreiben: »Ich bin in Sicherheit. Ich hab mich gern. Andere

VERHALTENSMUSTER ÄNDERN

haben mich gern« oder »Ich bin in Sicherheit. Ich kann mich jetzt entspannen.«
10. Dreimal um den Block joggen.
11. Schöne, beruhigende Musik hören.
12. Beten.
13. Atmen.
14. In mein Kissen schreien.
15. Einen alten Film im Fernsehen anschauen, oder einen Gruselroman lesen.
16. Makkaroni mit Käse essen.
17. Wieder oben anfangen.

Deine Liste wird sicher anders aussehen, aber auf jeder Liste sollte Atmen die Nummer eins sein. Die Atemzüge zu zählen oder dich auf das Einatmen und Ausatmen zu konzentrieren hilft dir sehr, dich zu beruhigen. Versuch, doppelt solange auszuatmen, wie du einatmest. Wenn du weniger Sauerstoff in deinem Kreislauf hast, beruhigst du dich ganz von selbst (siehe »Bauchatmung, Erdungs- und Entspannungsübungen«, Seite 200-201).

Bring dich nicht um

In der Zeit, als meine Erinnerungen hochkamen, hab ich oft an Selbstmord gedacht. Das ging so weit, daß ich mir manchmal sagen mußte: »An bestimmte Orte gehst du nicht, da könntest du der Versuchung nicht widerstehen.« Ich hatte ein Gefühl, als sei wirklich alles, was in meinem Leben wichtig war und mir Kraft gegeben hatte, zerstört worden. Mir blieb nichts mehr, worauf ich mich hätte freuen können. Erst in den letzten paar Monaten hab ich wieder angefangen, Pläne zu machen. Ich hab also beschlossen, daß ich leben will.

Manchmal fühlst du dich so sterbenselend - der Schmerz ist so groß, dein Selbsthaß so stark, die Angst so heftig -, daß du wirklich nicht mehr leben willst. Deine Gefühle sind echt, und es ist wichtig, daß du sie nicht verleugnest, aber es ist auch besonders wichtig, daß du nicht nach ihnen handelst. Es ist in Ordnung, sich so am Boden zerstört zu fühlen wie du jetzt, aber es ist ganz und gar nicht in Ordnung, wenn du dir selbst etwas antust.

Wir haben schon viel zu viele Frauen verloren. Viel zu viele Opfer - Erwachsene und auch Kinder - haben nicht die notwendige Unterstützung bekommen und sich aus Verzweiflung selbst getötet. Wir können es uns nicht leisten, noch mehr zu verlieren. Wir können es uns nicht leisten, dich zu verlieren. Du verdienst zu leben.

Lies das Kapitel über den Zorn noch einmal. Man hat dir beigebracht, diesen Zorn nach innen zu richten. Wenn du dich so schlecht fühlst, daß du sterben

GEFÜHLE

willst, dann steckt in dir ein Zorn, den du jetzt gegen den oder die Menschen richten mußt, die dich als Kind so schlimm verletzt haben. Wenn du Verbindung zu diesem Zorn aufnimmst, löst sich dein Selbsthaß von allein auf, und du willst dein Leben bewahren und es nicht mehr zerstören.

Das alles dauert allerdings seine Zeit. Bis dahin bring dich nicht um. Such dir Hilfe. Wenn die erste Unterstützung nichts bringt, such dir andere Hilfe. Gib nicht auf. Wenn du dich so schlecht fühlst, daß du sterben willst, kannst du dir nur schwer vorstellen, du könntest dich jemals anders fühlen. Aber das kannst du. Und das wirst du. Eine Überlebende hat in ihr Tagebuch geschrieben:

Ich hasse das Leben! Ich hasse mich. Ich hasse, was ich mit mir mache. Ich will mich in die dunkle Erde verkriechen und mich verstecken. Ich hasse es, mich erinnern zu müssen! Daß ich immer und immer wieder durch diesen Mißbrauch durch muß, um ihn hinter mir zu lassen und das Leben zu finden! Wozu sollte ich wieder leben wollen? Woher weiß ich denn, daß es nicht noch mehr weh tun wird? Wie kann irgend jemand von mir erwarten, daß ich weiter auf etwas so Unbekanntes und Unerreichbares hinarbeite?

Und trotzdem mach ich's. In mir steckt etwas, das muß eine unglaubliche Kraft haben, denn es hat schon drei ernsthafte Selbstmordversuche überlebt und viele Zeiten der Enttäuschung und Verzweiflung. Und immer noch ist es da und treibt mich an, treibt mich zur Arbeit, drängt mich, mich zu erinnern und gegen die Scham anzukämpfen, wütend zu werden, zu weinen, zu fühlen und mich mitzuteilen ... mitzuteilen ... mitzuteilen! Drängt mich immer weiter hin zu dem Unbekannten, das sie Leben nennen.

Wenn du anfängst, an Selbstmord zu denken, oder den Drang verspürst, dich zu verletzen, hol dir sofort Hilfe. Vereinbare, eine Therapeutin oder eine Freundin anzurufen, wenn du merkst, daß du dein Tun nicht mehr steuern kannst. Ruf ein Krisentelefon oder die Telefonseelsorge an. (Such dir die Nummer raus, bevor du sie brauchst.)

Die Gefühle gehen vorbei, vielleicht denkst du, sie überwältigen dich und werden absolut unerträglich. Aber du kannst lernen, sie auszuhalten. Es ist wie bei einer schwierigen Geburt. Die Gebärende glaubt, keine einzige Preßwehe mehr ertragen zu können, aber sie schafft es. Und dann ist es vorbei.

Jedesmal, wenn du es schaffst, den Schmerz deiner Gefühle zu ertragen, ohne dich selbst zu verletzen, jedesmal, wenn du es schaffst, auf dich aufzupassen, um Hilfe zu bitten, dir selbst durch die große innere Qual hindurchzuhelfen, hast du ein bißchen mehr von deinem Kampfgeist bewiesen. Du hast dich der Gehirnwäsche deiner Täter widersetzt und den Kampf gewonnen. Du hast nicht zugelassen, daß sie dich zerstören.

VERHALTENSMUSTER ÄNDERN

Ein sicherer Ort

Es ist gut, wenn du dir in deiner Wohnung einen sicheren Ort schaffst, einen Platz, an den du dich verkriechen kannst, wenn du Angst hast. Schließ mit dir ein Abkommen, daß du, solange du an diesem Ort bist, weder dich selbst noch irgend jemand anders verletzen wirst. Hier bist du in Sicherheit. Und vereinbare auch, daß du jedesmal, wenn du merkst, du verlierst die Kontrolle und bekommst Angst vor dem, was du tun könntest, an diesen Ort gehen und dort bleiben wirst, schön langsam atmen wirst, bis die Panik vorbei ist.

Vielleicht ist dein sicherer Ort die breite Fensterbank neben der Treppe, dein Bett oder dein Lieblingslesesessel. Es kann auch ein Versteck sein, wo dich niemand findet. Eine Frau schlief nachts in ihrem Wandschrank, auf ihren Schuhen, wie sie es auch als Kind getan hatte, um Geborgenheit zu finden in einem Haus, in dem kein Ort wirklich sicher war.

Es ist wichtig, daß du dich um dich kümmerst. Nimm es ernst, egal, wie seltsam es aussieht. Laura ist bekannt dafür, daß sie mit ihrem Teddybär und einem Babyfläschchen mit warmer Milch auf ihr Bett zusteuert, wenn nichts anderes mehr hilft.

Ändere deine Umgebung

Wenn du bewußt deine Umgebung wechselst, kann dich das mit einem Schlag aus deiner Panik herausholen. Vielleicht brauchst du einfach nur aus deinem Schlafzimmer in die Küche zu gehen, um Tee zu kochen. Oder du verläßt das Haus und machst einen Spaziergang um den Block. Draußen in der Natur, wenn du in die Bäume oder hinauf zu den Sternen schaust, werden dir vielleicht die tatsächlichen Größenverhältnisse klar und du schöpfst neuen Mut.

Manchmal sind es irgendwelche Sinnesreize, die dich an vergangenen Mißbrauch erinnern und dich aus dem Gleichgewicht bringen. Der Duft eines bestimmten Rasierwassers, der Klang einer Stimme oder das Geräusch von Cordhosen kann Unruhe und Angst auslösen.

Einmal war ich in der Küche und wurde immer niedergeschlagener. Ich versuchte, mich zu beruhigen: »Komm, du machst das prima. Das geht vorbei. Es geht immer vorbei.« Aber das half überhaupt nicht. Langsam weiß ich, was ich für mich tun kann, also hab ich eben wieder ganz von vorn angefangen. Ich hab bewußt geatmet, mich gefragt, wann ich zuletzt gegessen habe, angefangen, Gemüse zu schneiden für das Abendessen - und fühlte mich immer mieser. Zum Schluß hab ich gemerkt, daß es ziemlich düster in der Küche war. Ich machte das Licht an und fühlte mich sofort besser. Dieses Düstere deprimiert mich immer. Es erinnert mich an das Haus, in dem ich aufgewachsen bin.

Je mehr Zusammenhänge dir bewußt werden, desto besser kannst du auf dich aufpassen.

Laß dir helfen

Manchmal fällt es uns gerade dann besonders schwer, um Hilfe zu bitten, wenn wir sie am dringendsten brauchen, aber gib dir freundlich einen Ruck, und reiß dich aus deiner Isolation heraus. Wenn jemand Vertrauenswürdiges da ist, laß dich in den Arm nehmen. Wenn du allein bist, ruf jemanden an. Am besten sprichst du das vorher ab. Mitten in der Panik kann es dir passieren, daß du dich völlig isoliert fühlst, gar nicht glauben kannst, irgend jemand könnte von dir etwas wissen, geschweige denn dir helfen wollen. Wenn du in einer Selbsthilfegruppe oder in einer Therapie bist, vereinbare mit einer aus der Gruppe oder mit deiner Therapeutin, daß du sie anrufen kannst. Wenn du überhaupt nicht einsiehst, wozu du sie anrufen sollst, mach dir klar, daß das genau die Situation ist, für die du die Abmachung getroffen hast. Greif einfach zum Hörer, und wähl die Nummer.

GEFÜHLE

Was du vermeiden solltest

Um aus einem panischen Zustand herauszukommen, ist fast alles erlaubt, was wirkt, aber es gibt ein paar Dinge, die du besser lassen solltest.

- Geh nirgends hin, wo es stressig oder gefährlich ist.
- Bleib vom Steuer weg.
- Trink keinen Alkohol, nimm keine Drogen, keine Medikamente.
- Triff keine wichtigen Entscheidungen.
- Verletz weder dich selbst noch andere.

Wenn du da wieder raus bist

Wenn du einen Anfall von Panik, Selbsthaß oder Verzweiflung hinter dir hast, entspann dich, und ruh dich etwas aus. Derart intensive Gefühle sind anstrengend, und du mußt deine Energien wieder sammeln. Wenn du wieder im Gleichgewicht bist, versuche, dem Anlaß für deine Gefühle auf die Spur zu kommen.

- Was war das letzte, woran du dich erinnerst, bevor es dich überfiel?
- Wo warst du? Mit wem?
- Ist in den letzten ein oder zwei Tagen irgend etwas passiert, was dich belastet hat? (Ein Krach auf der Arbeit? Mit einer Freundin? Einem Geliebten? Hast du einen beunruhigenden Anruf bekommen? Beunruhigende Post?)
- War da vielleicht ein Anklang von einem anderen Gefühl, bevor du die Fassung verloren hast? Hattest du das vorher schon mal?
- Hast du im Moment besonders viel Streß? Zeitdruck? Geldsorgen?
- Hast du an etwas gedacht, was du schnell beiseite geschoben hast, weil es dir unangenehm war? Handelte es sich um alte Gedanken, die du gut kennst?
- Erinnert dich etwas davon irgendwie an deinen Mißbrauch?

Manchmal können solche Fragen dir helfen, die Ursachen herauszufinden. Vielleicht ist eine ganze Serie von Erlebnissen mit ähnlichem Ablauf nötig, bevor du die Quelle ausmachst. Wenn du die Einzelheiten untersuchst, schaffst du es vielleicht, beim nächsten Mal nicht in diesen Teufelskreis gerissen zu werden.

Auch positive Gefühle können Angst machen

Mit der Zeit spürst du immer mehr positive Gefühle - Freude, Begeisterung, Zufriedenheit, Liebe, Sicherheit und Hoffnung. Aber obwohl das »gute« Gefühle sind, ist dir vielleicht am Anfang gar nicht wohl damit.

Positive Gefühle sind vielen Überlebenden unheimlich. Freude und Glück kündigten in deiner Kindheit oft nahendes Unheil an. Ob du mit deinen Freundinnen spieltest, als dein Onkel dich hereinrief und belästigte, ob du friedlich schliefst, als dein Vater dich mißbrauchte, ob du am Sonntag bei deinen Großeltern zum Mittagessen warst, als du unerwartet gedemütigt wurdest, du hast gelernt, dem Frieden nicht zu trauen. Vielleicht hast du auch so getan, als wärst du glücklich, und gleichzeitig innerlich gelitten, und jetzt kommt dir Glück immer noch wie Heuchelei vor.

Auch die Vorstellung, es könnte dir irgendwann gutgehen, kann bedrohlich wirken. Eine Frau sagte, sie traue sich nicht zu hoffen. Als Kind hatte sie jeden Tag gehofft, ihr Vater möge gutgelaunt nach Hause kommen, vielleicht nett zu ihr sein, vielleicht aufhören, sie zu mißbrauchen. Und Tag für Tag wurde sie enttäuscht. Aus Selbstschutz gab sie schließlich die Hoffnung auf.

Mitunter bringen uns Ruhe und Zufriedenheit am allermeisten aus der Fassung. Ruhe kann so völlig ungewohnt sein, daß du nicht weißt, wie du dich entspannen und sie genießen sollst. Unerwartete gute Gefühle sind manchmal schwer zu verkraften.

VERHALTENSMUSTER ÄNDERN

Ich war mein ganzes Leben lang unglücklich. Als ich mich an den Inzest erinnerte, wußte ich endlich, warum, aber ich war *immer* noch unglücklich. Meine Heilung war eine grauenhafte und schmerzhafte Erfahrung und mein Leben nur Kampf und Kummer, genau wie immer. Nach paar Jahren Therapie fing ich an, mich glücklich zu fühlen. Ich war fassungslos. Mir war gar nicht klar gewesen, daß es der Sinn all dieser Arbeit an mir war, mich gut zu fühlen. Ich dachte, das sei nur einer von meinen vielen Kämpfen. Ich brauchte eine Weile, um mich an den Gedanken zu gewöhnen, daß mein Leben sich verändert hatte, daß ich glücklich und tatsächlich zufrieden war.

Es langsam akzeptieren zu lernen, wenn du dich gut fühlst, gehört zu den angenehmsten Seiten deines Heilens. Vielleicht kannst du bald gar nicht mehr genug davon bekommen. Nimm jede Gelegenheit wahr, die sich dir bietet. Eine ruhige Minute am Morgen mit einer Tasse Tee. Deinem Kind eine Gutenachtgeschichte vorlesen. Ein richtig schöner Liebesfilm im Kino. Eine Freundin, die dich anruft, nur mal so ... Ein Omelette, das dir traumhaft gelungen ist. Nimm diese Dinge wahr. Riskier ruhig zuzugeben, daß es dir gut geht - erst mal nur für diesen Augenblick, dann für länger.
Geliebt und geschätzt zu werden ist für viele Überlebende bedrohlich. Gesehen zu werden erleben sie auch als Bloßstellung. Geschätzt zu werden kann Schuldgefühle hervorrufen. Der Widerspruch zwischen der hohen Meinung, die andere von dir haben, und deinem eigenen Selbsthaß kann dich zerreißen. Und eine positive Einstellung zu dir selbst zu haben - dich selbstbewußt, schätzenswert, stolz zu fühlen - ist dir vielleicht ein ganz unvorstellbarer Gedanke. Aber auch diese Gefühle sind so wohltuend, daß du schon merken wirst, daß es sich lohnt, sich an sie zu gewöhnen.
Wenn dir jemand ein Kompliment macht, versuch »Danke«, zu sagen, anstatt sofort deine sämtlichen Fehler aufzuzählen. Wenn du ein Geschenk bekommst, sag: »Ich freu mich richtig.« Bei einer Gehaltserhöhung: »Ich freu mich, wenn ich für meine Arbeit Anerkennung bekomme.«
Du hast zwar in deinem Leben viel Leid erfahren, kannst aber auch noch oft glücklich sein. Du verdienst, daß es dir gut geht.

Dein Körper

Wenn mich eine gefragt hätte: »Was hast du für ein Gefühl in deinem Arm?« hätte ich keine Ahnung gehabt, wovon sie redet. Wenn ich meinen Arm anfaßte, fühlte ich ihn mit meiner Hand. Aber nicht von innen. Ich konnte die Haut nur von außen berühren. Ich hätte nicht fühlen können, wie mein Herz schlägt. Ich konnte überhaupt nichts von innen her fühlen, weil ich nicht in meinem Körper drin war.

Rachel Bat Or

Wenn du darüber sprichst, wie du den Mißbrauch erlebt hast, wenn du deine Gefühle verbal mitteilst, befreist du dich damit von vielem. Aber um vollständig zu heilen, muß diese Befreiung auch in deinem Körper stattfinden. Die Art, wie du atmest, deine Art zu essen, deine Art zu fühlen, eigentlich deine ganze Beziehung zu deinem Körper hat unter dem Mißbrauch gelitten. Du bist in vielerlei Hinsicht mißbraucht worden, und du mußt auch in vielerlei Hinsicht heilen.

Kinder lernen sich selbst und die Welt zunächst einmal über ihren Körper kennen. Hunger, Angst, Liebe, angenommen werden, Ablehnung, Halt, Obhut und Fürsorge, Furcht und Schrecken, Stolz, Macht, Demütigung, Ärger – alle Emfindungen, die du kennst – haben mit körperlichen Wahrnehmungen und Bewegungen angefangen. Als kleines Kind hast du über deinen Körper Vertrauen, Nähe, Schutz und Nahrung kennengelernt. Und durch den Mißbrauch hast du gelernt, daß die Welt kein sicherer Ort ist, an dem deine Bedürfnisse befriedigt würden.

Wenn Kinder die Welt als gefährlich erfahren, versuchen sie, sich darauf einzustellen. All die Probleme, die Überlebende mit ihrem Körper haben – Abgespaltensein, Empfindungslosigkeit, Sucht und Selbstverstümmelung, um nur ein paar aufzuzählen –, waren ursprünglich Überlebensversuche.

Du hattest gute Gründe, dich von deinem Körper zu trennen, aber jetzt mußt du diesen Schnitt heilen. Es ist wichtig, daß du die Entfremdung von deinem Körper überwindest und zu einem Gefühl der Einheit findest, daß du dich, anstatt dich selbst zu hassen und deinen Körper abzulehnen, liebst und deinen Körper annimmst.

Deinen Körper nicht mehr hassen, sondern lieben

Der sexuelle Mißbrauch geschah an deinem Körper. Viele Überlebende geben ihrem Körper die Schuld, weil er reagiert hat, anziehend war, fraulich war, klein war, groß war, verletzlich war, empfänglich war für Reiz und Genuß, überhaupt etwas gefühlt hat, und darum ist es ein ganz wichtiger Bestandteil der Heilung, daß du lernst, deinen Körper zu lieben.

Die Zwei-Fingerbreit-Übung

Sandra Butler leitet in San Francisco unter dem Thema »Schreiben als Heilung« Workshops für Überlebende. Sie hat eine wunderbare Übung entwickelt, mit der du anfangen kannst, deinen Körper zu akzeptieren und dich ihm zu widmen: die Zwei-Fingerbreit-Übung. Wenn es dir unmöglich erscheint, von Selbsthaß auf Selbstliebe umzuschalten, mach es Stück für Stück. Denk an eine Stelle deines Körpers, vielleicht zwei Fingerbreit, die du ganz schön findest. Es braucht keine sexuelle Zone zu sein, einfach eine Stelle, die du gut findest. Dein Hals, dein

VERHALTENSMUSTER ÄNDERN

Knie, die Haut hinter deinem Ohr ... Such dir einen kleinen Bereich deines Körpers aus, den du gern haben kannst. Und dann schenk diesem Stück deines Körpers eine Woche lang Beachtung. Streichle es. Kauf ihm Geschenke – vielleicht ein Stückchen Seide oder ein schönes Öl. In der Woche danach dehnst du den Bereich ein bißchen nach alles Seiten aus, vergrößerst ihn etwas und tust wieder das gleiche. So erweiterst du ganz allmählich das liebgewonnene Gebiet deines Körpers, Stückchen für kostbares Stückchen.

Bestätigungen
Versuch, einen Satz aufzuschreiben, von dem du das Gefühl hast, daß er stimmt, und der etwas Positives über dich und deinen Körper aussagt. Du kannst mit Sätzen anfangen, die dir leichtfallen, und dann, wenn du dich sicherer fühlst, zu schwereren übergehen. Ein paar Beispiele:

»Mein Körper ist stark und gesund, und ich kann mich auf ihn verlassen.«

»Ich weiß es zu schätzen, daß meine Beine mich überall hintragen, wo ich hingehen will.«

»Ich hab geschickte Hände, ich kann vieles, mein Baby halten, tippen, Frühlingsrollen machen, meinen Garten umgraben.«

»Ich hab eine positive Ausstrahlung. Mein freundliches Wesen steht mir im Gesicht geschrieben.«

»Ich hab einen gut geformten Kopf. Das kurze Haar steht mir gut.«

Du kannst dir diese Bestätigungen selbst vorsagen, sie in dein Tagebuch schreiben, an die Wand kleben, in deine Brieftasche tun.

Schau in den Spiegel
Eine andere Möglichkeit, den verdrehten Botschaften, die du erhalten hast, entgegenzuwirken, ist der Blick in den Spiegel. Und schau wirklich hin! Nimm dir etwas Zeit dafür, wenn du allein bist und dich niemand stören wird. Betrachte dein Gesicht und auch deinen Körper. Nicht, um zu kritisieren. Schau einfach nur, um kennenzulernen und diesen Körper, in dem du lebst, zu sehen. Und diesmal schau mit *deinen* Augen, nicht mit den Augen des Täters, der Gesellschaft, des Freundes, der Mutter, des Richters. Schau, als ob du Künstlerin wärst, Malerin. Schau, um zu sehen, nicht um zu urteilen. Tu das jeden Tag fünf Minuten, und schreib dann auf, was du dabei erlebt hast.

Male oder zeichne dich
Du kannst deinen Körper auch malen, um eine neue Vorstellung von ihm zu gewinnen. Artemis ist Künstlerin. Als sie sich an ihren Mißbrauch erinnerte, zeichnete sie eine umfangreiche Serie von Selbstportraits. »Am Anfang war der Schmerz überall in den Bildern fühlbar, aber Stück für Stück wurden sie weicher. Am Anfang waren die Linien hart und schwarz und eckig, aber dann zwang ich mich, mich vor den Spiegel zu setzen und meinen eigenen Körper nackt und mit all den sinnlichen, weichen Linien eines weiblichen Körpers wiederzugeben. Ich benutzte Holzkohle, die ist sehr weich, und ich arbeitete immer weiter, bis ich meinen Körper ganz weich und ganz sinnlich zeichnen konnte. Und dabei hab ich gelernt, meinen Körper zu lieben.«

Sei gut zu dir
Deinen Körper pfleglich zu behandeln ist eine andere Art, ihn zu lieben. Entspann dich in der Wanne, im Dampfbad, in der Sauna. Bau dir eine eigene Sauna. Benutz Baby-Öl, Körperöle, Puder.

Es ist schon ein Fortschritt, wenn du bloß auf deinen Körper achtest, während du dich wäschst. Eine Frau fühlte, wie sie dabei sinnlicher wurde: »Meine Therapeutin schlug vor, ich sollte mich, wenn ich morgens dusche, nicht behandeln, als ob ich den Küchentisch schrubben würde. Ich sollte meinen Körper etwas genießen und mit der Seife und dem Wasser den Rundungen und Linien meines Körpers nachspüren.«

Du kannst dir warme Socken kaufen, schöne, weiche Schlafanzüge, Flanell-Bettücher, seidene Unterwäsche – alles, was sich gut anfühlt. Du kannst auch Kleidung tragen, die den Stellen deines Körpers, die besonders gelitten haben, schmeichelt und sie tröstet. Eine Frau, die gewürgt worden war, fühlte sich an ihrem Hals besonders verspannt und verletzlich. Sie tat sich etwas Gutes, indem sie weiche, wunderschöne Schals trug. Sie mochte das Gefühl von zusätzlicher Wärme und sanftem Schutz.

Was du gegen das Abspalten tun kannst

Eine bei Kindern sehr verbreitete Reaktion auf die unerträgliche Erfahrung des sexuellen Mißbrauchs ist die Flucht vor dem, was sie erleben, das Abspalten. Die meisten Überlebenden kennen das, zumindest in gewissem Umfang. In seiner milderen Erscheinungsform lebst du ausschließlich auf der Verstandesebene, in deinen Gedanken, und bist nicht wirklich anwesend. In seiner extremsten Form verläßt du buchstäblich deinen Körper. Dieses Kunststück, an dem einige Yogis jahrzehntelang arbeiten, gelingt Kindern während schwerer traumatischer Erlebnisse ganz von selbst. Sie können nicht körperlich weglaufen, also verlassen sie ihren Körper. Viele erwachsene Überlebende tun das in Angstsituationen immer noch.

> Meistens bin ich nicht in meinem Körper, das merk ich. Als ob in mir drin, von meinem Hals abwärts, alles hohl wäre, bloß eine Leiter da wäre, und je nach Lage der Dinge klettere ich die Leiter hoch, und dann sitzt dieser kleine Mensch, ich, in meinem Kopf und schaut durch meine Augen hinaus.

Viele Überlebende beschreiben das Abspalten als das Gefühl, über ihrem Körper zu schweben, von der Decke auf ihren Körper hinunterzusehen.

> Das ist, als ob ich echt aus meinem Körper nach oben steigen würde. Ich konnte fühlen, wie ich in einem Sessel saß, und dann, wie ich aus meinem Körper herausschwebte. Als ob ich in der Luft hängen würde. Ich weiß, mein Körper sitzt im Sessel, aber der Rest von mir ist außerhalb meines Körpers.

Andere verschwinden an einen Ort, den sie selbst nicht kennen: »Ich kann dir nicht sagen, was passiert, wenn ich aus meinem Körper aussteige, ich bin ja nicht da.«

Du kannst bewußt beschließen, auszusteigen, aber manchmal geschieht das Abspalten auch spontan, wenn du es gar nicht willst: mitten in einem ernsthaften Gespräch, zum Beispiel, oder wenn du mit jemand schläfst.

Um in deinem Körper zu bleiben

- **Vergiß nicht zu atmen.** Wenn du Angst hast, hörst du oft auf zu atmen. Die einfachste und wichtigste Methode, um in deinem Körper zu bleiben oder wieder hineinzukommen, ist zu atmen.
- **Paß auf, wann du aussteigst.** Was ist passiert? Was war das letzte, an das du dich noch erinnerst, bevor du ausgestiegen bist? Welche Gefühle sind dabei hochgekommen, die du als bedrohlich empfunden hast?
- **Sei bereit zu fühlen.** Hör auf deine Ängste und deine Bedürfnisse. Geh sanft und verständnisvoll mit dir um. Dann kannst du gefahrloser und leichter dableiben.
- **Nimm dir vor, nicht unbewußt auszusteigen.** Streng dich an zu merken, wenn du aussteigst, und bewußt zu entscheiden, ob du es wirklich willst oder nicht.

VERHALTENSMUSTER ÄNDERN

- **Laß dir helfen.** Abspalten ist eine ziemlich einsame Sache. Wenn du jemand sagst, was los ist, kann dich das zurückholen. Mach mit deinen nahen Freundinnen aus, daß sie aufpassen, wenn deine Aufmerksamkeit abzuschweifen beginnt, und daß sie dich dann fragen, was los ist.

Von der Empfindungslosigkeit zum Fühlen

Empfindungslosigkeit ist eine andere Art, nicht zu fühlen. Während des Traumas ihres sexuellen Mißbrauchs betäuben sich Kinder oft, genau wie PatientInnen vor einer Operation eine Narkose bekommen, um unerträgliche Schmerzen zu vermeiden. Genau wie das Abspalten war auch diese Empfindungslosigkeit gegen körperliche Schmerzen damals eine sinnvolle und wirksame Abwehrmaßnahme. Du hast den Schmerz abgeblockt und auch zwiespältige Empfindungen der Erregung. Aber jetzt kannst du diese Empfindungslosigkeit nicht mehr brauchen. Um dich mehr in deinem Körper zu spüren, fang an, mehr auf körperliche Empfindungen zu achten. Am Anfang kannst du deine Atmung beobachten. Allein schon wenn du dir erlaubst zu fühlen, wie der Atem in deinen Körper eintritt und ihn wieder verläßt, zu fühlen, wie die Luft durch deine Nasenlöcher zieht, zu fühlen, wie deine Brust und dein Bauch sich heben und senken, allein schon wenn du die kleinen sinnlichen Aspekte des Atmens wahrnimmst, kannst du deinen Körper wieder beleben.

Erweitere diese Aufmerksamkeit auf alle möglichen normalen Tätigkeiten: Laufen, Zähneputzen, die Katze streicheln, ein Glas Wasser trinken. Du kannst mit den weniger bedrohlichen körperlichen Erfahrungen anfangen und dabei auf deine körperlichen Empfindungen achten. Du kannst kalt und warm wahrnehmen, Struktur, Durst, Geschmack, Druck, Kribbeln, deinen Herzschlag.

Körperkontakt ist wichtig

Selbstmassage ist eine ausgezeichnete Methode, dir der Gefühle in deinem Körper bewußt zu werden, Spannung abzubauen und dich einfach wohlzufühlen. Massiere deinen Fuß oder deinen Hals.

Du kannst dich auch von anderen auf nichtsexuelle Weise berühren lassen. Wir alle brauchen Körperkontakt. Du kannst stundenlang erzählen, aber einige Wunden sitzen an Stellen, die viel älter sind als deine Worte. Damit du deine schützende Empfindungslosigkeit aufgeben kannst, brauchst du eine Umgebung, in der du dich sicher fühlst.

Du kannst dich von Freundinnen berühren lassen, die sich dabei wohlfühlen, wenn sie dich in den Arm nehmen oder ohne sexuelle Absichten streicheln, von einer Therapeutin, für die Berührungen etwas Normales sind, oder von den Teilnehmerinnen einer Selbsthilfegruppe oder eines Workshops, die bereit sind, mit dir gefahrlose, warme Berührungen auszutauschen.

Wenn du noch nie von einer aufmerksamen, guten Masseurin massiert worden bist, kann das deinen Körper sehr wirkungsvoll ansprechen. Paß auf, daß du einen Masseur oder eine Masseurin findest, denen du vertrauen kannst, damit du nicht wieder befummelt und mißbraucht wirst.

Wenn du deiner Masseurin sagst, daß du dabei bist, von Kindesmißbrauch zu heilen, fällt es dir vielleicht leichter, zu weinen, die Massage abzubrechen oder einfach in deine Gefühle hineinzuatmen. Du kannst klar sagen, wo deine Grenzen liegen, auf welche Weise du nicht angefaßt werden willst oder an welcher Stelle. Vielleicht hast du am Anfang Hemmungen, aber wenn du klar sagst, was du willst, kümmerst du dich einfach ganz erwachsen um deine Bedürfnisse. Manchmal setzt eine Massage intensive Gefühle frei. Manche Frauen erleben während oder nach der Massage, wie ihre Gefühle über sie hereinbrechen, vor allem wenn sie an die Verletzlichkeit, die tiefe Berührungen zur Folge haben, nicht gewöhnt sind. Wenn du dich zum ersten Mal massieren lassen willst, kannst du mit einer Fußmassage anfangen oder dir nur Nacken und Schultern massieren lassen. Du kannst auch mit deiner Therapeutin oder mit einer guten Freundin verabreden, daß du direkt nach der Massage zu ihr kommst, damit du die Möglichkeit hast, über deine Gefühle zu sprechen.

Wenn du in Gefühllosigkeit erstarrst, sobald du selbst oder jemand anders dich berührt, brich ab, und versuch, die Gedanken oder Gefühle zu rekonstruieren, die du in dem Moment hattest, als die Empfindungslosigkeit anfing.

Sprich über deine Gefühle, oder schreib sie auf. Es ist wichtig aufzuhören, wenn du nichts mehr fühlst. Während deines Mißbrauchs wurdest du immer weiter angefaßt, auch als du nichts mehr fühltest, und es ist wenig sinnvoll, dieses Muster zu wiederholen.

Hör auf deinen Körper

Viele Überlebende sind zu dem Ergebnis gelangt, daß ihr Körper mehr Probleme bereitet, als er wert ist, und haben beschlossen, ihn zu ignorieren. Die Bedürfnisse deines Körpers zu ignorieren heißt, daß du arbeitest, wenn du krank bist, keinen Pullover anziehst, wenn du frierst.

Deinen Körper so zu vernachlässigen kann ernste Konsequenzen haben. Eine ehemalige Polizistin, die wegen einer Rückenverletzung frühzeitig in Rente gehen mußte, beschreibt, wie es zu ihrer Arbeitsunfähigkeit gekommen ist:

> Ich hatte nie einen Draht zu meinem Körper. Diese Operation an meinem Rücken wurde nötig, weil ich ein halbes Jahr lang sämtliche Symptome völlig ignoriert hab. Ich hatte einen Hausarzt. Ich war krankenversichert. Nichts hielt mich davon ab, zum Arzt zu gehen, außer daß ich es nicht wahrhaben wollte, weil ich zu der Zeit etwas anderes vorhatte, und außerdem fand ich, daß mein Rücken mich im Stich ließ. Ich wollte studieren und mein Diplom machen. Und das hab ich dann auch getan.

Erst Jahre später wurde mir klar, daß ich dachte, mein Körper hätte mich im Stich gelassen, weil er es genoß, als meine Brüder mich mißbrauchten. Darum haßte ich meinen Körper, und wenn er irgend etwas machte, was ich nicht wollte, zum Beispiel außerhalb der Mahlzeiten Hunger bekam oder Schmerzen hatte, wenn es mir gerade gar nicht paßte, ignorierte ich ihn einfach. Und zwar so lange, bis ich Lähmungserscheinungen im Bein hatte und eine kaputte Bandscheibe.

Unser Körper ist eine Quelle der Weisheit. Auf die Botschaften deines Körpers zu hören ist nicht nur unentbehrlich für deine körperliche Gesundheit, sondern auch nötig, um mit deinen Gefühlen und Bedürfnissen in Kontakt zu bleiben. Unser Körper ist es, der uns mit dem Leben verbindet.

Um auf deinen Körper hören zu können, mußt du bereit sein zu fühlen – manchmal Angst oder Schmerz, aber auch dich wohlzufühlen. Wenn du gewohnt bist, deinen Körper zu ignorieren, ist das möglicherweise eine radikale, aber angenehme Veränderung.

> Als letztes, bevor ich ins Bett ging, hab ich immer geduscht. Ich dusch unheimlich gern. Wenn ich nicht gerade irgendwelche besonderen Probleme hab, bin ich hinterher ganz entspannt. Aber selbst wenn ich tagsüber eine Dusche nötig gehabt hätte, sogar wenn ich verspannt gewesen wäre, verfroren oder schlecht drauf, hätte ich nie geduscht, bevor ich nicht mit meiner Arbeit fertig gewesen wäre.

> Eines Tages, abends um sieben, beschloß ich zu duschen, obwohl ich noch eine ganze Menge Hausaufgaben zu machen hatte. Ich hab geduscht, meinen Schlafanzug und einen Bademantel angezo-

gen, mir eine Tasse Tee gekocht und mich zum Lernen hingesetzt. Das war so angenehm. Mir war schön warm, ich war entspannt und kam gut voran. Anscheinend war es doch möglich, sich wohlzufühlen und gleichzeitig zu arbeiten. Und es war gar nicht nötig, mein Wohlbehagen immer zurückzustellen.

Beweg dich

Unser Körper ist dazu da, sich zu bewegen. Du brauchst keine Marathonläuferin zu sein und keine olympische Schwimmerin, um gerne Sport zu treiben. Auch wenn du nur spazierengehst oder wanderst, ist das gut für dich. Bewegung regt deinen Kreislauf an, massiert deine inneren Organe, dehnt und stärkt deine Muskeln und gibt dir neue Energie. Körperliche Bewegung eignet sich auch ausgezeichnet dazu, Spannungen und emotionale Blockierungen abzubauen, Ärger rauszulassen und Selbstachtung zu gewinnen. Jayne Habe erzählt:

> Heute war ich wieder schwimmen. Das ist so ein tolles Gefühl, wieder im Wasser zu sein und meinen Körper anzutreiben, damit er richtig stark wird. Ich komm mir vor, als ob ich für mein Leben trainieren würde.

Wenn du noch nie Sport getrieben hast, such dir etwas aus, was dir Spaß machen könnte, und fang mit was Kleinem an. Du kannst dich ja dann steigern. Das ist besser, als wenn du dir zuviel vornimmst, dir Muskelkater holst, dich überanstrengst und aufgibst. Sport ist keine neue Schinderei, die du ertragen mußt, sondern ein gesunder Bestandteil deines Lebens in deinem Körper.

Schlaflosigkeit

Viele stark angespannte Menschen leiden unter Schlaflosigkeit, und Überlebende gehören ganz bestimmt zu dieser Gruppe.

Außerdem fand der Mißbrauch oft statt, als die Mädchen schliefen, als sie gerade einschlafen wollten oder im Bett waren. Viele haben Alpträume, oder es kommen ihnen im Schlaf furchtbare Erinnerungen.

Wenn du unter Schlaflosigkeit leidest, kannst du etwas dagegen tun:

- Trink warme Milch oder Kamillentee, bevor du ins Bett gehst.
- Nimm ein warmes Bad, bevor du schlafen gehst.
- Wenn du Gymnastik oder Sport treibst, dann tu das besser morgens als abends.
- Mach nichts, was dich aufregt, bevor du ins Bett gehst.
- Geh erst ins Bett, wenn du müde bist.
- Plane im Laufe des Tages dreißig Minuten ein, in denen du dir Sorgen machen kannst. Schreib die Dinge, die dich verfolgen, in einem anderen Raum auf, niemals in deinem Schlafzimmer.
- Leg ruhige, sanfte Musik auf oder Entspannungskassetten, oder mach ganz leise den Fernseher an. Stell dir friedliche, entspannende Dinge vor.
- Mach deine Umgebung sicherer. Laß deine Fenster mit Schlössern versehen. Häng Bilder von deinen FreundInnen neben deinem Bett auf.
- Wenn Selbstbefriedigung und Sexualität dir keine Angst bereiten, helfen sie dir vielleicht zu entspannen.

Wenn das alles nichts hilft und du immer noch nicht schlafen kannst, kämpf nicht dagegen an. Fang nicht an, wütend auf dich zu werden, dir zu sagen, wie dringend du deinen Schlaf brauchst, oder dich daran zu erinnern, was du am nächsten Tag alles tun mußt. Geh davon aus, daß du wenigstens deinen Körper ausruhen kannst, indem du ruhig daliegst und sanfte Musik hörst, und daß du nicht daran sterben wirst, wenn du ein paar Nächte nicht schläfst. Oder steh auf, zieh einen Bademantel an, und lies ein Buch, das dir wirklich gefällt (oder etwas total Langweiliges). Schreib in dein Tagebuch. Mal ein Bild. Ruf jemanden an, die/der irgendwo wohnt, wo jetzt Tag ist. Mach deine Steuererklärung. Näh deinem Kind ein Karnevalskostüm. Die Nacht kann eine ruhige, ganz besondere Zeit sein, ganz für dich allein.

Schlaflosigkeit ist ein Zeichen von Streß, und sie kann zu neuem Streß führen. Wichtig ist, daß du auf eine Weise reagierst, die dich beruhigt und dir guttut, auch wenn du nicht schläfst. Später, wenn deine Heilung weiter fortgeschritten sein wird, wirst du auch besser schlafen können.

Vom Gesunden des Körpers

Viele Überlebende haben von dem Mißbrauch körperliche Schäden davongetragen. Andere sind durch ihre Überlebensmechanismen krank geworden. Migräne, Umweltallergien, Schäden im Beckenbereich und Probleme mit den Sexualorganen, Asthma, Arthritis und viele andere Krankheiten können von traumatischen Erlebnissen und Belastungen in der Kindheit herrühren. Manchmal entwickelt ein Bereich deines Körpers, der verletzt wurde, erst später Probleme, zum Beispiel Schmerzen im Kieferbereich, wenn du oral vergewaltigt worden bist. Manchmal sind die Probleme auch unauffälliger, wie zum Beispiel chronische Müdigkeit, geringe Widerstandskraft, Anfälligkeit für Erkältungen und Grippe.

Krankheiten rühren aber nicht unbedingt von Mißbrauch her. Auch Frauen, die nicht sexuell mißbraucht wurden, bekommen Arthritis, und schon aufgrund der zunehmenden Vergiftung unserer Umwelt steigt die Anzahl der Umweltallergien dramatisch an. Es gibt Richtungen in der alternativen Medizin, die dem Opfer »die Schuld geben« und behaupten, jede körperliche Krankheit lasse sich auf eine bestimmte emotionale Einstellung zurückführen und wenn die PatientInnen nur genug an ihren Gefühlen arbeiten würden, wären sie nicht mehr krank. Diese Leute machen es sich zu einfach und richten nur Schaden an.

Aber Krankheiten haben tatsächlich manchmal einen emotionalen Anteil. Falls du an einer Krankheit leidest und vermutest, ihre Wurzeln könnten in deinem Mißbrauch liegen, dann kannst du unter diesem Gesichtspunkt daran arbeiten. Traditionelle ÄrztInnen sind manchmal emotionalen Anteilen einer Krankheit gegenüber skeptisch, aber es haben schon zu viele Menschen direkte Zusammenhänge festgestellt, als daß der Nutzen einer Bearbeitung der Krankheit auf emotionaler Ebene länger bestritten werden könnte.

Uns stehen heute viele alternative Heilmethoden zur Verfügung, von denen viele sowohl auf körperlicher als auch auf emotionaler Ebene arbeiten. Akupunktur, Chiropraktik, Homöopathie, Massage, Meditation, Arbeit mit Träumen und Phantasien können dir helfen. Besprich einmal mit deiner behandelnden Ärztin oder deinem Arzt ein paar dieser Möglichkeiten. ÄrztInnen werden langsam immer aufgeschlossener, was alternative Behandlungsmethoden betrifft. Vielleicht könnt ihr einen Behandlungsplan zusammenstellen, der sowohl traditionelle als auch alternative Methoden einbezieht.

Von der Sucht zur Freiheit

Sucht ist eine Möglichkeit zu fliehen, dir Erleichterung zu verschaffen, dich zu schützen, die Kontrolle zu behalten und dich besser zu fühlen. Sucht kann auch deinen Körper zerstören, dich von deinen Gefühlen abschneiden, dir deine Selbstachtung nehmen, deine Beziehungen stören und dich vielleicht sogar umbringen. Um von einer Sucht loszukommen, mußt du dich ändern *wollen*. Du mußt das Ausmaß des Problems ehrlich zugeben, herausfinden, welchem Zweck die Sucht dient, und verstehen, daß es sowohl ein Mittel zum Überleben als auch ein selbstzerstörerisches Muster ist. Dann such dir Hilfe, und beende diese Gewohnheit.

VERHALTENSMUSTER ÄNDERN

Alkohol, Medikamente, Drogen

Viele Überlebende sind alkohol- oder medikamentenabhängig. Medikamente und Alkohol sind kurzfristig wirksame Mittel, deine Gefühle zu betäuben, Erinnerungen zu unterdrücken, dem Schmerz zu entfliehen. Aber um zu heilen, mußt du deine Gefühle kennenlernen und dir dein Leben mit klarem Kopf ansehen. *Das kannst du nicht, wenn du alkohol-, medikamenten- oder drogenabhängig bist. Um von sexuellem Kindesmißbrauch zu heilen, mußt du von deiner Sucht loskommen.*

Auch wenn du nicht süchtig bist, benutzt du vielleicht Medikamente oder Alkohol, um Gefühlen aus dem Weg zu gehen. Auch damit blockierst du deine Heilung.

Es ist sehr schwer, allein von einer Sucht loszukommen. Die Anonymen Alkoholiker und andere Sucht-Selbsthilfegruppen haben vielen Menschen erfolgreich dabei geholfen. Je nachdem, wie stark deine Abhängigkeit ist, brauchst du vielleicht auch einen Therapieplatz in einer Klinik oder anderen Einrichtung.

Wenn deine Eltern Alkoholiker sind (das ist bei vielen Überlebenden der Fall), gibt es Gruppen für die Angehörigen von Alkoholikern (Al-Anon), in denen du lernst, die für Alkoholiker-Familien typischen Muster zu erkennen. Als Partnerin einer/eines Suchtmittelabhängigen kann dir ebenfalls Al-Anon helfen.

Das Rauchen aufgeben

Um von sexuellem Kindesmißbrauch zu heilen, brauchst du dir das Rauchen nicht abzugewöhnen, aber es kann eine gute Methode sein, dir deine eigene Willensstärke und deine Entscheidung für einen gesünderen Körper zu bestätigen. Rauchen unterdrückt Gefühle. Damit aufhören heißt, dir näherkommen. Außerdem ist es ein durchaus erreichbares Ziel. Bei der Heilung von sexuellem Kindesmißbrauch gibt es so vieles, was nicht sofort abzusehen ist. Wenn du das Rauchen aufgibst, siehst du wenigstens den Erfolg, und Erfolg kann an deinem Körper und an deiner Selbstachtung Wunder wirken.

Es ist schwer, von mehr als einer Abhängigkeit auf einmal loszukommen. Wenn du also gleichzeitig von Alkohol (oder Medikamenten/Drogen) und Tabak abhängig bist, kümmer dich zuerst um den Alkohol und die Medikamente/Drogen. Sie behindern deine Heilung ganz schwerwiegend, anders als das Rauchen. Aber überleg dir, ob du nicht aufhören solltest zu rauchen. Auch das ist eine Entscheidung für dein Leben und deine Gesundheit.

Eßprobleme

Bevor wir anfangen, über Eßprobleme zu sprechen, ist es wichtig festzustellen, daß es keine ideale Größe oder Form für den Körper einer Frau gibt. Einige von uns sind groß, einige klein; einige sind eckig, andere rund; einige sind dünn, andere sind dick; einige sind fest, andere sind weich. Aber keine dieser Eigenschaften für sich genommen ist besser oder schlechter.

Unsere Gesellschaft vermittelt uns, daß Frauen so oder so auszusehen hätten. Dazu gehören viele Merkmale, angefangen von der hellen Haut bis zu den langen Wimpern, und eines der unbarmherzigsten Gebote ist das Dünnsein. Die Massenmedien propagieren heute die dünnen und verdammen dicke Frauen. Damit werden alle tyrannisiert, die nicht schlank sind. Wir wollen diese Norm nicht weiterpropagieren. Wir sprechen hier über Eßprobleme: wie wir essen oder nicht essen, und was das für uns bedeutet. Wir sprechen nicht über Konfektionsgrößen.

Zwanghaftes Essen

Es gibt viele Gründe, warum Überlebende zwanghaft essen. Einige Frauen essen, um ihre Gefühle zu betäuben. Während sie vollkommen von ihrem Essen in Anspruch genommen sind, immer mehr Eiscreme in sich hineinschaufeln, treten andere Schmerzen, Ängste, Hungergefühle zurück. Zwanghaftes Essen ist Flucht. Eine Stunde später wirst du dich vielleicht hassen, aber im Moment verschafft es dir Erleichterung.

Wenn du verletzt bist, ist zwanghaftes Essen vielleicht das einzige dir bekannte Mittel, das dich tröstet. Du brauchst es, in dem Arm genommen zu werden, brauchst Zeit für dich allein, eine befriedigendere Arbeit. Aber du bist es nicht gewohnt, diese Bedürfnisse zu erkennen und auf sie einzugehen, also ißt du.

Einige Frauen essen zuviel, um sich zu schützen. Ein in unserer Kultur verbreiteter Mythos besagt, daß dicke Frauen keine Angst vor sexuellen Angriffen haben müßten, weil sie nicht attraktiv seien. Obwohl das nicht stimmt, fühlen sich viele Frauen mit einer »dicken Haut« weniger verletzlich. Kinder sind klein und dünn. Als Kind wurdest du mißbraucht, und darum fühlst du dich heute in einem dicken Körper stärker und sichtbarer. Du bist sicher, daß du deinen Platz ausfüllst. Oder du fühlst dich im Gegenteil unsichtbarer, weil du darauf setzt, daß die Wahrscheinlichkeit, jemand könne dich beachten, geringer ist.

Deine Körpergröße hat nicht unbedingt etwas damit zu tun, wie oder wieviel du ißt - viele Frauen sind von Natur aus dick oder dünn. Allerdings nehmen viele Frauen mit Absicht große Mengen zu sich, um dicker zu werden. Eine Überlebende war achtzehn, als sie beschloß, daß sie sich nur gegen sexuellen Mißbrauch schützen könnte, indem sie fett würde. Sie mochte Süßigkeiten eigentlich nicht besonders, aber sie zwang sie in sich hinein - sowie alles mögliche andere -, bis sie meinte, einen unattraktiven Umfang erreicht zu haben.

Überleg dir, warum du so ißt, wie du ißt. Was bringt dir das? Welches Bedürnis erfüllt es? Verurteile dich nicht, weil du versucht hast, diese Bedürfnisse durch Essen zu befriedigen. Fang statt dessen an, auf gesündere Weise auf sie einzugehen.

Wenn du ißt, um dicker zu werden und dich dadurch sicherer zu fühlen oder dich in der Welt besser behaupten zu können, überleg dir einen anderen Weg, um den gleichen Schutz oder das gleiche Durchsetzungsvermögen zu erlangen. Wenn du ißt, um unerwünschte Annäherungsversuche zu vermeiden, mußt du unbedingt lernen, nein zu sagen. »Nein« ist einfach und klar. Üb das, und sag es immer wieder. In den meisten Situationen schützt dich ein festes »Nein« mindestens so gut wie die Esserei und wahrscheinlich besser.

Übungen: Wie nehme ich mit meinem Körper Kontakt auf?

Für einige dieser Übungen brauchst du eine Partnerin. Andere kannst du allein machen.[1]

Bauchatmung

Bauchatmung ist eine wunderbare Sache, wenn du in Panik geraten bist - wenn du Angst hast, du könntest ganz aufhören zu atmen, oder kurz davor bist. Dein Atem wird flach, unregelmäßig, bleibt ganz oben in deiner Brust stecken. Für die Bauchatmung legst du dich auf den Rücken und legst eine Hand auf deinen Bauch und eine auf deine Brust. Wenn die Hand auf deiner Brust sich auf und ab bewegt, atmest du aus deiner Brust heraus. Üb, deinen Atem tief in deinen Bauch hinein zu lenken, bis du merkst, wie die Hand auf deinem Bauch sich hebt und senkt. Atme bewußt durch den Mund aus und in den Bauch ein.

Entspannungsübungen

I. Du liegst auf dem Rücken oder in einer anderen bequemen Lage. Sorg dafür, daß deine Kleidung dich nicht einengt. Zieh deine Schuhe aus, leg deinen Gürtel ab. Mach ein paar tiefe, langsame Atemzüge, und laß die Luft raus. Fang mit deinen Füßen an: Konzentrier dich auf deine Füße und spüre die Spannungen, die da sind. Mit dem nächsten Ausatmen, das kommt, laß diese Spannung los und fühle, wie deine Füße sich entspannen. Dann gehst du zu deinen Fußgelenken über. Spüre die Spannung in deinen Fußgelenken. Beim Ausatmen läßt du die Spannung los. Setz diese Übung fort, und wandere deinen Körper hinauf: Füße, Fußgelenke, Waden, Oberschenkel, Pobacken, Schoß, Magen, Brust, Rücken, Schultern, Arme, Hände, Nacken, Gesicht, Kopf – bis dein Körper immer mehr entspannt ist. Vor dem Einschlafen ist das wunderbar.

II. Nimm eine bequeme Haltung ein, entweder im Sitzen, wobei deine Füße den Boden berühren, oder im Stehen. Richte deine Aufmerksamkeit auf deine Atmung, beobachte das Einatmen, das Ausatmen und den Zeitraum dazwischen. Beeinflusse dein Atmen nicht, beobachte es nur. Spüre, wie sich dein Körper von der Mitte her ausdehnt und beim Loslassen wieder in die Mitte zurücksinkt. Laß es zu, daß dein Atem allmählich tiefer wird und immer tiefer in deinen Unterleib hineinfließt. Laß deinen Bauch weich werden. Nimm Gutes in dich auf, während du einatmest (Hoffnung, Liebe zu dir selbst, Mut), und beim Ausatmen laß die Dinge los, die du nicht willst (Angst, Spannungen, Selbstkritik). Mach das fünf oder zehn Minuten lang.

Erdungsübungen (Grounding)

I. Stell dir vor, du bist ein Baum und schickst deine Wurzeln tief hinein in den Erdboden. Stell dir vor, wie diese Wurzeln hinunterreichen, durch deine Beine, durch deine Fußsohlen, in die Erde hinein, immer weiter, bis zu ihrem Mittelpunkt, wo sie fest verankert sind.

II. Gehen, besonders ohne Schuhe (wenn Wetter und Bodenbeschaffenheit das zulassen), ist sehr gut, um dich zu erden und dir selbst näher zu bringen. Strand und Wald sind gut geeignet. Auch deine Nachbarschaft, falls sie sicher ist. Atme tief durch, und spüre den Kontakt mit dem Boden. Schau dir deine Umgebung an. Du kannst dir vornehmen, so oder so lange zu gehen, und unterschiedliche Geschwindigkeiten ausprobieren.

---

[1] Die meisten dieser Übungen stammen von Amy Pine, einer Therapeutin aus Santa Cruz in Kalifornien. Sie arbeitet mit einer Methode, die auf schöpferischem Gestalten basiert, und hat uns geholfen, das Material zu diesem Kapitel zusammenzustellen und in Worte zu fassen.

III. Stell dich einer Partnerin (einem Partner) gegenüber, legt eure Hände zusammen, Handfläche auf Handfläche. Auf »los« drückt ihr, so stark ihr könnt, gegeneinander. Drängt einander abwechselnd zurück bis zum Ende des Raumes (oder des Hofes). (Paßt auf, daß nichts im Weg steht.) Jede von euch kann die Übung unterbrechen, wenn sie sich unbehaglich fühlt. Spür danach in deinen Körper hinein. Was fühlst du? Sprich über deine Reaktion. Macht die gleiche Übung Rücken an Rücken. Ihr sollt diese Übung nicht als Wettbewerb verstehen, sondern als gegenseitige Hilfeleistung. Ziel ist, daß ihr euch beide hinterher stark und geerdet fühlt. Diese Übung ist auch gut, um in deinen Körper zurückzufinden.

In deinen Körper zurückfinden
I. Du sitzt oder stehst, und deine Füße stehen fest auf dem Boden. Nimm mit den Augen Kontakt zu einer Partnerin auf, und sieh sie wirklich an. Steig nicht aus, heb nicht ab. Drück die Hand deiner Partnerin, wenn deine Aufmerksamkeit abzuschweifen beginnt. Seid einfach nur zusammen da. An deiner Partnerin siehst du, wie sich deine Atmung verändert. Sie spiegelt deine Atmung, indem sie sie nachmacht. Sprich darüber, wie du dich während dieser Übung fühlst. Achte auf Veränderungen.

II. Erforsche den gesamten Bewegungsspielraum deiner Gelenke. Fang mit deinen Fingern, Handgelenken und Ellbogen an, und geh dann über zu deinen Schultern, deiner Wirbelsäule, deinen Hüften, Knien und den anderen Gelenken in deinem Körper.

Deine körperlichen Empfindungen wahrnehmen
I. Leg ein Bewegungstagebuch an. Such dir einen Körperteil aus, und verbring fünf bis zehn Minuten damit, zuzulassen, daß er sich so bewegt, wie er will. Dein restlicher Körper kann ruhig mitmachen, aber konzentrier dich vor allem auf den Teil, den du dir ausgesucht hast. Du kannst dabei nichts richtig oder verkehrt machen: Die Bewegung kann ganz klein sein, fast nicht vorhanden und sachte. Sie kann auch ausgreifend sein und mit einem Geräusch verbunden. Du kannst dir einen Zeh aussuchen, ein Handgelenk, Augen, Mund oder Becken - egal, was. Achte darauf, wie sich diese Bewegung anfühlt oder was sie dir sagt. Nach fünf oder zehn Minuten schreib auf, was bei dir währenddessen passiert ist. Zeig das, was du geschrieben hast, einer Freundin, zu der du Vertrauen hast.

II. Such dir ein Thema aus, das für dein Leben von Bedeutung ist: offen/verschlossen sein, hart/weich sein, dich verstecken/um Hilfe bitten, Depression/Begeisterung, aus dem/im Gleichgewicht sein. Bitte eine Freundin, dabeizusitzen, während du dieses Thema durch Bewegungen erforschst. Du brauchst nicht tanzen zu können, jeder Mensch bewegt sich. Sprecht hinterher darüber, und teilt eure Gefühle und Beobachtungen einander mit. (Die Freundin, die dabeigesessen hat, sollte aufpassen, daß sie nicht versucht zu interpretieren, was du erlebt hast.)

III. Gib deinen Körperteilen eine Stimme, laß sie sprechen. Eine Freundin kann Fragen stellen, um zusätzliche Informationen zu bekommen, und mit dir zusammen deinen Körper erforschen. Zum Beispiel könnte dein Magen sagen: »Ich bin ganz verkrampft. Ich bin schon die ganze Woche völlig verspannt. Ich bin alles so leid!« Dann könnte deine Freundin fragen: »Was bist du leid?« Laß deinen Magen antworten. Wenn du es nicht genau weißt, rate einfach. Hab keine Hemmungen zu improvisieren. Warte ab, was dabei herauskommt.

VERHALTENSMUSTER ÄNDERN

Anorexie und Bulimie

Anorexie (Magersucht) und Bulimie (Eß- und Brechsucht) sind in unserer Gesellschaft, die das Dünnsein in den Himmel hebt und jedes Fett verachtet, besonders weit verbreitet. Mädchen und Frauen übernehmen diese Haltung und haben furchtbare Angst davor, dick zu sein. Und wenn sexueller Mißbrauch zu Anorexie oder Bulimie führt, spielt gesellschaftliche Bewertung dabei durchaus eine Rolle.

Viele Mädchen, die sexuell mißbraucht worden sind, entwickeln während ihrer Pubertät Anorexie. Fälschlicherweise glauben sie, wenn sie keine Brüste bekämen, keine vollen Hüften, keine weibliche Figur, würden sie auch nicht attraktiv sein und niemand würde sie zu sexuellem Kontakt zwingen wollen. Es ist durchaus verständlich, daß diese Mädchen besonders große Angst davor haben, zu Frauen zu werden. Sie denken sich: »Wenn sie das mit Kindern machen, was machen sie dann erst mit Frauen? Das muß ja noch viel schlimmer sein.«

Genau wie zwanghaftes Essen ist auch Anorexie ein Versuch, dich zu schützen und die Kontrolle über dich zu behalten. Indem du ganz genau aufpaßt, was du in deinen Körper hineinläßt und was nicht, versuchst du, die Macht zurückzugewinnen, die dir als Kind genommen wurde.

Nichts zu essen oder zu wenig zu essen bedeutet auch, daß du nein zum Leben sagst. Wenn dir das Leben Mißbrauch, Angst, Schmerz, Demütigung beschert hat, ist diese Einstellung verständlich. Mit Anorexie bringst du dich nicht sofort um, sondern ißt gerade genug, um nicht zu sterben. Und manchmal nicht einmal das.

Bei Bulimie ißt du zuerst und übergibst dich anschließend. Vielleicht hast du damit angefangen, weil du nicht zunehmen wolltest. Es kann auch sein, daß du dich einfach übergeben mußtest, ohne daß du gewußt hättest, warum.

Genau wie Anorexie ist auch Bulimie ein Versuch zu steuern, was mit deinem Körper passiert. Sich übergeben ist eine Form, nein zu sagen. Vielen Überlebenden wurden als Kinder Finger, Penisse und irgendwelche Gegenstände in ihre Körperöffnungen gesteckt. Vielleicht mußtest du würgen oder dich übergeben, und wenn du dich heute übergibst, versuchst du vielleicht immer noch, diese Erlebnisse aus deinem Körper herauszubekommen.[2]

Das Problem ist natürlich, daß du dich tatsächlich von Essen ernährst. Und wenn du dich wiederholt übergibst, nimmst du deinem Körper wichtige Nährstoffe und schadest deinen Zähnen und deiner Verdauung. Im Extremfall kann dich das umbringen. Du mußt unbedingt lernen, auf andere Art nein zu sagen.

In einem Workshop für Überlebende mit Eßproblemen verhalf Ellen einer Frau, die gegen ihre Bulimie ankämpfte, zum entscheidenden Durchbruch:

> Nachdem eine Frau ihren Text vorgelesen hatte, stiegen schmerzhafte und demütigende Erinnerungen in ihr auf. Sie hatte das starke Bedürfnis, sich zu übergeben. Wenn das eine Frau gewesen wäre, die sich selten übergibt, hätte ich mir sofort einen Eimer geschnappt und ihr gesagt, sie solle sich keinen Zwang antun. Erbrechen kann, wenn wir das *sehr* selten tun, durchaus eine lösende, befreiende Wirkung haben. Aber diese Frau war bulimisch, und wenn sie sich übergeben hätte, hätte sie damit bloß ihr selbstzerstörerisches Verhalten einmal mehr wiederholt. Statt dessen forderte ich sie auf, diesen Penis doch auf andere Weise aus ihrem Mund herauszukriegen. Sie bekam wahnsinnige Angst, zitterte und rollte sich ganz klein zusammen, als sei sie ein Kind. Ich redete ihr gut zu, und langsam setzte sie sich auf und begann, nein zu sagen. Ganz allmählich wurde sie lauter, bis sie schließlich leidenschaftlich und mit

---

2 Adressen siehe Anhang.

Macht auf das Kissen einschlug, das vor ihr lag. Sie schrie: »Nein! Nimm das aus mir raus! Du kannst nicht irgendwas in mich reinstecken, was ich nicht will! Nein! Nein! Nein!« Sie schrie und schlug, bis sie erschöpft war, und dann lehnte sie sich zurück. Schwitzend, zitternd und lächelnd sah sie uns an und sagte: »Das war viel besser als die Kotzerei.«

Anorexie und Bulimie sind lebensgefährliche Muster. Wenn du dich in einem davon verfangen hast, brauchst du sofort wirksame und angemessene Hilfe, damit du deinen Körper versorgen kannst, während du deine Gefühle und dein Bewußtsein heilst.

Lernen, sich nicht mehr zu verletzen

Viele Überlebende verletzen sich körperlich, ritzen mit dem Messer ihre Haut, verbrennen sich mit Zigaretten oder verwunden sich auf andere Art immer wieder. Diese Reaktion bei Überlebenden ist verständlich: Sie wurden als Kinder im Mißhandeln geschult und setzen jetzt selber dieses Muster fort. Sie kennen keine Alternative.
Selbstverletzung ruft ein intensives Gefühl der Erleichterung, der Befreiung hervor, nach dem sich viele Überlebende sehnen. Gleichzeitig ist es ein Versuch, etwas unter Kontrolle zu bekommen, eine Art der Bestrafung, ein Weg, Ärger auszudrücken, und eine Möglichkeit, etwas zu fühlen. Selbstmißhandlung schafft die Situation des Mißbrauchs noch einmal neu und erzeugt damit ein dir vertrautes Resultat.
Eine Frau litt nachts unter schlimmen Angstanfällen und Schmerzen in ihrer Vagina. Wenn sie es nicht mehr aushielt, steckte sie sich irgendwelche Gegenstände in die Vagina und verletzte sich damit. Sofort danach fühlte sie sich erleichtert und schlief ein.
Auf den ersten Blick mag das unverständlich erscheinen, aber wie andere Überlebensmechanismen hatte auch dieser seine eigene Logik. Als diese Frau klein war, hatte sie jeden Abend nach dem Zubettgehen große Angst, es könnte eine der Nächte sein, in denen ihr Vater sie mißbrauchen würde. Schlaflos lag sie da, bis er hereinkam - und sie quälte, indem er ihr Gegenstände in die Vagina steckte oder ihr Verbrennungen zufügte. Erst wenn er gegangen war, konnte sie schlafen. Sie wußte, für diese Nacht war die Quälerei vorbei.

Diese Frau kannte keine Erklärung für das, was sie tat. Sie wußte nur, daß sich nach dem Schmerz zunächst Erleichterung und dann der Schlaf einstellte, Zustände, die sie anders nicht erreichen konnte. Als sie erst einmal angefangen hatte, den Zusammenhang mit dem Mißbrauch in ihrer Kindheit zu verstehen, unternahm sie erste Schritte, um diesen selbstzerstörerischen Zwang zu unterbrechen. Selbstverletzung ist nicht immer offensichtlich. Eine überlebende tarnte sie als Unfälle:

> Eine meiner wenigen Möglichkeiten, um Beachtung und Sorge auf mich zu ziehen, waren Krankheiten und Verletzungen. Ich verletzte mich absichtlich beim Sport. Später, als ich als Bauunternehmerin arbeitete, hatte ich ständig meine Hand irgendwo dazwischen. Dank meiner Arbeit hatte ich immer einen Grund für meine Verletzungen. Ich war nicht so eine, die sich die Pulsadern aufschnitt. Ich bin bei so was auch sehr raffiniert, und kein Mensch hat was gemerkt. Aber es war alles ganz klar Absicht.

Selbstverletzung ist mit tiefer Scham und Demütigung verbunden. Aber es ist wichtig, darüber zu sprechen, denn genau wie Kindesmißbrauch wird auch Selbstmißhandlung in einem Klima des Schweigens nur schlimmer. Um von Selbstverletzung wegzukommen, mußt du dir Hilfe suchen, zum Beispiel bei einer guten Therapeutin. Es ist nicht mehr nötig, daß du dich verletzt. Du verdienst Zuneigung, sowohl von anderen als auch von dir selbst.

> Um mich davon abzuhalten, schreib ich mir Bestätigungen. Direkt auf mein Handgelenk. Ich schreib Sachen wie: »Ich hab mich lieb«, »Ich tu mir nicht mehr weh«, »Ich bin lieb«, »Es macht nichts, wenn es weh tut. Ich kann ruhig darüber sprechen.« Eine Weile hab ich meinen Satz jeden Tag geändert. Und dann erzähl ich den Frauen, was ich machen will. Den Frauen in meiner Gruppe. Und meiner Therapeutin.

Eine Überlebende ging sogar soweit, sich Liebeserklärungen überall auf ihren Körper zu schreiben. Als Kind hatte sie »Hilfe« in ihren Arm geritzt. Jetzt, da sie mit ihrem Körper Frieden schließen wollte, schrieb sie sämtlichen Körperteilen zärtliche Liebesbriefe.

Wenn du es für sinnlos hältst, dich weiterhin zu verletzen, mußt du gesündere Möglichkeiten finden, die dir zu diesem Gefühl der Erleichterung verhelfen. Sowohl körperliche Bewegung als auch Körperarbeit können wirksame Alternativen darstellen (siehe »Körperarbeit zur Freisetzung von Gefühlen«, Seite 181).

Um das Selbstverletzungsmuster zu unterbrechen, mußt du deine Gefühle direkt ausdrücken. Wenn du wütend bist, richte deine Wut dorthin, wo sie hingehört: auf den oder die Menschen, die dich mißbraucht haben (siehe »Die Grundlage deiner Heilung: Zorn«, Seite 113). Wenn du dich verletzt, sobald du Angst bekommst, übe, auf andere Weise darauf zu reagieren (siehe »Panik«, Seite 184).

Selbstverteidigung: Damit dich keiner mehr aufs Kreuz legt

Alle Frauen sind Gewalt ausgesetzt. Auch wenn du dich vernünftig verhältst, Selbstverteidigungstechniken beherrschst und fest daran glaubst, daß du das Recht hast, dich zu verteidigen, bist du nicht vor Überfällen sicher. Für Überlebende ist das Risiko sogar noch größer.

Ein hoher Prozentsatz der Frauen, die als Kind sexuell mißbraucht worden sind, werden als Erwachsene erneut Opfer von Überfällen, Vergewaltigungen und Körperverletzungen.[3] In solchen Fällen gibt sich die erwachsene Überlebende meist selbst die Schuld oder hat das Gefühl, irgendwie habe sie es nicht anders verdient. Das ist völliger Unsinn. Der Grund, warum so viele Überlebende als Erwachsene Gewalt erleben, liegt darin, daß sie geradezu für die Opferrolle geschult wurden. Die Folgen des Kindesmißbrauchs erhöhen die Gefahr, einem Verbrechen zum Opfer zu fallen.

Wenn du nicht in der Lage bist, deine eigenen Gefühle zu erkennen und die Absichten anderer Leute richtig einzuschätzen, merkst du vielleicht nicht, wenn es gefährlich wird. Wenn du abspaltest, aus deinem Körper aussteigst, beachtest du Warnsignale unter Umständen gar nicht. Und wenn du erstarrst, sobald dich die Angst packt, kannst du kaum angemessen reagieren. Allgemeiner gesagt: Wenn dir beigebracht wurde, daß du es verdienst, mißbraucht zu werden, wenn du damit rechnest, überwältigt zu werden, ist es eher unwahrscheinlich, daß du dich selbst verteidigen kannst.

Um dich in deinem Körper wohlfühlen und entspannen zu können, mußt du wissen, daß du dich selbst verteidigen kannst. Normalerweise reicht schon die Fähigkeit aus, fest »nein« sagen und dich aus einer bedrohlichen Situation entfernen zu können, um sicherzustellen, daß dir nichts geschieht. Aber es gibt auch Angreifer, die sich von Worten allein nicht abschrecken lassen. Dann sind zusätzliche Selbstverteidigungstechniken nötig, um weitere Gewalt zu

---

[3] Viele dieser Frauen haben den Mißbrauch in ihrer Kindheit vergessen. Wenn sie als Erwachsene einem Verbrechen zum Opfer fallen, werden oft die ersten Erinnerungen an den früheren Mißbrauch geweckt.

verhindern: Brüllen, Schreien, Treten, Schlagen, Geistesgegenwart und Intuition. In unserer Gesellschaft wird es nicht gern gesehen, wenn Frauen wütend und heftig für sich eintreten. Aber du hast das Recht und die Pflicht, auf dich aufzupassen.

Es gibt viele Arten der Selbstverteidigung, die dir helfen können, dich entschlossen gegen Angriffe zur Wehr zu setzen, und dein Vertrauen stärken, daß du das auch schaffst. Viele Vergewaltiger und Angreifer kriegen es mit der Angst zu tun, wenn du ihnen deutlich signalisierst, daß sie Widerstand zu erwarten haben, auch wenn deine Techniken manches zu wünschen übriglassen.

Natürlich kann es immer Situationen geben, in denen du dich nicht erfolgreich wehren kannst oder in denen du meinst, daß das Wehren dich eher noch mehr in Gefahr bringt. Aber wenn du einige Grundlagen der Selbstverteidigung beherrschst, dich stark und im Recht fühlst, kannst du dich entschieden besser verteidigen und schützen.

»Model Mugging«

»Model Mugging«, ein brauchbares und wirksames Selbstverteidigungsprogramm[4] wurde von dem Kampfsportlehrer Matt Thomas entwickelt, nachdem eine seiner Karate-Schülerinnen, eine Trägerin des schwarzen Gürtels, brutal vergewaltigt worden war. Obwohl eine erfolgreiche Karate-Kämpferin, war sie nicht in der Lage gewesen, sich gegen den Vergewaltiger durchzusetzen, weil sie nie gelernt hatte, aus der Rückenlage heraus zu kämpfen.

Ein Kurs in »Model Mugging« dauert fünfzehn bis zwanzig Stunden, und die Frauen trainieren nicht einfach Selbstverteidigungstechniken, sondern üben, sich in simulierten Vergewaltigungssituationen mit voller Kraft zur Wehr zu setzen. Der Kurs wird von einer Trainerin und einem speziell geschulten »Model Mugger« geleitet. Der Mann trägt reichlich Schutzbekleidung. Er geht auf eine Frau nach der anderen ganz realistisch los: nähert sich ihr mit obszönen und beleidigenden Sprüchen an einer Bushaltestelle, weckt sie aus tiefem Schlaf, während sie auf dem Boden liegt, und greift sie körperlich an. Er hört nicht auf, bevor die Frau nicht einen K.o.-Schlag landet (einen Schlag, der jemanden ohne Schutzkleidung k.o. geschlagen hätte).

Unter der Leitung ihrer Trainerin erleben die Schülerinnen, wie es ist, gegen den »Vergewaltiger« anzukämpfen. Ihre Körper lernen das Gefühl kennen, jemanden k.o. zu schlagen. Für die meisten Frauen ist das das erste Mal in ihrem Leben, daß sie ihre volle Kraft beim Kämpfen einsetzen.

Sie machen bei diesem Trainingsprogramm intensive und ermutigende Erfahrungen, die ihnen neue Sicherheit und Kraft vermitteln. Überlebende, die an diesem Programm teilnehmen, sehen sich oft mit der altbekannten Angst und den Schmerzen ihres früheren Opferseins konfrontiert. Im Unterschied zu damals werden sie heute jedoch nicht bezwungen. Unterstützt von der Trainerin und den anderen Kursteilnehmerinnen schlagen sie den Angreifer k.o. und verlassen die Situation unter Jubel und Applaus als Siegerinnen.

Egal, welche Formen der Selbstverteidigung du dir aneignest, wenn du deine Kraft wiedergewinnen willst, mußt du lernen, dich zu beschützen. Weder Alter, Gesundheit noch Behinderungen brauchen dich davon abzuhalten. Vor kurzem stand in der Zeitung die Geschichte einer achtzigjährigen Frau im Rollstuhl, die einen jungen Vergewaltiger mit ihrer genialen Verteidigungstaktik so erschreckte, daß er aus dem Fenster sprang.

---

[4] Model Mugging wird in Mitteleuropa bisher nicht gelehrt. In der Intention in mancher Hinsicht vergleichbar ist zum Beispiel Wen-Do. Diese Selbstverteidigungsart wurde von Frauen für Frauen entwickelt und ist inzwischen weit verbreitet (Adressen unter »Literatur und andere Hinweise« im Anhang). Wen-Do-Kurse beinhalten neben Abwehr-, Befreiungs- und (Gegen)Angriffstechniken auch Gespräche (zum Beispiel über Rollenverhalten und Aggressionen), Übungen zur Selbstbehauptung und Körpersprache, Rollenspiele. (Anm.d.Verl.)

VERHALTENSMUSTER ÄNDERN

Vertrauen und Nähe

Ich hab jetzt gute Leute und vieles, was ich gut finde. Ich hab angefangen, Freundschaften zu schließen mit Frauen, die von innen heraus verstehen, was ich durchmache, ganz anders als die Freundinnen, die ich vor ein paar Jahren hatte. Ich hab einen Freund, der mir bei meiner Heilung hilft, der keine Angst hat oder wütend ist, wenn ich immer wieder durch die Hölle muß, um mich weiter zurückzuerinnern. Manchmal ist er sogar dabei und kommt mit mir. Diese Menschen brauch ich nicht anzulügen. Ich brauche ihnen nichts vorzumachen, ich brauche für sie nicht zur Vernunft (ihrer Vernunft) zu kommen. Ich bin nicht alleine.
Ely Fuller

Nähe zwischen zwei Menschen beruht auf Vertrauen, Respekt, Zuneigung und der Fähigkeit, Gefühle wirklich miteinander zu teilen. Eine solche intensive Beziehung kannst du zu deiner Geliebten, deinem Partner, deinen FreundInnen oder Angehörigen haben. In diesen Beziehungen erlebst du, wie das ist, jemand gern zu haben, für jemand da zu sein, zu geben und zu nehmen. Die meisten Überlebenden haben Schwierigkeiten zu vertrauen. Wenn du als Kind allein zurechtkommen und auf dich aufpassen mußtest, kann dir eine enge und feste Beziehung ungewohnt und unheimlich vorkommen. Viele Überlebende finden Nähe bedrohlich und erstickend. Jetzt heißt es lernen, Nähe zu ertragen und keine Angst zu haben, deine tiefsten Gefühle mitzuteilen.
Eine Überlebende, Saphyre, lebte viele Jahre lang völlig ohne Liebe oder Zuneigung:

> Ich hatte keinen Menschen. Emotional berührte mich nichts und niemand, und ich erweckte in niemandem irgendwelche Gefühle. Ich wußte gar nicht, wie ich Gefühle entwickeln sollte. Ich bekam totale Angst, wenn sich eine Beziehung zu jemand auch nur andeutete. Es ist schwer zu beschreiben, wie schlimm das ist. Es gibt Leute, die sterben daran. Ich glaube »schüchtern« ist die stärkste Beschönigung, und dahinter steckt Schmerz.

Andererseits klammerst du dich vielleicht an die Menschen, die du liebst, und schaffst es nicht, ein gesundes Maß an Unabhängigkeit zu ertragen. Oder du bist zu sehr mit deinen eigenen Problemen beschäftigt und achtest gar nicht auf andere.

In meinen Beziehungen zu anderen Menschen hätte ich die Möglichkeit haben müssen, offen zu sein und Nähe zu spüren, wenn ich gewollt hätte, mich aber auch zurückzuziehen, wenn es nötig gewesen wäre. Weil mir aber nur sehr selten nach Nähe und viel öfter danach war, mich in meine eigene Welt zurückzuziehen, bekam ich nie, was ich wollte. Und ich sehnte mich so danach. Ich weiß noch, wie ich dachte, ich würde alles darum geben, eine Freundin zu haben, die mich einfach in den Arm nehmen würde, mich festhalten, gern haben, sich um mich kümmern würde, ohne daß ich dafür irgend etwas tun müßte. Manchmal weinte ich die ganze Nacht und konnte an nichts anderes denken.

Vielleicht hast du liebevolles Verhalten nicht gelernt, kannst es weder anderen gegenüber zeigen noch selbst annehmen. Körperliche Nähe mag dir bedrohlich erscheinen oder dich verwirren. Vielleicht kannst du Nähe zu FreundInnen entwickeln, aber kommst nicht mit Geliebten zurecht. Vielleicht siehst du jede Freundschaft unter sexuellem Aspekt oder läufst weg, sobald irgendwie Sexualität ins Spiel kommt. Oder du verträgst eine gewisse Nähe, und sobald du merkst, es hat dich erwischt oder die Beziehung bekommt eine gewisse Intensität, gerätst du in Panik.

Vielleicht zerstörst du deine Beziehungen systematisch oder prüfst immer wieder ihre Belastbarkeit. Vielleicht lebst du auch in einer Beziehung, in der du dich unverstanden, einsam oder festgefahren fühlst und in der deine wichtigsten Bedürfnisse nicht befriedigt werden. Vielleicht kannst du nicht nein sagen und keine Grenzen setzen. Vielleicht hast du keine Ahnung, wie eine gesunde Beziehung für dich aussehen könnte. Möglicherweise scheinen dir diese Probleme unüberwindlich, aber alles, was für eine gute, konstruktive Beziehung notwendig ist, kannst du lernen. Deine Fähigkeit, Vertrauen und Nähe zu entwickeln, steckt noch in dir, wenn auch nicht mehr ungestört, seit dein Vertrauen als Kind mißbraucht und dir weggenommen wurde.

Heilung bedeutet, dir diese Fähigkeit wieder anzueignen.

Eine funktionierende Beziehung

Vertrauen und Nähe kannst du nur in der Beziehung zu anderen entwickeln. Und eine Beziehung bedeutet Risiko, da du die andere Person nie unter Kontrolle hast. Aber wenn du von jemand, den du liebst, verletzt oder enttäuscht wirst, kann das auf keinen Fall so schlimm und so furchtbar sein wie in deiner Kindheit. Es wird weh tun, aber es braucht dich nicht mehr zu vernichten. Davon kannst du dich erholen. Du bist jetzt dabei, dich selbst weiterzuentwickeln, und du wirst dich selbst auffangen können.

Um eine funktionierende Beziehung aufzubauen, brauchst du niemanden zu heiraten oder eine sexuelle Beziehung einzugehen; in einer engen Freundschaft kannst du ganz viel über Vertrauen und Nähe lernen.

Wenn du schon mit einer Frau oder einem Mann zusammenlebst oder eine enge Freundschaft hast, dann prüf, wie gut die Beziehung ist. Stell dir folgende Fragen:

- Respektiere ich diese Person?
- Respektiert sie/er mich?
- Können wir miteinander reden?
- Werden wir gut mit Konflikten fertig?
- Machen wir beide Kompromisse?
- Wechseln sich Geben und Nehmen ab?
- Kann ich offen sein? Kann ich meine wirklichen Gefühle zeigen?
- Fühlen wir uns beide für das Gelingen und die Probleme in unserer Beziehung verantwortlich?
- Könnte ich mit ihr/ihm über die Folgen reden, die mein Mißbrauch als Kind für unsere Beziehung hat?
- Gibt mir diese Beziehung genug Raum für meine Weiterentwicklung und für Veränderungen?
- Kann ich innerhalb dieser Beziehung meine eigenen Ziele erreichen?
- Unterstützt sie/er die Veränderungen, die ich anstrebe?
- Ist sie/er bereit, mir zu helfen?

Wenn du die meisten dieser Fragen mit ja beantwortet hast, handelt es sich vermutlich um eine stabile, funktionierende Beziehung. Wenn du dir bei den Antworten nicht ganz sicher bist, ist die Beziehung entweder noch sehr neu oder du verlangst von der Beziehung nicht genug, um zu wissen, was du erwarten kannst und was nicht. Wenn du meistens mit nein geantwortet hast, solltest du dir ernsthaft überlegen, ob du die Beziehung nicht verändern oder beenden willst (siehe »Wie erkenne ich eine schlechte Beziehung?«, Seite 216).

VERHALTENSMUSTER ÄNDERN

Deine Veränderungen wirken sich aus

Verändert sich in einer Beziehung oder Familie ein Mensch, verschiebt sich das gesamte Gleichgewicht. Manchmal wissen die anderen deine Veränderung zu schätzen, aber normalerweise sind die Leute beunruhigt und versuchen, den alten Zustand zu bewahren:

> Je mehr ich mit meinen Bedürfnissen und rechtmäßigen Ansprüchen in Kontakt kam, desto selbstbewußter wurde ich. Natürlich erzählte ich alles direkt meiner Partnerin. Wie wir alle das machen, wenn wir etwas Neues können oder ein neues Gerät gekauft haben und die Leute so lange damit plagen, bis sich die Aufregung wieder gelegt hat. Ich sagte also: »Ich werde nicht mein Leben lang herumjammern, sondern meine eigenen Vorstellungen entwickeln.«
> Und meine Partnerin sagte: »Vor deiner Therapie hast du mir besser gefallen. Da wolltest du immer, daß ich mit dir zufrieden bin. Darauf legst du keinen Wert mehr, und das gefällt mir gar nicht.«
> Ich vertrat entschlossen meinen Standpunkt, und sie ärgerte sich sehr. Sie sagte: »Gut, wenn du meinst, du mußt was für dich tun ... Aber das ist lächerlich!« Und ich bekam das Gefühl, mich bisher nicht sehr viel um mich gekümmert zu haben.

Während du heilst, wirst du dich verändern, und deine Freundin oder dein Freund wird sich mit dir zusammen verändern müssen, wenn ihr eine funktionierende Beziehung aufbauen wollt. Oft ist das gar nicht einfach, aber wenn ihr beide entschlossen seid, euch weiterzuentwickeln, könnt ihr diese Veränderungen eher als etwas Positives sehen, sie bereitwillig vollziehen oder wenigstens ertragen.

> Mein Freund mußte sich sehr ändern, bevor unsere Beziehung funktionierte. Aber das waren fast alles Veränderungen, die er sowieso machen wollte. Er wußte, er mußte unabhängiger werden, weniger sex-fixiert, überhaupt lockerer. Und weil er sich für mich ändern mußte, ging es bei ihm eben etwas schneller, als es sonst gegangen wäre.

Deine Veränderungen verlangen viel von der Person, die dir nahesteht, aber wenn sie deine Gesundheit und deine Selbstverwirklichung fördern, bereichern sie letzten Endes eure Beziehung und euer beider Leben.

Das Risiko einschätzen

Vertrauen und Nähe zu lernen ist nicht immer angenehm. Aber wie eine Frau sagte: »Ich hab Sicherheitsabstand gehalten, aber ich blieb auch allein.« Nähe zuzulassen bedeutet, die schützende Schale zu öffnen und jemand hereinzulassen. Es bedeutet, bis zu einem Punkt zu gehen, an dem du dich wohlfühlst, und dann noch einen Schritt weiter. Einen Schritt, keine zwanzig.

Anstatt deine geheimsten Gedanken auszuschütten, sag einfach: »Ich hab Angst.« Anstatt bei deinem Geliebten einzuziehen, versuch, ein Wochenende mit ihm zusammen zu verbringen. Die kleinen Schritte bringen am dauerhaftesten voran.

Es gibt kein konkretes Ziel. Vertrauen und Nähe sind Teil einer sich verändernden, lebendigen Beziehung. Sie erfordern einen langsamen Lernprozeß, der Fehler einschließt, kleine Erfolge und Rückschläge.

Um den Durchbruch zu größerer Nähe zu schaffen, mußt du bereit sein, ein kalkuliertes Risiko einzugehen. Ein kalkuliertes Risiko ist kein Sprung ins Ungewisse. Bei einem Sprung ins Ungewisse schließt du die Augen, stürzt dich hinein und hoffst, daß ein Wunder geschieht und alles gut geht. Du fängst eine Affäre mit einem verheirateten Mann an und bist sicher, er werde seine Frau verlassen. Du wirst schwanger in der Hoffnung, ein Baby würde deine zerrüttete Beziehung retten. Du erzählst einer Freundin deine intimsten Geheimnisse, nachdem du sie gerade eine Woche kennst. Sprünge ins Ungewisse lohnen sich selten.

Ein kalkuliertes Risiko ist etwas anderes: Du prüfst vorher, wie die Chancen stehen und betrittst das Eis nur, wenn du relativ sicher bist, daß es hält. In bezug auf Vertrauen und Nähe kannst du nie hundertprozentig sicher sein, aber eine realistische Einschätzung kann deine Aussichten auf eine zufriedenstellende Beziehung sehr verbessern.

Lernen zu vertrauen

Überlebende tendieren dazu, entweder gar nicht oder vorbehaltlos zu vertrauen. Vielleicht wechselst du zwischen diesen beiden Extremen, vertraust so lange nicht, bis du dich so verzweifelt nach Kontakt sehnst, daß du dein Vertrauen an die erste mögliche Person hängst. Und da die meisten Leute mit dieser Art verzweifelter Sehnsucht nicht zurechtkommen, wirst du enttäuscht oder verlassen und beweist dir damit, was du schon immer wußtest: daß du niemandem vertrauen darfst, daß dich kein Mensch jemals lieben wird, daß Liebe sich nicht lohnt.

Bevor du einem anderen Menschen vertrauen kannst, mußt du dir selbst vertrauen (siehe »Dir selbst vertrauen«, Seite 107). Wenn du weißt, daß du für dich sorgen kannst, brauchst du dein Vertrauen nicht blind zu verschenken in der Hoffnung, daß jemand für dich sorgen wird. Eine solche vorbehaltlose Liebe empfinden Kinder für ihre Eltern. Zwei reife Erwachsene empfinden etwas anderes füreinander.

> Ich hab mich mit dem Thema Vertrauen immer wieder beschäftigt. Je mehr ich mich selbst liebe, desto mehr kann ich jemand anders lieben. Und die Liebe wird langsam größer als die Angst.

In einer gesunden Beziehung richtest du den Grad deines Vertrauens danach, was tatsächlich zwischen dir und dem anderen Menschen abläuft. Dein Vertrauen ist unterschiedlich groß, und du überprüfst auch von Zeit zu Zeit, ob deine Bedürfnisse erfüllt werden und ob du dich nach deinen Vorstellungen weiterentwickelst. Wenn dem so ist, öffnest du dich noch ein bißchen weiter. Vertrauen bildet sich mit der Zeit. Es will erworben werden.

Mit Vertrauen experimentieren

Indem du lernst, dir selbst zu vertrauen, schaffst du die Grundlage, auf der du dann auch anderen vertrauen kannst. Wenn du willst, kannst du es dir jederzeit anders überlegen und dein Vertrauen wieder entziehen, aber versuch es wenigstens. Dieses Experiment geht in erster Linie davon aus – egal, ob du schon daran glaubst oder noch nicht –, daß es unter gewissen Voraussetzungen ungefährlich ist, bestimmten Menschen zu vertrauen.

Such dir einfache, aussichtsreiche Situationen aus. Sag nicht: »Ich weiß ganz genau, daß du mich niemals im Stich lassen wirst«, sondern bitte deine Partnerin oder deinen Partner, das Abendessen für euch zu machen, wenn du mal länger arbeiten mußt. Vertrau einer Frau in deiner Selbsthilfegruppe, und laß dich von ihr auf nicht anmachende Art fünf Minuten lang im Arm halten. Oder ruf eine Freundin an, wenn du deprimiert bist, und frag sie, ob sie Zeit für dich hat.

Sag ruhig, daß du mit deinem Vertrauen experimentierst und daß das wichtig ist für dich. Und wenn alles gut verläuft, ändere deine Einstellung entsprechend. Nimm dir das zu Herzen. Vielleicht ist Vertrauen nicht mehr so gefährlich wie damals, als du klein warst.

Wenn das Experiment daneben geht und du im Stich gelassen wirst, versuch zu analysieren, was passiert ist. Du willst daraus lernen. Frag dich:

VERHALTENSMUSTER ÄNDERN

- Wen hab ich mir ausgesucht?
- Wie lange kannte ich diese Frau, diesen Mann?
- Konnten wir gut miteinander reden?
- In welcher Angelegenheit hab ich dieser Person vertraut?
- Hab ich erklärt, worum es geht und wie wichtig es für mich ist?
- Hab ich klar gesagt, was ich erwarte?
- Gab es bei diesem Gespräch irgendwelche Parallelen zu meinem Mißbrauch als Kind?

Aus den Antworten auf diese Fragen kannst du lernen, wann es angebracht ist, jemandem zu vertrauen, und wann nicht. Jerylin Munyon gehört zu den Überlebenden, die vertrauen gelernt haben, indem sie einfach solange probierten, bis es klappte:

> Ich konnte nicht vertrauen: den anderen nicht, mir selbst nicht, der ganzen Welt nicht. Ich wußte gar nicht, wie das geht. Ich dachte immer, Vertrauen hat man oder man hat es nicht, so ähnlich wie Talent. Es hat eine Weile gedauert, bis mit klar wurde, daß Vertrauen eine Fertigkeit ist, etwas, was sogar ich lernen konnte. Es war mir unvorstellbar, wie das ist – Vertrauen – und wie ich da drankommen sollte, aber ich wußte, ich wollte es und brauchte es. Erst vertraute ich lange gar nicht oder den falschen Leuten oder den richtigen Leuten in den falschen Situationen.
> Irgendwann lernte ich mich dann besser kennen und akzeptierte mich auch mehr, fühlte mich stärker verantwortlich für mich und merkte langsam, daß ich Situationen tatsächlich beeinflussen konnte. Es war mir nicht klar gewesen, daß es richtige – oder wenigstens geeignetere – Zeitpunkte, Menschen und Orte für Vertrauen gibt. Als Kind hatte ich nehmen müssen, was kam, egal, ob gut oder schlecht. Und was andres hab ich nicht gelernt. Aber das stimmte nicht mehr, jetzt war ich über dreißig und nahm zum ersten Mal mein Leben selbst in die Hand. Am Anfang waren meine Entscheidungen mal so, mal so, aber inzwischen finde ich, daß sie immer besser werden.

Auf die Probe stellen

Es ist ganz gut, eine neue Beziehung öfter mal auf die Probe zu stellen, aber viele Überlebende übertreiben das. Vielleicht provozierst du deinen Partner, um zu sehen, ob er dich schlägt. Vielleicht schläfst du mit der besten Freundin deiner Freundin, um zu sehen, ob sie sich so ärgert, daß sie mit dir Schluß macht. Eine Frau läßt regelmäßig die ersten drei Verabredungen platzen. Wenn jemand beim vierten Mal trotzdem wieder kommt, beginnt sie, diesen Menschen für eine mögliche Freundschaft in Betracht zu ziehen.

> In den ersten paar Monaten meiner jetzigen Beziehung hab ich alles mögliche gemacht, um Malcolm zu testen. Erst jetzt, nach drei Jahren, wird es langsam etwas besser, weil er durchgehalten hat. Die wichtigsten Prüfungen hat er bestanden.

Es ist legitim, Leute zu testen, um zu sehen, ob du ihnen vertrauen kannst oder ob sie deinen Bedürfnissen entgegenkommen, aber wenn du damit gar nicht mehr aufhörst, versuchst du vielleicht, die Vertrauensbrüche, die du aus deiner Kindheit kennst, immer wieder neu zu inszenieren. Wenn du dir Prüfungen ausdenkst, die kein Mensch bestehen kann, stellst du die Leute nicht auf die Probe, sondern beendest damit die Beziehung.
Versuch lieber, dir faire Tests auszudenken: »Jetzt warte ich ab, ob du dich wirklich zwei Nachmittage pro Woche um die Kinder kümmerst, wie du mir das versprochen hast« oder »Ich muß abwarten, ob du dich

nicht vor mir verschließt, wenn ich dir sag, was mit mir los ist«.
Sprich mit den dir Nahestehenden über deine Bedürfnisse, und paß auf, daß du sie nach vernünftigen Kriterien beurteilst.

Wenn Vergangenheit und Gegenwart durcheinandergeraten

Vielleicht hast du einen Partner oder eine Geliebte, der oder die dich tatsächlich liebt und respektiert, aber du empfindest das gar nicht so, weil du einfach erwartest, daß Beziehungen destruktiv sind.

> Ich hatte große Angst, wieder mißbraucht zu werden. Aber andererseits fühlte ich mich auch direkt immer aufs Kreuz gelegt. Bis dir das klar wird, beurteilst du Männer eben anhand der Kriterien, die du im Laufe deines Lebens gelernt hast, oder? Ich hatte gelernt, daß fünfundneunzig Prozent der Männer eine Frau bloß fertigmachen wollen. Ich brauchte also bloß noch herauszufinden: »Wie machen sie das? Körperlich, psychisch oder emotional?«

Wenn dich natürlich jemand *tatsächlich* fertigmacht, mußt du aus dieser Situation raus. (Siehe »Wie erkenne ich eine schlechte Beziehung?«, Seite 216) Aber wenn du das nur *glaubst*, mußt du lernen, zwischen Menschen, die es heute gut mit dir meinen, und dem Mißbraucher von damals zu unterscheiden.
Zur Sicherheit kannst du deine Einschätzung der Situation anhand einer Reihe von Kriterien überprüfen:

- Mein Vater hat mir nie zugehört, wenn mir etwas wichtig war. Bill hört normalerweise zu.
- Meine Mutter hat immer gesagt, alles würde sich ändern, und nichts hat sich geändert. Aber meine Beziehung mit Maureen *hat* sich geändert, auch wenn wir noch viel zu tun haben.
- Mein Freund John hat glattes, braunes Haar und trägt gammelige Kleidung. Mein Onkel hatte schwarzes, lockiges Haar und war immer einwandfrei gekleidet.

Mach dir diese Unterschiede immer wieder bewußt, damit dir ständig klar ist, daß die Menschen in deinem jetzigen Leben nichts mit deinem Mißbraucher zu tun haben.

Komm mir nicht zu nahe

Überlebende halten oft eine gewisse Distanz zwischen sich und denen, die sie lieben, aufrecht. Wenn du Nähe als bedrohlich empfindest, ziehst du dich zurück. Du suchst bei der anderen Person nach Fehlern, weil du Angst hast und einen Grund brauchst, Schluß zu machen. Oder dein Körper bleibt da, aber innerlich bist du Lichtjahre entfernt.

> Ich wußte, ich würde mich scheiden lassen. Egal, wie ich mich anstrengte, irgendwie wollte es einfach nicht klappen. Ich wollte ihm nicht nahe sein. Punkt. Ich wollte da weg. Und diese Aussage »Ich will hier weg« ist unmittelbare Folge des Kindesmißbrauchs. Während meiner ganzen Kindheit hatte ich überlebt, indem ich wegrannte. Ich lief aus dem Haus. Ich lief aus dem Schlafzimmer. Ich lief aus dem Keller. Ich verbrachte meine halbe Kindheit in den Obstgärten, auf einem Baum, draußen bei den Pferden, egal wo, Hauptsache draußen, weg von anderen Leuten. Ich fühlte mich nur sicher, wenn ich allein war. Mit Leuten gab es keine Sicherheit. Nie.

Manchmal ist es gut, Abstand herzustellen. Du mußt in der Lage sein, dich von jeman-

dem, der oder die dir nahesteht, zu entfernen, damit du auch zu was anderem kommst und die Beziehung nicht überstrapaziert wird. Einander nahe sein und wieder zu dir selbst zurückzukehren wechseln sich in einer gesunden Beziehung ab. Ziehst du dich allerdings jedesmal zurück, wenn du dich unbehaglich fühlst, ist das ein Problem.
Beobachte, wann und warum du dich zurückziehst, und überlege jedesmal, ob du das auch wirklich willst, ob es der Situation angemessen ist oder ob dieses Verhalten aus deiner Kindheit stammt und heute nicht mehr paßt. Wenn du wirklich mehr Distanz brauchst, lerne, sie auf ein gute Art herzustellen. Einen Streit vom Zaun zu brechen oder heimlich fremdzugehen, um Abstand zu schaffen, sind keine besonders guten Ideen.
Suchst du aber eigentlich Nähe und willst dich im Grunde gar nicht zurückziehen, mußt du wohl oder übel auf sie oder ihn zugehen, auch wenn du gewohnt bist, zurückzuweichen. Statt: »Ich mach Schluß; das hat sowieso keinen Zweck«, sage: »Ich hab Angst; komm, wir sprechen darüber.« Sag deiner Freundin, daß es dir nicht besonders gut geht, anstatt wochenlang nicht anzurufen. Größere Nähe gewinnst du nur, wenn du ehrlich sagst, was los ist, statt deine Panik zu verbergen und wegzulaufen.
Und wenn du immer wieder sicheren Rückzug brauchst, vereinbare selbst etwas mit dir: »Heute laß ich Nähe zu, aber morgen abend will ich ganz alleine sein.«
Wenn die Distanzierung in deinem Inneren vonstatten geht, ist es unter Umständen schwieriger, ihren Anlaß herauszubekommen. Versuch zu beobachten, wo und wann deine Gedanken abschweifen. Laß dir von den Menschen, die dir nahestehen, helfen. Bitte sie, auf Anzeichen zu achten: wenn dein Blick abschweift, deine Stimme plötzlich unbeteiligt klingt, wenn sich bei ihnen das Gefühl einschleicht, daß du einfach nicht mehr da bist. Wenn du ertappt wirst oder dich selbst ertappst, unterbrich das Gespräch, und versuch herauszufinden, warum du dich zurückgezogen hast (siehe »Abheben«, Seite 40).

Angst vor Liebe

Wenn du von den Menschen, die dir sagten, sie hätten dich lieb, mißbraucht oder im Stich gelassen wurdest, ist es verständlich, daß du große Angst hast, wieder jemanden zu lieben:

Es fiel mir schwer, zu jemand zu sagen, daß ich ihn gern habe oder daß ich ihn liebe. Oder sie. Weißt du, mein Vater war immer ganz zärtlich und liebevoll zu mir. Er sagte immer: »Ich liebe dich. So wie ich dich liebe, kann ich deine Mutter gar nicht lieben.« Er sagte das zu mir, während er gleichzeitig diese furchtbaren Sachen mit mir machte. Und deswegen hab ich wirklich Angst gehabt zu sagen »Ich liebe dich.«

Wenn Zuneigung oder eine Beziehung dich an deine Familie erinnern, kann das noch unheimlicher sein. Das Kind in dir hat immer noch Angst, sich auf etwas einzulassen, weil das hieße, in eine ausweglose Situation zu geraten. Wenn du also fühlst, wie dir jemand näher kommt, lassen dich deine alten Abwehrmechanismen und Erinnerungen erstarren.

Als meine Therapeutin mir zum ersten Mal sagte, sie hätte mich gern, haßte ich sie dafür. Ich schrie sie an. Ich sprach nicht mehr mit ihr. Wenn sie mir sagte, daß sie mich gern hatte, bedeutete das, daß sie mich entweder verlassen oder mißbrauchen würde. Das war alles, was ich mir vorstellen konnte. Erst als sie sitzenblieb und jede Woche wieder zu mir sagte: »Aber ich hab dich gern«, so völlig ohne Vorbehalte, hörte diese wahnsinnige Angst auf, und ich nahm es an.

VERTRAUEN UND NÄHE

Versuch, mit dir nahestehenden Menschen darüber zu sprechen, was es für dich bedeutet, jemanden zu lieben oder dich auf jemanden einzulassen. Und wenn dir das Wort »Liebe« im Hals steckenbleibt, versuch, deine Gefühle mit deinen eigenen Worten auszudrücken: »Ich bin so froh, daß ich dich kenne«, »Ich bin unheimlich gern mit dir zusammen«, »Ich bin glücklich, wenn ich bloß an dich denke«. Eine Frau, die sich weigerte, das Wort »Liebe« zu benutzen, sagte zu ihrem neuen Freund: »Ich hab dich sehr, sehr gern.«

Liebe ist ein Wort, das allzuoft mißbraucht wird (siehe auch »Aber Schatz, ich hab dich doch lieb«, Seite 282).

Eileen, eine Workshop-Teilnehmerin:
Ich war sehr traurig, als mir bewußt wurde, daß »Liebe« nicht das ist, was mir als Kind entgegengebracht wurde. Komischerweise bedeutet das für mich eine wahnsinnige Erleichterung. Jetzt hab ich die Möglichkeit zu sagen: »Wenn das keine Liebe war, dann ist es vielleicht auch gar nicht die Liebe, wovor ich Angst hab.« Und so kann ich einen neuen Anfang wagen ...

Festklammern

In unserer Gesellschaft wird das Bild einer abhängigen Frau propagiert, die unfähig ist, für sich selbst zu sorgen, und unvollständig ist, solange sie keinen Mann hat. Zusätzlich zu dieser gesellschaftlichen Prägung hast du vielleicht in deiner Kindheit nicht die erforderliche Zuwendung bekommen. Oder deine Eltern haben dafür gesorgt, daß du unselbständig geblieben bist und dich nicht altersgemäß von deiner Familie lösen konntest. Und jetzt bist du diejenige, die klammert und Angst hat, allein zu sein.

Um diesen Zustand ungesunder Abhängigkeit zu überwinden, mußt du eine ähnliche Entwicklung durchmachen wie eine Zweijährige, die lernt, für sich allein zu spielen. Das kleine Mädchen beschäftigt sich ein paar Minuten mit ihrem Spielzeug und kommt dann wieder ins Wohnzimmer gerannt, um zu gucken, ob die Mutter noch da ist. Die Mutter lächelt oder streicht ihr liebevoll über den Kopf, und das Kind ist beruhigt und zieht wieder los, bis es nach ein paar Minuten wieder das Bedürfnis hat, die Mutter zu sehen. Zu lernen, dich sicher zu fühlen, während du allein bist, ist ganz ähnlich. Es erfordert Übung, positive Bestätigung und noch mehr Übung. Verbring zunehmend mehr Zeit allein, und tu dabei etwas, was dir großen Spaß macht. Bitte deine Freundin oder deinen Freund, dich so oder so ähnlich zu ermutigen: »Ich bin noch hier, wenn du wiederkommst« oder »Ich bin stolz auf dich«. Es hilft auch sehr, wenn du dir schon vorher überlegst, was du danach machen wirst. Du kannst den Tag allein verbringen und dich mit deinem Mann zum Abendessen verabreden. Sichere dein Wohlbefinden zusätzlich mit Dingen, die nichts mit Menschen zu tun haben: mit Haustieren, der Natur, einer kreativen Tätigkeit. Wenn du mehr und mehr Möglichkeiten hast, für dich selbst zu sorgen, wirst du immer weniger abhängig von irgendeiner anderen Person.

In jemand anderem aufgehen

In einem anderen Menschen aufzugehen ist ein Zustand extremer Abhängigkeit. Dein Sinn für deine eigene Identität ist nicht stark genug, du verwechselst deine Gedanken, Gefühle und Bedürfnisse mit denen einer anderen Person, bis du nicht mehr weißt, wo du aufhörst und die andere anfängt.

Mein ehemaliger Mann und ich sehnten uns so verzweifelt nach Nähe, daß jeder von uns völlig im Leben des anderen aufging. Wir zehrten von den Dingen, die wir gemeinsam hatten, und verleugneten unsere Unterschiede. Wir trugen die gleiche Art von Kleidung, aßen die gleichen gesunden Sachen und lasen dieselben Bücher. Wir sagten immer lachend, wir seien leicht auseinanderzuhalten: Ich war die mit dem grünen Pullover.

Wenn du einsam bist oder vorm Alleinsein Angst hast, ist diese Art von Nähe verführerisch. Sie ist auch ungesund. Eine starke Beziehung besteht aus zwei Individuen, die sich miteinander austauschen, einander Gedanken, Erlebnisse, Gefühle mitteilen. Dazu brauchst du eine gewisse Unabhängigkeit.

Du brauchst auf mich keine Rücksicht zu nehmen

Oft haben Überlebende Schwierigkeiten, sich innerhalb einer Beziehung abzugrenzen, weil sie als Kind keine gesunden Grenzen kennengelernt haben. Vielleicht bist du immer diejenige, die gibt. Oder du hast das Gefühl, du dürftest nicht nein sagen. Aber als eine Hälfte einer Beziehung verdienst du auch die Hälfte der Macht und darfst die Hälfte der Entscheidungen treffen.

In einer ausgeglichenen Beziehung tragen beide zu ihrem Funktionieren bei. Du brauchst nicht ständig nur zu geben, um Liebe zu verdienen. Völlige Selbstaufopferung ist keine Tugend.

Wenn du keine große Erfahrung darin hast, Grenzen zu setzen, dann fang mit Kleinigkeiten an: »Ich will nicht, daß du mich nach elf noch anrufst, weil meine Zimmernachbarinnen dann schon schlafen« oder »Wenn du die Milch aufbrauchst, besorg bitte neue«.

Wenn du erst einmal ein bißchen Übung darin hast, such dir etwas Schwierigeres aus. Wird von dir erwartet, daß du jeden Abend für die ganze Familie kochst und du willst nicht mehr allein dafür verantwortlich sein, dann verkünde: »Dienstags und donnerstags koch ich jetzt nicht mehr.« Sprich mit deinem Partner und deinen Kindern darüber, und hilf ihnen, mit ihren neuen Aufgaben zurechtzukommen. Auch wenn sie nicht bereit sind, dich zu unterstützen, kannst du nein sagen.

Die Tatsache, daß es jemand nicht paßt, wenn du eine Grenze setzt, bedeutet nicht, daß du nachgeben mußt. Am Dienstag, so um fünf Uhr, verziehst du dich mit einem Apfel und einem guten Buch in dein Zimmer. Und wenn du keine Beschwerden aus der Küche hören willst, kannst du auch im Park spazieren gehen.

Deine Familie soll ruhig murren. Vielleicht machen sie sogar reichlich Lärm, aber verhungern wird schon niemand. Vielleicht merkt dein Ältester sogar, daß es ihm Spaß macht zu kochen, und du, daß es dir verdammt gut gefällt, dich abzugrenzen.

Mit Konflikten umgehen

Viele Frauen empfinden Konflikte als bedrohlich, und das gilt ganz besonders für Überlebende. Wenn du in einer Umgebung aufgewachsen bist, in der Konflikte zu gewalttätigen Ausbrüchen führten oder völlig unter den Tisch gekehrt wurden, kennst du vielleicht keine Art, anders mit ihnen umzugehen. Statt dessen erstarrst du möglicherweise oder versuchst, die Situation so zu beeinflussen, daß du kriegst, was du willst, ohne daß es zu einer direkten Konfrontation kommt. Vielleicht hast du Angst, verlassen zu werden, wenn du dich durchsetzt. Oder du fürchtest, verletzt zu werden oder jemand anders zu verletzen. Oder du steigerst dich so in die Auseinandersetzung hinein, daß du am Ende Dinge sagst oder tust, die du wirklich nicht meinst.

Aber Konflikte gehören dazu – sie sind unvermeidlich. Sie sind grundlegender Bestandteil naher Beziehungen. Wie Ellens Mutter sagt: »Wenn zwei Menschen immer einer Meinung sind, ist einer von beiden überflüssig.«

Wenn du ohne Umschweife mit der anderen Person sprichst und dabei sowohl dich als auch sie respektierst, gehst du auf eine gute Art ein Problem an. Versuch, deinen negativen Gefühlen Luft zu machen, sobald du sie bemerkst, damit sie sich nicht anstauen.

Sag, wie du dich fühlst und was du willst. Und dann hör deiner Freundin zu, und unterbrich sie nicht.

Um zu verhindern, daß ein Konflikt immer weiter eskaliert und schließlich ausufert, könnt ihr vorher ein paar grundsätzliche Vereinbarungen treffen, zum Beispiel, es nicht zu Gewalt oder zu Beschimpfungen kommen zu lassen. Ihr könnt vereinbaren, bei diesem einen Thema zu bleiben und nicht die ganze Beziehung auseinanderzunehmen. Solche Grundregeln können dir ein sicheres Gefühl vermitteln.

> Bis jetzt hab ich immer Probleme gehabt, wenn es darum ging, Ärger mitzuteilen. Ich glaub, in gewissem Sinne ist Ärger die größte Nähe, die es überhaupt gibt. Wenn du dich sicher genug fühlst, einem nahestehenden Menschen deinen Ärger zu zeigen, dann hast du wirklich Vertrauen und Nähe. Ich hab jetzt zum ersten Mal eine Beziehung, bei der es so ist.

Nicht in allen Konflikten spielt Ärger eine Rolle. Manchmal seid ihr nur unterschiedlicher Meinung über irgendwas oder habt unterschiedliche Wünsche und müßt einen Kompromiß finden. So oder so ist es wichtig, daß ihr eure beiden Ansichten genau darlegt. Wenn ihr das nicht so hinkriegt, nimm einen Küchenwecker, damit jede von euch fünf Minuten reden kann, während die andere wirklich zuhört.

Oder versucht, die Rollen zu vertauschen: Tut so, als wärt ihr die andere Person, und sagt, was ihr glaubt, daß sie fühlen würde.

In den meisten Situationen gibt es wenigstens eine Lösung – und meistens mehrere –, die die Bedürfnisse beider Personen berücksichtigt. Es ist nicht nötig, daß du auf etwas verzichtest, was dir wichtig ist, oder daß du die Bedürfnisse deiner Freundin oder deines Freundes abwertest. Respektvoll und erfolgreich zu verhandeln ist eine Kunst, die du lernen kannst. Und indem du Konflikte auf für dich annehmbare Art löst, baust du Vertrauen auf.

Geben und nehmen

Nähe hat zwei Seiten: Geben und Nehmen. Vielleicht fällt dir eines von beiden schwer, vielleicht beides. Und beides lernst du durch Übung. Wenn du nicht gelernt hast zu geben, fang an, jemandem etwas zu schenken, was dir leichtfällt – vielleicht ein Kompliment oder etwas Schönes zu essen. Achte darauf, den Dank und die Anerkennung, die dir daraufhin entgegengebracht werden, wahrzunehmen. Anerkennung ist wichtig, um dein Verhalten zu ändern.

Schenk mit der Zeit Dinge, die dir nicht so leichtfallen. Du merkst vielleicht, daß es einfacher ist, etwas zu schenken, wenn du selbst die Bedingungen setzt: was du schenken willst und wann du es schenken willst.

Kinder schenken zum Beispiel oft etwas, das eher ihre eigenen Interessen widerspiegelt als die Interessen der beschenkten Person. Aber als Erwachsene mußt du darauf hinarbeiten, Menschen das zu schenken, was *sie* brauchen, dann wenn *sie* es brauchen. Dein Freund möchte vielleicht, daß du mit ihm zu einer wichtigen Veranstaltung gehst und nicht, daß du für ihn kochst. Einer deiner Freunde hat vielleicht das Bedürfnis, sich bei dir auszusprechen, auch wenn du ihn lieber ins Kino einladen würdest. Das heißt nicht, daß du nicht nein sagen kannst, sondern nur daß du allmählich in der Lage sein solltest, deine Wünsche auch mal etwas zurückzustellen und dem anderen Menschen ein Stück entgegenzukommen.

Etwas zu bekommen ist wunderbar, wenn du dich erst einmal daran gewöhnt hast. Aber zunächst mußt du deine Angst vor Offenheit und Nähe zur Kenntnis nehmen. Wenn du als Kind selbst für dich kämpfen mußtest und immer, wenn du bekamst, was du brauchtest, die Sache irgendwo einen Haken hatte, hast du gelernt, daß Zuwendung nicht zu haben oder zu gefährlich ist. Das muß heute nicht mehr gelten: Du mußt nicht alles, was du bekommst, zurückzahlen.

VERHALTENSMUSTER ÄNDERN

Bitte jeden Tag mindestens um eine Sache, die du willst: »Machst du mir einen Tee?« oder »Nimmst du das mit in den Verkauf, wenn du rübergehst?«

Erzähle, daß du lernst, um etwas, was du haben willst, zu bitten, und etwas anzunehmen. Man kann nie wissen: Vielleicht steckt dir deine Partnerin oder dein Partner ja spontan einen Liebesbrief in die Tüte mit dem Frühstücksbrot. Oder deine Tochter pflückt dir auf dem Heimweg aus der Schule eine Blume.

In einer gesunden Beziehung halten Geben und Nehmen sich die Waage. Wenn du immer mehr zu der eine Seite tendiert hast, mußt du dich jetzt mehr auf die andere konzentrieren. Mit der Zeit wirst du dich sicherer fühlen, und Geben und Nehmen werden einander ganz selbstverständlich ergänzen.

In Krisenzeiten

Zu Zeiten, in denen du all deine Aufmerksamkeit brauchst, um von deinem Mißbrauch als Kind zu heilen, bist du vielleicht zeitweise nicht in der Lage, auf die Bedürfnisse deiner Familie und deiner FreundInnen einzugehen (oder nicht einmal dazu, auf sie zu achten).

Es ist ganz natürlich, daß du nach der intensiven Arbeit an deinen Gefühlen das Bedürfnis hast, dich mit dir selbst zu beschäftigen, du darfst dich allerdings nicht ausschließlich darauf beschränken, wenn du enge Beziehungen aufrechterhalten willst. Sorge dafür, daß deine Beziehungen weiterhin auf Gegenseitigkeit beruhen.

Wenn du keine echte Aufmerksamkeit aufbringen kannst, entschuldige dich wenigstens. Gib zu, daß du im Moment nicht mehr tun kannst, und versprich, so bald wie möglich wieder erreichbar zu sein. Sag deinen FreundInnen, daß du es zu schätzen weißt, daß sie zu dir halten und dich immer noch gern haben, auch wenn im Augenblick mit dir nicht viel anzufangen ist. Und überleg dir, ob es nicht doch etwas gibt, was du geben *kannst* – vielleicht deiner Freundin die Wäsche waschen, auch wenn du dabei deinen eigenen Gedanken nachhängst.

Das heißt nicht, daß du jemand etwas vormachen sollst. Es ist völlig in Ordnung, wenn du irgendwann absolut nichts geben kannst. Wenn das der Fall ist, nimm das zur Kenntnis statt deinen Partner schlechtzumachen, weil er Ansprüche hat.

Je besser die Basis deiner Beziehung zu jemand ist, desto einfacher kommt ihr auch über Durststrecken weg. (Mehr darüber, wie ihr schwierige Zeiten bewältigen könnt, unter »Für Partnerinnen und Partner«, Seite 299.) Manchmal geht eine Beziehung aus so einer Krise gestärkt hervor. Aber auch, wenn deine Beziehungen stabil sind, verlangt deine Heilung viel von deinen FreundInnen.

Wie erkenne ich eine schlechte Beziehung

Wir tendieren alle dazu, die Muster unserer Kindheit zu wiederholen. Bei Überlebenden bedeutet das häufig, daß sie ihre Familie, die ihnen die Hilfe verweigert hat, gleichgültig war oder sie mißbraucht hat, eintauschen gegen einen Partner mit denselben Eigenschaften.

> Mir ist es immer wieder passiert, daß ich mit einem Mann eine Beziehung hatte und plötzlich merkte, daß er sich anhörte wie mein Vater oder reagierte wie mein Ex-Mann, der mich mißhandelt hat. Ich merkte das immer erst nach ein oder zwei Monaten Beziehung, aber irgendwas passierte dann, und mit einem Schlag paßte wieder alles zusammen. Ich suchte mir immer wieder Männer wie meinen Vater.

Frauen mit einer schlechten Beziehung versuchen oft, das zu ignorieren, und hoffen, daß es sich ändern wird. Oder sie meinen, die Beziehung sei in Ordnung, weil sie nicht mißhandelt werden. Aber eine Beziehung, die nicht lebendig, die einfach langweilig und in der kein Vertrauen möglich ist, kann dich auch nicht befriedigen. Wenn dein Partner nicht bereit ist, dich als mutige, verletzliche, starke Frau zu sehen, mußt du diese Beziehung in Frage stellen.

Du kannst von einem Partner, der dich klein macht, einem Mann, der dich schlägt, oder einer Freundin, die deine Wertvorstellungen nicht respektiert, nicht unbedingt erwarten, daß sie sich ändern werden. Jede und jeder ändert sich – das ist der Lauf der Welt –, aber du kannst nicht darauf setzen, daß sie sich in eine bestimmte Richtung oder schnell verändern. Das einzige, was du machen kannst, um eine Beziehung zu verändern, ist dich selbst verändern.

Du kannst etwas tun. Du kannst neue Beziehungen mit Menschen anknüpfen, die auf deiner Seite sind. Du kannst dir vergeben, daß du es in der Vergangenheit nicht besser gewußt hast, und jetzt in der Gegenwart anfangen, nein zu sagen. Wenn du an dir veränderst, was du kannst, und du bist immer noch nicht zufrieden, dann überleg dir, ob du die Beziehung nicht beenden solltest.

Es ist besser, gar keine Beziehung zu haben, als eine, in der Nähe wieder mit Vertrauensbruch, Im-Stich-gelassen-werden und Vergewaltigung verbunden ist. (Mehr darüber, wie du aus einer destruktiven Beziehung herauskommst, wenn Kinder da sind, unter »Du und deine Kinder«, Seite 252.)

Ist meine Beziehung destruktiv?

Viele Überlebende sind in Familien aufgewachsen, in denen Mißhandlung an der Tagesordnung war, deshalb fällt es ihnen auch als Erwachsene oft schwer zu erkennen, ob sie mißbraucht werden. In *Getting Free* (etwa: »Befrei dich«, Seattle 1986) gibt Ginny NiCarthy Tips, wie du destruktive Beziehungen erkennen kannst (siehe unter »Literatur und andere Hinweise, Selbsthilfe und Therapie«). Hat dein Partner (oder deine Partnerin) sich schon einmal folgendermaßen verhalten:

Körperliche Mißhandlung:

- dich grob weggestoßen?
- dich eingesperrt, damit du nicht weglaufen konntest; oder dich ausgesperrt?
- dich geohrfeigt, gebissen, getreten oder gewürgt?
- dich geschlagen?
- Gegenstände nach dir geworfen?
- dich in einer gefährlichen Gegend allein gelassen?
- sich geweigert, dir zu helfen, als du krank, verletzt oder schwanger warst?
- Ist er leichtsinnig und rücksichtslos Auto gefahren, obwohl du daneben saßt, oder hat nicht zugelassen, daß du fährst?
- Hat er dich vergewaltigt?
- dich mit einer Waffe bedroht oder verletzt?

Sexuelle Mißhandlung

- Hat er abfällige Bemerkungen über Frauen gemacht?
- Frauen als Sexualobjekte behandelt?
- Ist er schon einmal wütend vor Eifersucht gewesen?
- Hat er darauf bestanden, daß du dich in einer Weise anziehst, die du nicht wolltest? Körperbetonter? Mehr sexy?
- Hat er deine Gefühle in Bezug auf Sexualität heruntergespielt?
- dich auf sexuellem Gebiet kritisiert?
- darauf bestanden, dich zu berühren, als oder wo du es nicht wolltest?
- dir Sex vorenthalten und dich mit Liebesentzug bestraft?

VERHALTENSMUSTER ÄNDERN

- dich »Hure« oder »frigide« o.ä. genannt?
- dich gezwungen, dich für ihn auszuziehen?
- öffentlich Interesse an anderen Frauen gezeigt?
- Affären mit anderen Frauen gehabt, obwohl ihr Treue vereinbart hattet?
- dich zu Sex genötigt?
- dich gegen deinen Willen zu bestimmten sexuellen Aktivitäten oder Stellungen genötigt?
- dich zu Sex genötigt, nachdem er dich geschlagen hatte?
- dich während eures sexuellen Zusammenseins sadistisch gequält?

Emotionaler Mißbrauch
- Hat er deine Gefühle ignoriert?
- Frauen als Geschlecht lächerlich gemacht oder beleidigt?
- dich wegen deiner Wertvorstellungen, deiner Religion, deiner Rasse oder deiner Herkunft beleidigt?
- dich mit Liebesentzug oder mangelnder Anerkennung bestraft?
- dich kritisiert, beschimpft oder angeschrien?
- deine Familie oder deine FreundInnen beleidigt?
- dich gedemütigt?
- sich geweigert, sich mit dir sehen zu lassen?
- dich davon abgehalten zu arbeiten, bestimmt, wofür du dein Geld ausgibst, alle Entscheidungen getroffen?
- sich geweigert, zu arbeiten oder sein Geld mit dir zu teilen?
- dir Autoschlüssel oder Geld weggenommen?
- regelmäßig gedroht, dich zu verlassen, oder dir gesagt, du solltest gehen?
- gedroht, dir oder deiner Familie etwas anzutun?
- die Kinder bestraft, wenn er wütend auf dich war?
- gedroht, die Kinder zu entführen, wenn du ihn verläßt?
- ein Tier (zum Beispiel deine Katze) mißhandelt, um dir weh zu tun?
- dich mit Lügen und Widerspruch umgestimmt?

Diese Verhaltensweisen sind unterschiedlich gefährlich, beweisen aber allesamt mangelnden Respekt und den Versuch, dich einzuschüchtern und die Oberhand über dich zu behalten. Hast du erst einmal ein gewisses Maß an Mißhandlung hingenommen, betrachtet das dein Partner wahrscheinlich als Erlaubnis, immer öfter immer gefährlicher zu handeln. Nur du kannst entscheiden, wann es zuviel wird und was du dann zu tun bereit bist. Du solltest dir unbedingt klarmachen, was da mit dir passiert und daß du das nicht mit dir machen lassen mußt.

Trennung

Es kann sehr schwer sein, sich aus einer unbefriedigenden Beziehung zu lösen. Viele Frauen hängen so sehr an ihren Partnern, daß die Beziehung eher einer Sucht ähnelt als einer frei gewählten Partnerschaft. In ihrem Buch *Choice-Making* (»Entscheidungen treffen«, Pompano Beach 1985) bezeichnet Sharon Wegscheider-Cruse dieses Verhältnis zueinander als einen »Zustand chronischer Abhängigkeit«, einen Zustand, der uns von Selbstverwirklichung und Selbstbestimmung abhält.

Von dieser Art der Sucht loszukommen kann mit großen Ängsten verbunden sein. Aber es gibt inzwischen immer mehr Hilfe für Frauen, die ihre Autonomie und ihr Selbstwertgefühl wiedergewinnen wollen. Hilfesuchende Frauen können sich an Frauentherapiezentren (oder auch Frauengesundheitszentren) wenden (Adressen im Anhang). Robin Norwoods Buch *Wenn*

Frauen zu sehr lieben. Die heimliche Sucht, gebraucht zu werden kann dir ebenso weiterhelfen wie Roswitha Burgards Buch *Mut zur Wut. Befreiung aus Gewaltbeziehungen* sowie *Leideunlust. Der Mythos vom weiblichen Masochismus.*

Das Verabschieden der Leute, die dir nichts mehr bringen, kann manchmal schnell gehen, besonders wenn du deinen Lebensstil änderst. Hörst du zum Beispiel im Rahmen deiner Heilung von sexuellem Mißbrauch auf zu trinken, wirst du deine alten Trinkkumpane aufgeben müssen. Oder wenn eine Freundin dir ständig sagt, daß du lügst, wenn du von dem sexuellen Mißbrauch sprichst, mußt du die Freundschaft zu ihr vielleicht beenden.

All diese Veränderungen können schmerzhaft sein. Vielleicht fühlst du dich einsam oder verloren. Auch wenn du weißt, daß du Platz schaffst für etwas Besseres, erlebst du doch einen Verlust: du verlierst Vertrautes und die guten Eigenschaften der Menschen, die du hinter dir läßt. Du gerätst in eine Art Vakuum, in einen vorübergehenden schmerzlichen und unangenehmen Zustand, in dem du das Alte aufgeben mußt und noch nicht durch etwas Neues ersetzt hast.

> Wenn ich mich einsam fühle, helfen mir verschiedene Dinge: jemandem sagen, wie ich mich fühle; wissen, das Gefühl geht vorbei; an eine Parabel denken, die eine alte Freundin mir erzählt hat: Nur wenn deine Tasse leer ist, kannst du sie mit frischem, lebensspendendem Wasser füllen.

Du verdienst eine gute Beziehung

Wenn du deine Partner bisher nach den falschen Kriterien ausgewählt hast, steht dahinter ein Muster, aus dem du ausbrechen kannst. Fühlst du dich zum Beispiel immer wieder zu älteren, autoritären Männern, die dich an deinen Mißbraucher erinnern, hingezogen, geh ihnen aus dem Weg, und sieh dich nach jemand anders um. Es kann allerdings sein, daß du zwar weißt, was du *nicht* willst, aber noch nicht, was du *willst*. Eine Frau Mitte fünfzig:

> Mir wird klar, daß ich mehr über Männer wissen muß. Ich weiß wirklich nicht viel über sie. Mein Vater war so verschlossen und so destruktiv. Meine Onkel waren verschlossen. Mein Mann war verschlossen. Und natürlich kam ich auch mit meinem Sohn nicht zurecht. Ich hab keine Beispiele aus meiner Vergangenheit, wie eine warme und freundliche Beziehung zu einem netten Mann sein könnte. Also arbeite ich daran. Und komischerweise ändert sich mein Bild von den Männern: Plötzlich kommen sie mir viel netter vor!

Vielleicht meinst du, gar keinen Einfluß darauf zu haben, mit wem du eine Beziehung anfängst.

> Ich dachte, wenn jemand nett zu mir ist oder mich will, müßte ich mich fügen. Es war ein Wunder, daß mich überhaupt jemand wollte! Was machte es schon, wenn er mich nicht ernst nahm oder mich nicht einmal gern hatte! Vielleicht war es diesmal meine letzte Gelegenheit. Zu der Zeit konnte ich es mir nicht leisten, nein zu sagen.

Wenn deine Selbstachtung wächst, wird es dir normal vorkommen, daß andere Menschen dich gern haben oder lieben. Du wirst merken, daß du zu manchen Leuten nein sagen und andere bewußt auswählen kannst.

Versuch, in neuen Beziehungen Vertrauen und Nähe bewußt zu üben. Wir alle haben gelernt, Beziehungen nach ihrer Dauer zu bewerten: Eine gute Beziehung ist eine Beziehung, die ewig hält, und alle anderen sind gescheitert. Aber Beziehungen können sich auch lohnen, wenn sie kurz sind und dir nicht alles geben. Als Rahmen, in dem du Verständigung, Vertrauen, freundschaftli-

VERHALTENSMUSTER ÄNDERN

ches Geben und Nehmen üben kannst, bieten sie dir eine gesunde Grundlage für dein inneres Wachsen.

Ist es denn auch manchmal schön?

Eine Frauenband aus Santa Cruz singt ein Lied über Beziehungen mit dem Refrain:

> Dran arbeiten, dran arbeiten,
> ich will nicht mehr dran arbeiten.[1]

Jedesmal, wenn sie es spielen, brüllt das Publikum. Wir alle kennen das Gefühl, so lange an einer Beziehung zu arbeiten, bis uns der Spaß vergangen ist.

Wenn dazu noch die Arbeit an deiner Heilung von sexuellem Mißbrauch kommt – Erinnerungen, Konfrontationen, Wut und Kummer –, und außerdem deine Wäsche, deine Kinder, dein Job, kann dir schon mal alles über den Kopf wachsen.

Wenn du dich abstrampeln mußt, um überhaupt zurechtzukommen, ist der Spaß das erste, was verschwindet. Aber das ist verkehrt.

---
[1] Aus »Work On It« von Wicked Stance.

Wenn du deine Partnerin oder deinen Partner nur siehst, wenn du völlig erschöpft nach einem langen Tag ins Bett fällst, dann vergeßt ihr wahrscheinlich beide, was euch eigentlich je zusammengebracht hat. Wenn du mit deiner Freundin Carol nur über sexuellen Mißbrauch redest, ruft sie vielleicht irgendwann gar nicht mehr an. Sind dir Beziehungen wichtig, mußt du dein Leben so organisieren, daß du wirklich Zeit dafür hast. Laura ist das mit einer Freundin, auch eine Überlebende, ganz gut gelungen:

> Als wir uns kennenlernten, haben wir uns ständig getroffen und den ganzen Abend über total schwere, deprimierende Sachen geredet. Nach ein paar Monaten hatten wir gar keine große Lust mehr, uns zu treffen. Also beschlossen wir, etwas zu ändern. Wir vereinbarten, einmal im Monat etwas zu tun, was Spaß macht. Letzten Monat sind wir im Golden Gate Park Karussell gefahren. Diesen Monat gehen wir zum Bowling.

Freude und Spaß sind ist kein freiwilliger Teil deiner Heilung, sondern als Belohnungen absolut notwendig.

Sexualität

Frage: »Hast du schon mal mit jemand Liebe gemacht, während du an deiner Inzestheilung gearbeitet hast?«
Antwort: »Ich weiß nicht, einerseits ja ... und andererseits nein!«

Dieses Kapitel stellt Sexualität aus einer Perspektive dar, die sowohl für lesbische als auch für heterosexuelle Frauen gilt. Natürlich haben diese Gruppen unterschiedliche Probleme, aber die Gemeinsamkeiten sind viel wichtiger. (Wenn du dir nicht sicher bist, ob du lesbisch bist, oder mehr darüber wissen willst, siehe »Lesbisch sein und Überlebende« am Ende dieses Kapitels.)
In diesem Kapitel benutzen wir »Geliebte« und »Geliebter« generell für alle Sexualpartner. Dazu gehören Menschen, mit denen du dich ab und zu triffst, Menschen, die dir sehr nahestehen, auch dein Ehepartner und alle möglichen Beziehungen dazwischen. Heilung findet auf vielen Ebenen statt, und ob du alleinstehend bist, jemand hast, mit dem oder der du ausgehst, eine kurzfristige Beziehung oder eine enge Partnerschaft, deine Sexualität kann heilen.
(Wenn du PartnerIn einer Überlebenden bist, siehe »Für Partnerinnen und Partner«, Seite 299.)

Nicht nur Überlebende müssen in sexueller Hinsicht heilen. Unsere Gesellschaft läßt Frauen wenig Raum, um eine gesunde, eigenständige Sexualität zu entwickeln. Fast von ihrem ersten Tag an werden Mädchen mit widersprüchlichen Botschaften über ihre Sexualität traktiert. Abwechselnd sollen sie sie verstecken, verleugnen, unterdrücken, gebrauchen oder verschenken. Die Medien führen Sex vor als Mittel zur Macht, zur Verführung und als Ware. Mit dem Ergebnis, daß die meisten Frauen, was Sexualität betrifft, in einen Konflikt hineinwachsen. Und bei mißbrauchten Frauen sind diese Probleme besonders schlimm.

Überlebende sehen sich mit einer Vielzahl sexueller Schwierigkeiten konfrontiert, die allesamt natürliche und vernünftige Reaktionen auf den sexuellen Mißbrauch sind (siehe Seite 31). Bei manchen Frauen ist dieser Zusammenhang ganz deutlich. Wenn dir dein Trainer nach jedem Spiel im Umkleideraum in die Brüste gekniffen hat, willst du heute vielleicht nicht, daß dein Geliebter deine Brüste anfaßt. Wenn dich dein Stiefvater brutal vergewaltigt hat, hast du vielleicht heute Schmerzen in deiner Vagina oder fürchtest dich vor dem männlichen Eindringen.

Deine Probleme müssen nicht mit einer bestimmten Art von Mißbrauch in Zusammenhang stehen. Vielleicht hast du in einer sexuellen Situation wahnsinnige Angst. Vielleicht versuchst du, deine sämtlichen Bedürfnisse durch Sex zu befriedigen. Oder du schaffst es einfach nicht, wirklich dazubleiben, wenn du mit jemand Liebe machst. Du bist kein bißchen verrückt, wenn du diese Probleme hast. Sie sind dir ebenso aufgezwungen worden wie der Mißbrauch selbst. Zum Glück kannst du deine Sexualität auch ganz anders erleben:

> Lange kam ich mir vor wie eine sexuelle Niete, so kaputt, daß nichts mehr zu machen schien. Aber irgendwas war in mir, das einfach nicht aufgeben wollte. Und ich staune jetzt noch. Probleme, die mir vor fünf Jahren noch unüberwindlich vorkamen, kann ich mir heute kaum noch vorstellen. Ich hab seit Jahren keine Erinnerungsblitze mehr gehabt. Und jetzt bin ich regelmäßig diejenige, die Sex will. Ich kann wirklich sagen, daß mir

VERHALTENSMUSTER ÄNDERN

Sex Spaß macht. Quatsch. Ich liebe Sex. Ich hab keine Angst mehr vor meiner Leidenschaft. Sex ist ein aufregender Teil meiner Beziehung.

Deine Sexualität wiederzugewinnen ist langwierige und schmerzhafte Arbeit. Wenn du deine Erinnerungen und unterdrückten Gefühle zuläßt, hast du vielleicht den Eindruck, daß sexuelles Zusammensein jetzt noch schwieriger ist als vorher. Möglicherweise fragst du dich, ob dein Bemühen um Heilung wirklich so eine gute Idee war, ob es nicht besser gewesen wäre, mit deinen alten Verhaltensweisen weiterzumachen. Aber du verdienst mehr.

Du verdienst es, dich wohlzufühlen

Sexueller Genuß und sexuelle Nähe, Intimität erwecken oft widersprüchliche Gefühle:

> Ich hab Angst, ich könnte zuviel Vergnügen in meinem Körper empfinden. Hab ich es wirklich verdient? Ich hab Angst, wenn ich so viel fühle, explodier ich. Mein Körper kann so viel Vergnügen gar nicht fassen. So viel Schmerz verträgt er, aber verträgt er auch so viel Genuß?

Viele Überlebende haben nur Schmerz und Betäubung gefühlt, als sie mißbraucht wurden, andere auch sexuelle Erregung oder einen Orgasmus. Und weil diese guten Gefühle vermischt waren mit Angst, Verwirrung, Scham und Gefühlen von Vertrauensbruch, verknüpfte sich mit der Zeit sexuelles Vergnügen mit etwas Schlimmem. Eine Frau dazu: »Erst kürzlich kam ich auf den Gedanken, die Wörter ›Sex‹ und ›Genuß‹ miteinander in Verbindung zu bringen.«
Einige Überlebende fühlen bei sexuellen Begegnungen gar nichts Angenehmes. Andere haben Orgasmen, fühlen sich aber wegen ihrer Freude sehr schuldig. Und manche haben zwiespältige Gefühle und sind unglücklich: »Sexueller Genuß kommt mir nicht wie Genuß vor. Jedesmal, wenn ich einen Orgasmus habe, möchte ich mich am liebsten übergeben. Ich ekel mich und kann immer bloß an meinen Onkel denken.«
Die natürlichen Reaktionen deines Körpers zu benutzen war eine ganz schlimme Vergewaltigung. Trotzdem ist sexuelles Vergnügen an sich nichts Schlechtes und hat eigentlich nichts mit deinem Mißbrauch zu tun. Und jetzt, als Erwachsene, brauchst du keine Angst mehr davor zu haben, dich wohlzufühlen. Du kannst entscheiden, wo, wann, wie und mit wem du Liebe machen willst, und innerhalb dieser Entscheidungen kannst du dir auch diesen Genuß gönnen. Sexuelle Gefühle sind nicht generell gefährlich oder destruktiv. Wie bei Feuer hängen ihre Eigenschaften und Auswirkungen sehr davon ab, wer sie wozu benutzt.

Verzichte für eine Weile auf Sex

Nicht für jede Frau ist es sinnvoll, eine Weile auf sexuellen Kontakt zu verzichten, aber deine Ausgangsposition verbessert sich, wenn du dir die Zeit und Ruhe nimmst herauszufinden, was bei dir los ist. Wenn du Angst vor Sex hast, dich ekelst, gar nichts spürst oder wenn du nicht gelernt hast, nein zu sagen, dann solltest du in Ruhe und ohne Druck deine eigenen Grenzen merken und deinen Körper kennenlernen. Wenn du zwanghafte oder destruktive sexuelle Begegnungen erlebt hast, gibt dir eine Pause die Gelegenheit, dein Verhalten zu überprüfen und zu ändern. Du mußt selbst entscheiden, wie lange diese Zeit der Enthaltsamkeit dauern soll. Vielleicht willst du dir ein Jahr oder mehrere Jahre Zeit lassen. Vielleicht meinst du auch, ein Monat sei genug.

Lerne, nein zu sagen

Etwa im Alter von zwei Jahren lernen Kinder, nein zu sagen. Sie üben das ständig. Sie versuchen, sich durchzusetzen, und machen unmißverständlich klar, daß ihnen zwar ei-

SEXUALITÄT

nige Dinge gefallen, aber bei weitem nicht alles, und daß sie ganz bestimmt ein Wörtchen mitzureden haben. Kleine Kinder sagen oft zu fast allem nein. Das ist gesund. Solange du nicht deutlich und erfolgreich nein sagen kannst, hat ein Ja keine Bedeutung und kann dich auch nicht richtig befriedigen.

Um sexuell zu heilen, mußt du lernen, zu sexuellen Kontakten, die du nicht willst, nein zu sagen. Es ist wichtig, daß du dir fest vornimmst, nie wieder die Zähne zusammenzubeißen und Sex zu ertragen. Jede sexuelle Situation, die du eigentlich nicht willst, verstärkt deinen Mißbrauch, du fällst in deine Opferrolle zurück und verzögerst damit deine Heilung.

Das Leben besteht nicht nur aus Sex

Eine Frau sagte nicht nur zu Sex mit Geliebten nein, sondern entwickelte eine Händeweg-Strategie, die sogar ausschloß, daß sie sich selbst streichelte, denn sie merkte, daß sie dringend eine Pause von jeglicher sexueller Stimulierung brauchte.

Vielen Überlebenden wurde vermittelt, daß sie nur zu Sex zu gebrauchen seien. All ihre anderen Eigenschaften und Fähigkeiten, Bedürfnisse und Sehnsüchte wurden verächtlich beiseite geschoben. Wenn du Sexualität eine Weile in den Hintergrund treten läßt, indem du zu dem Druck, den Problemen, die für dich damit zusammenhängen, und sogar zu dem Vergnügen, das sie dir bereitet, nein sagst, wirst du allmählich erkennen, daß das Leben, und auch dein Wert, nicht nur aus Sex besteht.

Für eine Beziehung kann eine längere Periode der Enthaltsamkeit eine große Belastung darstellen. Vielleicht mußt du einen Kompromiß finden, der auch die Bedürfnisse deines oder deiner Geliebten miteinschließt. Aber es ist wichtig, daß du dabei deine eigenen Bedürfnisse nicht aufgibst. Wenn du eigentlich unbedingt noch eine gewisse Zeit ohne sexuellen Kontakt brauchst und dich trotzdem zu etwas zwingst, tust du deiner Beziehung auf die Dauer keinen großen Gefallen, und deine Heilung unterstützt das ganz bestimmt nicht.

Fang mit dir selber an

Wenn du bereit bist anzufangen, dich selbst sexuell zu erfahren, geh das langsam und bewußt an. Viele Frauen erleben, daß sie selber während dieser ersten Phasen ihre besten Geliebten sind: »Wenn ich mit mir selbst keinen sexuellen Genuß haben kann, brauch ich es mit jemand anders gar nicht erst zu versuchen.«

Wenn es dir schon immer unangenehm war, dich selbst zu berühren, stehst du nicht allein da. Die meisten von uns haben gelernt, daß es falsch, schmutzig und unanständig ist, sich selbst zu streicheln. Es wird von dir nur erwartet, daß du es genießt, wenn dein Geliebter dich anfaßt.

Diese Haltung ist nicht in deinem Interesse. Wer könnte mehr Rechte auf deinen Körper besitzen als du?

Viele Überlebende ekeln sich vor ihrem Körper. Manchen ist ohne Umschweife gesagt worden, sie oder ihre Geschlechtsteile seien ekelhaft. Eine Frau haßte ihre rechte Hand, weil ihr Großvater sie gezwungen hatte, ihn mit dieser Hand zu befriedigen. Für andere war der ganze Mißbrauch so eine ekelhafte Erfahrung, daß alles, was damit verbunden war, immer noch mit diesem Gefühl beladen ist.

Aber dein Körper ist nicht ekelerregend. Er ist wertvoll und wunderbar. Und er gehört dir.

Liebe machen – mit dir selbst

Wie du dich selbst anfaßt, ist sehr wichtig. Viele Überlebende nähern sich der Selbstbefriedigung unter Aspekten, die wenig damit zu tun haben, ähnlich wie das schon bei der Sexualität der Fall war. Eine Frau erzählte:

VERHALTENSMUSTER ÄNDERN

»Wenn ich meinen Vibrator benutze, hat das nichts mit Sex oder Gefühl zu tun. Es hat was mit Spannung zu tun, und es geht darum, die Spannung abzubauen. Das dauert gar nicht so lange. Wenn ich ihn voll aufdrehe, geht es sogar noch schneller.«

Eine andere Frau sagte, normalerweise habe sie am Anfang ein schönes, warmes Gefühl, dann schaffe sie es aber nicht, zum Orgasmus zu kommen, und reibe wie verrückt, bloß um einen Höhepunkt zu haben. »Als ob ich zu meinem eigenen Vergewaltiger würde. Ich genieße es nicht einmal mehr. Das ist die wütende, zwanghafte Seite in mir.«

Wenn du dich am liebsten gar nicht anfaßt oder wenn deine bisherigen Erfahrungen mit Selbstbefriedigung aus schneller Stimulierung und anschließender Entspannung bestehen, nimm dir etwas Zeit, und schenk dir entspannte Aufmerksamkeit. (Du könntest mit der Übung auf Seite 200 anfangen.) Mach dir ein heißes Bad, zünde Kerzen an, leg eine Platte von Nina Simone auf. Bezieh dein Bett frisch, zünde Räucherstäbchen an, stell frische Blumen ins Schlafzimmer, nimm dir Zeit. Vielleicht hast du Lust, deinen Körper mit Öl oder einer Lotion zu verwöhnen. Spür deine Haut, deine Muskeln. Fang nicht gleich an, deinen Schoß anzufassen. Halte zunächst deine eigene Hand. Streichel deinen Arm. Beobachte, welche Art der Berührung sich gut anfühlt, was dir gefällt. Viele Frauen haben sexuelle Berührungen gefühllos oder in Panik über sich ergehen lassen und sich nie die Zeit genommen zu spüren, wie sie sich eigentlich anfühlt. Bei deiner ersten Verabredung mit dir berührst du vielleicht nur eine Schulter. Das ist in Ordnung. Du hast keine Eile. Triff eine neue Verabredung. Berühr die andere Schulter.

Mit der Zeit kannst du immer mehr Gefühle, mehr Empfindungen zulassen. Vielleicht spürst du sexuelle Erregung, vielleicht auch nicht. Egal, was du fühlst, es ist in Ordnung. Wenn dir danach ist, aber nicht vorher, kannst du deine Brüste berühren, deine Vulva, deine Klitoris, deine Vagina. Es geht nicht darum, das schnell hinter dich zu bringen. Es geht auch nicht um einen Orgasmus. Sondern darum, deine Gefühle zu spüren, dir Vergnügen zu schenken und deinen Körper kennenzulernen. Hör auf, wann immer du willst. Wenn du aufhören willst, beobachte, was dir Unbehagen bereitet. Bleib weiter aufmerksam. Bleib in deinem Körper.

Wenn du merkst, wie du abhebst – darüber nachdenkst, was du morgen anziehst, deinen Körper abspaltest –, hör auf. Werd langsamer, hol dich zurück, atme dich wieder in deinen Körper hinein. Tu, was nötig ist, um die Verbindung zu dir wieder herzustellen. Sexualität hat mit Verbindung zu tun, in diesem Fall mit der Verbindung zu dir selbst.

Ich versuche bewußt, mit meinem ganzen Körper in Verbindung zu sein. Ich mache so eine Art Meditation, auch mittendrin beim Liebemachen. Ich stell mir vor, wie sich mein Körper mit einer Flüssigkeit füllt oder mit Licht. Ich stell mir vor, wie das ganz von unten hochkommt, von meinen Füßen, und über mich hinwegspült. Das ist so eine Art Kreislauf und hilft mir irgendwie, mich ganz zu fühlen, so als ob ich aus einem Stück wäre.

Erinnerungsblitze

Wenn du Erinnerungsblitze von deinem ursprünglichen Mißbrauch hast, während du dich berührst, gerate nicht in Panik. Erinnerungsblitze können eine Gelegenheit sein zu verstehen, was du als Kind erlebt hast, und dir wertvolle Informationen und Erkenntnisse vermitteln. Sie können dir die Chance bieten, lange zurückgehaltene Gefühle herauszulassen. (Mehr über Erinnerungsblitze unter »Das Erinnern«, Seite 62, und »Erinnerungsblitze mit einer Partnerin oder einem Partner«, Seite 231.)

Wenn du dich zu sehr aufregst, öffne die Augen und konzentriere dich auf die Gegenwart. Sag dir, daß deine Berührungen hier und jetzt kein Mißbrauch sind, auch wenn sie Erinnerungen an deinen Mißbrauch wachrufen. Sag dir, daß du das Recht hast, dich liebevoll zu berühren, daß du Vergnügen verdienst. Das ist weder schädlich noch unanständig noch verkehrt. Das ist in Ordnung. Das ist Heilung. Und die verdienst du.

Orgasmus
Frauen, die Schwierigkeiten haben, zum Orgasmus zu kommen, kann es helfen, für eine Weile bewußt den Orgasmus zu vermeiden, wenn sie sich selbst befriedigen. Eine oder zwei Wochen lang streichelst du dich, so oft du willst, aber anstatt einen Orgasmus zu bekommen (oder zu versuchen, einen zu bekommen), beobachte, wie deine sexuelle Energie sich aufbaut, bewahre sie, halte sie in deinem Körper. Näherst du dich einem Orgasmus, mach etwas langsamer, verringere den Reiz, laß die Energie ein wenig absinken. Du hörst auf, wann du willst.

Sich selbst zu berühren, ohne einen Orgasmus anzustreben, kann eine große Erleichterung sein. Der Druck, einen Orgasmus »schaffen« zu müssen, ist weg. Es gibt nichts, was du schaffen, nichts, was du schnell erledigen mußt, kein »Versuchen«. Statt dessen hast du Raum, alle möglichen Gefühle zu spüren, dir der verschiedenen Stufen der Erregung bewußt zu werden, zu verweilen, Genuß zu erleben und deine eigenen Reaktionen kennenzulernen, so wie sie sind, und nicht so, wie du glaubst, daß sie sein sollten. Diese Art des Kennenlernens kann einige Hindernisse aus dem Weg räumen, die dich daran hindern, einen Orgasmus zu erleben. Sie kann auch sehr aufregend sein. (Das funktioniert auch mit einem Partner oder einer Partnerin. In dem Fall habt ihr beide keinen Orgasmus.)

Sinn dieser Übung ist es, den Leistungsdruck wegzunehmen, aber es kann auch sein, daß du nur noch mehr Druck empfindest. Einer Frau fiel es sehr schwer, einen Orgasmus zu vermeiden, weil ein Orgasmus als Kind immer das vorläufige Ende ihres Mißbrauchs signalisiert hatte. »Für mich ist Sex ohne Orgasmus unglaublich bedrohlich, weil er dadurch endlos wird. Ich gerate in Panik, wenn kein konkretes Ende abzusehen ist.«

Wenn du mit deiner Sexualität unzufrieden bist, können dir vielleicht auch Vorschläge in den Büchern über Sexualität, die unter »Literatur und andere Hinweise« aufgelistet sind, weiterhelfen. Du kannst dir auch, wenn du willst, einen Vibrator besorgen.

Manche Frauen sagen, ihr Orgasmus habe sich im Laufe ihrer Heilung von sexuellem Mißbrauch verändert. Alte Blockaden und aufgestaute Gefühle hätten sich gelöst und Platz geschaffen für mehr Körpererfahrung. Eine Frau berichtet, daß dank Bioenergetik und anderer Körperarbeit zur Freisetzung von Gefühlen ihr Orgasmus sich von eher angespannten punktuellen Ausbrüchen hin zu einem stärkeren, den ganzen Körper umfassenden Erlebnis entwickelt hat.

Liebe machen mit einem Partner oder einer Partnerin

Wie lange du deine Sexualität allein erforschen willst, mußt du selbst wissen. Niemand kann dir sagen, wieviel Zeit du brauchst. Hör auf deinen Körper und auf deine Gefühle, dann weißt du, ob du mit jemandem sexuell zusammensein willst oder ob du dich bedrängt fühlst.

Wenn du eine Beziehung hast und im Hinblick auf Sex pausierst, ist es ganz wichtig, daß du nicht wieder anfängst, nur weil du dich unter Druck gesetzt fühlst, einen Konflikt vermeiden willst oder Angst hast, dein Partner oder deine Partnerin würde dich verlassen. Wenn du aus den falschen Gründen Liebe machst, schadest du dir selbst und auch der Beziehung.

VERHALTENSMUSTER ÄNDERN

Warum willst du dich ändern?[2]

Mach dir klar, warum du ausgerechnet jetzt an deiner Sexualität arbeiten willst. Du könntest vielleicht auflisten, was du an deiner Sexualität alles ändern willst. Und dann mach eine Liste der Gründe, warum du das willst. Mach eine Spalte mit den Gründen, die mit dir selbst, und eine andere Spalte mit Gründen, die mit Geliebten zu tun haben.

Obwohl es Überlebenden oft schwerfällt, ihre eigenen Bedürfnisse und Wünsche von denen der anderen zu unterscheiden, ist es ganz wichtig, daß du deine eigenen Gründe hast, wenn du wieder anfängst, mit deinem Geliebten zu schlafen. Ein solcher Grund könnte zum Beispiel sein: »Ich hab das Gefühl, ich verpaß etwas Wichtiges«, »Ich will genießen«, »Ich will mich nicht von meiner Vergangenheit beherrschen lassen«, »Ich will eine intime Beziehung leben.«

Dauerhafte Veränderungen sind nur möglich, wenn wir sie wirklich selbst wollen. Am Anfang motiviert dich vielleicht die deutliche Ungeduld deines Geliebten oder deine Angst, die Beziehung zu verlieren, aber früher oder später mußt du sexuelle Heilung als etwas betrachten, was du für dich selbst tust. Wenn du dich zu sexuellen Begegnungen zwingst, bevor du tatsächlich bereit dazu bist, erlebst du vermutlich Mühe und Enttäuschung, aber nur wenig positive Veränderung.

> Als meine Erinnerungen zum ersten Mal auftauchten, war bei mir schlagartig sexuell nichts mehr los. Ich sagte meinem Freund, daß ich ein paar Monate mit Sex aufhören wollte. Er weigerte sich. Ich wollte ihn nicht verlieren, also gab ich nach. Wir quälten uns ein halbes Jahr damit herum. Er ärgerte sich immer mehr. Ich zog mich immer mehr zurück. Schließlich machten wir deswegen Schluß. Dieses letzte halbe Jahr hat mich fertiggemacht. Wenn ich auf meine eigene Intuition gehört hätte und einfach bei meinem Nein geblieben wäre, wäre die Beziehung vielleicht jetzt auch vorbei, aber ich hätte mich nicht so als hoffnungslose Versagerin gefühlt.

Wenn du nur an deiner Sexualität arbeiten willst, weil du Druck von außen bekommst, kannst du nicht in bezug auf Sexualität heilen. Du hast dich als Kind mit Sex beschäftigt, weil jemand anders es so wollte. Es ist wichtig, daß du aus diesem Muster ausbrichst. Sexualität ist in erster Linie für dich da, und es wäre Unsinn, dich durch einen intensiven und schmerzhaften Veränderungsprozeß zu quälen, den du gar nicht selber willst. Es ist in Ordnung, wenn du nicht dazu bereit bist. Eines Tages wirst du es sein. Konzentriere dich auf die anderen Bereiche deiner Heilung. Das Leben besteht nicht nur aus Sex.

Was ist Sex denn schon?

Während du von Kindesmißbrauch heilst, gehen deine sexuellen Begegnungen wahrscheinlich sowieso nicht vor sich wie im Liebesroman: Du sinkst deinem Geliebten oder deiner Geliebten in die Arme, wie durch Zauberhand fallen deine Kleider von dir ab, ihr braucht nicht über eure Ängste und Befürchtungen zu sprechen, und in einem Ausbruch spontaner Leidenschaft findet ihr zueinander.

Bevor du dich auf Sexualität mit jemand einläßt, ist es wichtig, daß du dir eine neue Vorstellung vom Liebemachen aneignest. Sex besteht entgegen allgemeiner Ansicht nicht aus einer Reihe von Programmpunkten, die in einer vorgeschriebenen Reihenfolge zu absolvieren sind. Überlebende richten sich oft nach diesem »Programm« und fühlen dabei entweder gar nichts, oder mögen nicht, was sie da fühlen, oder sind dabei von panischer Angst erfüllt.

Du (und deine Geliebte oder dein Geliebter auch) mußt dich von dem Gedanken freima-

---

[2] Diese Konzept stammt aus der Arbeit von JoAnn Loulan, der Autorin von *Lesbian Sex*. San Francisco 1984.

chen, daß sexuelles Zusammensein nach einem klar gegliederten Schema abläuft: Erst küßt ihr euch, dann berührt ihr euch, dann kommt der geschlechtliche Bereich, dann der Orgasmus, und anschließend schlaft ihr ein. Versuch statt dessen, Sexualität als eine neue Erfahrung der Liebe zu betrachten, Liebe zu dir und Liebe zu einer anderen Person: Sexualität als eine Erfahrung von Offenheit, Genuß und Intimität. Sie fängt an, verändert sich, und irgendwann ist sie zu Ende. Aber in diesem Rahmen kann alles mögliche passieren.

Wenn du eine neue Beziehung anfängst
Für sexuelle Heilung ist eine gewisse Basis an Vertrauen und gutem Willen zwischen dir und deinem Geliebten nötig. Einen einfühlsamen, verständnisvollen Menschen zu finden ist für die meisten Frauen nicht einfach, nicht nur für Überlebende. Du stehst mit deiner Enttäuschung und Unzufriedenheit nicht allein da.

Zu Beginn einer neuen Beziehung belasten dich deine sexuellen Probleme vielleicht. Eine Frau sagte, es falle ihr tatsächlich immer schwerer, eine neue Beziehung anzufangen, je weiter sie mit ihrer Heilung vorankomme:

> Je mehr ich mir meiner sexuellen Probleme bewußt werde, desto unsicherer fühle ich mich mit jemand Neuem. Früher, als ich meinen Körper noch abspaltete, war alles viel einfacher. Wenn ich Angst hatte oder auf Abstand ging, merkte ich es nie und meine Geliebten auch nicht. Jetzt kann ich nicht mehr so tun als ob. Obwohl ich schon ein bißchen geheilt bin, sind meine Beschädigungen jetzt offensichtlicher. Selbst Paare, die schon jahrelang zusammen sind, haben Probleme mit so was. Wie kann ich von jemand Neuem erwarten, daß er damit zurechtkommt? Manchmal hab ich das Gefühl, ich verurteile meine Beziehungen schon zum Tode, bevor ich überhaupt damit anfang.

Du darfst nicht vergessen, daß beide eine Reihe ungelöster Probleme mit in eine neue Beziehung bringen. Kein Mensch ist perfekt. Es mag stimmen, daß du Probleme mit deinem Orgasmus hast oder mit Erinnerungsblitzen, aber deine Geliebten haben vielleicht andere Schwierigkeiten, zum Beispiel, sexuell die Initiative zu ergreifen oder über ihre Gefühle zu reden. Alle haben irgendwelche Probleme, die sie bewältigen müssen.

Wenn du dich zu kaputt fühlst für eine sexuelle Beziehung, bearbeite nicht nur mit deinem oder deiner neuen Geliebten, sondern noch mit jemand anderem deine Ängste, damit du die Beziehung nicht unnötig belastest. Konzentriere dich auf deine Stärken. Wer sich in dich verliebt, sieht deine guten Seiten. Mach dir das klar. Diese Eigenschaften gehören genauso zu dir wie deine Probleme.

Es kann besser für dich sein, behutsam vorzugehen, wenn du befürchtest, deine sexuellen Probleme könnten deiner/deinem neuen Geliebten zuviel werden. Wenn ihr sofort miteinander ins Bett geht und du dann sexuell dichtmachst, habt ihr keine große Basis, um durchhalten zu können. Aber wenn ihr euch zunächst einmal einfach so kennenlernt, schafft ihr eine freundschaftliche Grundlage, auf der ihr später allerhand Schwierigkeiten bewältigen könnt.

Sofortige sexuelle Nähe soll oft darüber hinweghelfen, daß das Paar sich noch kaum kennt. Es kann furchtbar sein, sich einem neuen Menschen öffnen zu müssen. Leidenschaftliche sexuelle Begegnungen vermitteln eine tröstliche Illusion der Sicherheit. Aber Sex allein ist keine dauerhafte und stabile Basis für Intimität. Die Vorstellung, die Sache langsam anzugehen, scheint dir jetzt vielleicht einengend, aber wenn du gezwungen bist, Vertrauen und Nähe zu entwickeln, bevor du dich in eine sexuelle Beziehung stürzt, hast du – und auch dein Gegenüber – die Gelegenheit, eine gute Basis aufzubauen.

VERHALTENSMUSTER ÄNDERN

Macht euch ganz altmodisch den Hof. Geht ein paarmal miteinander aus, und seht euch schmachtend an. Laßt eurer Erregung (und eurem Vertrauen) Zeit, sich aufzubauen. Wenn ihr bereit seid, einander anzufassen, fangt mit so was wie Händchenhalten an, Gutenachtküssen oder ausgiebigem Berühren, bevor ihr miteinander ins Bett geht. Und wenn du bereit bist, Liebe zu machen, gesteh dir das ein, und genieße jeden Augenblick.

Ein Paar entwickelte sogar ein Liebesritual. Beide wußten, sie würden miteinander schlafen, aber sie gönnten sich die Zeit, sich der zunehmenden Leidenschaft füreinander bewußt zu werden. Sie sprachen über ihre Gefühle füreinander, über ihre Hoffnungen und Erwartungen an die Beziehung. Sie zündeten Kerzen an und tasteten sich behutsam vor und waren sich der Bedeutung und der Verletzlichkeit des Augenblicks bewußt. Auf diese Weise konnten sie einander die Ängste ein wenig nehmen, Vertrauen aufbauen und den Moment feiern, in dem sie zuammenfanden.

Sprecht miteinander

Sprich mit neuen Geliebten. Heute gibt es immer mehr äußerst ansteckende und manchmal lebensgefährliche Krankheiten, die durch sexuellen Kontakt übertragen werden. Deshalb ist es absolut notwendig, daß du mit einem neuen Partner oder einer neuen Partnerin sprichst, bevor ihr miteinander ins Bett geht. Obwohl diese Gespräche unangenehm und schwierig sind, haben sie auch einen Vorteil: Ihr könnt anschließend offen über Sex reden. Und wenn ihr schon mal über Aids sprecht, kannst du auch gleich ein paar Worte über sexuellen Mißbrauch einflechten.

Rede gerade heraus und ohne Umschweife. Mach es nicht zu kompliziert. Vermittel neuen Geliebten eine Vorstellung davon, was sie sexuell von dir erwarten können. Wenn du Angst hast oder unsicher bist oder langsam machen willst, sag das. Mach deine Grenzen deutlich. Wenn du dir vorgenommen hast, niemals mit jemand zu schlafen, wenn du nicht willst, oder bei einem Erinnerungsblitz sofort aufzuhören, sag das. Sag, was du brauchst. Gib soviel Information, wie nötig ist, damit du dich anschließend nicht weit weg fühlst oder ihr oder ihm etwas vormachen mußt.

Manche Frauen sagen: »Aber ich kenne ihn nicht gut genug, um über so etwas zu sprechen.« Wenn du deine Geliebten nicht gut genug kennst, um mit ihnen zu sprechen, solltet ihr euch vielleicht erst einmal kennenlernen. Eine Überlebende:

> Du solltest nicht mit jemand ins Bett gehen, mit dem du nicht reden kannst, denn das ist dein altes Verhaltensmuster. Wenn du eine Beziehung hast, in der du nicht nein sagen kannst, dann schläfst du mit deinem Vater.

Gleichzeitig solltest du deine Geliebten nicht mehr als nötig mit deiner Geschichte oder mit Einzelheiten überschütten. Mach die Dinge nicht schlimmer, als sie sind. Vergiß nicht zu sagen, daß du dabei bist zu heilen und daß sich einiges mit der Zeit ändern wird. Schaff eine Basis, damit ihr miteinander sprechen könnt, falls Probleme auftauchen.

Euer Gespräch braucht keine Einbahnstraße zu sein. Deine Offenheit gibt auch Geliebten Gelegenheit, über ihre sexuellen Ängste, Bedürfnisse und Wünsche zu sprechen. Vielleicht belastet ein offenes Gespräch sie überhaupt nicht; vielleicht ist er oder sie im Gegenteil erleichtert, daß eine befriedigende sexuelle Begegnung nicht wie durch ein Wunder von allein passieren muß.

Das Gespräch in einer festen Beziehung: Wenn du deinem Freund/deiner Freundin nicht gesagt hast, was du beim Liebemachen wirklich fühlst, ist er oder sie vielleicht völlig überrascht, wenn du plötzlich damit anfängst. Wenn du zugibst, daß du ihm etwas vorgemacht hast, keine Lust auf Sex hast oder dich davor ekelst, nimmt er das vermutlich persönlich. Er denkt vielleicht, du liebst ihn nicht mehr, fühlt sich für deine sexuellen Probleme verantwortlich, ist wütend, daß du vorher nie etwas gesagt hast, oder versucht, dir zu widersprechen, damit alles beim alten bleiben kann.

Du riskierst eine ablehnende Reaktion, wenn du offen bist, aber es besteht auch die Chance, daß du die größte Unterstützung findest. Oft sind Geliebte erleichtert, weil sie die ganze Zeit gespürt haben, daß etwas nicht stimmt. Sie nehmen teil an deinem Schmerz und werden zu Verbündeten bei deiner Heilung. Wenn du Probleme offen auf den Tisch legst, schaffst du mehr Nähe und Vertrauen.

Egal, wie deine Geliebte oder dein Geliebter reagiert (und das kann sich mit der Zeit ändern), für deine Heilung ist es notwendig, daß du aufhörst, etwas vorzuspielen, und daß du ehrlich sagst, was du erlebst.

Schaff zunächst eine Basis. Egal, ob du mit neuen oder alten Geliebten sprichst, es gibt gewisse Dinge, die schwierige Gespräche über Sexualität erleichtern:

- Überleg dir vorher, was du sagen willst.
- Üb die Situation vorher in einem Rollenspiel mit deiner Therapeutin oder einer Freundin. Üb so lange, bis du das, was du sagen willst, gut rüberbringst.
- Arbeite an deinen Gefühlen. Beschäftige dich auch außerhalb der Beziehung mit deinen Ängsten, damit du deinen Geliebte oder deine Geliebte nicht überforderst.
- Sprecht miteinander außerhalb des Bettes. Ihr seid beide weniger verwundbar, wenn ihr eure Kleider anhabt. Auf neutralem Boden fällt es leichter, zuzuhören und zu sprechen.
- Überleg dir den Zeitpunkt gut. Fang mit diesem Gespräch nicht an, wenn dein Geliebter gerade auf dem Weg zur Arbeit ist oder andere Sorgen hat.

- Benutz das Gespräch nicht dazu, Geliebte zurückzustoßen. Sinn der Sache ist, daß ihr einander näherkommt.
- Und denk dran: Du bist es wert. Du verdienst liebevolle Unterstützung bei deiner Heilung.

Redet auch während der Liebe miteinander. Gespräche müssen nicht immer schwierig oder ernsthaft sein. Ihr könnt herumalbern, flirten und lachen oder euch einfach zwischendurch eure Gefühle mitteilen.

Nancy hat mich, so ungefähr vor einem Monat, ganz liebevoll an sich gedrückt und gesagt: »Das ist das Gefühl, was ich hab, wenn wir uns lieben.« Ihre Worte riefen bei mir eine ganz neue Vorstellung vom Liebemachen hervor. Irgendwas in mir machte klick, und wie ein Kind sagte ich: »Sag das noch mal.« Das tat sie. Beglückt und lachend sagte ich: »Das mußt du immer wieder sagen, damit es nicht weggeht.«

Als wir uns ein paar Nächte später liebten, bat ich sie, das noch einmal zu sagen. Das tat sie, und ich war ganz erschüttert. Und sie zeigte mir immer wieder, was sie fühlte, anstatt wie sonst zu betonen, wie erregt sie sei. Ich fühlte mich mit meinem Körper, mit meinen Gefühlen und mit ihr viel stärker verbunden, und unsere Liebe war wunderbar. Ich konnte in der Gegenwart bleiben, ohne Erinnerungsblitz und ohne Angst.

Auch ohne spezielles Problem, das du bereden müßtest, hilft dir Sprechen, dich nahe und sicher zu fühlen.

Ich muß während der Liebe immer sprechen, eine Stimme hören, aber ich glaub, das kann Männer irritieren. Manchmal bitte ich um ein Glas Orangensaft oder eine zweite Decke, bloß um Kontakt aufzunehmen.

VERHALTENSMUSTER ÄNDERN

Vielleicht ist es dir unangenehm, direkt darum zu bitten, daß ihr dabei sprecht; aber das Bedürfnis, sich verbunden zu fühlen, ist echt und unbestreitbar. Zu sprechen kann eine andere Form des Liebesspiels sein.

Nimm dir Zeit

Wenn du zusammen mit einer oder einem Geliebten auf sexuelle Entdeckungsreise gehst, vergiß nicht, daß du jederzeit aufhören kannst. Gesteh dir die Freiheit zu, nur das zu tun, was dir gefällt, schön langsam zu machen, damit du Zeit hast zu fühlen, und zwischendurch Pausen einzulegen, genau wie du das bei dir selbst gemacht hast.

Sag deinen Geliebten, wenn du Angst bekommst. So hat er oder sie die Möglichkeit, langsamer zu machen und die Verbindung zu dir wiederzufinden, dich zu trösten, mit dir zu sprechen und mehr darüber zu erfahren, was dir Angst eingejagt hat. Vielleicht willst du anschließend weiterlieben oder auch aufstehen und was anderes machen.

Wenn Geliebte irgend etwas machen, was dir nicht gefällt, sag das; auch wenn du anfängst, eine Verbindung herzustellen zwischen deinen jetzigen Reaktionen und dem, was dir als Kind passiert ist. Diese Erkenntnisse sind wichtiger Bestandteil deiner Heilung.

> Ich muß immer ein bißchen pinkeln, wenn ich sehr erregt bin. Einmal, als das wieder passierte, wurde mir plötzlich klar, daß das Pinkeln meine einzige Verteidigungsmöglichkeit war, wenn mein Bruder mich belästigte. Ich dachte immer, das könnte mich davor bewahren, Liebe machen zu müssen. Als mir das alles wieder einfiel, mußte ich zu meinem Geliebten sagen: »Ich muß aufhören.« Und dann sprachen wir darüber.

Manche sexuellen Praktiken und Arten, dich zu berühren, werden dir gefallen und andere gar nicht. Es wird auch Stellen geben, an denen du gerne angefaßt wirst, und andere, an denen du gar nicht berührt werden willst. Sag, wenn dir etwas nicht gefällt. Bloß weil du zu einer Sache ja sagst, heißt das nicht, daß du damit zu allem möglichen ja sagst. Und weil du einmal ja gesagt hast, mußt du auch nicht jedesmal ja sagen.

Sprich. Teile mit, was du fühlst. Erforsche den Grad der Nähe und Berührung, mit dem du jetzt umgehen kannst. Du kannst dich mit jemand anders wohlfühlen, auch wenn Sexualität nicht dein Spezialgebiet ist, auch wenn du nicht »fertig« wirst. Es *gibt* kein Fertigwerden, kein Ziel, außer Intimität, Offenheit und Genuß.

Wenn du aussteigst

Für mich ist Liebemachen wie ein Duett zweier Soli. Es ist schön, daß da jemand bei mir ist, aber ich bin nicht da. Nur als Beobachterin. Ich bin ganz für mich allein da, und das gefällt mir nicht, und ich hab Angst. Ich versuch zu fliehen: »Ich *muß* raus hier.« Und je mehr mich jemand gern hat, und je mehr sich jemand mir zuwendet, desto mehr Angst krieg ich und desto schneller steig ich aus meinem Körper aus. Ich guck nach oben und überleg mir, was die Risse in der Decke wohl bedeuten könnten.

Wenn ich mit meinem Mann ins Bett ging, war ich immer ganz weit weg. Ich sah ihm über die Schulter und guckte mir das Fußballspiel an: »Oh, das sieht nach einem Abseits aus.« Ich stieg auf alle möglichen Arten aus. Ich sah aus dem Fenster und dachte: »Mein Gott, bist du *immer* noch nicht fertig?« Ich kann mich kaum noch dran erinnern. Ich war einfach nicht da. Und das Komische ist, daß er mich fast nie dabei erwischt hat. Daß ich diese Beziehung haben konnte, und ich war die einzige, die merkte, daß ich nicht da war. *Wissen die nicht, daß ich weg bin? Siehst du nicht, daß ich nicht mehr da bin?*

Wenn du merkst, daß du während der Liebe aussteigst oder dich abspaltest, hör auf oder mach langsamer. Sprich mit deinen Geliebten. Schau ihnen in die Augen. Sag ihren Namen. Eine Frau hatte immer ein Glas mit duftenden Kräutern auf ihrem Nachttisch stehen. Daran roch sie, wenn sie merkte, wie sie wegdriftete. Dieser starke sinnliche Eindruck half ihr, dazubleiben.

Mach nicht einfach weiter, wenn der Kontakt zu deinen Gefühlen unterbrochen ist. Auch wenn du Angst hast, dich unbehaglich fühlst oder dir etwas peinlich ist, komm zurück. Du solltest dir gegenüber offen sein – und auch gegenüber deinen Geliebten.

Erinnerungsblitze mit einer Partnerin oder einem Partner

Ich hatte Erinnerungsblitze bei der Liebe. Oft. Einmal war das Licht im Zimmer irgendwie merkwürdig. Meine Freundin stand auf und ging ins Bad. Ich schaute hoch und sah, wie sie in der Tür stand. Aber was ich sah, war mein Vater, der in der Tür stand und zusah, wie mich mein Bruder belästigte. Es war ganz egal, daß ich wußte, das ist meine Freundin. Es *war* mein Vater. Es *war* mein Bruder.

Wenn du ständig mit Erinnerungsblitzen zu tun hast, hilft es, darüber zu sprechen. Eine Frau entwickelte mit ihrem Mann zusammen das Codewort »Geister«. Das sagte sie dann jedesmal, wenn ein Erinnerungsblitz kam. Ihr Mann war dann gewarnt und wußte, sie befanden sich nicht mehr in der Gegenwart, und konnte entsprechend darauf reagieren.

Welche Reaktion angebracht ist, ist unterschiedlich. Manchmal willst du vielleicht, daß dein Geliebter dich in Ruhe läßt, damit du deine Rückerinnerung weiter verfolgen kannst, um mehr und Genaueres über deine Vergangenheit zu erfahren. Ein anderes Mal beschließt du vielleicht, in der Gegenwart zu bleiben: »Ich will hierbleiben, bei dir. Ich will nicht in die Vergangenheit zurück. Hilf mir hierzubleiben. Sprich mit mir. Sag meinen Namen. Erinner mich daran, wer du bist.«

Ein Mann half seiner Geliebten, in der Gegenwart zu bleiben, indem er einfach sagte: »Mach die Augen auf, Edith. Mach die Augen auf.« Wenn sie die Augen öffnete, sah sie ihn, sah ihr eigenes Zimmer und konnte in die Gegenwart zurückgleiten, weg von den Erinnerungen.

Du hast das Recht, dich in dem, was du heute erlebst, wohlzufühlen, auch wenn du dir immer wieder klarmachen mußt, was Gegenwart und was Vergangenheit ist, um wieder zu wissen, daß der Mißbraucher nicht mehr in deinem Bett liegt. Auch wenn du anfängst mit: »Sex? Iii ...«, kannst du dir gut zureden: »Nein. Jetzt ist Sex schön. Und das ist James. Das ist nicht mein Cousin.«

Laß dir was einfallen

In einer Beziehung, in der eine Person bewußt an ihrer Heilung von sexuellem Mißbrauch arbeitet, findet das sexuelle Zusammensein selten einfach auf konventionelle Weise statt. Du mußt mit deinem Geliebten oder deiner Geliebten Möglichkeiten besprechen, wie ihr euch beiden gerecht werdet. Es mag Zeiten geben, da will dein Geliebter Liebe machen und du nicht. Du hast das Recht, nein zu sagen. Aber du kannst nicht einfach immer nein sagen.

Wenn du nicht mit deinem Geliebten oder deiner Geliebten schlafen willst, hast du vielleicht zu etwas anderem Lust: zu einer Massage, zum Küssen und Schmusen, einem Spaziergang Hand in Hand, zusammen zu baden, zu einem liebevollen Gespräch. Das alles befriedigt zwar nicht das konkrete Verlangen nach Sexualität, kann aber den Wunsch nach Nähe und Intimität erfüllen. Viele Geliebte werden es zu schätzen wissen, daß sie wenigstens *irgendwie* mit dir zusammensein können und nicht ganz ausgeschlossen werden. Vielleicht gefällt dir die Nähe auch, wenn du erst einmal weißt, daß die Berührungen mit Sicherheit nichtsexuell bleiben. Wenn Überlebende zu Sex neinsagen, verstricken sie sich oft so in ihre Schuldgefühle, daß sie ihre Geliebten immer weiter wegstoßen. Indem ihr Wege findet, euch auf andere Weise nahe zu sein, baut ihr Nähe und Vertrauen auf.

Ihr könnt auch euer sexuelles Zusammensein variieren, um sexuelle Probleme leichter zu überwinden. Du willst vielleicht manchmal nicht sexuell angefaßt, nicht stimuliert oder bedrängt werden. Aber du fühlst dich wohl, wenn du deine Geliebte oder deinen Geliebten berührst. Oder du hast keine Lust, ihn oder sie anzufassen, möchtest aber gern berührt werden. Ein anderes Mal willst du vielleicht weder geben noch nehmen, würdest aber gern deinen Geliebten im Arm halten, während er sich selbst befriedigt:

> Als ich mich endlich an den Inzest erinnerte, war es, als ob die Wellen über mir zusammenschlagen würden. Ich wollte wirklich nicht angefaßt werden. Aber ich hatte so eisern gekämpft, bis ich sexuell ein kleines bißchen lockerer geworden war, daß ich nicht aufhören wollte. Also suchte ich nach einer neuen Möglichkeit, wie wir Liebe machen und gleichzeitig unseren unterschiedlichen Bedürfnissen gerecht werden konnten, damit wir einander weiterhin nahe sein und ich mich trotzdem sicher fühlen konnte.
>
> Wir haben das probiert. Wir fanden Möglichkeiten, uns zu lieben, die für mich nicht bedrohlich waren. Manchmal wollte ich gar nichts machen. Ich hatte das Bedürfnis, zu schreiben oder zu weinen oder einfach still zu sein. Manchmal wollte ich nicht mal in den Arm genommen werden, wenn ich an meinem Inzest arbeitete, aber das war ganz selten.

Was du sexuell willst oder nicht willst, kann sich ständig ändern. Vielleicht hast du Lust, deinem Geliebten zuzusehen oder ihm am Telefon heiße Sachen zu sagen. Oder in einem Brief eine erotische Phantasie zu beschreiben, die du gern eines Tages mit ihm zusammen genießen möchtest. Wenn du deine Vorbehalte etwas zurückstellst, wirst du merken, daß viel mehr möglich ist, als du dachtest:

> Wir sind die Vibrator-Queens. So ein Vibrator ist super. Ich finde nicht, daß du große Intimität brauchst, bloß um einen Orgasmus zu bekommen. Manchmal hast du keine Lust, mit jemand ins Bett zu gehen, sondern willst bloß einen Orgasmus haben. Wir haben viel Spaß damit. Unsere Vibratoren haben sich sogar schon mal duelliert.
>
> Wenn wir als Paar zusammen ins Bett gehen, braucht das nicht zu heißen, daß wir es miteinander machen müssen. Oft ist es so, daß sie mich bloß im Arm hält, und ich düs los. Ich wußte vorher gar nicht, daß du das auch machen kannst, wenn noch eine dabei ist. Und es ist super. Es ist wahnsinnig. Es klappt.

Wenn Teenager träumen

Manchmal sind Überlebende sexuell auf einer bestimmten Altersstufe stehengeblieben. Bei deinem Mißbrauch wurde dir Sexualität entweder aufgezwungen, bevor du soweit warst, oder deine gerade sich entfaltende Sexualität wurde ausgebeutet. Wenn du dich von sogenannter erwachsener Sexualität immer noch überfordert fühlst, hilft es dir vielleicht, dein sexuelles Erwachen noch einmal neu zu erleben, aber diesmal bestimmst du selbst das Tempo.

Versuch, langsam vorzugehen, und laß dich von deinen Gefühlen leiten. Küß nicht, bevor du in deinen Lippen nicht den Wunsch zu küssen spürst. Zieh nicht jemand anders an dich, bevor dein Körper sich nicht danach sehnt. Kyos erzählt, daß das ganz schön sein kann:

> Ich hab mit einer Freundin, einer Überlebenden, eine sexuelle Beziehung angefangen. Wenn wir uns berühren, hab ich Raum genug, um zu erforschen, um zu lernen, was Berührung heißt. Ich bin o.k.,

so wie ich bin. Sie ist o.k., so wie sie ist. Es ist, als ob ich auf sexueller Ebene den Kontakt zu dem Kind in mir wiederherstellen würde. Ich lerne, indem ich's tu. Wichtig ist, was ich fühle, wenn sie mich berührt, und nicht, wie das in irgendein sexuelles Raster paßt. Wir sind nicht da, um uns aneinander zu befriedigen. Wir sind da, weil wir einander lieben. Wenn ich anfange zu weinen, kurz bevor ich komme, ist das in Ordnung. Wenn ich plötzlich wütend werde, auch. Wenn ich einen Erinnerungsblitz hab, ist das o.k. Das macht alles nichts. In dieser Sicherheit, daß ich in der Gegenwart bleiben kann, egal, was passiert, findet die Heilung statt.

Sexualität ist kein Problem mehr, sondern ein aufregender Vorgang. Wir erforschen unsere Leidenschaft zusammen. Als ich erst einmal merkte, daß in meiner Sexualität meine Kraft liegt, war ich auch in der Lage, sie anzunehmen. Ich freu mich auf den ganzen Spaß, den ich in meinem Leben noch haben werde.

Du kannst dich an Geliebten orientieren

Wenn Sex für deine Freundin ein aufregender, kostbarer Teil ihres Lebens ist, frei von Konflikten und Problemen, dann fasse das nicht als Bedrohung auf für dich, sondern laß dir davon eine Vorstellung vermitteln, was Sexualität auch sein kann.

> Liebe zu machen war für sie etwas Besonderes. Sie wollte wissen, was sie für mich tun könnte, was mir Genuß bereiten würde. Sie hatte soviel Geduld. Das war neu. War das wirklich das, was die Leute unter Sex verstanden? Mein Gott! Ich hatte nie jemand mit so einer Leidenschaft gesehen. Ich beobachtete sie eineinhalb Jahre lang. Schließlich beschloß ich zu lernen, genauso locker, genauso frei zu sein. Denn das war es: Freiheit. Ich sagte langsam: »Also gut.«
> Manchmal fand ich etwas, was sie sagte oder tat, widerlich.

Sie sagte dann: »Das ist nicht widerlich. Das ist nicht wahr. Wer hat das gesagt?« »Gut. Es ist nicht widerlich«, sagte ich, dachte es aber heimlich immer noch. Schließlich kam ich soweit, daß ich sagen konnte: »Na ja, vielleicht ist es doch nicht *ganz* so widerlich.« Und dann wurde ich langsam lockerer.

Geliebte sind Verbündete

Liebende können zu Verbündeten werden, die gemeinsam versuchen, ein schwieriges und schmerzhaftes Problem zu lösen, statt ständig sich selbst oder einander die Schuld dafür zu geben. Wenn sich deine Bedürfnisse von denen deines/deiner Geliebten unterscheiden, heißt das nicht, daß eine von euch unrecht hat oder schuld daran ist. Es ist gut, wenn ihr euch als Partner seht, die füreinander da sind und auf ein gemeinsames Ziel hinarbeiten.

Catherines Geschichte

Oft lagen Lichtjahre zwischen dem, was ich tun wollte, und dem, was ich tun konnte. Ich wollte eine angenehme, fröhliche, spielerische sexuelle Beziehung zu Barbara. Gleichzeitig wurde unser Liebemachen verkrampft, fast unmöglich und schließlich ganz unmöglich. Alles war so belastet. Hatte sie keinen Orgasmus, konnte ich das nicht einfach abhaken und einsehen, daß das nicht so wichtig war. Ich sagte dann: »Weil ich Inzestopfer bin, hast du keine Lust mehr, mit mir zu schlafen.« *Alles* war meine Schuld, ich machte mich für all unsere sexuellen Probleme verantwortlich. Ich war hypersensibel, was irgendwelche kleinen Veränderungen in unserem Verhalten betraf.

Sie mußte mich ständig in allem bestärken. Sie mußte mir bestätigen, daß meine Entscheidung, mich mit Inzest-Literatur zu beschäftigen, richtig war und daß es sich

VERHALTENSMUSTER ÄNDERN

lohnte, eine Weile unser sexuelles Zusammensein zu verändern, damit ich in die Lage käme, zu verarbeiten, was in meinem Leben geschehen war. Sie mußte Geduld haben und noch mehr Geduld.

Ich brauchte viel Zuwendung, die nichts mit Sex zu tun hatte. Sie mußte mir möglichst oft in Worten ihre Liebe zeigen, damit nicht der gesamte Druck auf der Sexualität lastete. Ich mußte wissen, daß sie mich nicht nur liebte, weil ich ihre sexuellen Bedürfnisse erfüllte. Ich mußte wissen, daß sie die Frau in meinem Körper meinte und nicht bloß meinen Körper. Ich brauchte die Bestätigung, daß ich immer noch diejenige war, mit der sie zusammensein wollte. Ich mußte wissen, daß sie sich nicht ungeduldig fragte, wann das denn endlich vorbei sein würde.

Wir beschlossen, uns nur dann zu lieben, wenn wir es beide wollten. Ich dachte: »Puh! Jetzt brauch ich das nicht mehr zu machen«, und fing an, ständig nein zu sagen. Barbara wurde wütend: »Du sagst *ständig* nein! Du bist immer diejenige, die nicht will! Was mach ich verkehrt? Ich hab die Nase voll von deinem verdammten Inzest-Scheiß! Ich bin nicht dein Vater! Ich bin nicht deine Mutter! Ich bin nicht die Leute, die dich verletzt haben!« Das machte alles nur noch schlimmer. Ich kam mir vor wie der letzte Mensch.

Das fing sich allmählich an zu verändern, als ich sagte: »Komm, das ist nicht meine Schuld. Ich weiß, du bist wütend. Ich bin auch wütend. Ich will auch Sexualität. Ja, du bist wütend. Aber geh woanders hin, um damit fertigzuwerden. Und wenn du das nicht ertragen kannst, mußt du gehen!« Wir mußten wieder ganz unten anfangen, unsere sexuelle Beziehung von null wieder aufbauen. Das macht uns Angst. Aber wir schaffen das. Und bis jetzt hat es sich gelohnt.

Schaff deiner Lust Raum

Niemand kann sagen, wieviel sexuelle Lust »normal« ist. Manche haben den lieben langen Tag lang immer wieder Lust auf Sex, andere einmal pro Woche, andere einmal im Jahr, und außerdem verändert sich dieses Bedürfnis ja auch. Bei Streß, Kummer und Niedergeschlagenheit, größeren Veränderungen in deinem Leben (wenn du aufhörst zu trinken, wenn jemand Nahestehendes stirbt, wenn du mit deiner oder deinem Geliebten zusammenziehst) kann dein Begehren ansteigen oder abflauen. Diese Schwankungen gehören zum Leben und sind völlig normal.

Aufgrund ihres Mißbrauchs haben Überlebende oft kein Verlangen nach Sexualität. Dein fehlendes Verlangen kann Abwehr von unfreiwilligem sexuellem Kontakt sein, ein Anzeichen sexueller Angst oder dafür, daß du die Verbindung zu deinem Körper verloren hast, oder eine Reaktion auf die Tatsache, daß du Lust als etwas Gefährliches ansiehst.

> Ich kannte kein sexuelles Begehren. Wahnsinn, daß jemand so oft gevögelt haben kann wie ich und so viele wie ich und an so vielen Orten wie ich und gar keine Lust dazu hatte. Ich werde gefragt: »Und warum hast du das dann gemacht?« Um sie loszuwerden. Und bei meinem Mann dachte ich einfach, ich müßte mit ihm schlafen. Ich hab das aus vielen Gründen gemacht, aber nie, weil ich das wollte.

Vielleicht hattest du nie Gelegenheit, deine eigene Lust zu fühlen. Wenn kleine Kinder zu sexuellem Kontakt gezwungen werden, haben sie keine Möglichkeit, ihre eigenen sexuellen Gefühle aus sich heraus zu entwickeln. Dieses Muster setzt sich oft bis ins Erwachsenenalter fort.

> Als ich anfing, mit meinem allerersten Mißbrauch in Kontakt zu kommen, fühlte ich kein eigenes Verlangen mehr, sondern nur noch Lust, die durch die Bedürfnisse und die Lust anderer – in diesem Fall durch meinen Geliebten –

hervorgerufen wurde. Das machte mir solche Angst, daß ich regelmäßig ausstieg, Schmerzen hatte oder Angst oder erst gar nicht mit ihm schlafen wollte. Ich wollte liebevolle und zärtliche und manchmal sinnliche Nähe, aber ich wollte sie ganz pur und nicht bloß als Vorspiel zu Sex.

Als Kind hast du das Verlangen deines Mißbrauchers als etwas erlebt, was du nicht beeinflussen konntest. Du warst gezwungen zu tun, was er wollte. Lust war eine gegen dich gerichtete Waffe. Und heute fühlst du dich vielleicht von deiner eigenen Lust bedroht, weil du Angst hast, sie könnte sich auch gegen dich richten.

> Irgendwann war ich soweit und hab meine Erregung zugelassen. Ich wurde sehr aggressiv und spürte richtig meine Leidenschaft. Ich lag oben, und plötzlich wurde mir ganz unheimlich, und ich dachte, ich wäre der Mann, der mich mißbraucht hat. Ich erstarrte und war weg. Ich weiß nur noch, daß ich Erinnerungsblitze hatte, wie ich als Kind vergewaltigt worden war. Es war furchtbar. Monatelang spürte ich sexuell überhaupt nichts mehr.

Erinnerungsblitze oder schmerzliche Gefühle beim Liebemachen können dein Begehren auslöschen. Menschen suchen sexuellen Kontakt, weil sie sich dabei gut fühlen, im Einklang mit sich und der Welt und ihrem Körper. Wenn Sex deinen Schmerz, deinen Kummer, deine innere Qual wieder hervorgeholt, hast du natürlich kein Verlangen danach.

Wenn du nie (oder selten) sexuelles Begehren verspürst, kannst du in einer Pause, durch die du Abstand gewinnst, vielleicht herausfinden, ob Verlangen sich von alleine einstellt, wenn du nicht für eine andere Person Leistung zu bringen brauchst (siehe »Verzichte für eine Weile auf Sex«, Seite 222). Eine Frau, die sich entschlossen hatte, eine Weile enthaltsam zu leben, erzählte, daß sie zum ersten Mal in ihrem Leben sexuelles Verlangen verspürte, fügte aber hinzu, daß ihr diese Gefühle zunächst peinlich waren:

> In der letzten Zeit hab ich sexuelle Gefühle wie: »Um Gottes Willen! Ich hab Lust, mit meiner Therapeutin ins Bett zu gehen.« Gott, was hat sie für eine Wirkung auf mich! Ich hab ihr das gesagt. Wir sprechen darüber. Sie gibt mir die Stichworte in meinen sexuellen Phantasien.

Erweitere deine Vorstellung von Lust
Auf einfallsreiche Weise hat JoAnn Loulan, die Autorin von *Lesbian Sex* (»Lesbische Sexualität«, San Francisco 1984), die traditionellen Vorstellungen von Lust neu gefaßt und damit allen Frauen eine großartige Hilfe an die Hand gegeben. Wie Loulan sagt, kann Lust auf Verstandesebene, auf emotionaler und auf körperlicher Ebene erfahren werden. Auf Verstandesebene heißt Lust, daß du dich entscheidest, Liebe machen zu wollen. Emotionale Lust heißt, daß du mit jemand sexuell zusammensein willst, weil du dich ihr oder ihm nahe fühlst. Und körperliche Lust ist eine konkrete Empfindung deines Körpers, die dir sagt, daß du Liebe machen willst. Diese drei Lusttypen können zusammen oder unabhängig voneinander existieren. All drei haben ihre Berechtigung.

Loulan schlägt vor, daß du aufschreibst, was unsere Gesellschaft unter »Lust« versteht (vom nackten Körper deines Geliebten erregt zu werden; Lust auf Sex, wann immer sich die Gelegenheit bietet, und so weiter). Und dann schreib auf, was Lust für dich bedeutet. Vergleich die beiden Listen. Wahrscheinlich unterscheiden sie sich voneinander. Das liegt daran, daß das gesellschaftlich vorgegebene Muster nicht viel mit den tatsächlichen Gefühlen der einzelnen zu tun hat. Für dich ist es wichtig, daß du dich dar-

VERHALTENSMUSTER ÄNDERN

auf konzentrierst, wie du selbst dein Verlangen erlebst.

Wenn du deine Erwartungen an dich selbst aufgibst und statt dessen deine Vorstellung von Lust erweiterst, merkst du vielleicht, daß du mehr sexuelle Gefühle hast, als du dachtest.

> Für mich war Sex immer das, was ich machte, wenn ich mit meinem Mann ins Bett ging. Jetzt kann mich alles mögliche antörnen. Zum Beispiel Eis. Ich sage nicht, daß ich zehnmal am Tag Sex haben will. Ich reagier jetzt bloß anders auf alles, visuell und mit meinem Tastsinn. Ich mach jetzt viel mehr mit meinen Sinnen. Mein ganzes Leben macht mich jetzt mehr an.

Bereitschaft

Eine der hartnäckigsten Mythen über Sexualität besagt, daß du Lust spüren mußt, um sexuelles Zusammensein zu genießen. Loulan hat den sexuellen Reaktionszyklus von Frauen neu beschrieben und nachgewiesen, daß es sich bei dieser Ansicht tatsächlich um einen Mythos handelt. Herkömmliche Modelle des weiblichen Reaktionszyklus (Masters und Johnson, Helen Singer Kaplan) hatten Lust noch als notwenige Voraussetzung für sexuelle Aktivität bezeichnet.

In Loulans Modell beginnt der sexuelle Reaktionszyklus mit der Bereitschaft zu Sexualität. Das heißt einfach, daß du zu einem sexuellen Erlebnis mit dir oder einer anderen Person bereit bist und offen für das, was du dabei möglicherweise erfährst. Bereitschaft ist eine Einstellung. Du willst anfangen – mehr nicht.

Wenn wir davon ausgehen, daß Bereitschaft ein legitimer Ausgangspunkt für sexuelle Aktivität ist, wird Sexualität sehr viel leichter zugänglich für Frauen, die keine sexuelle Lust verspüren. Das bedeutet, daß du auch dann Sex haben kannst, wenn du kein körperliches Verlangen, keine emotionale Erregung, kein Begehren irgendwelcher Art merkst. Das ist ein radikaler und befreiender Ansatz zur Beschreibung weiblicher Sexualität.

Für deine Bereitschaft mag es unterschiedliche Gründe geben. Vielleicht hast du Lust auf sexuellen Genuß. Vielleicht weißt du, du wirst es genießen, wenn du erst einmal damit angefangen hast. Vielleicht willst du mit Geliebten an der Sexualität arbeiten. Vielleicht willst du üben, dich selbst zu lieben.

Viele Frauen erleichtert diese Vorstellung von der Bereitschaft als Ausgangspunkt enorm. Anstatt dich zu fragen: »Will ich?« oder »Was stimmt mit mir nicht, daß ich keine Lust auf Sex hab?« kannst du dich fragen: »Bin ich bereit, anzufangen?« Das Konzept der Bereitschaft ermöglicht es dir, mit deinen sexuellen Entdeckungsreisen genau dort anzufangen, wo du stehst. Anstatt zu versuchen, aus dem Nichts sexuelle Begierde zu zaubern, kannst du einfach sagen: »Ja, ich bin bereit, es zu versuchen.«

Mehr Genuß

In Loulans Modell kann diese Bereitschaft direkt in jede andere Phase des sexuellen Zyklus führen: zum Ende der Bereitschaft, wenn du dichtmachst; zur Lust; zur Erregung; zur Plateauphase, in der du voller Erregung bist; zum Orgasmus oder zur letzen Phase, dem Genuß. Bei dieser Betrachtungsweise des weiblichen Reaktionszyklus hängt Genuß weder von einem Orgasmus noch von sexueller Erregung ab, sondern ist eine Erfahrung für sich, die die Frau allein bestimmt.

Vielleicht erlebst du Genuß, weil du dir die Zeit genommen hast, dich liebevoll zu berühren, weil du nach einer langen Pause bereit warst, sexuell aktiv zu werden, oder weil du gut für dich gesorgt hast, als Erinnerungen an deinen Mißbrauch aufgetaucht sind. All das sind Gründe, warum Sexualität schön sein kann. Wenn du mehr gute Gründe für sexuelle Aktivität findest und auch deine Erwartungen, was dabei für dich herauskommen kann, weiter faßt, wirst du deine Erfahrungen viel häufiger genießen.

Angst vor Sexualität

Viele Überlebende haben davor Angst:

> Ich bin dreiundfünfzig und hab nie geheiratet. Ich hab enge Freundinnen und Freunde, aber sobald jemand was von mir will, krieg ich heftige Angst. Ich hab in meinem Leben zweimal sexuellen Kontakt gehabt, wenn ich meinen Onkel nicht zähle. Das erste Mal kam der Kerl gar nicht in mich rein. Beim zweiten Kerl fand ich mich widerlich und schmutzig und konnte gar nicht abwarten, bis es vorbei war. Ich wollte ihn nie wieder sehen. Ich bin richtig wütend: nicht wegen der Vergewaltigung, sondern wegen meines Lebens! Ich bin dreiundfünfzig Jahre alt und weiß nicht mal, wie es ist, wenn jemand mit mir intim ist, wie schön es vielleicht sein kann, mit jemand zu schlafen.

Bei deinem Mißbrauch wurden deine sexuellen Gefühle direkt mit deiner Angst gekoppelt. Jedesmal, wenn du erregt warst, hattest du auch Angst. Und jetzt kannst du nicht ohne Angst erregt sein. Oder du bekommst wahnsinnige Angst vor dem Schmerz, der jedesmal, wenn du Liebe machst, wieder hochkommt.

> Ich hab das Gefühl, daß meine Erinnerungen auf derselben Etage verstaut sind, wo meine Leidenschaft sitzt. Wenn ich nicht gerade Liebe mache, hab ich keinen Draht zu ihnen. Aber jedesmal, wenn ich Gefühle der Leidenschaft an mich heranlaß, sind die Erinnerungen sofort da. Als ob ich Pandoras Büchse öffnen würde.

Vielleicht hast du Angst, verletzt zu werden oder jemand anders zu verletzen.

> Für mich besteht ein Zusammenhang zwischen Leidenschaft und Wut. Sobald ich leidenschaftlich werde, mischt sich irgendwie Ärger dazwischen, ich krieg Angst, aggressiv zu werden und meinen Geliebten zu verletzen. Und darum mach ich oft sofort zu, wenn ich merke, wie ich leidenschaftlich werde.

Oder du willst nicht, daß jemand dir so nahe ist, weil du Angst hast, soviel Intimität würde dich ersticken oder überfordern. Vielleicht hast du Angst, die Kontrolle über die Situation zu verlieren oder den Kontakt zu dir oder deine Grenzen nicht mehr halten zu können.

Diese Ängste sind die logische Folge deines Mißbrauchs, und es gibt Möglichkeiten, an ihnen zu arbeiten:

- **Mach langsam.** Wenn dir etwas unangenehm ist, laß es, und mach lieber etwas anderes.
- **Such dir einen Mittelweg.** Viele Überlebende pendeln zwischen den Extremen. Sie machen entweder völlig zu oder versuchen, sich sexuell vollkommen gehenzulassen.
- **Bleib in der Gegenwart.** Nimm Berührung bewußt wahr.
- **Hör auf deine Angst.** Was will sie dir sagen? Gibt es in deiner Umgebung etwas Bedrohliches? Oder ist das deine alte Angst, die an die Oberfläche drängt?
- **Such andere Möglichkeiten, die nichts mit Sexualität zu tun haben, um mit deinen Gefühlen Kontakt aufzunehmen.** Wenn du dich in anderen Situationen mit schmerzhaften Gefühlen und Erinnerungen konfrontierst (zum Beispiel in der Therapie), ist der sexuelle Bereich nicht mehr dein einziger Zugang zu deinem Inneren, und du wirst allmählich die Verknüpfung von Leidenschaft, dich gehenlassen, intensiven Gefühlen und Mißbrauch auflösen.
- **Frag deinen Geliebten oder deine Geliebte.** Wenn du Angst hat, du könn-

test ihn oder sie verletzen, wenn du starke sexuelle Gefühle erlebst, dann frag, ob sie sich mißbraucht fühlen. (Wahrscheinlich gefällt ihnen deine Leidenschaft.)

- **Gib dir einen Ruck, wenn du Liebe machen willst und Angst hast.** Bleib mit dir und deiner Partnerin/deinem Partner in Verbindung. Hör nicht auf zu reden. Erzähl wie verrückt. Mach dich auf eine Menge Gefühle gefaßt, und nicht nur auf Sex.
- **Hör auf, wenn du nicht mehr kannst.** Manchmal wird der Abgrund zwischen dem, was du erleben *willst*, und dem, was du tatsächlich *erlebst*, zu groß. Wenn deine Angst unerträglich wird, mach eine Pause. Suche auf andere Weise Nähe.

Iiih, Geschlechtsorgane!

Wenn du von einem Mann mißbraucht wurdest, findest du männliche Geschlechtsorgane vielleicht unheimlich oder widerlich, so wie Gizelle:

> Wenn ich wieder mit jemand ins Bett geh, wird das bestimmt schwierig. Wenn ich nämlich in meinen Phantasien einen Geliebten hab, mach ich Liebe mit ihm, und alles läuft wunderbar, bis er seinen Penis rausholt. Und dann kotz ich den ganzen Fußboden voll. Ehrlich, in meinen Phantasien kotz ich buchstäblich den ganzen Fußboden voll!
>
> Also, egal, wer das ist, er wird dafür Verständnis haben und sich seiner Männlichkeit sicher genug sein müssen, um das nicht persönlich zu nehmen. Das muß jemand sein, der mir ganz vorsichtig helfen kann, meine Sexualität aufzuarbeiten.

Vielleicht hilft es dir, mit viel Zeit und ganz in Ruhe den Körper deines Geliebten anzusehen.

> Mir hilft es, wenn ich Doktor spiele: »Oh, guck, er dreht sich nach links«, oder »Mal sehen, was passiert, wenn ich ihn so herum anfasse«. Wenn ich seinen Penis anguck, wenn er nicht steif ist, sondern klein und weich, kommt er mir nicht so sehr wie eine Waffe vor, die ihn und mich beherrscht.

Versuch, deinen Geliebten am ganzen Körper zu massieren, auch an seinen Geschlechtsteilen. Das soll kein Vorspiel sein, sondern eine Gelegenheit für dich, seine Genitalien gefahrlos zu erforschen und zu erkennen, daß sie, auch wenn sie genauso konstruiert sind wie die, die dich als Kind vergewaltigt haben, nicht *dieselben* sind und dich jetzt nicht vergewaltigen werden. Wenn dein Geliebter sexuell erregt wird, hör auf, ihn zu berühren, sprecht über eure Gefühle, und setzt dieses Kennenlernen gemeinsam fort. So kannst du deine Angst auf gefahrlose Weise zerstreuen.

Wenn du eine Frau liebst, kannst du ihren Körper so kennenlernen, wie du deinen eigenen kennengelernt hast. Wenn du von einer Frau mißbraucht wurdest, gilt das gleiche. Mach dir ihren Körper vertraut. Lern ihn kennen, nimm ihm seine Bedrohlichkeit.

Muß ich sie/ihn auch lieben?

Obwohl die Probleme bei den meisten Überlebenden auf sexueller Ebene auftauchen, geht es im Grunde um Vertrauen. Wie eine Überlebende es ausdrückte: »Es ist schwer, über Sexualität zu sprechen, ohne über Vertrauen und Nähe zu sprechen. Das ist eines der Probleme.«

> Ich halt das Körperliche und das Gefühlsmäßige immer schön getrennt, damit ich Männer immer ficken kann. Ich nenn das gerne so, weil ich die Dinge gerne beim Namen nenne. Ich wußte immer, daß ich mit denen keine Liebe mache.

Wenn du von jemand mißbraucht wurdest, den du geliebt und dem du vertraut hast, dann haben sich Sexualität, Liebe, Vertrauen und Verrat eng miteinander verknüpft. Viele Frauen waren so lange zu einigermaßen befriedigenden sexuellen Beziehungen fähig, bis sie sich richtig verliebten. In dem Moment verloren sie den Boden unten den Füßen und bekamen wahnsinnige Angst. Sex war kein Problem, solange sie ihre Gefühle raushalten konnten. Aber sexuelles Zusammensein verbunden mit tiefem Gefühl rief den ganzen alten Schmerz wieder wach. Das erinnerte zu sehr an den Mißbrauch in ihrer Kindheit.

Ich seh meinen Mann als jemand, der in meinem Leben irgendwie am Fenster aufgetaucht ist und mich da rausgeholt hat. Er hat mich überhaupt nicht beurteilt. Er liebte mich ohne Vorbehalte. Da bekam ich Liebe, ohne daß dafür etwas von mir erwartet wurde. Wir waren richtig gute Freunde. Wir kamen gut miteinander aus. Mir gefiel seine Art.
Als wir uns kennenlernten, bekam ich erst einmal wahnsinnige Angst. Das dauerte zwei Monate. Mein Magen war ganz verkrampft. Je näher wir uns gefühlsmäßig kamen, desto verletzlicher wurden wir füreinander und desto weniger konnte ich beim Liebemachen dableiben. Manchmal hatte ich schon sehr starke sexuelle Gefühle, aber nur, wenn wir einander nicht so nahe waren. Ich hatte das Gefühl, wenn ich mich wirklich gehenlassen würde, würde ich mich verlieren und nicht mehr zurückbekommen. Deswegen sorgte ich immer dafür, daß gewisse Bereiche in mir unzugänglich waren.

Einige Frauen mußten erst eine Beziehung voller Liebe und Vertrauen erleben, bevor sie sich wieder an ihren Mißbrauch erinnern konnten. Sie brauchten sehr viel Sicherheit, um diese Erinnerungen zulassen zu können.

Ich lernte meinen Mann kennen, sechs Monate, nachdem mein Vater gestorben war. Ich hatte vorher nie eine konstruktive, wirklich gute Beziehung gehabt. Auf jemand wie ihn hatte ich gewartet. Und ein Jahr danach bekam ich meine ersten Erinnerungen.

Es ist wichtig, daß du diese Verhaltensmuster verstehst. Dann kannst du aufhören, Schluß zu machen, sobald eine Beziehung ernst wird. Betrachte deine Probleme als Anzeichen dafür, daß das wirklich eine wichtige Beziehung ist, in der du tatsächlich etwas fühlst, eine besondere Gelegenheit, dein Vertrauen und deine innere Sicherheit wieder aufzubauen.

»Es muß so laufen, wie ich es will«

Alle Überlebenden haben das Bedürfnis, ihr sexuelles Erleben unter Kontrolle zu halten, manchmal sogar jede Einzelheit zu steuern. Vielleicht fühlst du dich nur in bestimmten Stellungen wohl, wenn das Licht an ist, wenn du die Initiative ergreifst, morgens oder morgens *nicht* und so weiter. Das mag für deinen Geliebten oder deine Geliebte eine Einschränkung und manchmal schwierig sein, aber es ist wichtig für dich. Du mußt deine Grenzen festlegen. Du mußt dich in deiner Umgebung sicher genug fühlen, um dich entspannen zu können. Kurz gesagt: du mußt die Dinge unter Kontrolle haben.

Sexualität bedeutet, daß du dich gehenlassen mußt. Aber ich hab solche Angst, nicht mehr selbst bestimmen zu können, was passiert. Wenn jemand die Initiative ergreift, block ich ab. Dann denk ich: »Will ich wirklich, daß das passiert? Oder mach ich das bloß, weil jemand den Anfang macht und ich laß es geschehen?« Wenn ich selbst die Initiative ergreife, ist es viel einfacher. Dann hab ich die sexuellen Gefühle, ich *weiß*, ich hab sexuelle Gefühle, und dann bin ich ziemlich sicher, ich werde nicht mißbraucht.

VERHALTENSMUSTER ÄNDERN

Du fühlst dich stärker, wenn du dein Bedürfnis, die Kontrolle zu behalten, erkennst und befriedigst, ohne dich zu kritisieren.

> Ich fühlte mich sehr bedroht, weil da ein Mann auf mich zukam und mich anfaßte. Die Tatsache, daß jemand zu mir kam und etwas wollte, war hart. Unsere Therapeutin schlug vor, er solle mich um Erlaubnis bitten, bevor er mich berühre. Eine Weile haben wir uns danach gerichtet, und ich fühlte mich weniger überfallen. Ich bekam dadurch die Möglichkeit zu unterscheiden: »Das ist nicht mein Vater, der etwas von mir will. Das ist mein Mann.«

Wenn du langsam lernst, sexuell erregt zu sein und dich gleichzeitig in Sicherheit zu fühlen, wird einiges, was du vorher unbedingt bestimmen mußtest, nicht mehr so wichtig sein.

Du stehst damit nicht allein

Es mag für eine kurze Zeit nötig sein, daß du ganz und gar bestimmen mußt, wie eure sexuelle Begegnung abläuft. Aber irgendwann mußt du dich auch mit deinem Geliebten oder deiner Geliebten auf ein Geben und Nehmen einlassen.

> Einmal fragte unsere Therapeutin Roger: »Was fühlst du, wenn Karen nicht auf dich reagiert, wenn sie dichtmacht?« Und er erzählte, er hätte wahnsinnige Angst. Als ich hörte, wie er sagte, er hätte totale Angst, unsere Beziehung würde kaputtgehen, wurde mir klar, daß ich nicht die einzige war, die furchtbare Gefühle durchmachte. Da war noch ein Mensch, den ich sehr liebte, der litt, und ich hatte noch dazu beigetragen, weil ich so mit mir selbst beschäftigt war.

Es mag Phasen während deiner Heilung geben, in denen du keinen Sinn für die Bedürfnisse und Gefühle anderer hast und dich allein auf dich selbst konzentrieren mußt. Aber Tatsache ist, daß dein Schmerz – und deine Heilung – alle betrifft, die dir nahestehen. Nirgends wird das sichtbarer als im Bereich der Sexualität. Die Veränderungen von Überlebenden in sexueller Hinsicht verwirren ihre Geliebten oft, verletzten sie, enttäuschen sie und machen sie wütend. Vielleicht sind sie wütend, weil sie ganz bewußt mit Sex umgehen sollen. Vielleicht fühlen sie sich angegriffen. Oder sie setzen dich unter Druck und drohen, die Beziehung zu beenden.

> Meine Freundin hat sich schon die ganze Zeit durch meine sexuellen Ängste abgelehnt und zurückgesetzt gefühlt. Sie ist wütend. Ihr Ärger wird immer mehr zu einem kräftigen Baß, immer lauter und unnachgiebiger und aggressiver, während mein knospendes sexuelles Bewußtsein mehr und mehr einem dünnen Sopran gleicht. Zu oft fragt sie: »Wie lange dauert das noch? *Versprich* mir, daß es bald besser wird. Ich seh gar nicht ein, wieso es dir jetzt noch nicht besser geht. Du weißt gar nicht, was du verpaßt. Du weißt gar nicht, was ich durchmache.« Bei dieser ganzen Fragerei hatte ich noch weniger Lust. Jetzt ist sie ganz wütend. Jetzt hab ich gar keine Lust mehr, mit ihr zu schlafen. Vor zwei Tagen hat sie mir gesagt, daß sie keine monogame Beziehung mehr will. Sie will sich jemand anders suchen.

Selbstverständlich hättest du während deiner Heilung gern unendlich großzügige, immer verständnisvolle, absolut geduldige Geliebte, aber das ist ein Wunschtraum. Auch der hilfsbereiteste Geliebte hat eigene Gefühle und Bedürfnisse. Du kannst dich zwar nicht zwingen, sexuelle Gefühle zu entwickeln, aber du mußt unbedingt Raum für seine oder ihre Gefühle schaffen. Wenn du die Beziehung aufrechterhalten willst, ist das absolut notwendig.

- **Sei bereit zuzuhören.** Obwohl Geliebte auch andere Leute haben sollten, um mit ihnen zu reden, mußt du dir seinen oder ihren Frust und Zorn wenigstens ab und zu anhören.
- **Laß die Gefühle deiner Geliebten gelten.** Sie haben das Recht auf eigene Bedürfnisse, das Recht, sich verletzt zu fühlen, wütend oder frustriert. Das wärst du auch, wenn du an ihrer Stelle wärst.
- **Versetz dich in die Lage deines oder deiner Geliebten.** Wenn du dir nicht vorstellen kannst, sauer zu sein, weil ihr sexuell nicht zusammenkommt, überleg dir etwas, was dir wichtig ist – miteinander reden zum Beispiel –, und stell dir vor, wie du dich fühlen würdest, wenn er oder sie nicht mehr mit dir reden wollte.
- **Nimm deinem oder deiner Geliebten nicht übel, daß er oder sie dir sexuell begegnen will.** Du siehst Sexualität im Moment als Problem oder Bedrohung, das bedeutet aber nicht, daß sie das sein muß. Die Lust deines Gegenübers ist ein gesunder, wichtiger Teil seines oder ihres Lebens.
- **Gib deinen Geliebten nicht die Schuld.** An all dem ist der Mißbraucher schuld, das weißt du doch?
- **Sei so konsequent, wie du kannst.** Manchmal mag das unmöglich sein, aber es ist gut für dich, wenn du deine Grenzen so klar und konsequent wie möglich einhältst, damit sich dein Geliebter/deine Geliebte nicht vorkommt wie eine Marionette.
- **Redet miteinander.** Teil ihm/ihr mit, was los ist.
- **Sag deinem/deiner Geliebten, daß du das alles tust, damit sich mit der Zeit etwas ändert.** Sag es oft. Gib ihm oder ihr die Gewißheit, daß du willst, daß eure Sexualität sich ändert.
- **Sag, was gut ist.** Wenn du dir wünschst, du könntest mit deinem/deiner Geliebten schlafen, wenn du ihn oder sie attraktiv findest, dann sag das, und zwar oft.
- **Gib, soviel du nur kannst.** Und noch ein bißchen mehr. Wenn du keinen sexuellen Kontakt erträgst, dann schenk etwas anderes, was dem möglichst nahe kommt.
- **Hör zwischendurch auch mal auf, dich mit Sexualität zu beschäftigen.** Vergiß nicht: Das Leben, und auch deine Beziehung, besteht nicht nur aus Sex.

Sexuelle Abhängigkeit

Bei den meisten Überlebenden bestehen die sexuellen Schwierigkeiten darin, daß sie keinen sexuellen Kontakt wollen, aber es gibt auch eine ganze Reihe, die andere Probleme haben: Sie wollen ständig Sex und versuchen, damit sämtliche – auch nichtsexuellen – Bedürfnisse zu befriedigen.

> Nach meine Scheidung hab ich echt rumgefickt wie eine Wahnsinnige. Ich glaub, dabei hab ich mich irgendwie getröstet gefühlt und geborgen. Aber das hielt nicht lange vor, und darum mußte ich immer weitermachen.

Wenn du Nähe, Intimität oder Austausch suchst, wenn du dich geliebt, liebenswert und geborgen fühlen willst, wenn du unglücklich, enttäuscht oder wütend bist, bittest du statt dessen um Sex. Es ist verständlich, wenn Überlebende, die als Kinder sämtliche Aufmerksamkeit und Zuwendung nur in sexueller Form bekommen haben, jetzt auch ihre nichtsexuellen Bedürfnisse sexualisieren.

> Jeder, der mich bis jetzt geliebt hat, hatte eine sexuelle Beziehung mit mir. Und wer nicht versuchte, mich ins Bett zu kriegen, der liebte mich auch nicht.

Mißbraucher benutzen Sex in unverantwortlicher Weise, um ihre eigentlichen Gefühle und Bedürfnisse zu verdrängen. Und viele Überlebende haben gelernt, es genauso zu machen.

Ich hab gemerkt, wie ich jedesmal, wenn ich mich einsam fühlte oder Angst hatte oder meinem Mann nahe sein wollte, sofort dachte, ich hätte Verlangen nach Sexualität, obwohl das ganz klar ein emotionales Bedürfnis war. Ich wollte ständig, daß jemand mit mir Liebe machte. Ich benahm mich total aufreizend, bloß um sexuelle Kontakte anzuzetteln, die ich in Wirklichkeit gar nicht wollte. Ich war total aufgewühlt und konnte mich nicht mehr beherrschen und flippte echt aus, wenn ich nicht bekam, was ich wollte. Ich fühlte mich sehr stark, wenn ich mich so benahm, aber tatsächlich stand dahinter bloß eine völlig verdrehte Auffassung von meinen wirklichen Wünschen.

Genau wie von anderen Abhängigkeiten kannst du auch von sexueller Abhängigkeit loskommen. Achte zunächst einmal darauf, was du für Gefühle hast, wenn du Sexualität willst. Frag dich, ob das Bedürfnis oder das Verlangen, das du fühlst, konkret die Lust auf Sexualität ist oder ob es sich dabei um eines oder mehrere der Bedürfnisse handelt, die du üblicherweise durch Sexualität befriedigst. Versuch, genau herauszubekommen, was du willst. Suchst du Nähe, liebevolle Zuneigung, Entspannung, Bestätigung, Anerkennung, Macht, das Gefühl, jemand anders einen Gefallen zu tun, Ablenkung von Sorgen oder Problemen, Sicherheit, ein angenehmes Gefühl in deinem Körper?

In ihrem Buch *Getting Free* (etwa: »Befrei dich«. Seattle 1986) nennt Ginny NiCarthy für den Bereich Sexualität fünf Komponenten: Zuneigung, Sinnlichkeit, Erotik, Intimität und Romantik. Von diesen fünf ist die Erotik (die sie als »Orgasmus und die deutlich sexuelle Erregung und Anspannung, die damit verbunden ist« definiert) das einzige Bedürfnis, das nicht auch auf andere, nichtsexuelle Weise befriedigt werden kann.

Wenn du also eine ganze Reihe von Bedürfnissen sexuell zu befriedigen versuchst, wird es schwierig, aber auch lohnend sein, andere Möglichkeiten auszuprobieren. Manchmal kann dir Schmusen allein mehr von dem geben, was du suchst, als Sex. Manchmal ist ein offenes Gespräch befriedigender. Manchmal geht es dir besser, wenn du schwimmst, tanzt, in ein Konzert gehst oder ein Bild malst. Sinn der Sache ist nicht, daß du aufhören sollst, deine sexuelle Lust zu genießen, sondern dir weitere Möglichkeiten erschließt, um deine Bedürfnisse zu erfüllen.

Das ist auch eine klare Botschaft an dich, daß du mehr bist als nur ein sexuelles Wesen. Es stimmt, daß Sexualität ein wunderbarer Teil deines Lebens und voller Überraschungen sein kann, aber eben nur ein Teil davon. Du bist eine ganze Frau, mit vielen Seiten, und du verdienst es, zu allen von ihnen Zugang zu haben. (Falls du von deiner Fixierung auf Sexualität nicht allein loskommst, kann dich eine Selbsthilfegruppe vielleicht dabei unterstützen.)

Wiederholung des Mißbrauchs

Viele Überlebende werden immer wieder neu zu Opfern. Manche heiraten gewalttätige Männer, oder sie lassen sich auf zahlreiche gefährliche, demütigende oder lustlose sexuelle Begegnungen oder Beziehungen ein. Manche überlebende gestatten anderen bedingungslos Zugang zu ihrem Körper und werden immer wieder verletzt.

Prostitution

Mehr als eine Million Frauen in den USA verdienen ihr gesamtes Einkommen oder einen Teil davon als Prostituierte.[1] Viele von ihnen sind vorher irgendwann sexuell mißbraucht worden.

---

1 Laut Statistischem Bundesamt und der Prostituierteninitiative Hydra, Berlin, gibt es keinerlei verläßliche Statistiken über die Anzahl der Prostituierten in der BRD. (Anm.d.Verl.)

Als Prostituierte wurde ich auch wieder zum Opfer. Zu der Zeit hab ich das gemacht, weil ich keine andere Möglichkeit sah, meinen Lebensunterhalt zu verdienen und meine Kinder zu ernähren. Ich war zu jung, um emanzipiert zu sein. Vom Sozialamt bekam ich nichts. Meine Kinder brauchten Windeln und was zu essen, und Prostitution war die einzige Möglichkeit, die ich sah, da dranzukommen.

Wenn Überlebende Prostituierte, Stripperinnen oder Oben-ohne-Tänzerinnen werden, wiederholen sie bestimmte Muster des Mißbrauchs.[2] Vielleicht denkst du, du seist nur zu Sex zu gebrauchen. Vielleicht überlegst du dir, daß du jetzt für etwas bezahlt wirst, was sie dir früher gestohlen haben. Aber wieder bist du in einer Rolle, in der du nur sexuellen Wert hast und sexuelle Kontakte nicht zu deinem eigenen Vergnügen suchst, sondern um die Bedürfnisse eines anderen zu befriedigen.

Nachdem ich meinen zweiten Mann und meine Kinder verlassen hatte, kam ich nach Kalifornien, und innerhalb von drei Wochen hatte ich schon einen sehr brutalen Zuhälter, der mich auf die Straße schickte. Zu der Zeit war ich vierundzwanzig. Ich war fünf Jahre lang Prostituierte. Das waren schlimme Jahre. Von meinem ersten Zuhälter bin ich weggelaufen, aber von der Straße kam ich nicht weg. Im Rückblick kann ich selbst kaum noch verstehen, warum ich mir das angetan hab. *Ich wußte nicht, daß ich das nicht mußte.* Es war zu nah an meiner Kindheit.

Manche Frauen sagen, daß sie aus eigener Entscheidung auf der Straße seien, aber tatsächlich gibt es nichts zu entscheiden: *Es ist ihre einzige Möglichkeit.* Ich war da drauf gedrillt worden. Mein Vater hat mich mißbraucht und mich für Sex bezahlt. Hinterher gab er mir immer etwas, was ich wollte und was er mir vorher vorenthalten hatte. Er brachte mir bei: »Mehr verdienst du nicht. Das ist alles, wozu du gut bist.« Draußen auf der Straße hab ich bloß immer das gleiche Muster wiederholt.

Wenn du zur Zeit als Prostituierte arbeitest, kannst du trotzdem in bestimmten Bereichen mit deiner Heilung vorankommen, allerdings nur sehr begrenzt, solange du nicht aufhörst.

Gewalt und Sexualität

Für viele Frauen, die unter gewalttätigen Umständen mißbraucht wurden, besteht eine enge Verbindung zwischen Sexualität und Gewalt.

Als ich klein war, konnte ich mich darauf verlassen, wenn meine Mutter anfing, zu schimpfen, zu heulen und Sachen durch das Zimmer zu schmeißen, daß dann mein Vater später in meinem Zimmer auftauchen würde. Auf die Art entstand die Verbindung zwischen gewalttätigen Szenen und Sex. Und das hat sich auch in meinem Leben als Erwachsene ständig wiederholt. Das ist das Aber-die-Versöhnung-ist-um-so-schöner-Syndrom. Nach einem Kampf ist Sex immer schöner. Das kommt mir bekannt vor. Ich weiß noch, wie ich von meiner letzten Freundin verprügelt wurde. Als ich auf dem Boden lag und sie mich trat, hatte ich einen Erinnerungsblitz und sah meine Mutter. Ich

---

2 Viele Prostituierte haben sich politisch organisiert, um den Schutz zu bekommen, den sie bei ihrer Arbeit so dringend brauchen. Diese Gruppen bemühen sich, die Prostitution zu einem angesehenen, sicheren Beruf zu machen. (Die Adressen dieser Gruppen sind über die Zeitung *Hydra Nachtexpreß, Zeitung für Bar, Bordell und Bordstein* zu erfahren: Kantstraße 54, 1000 Berlin 12) Manche Prostituierte betrachten ihre Arbeit als etwas Positives und sehen sich nicht als Opfer. Aber wenn Frauen bereits als Kinder sexuell mißbraucht worden sind, wiederholt die Prostitution eindeutig gewisse Aspekte ihres Mißbrauchs.

hatte keine Ahnung mehr, wer da auf mich einschlug. Meine Freundin zerrte mich an den Haaren hoch, und genau in dem Moment wurden mir die beiden einzigen Möglichkeiten bewußt, die es jetzt gab: Ich konnte die rechte Tür nehmen, nach draußen, oder die linke Tür, ins Schlafzimmer.

Für eine befriedigende Sexualität ist es wichtig, daß du dieses Muster außer Kraft setzt. Wenn in deiner Beziehung Gewalt und Sexualität miteinander verbunden sind, wirst du diesen Zusammenhang auflösen müssen. Vielleicht mußt du die Beziehung auch beenden. Wenn dich Sexualität in Verbindung mit Gewalt erregt, wirst du systematisch daran arbeiten müssen, deine Orientierung zu ändern (siehe »Frei gewählte Sexualität«, Seite 245).

Mißbrauch und Phantasien
Viele Überlebende fühlen sexuelle Erregung nur, wenn Sex etwas mit Mißbrauch zu tun hat. Eine Frau kam nur dann zu einem Orgasmus, wenn sie sich das Gesicht ihres Vaters vorstellte. Eine andere nur, wenn sie sich vorstellte, sie wäre gefesselt oder würde vergewaltigt. Eine andere mußte so stimuliert werden, wie ihr Nachbar sie als Kind angefaßt hatte. Eine andere Frau stellte sich vor, sie sei selbst der Täter. Viele befriedigen sich selbst, während sie Bücher über Inzest lesen.

> Wochenlang las ich wie besessen Bücher über Inzest, das Buch in der einen Hand und meinen Vibrator in der andern.

Die meisten Frauen schämen sich, zuzugeben, daß sie solche Gefühle oder Phantasien haben. Eine sechsundfünfzigjährige Psychotherapeutin, die als Kind mit Klistieren gefoltert worden war, erzählt:

> Meine eigene Sexualität erschreckt mich. Manchmal hab ich schon gedacht, ich bin pervers und krankhaft und lande irgendwann in der Klinik. Wenn andere Frauen die brutaleren Einzelheiten ihres sexuellen Mißbrauchs schildern, bin ich fasziniert. Alles andere verblaßt, und wie ein ausgehungerter Hund stürz ich mich da drauf.
> Ich hab wahnsinnige sado-masochistische Phantasien, die jetzt, nach siebeneinhalb Jahren Therapie, erst langsam rauskommen, weil ich mich so schäme. Ich hab Phantasien von Krankenhäusern, von Konzentrationslagern, Phantasien, in denen ich Leute in Stücke schneide. Klar, daß ich meine Sexualität, meine Lebensenergie, verschlossen halten mußte, weil ich mich so geschämt hab und eine Heidenangst hatte, wohin das alles führen würde.
> Als die Phantasien in der Therapie zum ersten Mal aufstiegen, bekam ich eine furchtbare Wut auf mich selbst. Ich wollte mich umbringen. Ich war so entsetzt, daß solche Sachen mich anmachen. Ich frag mich, ob das nicht vielleicht der Kern dieser ganzen Sache ist: Scham und Entsetzen und tiefe Verzweiflung darüber, daß mich so furchtbar brutale, sadistische Situationen erregen.

Wenn Brutalität und Sadismus dich erregen, ist das nicht deine Schuld. Du hast dir diese Phantasien nicht aus dem Nichts geschaffen. Sie wurden dir mit derselben Zudringlichkeit aufgezwungen wie die Hände, Penisse und lüsternen Blicke während deines ursprünglichen Mißbrauchs.
Der Zusammenhang, in dem wir zum ersten Mal sexuelle Gefühle erleben, hat großen Einfluß auf uns und hinterläßt oft eine Art von Prägung, in der alles, was zu der Zeit los war, miteinander verwoben ist. Wenn du also gleichzeitig Vergewaltigung, Demütigung, Angst *und* Erregung und lustvolle Gefühle in deinem Schoß erlebt hast, dann haben sich diese Gefühle miteinander verknüpft. Diese emotionale und körperliche Erbschaft läßt dich Genuß mit Schmerz, Liebe mit Demütigung, Verlangen mit

Unterlegenheit koppeln. Scham, Geheimnistuerei, Gefahr und das Verbotene wecken deine Begierde.

Sado-Masochismus
Manche Frauen agieren diese Verknüpfungen in sado-masochistischen (SM) Szenarien aus. Sie vertreten, daß ihnen für ihr sexuelle Erregung und Befriedigung jedes brauchbare Mittel recht sei. Einige argumentieren, SM sei – gegenseitiges Einverständnis vorausgesetzt – eine Möglichkeit, mit Macht zu experimentieren. Aber für Frauen, die ihre Anfälligkeit für Mißbrauch bearbeiten und heilen wollen, wäre es töricht, sado-masochistischen Sex zu praktizieren, der stets mit Schmerz, Demütigung und Machtausübung verbunden ist. Das wäre, als ob eine Alkoholikerin versuchen würde, vom Alkoholismus wegzukommen, indem sie nur an speziell dafür vorgesehenen Orten trinken würde.

Saphyre, die eine Zeitlang SM praktiziert hat, erzählt, daß es ihr vorkam wie Selbstbetrug:

> Ich dachte die ganze Zeit, SM würde mir helfen, mich meiner eigenen Sexualität zu öffnen, aber im nachhinein seh ich, daß es nicht so war. Die Leute erzählen dir viel, um dich zu überreden. Und ich hab viel von dem Gerede geglaubt. Hinterher hab ich gesehen, daß es meine Heilung behindert hat. Es hat dazu beigetragen, daß ich mich *nicht* mit meiner Sexualität beschäftigt habe, weil ich bei keinem der Gefühle, die ich erlebte, dableiben mußte. Ich tat nur so.
> Es wird gesagt, SM hätte etwas damit zu tun, sich auf Risiken einzulassen und zu vertrauen. Für mich bedeutete es kein Risiko, ganz unten zu sein. Da war ich schon in meinem wirklichen Leben gewesen. Ich hatte mich schon einmal tatsächlich in der Gewalt eines anderen Menschen befunden. Wie kann es riskant sein, ein Spiel zu spielen? Für mich ist es ein Risiko, bewußt dazubleiben und das Gefühl zu erleben, das ich habe, wenn mich jemand berührt. Das ist ein Risiko für mich. Dazu brauch ich viel Vertrauen. Aber nicht zu SM. Ich glaube, SM ist eine Art, Sexualität zu vermeiden.
> Ich glaub nicht, daß sich SM jemals auf das Schlafzimmer beschränkt. In meiner Beziehung wurde es von einem Spiel, das Spaß machte, zu einem Spiel, das uns nicht mehr losließ. Früher oder später beeinflußt es den Rest der Beziehung. Wenn du SM machst, bedeutet das, du behandelst deinen Geliebten oder deine Geliebte wie Dreck. Und das soll Heilung sein?
> Ob du SM machst oder nicht, vielleicht spielst du das Spiel trotzdem mit: Eine Art von Sex ist gut, und eine andere Art ist schlecht. Ich mach etwas anderes: Ich versuche, Berührung bewußt zu erleben und meine Leidenschaft zu akzeptieren, ohne dabei eine Schau abziehen zu müssen.

Frei gewählte Sexualität
Du kannst dich aus dieser Verquickung von Schmerz, Demütigung und sexueller Erregung befreien. Es ist möglich, deine Prägung zu verändern, die Zwangsläufigkeit dieser Assoziationen aufzulösen und eine authentische, wirklich frei gewählte Sexualität zu entwickeln, die Leidenschaft und Erregung in sich vereint.

- **Nimm dir fest vor, dich zu ändern.** Wenn du denkst: »Ich will das nicht mehr machen«, ist das ein energischer Anfang.
- **Unterstreich diesen Vorsatz durch Taten.** Keine sexuellen Begegnungen mehr, die irgendwie destruktiv sind!
- **Fang bei dir an.** Arbeite an und mit deinen Phantasien, wie Saphyre (siehe unten).
- **Übe, den Moment bewußt zu erleben.** Laß deine Gefühle zu, und benutz deine Phantasien nicht, um zu entkommen.

VERHALTENSMUSTER ÄNDERN

Denk dran: Es gibt dabei kein Ziel, auf das du hinarbeiten müßtest.

- **Sprich offen über das, was du erlebst.**
Auch wenn es schwierig ist, ist es absolut notwendig, damit du deine Scham überwindest und weiterkommen kannst.
Sprich mit deiner Therapeutin, einer Freundin, der du vertraust, deinem Geliebten oder deiner Geliebten.

Eine andere Platte auflegen: Saphyres Geschichte

Als Saphyre begann, an ihrem Inzest zu arbeiten, konnte sie nichts antörnen außer Vergewaltigungs- und SM-Phantasien. Sie beschloß, davon loszukommen.

Ich glaub nicht, daß wir schon mit so einer Sexualität geboren werden. Ich wußte, ich mußte zunächst einmal aufhören, mich schuldig zu fühlen wegen meiner Phantasien, genau wie das bei dem Inzest auch war. Beides hatte denselben Ursprung. Ich wußte, daß es wichtig war, die Schuldgefühle aufzugeben. Aber ich wollte mehr als das. Ich wollte diese Phantasien nicht mehr haben.

Ich fing an, mich öfter selbst zu befriedigen, und achtete dabei auf das zentrale Gefühl, das meinen Orgasmus auslöste. Die Darsteller konnten sich ändern, die Kostüme konnten sich ändern, aber was war das zentrale Gefühl? Es war: »Meine Leidenschaft hat mich völlig überwältigt. Ich tu alles, was du willst.« Und nur so konnte ich mit meiner Leidenschaft umgehen. Ich konnte es mir nicht leisten, die Verantwortung dafür zu übernehmen, ohne die Kontrolle über mich zu verlieren.

Ich arbeitete mit den Phantasien, bis ich dieses Gefühl wirklich identifizieren konnte. Der nächste Schritt war, zu lernen, meinen Orgasmus, meine Leidenschaft und meine heftigen Gefühle von den Phantasien zu trennen. Ich mußte meine »Programmierung« rückgängig machen. Das war schwierig, und ich war dabei völlig auf mich allein gestellt. Ich wußte nicht, was dabei herauskommen würde und war mir nicht einmal sicher, was ich da machte, aber ich hatte nicht vor zu warten, bis jemand vorbeikommen würde, um mir zu sagen, was ich tun sollte. Ich glaubte einfach daran, daß ich mich verändern könnte.

Ich glaubte ganz fest, daß ich es *verdiente*, leidenschaftliche Gefühle zu haben, und daß diese Gefühle nicht unbedingt mit solchen Phantasien verbunden sein müßten.

Irgendwann habe ich tatsächlich verstanden, daß das nicht *meine* Phantasien waren. Sie waren mir durch den Mißbrauch aufgezwungen worden. Und allmählich war ich zu Orgasmen in der Lage, ohne an SM zu denken, ohne mir vorzustellen, wie mein Vater etwas mit mir anstellte.

Nachdem ich erst einmal die Phantasien von dem Gefühl getrennt hatte, ordnete ich dem Gefühl bewußt andere kraftvolle Bilder zu, zum Beispiel das eines Wasserfalls. Jetzt brauche ich nicht mehr zu sagen: »Ich tu alles, was du willst«, sondern sehe einen Wasserfall vor mir und erlebe die gleichen intensiven Gefühle.

Die Gabe des Wassers

Von Jeanne Marie Vaughn

Diese sexuelle Phantasie war ursprünglich der bewußte Versuch, alte, negative Bilder durch neue, positive, heilende Bilder zu ersetzen. Ich nahm einfach das, was mir am meisten Vergnügen bereitete, und das war Wasser. Mein Lieblingsplatz, um mich selbst zu befriedigen, ist die Badewanne. Während ich versuchte, die für mich positiven Aspekte weiter zu verstärken, dehnte sich die Phantasie immer weiter aus. Der nachfolgende Auszug ist Teil einer Kurzgeschichte, die ich für mich selbst geschrieben habe. Aus einer bloßen sexuellen Phantasie ist inzwischen eine Meditation geworden.

Ich sitze in einem Ruderboot mitten auf dem Meer. Es ist früher Morgen. Das Wasser ist von einem leuchtenden Türkisblau. Ruhe durchflutet den Tag, und ich genieße das leise Schaukeln des Bootes. Ich sitze mit unverhüllter Brust in dem kleinen Fahrzeug, trage ein locker gewickeltes Kleidungsstück um meine Hüften. Ich spüre das Salz in der Luft, auf meiner Haut, in meinem Mund. Eine Brise weht mir sanft eine Strähne meines Haares ins Gesicht. Meine Nasenlöcher weiten sich, während sich meine Lunge mit salziger Seeluft füllt. Ich spüre den Rhythmus meiner Muskeln, den Schlag der Ruder. Die Sonne ist warm auf meinen Brustknospen, meinem Rücken, meinen Schultern. Kleine Perlen von Schweiß beginnen sich unter meinen Armen zu bilden und rollen dann langsam, zärtlich kitzelnd, an mir herunter. Meine Lungen schwellen an von der Anstrengung, und ich genieße das Licht, den Klang, den Geruch des Morgens.

Ich nähere mich der Insel. Ich bin hier schon gewesen, und ich werde wieder hierherkommen. Das ist ein Ort, an den Frauen immer wieder zurückkehren.

Ich raffe den Stoff meines Sarongs zusammen, verknote ihn zwischen meinen Beinen, setze die Füße ins Wasser und ziehe das Boot hinter mir her ans Ufer. Ich laufe auf den Dschungel zu. Die Luft ist feucht und heiß, der Duft der Pflanzen schwer und berauschend. Barfuß überlege ich einen Moment, ob ich auf Dornen aufpassen muß auf meinem Pfad. Die Erde selber antwortet mir: Der Pfad ist gut eingelaufen. Hier bin ich sicher.

Ich gehe eine Weile weiter und gelange dann auf eine Lichtung. Vor mir liegt eine kleine Grotte, umgeben von einem Teich. Von oben fließt Wasser in einem dünnen Strahl aus einem Bambusrohr hinab genau auf einen Punkt; es ergießt sich über eine steinerne Tafel aus alter Zeit, die teilweise von Wasser bedeckt ist. Das ist ein Altar, eine Opferstätte, und ich bin gekommen, um mich selbst darzubringen.

Ich lasse meine Kleider auf dem Moos zurück, wate in den Teich hinein und setze meinen Körper auf den Stein. Während ich weiter atme, lasse ich mich zurücksinken, bis ich auf dem Stein liege. Er ist warm und schmiegt sich weich gerundet an meinen Körper, geformt im Laufe von Jahrhunderten von den Körpern der Frauen, die hier an dieser Stelle gelegen haben.

Langsam breite ich meine Beine aus, öffne mich, liege genau unter dem Strahl des Wassers, das herabströmt und meine Vulva zärtlich streichelt. Ich fühle, wie die Hitze, das Feuer des Lebens, in mein Sonnengeflecht hineinkriecht, sich warm in meinen Schenkeln und meinem Hintern ausbreitet. Das Wasser leckt und knabbert an meiner Klitoris wie Wellen, die an einer Küste lecken und dann wogend über sie hereinrollen. Ich nehme das Wasser in mich auf, während es sich mit dem Licht der Sonne vermischt; es erfüllt mich ganz, reinigend, heilend, kraftspendend. Mein Körper wogt unter diesen Gaben, schwillt von Wasser und Licht.

VERHALTENSMUSTER ÄNDERN

Bring dich mal wieder auf andere Gedanken

Während du an deiner Sexualität arbeitest, kommt dir vielleicht manchmal alles ziemlich schwer vor. Du hast die Nase voll davon, es immer wieder »zu versuchen«. Wörter wie »Spontaneität« oder »Spaß« sind dir fremd geworden. Dann kann es ganz hilfreich sein, auf deinen alten Sinn für Humor und Heiterkeit zurückzugreifen.

> Manchmal gehen wir mit einer wenig spontanen Haltung an das Liebesspiel heran, so, als sei es nur ganz ernste, harte Arbeit. Wir sind ganz eingeengt. Wir lachen nicht. Wir kitzeln uns nicht. Wir spielen nicht. Alles ist sehr schematisiert. Und das kann wahnsinnig langweilig und frustierend sein. Dann versuchen wir, das bewußt etwas zu lockern, etwas spielerischer im Bett zu sein, einfach mehr Spaß zu haben.

Sexuelle Heilung braucht Zeit

Heilung in sexueller Hinsicht dauert lange, aber nach und nach geschieht sie doch. Was du heute sexuell erlebst, ist nicht das, was du in ein oder zwei Jahren erleben wirst. Was dir heute wie ein furchtbares Problem erscheint, stört dich später vielleicht nur noch ein bißchen. Sexualität kann auch eine Weile immer einfacher und dann wieder schwierig werden, wenn du auf eine tiefere Ebene vorstößt.
Sexuelles Erleben hat viel mit dem Grad der Intimität und mit der Dynamik in deiner Beziehung zu tun, sogar damit, welchen Geliebten du gerade hast. Adrienne hatte mehrere Geliebte, seit sie anfing, an ihrem sexuellen Mißbrauch zu arbeiten, und mit jedem hat sie das sexuelle Zusammensein völlig anderes erlebt:

> Bevor ich Alan kennenlernte, hatte ich viele Geliebte gehabt. Im Bett war's nie besonders aufregend gewesen, aber ich hatte meinen Spaß daran, und Sex war nie groß Thema. Aber Alan war der erste Mann, in den ich mich wirklich verknallte, und irgendwie machte mich die Verbindung von Liebe und Sex fertig. Plötzlich hatte ich Schwierigkeiten mit Sexualität, und für Alan war Sex sehr wichtig. Er wurde immer ärgerlicher, setzte mich ziemlich unter Druck, und davon machte ich nur noch mehr zu. Es wurde so schlimm, daß wir uns trennten. Ich kam mir wie eine Versagerin vor.
> Nach Alan hatte ich Angst, mich mit jemand einzulassen. Ich hatte das Gefühl, als wäre ich nicht gut genug und daß mit mir tatsächlich was nicht stimmte. Aber dann traf ich Lance, und nachdem wir eine Weile befreundet waren, gingen wir miteinander ins Bett. Ich hatte ihn gewarnt, daß ich Probleme hatte, aber es schien ihm nichts auszumachen. Lance war ein wunderbarer Liebhaber und drängte mich nie, und mit ihm was es einfach super. Er ließ mir viel Raum, um auf Entdeckungsreisen zu gehen, und er ließ mich auch die ganze Sache steuern. Mit ihm bin ich ein ganzes Stück geheilt, und als ich mich von ihm trennte, hatte ich zu meiner Sexualität eine positive Einstellung.
> Ich dachte, ich hätte das mit der Sexualität jetzt voll im Griff, und als ich dann was mit John anfing, hab ich ihm gar nicht erst was gesagt. Wir waren wahnsinnig verliebt, und ich entwickelte eine Leidenschaft, wie ich sie nie vorher zugelassen hatte, und dann: Zack! Zwei Monate später bekam ich wieder neue Erinnerungen. Und ich hatte wirklich gar keine Lust auf Sex. Es war schlimm. Ich dachte, ich wär mit dem ganzen Zeug fertig. Aber da war es wieder. Wenigstens haßte ich mich diesmal nicht, ich wußte was Besseres.

Auch innerhalb ein und derselben Beziehung kann sich deine Einstellung zur Sexualität verändern. Bei neuen Geliebten passiert

es oft, daß die Leidenschaft Probleme zunächst überdeckt. Aber wenn sich dann die Beziehung langsam festigt, beanspruchen sexuelle Fragen deine Aufmerksamkeit vielleicht erneut. Je mehr Intimität du riskierst, desto mehr verschließt du dich vielleicht sexuell. Oder du merkst, wie du mit wachsendem Vertrauen auch auf körperlicher Ebene immer mehr und auf unerwartete Weise heilst.
Sexuelle Heilung dauert lange, und vielleicht fragst du dich manchmal, ob du überhaupt Fortschritte machst. Eine erfüllte Sexualität läßt sich nur mit Geduld, Vertrauen auf deine Fähigkeit zu heilen und Rücksicht darauf, wo du gerade stehst, entwickeln.

> Ich mußte lernen, mich zu akzeptieren. Ich weiß, ich hab Dinge erlebt, die mich vielleicht ein bißchen anders werden ließen, die meinen sexuellen Appetit vielleicht verringert, gesteigert oder eben verändert haben. Ja und?! Das bin ich! Ich will mich genießen. Ich glaube, in jeder Frau stecken tausendundeine. Und du kannst jede von ihnen ausleben, das ist völlig in Ordnung. Der Partner muß eben zusehen, wie er damit zurechtkommt. Das ist alles. Sexualität heißt nicht, daß du dich jede Nacht abmühen sollst. Es geht darum zu entdecken, wer du bist, und keine Angst davor zu haben.

Auch wenn du sexuell mißbraucht worden bist, kannst du deine Sexualität zurückgewinnen und sie so formen, daß sie dir wirklich entspricht.
Sexuelle Energie kann deine schöpferischen Bedürfnisse wecken: du willst dir vielleicht ein Lied oder einen Tanz ausdenken. Dafür brauchst du deine absolute Aufmerksamkeit und mußt ganz dabei sein. Schöpferische Tätigkeiten sind alle äußerst intensiv. Sie schaffen etwas Neues. Es ist riskant und aufregend und ein großer Vertrauensbeweis, dieses Erwachen mit einer/einem Geliebten zu teilen. Du bejahst deine Energie, deine Lust, deinen Körper. Deine Leidenschaft wird zu einer Leidenschaft für das Leben.
Aber selbst ohne Geliebte lohnt es sich, deine Sexualität zurückzugewinnen. Eine ältere Überlebende mußte lange kämpfen, bis sie erkannte, warum:

> Ich glaub nicht, daß ich so eine Art von Beziehung noch einmal haben werde. Ich brauch bloß über sexuelle Gefühle nachzudenken, und schon würd ich mich am liebsten erschießen. Aber seit einiger Zeit seh ich das alles etwas anders. Sexualität ist ein Teil des Lebens, Teil des Lebendigseins. Eine Art Lebensenergie. Und auch wenn ich nie mehr fühlen werde als bloß die Gefühle in meinem eigenen Körper, auch wenn ich niemals etwas damit machen werde, lohnt es sich doch. Kannst du das verstehen? Es ist, als ob du ja zum Leben sagst, ja zum Lebendigsein.

VERHALTENSMUSTER ÄNDERN

Lesbisch sein und Überlebende

Immer wieder hab ich gehört: »Du bist bloß lesbisch, weil dein Vater das mit dir gemacht hat.« Diese Bemerkung macht mich wahnsinnig. Die Leute nehmen mir damit das Recht, mich frei zu entscheiden. Wenn ich eine Mörderin wäre, könnten sie vielleicht sagen, daß das mit meinem Inzest zu tun hätte. Wenn da überhaupt ein Zusammenhang bestünde, dann zwischen dem Inzest und meiner Fähigkeit zu Gewalt oder Haß und nicht mit meiner Fähigkeit zur Liebe.

Wenn du lesbisch bist, versuchst du, von den destruktiven Folgen des sexuellen Mißbrauchs zu heilen, und nicht vom Lesbischsein. Eigentlich sollte das selbstverständlich sein. Aber manche Überlebende glauben immer noch, mit ihnen stimme etwas nicht und das hätte sie dazu gebracht, lesbisch zu werden; ohne diesen sexuellen Mißbrauch wären sie heterosexuell und das sei besser, als lesbisch zu sein.

Ich dachte immer, ich sei lesbisch, weil ich von meinem Vater so schlimm mißbraucht worden bin. Ich dachte, ich wäre irgendwie in meiner emotionalen Entwicklung steckengeblieben. Das dachte ich so lange, bis ich eine lesbische Frau traf, die aus einem glücklichen Elternhaus kam und nie irgendwie mißbraucht worden war. Sie war vollkommen ausgeglichen. Ihre Familie akzeptierte ihr Lesbischsein. Sie hatte nie irgendwelche Probleme damit gehabt, und da wurde mir klar, daß es keine Ursache dafür geben muß, warum ich lesbisch bin. Was mir passiert ist, hat überhaupt nichts damit zu tun.

Es stimmt, daß der Mißbrauch durch Männer manche Frauen dazu bringt, lieber mit Frauen sexuelle und emotionale Beziehungen einzugehen als mit Männern. Aber keine Frau wird lesbisch, nur weil sie von einem Mann mißbraucht worden ist. Schließlich sind viele heterosexuelle Frauen von Männern mißbraucht worden und suchen sich weiterhin Männer als Lebensgefährten und Sexualpartner. Wenn Mißbrauch der entscheidende Faktor für die sexuelle Präferenz wäre, dann wäre die Zahl lesbischer Frauen weitaus größer, als sie es jetzt ist.

Ich bin lesbisch, weil ich Frauen liebe und nicht, weil ich Männer hasse. Ich hab einen kleinen Jungen, den ich unheimlich toll finde. Es gibt Männer in meinem Leben, die ich sehr gern hab. Eigentlich haben heterosexuelle Frauen, glaub ich, viel mehr Grund, Männer zu hassen, als ich.

Lesbischsein ist eine völlig gesunde Art zu leben und nicht einer der Folgeschäden deines Mißbrauchs, die du bewältigen mußt. Eine Workshop-Teilnehmerin bemerkte zu dieser Suche nach krankhaften Ursachen für das Lesbischsein seufzend: »Wenn ich lesbisch bin, weil ich mißbraucht worden bin, dann hat die Sache wenigstens etwas Gutes gehabt.«

Wenn du dir nicht sicher bist

Wenn du dir nicht sicher bist, ob du lesbisch bist oder nicht, laß den Dingen Zeit, sich zu setzen. Es ist völlig in Ordnung, wenn du es nicht weißt oder dich in einer Übergangsphase befindest.

Wenn du die Verbindung zu deiner Sexualität noch nicht gefunden hast – weil du immer ausgestiegen bist, etwas vorgetäuscht hast, nicht bewußt dabeiwarst –, kann es eine Weile dauern, bis du merkst, wofür du tatsächlich empfänglich bist. Versuch, diese zwiespältige Situation, in der du keine klare sexuelle Orientierung hast, eine Zeitlang zu akzeptieren.

Sexuelle Präferenz bewegt sich in einem reiten Spektrum. Nur ein kleiner Prozentsatz aller Menschen ist ausschließlich heterosexuell oder homosexuell. Die meisten befinden sind irgendwo dazwischen. Manche Lesben sagen, sie seien so geboren; andere, sie hätten sich bewußt dafür entschieden. Es gibt im Leben einer Frau viele Phasen, in denen sie die Faszination und

Liebe, die andere Frauen in ihr auslösen, erkundet: als Heranwachsende, nach jahrelanger Ehe, nach ihrer Menopause. Die Entscheidung liegt bei dir.

Wenn du aber glaubst, wenn du lesbisch wirst, lösen sich wie durch Zauberhand alle Probleme mit Sexualität und Intimität, dann irrst du dich. Als lesbische Frau wirst du dir vielleicht neue Möglichkeiten eröffnen, aber Lesbischsein ist kein Allheilmittel.

Wenn du deine sexuelle Präferenz neu überdenkst, überleg dir, was du dir von einer intimen Beziehung wünschst. Von wem scheinst du das zu bekommen? Wie fühlst du dich, wenn du mit einzelnen Personen zusammen bist? Beobachte bewußt, was du in unterschiedlichen Momenten fühlst. Mit der Zeit wirst du deine Neigung erkennen.

Wenn du annimmst, du bist lesbisch, diese Vorstellung dir aber Angst macht oder dich beunruhigt, ist das ganz normal. Das Coming-out[3] ist ganz oft von Zweifeln und Fragen begleitet. Versuch, etwas über lesbische Frauen zu lesen, die eine positive instellung zu sich haben. Lies Coming-out-Geschichten[4]. Sprich mit vorurteilsfreien Leuten, die dich unterstützen, egal, wie du dich entscheidest.

Am wichtigsten ist, daß du dir Zeit läßt. Setz dich nicht unter Druck. Es ist besser, wenn du dich nicht zu früh einordnest. Und wenn du nicht willst, brauchst du das auch überhaupt nicht.

Wenn du dich damit unwohl fühlst, lesbisch zu sein

Vielleicht fühlst du dich nicht wohl damit, Lesbe zu sein, weil das eine sexuelle Identität und Sexualität nicht deine Sache ist. Du befürchtest, daß als Lesbe deine sexuelle Seite überbewertet wird. Aber Lesbischsein ist nicht auf Sexualität beschränkt. Es gibt auch Lesben-Musik, -Kunst, -Politik. Es gibt eine lesbische Kultur, eine lesbische Gemeinschaft. Es gibt eine emotionale, philosophische und geistige Verbindung unter Frauen.

Auch deine Lebenssituation kann bewirken, daß du dich bei dem Gedanken, lesbisch zu sein, unbehaglich fühlst. Haben die Menschen in deiner Umgebung Angst vor lesbischen Frauen und schwulen Männern? Hast du Vorbilder, lesbische Frauen, die sich in ihrer sexuellen Identität wohl und sicher fühlen? Kannst du irgendwo hingehen, wo es ungefährlich ist, als Lesbe gesehen zu werden? Mit deiner Freundin Händchen zu halten? Wo du merken kannst, daß du nicht die einzige bist?

Wenn du dich unbehaglich fühlst, kann das daran liegen, daß du merkst, du kannst nicht mit allen Leuten um dich herum offen sein. Das ist für jede lesbische Frau eine Belastung, aber für Überlebende kann es besonders schlimm sein. Die Geheimnistuerei, Scham, Angst vor Bloßstellung kommen den Gefühlen sehr nahe, die du als mißbrauchtes Kind hattest. Und wenn dein Lesbischsein jetzt dein zweites großes Geheimnis ist, das du bewahren mußt, kann das unbewältigte Gefühle der Angst, der Isolation und des Schmerzes aufrühren.

Auch wenn du dich nicht öffentlich als Lesbe zu erkennen gibst, kannst du doch einiges gegen deine Isolation tun, egal, wo du bist. Du kannst Zeitungen und Zeitschriften für lesbische Frauen abonnieren. Laß dich in die Adressenlisten für Frauenfeste und -konferenzen aufnehmen. Bemüh dich um Kontakte. Du bist nicht allein. Für viele Frauen ist ihre lesbische Identität ein mächtiger positiver Anker in ihrem Leben: Als ich anfing, mich mit dem Mißbrauch zu beschäftigen, stellte ich alles in Frage. Ich meine alles. Ich war mir nur einer Sache sicher: meiner Entscheidung, lesbisch zu sein. Es kam mir vor, als sei das das einzige, was an mir gesund und vernünftig war. Ich war froh, daß ich mir wenigstens einer Sache sicher sein konnte!

---

3 Coming-out: eine Frau wird sich ihres Lesbischseins bewußt und bekennt sich auch (öffentlich) dazu. (Anm.d.Verl.)

4 Romane, Erzählungen und auch Bücher über lesbische Frauen findest du in jeder guten Buchhandlung, insbesondere in den Frauenbuchläden (Adressen in den jährlich erscheinenden Frauenkalendern und den verschiedenen Frauenzeitungen) und beim Frauenliteraturvertrieb (Erich-Ollenhauer-Str. 231, 6200 Wiesbaden). (Anm.d.Verl.)

VERHALTENSMUSTER ÄNDERN

Du und deine Kinder

Meine Kinder gaben mir Hoffnung. Meine Kinder lachten, machten Unsinn, ärgerten mich und zogen mich immer wieder raus: »Also, zurück zur Zukunft.« Das Gefühl, für diese Kinder total verantwortlich zu sein, hat mich angespornt, gesund zu werden. Ohne sie hätte ich es nicht geschafft. Ich wollte, daß sie eine verantwortungsbewußte Erwachsene hatten, die sich um sie kümmerte und die sagen konnte: »Jetzt ist Schluß. Bis hierher und nicht weiter.«

Nicht nur biologische Eltern haben familiäre Beziehungen mit Kindern und sind auf ihr Wohl bedacht. Wir benutzen »Elternschaft« und »Muttersein« in diesem Kapitel durchgehend auch für Stiefeltern, Adoptiveltern, Pflegeeltern, Großfamilien und FreundInnen, die als »Wahlfamilien« fungieren.

Mit Kindern zusammenzusein, kann für deine Heilung Ansporn und Herausforderung bedeuten. Von Kindern kannst du lernen, daß der Mißbrauch nicht deine Schuld war. Sie können dir helfen, mit dem Kind in dir wieder in Berührung zu kommen. Sie können dich motivieren, zu heilen, immer wieder weiterzumachen. Sie bieten dir Gelegenheit, ein positives Familienleben kennenzulernen. Aber Kinder rühren auch unverarbeitete Gefühle wieder auf. Sie können Erinnerungen aufwecken, dir deutlich machen, in welcher Weise du deinen Eltern ähnlich bist, oder dich an deine eigene Verletzlichkeit erinnern.

Die Entscheidung für oder gegen Kinder

Für viele Frauen ist Mutterschaft selbstverständlich. Aber mehr und mehr Frauen überlegen es sich ernsthaft, ob sie Kinder haben wollen oder nicht. Bei Überlebenden hängt diese Entscheidung manchmal von ihrer eigenen Heilung ab.

Eine Überlebende, die gerade schwanger werden will, sagt: »Ich glaube, ein Kind zu bekommen, ist allein schon heilsam. Dadurch kann ich den Kreislauf unterbrechen.«

Eine andere hat endgültig beschlossen, keine Kinder zu bekommen:

> Mein Leben lang bin ich wie im Nebel herumgeirrt und hab nur halb gelebt, und wenn ich mir vorstelle, ich soll mein Leben unterbrechen, um ein Kind zu bekommen, jetzt, nachdem ich endlich wieder angefangen hab zu leben, das kann ich nicht. Es ist einfach zu aufregend, wieder lebendig zu sein. Darum hat mein Mann sich sterilisieren lassen.

Und eine andere ist jetzt noch nicht dazu bereit, aber vielleicht später:

> Wenn ich Kinder haben wollte, dann müßte mein Heilungsprozeß schon einige Jahre weiter sein. Ich fühl mich noch nicht in der Lage, genug Liebe und Aufmerksamkeit zu geben. Ich hab genug damit zu tun, mich um das Kind in mir zu kümmern. Ich hab schon ein Kind, und das bin ich.

Vielleicht ändern sich deine Gefühle und Einstellungen im Laufe des Heilungsprozesses, wenn du mit deiner eigenen Kindheit ins reine kommst. Vielleicht wolltest du immer Kinder haben und merkst jetzt, daß du dich in Wirklichkeit danach gesehnt hast, die Wunden deiner eigenen Kindheit zu heilen. Oder du hast immer Angst gehabt vor Kindern und spürst jetzt, daß du gern mit Kindern zu tun hast.

Von Kindern kannst du lernen

Zum Schönsten gehört die Art, wie sie versuchen, dich zum Spielen zu bewegen.

> Einer der Gründe, warum ich beschlossen habe, jetzt ein Kind zu bekommen, ist, daß ich meinen Spaß daran haben werde! In meiner eigenen Kindheit hatte ich keinen.

Viele Überlebende haben tatsächlich nie eine Kindheit gehabt. Von ihnen wurde erwartet, daß sie die Verantwortung von Erwachsenen übernahmen oder unvernünftigen Anforderungen entsprachen. Auch wenn du spielen durftest, war dir vielleicht nicht sehr danach zumute, mit der Last des Geheimnisses auf deinen Schultern. Aber jetzt hast du eine neue Gelegenheit, zu deinem Spaß zu kommen. Du kannst im Park herumtollen, schaukeln, dich mit den Kindern zusammen verkleiden.

Für die fünfunddreißigjährige Ella waren ihre Kinder Teil ihres Heilungsprozesses:

> Ich bin gut zu ihnen, und ich bekomm es zurück. Sie lieben mich, und dazu kannst du ein Kind nicht zwingen. Du kannst Kinder zu sexuellen Handlungen zwingen, aber etwas so Reines wie Liebe kannst du nicht erzwingen. Das macht mir immer wieder neuen Mut. Ich guck mir meine Kinder an und weiß, ich *hab* tatsächlich überlebt. Daß ich in der Lage bin, für meine Kinder zu sorgen, zeigt mir, wie gesund ich wirklich bin. Allein die Art, wie sie sind, zeigt mir, daß ich o.k. bin. Dann hab ich das Gefühl, daß ich es wirklich geschafft habe. Ich kann alles haben und machen, was ich will.
> Wenn ich mit ihnen zusammen bin, spür ich das die ganze Zeit.

Kinder sind eine Herausforderung. Schritte, vor denen du, wenn es nur um dich allein ginge, zurückschrecken würdest, machst du vielleicht für dein Kind.

> Ich mußte erst selbst lernen, wie alles geht, damit ich sagen kann: »Guck, wie Mama das macht. Mama ist stark. Sie kann das. Du bist auch stark. Du kannst das auch.« Zum Beispiel Ärger zeigen. Oder weinen. Darüber sprechen, daß jemand meine Gefühle verletzt hat. Lernen, Trost zu suchen. Ich hatte immer alles für mich behalten, und Christy hat es genauso gemacht. Aber jetzt ändern wir uns. Beide.

Manche Frauen, die mißbraucht oder vernachlässigt wurden oder schlechte Eltern hatten, fühlen sich mit Kindern wohl und haben praktisch die gleichen Probleme wie jede andere auch, die versucht, eine gute Mutter zu sein. Bei anderen Überlebenden ist es weniger einfach; es fällt ihnen schwer, vernünftige Grenzen zu setzen, oder sie wiederholen teilweise das falsche oder destruktive Verhalten ihrer Eltern. Als Eltern fühlen sie sich oft unsicher, unzufrieden oder überfordert.

Eine gute Mutter zu sein lernst du am besten durch Beispiele. Wenn du selbst fürsorgliche Eltern hattest, fällt es dir leichter. Wenn nicht, kannst du trotzdem lernen, eine Mutter zu sein, wie du sie sein willst.

Lernen, eine gute Mutter zu sein

Als Ellen ihr erstes Kind bekam, hatte sie keine Ahnung, welche Belastung auf sie zukam:

> Nie genug Schlaf und rund um die Uhr beschäftigt, und die Bedürfnisse eines anderen Menschen hatten plötzlich Vor-

rang vor meinen eigenen – damit hatte ich nicht gerechnet. Und niemand klatschte Beifall. Ich hatte sehr viel Anerkennung bekommen für ein paar Gedichtbände, die ich veröffentlicht hatte. Die Leute hielten mich für ein Genie. Aber Gedichteschreiben ist leicht, verglichen mit Muttersein. Trotzdem drehte sich die Welt einfach weiter, als sei das nichts Besonderes. Ich fühlte mich sofort mit allen anderen Eltern irgendwie verwandt. Und ich fand es ungerecht, daß unsere Arbeit so geringgeschätzt wird.

Mutter oder Vater zu sein ist eine der vielseitigsten und anspruchvollsten Aufgaben, die es überhaupt gibt. Auch wenn du Glück hast, ist es noch schwer genug.

Ich hatte kein Selbstvertrauen und war sehr unsicher im Umgang mit meinen Jungen. Ich hatte keine brauchbaren Erinnerungen, auf denen ich hätte aufbauen können. Ich wußte nur, was falsch war, was ich nicht tun durfte. Ich konnte mich also nicht von meinem *Gefühl* für das Richtige leiten lassen, sondern nur von dem, was ich *dachte*, was richtig war. Ich mußte ständig aufpassen, um meine Kinder auch bestimmt nicht zu verletzen.

Diese ständige Aufmerksamkeit ist anstrengend, hat aber auch Vorteile. Unsere Gesellschaft macht sich normalerweise keine großen Gedanken um den Umgang mit Kindern und um ihre Erziehung. Im Unterschied dazu gehen Überlebende an ihre Elternschaft bewußt mit dem Vorsatz heran, aufmerksam zu sein und eigene Entscheidungen zu treffen, anstatt nach einem unbewußten Verhaltensmuster zu handeln.

Ich kümmere mich sehr bewußt um meine Kinder. Ich wußte, was Kinder brauchen, auch wenn ich es nicht bekommen hatte – liebevolles In-den-Arm-Nehmen und positiven Körperkontakt und mit ihnen sprechen, wie mit wirklichen Menschen –, aber ich wußte nicht, woher ich es nehmen sollte. Ich mußte mir diese Dinge erst selber beibringen. Ich beobachtete ein paar gut funktionierende Familien. Ich las viel. Ich malte mir bewußt aus, wie eine gute Familie aussehen könnte. Am Anfang war es merkwürdig, aber jetzt kommt mir alles ganz natürlich vor.

Wenn du unsicher bist, kannst du dich bei einer Erziehungsberatungsstelle, einer Elterninitiative erkundigen oder Kurse für Eltern belegen, Bücher lesen oder mit einer Freundin sprechen, von der du glaubst, daß sie das mit ihren Kindern ganz gut hinkriegt.
Fehler zu machen und verschiedenes auszuprobieren gehört dazu. Du wächst gewissermaßen mit deinen Kindern. Eine – in deinen Augen – gute Mutter zu sein, ist bestimmt nicht leicht, aber es ist eine wunderbare und lohnende Erfahrung.

Mutter zu sein war etwas, was ich mir mühsam erobern mußte. Am Anfang dachte ich, ich würde eine wunderbare Mutter werden und könnte all die Fehler wieder gutmachen, die meine Eltern mit mir gemacht hatten. Und dann merkte ich, daß das völlig lächerlich war. Und ich hab in die Hände gespuckt und mir gesagt: »Du kannst das schaffen. Es wird nicht so leicht sein, wie du gedacht hast, aber du kannst dich bemühen, jeden Tag neu, und dabei viele ganz kleine Erfolge erringen.« Das hat mir wirklich Selbstbewußtsein gegeben, daß ich das geschafft hab. Ich hatte es mir vorgenommen, und ich hab es tatsächlich geschafft.

Mach dir deine Stärken und Schwächen bewußt

Es ist notwendig, daß du deine Stärken und Schwächen realistisch einschätzt. Es gibt keine perfekten Eltern. Und dein Ziel ist es nicht, perfekt zu sein. Dein Ziel ist eine gesunde, lebendige Beziehung. Überleg dir:

- Was klappt? Wann hab ich das Gefühl, als Mutter erfolgreich zu sein?
- Worauf bin ich stolz?
- Hab ich das Gefühl, daß ich irgend etwas verkehrt mache? Wobei?
- Was würde ich in meiner Beziehung zu meinen Kindern gern ändern?
- Fühle ich mich auf manchen Gebieten unsicher? Auf welchen?
- Gibt es zwischen mir und meinem Kind Verhaltensmuster, die mich an meine eigene Familie erinnern? Gibt es Situationen, die bei mir ein bestimmtes Verhalten auslösen, das ich aus meiner Kindheit kenne?
- An welchen Punkten hab ich das Gefühl, nicht weiterzukommen?
- Wann fühle ich mich überfordert?
- Kann ich meine Kinder beschützen?
- Wie verhalten mein Partner oder meine Partnerin und ich uns, wenn wir über die Erziehung unserer Kinder unterschiedlicher Meinung sind?
- Hab ich enge Kontakte zu anderen Eltern, die mich unterstützen und mit denen ich sprechen kann?

Es ist schwer, deine Beziehung zu deinen Kindern objektiv zu beurteilen. Vielleicht fühlst du dich angegriffen (»Ich tu, was ich kann«), oder du empfindest Kritik an deinen Kindern als Kritik an dir.

> Meine beste Freundin sagte mir, ich ließe mich von meinem Sohn ausnutzen. »Er ist total verzogen«, sagte sie. »Wie du ihn mit dir reden läßt!« Ich war wie vor den Kopf geschlagen. Mir war bewußt, daß mein Sohn in der letzten Zeit einen unverschämten Ton draufhatte, aber ich wußte nicht, was ich dagegen tun sollte. Und er ist wirklich ein liebes Kind. Wußte sie das nicht?

Wenn jemand ein Problem bei deiner Kindererziehung anspricht, versuch, dich nicht angegriffen zu fühlen. Frag dich statt dessen, ob da etwas Wahres dran sein könnte. Wenn nicht, kümmer dich nicht um die Meinung der anderen. Aber wenn die Kritik deinem inneren Gefühl entspricht, dann mußt du etwas ändern, in deinem Interesse und im Interesse deiner Kinder.

Als meine Tochter fünf war, wohnten wir in einem sehr kleinen Haus, das so gebaut war, daß sie durch mein Schlafzimmer laufen mußte, um aus ihrem Zimmer in die anderen Zimmer zu kommen. Ich dachte, es sei wichtig, daß Kinder ihr eigenes Reich haben, darum hatte ich ihr das Zimmer mit der Tür gegeben. Jedesmal, wenn sie nachts zur Toilette mußte, ging sie direkt an meinem Bett vorbei. Die Zimmer waren so klein, daß sie praktisch über mein Bett drüberkrabbeln mußte. Statt dessen krabbelte sie hinein – und schlief wieder ein.

Zu der Zeit hatte ich eine neue Freundin, die oft über Nacht blieb. Irgendwann hatte sie die Nase voll. Sie wurde sauer. Ich hatte keine Ahnung, warum. Sie erklärte mir, daß *ich* einen Raum für *mich* haben müsse. Daß sie mit mir allein sein wolle. Daß es sie störe, wenn meine Tochter ständig ins Bett klettere.

Zuerst war ich wütend. Wie konnte sie es wagen, hierherzukommen und mich als Mutter zu kritisieren? Aber bis zum nächsten Morgen hatte ich erkannt, daß sie recht hatte. Es wurde Zeit, daß meine Tochter mein Bett verließ. Daß ich das Zimmer mit der Tür bekam. Und am selben Abend räumte ich um.

Offen miteinander reden

Offene und ehrliche Kommunikation ist ein wichtiger Bestandteil jeder gesunden Beziehung. Wenn du deine Gedanken und Gefühle mit deinen Kindern teilst und ihren

VERHALTENSMUSTER ÄNDERN

Gedanken und Gefühlen zuhörst, schaffst du eine Atmosphäre von Vertrauen, Sicherheit und Nähe.

> Ich lüge meine Kinder nicht an. Wir sprechen über das, was wirklich passiert. Bei uns zu Hause haben wir nie darüber gesprochen, was wirklich los war. Nie.

Auch über schmerzliche oder bedrohliche Themen mußt du mit deinen Kindern reden. Vor ein paar Jahren wurde Ellen gebeten, bei einer Konferenz über Kindererziehung im Zeitalter der Atomwaffen zu sprechen:

> Als ich gerade losfahren wollte, fragte meine Tochter mich, wohin ich ginge. Ich sagte es ihr und fragte sie, ob sie noch etwas wüßte, was ich den Eltern sagen sollte. Ich sagte: »Sie wollen bestimmt wissen, ob sie mit ihren Kindern über Atombomben sprechen sollen. Vielleicht fürchten sie, daß sie ihren Kindern damit Angst machen. Was meinst du?« Ohne zu zögern antwortete Sara: »Sag ihnen ›Redet mit euren Kindern, sonst reden sie nicht mit euch.‹«

Dieser vernünftige Rat gilt für alle schwierigen Themen. Als Überlebende kennst du nur zu gut die Gefahr und den Schmerz, den Stillschweigen hervorrufen kann.

Wenn du mit deinen Kindern über deinen Mißbrauch sprichst

Kinder sind sehr feinfühlig. Sie spüren es, wenn du verärgert, unkonzentriert oder in einer Krise bist. Wenn du so tust, als sei alles in Ordnung, verwirrst du sie, und sie denken, sie wären verrückt. Wenn sie die wahren Umstände nicht kennen, ziehen Kinder ihre eigenen Schlüsse und nehmen normalerweise an, sie seien die Ursache für die Probleme. Laß deine Kinder wissen, daß sie keine Schuld trifft.

Wenn du deinen Kindern von deinem Mißbrauch erzählst, sag es ihnen so, wie es ihrem Alter entspricht. Sie brauchen keine detaillierten Beschreibungen, sondern eine allgemeine Information, die sie beruhigt und die *ihren* Bedürfnissen entspricht: »Mein Vater hat mir weh getan, als ich ein kleines Mädchen war. Darum gehe ich zu so vielen Treffen und weine so oft. Ich will, daß ihr wißt, daß es nichts mit euch zu tun hat, wenn ich traurig bin. Ich geh zu diesen Frauen, weil sie mir helfen und damit es mir besser geht.«

Wollen deine Kinder mehr wissen, werden sie fragen. Eine Sechsjährige könnte zum Beispiel fragen: »Wie hat er dir weh getan?« Dann kannst du mit einigen weiteren Informationen antworten, etwa: »Als ich ein kleines Mädchen war, hat mein Vater mich gezwungen, seinen Penis anzufassen. Das hat mir große Angst gemacht.« Wenn eine Vierzehnjährige fragt: »Was hat Onkel Bobby so Schlimmes gemacht?« kannst du sagen: »Er hat mich vergewaltigt und geschlagen.«

Beantworte diese Fragen ehrlich, und gib deinen Kindern immer die Informationen, die sie im Moment brauchen, überfordere sie nicht mit Aspekten des Mißbrauchs, die sie vielleicht nicht hören wollen oder die sie noch nicht verarbeiten können.

Wenn es dir unangenehm ist, bestimmte Fragen zu beantworten, dann laß sie das wissen, zum Beispiel: »Ich bin noch nicht soweit, darum kann ich jetzt nicht mehr darüber sprechen, aber ich wollte euch wirklich ein bißchen davon erzählen, wie ich mich fühle, damit ihr nicht denkt, wenn ich traurig bin, hat das mit euch zu tun. Wenn ich mit meinen Gefühlen besser zurechtkomme, dann beantworte ich euch noch mehr Fragen.«

Auch wenn deine Kinder erwachsen sind, ist es wichtig, daß du mit ihnen sprichst. Eine Mutter von fünf Kindern beschreibt die Wirkung, die ihre Eröffnung auf ihre Familie hatte:

> Ich hab meinen Kindern von dem Inzest erzählt, als ich beim Notruf für vergewal-

tigte Frauen arbeitete. Sie reagierten überrascht und verständnisvoll und dann zwiespältig, was ihre Gefühle ihrem Großvater gegenüber betraf. »Ich kann nicht glauben, daß er das gemacht haben soll« oder »Zu mir ist er immer unheimlich nett.« Und diese zwiespältigen Gefühle ihm gegenüber blieben auch.
Zwei meiner Töchter wohnen in derselben Stadt wie er, und er geht mit ihnen oft irgendwo frühstücken. Sie wissen alles über den Inzest. Sie sagen: »Zu uns war Opa immer nett. Was er gemacht hat, gefällt uns nicht, aber wir wollen ihn weiter besuchen.« Also besuchen sie ihn, und gleichzeitig verstehen sie, warum ich das nicht tue.
Wieviel sie darüber sprechen wollen, ist bei allen unterschiedlich. Mein Sohn will im Moment gar nicht. Ich versuche, mich meinen Kindern nicht aufzudrängen. Wenn sie nicht bereit sind, darüber zu sprechen, laß ich es und respektiere das, und wir begegnen uns so, wie wir eben können. Ich weiß meine Beziehung zu allen meinen Kindern jetzt mehr zu schätzen.

Wenn deine Kinder nichts mehr von deinem Mißbrauch oder deiner Heilung hören wollen, zwing sie nicht dazu. Vielleicht brauchen sie einige Zeit, um die Tatsache zu verarbeiten, daß du mißbraucht worden bist. Das heißt nicht, daß du jedes Wort auf die Goldwaage legen sollst, wenn sie da sind. Aber erwarte nicht von ihnen, daß sie dich unterstützen oder dir verständnisvoll zuhören. Es reicht, wenn du ihnen das Wichtigste sagst und dann abwartest, was von ihnen kommt.
Wie alle wichtigen Themen sind auch der Mißbrauch und seine Folgen nichts, was du einmal ansprechen kannst, und dann ist es erledigt. Das Gespräch mit deinen Kindern hört nie auf und trägt dazu bei, eine Atmosphäre der Offenheit und Zusammengehörigkeit in eurer Familie zu schaffen.

In unserer Familie ist der Inzest kein Geheimnis mehr. Ich hab mir vorgenommen, daß meine Beziehung zu meinen Kindern eine möglichst realistische Basis haben soll, und je nachdem, wie bereit sie gerade dazu sind, arbeite ich mit ihnen zusammen daran. Inzest ist nicht das einzige Geheimnis, über das gesprochen werden muß. In den meisten Familien gibt es viele Dinge, die als Geheimnis behandelt werden. Ich hab mit ihnen über den Inzest, über Papas Alkoholismus, das Scheitern meiner Ehe, darüber, daß ich lesbisch bin, und über alles gesprochen.

Grenzen setzen

Wenn deine eigenen Grenzen als Kind verletzt wurden, hast du unter Umständen Schwierigkeiten, deinen Kindern gegenüber angemessene Grenzen zu wahren, oder bist unsicher, welche Grenzen vernünftig sind.

Als ich meine Kinder bekam, erlebte ich zum ersten Mal richtige Verbundenheit: körperliche, sexuelle, emotionale Verbundenheit. Ich war völlig überwältigt und hatte eine Heidenangst, ich würde sie damit erdrücken. Diese Angst hatte ich noch jahrelang.

Persönliche Grenzen

Klare persönliche Grenzen versetzen dich in die Lage, dich selbst, getrennt von deinen Kindern, zu erleben. Du merkst, daß sie nicht so denken und fühlen wie du und daß sie das auch nicht sollen. Ihre Interessen und Bedürfnisse sind anders als deine und beeinflussen dich nicht unbedingt. Wenn du deine eigene Individualität akzeptierst und deinen Kindern ihre eigene zugestehst – auch wenn das nicht immer einfach ist –, verhältst du dich respektvoll und angemessen.

VERHALTENSMUSTER ÄNDERN

Ich finde immer, Kleidung muß bequem sein. Ich trag immer lässige Klamotten. Meine Tochter ist dagegen ganz genau mit dem, was sie anzieht. Sie liebt Rüschen und Schleifen und ist sehr anspruchsvoll. Sie haßt es, wenn sie schmutzig wird, und braucht ewig, um sich anzuziehen. Manchmal werde ich ungeduldig und wünsche mir, sie würde draußen mal in Pfützen herumpatschen, aber so ist sie eben nicht.

Kinder haben das Recht auf ihre eigenen Ideen und Ansichten. Sie haben das Recht, ab und zu allein zu sein, ihre Gedanken für sich zu behalten, das Recht auf einen Platz, an dem sie ungestört sind. Eltern, die sich das Recht nehmen, sich zurückzuziehen, beobachten oft, daß ihre Kinder dieses Verhalten nachahmen. Vielleicht geht dein Dreijähriger mit seinem Teddybär in sein Zimmer, um allein zu sein, oder er bittet dich anzuklopfen, bevor du sein Zimmer betrittst. Wenn deine Kinder kein eigenes Zimmer haben, suchen sie sich vielleicht im Haus oder im Garten einen Platz, an dem sie sich besonders wohl fühlen. Du solltest ihr Bedürfnis nach Einsamkeit — um zu lesen, eigene Pläne zu schmieden oder auch nur zu träumen — ernst nehmen.

Du darfst deine Kinder nicht als Vertraute benutzen oder sie um Verständnis oder Rat bitten. Deine emotionale Nähe zu ihnen sollte dazu dienen, *ihre* Bedürfnisse zu erfüllen, nicht deine. Wenn du unsicher bist, ob deine persönlichen Grenzen deinen Kindern gegenüber angemessen sind, achte auf ihre Reaktionen. Wenn deine Kinder dich wegstoßen, gib ihnen Raum, sich ein bißchen von dir zurückzuziehen. Sei erreichbar, wenn sie Nähe wollen, aber halt sie nicht fest.

Sexuelle Grenzen

Eltern haben ihren Kindern gegenüber oft sexuelle Gefühle. Liebevolle Fürsorge, besonders für kleine Kinder, ist sehr körperlich, und es ist nicht ungewöhnlich, daß eine Mutter gelegentlich sexuell reagiert. Sind diese Gefühle weder dauerhaft nocht zwanghaft, ist das ganz natürlich. Spürst du aber starkes und hartnäckiges sexuelles Verlangen nach deinen Kindern, mußt du dir allerdings sofort Hilfe suchen.

Handle nicht nach diesen Gefühlen. Und sprich mit deinem Kind nicht darüber. Wenn du das tust, mißbrauchst du dein Kind sexuell.

Mach dir bewußt, daß Kinder ausprobieren, wie weit sie gehen können, auf sexuellem ebenso wie auf anderen Gebieten. Sie experimentieren mit den Grenzen der Intimität, der Nähe und der körperlichen Zuneigung. Vielleicht versuchen sie, deinen genitalen Bereich anzufassen oder dich dazu zu bringen, ihren zu berühren. Wenn dich dein Kind auf diese Weise auf die Probe stellt, mußt du Grenzen setzen, eindeutig und bestimmt, und gleichzeitig liebevoll bleiben.

Als mein Sohn acht war, versuchte er ständig, mir einen Zungenkuß zu geben. Ich glaube, er hatte gesehen, wie ich meinen Freund küßte, und das hat ihn interessiert. Auch im Fernsehen ist das oft genug und sieht immer ganz schön aufregend aus. Ich mußte ihm immer wieder sagen, daß er das mit mir nicht machen könne. Ich sagte, ich wisse, daß er sehr neugierig sei und es auprobieren wolle, aber er müsse warten, bis er etwas älter sei, und es dann mit Kindern in seinem Alter ausprobieren. Er war wahnsinnig hartnäckig, bis ich schließlich darauf bestand, er solle aufhören zu fragen. Er weinte sogar und bettelte: »Wenn du mich bloß einmal läßt, dann versprech ich, ich frag nie wieder.« Ich lehnte entschieden ab, aber ich sagte ihm, er dürfe sich etwas anderes wünschen, er hätte drei Wünsche frei. Er wünschte sich eine Rolle Tesafilm, ein Schlaflied und »was von Playmobil«.

DU UND DEINE KINDER

Diese Geschichte macht die Unschuld des »sexuellen Verlangens« von Kindern anschaulich und unterstreicht, wie nötig es ist, deutlich zu machen, welcher Körperkontakt zwischen Eltern und Kind angemessen ist und welcher nicht.

Angst, ein Kind zu mißbrauchen
Manche Überlebende fühlen sich mit Kindern zunächst einmal unbehaglich, weil sie Angst haben, sich falsch zu verhalten oder keine Grenzen einhalten zu können.

> Ich denk ständig an meine Grenzen. Immer wenn ich mit einem Kind Körperkontakt hab und liebevoll bin, denk ich: »Ist das in Ordnung? Oder geh ich zu weit? Ist das schon der Anfang von etwas Sexuellem?

Wenn du mißbraucht worden bist und deine Grenzen gewaltsam verletzt worden sind, sind solche Ängste normal. Vielleicht hast du tatsächlich an Sex mit Kindern gedacht oder Lust darauf verspürt. Arbeitest du aber erst einmal aktiv an deiner Heilung, ist es extrem unwahrscheinlich, daß du *anfängst, Kinder zu mißbrauchen, wenn du das nicht schon vorher getan hast.* (Lies: »Wenn du selbst ein Kind mißbraucht hast«, auf Seite 267.) Geht deine Angst nicht weg, such eine Therapeutin auf. Sie kann feststellen, ob wirklich Gefahr besteht oder ob du einfach Angst davor hast. Angst davor zu haben ist in Ordnung. Und normal. Kinder zu mißbrauchen nicht.

Gesunder Körperkontakt
Kinder haben das Recht, Berührung abzulehnen, auch deine Berührung. Laß deine Kinder wissen, daß ihr Körper ihnen gehört und daß niemand sie ohne Erlaubnis anfassen sollte. Wenn du nicht sicher bist, daß dein Kind gedrückt werden will, frag es. Und fordere es auf: »Sag Onkel Fred gute Nacht«, statt »Gib Onkel Fred einen Kuß«.

Dann kann dein Kind selbst bestimmen, was es will. Die Zuneigung der Kinder sollte ihre Bedürfnisse erfüllen, nicht die Bedürfnisse der Erwachsenen um sie herum.
Sei aber andererseits nicht so vorsichtig, daß du das natürliche und wichtige Bedürfnis deiner Kindern nach Körperkontakt ignorierst.

> Ich fasse nie jemanden an, und ich werde auch nicht gern angefaßt. Bei meinen Kindern mußte ich bewußt beschließen, daß sie – anders als ich – Körperkontakt genießen sollten. Dann war allerdings die Frage: »Gut. Und wer soll das machen?« Und es sah ganz so aus, als würde das an mir hängenbleiben. So wurde das zu einem Teil meiner Heilung: diese Kinder zu bekommen und sie zu berühren.

Indem du zunehmend lernst, gut zu dir selbst zu sein, wirst du auch liebevoller zu deinen Kindern sein können. Du wirst allmählich wissen, wo du Grenzen ziehen mußt, und es wird dir immer leichter fallen, deinen Kindern den warmen und wohltuenden Körperkontakt zu geben, den sie brauchen. Und auch du selbst wirst diese Nähe genießen können.

> Manchmal, wenn ich abends meiner Tochter eine Gutenachtgeschichte vorlese oder ihr einen Gutenachtkuß gebe, bin ich richtig gerührt, wie wunderbar sie sich anfühlt. So weich an mich gekuschelt mit diesem schönen kindlichen Duft. Ich liebe diese körperliche Nähe zwischen Mutter und Kind.

Stark genug, um sanft zu sein

Um dem sexuellen Kindesmißbrauch ein Ende zu setzen, ist es absolut notwendig, daß du deine Kinder dazu erziehst, jedes menschliche Leben zu respektieren: auch ihr eigenes. In einer Gesellschaft, die Gewalt verherrlicht, Vorurteile propagiert und Frauen und Männern starre Rollenstereotype vorgibt, ist das ganz schön schwierig. Durch die Medien, die Werbung und das gesamte gesellschaftliche Klima lernen die Jungen, daß sie tapfer und unempfindlich sein sollen, und die Mädchen, passiv und nachgiebig zu sein. Beide lernen, schmerzliche Gefühle zu unterdrücken und natürliche Bedürfnisse zu ignorieren. Als Eltern bemühen wir uns, unseren Kindern Werte und Einstellungen zu vermitteln, die ihnen helfen sollen, sowohl stark als auch empfindsam zu sein, sich selbst zu respektieren und auch die anderen.

Bete für die Menschen

*Für Evy
von Denise Low*

Meine Söhne zünden Chanukka-Kerzen an
eine, zwei, drei, vier Flammen
und unsere Freundin spricht ein
hebräisches Tischgebet.

Die dunkle Nacht des Winteranfangs
verhüllt die Fenster.

Flackerndes Licht beendet dieses harte Jahr.

Immer noch sehen wir
die Cheyennes von Sand Creek
die Juden und Jüdinnen
des Holocausts
die ermordeten Menschen
in Kambodscha

und unsere Freundin neben uns
vergewaltigt
von ihrem wahnsinnigen Vater
ihre gesamte Kindheit hindurch
herumgestoßen und geschlagen.

Irgendwie scheinen die Kerzen
sie zu heilen.
Ihre Stimme erhebt sich
über meine Söhne,
über ihre schmalen,
zerbrechlichen Körper.

Bald werden sie heranwachsen
und sich zu Männern verdichten,
selbstsicher und stark genug,
um sanft zu sein.

Das erste Wort, das wir sie lehrten,
während sie die Katze streichelten,
war »sanft«.

Mögen sie das kommende Jahr
noch als Kinder erleben.

Möge uns diese Chanukka alle heilen.

Deine Kinder beschützen

Eine Überlebende, die sich nicht an ihren Mißbrauch erinnert oder sich seine Folgen nicht eingesteht, ist möglicherweise nicht in der Lage, zu erkennen oder wirksam einzugreifen, wenn ihre Kinder in Gefahr sind. Eine Frau, die ihren Mißbrauch vergessen hatte, beschreibt, was mit ihrer sechsjährigen Tochter geschah:

> Ein junger Mann aus der Kirche beobachtete sie immer aufmerksamer, und natürlich gefiel ihr das. Er kam zu uns ins Haus, fragte, ob sie mit ihm spazierenfahren dürfe. Sie fuhren zu ihm, und er machte Photos von ihr. Wie ließen sie immer mit ihm gehen. Das ging jeden Tag so. Und wir sahen auch die Bilder. Sie saß auf einem Baum, das Kleid hochgezogen, das Unterhöschen sichtbar, in einer sehr verführerischen Pose. Ich hatte ein ungutes Gefühl, als ich die Bilder sah, *aber mein Mann und ich, wir hatten überhaupt keine Ahnung von Kindesmißbrauch.*
> Erst als eine Freundin anrief und erzählte, daß er das mit ihrer Tochter auch mache, gingen wir zu einem Pfarrer, damit er dafür sorgte, daß das aufhörte. Er gab uns die Adresse eines Psychologen, und der riet uns: »Der Mann belästigt kleine Kinder. Bringen sie ihre Kinder vor ihm in Sicherheit.« Das hab ich getan, und das ist auch schon viele Jahre her, aber bis heute kann ich mit meiner Tochter nicht darüber sprechen. Ich hab Angst, daß da etwas passiert ist und daß ich sie nicht beschützt habe. Ich weiß nicht, ob ich das ertragen könnte.

Manche Überlebende, die zur Kenntnis nehmen müssen, daß ihre Kinder mißbraucht werden, erstarren innerlich und sind außerstande, etwas zu unternehmen.

> Als ich hörte, daß mein Bruder eines meiner Mädchen belästigt hatte, schaltete ich einfach ab. Als ob ich ein Zombie wäre. Als ob ich wieder in meinem Bett wäre und neun Jahre alt. Als wenn das ein Traum wäre und ich würde versuchen wegzurennen. Ich hörte, wie ich sagte: »Tatsächlich? Ist das nicht furchtbar?« Meine Tochter schrie mich an: »Du mußt was machen!« Und ich wußte nicht, was ich tun sollte. Ich wußte nur, wie ich mich da raushalten konnte.

Auch wenn dein Kind nicht unmittelbar mißbraucht wird, braucht es deinen Schutz. Vielleicht läßt du dein Kind bei einer Freundin spielen, und niemand paßt auf. Oder du unternimmst nichts, obwohl dein Kind eine überstrenge Musiklehrerin hat, einen nachlässigen Babysitter oder Probleme im Kindergarten.

> Zu meinem Entsetzen merke ich, wie ich auch unsere Töchter zu Opfern mache. Im Moment kümmert sich niemand richtig um sie, und ich schaffe es nicht, eine Lösung zu finden. Sie werden nicht geschlagen oder belästigt, aber sie erfahren auch keine Liebe und keinen Respekt. Ich vermittle ihnen, daß ich sie nicht beschützen werde (Angst davor habe, nicht weiß, wie). Inzwischen bin ich soweit, daß ich meinen Eltern verziehen hab, weil ich sehe, wie leicht es ist, zu erstarren, zu hoffen, daß eine Situation in Wirklichkeit nicht so schlimm ist oder daß sie sich von allein ändern wird.
> Als Opfer hab ich vor allem gelernt, einer Konfrontation aus dem Weg zu gehen. Langsam beginne ich zu verstehen, warum wir unseren Mißbrauchern und denen, die uns nicht beschützt haben, entgegentreten müssen. Ich muß gegen meine untergründige Angst angehen, gegen meine Angst, für mich selbst einzutreten und für die, die ich am meisten liebe. Und in dieser Situation jetzt habe ich die Möglichkeit, aufzustehen, die Herausforderung anzunehmen, zu wachsen und zu heilen, und trotzdem verstecke

ich mich und wünsche mir, das Problem würde wie durch ein Wunder verschwinden.

Es ist ganz wichtig, daß du heilst, damit keine unterdrückten Erinnerungen oder Ängste deinen Blick trüben oder dich davon abhalten können, für dein Kind einzutreten. Diese lebenslang eingeübten Verhaltensmuster – Ignorieren, Verleugnen, Verstecken – sind nicht leicht zu verändern, aber als Eltern sind wir einfach dazu verpflichtet. Und wie bei allen Wachstumsprozessen ist auch hier das Ergebnis mehr als lohnend. Du schützt nicht nur deine Kinder, sondern gehst aus dieser Aufgabe ermutigt und gestärkt hervor.

Übertriebene Fürsorge
Der gesunde Wunsch, Kinder zu schützen, kann auch übertrieben werden. Wenn du Angst hat – besonders wenn du die Ursache deiner Ängste nicht kennst –, kann deine Vorsicht leicht zu einer fixen Idee werden.

> Ich hab immer alle argwöhnisch geprüft, denen ich meine Kinder anvertraute. Wenn sie bloß ein bißchen zerzaust waren, wollte ich wissen, warum. Ich ging nie weg, wenn ich es vermeiden konnte. Mein Mann durfte meine Kinder nie baden. Damals war mir nicht klar, daß ich ihm nicht vertraute, aber es war eindeutig so. Das alles war, bevor ich mich an irgend etwas erinnerte. Ich wußte nie, warum ich all diese Vorsichtsmaßnahmen traf. Ich traf sie einfach.

Vielleicht versuchst du, auf deine Kinder aufzupassen, indem du ihre Aktivitäten einschränkst, aber Kinder brauchen ihren altersgemäßen Bewegungsspielraum und entsprechende Freiheit. Du mußt deine Ängste überwinden, anstatt sie weiterzureichen.

Ich weiß noch, wie diese Sache war mit meiner Tochter und ob sie Shorts tragen dürfe und wie ich dagegen war. Zum Glück hab ich einen Freund, der ist wie ein Bruder zu mir, und der sagte mir, wie unrealistisch ich in dieser ganzen Sache sei: »Also gut. Wir wissen, du hast da noch ein paar Macken. Willst du, daß sie auch Probleme mit ihrer Sexualität kriegt, bloß weil du sie diese Shorts nicht anziehen lassen willst?« Mit so kleinen Sachen hat er mir wirklich geholfen, mit meinen Kindern vernünftig umzugehen.

Wenn du nicht genau weißt, wo du die Grenzen ziehen sollst, sprich mit anderen Eltern. Rückmeldung von anderen ist immer gut, um zu sehen, ob du übervorsichtig bist.

Der Wunsch, deine Kinder zu beschützen, ist legitim, trotzdem mußt du unterscheiden, wovor du sie beschützen kannst und wovor nicht. Egal, wie vorsichtig du bist, du kannst nicht jeden Bereich im Leben deines Kindes beeinflussen. Kinder sind immer wieder in Situationen und mit Leuten zusammen, die du nicht unter Kontrolle hast. Darum ist es ganz wichtig, daß du deinen Kindern beibringst, wie sie selbst auf sich aufpassen können. Du mußt ihnen das nötige Wissen und die nötigen Fähigkeiten vermitteln. Du mußt sie vorbereiten, so gut du kannst, und dann tief Luft holen und sie gehen lassen.

Kindern beibringen, selbst auf sich aufzupassen
Manchmal zögern Eltern, mit ihren Kindern über sexuellen Mißbrauch zu sprechen, weil sie sie nicht erschrecken wollen. Aber in Wirklichkeit wissen Kinder, daß sie in Gefahr sind. In den Medien wird ausführlich über Kindesmißbrauch berichtet, es wird nach Kindern gefahndet, die verschwunden sind. Kinder haben also sowieso Angst. Und Angst macht Kinder nicht stark. Du hattest als Kind Angst, und die Angst hat dich nicht davor bewahrt, mißbraucht zu werden.

Wenn deine Kinder lernen, wie sie sich schützen können, dann haben sie keine Angst mehr, sondern Selbstvertrauen.[1] Kinder müssen wissen, daß sie sich wehren können, daß sie nein sagen können und daß sie verschiedene Möglichkeiten haben, sich selbst zu schützen.

Als meine Tochter klein war, habe ich ihr gesagt, daß sie es mir sagen solle, wenn sie jemals ein komisches Gefühl hätte, wenn jemand mit ihr sprechen würde oder sie anfassen würde, und daß sie das Recht hätte, selbst über ihren Körper zu bestimmen. Ich sagte ihr, daß niemand ihren Körper komisch anfassen dürfe, nicht einmal ihre Mama oder ihr Papa.
Und tatsächlich hatte sie so ein Erlebnis. Sie spielte draußen mit einer Freundin, und ein Mann bot ihnen Süßigkeiten an und bat sie, zu ihm ins Auto zu kommen. Zum Glück liefen beide ins Haus und erzählten es mir. Später kam die Polizei. Der Mann wurde tatsächlich schon seit einigen Monaten gesucht, weil er andere Kinder belästigt hatte. Die Kinder haben also dazu beigetragen, daß er gefaßt wurde.
Ich hab ihnen gesagt, daß sie sehr stolz sein könnten auf das, was sie geleistet hätten, und wie stark und tapfer sie gewesen seien; daß sie eine Reihe anderer Kinder gerettet hätten und daß sie die Heldinnen des ganzen Viertels seien. Meine Tochter redet heute noch davon: darüber, wie sie das Richtige getan hat. Jetzt hilft sie anderen Kindern. Sie ist sehr stark.

Umgang mit deinen Eltern bzw. dem Mißbraucher

Wenn du von jemandem aus deiner Verwandtschaft mißbraucht worden bist, fragst du dich vielleicht, ob du das Recht hast, deinen Kindern den Umgang mit deiner Familie zu verweigern. Haben deine Kinder zum Beispiel schon eine Beziehung zu deinem Vater aufgebaut, willst du vielleicht ihr Bild vom Opa nicht zerstören. Oder du hast das Gefühl, du kannst den Mißbraucher ruhig mit deinen Kindern besuchen, solange du sie nicht mit ihm allein läßt. Es bringt deinen Kindern nichts, wenn du den Kontakt zu deiner Familie nur aus Traditionsgründen aufrechterhältst. Dein Mißbraucher hat keinen Anspruch auf eine Beziehung zu deinem Kind, ebensowenig bist du verpflichtet, deinem Kind eine Beziehung zu einem Mann zu ermöglichen, der Kinder belästigt. Der Mißbrauch kann ruhig Auswirkungen haben.
In den seltenen Fällen, in denen der Täter sich in Therapie begeben und sein Leben tatsächlich geändert hat, kannst du eventuell zulassen, daß deine Kinder ihn besuchen. *Du mußt aber ständig dabeisein und aufpassen, daß nichts passiert.*
Es ist deine Aufgabe zu entscheiden, ob dein Kind Kontakt zu deinem Mißbraucher oder zu deiner Familie haben soll (siehe »Eltern und Verwandte«, Seite 271). Es kann sehr schmerzhaft sein, die Verbindung abzubre-

---

[1] In den USA gibt es CAP, ein Programm zur Vorbeugung von Kindesmißbrauch, das vor allem in Schulen und anderen öffentlichen Einrichtungen eingesetzt wird. In Rollenspielen und geleiteten Gruppendiskussionen lernen Kinder, Situationen zu erkennen, die gefährlich werden können, und sinnvoll darauf zu reagieren. CAP geht von dem Prinzip aus, daß es besser ist, den Kindern die Fähigkeit zu vermitteln, sich selbst zu schützen, und sie in ihrer Selbständigkeit zu unterstützen, als sie in ihren Aktivitäten einzuschränken. Deshalb lernen Kinder in diesem Programm Verteidigungsstrategien wie Selbstbehauptung, Selbstverteidigung, Hilfe von anderen Kindern und von Erwachsenen zu holen und die Sache bei einer Autoritätsperson anzuzeigen.
Außerdem gibt es ETR, eine Vereinigung, die zahlreiche Bücher für Kinder, Eltern und LehrerInnen zur Vorbeugung von sexuellem Mißbrauch und auch Lehrpläne für unterschiedliche Altersgruppen anbietet. ETR führt auch Schulungsprogramme für Lehrkräfte durch, die an ihren Schulen Vorbeugeprogramme gegen sexuellen Mißbrauch von Heranwachsenden erarbeiten wollen.
In der BRD gibt es Vereine zur Prävention von sexuellem Kindesmißbrauch, die in ähnlicher Richtung arbeiten. Adressen unter »Literatur und andere Hinweise«, »Prävention«. (Anm.d.Verl.)

VERHALTENSMUSTER ÄNDERN

chen. Wie eine Frau sagte: »Ich hab keine Großeltern für meine Kinder. Ich hätte so wahnsinnig gerne eine richtige Großfamilie.«

Wenn du deinen Kindern nicht mehr erlaubst, ihre Großeltern zu besuchen (oder wenn sie sie noch nie besucht haben), sag deinen Kindern, warum, nimm aber Rücksicht auf ihr Alter. Wenn du Illusionen über den Mißbrauch aufrechterhältst, schützt du den Täter und verstärkst das Muster der Geheimhaltung innerhalb deiner Familie.

Und wenn deine Verwandten sich nicht zur gesunden Großfamilie eignen, überleg dir, wie du Ersatz schaffen kannst: durch Freunde oder Freudinnen, die deinen Kindern liebevolle Kumpel und Rollenvorbilder sein können.

Jetzt bist du verantwortlich

Auch wenn Mitglieder deiner Familie dir nichts getan haben, kann es sein, daß du ihr heutiges Verhalten nicht akzeptabel findest. Vielleicht wollen sie deinen Kindern mehr Süßigkeiten oder Geld geben, als dir recht ist. Vielleicht sagen sie deinen Kinden, sie dürften nicht weinen, zwingen sie, ihren Teller leer zu essen, machen sich über sie lustig oder schlagen sie.

Wenn du als Kind die gleichen Verhaltensweisen erlebt hast, reagierst du vielleicht zunächst so wie damals. Bist du damals erstarrt, hast dich in dich zurückgezogen oder nachgegeben und dabei deine wirklichen Gefühle verleugnet, mußt du dir ganz bewußt machst, daß du jetzt die Mutter und für die Kinder verantwortlich bist. Es ist jetzt an dir, die Regeln für dich selbst und für deine Kinder aufzustellen. Du mußt jetzt bestimmen, was geschieht, und du mußt dich durchsetzen.

Wenn dein Kind mißbraucht wird

Wenn dein Kind dir erzählt, daß es mißbraucht worden ist, glaub es. (Informationen darüber, wie Kinder es erzählen, auf Seite 86.) Hast du den Verdacht, daß dein Partner oder dein eigener Mißbraucher oder ein Erzieher dein Kind mißbraucht, unternimm sofort etwas. Zahllose Frauen waren sicher, daß nur sie mißbraucht worden seien, nur um Jahre später herauszufinden, daß auch ihre eigenen Kinder oder Enkelkinder oder sogar Großenkelinnen zu Opfern geworden waren.

Barbara Hamilton war Ende fünfzig und am Anfang ihres eigenen Heilungsprozesses, als sie entdeckte, daß in ihrer Familie Mißbrauch häufig vorgekommen war:

> Meine eigene Heilung brach ab, als ich vom Mißbrauch meiner Töchter erfuhr. Wie mir das weh getan hat, ich weiß gar nicht, wie ich das beschreiben soll. Bei ihnen fand ich es viel schlimmer als bei mir. Als Mutter kannst du gar nicht anders. Ich war völlig fertig, am Boden zerstört. Ich hatte gar keine Kraft mehr, um mich mit meinem eigenen Mißbrauch zu beschäftigen.
>
> Diese Männer – mein Vater angefangen – hatten meine Kindheit gestohlen, stahlen meinen Kindern die Kindheit, stahlen uns alles, sogar unsere Erinnerungen. Ich hatte das Gefühl, da war einfach eine Macht am Werk, die versuchte, uns vom Erdboden verschwinden zu lassen. Wie ein riesengroßer Fluß voller männlicher Brutalität. Und ich konnte nur mit ihnen zusammen die Stromschnellen hinunterstürzen, ich konnte mich auf keinen Fall von ihnen trennen, denn sie waren kleiner, und ohne mich würden sie nur noch eher ertrinken.

Auch wenn es furchtbar ist, herauszufinden, daß deine Kinder mißbraucht werden, *ist es absolut notwendig, daß du die Kraft aufbringst, sie zu beschützen*. Nimm deinen Sohn aus dem Kinderhort. Hör auf, deinen Vater zu besuchen. Laß deinen Bruder nicht mehr babysitten. Denk nicht, der Mißbrauch sei ein einmaliger Vorfall gewesen, der nicht wieder vorkommt. Das stimmt nicht.

Deine Familie ist in Not, und du mußt das Stillschweigen aufgeben, um Hilfe zu holen. Ruf bei einer Initiative gegen Kindesmißbrauch an. Sie können dir Adressen geben. Ruf das nächste Frauenhaus, den nächsten Frauennotruf an. Ruf eine Nachbarin oder eine Freundin an, die dir helfen wird. Erstatte Anzeige. Es wird dich furchtbare Überwindung kosten, den Mißbrauch anzuzeigen, aber für dein Kind, deine Familie und sogar für den Täter ist es wichtig.
Die Leute, an die du dich wendest, müssen dafür sorgen, daß der Mißbrauch ein für allemal aufhört. Deine Anzeige hilft, andere Kinder zu beschützen. Deinem Kind signalisiert deine Anzeige, daß es eindeutig keine Schuld hat, sondern Schutz verdient und daß der Täter zur Rechenschaft gezogen wird. Außerdem sind eine Anzeige und ein Gerichtsverfahren oft die einzige Möglichkeit, den Täter dazu zu bringen, sich in Behandlung zu begeben.

DU UND DEINE KINDER

Was deine Kinder wissen sollten

Diese Hinweise stammen aus Your Children Should Know *(etwa: »Was deine Kinder wissen sollten«, New York 1987) von Flora Colao und Tamar Hosansky, einer ausgezeichneten Arbeitsgrundlage, um Kinder darin zu unterrichten, gefährliche Situationen zu erkennen und ihnen zu entkommen, sich gegen Überfälle und Mißbrauch zu wehren und sich sowohl sicher als auch stark zu fühlen.*

Um Kindern die Fähigkeit zu vermitteln, sich selbst zu schützen, ist es notwendig, offen mit ihnen zu reden. Persönliche Sicherheitsmaßnahmen können auf die gleiche Weise vermittelt werden wie Brandschutzmaßnahmen und Verkehrsunterricht: durch offene, realistische Informationen und Erklärungen.
Nur Selbstverteidigung versetzt deine Kinder in die Lage, aus gefährlichen Situationen zu entkommen: die Straße zu überqueren, wenn sie verfolgt werden; am Telefon keine Fragen zu beantworten; keinem Fremden die Tür zu öffnen; nein zu sagen; laut zu schreien; andere Leute auf sich aufmerksam zu machen; um Hilfe zu rufen; wegzulaufen; ruhig auf den Angreifer einzureden; so zu tun, als würden sie auf den Angreifer eingehen; oder sich körperlich gegen einen Angriff zur Wehr setzen. Ob Kinder sich wohl und sicher fühlen, hängt von ihrer Einstellung und von ihrem Körpergefühl ab. Von ihrer Überzeugung, daß ihre eigene Sicherheit wichtiger ist als die Gefühle des Angreifers. Und von dem Wissen, daß sie in der Lage sind, sich zu schützen.
Kinder müssen gewissen Rechte auf ihren Körper und ihre Gefühle besitzen,

VERHALTENSMUSTER ÄNDERN

um sich wirksam gegen Mißbrauch schützen zu können. Die folgenden Rechte sind absolut notwendig:

Die Grundrechte des Kindes zum Schutz seiner persönlichen Sicherheit

1. Das Recht, den eigenen Instinkten und »komischen« Gefühlen zu vertrauen.
2. Das Recht, sich zurückziehen zu können, allein zu sein.
3. Das Recht, unerwünschte Berührung und Zuneigungsbezeugung abzulehnen.
4. Das Recht, die Autorität Erwachsener in Frage zu stellen und die Bitten und Forderungen Erwachsener abzulehnen.
5. Das Recht, zu lügen und Fragen nicht zu beantworten.
6. Das Recht, Geschenke abzulehnen.
7. Das Recht, unhöflich oder nicht hilfsbereit zu sein.
8. Das Recht, wegzulaufen, zu schreien, die Aufmerksamkeit anderer Leute auf sich zu lenken.
9. Das Recht, zu beißen, schlagen oder treten.
10. Das Recht, um Hilfe zu bitten.

Wenn du deine Kinder mit diesen Rechten vertraut machst, drück dich einfach und konkret aus, in einer Sprache, die sie verstehen können. Ermutige sie, selbständig zu denken, indem ihr euch Situationen ausdenkt, durchspielt, Rollenspiele macht, Phantasien besprecht oder Begebenheiten aus deiner eigenen Kindheit nachspielt. Nimm den Beitrag der Kinder immer ernst, und hilf ihnen dadurch, die Fähigkeit zu entwickeln, in unerwarteten Situationen spontan Problemlösungen zu finden.

Verlaß den Täter

Ich weiß noch, wie ich als Kind sagte: »Ich werde nie wie meine Mutter. Ich würde nie zulassen, daß meinem Kind so was passiert. Ich würde mein Kind gegen meinen Mann verteidigen.« Aber im Rückblick erkenne ich, daß ich genau dasselbe getan hab. Ich dachte, ich hätte mich von ihnen allen gelöst und daß nie wieder so was passieren würde wie mit ihnen. Und doch ist es passiert. Ich war so blind. Ich hab jemanden geheiratet, der genauso war wie mein Vater. Er hat mich geschlagen und unsere Tochter belästigt.

Wenn du mit jemandem zusammenlebst, der dein Kind belästigt, hast du nur zwei vernünftige Alternativen: Entweder du sorgst dafür, daß der Mann auszieht, oder du ziehst selbst mit dem Kind aus. *Kinder sollten nicht mit jemandem zusammenleben müssen, der sie mißbraucht.*

Vielleicht hast du große Angst auszuziehen, und um dein gesellschaftliches Ansehen zu wahren, meinst du, daß die Familie zusammenbleiben muß. Vielleicht kommt dir auch deine finanzielle Lage hoffnungslos vor. Aber wirtschaftliche Abhängigkeit und Angst rechtfertigen es nicht, daß du deine Kinder opferst.

Manche Organisationen in den USA, die sich um Inzest-Opfer kümmern, haben es sich zum Ziel gesetzt, die Familie wieder zu vereinen. Das kann sehr gefährlich sein. Die Familie darf nur dann wieder zusammengeführt werden, wenn das tatsächlich dem Kind nutzt, und das ist selten der Fall. Mißbraucher werden nach ein paar Stunden Beratung und ein bißchen Gruppentherapie nicht plötzlich zu vertrauenswürdigen Erziehern. Für ein Kind ist es viel besser, in schwierigen – oder sogar schlimmen – finanziellen Verhältnissen mit einem fürsorglichen, beschützenden Elternteil zu leben als mit jemandem, der es mißbraucht. (Siehe »Wie erkenne ich eine schlechte Beziehung«, Seite 216)

Die Kette aufbrechen: Danas Geschichte

Dana ist Tochter einer Überlebenden, Mutter einer Überlebenden und selbst Überlebende. Sie brachte ihren Ex-Mann vor Gericht, nachdem er ihre gemeinsame Tochter, Christy, belästigt hatte. Sie erzählt, auf welchen Widerstand sie in ihrer Familie traf und wie allein sie sich fühlte, als sie etwas unternahm, um zu verhindern, daß dieser Mißbrauch endlos so weiterging.

Einmal waren meine Schwiegermutter und ich zusammen im Gericht, und sie fragte: »Dana, warum stellst du dich deswegen so an?« Und ich fragte: »Weißt du, was er getan hat?«

»Hör mal«, sagte sie, »Jack hat mich ständig verhauen und die Kinder ständig verhauen, und es hat mir nichts geschadet.« Sie weigerte sich, einen Zusammenhang zu sehen zwischen der Tatsache, daß ihr Sohn das mit seiner Frau und seiner Tochter machte, und der Tatsache, daß sie sich nicht gewehrt hatte, als sie und ihre Kinder so behandelt worden waren.

Und als ich später bei meiner Großmutter, der Mutter meiner Mutter, zum Abendessen war, versuchte ich, von ihr mehr darüber zu erfahren, wie das war, als ich klein war. Und sie sagte: »Warum mußt du diese Sachen wieder ausgraben? Ist das wirklich so wichtig?«

Und ich sagte: »Es ist wirklich wichtig.« Und dann fragte ich sie, was in ihrer Familie passiert sei, als sie klein war. Sie sagte: »Na ja, meine Mutter und mein Vater stritten sich viel. Meine Mutter reizte meinen Vater immer so lange, bis er sie schlagen mußte, damit sie aufhörte. Sie hatte es sich wirklich selbst zuzuschreiben.«

Diese beiden Frauen waren die Stammütter der Familien, die sich getroffen und die Christie erschaffen haben. So viel Selbstgefälligkeit. Keine ist bereit zu sehen, daß Gewalttätigkeit uns geprägt hat, unser heutiges Verhalten in Beziehungen, die Art, wie wir unsere Kinder behandeln, und das Selbstwertgefühl, das wir unseren Kindern vermitteln. Kein Wunder, daß es Generation für Generation so weitergeht.

Und ich finde es unglaublich, daß ich in diesen beiden Familien – dazu gehört meine Großmutter, die neun Kinder großgezogen hat, und meine Schwiegermutter, die zehn Geschwister hatte, und mein Schwiegervater mit zehn Geschwistern – die einzige bin, die etwas sagt. Von all diesen Menschen und von all ihren Kindern und Kindeskindern bin ich die einzige, die sagt: »Da ist doch ein Problem, oder was meint ihr?« Ich komm mir wahnsinnig allein vor. Aber irgend jemand mußte diesen Kreislauf unterbrechen. Und ich hab das getan.

Wenn du selbst ein Kind mißbraucht hast

Als ich vierzehn war, hab ich auf ein kleines Mädchen aufgepaßt. Sie war vielleicht zwei. Ich wechselte ihr die Windeln, und sie lag da mit ihren gespreizten Beinchen, und ich war wütend auf sie, weil sie so verletzlich war. »Das kannst du nicht machen! Du darfst in dieser Welt nicht so ein kleines Mädchen sein!« Und schließlich berührte ich ihre Vagina und steckte meinen Finger hinein. Das machte ich ein, zwei Minuten lang und war die ganze Zeit voller Wut auf sie. Ich haßte sie, weil sie so verletzlich war. Und ich hatte dieses verdrehte Gefühl, daß ich sie dadurch beschützte. »Du kannst nicht so verletzlich herumlaufen, also mach ich was, damit du nicht mehr so verletzlich bist. Damit du nicht mehr verletzt werden kannst, wenn die *echten* Kinderschänder vorbeikommen.«

Ich ging davon aus, daß jedes kleine Mädchen mißbraucht wird, und das hinderte mich nicht daran, ein Kind zu verletzen. Ihre Verletzlichkeit machte mich aggressiv. Sie machte mir Angst. So einfach war das.

VERHALTENSMUSTER ÄNDERN

Obwohl die übergroße Mehrzahl der Täter heterosexuelle Männer sind, gibt es auch Frauen, die Kinder mißbrauchen: emotional, sexuell und durch körperliche Mißhandlung. Solange eine Frau ihren eigenen Mißbrauch verdrängt, besteht die Gefahr, daß sie dieses Muster wiederholt.

Die früheste Erinnerung, die ich an meine Mutter hab, ist, wie sie versucht, mich zu ertränken, während sie mir die Haare wäscht. Sie hält mir den Kopf unter den Wasserhahn und weint und sagt: »Ich kann dich nicht lieben. Es tut mir leid. Ich kann dich nicht lieben.« Ich bin sicher, ich hab als Kind kein bißchen Wärme oder Geborgenheit von ihr bekommen. Sie war immer betrunken und hat mich die ganze Zeit geschlagen. Als ich achtzehn war, sagte sie mir, sie habe mich nie geliebt. Meine Großmutter erzählte mir, meine Mutter habe mich offen gehaßt, während ich in ihrem Bauch war.
Mit siebzehn wurde ich schwanger, um von zu Hause wegzukommen. Ich bekam einen kleinen Jungen und machte mich zusammen mit meinem Mann daran, ihn großzuziehen. Nicht einmal ein Jahr später wurde ich wieder schwanger. Dieses Mal war es eine Tochter. Und ich haßte sie, während sie in meinem Bauch war. Ich wollte sie nicht. Während der ganzen Schwangerschaft war mir ständig kotzübel. Die ganzen neun Monate lang hab ich mich übergeben. Und immer wieder hab ich versucht, eine Fehlgeburt einzuleiten.

Sie wurde geboren, und ich mochte sie nicht. Ich wußte einfach, daß ich sie nicht lieben konnte. Ich hab sie nie richtig im Arm gehalten. Sie war mir völlig egal. Sie weinte ständig. Ich hab sie von Anfang an mißhandelt. Ich nahm meine Tochter und knallte sie auf das Sofa. Ich konnte meine Wut gar nicht beherrschen. Ich kam gar nicht darauf, daß das mit dem Verhalten meiner Mutter mir gegenüber zusammenhängen könnte. Zu dem Zeitpunkt hatte ich das völlig vergessen. Und während der ganzen Zeit, in der ich sie mißhandelte, war ich meinem Sohn eine wunderbare Mutter.

Vielleicht hast du entsetzliche Angst davor, zuzugeben, daß du ein Kind mißbraucht hast. (Darum streiten Täter es auch fast immer ab.) Aber es ist absolut notwendig, daß du erkennst, wie schlimm das ist, und dich sofort beraten läßt und die Verantwortung für die Konsequenzen deines Verhaltens übernimmst. Wenn das Kind immer noch in deiner Obhut ist, mußt du dafür sorgen, daß es eine Therapie macht bei jemand, die oder der eine Ausbildung für die Arbeit mit mißbrauchten Kindern hat. Geh nicht davon aus, daß der Mißbrauch keine dauerhaften Folgen haben wird. Du brauchst dir nur dein eigenes Leben anzusehen, dann weißt du, daß Mißbrauch uns alle so lange verfolgt, bis wir bewußt daran arbeiten. Rechtzeitiges und sinnvolles Eingreifen läßt Kinder sofort mit ihrer Heilung beginnen, sie brauchen die destruktiven Folgeerscheinungen nicht mit in ihr Erwachsenenleben zu schleppen.

Wenn du dir nicht traust

Wenn du kein Kind mißbraucht hast – weder sexuell, durch körperliche Mißhandlung noch emotional –, aber das Gefühl hast, es könnte jederzeit passieren, dann hol dir sofort Hilfe.

Eines Tages, als ich Jerri zu ihrem Babysitter brachte, fing sie an zu weinen und wollte nicht hin. Ich war schon spät dran und mußte zur Arbeit. Sie kriegte einen richtigen Schreianfall. Schließlich wurde ich so wütend, daß ich die Dose mit ihren Buntstiften nahm und sie nach ihr schmiß. Sie erstarrte vor Angst.
Ich brachte sie zum Babysitter und ging, und nach einer Minute kam ich zurück,

DU UND DEINE KINDER

holte sie mir, setzte mich mit ihr auf die Treppe und sagte: »Was ich gerade gemacht hab, war wirklich ganz schlimm, und keine Mutter darf ihr Tochter so behandeln.« Ich sagte ihr, daß ich schon lange böse zu ihr gewesen sei und daß ich jetzt Hilfe holen würde, damit das nicht mehr passierte.

Ich nahm mit einer Familienberaterin Kontakt auf, und sie machte dann immer erst mit Jerri allein Spieltherapie und dann eine Sitzung mit uns beiden zusammen. Das hat unserer Beziehung wirklich sehr gutgetan. Der Druck war weg.

In vielen Städten gibt es Erziehungsberatungsstellen und Gruppenangebote für Eltern. Wenn du nicht mehr so isoliert bist, kommst du möglicherweise viel besser mit deinen Problemen zurecht. Sei nicht zu stolz, Hilfe in Anspruch zu nehmen. Zu deinen Bedürfnissen zu stehen und deine Probleme anzugehen ist eine höchst anständige Form, dein Kind zu schützen und auch für dich zu sorgen.

Wenn du immer noch befürchtest, dich im Umgang mit deinen Kindern nicht auf dich verlassen zu können, überleg dir, ob du sie nicht für eine Weile in gute Pflege (zu vertrauenswürdigen Verwandten oder liebevollen FreundInnen) geben solltest. Das kann für ihre Sicherheit oder für deine Heilung notwendig sein. Für deine Kinder ist es besser, in einer liebevollen, fürsorglichen Umgebung ohne dich zu leben als mit dir in einer Umgebung, in der sie mißbraucht, mißhandelt oder vernachlässigt werden. Es fällt dir sicher schwer, aber machmal ist das Wegeben das verantwortungsvollste, was du machen kannst. Der Schutz der Kinder hat absoluten Vorrang. Jennierose erzählt:

> Ich ließ meine Kinder bei meinem zweiten Mann, als sie viereinhalb und elf Monate waren. Ich hätte nicht für sie sorgen können. Ich war wirklich völlig aus dem Gleichgewicht. Zurückblickend weiß ich jetzt, warum ich sie dagelassen hab. Weil ich viereinhalb war, als die schlimmste Zeit in meinem Leben anfing. Und ein paar Tage, bevor ich beschloß wegzugehen, fing ich plötzlich an, meinen Sohn zu schlagen. Ich haute auf seinem Rücken herum, und ich wußte, wenn ich bliebe, könnte ich ihn wirklich verletzen wie meine Eltern mich verletzt haben. In Wirklichkeit bin ich also weggegangen, weil ich sie liebte und ihnen keinen Schaden zufügen wollte, und ich hätte ihnen Schaden zugefügt.

Es ist nicht zu spät

Kinder bringen uns dazu, uns zu ändern und zu wachsen, egal, wie alt wir sind, egal, welche Fehler wir gemacht haben. Noch Jahre, nachdem Jennierose ihre Kinder verlassen hatte, plagten sie Schuldgefühle. Immer wieder versuchte sie, sie zu finden, aber immer, wenn sie sie gerade gefunden hatte, zogen ihr Vater und die Stiefmutter mit ihnen wieder um. Schließlich kamen die Kinder zu ihr:

> Als mein ältester Sohn achtzehn war, machte er sich auf die Suche nach mir. Er blieb eine Woche bei mir. Dann kam mein jüngerer Sohn – der war vierzehn – und blieb ein paar Wochen.
> Wir haben jahrelang keinen Kontakt gehabt, aber in den letzten Jahren sind wir einander wirklich nahegekommen. Mein älterer Sohn hat mich gebeten, ihm meine Lebensgeschichte zu erzählen: »Ich will einfach mehr über dich wissen.« Und ich schrieb ihm eine ganze Reihe von Briefen. Ich hab ihm alles gesagt. Inzwischen sind wir einander wirklich sehr nahe, weil ich nicht mehr aufpassen muß, was ich sage. Sie wissen, wer ich bin.
> Ich hab sie gefragt, ob sie böse auf mich gewesen wären, weil ich sie verlassen hätte. Beide sagten ja, aber jetzt nicht mehr, weil sie verstehen würden, warum.

VERHALTENSMUSTER ÄNDERN

> Ich hatte keine Möglichkeit, für sie zu sorgen. Ich hab sie verlassen, um sie zu schützen.
> Ihre Stiefmutter ist inzwischen gestorben. Ich bin ihr dankbar, daß sie meine Kinder großgezogen hat, aber ihr Tod hat es mir erst wieder ermöglicht, die Mutter meiner Kinder zu sein. Seit meine erste Enkelin auf der Welt ist, stehe ich mit meinen beiden Söhnen in engem Kontakt und bin sehr glücklich darüber. Ich hab meine Kinder.

Sogar wenn Kinder erwachsen sind, kannst du ihr Leben noch beinflussen. Die Möglichkeit, dich zu kümmern und sie zu unterstützen, ein ermutigendes Vorbild zu sein und zu ihrer Heilung beizutragen, besteht weiterhin. Und für manche Überlebende gehört es zur Heilung von ihrem eigenen Mißbrauch, die Schmerzen mit ihren Kindern zu bewältigen:

> Ich gehöre zur mittleren Generation. An meine Eltern kann ich mich nicht wenden, um zu heilen, aber vielleicht an meine Kinder. Damit wäre der Teufelskreis endlich zu Ende.

Eltern und Verwandte

Ich hatte ein Bild vor Augen. Ich stand im Sonnenschein und meine Familie und die Familie meines Ex-Mannes waren alle noch in dieser dunklen Höhle. Sie waren in der Höhle zusammengepfercht, und ich stand draußen in der Sonne und in der frischen Luft. Sie wollten, daß ich wieder hereinkäme, und ich kam nicht. Ich hatte es endlich geschafft herauszukommen, an die Sonne, und ich ging bestimmt nicht zurück. Und ich wußte auch, daß sie nicht herauskommen würden. Zum ersten Mal wurde mir klar, daß ich sie nicht herauszuholen, daß ich sie nicht zu retten brauchte.

Wenn du innerhalb deiner Familie mißbraucht worden bist oder deine Familie dir ihre Hilfe verweigert, dein Verhalten kritisiert oder dir Informationen vorenthält, kann es sehr schwierig sein, die familiären Beziehungen aufrechtzuerhalten. Manchmal erfahren Überlebende echte Hilfe und Verständnis von Mitgliedern ihrer Familie, aber das ist ungewöhnlich. Die meisten Überlebenden blicken von ihrem veränderten Standpunkt auf Familien zurück, die immer noch in den Mustern gefangen sind, die es schon gab, als sie noch Kinder waren. Und indem sie aus dem Familiensystem aussteigen, riskieren sie, ihren Platz darin für immer zu verlieren.

Bevor ich meiner Familie von dem Inzest erzählte, glaubte ich, sie würde mich immer bedingungslos lieben und für mich da sein. Hinterher mußte ich diese Illusion begraben.
Die Sehnsucht des kleinen Mädchens nach Sicherheit und Schutz aufzugeben war furchtbar schwer. Aus den gemeinsamen Überzeugungen meines Familiensystems auszuscheren und auf der Wahrheit zu bestehen bereitete mir große Angst. Ich fühlte mich wie ein Staubkorn, das allein durch das leere Weltall schwebt.

Die meisten Überlebenden haben ein oder mehrere Familienmitglieder auf ihrer Seite, während andere alles abstreiten.

Mein Bruder hat mich hundertprozentig unterstützt. Immer. Er war der einzige Mensch in meiner Familie, auf den ich mich verlassen konnte. Er hat sehr viel Mitgefühl gezeigt und mir gesagt, daß er mich gern habe und wisse, daß meine Eltern mich immer schlecht behandelt hätten. Er sagt, daß ihm das leid tue. Und er hat mir angeboten, daß ich jederzeit bei ihm wohnen könne, wenn es nötig sei.

Dagegen hat mich meine Schwester völlig aus ihrem Leben verbannt. Sie will nicht mehr mit mir sprechen. Sie findet, ich sei gemein und hätte mit diesen Geschichten das Leben meiner Eltern zerstört. Sie sagt, das alles könne unmöglich stimmen und ich sei verrückt, wenn ich so etwas behauptete.

In einer solchen Situation ist es besonders wichtig, daß du deine Familie nicht als ein Ganzes betrachtest. Du kannst beschließen, mit einer oder ein paar Verwandten in engem Kontakt zu bleiben und mit den anderen nicht.

Eine Bestandsaufnahme

Du mußt entscheiden, wie du mit deiner Familie umgehen willst. Für deine Heilung ist es nicht nötig, daß du auf eine Versöhnung hinarbeitest. Aber auch nicht immer, daß du den Kontakt völlig abbrichst. Das

VERHALTENSMUSTER ÄNDERN

eine ist nicht mutiger als das andere. Du kannst eine dieser beiden Möglichkeiten wählen oder auch eine der zahlreichen Zwischenformen. Das ist alles völlig in Ordnung, solange du deine Entscheidung tatsächlich davon abhängig machst, was gut für dich selbst ist.

Schätze deine Beziehung zu jedem einzelnen Mitglied deiner Familie realistisch ein. Frag dich:

- Stehen wir jetzt in Kontakt? Warum? Wann? Weil ich es will oder weil ich mich dazu verpflichtet fühle? Von wem geht der Kontakt aus?
- Hab ich dieser Person gesagt, was mit mir geschehen ist? Geht sie darauf ein, bestätigt, was ich sage? Ist sie bereit, mir bei meiner Heilung zu helfen?
- Welches Gefühl hab ich, wenn wir miteinander sprechen?
- Greif ich verstärkt zu Drogen, Medikamenten, Alkohol oder esse zu viel oder zu wenig, wenn wir zusammen sind?
- Kritisiert mich dieser Mensch, beleidigt er oder sie mich, verletzt meine Gefühle oder interessiert sich nicht für mich und mein Leben?
- Wie fühl ich mich nach einem Besuch? Deprimiert? Wütend? Denk ich, ich bin verrückt? Fühl ich mich getröstet und unterstützt? Entspannt? Mehr oder weniger o.k., aber nicht besonders gut?
- Was bringt mir diese Beziehung?

Beobachte, was zwischen den Familienmitgliedern abläuft, und welche Rolle du in diesem System spielst. Fühlst du dich in dieser Rolle wohl, oder möchtest du daran etwas ändern? Wenn in deiner Familie Inzest stattgefunden hat: Ist das immer noch der Fall? Nur weil du erwachsen und aus dem Haus bist, heißt das nicht, daß der Inzest für dich vorbei sein muß. Vielleicht kommt dein Onkel nicht mehr in dein Bett, aber wenn er Bemerkungen über deine Figur macht und dich fragt, ob du »auch genug Männer« hättest, handelt es sich bei dieser Zudringlichkeit immer noch um sexuellen Mißbrauch. Der Kontakt mit deiner Familie kann dich in die Realität deiner Kindheit zurückwerfen, fast als wärst du mit einer Zeitmaschine unterwegs. Du weißt, du bist eine fünfunddreißigjährige Erwachsene, aber wenn du an Feiertagen nach Hause fährst, fühlst du dich plötzlich wie ein hilfloses, verängstigtes Kind. Du hast wahnsinnige Angst vor deinem Mißbraucher, obwohl er in Wirklichkeit ein schwacher siebzigjähriger Mann ist. Du wirst von Alpträumen gequält oder fällst wieder in Überlebensmuster zurück, die du längst überwunden hattest.

Eine Frau verstörte das Wiedersehen mit ihren Eltern dermaßen, daß sie Depressionen bekam und an Selbstmord dachte, mit ihrem Auto Unfälle verursachte und auch Wochen später ihren Alltag noch nicht wieder bewältigen konnte. Falls deine Familienbesuche dich jedesmal völlig fertigmachen, ist es vermutlich an der Zeit, daß du mit dieser Quälerei aufhörst.

Du kannst bei der Bestandsaufnahme deiner familiären Beziehungen eine richtige Bilanz aufstellen. Was hast du davon? Was zahlst du dafür? Überleg dir bei jeder Beziehung, was du dir von ihr erwünschst. Sind deine Erwartungen realistisch?

Wenn du es nicht daran hinderst, wird das Kind in dir oft lieber eine destruktive Beziehung fortsetzen, in der Hoffnung, eines Tages würde alles besser. Mach dich nicht noch einmal zum Opfer. Es ist klüger, deine Bestandsaufnahme mit der Distanz und Ehrlichkeit zu machen, zu der nur dein Erwachsenen-Selbst in der Lage ist.

Die Grundregeln bestimmen

Du hast das Recht, die Grundregeln zu bestimmen. Das heißt, daß du entscheidest, ob, wann und wie du mit deinen Familienmitgliedern Kontakt haben willst. Viele Überlebende meinen, wenn sie Verbindung zuließen, wären sie gleich zu ganz viel verpflichtet. Als Kind hattest du zwei Möglichkeiten: zu vertrauen und nicht zu vertrauen. Jetzt hast du mehr Spielraum. Wenn du beschließt, mit deiner Familie in Kontakt zu bleiben, gibt es dafür keine Vorschriften, und du brauchst dich auch nicht so zu verhalten wie in der Vergangenheit.

> Als ich meiner Mutter zum ersten Mal nicht zum Muttertag geschrieben habe, war ich sicher, der Himmel über mir würde sich öffnen und Gott würde mich strafen. Aber ich konnte die Fassade nicht mehr aufrechterhalten. Also hab ich nicht geschrieben, und Gott hat mich in Ruhe gelassen.

Vielleicht ist es sinnvoll, deiner Familie einen Brief zu schreiben mit den Forderungen, die die einzelnen akzeptieren müssen, wenn sie weiter mit dir Kontakt haben wollen. Du kannst bewußt bestimmte Dinge ansprechen und andere auslassen. Du kannst sagen, daß du nur dann Kontakt mit ihnen willst, wenn er von dir ausgeht. Du kannst deiner Mutter sagen, daß du sie sehen möchtest, aber nur, wenn dein Vater nicht dabei ist. Oder du spricht mir deiner Schwester über etwas und bittest sie, nichts weiterzuerzählen. Niemand kann dir garantieren, daß deine Wünsche erfüllt werden, aber du hast das Recht, darum zu bitten und dich dann aufgrund deiner Erfahrungen zu entscheiden.

Es gibt viele Möglichkeiten, Grenzen zu setzen. Du kannst eine geheime Telefonnummer beantragen. Du kannst darauf bestehen, daß dich Familienmitglieder nicht unangemeldet besuchen. Oder du triffst sie gar nicht persönlich und beschränkst den Kontakt auf Telefonate oder Briefe. Wichtig ist, daß du jeden Kontakt ablehnst, bei dem du dich nicht wohl fühlst.

Ich sage nein, Mama

von Laura Davis

entfremden: jmdn. ~, fremd machen, die Zuneigung zu zerstören; ich habe mich ihm entfremdet, bin ihm fremd geworden; sie sind einander entfremdet; eine Sache ihrem Zweck ~, sie für einen anderen Zweck als den vorgesehenen verwenden

entwöhnen: jmdn. einer Sache ~, jmdm. etwas abgewöhnen; sich einer Sache ~, eine Gewohnheit ablegen, sich etwas abgewöhnen; sich des Rauchens, Trinkens ~; ein Kind ~, aufhören, ein K. zu stillen, ein K. an Flaschenmilch, an eine andere Nahrung als Muttermilch gewöhnen

(Wahrig: Deutsches Wörterbuch, München 1986)

Paul ruft aus Miami an. Er sagt, ich soll dir verzeihen und damit aufhören. Nicht nachtragend sein.

Dotsy schickt eine Postkarte aus Idaho: Deine Mutter macht sich Sorgen um dich.

Vater sagt, du hast ihn angerufen, Ferngespräch, und hast ihn gefragt, ob ich krank bin, den Verstand verloren hab; anscheinend konntest du dir meinen Brief nur so erklären. Wie kann eine Tochter bei klarem Verstand auch schreiben, daß sie keinen Kontakt zu ihrer Mutter haben will? Wie kann dein liebes kleines Mädchen schreiben, nein, jetzt nicht, ich bin nicht soweit, ich kann dich jetzt in meinem Leben nicht brauchen?

Willst du wissen, wie, Mama? Stein für Stein, ganz vorsichtig, hab ich diese

VERHALTENSMUSTER ÄNDERN

Mauer zwischen uns aufgebaut, mit behutsamer, bewußter Präzision. Sie ist dick, meine Mauer. Dick und absolut blickdicht. Ich steh dahinter, und du kommst nicht an mich heran. Die Wände sind glatt, Mama, von altem Ärger glattgeschliffen, und voll von Erinnerungen, die von dickem, schwarzem Pech zusammengehalten werden und noch lebendig sind.

Ich trete einen Schritt zurück, getrennt von dir zum ersten Mal überhaupt, und betrachte mein Werk. Was ist das für ein Raum, den ich da geschaffen habe? Wie groß ist er? Wie tief ist er? Wie weit kann ich mich in ihn hineinbegeben, bevor ich auf der anderen Seite wieder herauskomme und dir Aug in Aug gegenüberstehe? Was bedeutet es, entfremdet zu sein? Raum einzunehmen? Abstand zu schaffen? Was bedeutet es, sich abzugrenzen? Nein zu sagen?

Ich sage nein, Mama. Ich hab beschlossen, daß ich meine Mauer mag.

Das ist keine Mauer des Verweigerns, Abblockens, der Unbeweglichkeit. Diese Mauer befreit. Hinter ihren festen, dicken Grenzen bewegt sich etwas. Ich strecke mich und recke mich. Ich erinnere mich. Was ich bekommen habe. Was mir verwehrt war. Was überhaupt nie da war. Was gut war und rund und richtig. Die Lügen, die erzählt wurden.

Achtundzwanzig Jahre lang hab ich meinen Schmerz niemals mit dir geteilt. Nur meine Erfolge, nur, wie schön das Leben war, nur die guten Zeiten. Nie die Traurigkeit, die Angst oder den Zorn. Die ganze Zeit hab ich versucht gutzumachen, daß ich anders war, Mama. Versucht, deine Liebe zu gewinnen, deine Achtung, dein Wohlwollen. Aber jetzt nicht mehr, Mama. Jetzt ist es mir nicht mehr wichtig.

Jetzt hab ich diese Mauer. Manche nennen sie Entfremdung. Ich nenn sie Freiheit. Hinter dieser dicken Mauer kann ich fühlen und machen und sein und brauch dir gar nichts zu zeigen. Ich weiß, ich bin nicht die Tochter, die du dir gewünscht hast, Mama. Das hab ich immer gewußt. Aber jetzt, mit meiner Mauer eng um mich herum, wird mir klar, daß du auch nicht die Mutter bist, die ich mir gewünscht habe: Du warst allwissend, hast dich aufgeopfert, mich ständig vor allem behüten wollen. Aus der Deckung meiner Mauer heraus sehe ich die Dinge, wie sie wirklich sind, ich finde neuen Mut und trauer um das, was ich verloren habe. Hier hinter dieser Mauer, hoch und glatt und gerade, kann ich aufhören, um etwas zu kämpfen, was ich nie bekommen werde, und für dich in meinem Herzen wieder Platz finden.

Und wenn ich fertig bin, kann ich die Mauer wieder abbauen. Stein für Stein, ganz vorsichtig. Damit ich dich besser sehen kann.

Manche nennen das Entfremdung. Ich nenne es Liebe.

ELTERN UND VERWANDTE

Grenzen setzen: Leilas Geschichte

Meine Mutter weckte mich oft um zwei Uhr nachts, um mir zu sagen, daß sie eine ganze Packung Tabletten geschluckt hätte und jetzt sterben würde. Ich rannte dann los, rief einen Krankenwagen und brachte sie ins Krankenhaus. Ich machte das regelmäßig einmal im Monat, denn sie tat mir leid. Ich wußte, was sie durchgemacht hatte. Aber irgendwann konnte ich nicht mehr.

Eines Nachts sagte ich: »Das ist das letzte Mal, daß ich komm und dir helf, das Zeug wieder zu erbrechen. Wenn du das nächste Mal beschließt, Selbstmord zu begehen, ist das deine Sache. Ich hab nichts mehr damit zu tun. Du kannst ruhig rufen, ich komm nicht mehr.«

Und vorher dieses Gefühl der Verbundenheit: »Verdammt, wir sind beide Frauen und haben das alles zusammen durchgemacht. Männer sind sowas von blöd. Wir müssen zusammenhalten.« Es war schwer, das aufzugeben. Ich brauchte das Gefühl, daß sie meine Verbündete war. Aber ich mußte etwas tun, damit das aufhörte. Und stell dir vor: Sie hörte auf mit ihren Selbstmordversuchen. Danach verbesserte sich mein Leben schlagartig. Ich konnte es fast an jeder Kleinigkeit sehen. Ich konnte besser Brot backen. Weil ich jetzt Selbstvertrauen hatte. Irgendwie glaubte ich jetzt an mich wie nie zuvor.

Du hast zwei Möglichkeiten: Danas Geschichte

Dana wurde ebenso wie ihre Mutter und ihre Tochter belästigt. Mehr über ihre Geschichte auf Seite 267.

Als meine Tochter Christy fünf war, fing sie an zu fragen: »Warum hat Daddy diese schlimmen Sachen mit mir gemacht? Die anderen haben nicht so einen Papa.« Ich erklärte ihr, daß andere in Wirklichkeit auch so eine Art von Papa haben und daß sogar mein eigener Vater diese Dinge mit mir getan hätte, als ich klein war.

Kurz danach besuchte Christy meine Mutter. Mit der Offenheit einer Fünfjährigen wandte sie sich an ihre Oma: »Meine Mami sagt, daß ihr Papa das auch mit ihr gemacht hat, was mein Papa mit mir gemacht hat.«

Ihre Großmutter erwiderte prompt: »Was? Nein! Deine Mami und ihr Papa haben so was nie getan! O nein! Nein! Der Papa von deiner Mami hat sie liebgehabt, und er hätte niemals so etwas Schlimmes mit ihr gemacht. Du irrst dich bestimmt.«

Ich rief meine Mutter sofort an: »Hör mal, du hast zwei Möglichkeiten: Entweder kommst du jetzt rüber und sagst Christy die Wahrheit, oder du siehst uns nicht mehr wieder. Das sind genau die Lügen, durch die wir in diese Situation geraten sind. Darum ist es dir passiert, darum ist es mir passiert, und darum ist es Christy passiert. Und ich schwör dir, das passiert nicht noch mal.«

Meine Mutter war ebenso erschreckt über meine Worte wie ich. So hatte ich noch nie mit ihr gesprochen. Aber an dem Abend kam sie zu uns herüber. Wir gingen zusammen Pizza essen, und während ich nach vorne ging und unser Essen bestellte, redete sie mit Christy. Sie sagte ihr, daß es manchmal leichter sei, einfach so zu tun, als ob nichts passiert wäre, wenn man sich an Dinge erinnere, die sehr weh tun würden. Und sie hat sich für ihre Lüge entschuldigt.

Auswirkungen

Wenn du solche Grenzen setzt, fühlst du dich unsicher und schuldig. Du lehnst den gegenwärtigen Zustand ab und bestehst auf deinen Bedürfnissen. Vielleicht ist das das erste Mal, daß in deiner Familie jemand nein sagt. Dann triffst du vermutlich auf Widerstand. Vielleicht bezeichnen sie dich als egoistisch oder werfen dir vor, du gingest »über Leichen«, nur weil du dir davon einen Vorteil versprechen würdest.

VERHALTENSMUSTER ÄNDERN

Noch schlimmer ist es, wenn deine Familie nicht in der Lage ist, deine Bedürfnisse zu respektieren und du wählen mußt zwischen ihnen und dem, was für dich richtig ist. Für dich selbst einzustehen beinhaltet das Risiko festzustellen, daß du dir eine Beziehung zu deiner Familie einfach nicht mehr leisten kannst. Du verdienst Achtung, Unterstützung und Anerkennung. Du hast nichts davon, wenn du weiterhin Teil eines Familiensystems bleibst, das dein Wohlbefinden untergräbt. Viele Überlebende haben im Gegenteil nach dem »Kappen der Leine« deutliche Fortschritte bei ihrer Heilung gemacht.

Aber du brauchst grundlegende Veränderungen nicht auf einen Schlag vorzunehmen. Du kannst dich nach jedem Schritt neu entscheiden. Du wirst immer wieder prüfen, versuchen, einschätzen, neu bewerten. Du merkst, ob eine bestimmte Vorgehensweise erfolgreich ist, und kannst dein Verhalten den sich verändernden Umständen anpassen. Wichtig ist, dir immer bewußt zu machen, daß du das Recht hast, Veränderungen vorzunehmen, zu wählen und dich abzugrenzen.

Ich bin froh, daß ich das gemacht hab: Ediths Geschichte

Edith Horning ist siebenundvierzig und Personalchefin. Sie wohnt auf einer Farm, züchtet Pferde und hat drei erwachsene Kinder. Ihr Verhalten ihren Eltern gegenüber hat sich, was den Inzest in ihrer Kindheit betrifft, immer wieder verändert.

Ich liebe meine Eltern. Und sie lieben mich. Sie lieben mich, so gut sie können. Zufällig hab ich mehr Glück gehabt als meine beiden Eltern: Meine Fähigkeit zu lieben ist viel größer als ihre. Sie können es einfach nicht.

Lange machte ich meiner Mutter größere Vorwürfe als meinem Vater. Mir ging es wie vielen Frauen, irgendwie vergibst du dem Mann immer, weil er »schwächer« ist und »nicht anders kann«. Aber von meiner Mutter erwartete ich, daß sie viel stärker sein und mich beschützen sollte.

Als ich älter und selber Mutter wurde, merkte ich, wie gering meine Fähigkeit war, jemanden zu schützen. Meine Gefühle änderten sich, und ich entwickelte mehr Verständnis für meine Mutter.

Vor ein paar Jahren bestritt sie noch rigoros, daß der Inzest überhaupt passiert ist. Ich hab zu ihr gesagt: »Du hast mir diesmal genausowenig zugehört wie damals, als ich neun war.«

Und sie antwortete: »Du hast mir nie etwas gesagt. Wir haben nie darüber gesprochen.«

Darauf ich: »Als ich neun war, bin ich zu dir gekommen und hab gesagt: › Mama, Dad kommt immer in mein Zimmer, und er hat meinen Schlafanzug runtergezogen. ‹ Und du hast gesagt: › Woher weißt du, daß es ein Mann war? ‹ Und ich hab gesagt: › Weil sein Schnurrbart an meinem Knie war ‹. Und du hast gesagt:

ELTERN UND VERWANDTE

›Nein. Das hast du geträumt‹. Und, Mutter, das war kein Traum. Ich war neun Jahre alt, und ich erinnere mich daran.«
Sie sagte: »Nein, du hast mir nie etwas davon gesagt«.
Das war im November. Im Januar rief sie mich an und sagte: »Mir ist etwas eingefallen. Ich hab mich daran erinnert, wie ich dich an der Hand halte und mit dir aus dem Haus gehe, den ganzen Weg bis runter zur Straße und unten um die Ecke verschwinde und plötzlich merke, daß ich nichts hab, wohin ich gehen kann. Und darum bin ich umgekehrt und hab dich wieder nach Hause gebracht.«
Ich sagte: »Ich bin froh, daß dir diese Sachen wieder einfallen. Jetzt weißt du, wie ich mich gefühlt hab. Jetzt weißt du, wie es passiert ist. Du kannst dich nicht dafür verantwortlich machen. Du hast immer getan, was du nur konntest, Mama. Und wo du hilflos warst, warst du hilflos.« Ich hörte sie richtig. Und ich sah ganz deutlich, wie machtlos meine Mutter gewesen war.
Als ich beschloß, im Fernsehen über den Inzest zu sprechen, ging ich zu meinen Eltern und sagte es ihnen. Ich bat sie nicht um Erlaubnis. Ich sagte es ihnen nur, weil sie Bescheid wissen sollten. Ich sagte ihnen, ich würde meinen eigenen Namen benutzen. Und meine Mutter fragte: »Drehst du wenigstens dein Gesicht weg oder irgendwas?«
Und ich sagte: »Nein, ich dreh mein Gesicht nicht weg! Was ist los mit dir?«
»Aber dann wissen es die Leute!«
»Das stimmt. Klar wissen sie es dann.«
»Und was werden sie von mir denken?« Das war das erste, was meiner Mutter einfiel. »Was werden die Leute von mir denken?«
»Wahrscheinlich denken sie, daß du etwas falsch gemacht hast.«
»Ich versteh nicht, wie du das tun kannst.«
Und ich sagte: »Es wird nicht leicht sein, aber ich mach's.«
Als ich meinem Vater sagte, ich würde im Fernsehen sein, traute er sich gar nicht mehr in meine Nähe, so eine Angst hatte er. Nur weil ich ihn nicht gefragt hatte. Ich sagte ihm, was ich machen würde. Mein Vater hat eine Heidenangst, weil ich nicht mehr schwach bin. Ich sah zu, wie er immer kleiner wurde. Aber ich glaube, er merkte auch, daß ich nicht die Absicht hatte, ihm weh zu tun, ihn zu zerstören. Ich sagte: »Dad, das wird nicht leicht sein für dich. Aber ich will nicht, daß das immer so weitergeht. Wenn ich zu den Leuten sprechen kann und dadurch einen Menschen davon abhalte, lohnt es sich.«
Während der Sendung dachte ich gar nicht darüber nach, wie ich meine Familie schützen könnte. Warum auch? Sie haben mich nie beschützt. Wozu brauchen sie Schutz, verdammt? Sie sind erwachsen.
Meine Kinder wußten es. Sie fanden es überhaupt nicht peinlich. Sie haben mich im Gegenteil dazu ermutigt. Ich hab mit meinem Chef gesprochen und ihm gesagt, was ich vorhabe. Und er sagte: »Edie, wenn du ein Netz auswirfst und du fängst einen kleinen Fisch, dann hat es sich gelohnt. Mach das!«
Und ich hab's getan. Und ich bin froh darüber.

VERHALTENSMUSTER ÄNDERN

Der Umgang mit dem Mißbraucher

Die Aspekte, die für deine Beziehung zu deiner Herkunftsfamilie bedacht werden müssen, sind für deinen Umgang mit dem Mißbraucher ebenso wichtig.[1] Natürlich ist es möglich, daß du gar keine Beziehung willst. Vielleicht war der Täter ein Fremder oder jemand, mit dem du dich überhaupt nicht verbunden fühlst. Vielleicht besteht körperliche Gefahr. Vielleicht haßt du ihn, oder du respektierst ihn nicht genug, als daß es sich lohnen würde, auf eine Beziehung hinzuarbeiten. Aber auch wenn der Täter sich einer Behandlung unterzogen und zu allem bekannt hat, heißt das immer noch nicht, daß du mit ihm Kontakt haben mußt. Es ist nicht deine Aufgabe, eine Rolle im Heilungsprozeß deines Mißbrauchers oder in seinem Leben zu spielen. Der Aufbau einer gesunden Beziehung hängt davon ab, ob du sie willst und wie sehr der Täter in der Lage oder bereit ist, sich zu ändern, seine Verantwortung zuzugeben oder zu deiner Heilung beizutragen.

Entschließt zu dich, die Verbindung zu deinem ehemaligen Mißbraucher aufrechtzuerhalten, ist es absolut notwendig, daß du vernünftige Grenzen festlegst. Du mußt ausdrücklich und klar sagen, was du akzeptieren wirst und was nicht. Wenn der Täter sich nicht gerade grundlegend verändert hat, wirst du zum Beispiel konkret sagen müssen, daß sexistische Witze oder Bemerkungen über den Busen einer Frau nicht in Ordnung sind. Vielleicht willst du auch keinen körperlichen Kontakt, keine Umarmung zur Begrüßung, keinen Abschiedskuß und keinen Klaps auf die Schulter.

Nichtgewollte Vertraulichkeit mit dem Mißbraucher kann dir schaden. Eine Frau, sie war Massage-Therapeutin, behandelte ihren kranken Vater. Der körperliche Kontakt machte sie völlig fertig, und sie war noch Tage danach deprimiert.

Deine Grenzen festzulegen und dich daran zu halten ist nicht leicht, aber absolut notwendig.

> Der Inzest hat nicht aufgehört, auch jetzt noch nicht. Aktiv hat er aufgehört, weil ich ihn gestoppt habe. Aber ihr inzestuöses Verhalten hat nicht aufgehört. Sie ruft mich immer noch an und sagt: »Suzanne, warum kommst du nicht einfach für eine Woche nach Hause, kommst zu mir ins Bett und wir schmusen ein bißchen, so wie früher.« Und ich sage: »Mama, dazu hast du Dad. Dazu bin ich nicht da.« Ich geh einfach nicht darauf ein. Oder wenn sie mich auf den Mund küssen will, dreh ich mich weg. Aber sie sagt immer noch: »Was ist daran verkehrt?« Und ich sage: »Ich mag das nicht.« Mehr sag ich nicht. Ich hab gelernt, mich mit ihr auf keine Diskussion einzulassen.

Besuche

Nimm deine Besuche bei deiner Familie nicht auf die leichte Schulter. Sie sind Arbeit, keine Ferien. Hör auf, aus den falschen Gründen hinzugehen: weil es von dir erwartet wird, weil du beweisen mußt, daß du das schaffst, weil es deine Pflicht ist, weil ein Mitglied deiner Familie will, daß du dich mit einem anderen wieder verträgst, weil du eine Weile abschalten und dich ausruhen willst.

Falls du deine Familie überhaupt besuchst, dann weil du zu dem Schluß gekommen bist, daß ein solcher Besuch wirklich zu deinem Besten ist. Du solltest wissen, warum du hingehst. Und du solltest dich gründlich darauf vorbereiten. Frag dich:

- Warum will ich hingehen?
- Was erhoffe ich mir davon?

---

[1] Informationen darüber, wie Täter zur Rede gestellt und ihrer Bestrafung zugeführt werden können, unter »Enthüllung und Konfrontation« auf Seite 123. Wenn du deinen Mißbraucher anzeigen willst, lies: »Gisela Leppers: Anzeige und Gerichtsverfahren«, auf Seite 290.

- Sind meine Erwartungen realistisch?
- Ist das ein guter Zeitpunkt für mich, um hinzugehen? Brauch ich das an diesem Punkt meines Heilungsprozesses?
- Wie fühl ich mich normalerweise während eines Besuches und danach? Gibt es einen Grund anzunehmen, daß ich mich dieses Mal genauso oder anders fühlen werde?

Falls du dich für den Besuch entscheidest, mach ihn nur, wenn deine Bedingungen eingehalten werden. Du kannst irgendwann während des Jahres hingehen statt an den bedeutungsschweren traditionellen Feiertagen. Du kannst im Hotel statt im Haus deiner Eltern übernachten oder bloß einen Nachmittag bleiben statt eine Woche. Du kannst eine Freundin zur Unterstützung mitnehmen. Oder einen Besuch auf neutralem Boden organisieren oder bei dir zu Hause.

Besuche sind eine gute Gelegenheit, Tatsachen in Erfahrung zu bringen, vergessene Erinnerungen auszugraben, mehr über deine Geschichte zu erfahren, deine Erinnerungen mit denen der anderen zu vergleichen, um das Bild zu vervollständigen. Manchmal bietet ein Besuch zu Hause Gelegenheit, eine unterbrochene Beziehung wieder aufzunehmen; manchmal auch eine Bestätigung, daß es wirklich so schlimm war (und ist), wie du es in Erinnerung hast. Solche Erkenntnisse tun weh und haben eventuell zur Folge, daß es bei diesem einen Besuch bleibt, aber sie treiben deinen Heilungsprozeß voran.

Festtage

Traditionell kommen Familien und Verwandte an Festtagen zusammen und feiern – nicht nur, weil alle sich das persönlich wünschen, sondern weil ihnen das starker sozialer Druck auch nahelegt. Wenn deine familiären Beziehungen belastet sind oder du gar keinen Kontakt mehr hast, wird dir dieser Verlust an Festtagen besonders schmerzhaft bewußt. (Das gleiche kann für Geburtstage oder andere wichtige Tage gelten.) Vielleicht fühlst du dich einsam und traurig oder bist neidisch, weil deine FreundInnen ihre Familien besuchen und du nicht. Wenn du keine engen FreundInnen hast, mit denen du diese Tage verbringen kannst, fühlst du dich vielleicht ungeliebt und allein, denkst möglicherweise sogar an Selbstmord. Und fährst dann doch zu deiner Familie, obwohl deine Intuition dir sagt, daß es nicht gut für dich ist.

Vielleicht fühlst du dich versucht, wieder in Muster hineinzuschlüpfen, die dir gefährlich werden können. Paß jetzt besonders gut auf dich auf. All die Richtlinien für den Umgang mit deiner Familie gelten auch für Festtage. Du brauchst keine Geschenke zu verteilen, Karten zu versenden, Besuche zu machen oder sonst etwas zu tun, was dir nicht richtig vorkommt. Du hast auch hier das Recht – und die Pflicht –, bewußte Entscheidungen zu treffen. Merk dir: Du sollst auch an Festtagen nichts tun, was du nicht auch zu anderen Zeiten gern tun würdest.

Es ist in Ordnung, wenn du traurig bist. Du brauchst nicht so zu tun, als ob du dich gut amüsieren würdest.

> Der erste Feiertag, nachdem ich den Kontakt zu meiner Familie abgebrochen hatte, war Thanksgiving. Ich war abends bei einer Bekannten zum Essen eingeladen und versuchte, so zu tun, als ob ich mich gut unterhalten würde, aber innerlich tat mir alles weh. Als es auf Weihnachten zuging, wußte ich, daß ich das nicht noch mal machen wollte. Ich beschloß, Weihnachten einfach ausfallen zu lassen. Ich studierte damals und sollte im Januar einige Referate abgeben und mußte noch ziemlich viel dafür tun, also hab ich Weihnachten einfach durchgearbeitet. Und es war viel besser. Ich war

VERHALTENSMUSTER ÄNDERN

ruhig und ausgeglichen und fühlte mich produktiv.

Wenn du Festtage nicht mehr zusammen mit deiner Familie feierst (oder sogar, wenn du das manchmal noch tust), kannst du deine eigenen Traditionen entwickeln. Denk an deine Kindheit zurück. Gab es Festtage, die du ganz besonders gern hattest? Könntest du das eine oder andere davon in deine eigenen Traditionen aufnehmen? Hast du gesehen, wie andere Leute feiern, und möchtest das auch einmal so versuchen? Festtage sind Rituale, in denen wir uns unsere Werte und unsere Beziehungen bestätigen. Die meisten Menschen folgen dabei Bräuchen, die von ihrer Familie, Religion oder Kultur festgelegt worden sind, aber du kannst diese Bräuche ändern oder mit Menschen, die du dir selbst aussuchst, neue Bräuche entwickeln.

Pessach war immer ein wichtiges Fest für mich. Mein Großvater, der Patriarch der Familie, führte den Seder an. Er war es auch, der mich belästigte. Ich ging irgendwann zu diesen Familien-Sedern nicht mehr hin, weil ich die Vorstellung, wie alle meine Verwandten herumsitzen und darüber sprechen, was für ein toller Mann er war, einfach nicht mehr ertragen konnte. Und jetzt feier ich meinen eigenen Seder.
Ich lade immer dieselben engen Freunde und Freundinnen ein. Wir essen die traditionellen Gerichte – Matze, hartgekochte Eier, bittere Kräuter – und singen die traditionellen Lieder, aber anstelle der gewohnten Andacht schreiben wir jedes Jahr unsere eigene. Weil das Pessach-Fest an den Kampf der Juden um Freiheit erinnert, sprechen wir alle darüber, was Kampf um Freiheit heute für uns bedeutet. Für mich als Überlebende hat Flucht aus Gefangenschaft eine völlig neue Bedeutung bekommen. Ich finde dieses Zusammenbringen von Altem und Neuem befreiend, und darum geht es ja beim Pessach-Fest.

Für Mißbraucher: Richtlinien für den respektvollen Umgang mit Überlebenden

Für die Überlebende:
Viele Überlebende brechen bewußt jeden Kontakt mit ihrem Mißbraucher ab. Ein paar versuchen, die Kluft zu überwinden. Obwohl es dabei selten zu einer guten Beziehung kommt, kann der Versuch, sich mit dem Täter zu verständigen, der Überlebenden bei ihrer Heilung helfen. Wenn du Kontakt zu dem Mißbraucher hast, kannst du die nachfolgenden Richtlinien als Basis für eure Kommunikation nehmen.

Für den Mißbraucher:
Die meisten Täter versuchen nicht wirklich, den Überlebenden zu helfen. Manchmal tun sie auch gar nicht so, dann wieder benehmen sie sich nur scheinbar ganz hilfsbereit. Oft ist ihr Verhalten so eingefahren, daß doch wieder die alten Verhaltensweisen auftreten und wieder Mißbrauch von Macht stattfindet, wie damals als die Vergewaltigung passiert ist. Es handelt sich vielleicht nicht mehr um sexuellen Mißbrauch, aber immer noch um Mißbrauch.
Ein Täter erklärte sich bereit, für die Therapie seiner Tochter aufzukommen, nachdem sie gedroht hatte, ihn anzuzeigen. Obwohl er sich verpflichtet hatte, monatlich zu zahlen, war er ständig mit den Zahlungen im Rückstand, manchmal bis zu fünf Monaten. Er brachte damit seine Tochter in eine üble Lage, außerdem hatte sie Angst, sie würde ohne seine Zahlungen die Therapie abbrechen müssen. Als Studentin konnte sie die Kosten nicht selbst aufbringen. Und trotzdem war der Vater noch stolz auf seine Großzügigkeit und erwartete Dank.

ELTERN UND VERWANDTE

Sich als hilfreich darzustellen ist nicht dasselbe wie zu helfen. Wenn du wirklich helfen willst, mach dir nichts vor. Und versuch nicht, der Überlebenden etwas vorzumachen. Halte dich an folgende Richtlinien:

Laß die Überlebende eure Beziehung bestimmen. Sie sollte entscheiden, ob, wann und wieviel sie mit dir zu tun haben will. Respektiere ihre Grenzen, ihr Tempo. Es sollte dir darum gehen, ihre Bedürfnisse zu erfüllen. Versuch nicht, deine geltend zu machen. Wenn sie sich zum Beispiel mit dir treffen will, dann frag sie, wo es für sie am angenehmsten wäre. Sei bereit hinzufahren. Sei bereit, dir gegebenenfalls dazu Urlaub zu nehmen.

Respektiere das Bedürfnis der Überlebenden nach Abstand. Wenn sie keinen Kontakt will, versuch nicht, sie zu treffen. Wenn sie nur Kontakt will, der von ihr ausgeht, oder nur brieflichen Kontakt oder nur unter bestimmten Bedingungen, dann akzeptiere diese Bedingungen.

Respektiere den Zorn der Überlebenden. Sie hat nicht nur das Recht, wütend auf dich zu sein, es ist sogar notwendig. Sie hat Grund dazu. Versuch nicht, ihren Ärger auf die leichte Schulter zu nehmen oder zu kritisieren. Hör zu. Nimm in dich auf, was sie zu sagen hat.

Übernimm die volle Verantwortung für deine Tat und für ihre Folgen. Mach deutlich, daß du weißt, daß der Mißbrauch ausschließlich deine Schuld war. Das war nichts, was zwischen euch passiert ist, sondern etwas, das du ihr angetan hast. Mach deutlich, daß du weißt, daß du für die Folgen des Mißbrauchs, für die Probleme, unter denen sie immer noch leidet, verantwortlich bist.

Such nicht nach Entschuldigungen für dein Verhalten. Es gibt keine.

Sag, daß es dir leid tut. Sag, das, was du getan hast, war falsch.

Versprich, nie wieder zu mißbrauchen. Das bedeutet auch, daß du deine subtileren Verhaltensweisen in den Griff kriegen mußt. Das heißt, daß du der Überlebenden weder anzügliche Witze erzählst noch ihre Figur bewunderst, noch dir Bemerkungen über ihre Sexualität herausnimmst (oder in ihrem Beisein über die Sexualität eines anderen Menschen redest). Das heißt, daß du körperlichen Kontakt, wie Küsse und Umarmungen, nicht unnötig ausdehnst. Wenn sie keinen körperlichen Kontakt mit dir haben will, dann respektiere das. Sei bewußt vorsichtig in deinen Verhalten, nicht nur gegenüber der Überlebenden, sondern gegenüber allen Menschen. Erzieh dich selbst dazu, zwischen angemessenem und unangemessenem Verhalten zu unterscheiden. Paß auf.

Nimm die Überlebende niemals für die Lösung deiner eigenen Probleme in Anspruch. Du brauchst deinen eigenen Freundeskreis, um sie anzugehen. Wenn dich die Überlebende danach fragt, was damals passiert ist, oder um Erklärungen bittet, dann antworte konkret, aber mach dir bewußt, daß sie nicht dazu da ist, dir zu helfen. Du hast ihr zu helfen. **Versuch nicht, die Aufmerksamkeit auf deine – alten oder neuen – Probleme zu lenken.**

VERHALTENSMUSTER ÄNDERN

Begib dich selbst in eine Therapie oder in Behandlung. Hier kannst und sollst du dich mit deinen Bedürfnissen, deinen Problemen, deinen Kämpfen beschäftigen. Such dir einen guten Therapeuten; schließ dich einer Selbsthilfegruppe an, in der du gezwungen wirst, dich deinen Problemen zu stellen, und in der dir niemand nur wohlwollend auf die Schulter klopft. Nimm die Veränderungen vor, die nötig sind, damit du ein vertrauenswürdiger Mensch wirst, der in der Lage ist, andere zu respektieren.

Frag die Überlebende, ob und wie du helfen kannst. Das könnte zum Beispiel beinhalten, daß du zu Gesprächen über den Mißbrauch zur Verfügung stehst, falls sie das will, daß du anderen Familienmitgliedern gegenüber deine Verantwortung eingestehst oder daß du eine Therapie finanziell unterstützt.
Falls die Folgen des Mißbrauchs die Überlebende in ihrer Ausbildung oder in ihrem Beruf eingeschränkt haben, bittet sie dich vielleicht um finanzielle Wiedergutmachung. Vielen Frauen fällt es äußerst schwer, die für die Heilung notwendige emotionale Arbeit zu leisten, während sie ganztags arbeiten. Unter diesen Umständen bittet sie dich vielleicht, sie eine Weile finanziell zu unterstützen.

Tu, um was sie dich bittet. Tu es, auch wenn du nicht willst. Tu es, auch wenn du glaubst, du könntest es nicht. Du hast mit einer Krise zu tun, die du selbst vor langer Zeit verursacht hast. Überleg dir einen Weg.

Erwarte nicht, daß du deine Tat wieder gutmachen kannst. Das kannst du nicht. Gerechtigkeit herzustellen ist unmöglich. Aber das ist kein Grund, etwas von den hier aufgeführten Dingen nicht zu tun.

Erwarte nicht, daß die Überlebende dir vergibt. Wenn überhaupt etwas zu vergeben ist, dann mußt du dir durch deine eigene Heilung irgendwann selbst vergeben.

Vielleicht bist du in der Lage, deine Beziehung zu der Überlebenden zu heilen. Vielleicht auch nicht. Das hängt sowohl von deiner Bereitschaft und Fähigkeit, dich zu ändern, ab, als auch davon, ob eine Beziehung zu dir in ihrem Interesse ist – Änderung hin oder her. Und du mußt ihre Entscheidung respektieren. Aber wenn du dich an diese Richtlinien hältst, hilfst du der Überlebenden auf jeden Fall bei ihrer Heilung.

Aber mein Schatz, ich hab dich doch lieb

Es verwirrt und verstört dich wahrscheinlich, wenn ein Verwandter, der dich mißbraucht, dich nicht beschützt oder dir nicht geglaubt hat oder dich immer noch nicht vorbehaltlos unterstützt, sagt: »Ich liebe dich«.

> Es machte mich wütend, wie sie dasitzen konnte, nett lächeln und sagen: »Mein Schatz, ich hab dich doch lieb«. Das war ihre Antwort auf alles: »Aber mein Schatz, ich hab dich doch lieb«, mit dieser matten, kleinen traurigen Stimme.

Vielleicht spürst du, daß sich hinter diesen Worten ein starkes Gefühl verbirgt, daß die Sache aber auch ihren Haken hat. »Liebe« bedeutet in deiner Familie vielleicht, den Mund zu halten oder Verpflichtungen nachzukommen, die du nicht mehr erfüllen willst. Viele Überlebende wurden sogar im Namen der Liebe mißbraucht.

ELTERN UND VERWANDTE

Echte Liebe ist der Wille, wirklich im Interesse eines anderen Menschen zu handeln.

> Wenn mir meine Mutter sagt, wie sehr sie mich liebt und wie leid es ihr tut, dann will ich es nicht glauben. Wenn ich glaube, daß sie mich wirklich liebt, dann muß ich irgendwie einen Grund finden, warum sie zugelassen hat, daß mir so etwas Schreckliches passiert ist. Obwohl es für sie Liebe ist, halte ich das nicht für wirkliche Liebe. Wenn du jemanden liebst, würdest du für sie töten. Du würdest alles tun, was nötig ist. Und das hat sie nicht getan. Ihre Liebe ist nicht die Art Liebe, an die ich glauben kann. Sie hat nicht den Instinkt einer Löwin für ihre Jungen, aber ich brauche so eine ursprüngliche Liebe.

Diese leidenschaftliche, eindeutige Liebe können viele Überlebende in ihren Familien nicht bekommen. Statt dessen war die Liebe, die dir entgegengebracht wurde, vielleicht eine erstickende, manipulierende, eine beherrschende und verzweifelte Liebe. Eine Liebe, die deine Bedürfnisse außer acht läßt, ist nicht viel wert. Und Liebe, die von dir verlangt, deine Integrität und deine Einstellungen zu verleugnen oder deine Heilung zu gefährden, ist in Wirklichkeit keine Liebe.

Aber es ist sehr schwer, Liebe abzulehnen, egal, welcher Art. Du willst Liebe. Der Wunsch nach Zugehörigkeit zu einer Familie und nach Nähe ist ein elementares menschliches Bedürfnis. Sogar die Schlager erzählen dir »All you need is love« (Liebe ist alles, was du brauchst). Wenn du nur die Art von Liebe, die in deiner Familie üblich war oder ist, kennengelernt hast, ist es nicht einfach, auf Besseres zu hoffen. Und wenn zu diesem mißbrauchten Bedürfnis noch echte Zuneigung kommt, ist es doppelt schwer, die Liebe deiner Familie zurückzuweisen. Aber sobald du anfängst, zu dieser Art Liebe, die dich auffrißt, nein zu sagen, bist du bereit, konstruktive Liebe zu erkennen und auch zu bekommen.

Nimm ihnen diesen Mist nicht ab

Familienmitglieder haben oft nicht viel Verständnis oder Mitgefühl für deine Arbeit an deiner Heilung. Ihre unverhüllten Vorwürfe oder naiven Taktlosigkeiten können schlimm sein. Manchmal ist das unberechenbare Verhalten eines Verwandten, der versucht, dir zu helfen, aber ab und zu einen Tiefschlag landet, schwerer zu ertragen als eindeutige Ablehnung.

Mit ein bißchen Übung kannst du solche Spitzen sofort erkennen und zurückweisen, bevor Selbstzweifel und Verwirrung anfangen, an dir zu nagen. Zu deiner Unterstützung haben wir eine Liste der schlimmsten (und häufigsten) Sprüche zusammengestellt, die Überlebende von ihren Familienmitgliedern zu hören bekommen.

Wenn du einen dieser Sprüche hörst, glaub nicht daran. Auch wenn deine Mutter behauptet, sie wolle nur dein Bestes, oder deine Großmutter dir bisher immer gute Ratschläge gegeben hat. Ihre Reaktionen bedeuten wahrscheinlich nichts anderes, als daß ihnen das, was du tust, unangenehm ist und sie wollen, daß du damit aufhörst.

Diese Standardsprüche haben nichts mit der Realität zu tun. Denk daran, daß du nicht die einzige bist, die sie zu hören kriegt. Außerdem kennst du sie ja schon vorher und bist auf sie gefaßt.

- »Das ist so lange her. Warum vergißt du es nicht einfach und machst weiter? Hör auf, in der Vergangenheit zu leben.«
- »Also, was hat er eigentlich genau gemacht?«
- »Dein Vater (Onkel, Bruder, Großvater) würde so etwas nie tun.«
- »Du hast schon immer gesponnen. Und jetzt hast du dir was neues ausgedacht.«
- »Du bist ja bloß auf diesem Trip, weil das zur Zeit ›in‹ ist.«
- »Und was soll ich jetzt dagegen tun?«
- »Wer weiß, wozu es gut war?«
- »Das ist bestimmt dein Karma aus einem früheren Leben.«

283

VERHALTENSMUSTER ÄNDERN

- »Du mußt als kleines Mädchen sehr sexy gewesen sein.«
- »Da hattest du dir aber etwas Schönes eingebrockt! Wie hast du das bloß angestellt?
- »Willst du dich ewig damit beschäftigen?«
- »Jetzt komm, mein Schatz, so schlimm war es auch wieder nicht.«
- »Es ist doch nur einmal passiert. Warum stellst du dich so an?«
- »Aber er war doch nicht richtig drin, oder?«
- »Aber es hat dir doch Spaß gemacht?«
- »Warum hast du dich nicht gewehrt?«
- »Warum hast du mir nichts gesagt?«
- »Das glaub ich nicht. Eine Mutter könnte so etwas nie mit ihrem Kind machen.«
- »Gib deinem Bruder noch einmal eine Chance. Du fehlst ihm wirklich sehr.«
- »Schwamm drüber.«
- »Du bist bestimmt lesbisch, weil deine Mutter dich mißbraucht hat.«
- »Du bist bestimmt lesbisch, weil dein Vater dich mißbraucht hat.«

Du mußt einen Abwehrmechanismus gegen dumme Sprüche entwickeln. Wenn dir einer über den Weg läuft, pack ihn und wirf ihn zurück. Sag der Person, daß du so was nie wieder hören willst.

Laß ihnen Zeit

Wenn du einem Verwandten zum ersten Mal erzählst, daß du mißbraucht worden bist, ist das vielleicht ein Schock für ihn oder sie. Aber manchmal wird aus einer halbherzigen Reaktion echte Unterstützung, wenn du den Leuten Zeit läßt, ihre spontanen Gefühle zu verarbeiten.

Manchmal ist es auch weder Schock noch Abwehr, sondern einfach Unwissen, was Familienmitglieder davon abhält, dir zu helfen. Jemand, der sagt: »Aber das ist zwanzig Jahre her. Was spielt das denn jetzt noch für eine Rolle?« hat vielleicht keine Ahnung von den Spätfolgen sexuellen Mißbrauchs. Obwohl es nicht deine Aufgabe ist, deine Familie zu belehren, kann ein bißchen Information aus einer skeptischen Person vielleicht eine helfende machen. Du kannst ihnen dieses Buch oder andere Bücher zu lesen geben. Und wenn sie sich dann immer noch ablehnend verhalten, weißt du, daß es nicht am Mangel an Informationen liegt.

Manche können auch mit deinem sexuellen Mißbrauch nicht umgehen, ändern sich aber radikal, wenn dieses Thema in ihrem eigenen Leben auftaucht. Eine Überlebende erzählte ihrer Cousine, daß sie vom Großvater belästigt worden war. Die Cousine brach abrupt jeden Kontakt ab:

Sie ließ mich im Stich, als ich sie am meisten brauchte. Ich war außer mir vor Wut und fühlte mich verlassen und betrogen. Wir hatten einige Monate lang keinen Kontakt miteinander, und dann bekam ich einen Brief von ihr, in dem sie erklärte, daß sie nicht mehr habe zuhören können, weil sie selbst auch von ihm belästigt worden sei. Sie schrieb, daß es ihr leid täte, und wir trafen uns zum Mittagessen. Über unserem chinesischen Essen war sie dann bereit, sich alles anzuhören, was mir geschehen war – und wie wütend ich gewesen war, daß sie mich im Stich gelassen hatte. Sie erzählte von ihrem eigenen Schmerz und ihren Ängsten. Und von da an war unsere Freundschaft stabiler als je zuvor.

Gib dich keinen unrealistischen Hoffnungen hin

Wenn du eine gesunde Beziehung zu jemandem in deiner Familie haben willst, ist es sinnvoll, vorher zu überlegen, wie realistisch das ist. Wenn dein Vater über viele Jahre hinweg seinen Mißbrauch an dir abgestritten hat, wird er sich wohl kaum wesentlich ändern. Wie eine Frau es ausdrückte: »Er ist zweiundsiebzig. Ich bin sechsundvierzig. Ich hab in vierzig Jahren keine Antwort von meinem Vater bekommen. Warum sollte er mir jetzt eine geben?«

Es stimmt aber auch nicht, daß Menschen sich niemals ändern. Alles ist möglich. Wie im Lotto: Theoretisch können wir alle die Million gewinnen. Aber wenn du deine Arbeit aufgibst und davon ausgehst, daß du den Rest deines Lebens auf einer Insel in der Südsee verbringen wirst, bist du dumm. Die Wahrscheinlichkeit spricht einfach dagegen.

Trennungen

Zur Entwicklung einer gesunden Beziehung kann es gut sein, sich zu trennen. Vielleicht gibt es in deiner Familie Menschen, die gut zu dir waren und dich auch mißbraucht haben oder an deinem Mißbrauch mitschuldig sind. Wenn deine Heilung weiter fortgeschritten ist, hast du vielleicht den Wunsch, die immer noch vorhandenen positiven Seiten der Beziehung wieder aufzunehmen. Eine zeitweilige Trennung gibt dir Gelegenheit, herauszufinden, was gut und schlecht war, und genau auszumachen, was – wenn überhaupt – noch zu retten ist. Eine Trennung hilft dir auch, deine kindliche Sehnsucht durch die realistische Sichtweise einer Erwachsenen zu ersetzen.

Deine Trennung muß von deinem Bedürfnis ausgehen, in einer sicheren Umgebung zu heilen, nicht von deiner Hoffnung, damit etwas in der Beziehung zu bewirken. Vielleicht versöhnt ihr euch tatsächlich eines Tages, aber das ist nicht absehbar. Du kannst nur deine Seite eurer Beziehung beeinflussen. Alles andere – zum Beispiel das Warten auf die Verwandlung eurer Beziehung – wäre selbstzerstörerisch. Auch wenn du eine gesunde Verbindung willst, ist der andere Mensch vielleicht nicht bereit oder fähig, sich entsprechend zu verhalten. Du kannst nicht erwarten, daß er oder sie sich ändert, um deinen Bedürfnissen gerecht zu werden.

Wenn du dich zu einer Trennung entschließt, um deine eigene Heilung voranzubringen, wirst du einiges aufgeben müssen, wirst darum trauern und dann weiter an dir arbeiten. Wenn du irgendwann in der Zukunft zu einer Versöhnung bereit wärst, könntest du sie in dem Wissen versuchen, daß es keine Garantien gibt. Und möglicherweise kämst du zu dem vernünftigen Schluß, daß eine ständige Trennung für dich gesünder ist.

Gib deinen Wunschtraum auf

So schmerzhaft es sein kann, den Kontakt mit Familienmitgliedern abzubrechen – noch viel schmerzhafter kann es sein, den Wunschtraum von der heilen Familie aufzugeben. In der Realität sind deine Bedürfnisse vielleicht nie befriedigt worden, aber das Kind in dir hat die Hoffnung nicht aufgegeben. Eine Frau, deren Vater Alkoholiker und gewalttätig war, hatte ihn jahrelang nicht gesehen oder mit ihm gesprochen, als sie erfuhr, daß er im Sterben lag: »Ich war wütend, weil ich nun nicht mehr darauf hoffen konnte, daß er mich irgendwann lieben würde.«

Lauras Geschichte

Nachdem wir uns sechs Monate lang nicht gesehen hatten, kam mich meine Mutter besuchen. Ich saß ihr gegenüber und las ihr einen Brief vor, den ich in ihrem Tonfall geschrieben hatte. Diesen Brief hätte ich während dieser schlimmen Zeit so gern von ihr bekommen.

Meine liebe Laurie,
heute hab ich Deinen Brief bekommen. Es tut mir so leid, daß es Dir so schlecht geht. Es ist mir sehr schwergefallen, zu glauben, was Du mir geschrieben hast – auch jetzt noch –, weil ich der Tatsache nicht ins Auge

sehen wollte, daß mein Vater Dich so verletzen konnte. Um ehrlich zu sein, bin ich mit den unangenehmen Dingen in meinem Leben immer am einfachsten zurechtgekommen, indem ich weggesehen habe. Aber jetzt sehe ich, welche Folgen das für Dich hatte, und mir wird klar, daß ich meine Abwehr überwinden und Dir helfen muß. Ich glaub Dir, was Du geschrieben hast. Was mein Vater mit Dir gemacht hat, ist entsetzlich. Kein Wunder, daß es Dein Leben so stark beeinträchtigt hat. Ich weiß, daß Du manchmal das Gefühl haben mußt, es wäre besser gewesen, wenn Du Dich nie daran erinnert hättest, aber jetzt, wo Du es weißt, hast Du wenigstens eine Antwort auf einige der Fragen gefunden, die Dich so lange beschäftigt haben.

Laurie, es tut mir so leid, daß Dir das passiert ist. Es tut mir leid, daß ich es nicht gesehen habe, es tut mir leid, daß ich nichts dagegen unternommen habe, und es tut mir leid, daß Du immer noch damit lebst. Am meisten bedauer ich, daß ich Dich nicht beschützt habe, aber Du darfst nicht vergessen, Laurie, daß kein Mensch damals an so etwas auch nur gedacht hätte.

Für uns beide ist es schlimm, daß wir jetzt nichts mehr daran ändern können. Aber heute, in der Gegenwart, sind wir zwei erwachsene Frauen. Als Deine Mutter will ich Dir soviel Liebe und Unterstützung geben, wie ich kann, um Dir zu helfen, diese Sache durchzustehen. Ich sag das nicht, um Dich zu drängen. Ich weiß, Du wirst eine ganze Zeit brauchen, um von den Auswirkungen zu heilen, die das auf Dein Leben hatte. Du hast mehr als zwanzig Jahre mit diesem schmerzenden, eiternden Geheimnis gelebt, und das ist nicht spurlos an Dir vorübergegangen. Ich will, daß Du weißt, Laurie, daß Du meine volle Unterstützung hast, egal, wie lange es dauert, bis wir es geschafft haben. Er wird nicht gewinnen, Laurie. Du wirst das nicht zulassen und ich auch nicht. Wenn ich irgendwas für Dich tun kann, brauchst Du es nur zu sagen.

Du sollst auch wissen, daß dieses letzte Jahr eines der schwersten in meinem Leben war. Es war furchtbar für mich, akzeptieren zu müssen, was mein Vater da getan hat, das Bild zerstören zu müssen, das ich mir von dem Mann, der mich großgezogen hat, so sorgfältig zurechtgelegt hatte.

Manchmal hab ich Dich gehaßt, weil Du diesen Schrecken in mein Leben gebracht hast, aber jetzt denke ich, daß das nicht Deine Schuld ist. Es ist seine Schuld. Er hat uns das angetan. Jetzt, wo ich das verstehe, bin ich in der Lage, meinen Zorn loszulassen und mich etwas mehr in Deine Lage zu versetzen. Ich hätte nie gedacht, daß ich Dir das jemals schreiben würde, aber ich bin tatsächlich froh, daß Du es mir gesagt hast. Du hast mir die Chance gegeben, Dir die Liebe und Unterstützung zu zeigen, von der ich wünschte, ich hätte sie Dir schon damals geben können, als Du Dich nicht allein wehren konntest.

Laurie, ich finde, Du bist unglaublich tapfer, daß Du daran arbeitest. Ich bin stolz auf Dich. Deine Bereitschaft, die Wahrheit über Dein Leben zu akzeptieren, spornt mich an. Ich hoffe nur, daß ich meinem eigenen Leben mit ebensoviel Mut und Entschlossenheit gegenübertreten kann. Eine Zeitlang war ich überzeugt, Laurie, daß uns diese Inzest-Geschichte auseinanderreißen und alle Liebe zwischen uns zerstören würde. Aber jetzt weiß ich, nur aus dieser Art von Wahrheit kann die gesunde Mutter-Tochter-Beziehung hervorgehen, die wir beide immer gewollt haben. Ich glaube ernsthaft daran, daß diese Heilung uns einander näherbringen kann.

ELTERN UND VERWANDTE

Alles Liebe,

Mama

Ich stockte immer wieder, weil ich vor lauter Weinen nicht weiterlesen konnte. Als ich fertig war, war es lange still. Dann sah meine Mutter mich an und sagte, daß sie mir das nicht geben könne.

Sie sagte: »Es ist, als ob die Laurie, die ich so sehr liebe und trösten möchte, hier sitzen würde. Und daneben sitzt dieses schreckliche Monster, das meinem Vater solche Sachen vorwirft.«

Ich sagte ihr: »Sie sind eine Person, Mama. Sie sind beide ich. Wir gehören zusammen. Ich habe über ein Jahr gebraucht, um dieses Monster zu lieben und zu akzeptieren, und ich kann es mir nicht mehr leisten, es zu verdrängen, nicht einmal für dich.«

Dieser Wortwechsel war ziemlich eindeutig. Ich würde von meiner Mutter nicht bekommen, was ich wollte. Und sie würde von mir nicht bekommen, was sie wollte. Ich mußte mein eigenes Leben leben.

Den Bruch vollziehen

Ich hab keine Großeltern für meine Kinder. Meine Mutter lebt noch. Mein Vater lebt noch. Ich hab Großeltern, die noch leben, und sie wollen mich nicht sehen. Ich habe Tanten und Onkel in derselben Stadt, die mich nicht sehen wollen. Meine Schwester will mich nicht sehen. Und das alles wegen des Inzests. Ich hätte so wahnsinnig gerne eine große Familie.

Es tut weh, mit deiner Familie zu brechen, aber es tut noch mehr weh, weiter auf ein Wunder zu warten.

Eine sechsunddreißigjährige Überlebende versuchte jahrelang, ihre Mutter ganz normal zu besuchen. Und nach jedem Desaster machte sie sich Vorwürfe: »Warum komm ich mit meiner Mutter nicht zurecht?« Und sie versuchte es wieder, immer mit Telefonnummern von Freundinnen in der Tasche, die sie anrufen konnte, wenn sie Unterstützung brauchte. Und wieder ging der Besuch schief.

Schließlich nahm sie sich vor, ihre Mutter nicht mehr zu besuchen: »Ich war es leid, ständig freiwillig in eine Situation hineinzulaufen, in der ich Schützenhilfe brauchte, bloß um sie zu überstehen. Ich fragte mich: »Warum tu ich mir das an?« Und ich beschloß, mir eine Pause zu genehmigen. Ich beschäftigte mich jetzt mehr mit angenehmen Dingen, anstatt mir ständig das Schwierigste rauszusuchen und mich zu zwingen, das durchzuziehen.«

Diese Frau hörte auf, sich zu quälen, als sie die Realität akzeptierte. »Am besten funktioniert die Beziehung zu meiner Mutter brieflich. Wir schreiben einander nette Briefe. Wir können uns nicht zusammen in einem Raum aufhalten, aber wenigstens hab ich in den Briefen eine Mutter.«

Eine andere Überlebende, die von ihren älteren Brüdern belästigt worden war, wollte ihre Schwester besuchen:

Ich schrieb meiner Schwester und fragte sie, ob ich bei ihr zu Hause eine Party veranstalten könnte, wenn ich zu Besuch käme. Sie antwortete: »Selbstverständlich, schick mir eine Liste der Leute, die ich einladen soll.« Das tat ich. Sie schrieb zurück: »Ich finde, Du solltest Mutter nicht einladen. Beim letzten Mal, als Ihr beiden zusammen wart, hab ich mich sehr unwohl gefühlt. Aber die Jungen, die solltest Du einladen.« Meine Brüder! Sie weiß ganz genau, was ich durchmache. Sie schrieb: »Jedes Mal fragen sie nach Dir. Sie haben Dich so gern. Und ich finde, Du brauchst Deine Freundinnen nicht einzuladen. Die können Dich doch jederzeit besuchen.« Es war verrückt. Also schrieb ich ihr zurück: »Auf Deinen Vorschlag hin hab ich mir den ganzen Besuch noch einmal überlegt. Ich fahr lieber aufs Land.«

VERHALTENSMUSTER ÄNDERN

Eine Überlebende kam nach Jahren des Hin und Her schließlich zu dem Schluß, daß sie sich einfach völlig an ihrer Familie »vorbeientwickelt« hatte. »Ich hab keine Familie. Sie gehen immer noch in der alten zerstörerischen Weise miteinander um, und ich will damit nichts mehr zu tun haben. Dazu ist das Leben zu kurz.«

Ausschlaggebend für die Entscheidung dieser Frauen war ihre Achtung vor sich selbst. Achte auch du dich selbst, und schlag den Weg ein, der dir am meisten inneren Frieden verspricht.

Setze ein Zeichen

Nach einem schweren Verlust kann dir ein Ritual dabei helfen, die Veränderung zu verarbeiten und weiterzuleben. Der Bruch mit deiner Familie und der damit verbundene Schmerz verdienen Beachtung.

Eine Frau verfaßte ein Scheidungsurteil und beendete damit offiziell ihre Beziehung zu ihren Eltern. Andere Frauen haben ihren Namen geändert und damit jeden Bezug zu dem Täter abgelegt. Eine Überlebende, die es leid war, daß jeder sie daran erinnerte, wie sehr sie doch ihren Vater geliebt hätte, schrieb ein Testament, in dem sie es sich ausdrücklich verbat, im Familiengrab neben ihm beerdigt zu werden.

> Eine andere Frau, die von ihrer Mutter mißbraucht worden war, dachte sich ein Trennungsritual von der Mutter aus:
> Als es auf den Muttertag zuging, wurde ich immer deprimierter und unruhiger, als ob ich in ein tiefes Loch hineingezogen würde. Ich mußte etwas tun. Ich rief die Frauen aus meiner Inzest-Gruppe an und lud sie zu einem Ritual ein.
> Sie brachten Kerzen mit, Wein und kleine Geschenke als Zeichen ihrer Liebe für mich. Ich schnitt einen Schlitz in ein Kleid, das meine Mutter mir geschenkt hatte. Nach jüdischer Tradition ist das ein Zeichen für Trauer. Und ich nahm ein Photo aus meiner Kindheit, das mich auf dem Schoß meiner Mutter zeigt, und schnitt uns mit einer Schere auseinander.
>
> Dieses Ritual war ein Meilenstein für mich. Es war nicht wie durch Zauberei hinterher plötzlich alles anders, aber ich wußte wenigstens, in welche Richtung es weiterging.

Andere Rituale könnten zum Beispiel ein Ausflug in die Wüste sein, eine Totenwache, eine Fest, ein Brief ... Denk dir etwas aus, was für dich von persönlicher Bedeutung ist und deine Gefühle und deine Entscheidung bestätigt und feiert.

Zu einer Lösung kommen

Mit deiner Familie wirst du nie zu einer endgültigen Lösung kommen. Es kann zwar viel leichter werden, aber unverletzlich wirst du wohl kaum werden. Wenn du dich unsicher fühlst, wenn sich Umstände in deinem Leben ändern, wenn du gewisse Grenzen, die du selbst gesetzt hast, vergißt zu beachten, wirst du vielleicht noch einmal eine ordentliche Portion Schmerz abkriegen.

Aber mit der Zeit wird dich das nicht mehr so stark treffen, und du wirst immer schneller wieder Boden unter die Füße bekommen. Wenn die Beziehung zu deiner Familie dein Leben nicht bereichert, steck deine Energie in den Aufbau aussichtsreicherer Beziehungen. Auch wenn du nur eine Mutter hast, einen Vater, eine Schwester oder eine Tante Bea, kannst du dir dennoch in der Gegenwart eine andere Familie nach deiner Wahl schaffen.

Du hast deine FreundInnen, die Frauen deiner Inzest-Gruppe, einen Partner oder eine Partnerin, vielleicht Kinder. Sie sind kein Ersatz für das, was du verloren hast, aber sie können dir reichlich Gelegenheit bieten, Zuneigung, Rückhalt, Nähe und Trost zu finden. Und das macht eine gesunde Familie aus.

Schreibübung: Deine Familie jetzt

(Siehe Grundregeln für Schreibübungen, Seite 25)

Was empfindest du heute im Umgang mit deiner Herkunftsfamilie als befriedigend? Was gefällt dir? Wer unterstützt dich? Mit wem bist du gern zusammen? Was bringt dir der Kontakt mit ihnen? Welche Vorteile hast du vom Umgang mit deiner Familie?
Was ist nicht in Ordnung für dich? Was ist destruktiv, verwirrend, macht dich wütend, verletzt dich? Wer sind deine Gegner? Mit wem fühlst du dich mies oder deprimiert? Welche Nachteile bringt dir der Umgang mit deiner Familie?

Gisela Leppers: Anzeige und Gerichtsverfahren

Gisela Leppers ist Rechtsanwältin und vertritt seit einigen Jahren in Berlin Frauen und Mädchen, die sexuell mißbraucht oder vergewaltigt worden sind, in den Gerichtsverfahren gegen die Mißbraucher und Vergewaltiger.

Bevor es zu einem Gerichtsverfahren kommt, stellt sich für die Überlebende die Frage, ob überhaupt eine Anzeige erstattet werden soll. Diese Frage muß jeweils im Einzelfall mit der Betroffenen entschieden werden. Ich rate den betroffenen Mädchen und Frauen in der Regel zu einer Anzeige, und zwar aus folgenden Gründen:

- Die Erstattung der Anzeige und das Auftreten im Prozeß als Zeugin kann für die Betroffene ein Mittel des Agierens sein, ein aktives Sich-zur-Wehr-setzen nach der erlittenen Demütigung und Verletzung.

- Prozesse gegen Vergewaltiger und Mißbraucher sind ein Mittel, Öffentlichkeit herzustellen und auf das Ausmaß sexueller Gewalt aufmerksam zu machen.

Auf der anderen Seite bedeutet der Prozeß immer eine enorme psychische Belastung für die Überlebende, so daß bei der Entscheidung, ob Strafantrag gestellt werden soll, letztlich die Frage entscheidend ist, ob sich die Betroffene psychisch in der Lage sieht, ein solches Verfahren durchzustehen, denn es bedeutet wiederholte Vernehmungen und Konfrontation mit der Erinnerung, den Demütigungen und den Schmerzen.

Gerade bei Frauen, die in ihrer Kindheit sexuell mißbraucht wurden und sich erst als Erwachsene dazu entschließen, gegen den Täter etwas zu unternehmen, stellt sich zunächst auch die Frage der Verjährung. Die sogenannte Verfolgungsverjährung, das heißt die Frist, nach deren Ablauf eine Straftat nicht mehr verfolgt werden kann, beträgt bei einer Vergewaltigung zwanzig Jahre und bei sexueller Nötigung zehn Jahre. Die Verjährungsfrist beginnt mit Beendigung der Tat.

Nebenklage

Das deutsche Strafprozeßrecht gibt dem Opfer einer Vergewaltigung oder eines sexuellen Mißbrauchs die Möglichkeit der sogenannten Nebenklage. Der Anschluß als Nebenklägerin hat im wesentlichen die Funktion, daß die Überlebende nicht lediglich Zeugin im Verfahren ist, sondern die Möglichkeit hat, aktiv in das Verfahren einzugreifen und mitzuwirken. Die Nebenklage ist also ein prozessuales Instrument, den Prozeß für die Überlebende durchschaubarer und damit leichter zu machen. Ich rate daher allen Frauen und Mädchen, die sich dazu entschließen, Anzeige zu erstatten, sich dem Verfahren als Nebenklägerin anzuschließen. Die Verletzte hat als Nebenklägerin folgende Rechte:

- Ihr ist während der gesamten Hauptverhandlung die Anwesenheit gestattet. Allerdings ist es oft ratsam, daß die Nebenklägerin, die ja gleichzeitig auch Zeugin ist, vor ihrer eigenen Aussage nicht im Sitzungssaal anwesend ist, da dann ihrer Aussage ein höherer Beweiswert beigemessen wird.

- Die Unterbrechung der Hauptverhandlung kann jederzeit beantragt werden, zum Beispiel, damit sich die

Nebenklägerin mit ihrer Anwältin besprechen kann.

- Die Nebenklägerin oder ihre Anwältin kann Fragen an den Angeklagten und an die Zeugen und Sachverständigen richten.

- Die Nebenklägerin kann Beweisanträge stellen.

- Die Anwältin der Nebenklägerin hat das Recht zu plädieren. Damit besteht die Möglichkeit, das Geschehen aus der Sicht der Überlebenden darzustellen, Ausführungen zur – allzuoft angezweifelten – Glaubwürdigkeit der Zeugin und zu den – insbesondere psychischen – Verletzungsfolgen zu machen; diese Ausführungen können die Tat, insbesondere auch für die Schöffen, in ganz anderem Licht erscheinen lassen, als sie oft von der Staatsanwaltschaft und der Verteidigung in ihren Plädoyers dargestellt wird.

- Die Nebenklägerin hat ein eingeschränktes Recht, gegen das Urteil Rechtsmittel einzulegen.

Die Nebenklage ist allerdings ausgeschlossen, wenn der Angeklagte jugendlich, das heißt unter achtzehn Jahren, ist.

Aber auch unabhängig von der Nebenklage sollte sich eine Überlebende in jedem Fall durch eine Anwältin vertreten lassen.[2] Nur eine Anwältin hat das Recht, die Akten einzusehen, so daß mit ihrer Hilfe bei Kenntnis der Einlassung des Angeklagten und der Aussagen anderer Zeugen und Zeuginnen eine bessere Prozeßvorbereitung stattfinden kann. Zum anderen bewirkt häufig schon allein die Anwesenheit einer Anwältin in der Hauptverhandlung, daß sowohl das Gericht als auch die Verteidigung zurückhaltender sind mit frauenfeindlichen und diskriminierenden Äußerungen und Fragen. Im übrigen ist eine Unterstützung durch eine Anwältin auch deshalb anzuraten, weil die Überlebende kaum die prozessualen Rechte und Möglichkeiten kennen kann, die sie, auch ohne Nebenklägerin zu sein, hat.

So kann beantragt werden, daß der Angeklagte während der Aussage der Überlebenden den Gerichtssaal verläßt. Es kann weiterhin beantragt werden, daß Fragen nach Tatsachen als unzulässig zurückgewiesen werden, die der Überlebenden »zur Unehre gereichen können oder deren persönlichen Lebensbereich betreffen« (§ 68a der Strafprozeßordnung). Hierzu gehören insbesondere Fragen nach den früheren freiwilligen sexuellen Kontakten der Überlebenden und andere Fragen, die mit dem konkreten Tatvorwurf nichts zu tun haben, sondern lediglich darauf abzielen, die Glaubwürdigkeit der Überlebenden in Zweifel zu ziehen. Schließlich kann die Öffentlichkeit ausgeschlossen werden, soweit Umstände aus dem persönlichen Lebensbereich einer Überlebenden zur Sprache kommen, deren öffentliche Erörterung schutzwürdige Interessen verletzen würde, soweit nicht das Interesse an der öffentlichen Erörterung dieser Umstände überwiegt. Die Öffentlichkeit darf nicht ausgeschlossen werden, wenn die Überlebende dies nicht will, sie muß ausgeschlossen werden, wenn die Voraussetzungen vorliegen und die Überlebende den Ausschluß beantragt.

Oft wird von der Verteidigung oder der Staatsanwaltschaft ein Glaubwürdig-

---

2 Adressen von Rechtsanwältinnen sind über die Beratungsstellen und Initiativen gegen sexuellen Mißbrauch zu erfahren (Adressen im Anhang). (Anm.d.Verl.)

keitsgutachten über die Überlebende beantragt. Gegen den Willen der Überlebenden darf ein solches Gutachten nicht erstellt werden. Diese Gutachten sind meiner Ansicht nach auch überflüssig, denn die Mädchen und Frauen sind glaubwürdig, entgegen einem noch immer weit verbreiteten Vorurteil. Vorliegende Erkenntnisse bestätigen, daß gerade bei Verfahren dieser Art die Quote der Falschaussagen geringer ist als bei anderen Verfahren. Die Entscheidung, ob sich eine Überlebende einem solchen Glaubwürdigkeitsgutachten unterziehen soll, muß jeweils im Einzelfall getroffen werden und kann nicht generell mit ja oder nein beantwortet werden. So kann ein gutes Glaubwürdigkeitsgutachten von einer geschulten und mit dem Problem vertrauten Psychologin, die darin auf die einschneidenden Folgen der Gewalttat für das Mädchen eingeht und Verdrängungsmechanismen, die scheinbar zu Widersprüchen in der Aussage führen, aufzeigt und erklärt, positiv und hilfreich für das Mädchen sein und ihr Verhalten auch für die Mitglieder des Gerichts verständlicher machen.

Nach meinen eigenen Erfahrungen und denen meiner Kolleginnen erleben Mädchen und Frauen die Prozesse sehr unterschiedlich, was sicherlich in starkem Maße auch vom Verhandlungsverlauf und vom Urteil abhängt.
Wenn sich hier auch im Verlauf der letzten fünfzehn Jahre viel verändert hat, nicht zuletzt durch die Arbeit feministischer Projekte wie der Notrufe für vergewaltigte und sexuell mißbrauchte Frauen und Mädchen und durch die Arbeit feministischer Anwältinnen, so trifft doch der Satz von der »zweiten Vergewaltigung vor Gericht« für viele Verhandlungen immer noch zu. Zum Beispiel versucht die Verteidigung nach wie vor, die Überlebende als unglaubwürdig darzustellen bzw. mit Fragen nach ihren freiwilligen früheren sexuellen Kontakten und mit Hinweisen auf ihr eigenes Verhalten ihr Einverständnis oder aber doch ihre Mitschuld aufzuzeigen. Auch der Urteilsspruch ist entscheidend dafür, wie Frauen den Prozeß erleben und überstehen. Endet beispielsweise ein Prozeß mit einem Freispruch für den Angeklagten, so hat dies katastrophale Folgen für die Überlebende, heißt das doch letztlich, ihr wurde nicht geglaubt. Denn auch das ist meine Erfahrung: für die wenigsten Überlebenden ist es wesentlich, daß eine möglichst hohe Freiheitsstrafe herauskommt; wichtig ist, daß sie gehört und ernst genommen werden, daß ihnen geglaubt und der Täter überhaupt zur Verantwortung gezogen wird.
Obwohl der Prozeß, selbst wenn er insgesamt positiv verläuft, für Überlebende durch die Konfrontation mit dem Täter und hochkommene Erinnerungen eine enorme Belastung darstellt, habe ich doch oft die Erfahrung gemacht, daß ein Mädchen oder eine Frau gestärkt aus einem solchen Verfahren hervorgeht, mit dem Bewußtsein, sich wenigstens nachträglich – in der Mißbrauchssituation war das ja nicht möglich – gewehrt zu haben und daß der Mißbraucher zur Verantwortung gezogen wurde. Selbstverständlich gibt es auch Überlebende, die meinen, daß sie nach dieser Prozeßerfahrung niemals wieder Anzeige erstatten würden. Leider ist aber ja der Prozeßablauf und die Reaktion der einzelnen Überlebenden darauf nicht vorauszusehen.
In jedem Fall ist es für jede Überlebende, die sich zu einer Anzeige entschließt, eine wichtige Voraussetzung, daß sie, um alles bewältigen zu können,

eine Vertrauensperson hat, die sie unterstützt, sie während des Verfahrens begleitet und ihr auch nach Abschluß des Verfahrens Hilfestellung bei der Verarbeitung gibt.

Schadensersatz und Schmerzensgeld
Ein anderer Weg, den Täter zur Verantwortung für die Tat zu ziehen als der der Strafanzeige ist die Schadensersatz- und Schmerzensgeldklage.
Diese kann unabhängig vom Strafverfahren vor dem Amtsgericht oder Landgericht erhoben werden oder im Zusammenhang mit dem Strafverfahren im sogenannten Adhäsionsverfahren vor dem Strafgericht.
Die Verjährungsfrist für diese Ansprüche beträgt drei Jahre von dem Zeitpunkt an, ab dem die Verletzte vom Schaden und der Person des Schädigers Kenntnis erlangt. Diese Formulierung des Gesetzes gibt vom Wortlaut her Raum auch für solche Fälle, in denen der sexuelle Mißbrauch bereits mehrere Jahre zurückliegt, aber aufgrund von Verdrängungsmechanismen erst viel später von den Betroffenen wahrgenommen wird. Allerdings ist hier die Beweislage so schwierig, daß solche Klagen nach Ablauf der Verjährungsfrist kaum Aussicht auf Erfolg haben.
Finanzielle Entschädigung ist eine Form der Gerechtigkeit, auch wenn dadurch der Schaden, den die Überlebende erlitten hat, die Schmerzen, die Demütigung und die Ängste nicht ungeschehen gemacht werden können.
So können als Schadensersatz die Kosten für eine Therapie in Ansatz gebracht werden oder für eine Ausbildung, die aufgrund der emotionalen Belastung bisher nicht durchgeführt werden konnte.
Schmerzensgeld hingegen wird als Ausgleich für den sogenannten immateriellen Schaden, das heißt für die erlittenen Schmerzen, Demütigungen und die damit verbundenen psychischen Folgen gezahlt. Nach meiner Erfahrung wird Schmerzensgeld zwischen 500 und 10.000 DM zugesprochen.
Wenn auch eine Verurteilung des Täters und die Zahlung von Schadensersatz- und Schmerzensgeld nicht ungeschehen machen kann, was einem Mädchen angetan worden ist, so sind doch viele Überlebende nach Ablauf des Verfahrens erleichtert und genießen es, einen Sieg errungen zu haben. Durch die Anzeige oder Klage verlieren sie zum Teil das Gefühl, nur erduldet und erlitten zu haben. Sie haben mit der Anzeige oder Klage aktiv gehandelt, haben – meist in Anwesenheit des Täters – geschildert, was er ihnen angetan hat und was es für sie bedeutet hat, und sie haben nicht selten erlebt, daß der Täter, der früher mit ihnen machte, was er wollte, selber während des Verfahrens Angst hatte. Das ist ein gutes Gefühl und hilft bei der weiteren Verarbeitung des Erlittenen.
Und nicht zuletzt wird sich durch gehäufte Anzeigen und Strafverfahren gegen Vergewaltiger und Mißbraucher und entsprechende Verurteilungen die gesellschaftliche Einstellung zu diesen Verbrechen ändern, wenn auch sicher sehr langsam. Die Gesellschaft kann aber Gewalt gegen Frauen nicht länger unter den Teppich kehren, und die Täter können sich nicht mehr darauf verlassen, ungeschoren davonzukommen.[3]

---

[3] Weitere Informationen zu rechtlichen Fragen finden sich im *Juristischen Leitfaden* von Wildwasser Nürnberg (Adresse im Anhang). (Anm. d. Verl.)

4 WENN DU EINER ÜBERLEBENDEN HELFEN WILLST

Grundsätzliches

An dem tiefgreifenden Heilungsprozeß einer als Kind sexuell mißbrauchten Frau teilzunehmen kann eine faszinierende Aufgabe sein. Du erfährst dabei selbst Wachstum und Nähe, kannst aber auch mit zwiespältigen Gefühlen, überfordert oder verärgert daraus hervorgehen. Du hast vielleicht Angst oder bist verwirrt, weißt nicht, was du tun, fühlen oder erwarten sollst. Solche Reaktionen sind normal und angesichts dieser schwierigen Situation nicht verwunderlich.

Du mußt in dieser Zeit gut für dich sorgen und sehr darauf achten, daß du deine eigenen Bedürfnisse ernst nimmst. Wenn die Überlebende mehr will, als du geben kannst, gib deine Grenzen zu. Empfiehl ihr, sich auch woanders Hilfe zu suchen. Mach Pausen. Laß dir selbst auch helfen. Mit nacktem Schmerz umzugehen ist schwierig, und du brauchst einen Ort, wo du deine eigenen Ängste und Frustrationen ausdrücken kannst.

Wenn die Überlebende über ihren Mißbrauch spricht und du wehrst ab oder ärgerst dich, kann deine Reaktion durch Erfahrungen aus deiner eigenen Vergangenheit bedingt sein, die du verdrängt hast. Das passiert sehr häufig. Der Schmerz eines anderen Menschen rührt oft an die eigenen Verletzungen. Laß dir bei der Arbeit an deinen eigenen unverarbeiteten Gefühlen helfen. Auch du bist wichtig. Alle engen Beziehungen – Freundschaften, Partnerschaften oder die Familie – haben vieles gemeinsam, deshalb ist das Kapitel »Für Partnerinnen und Partner«, Seite 299, auch für dich interessant, wenn du nicht der Partner oder die Partnerin der Überlebenden bist.

GRUNDSÄTZLICHES

Wie du helfen kannst

Wenn eine Überlebende dir sagt, daß sie als Kind sexuell mißbraucht worden ist, vertraut sie dir ein schmerzhaftes, unheimliches und verletzliches Kapitel ihres Lebens an. Die folgenden Richtlinien können dir helfen, diesem Vertrauen gerecht zu werden und sie beim Heilen zu unterstützen:

- **Glaub ihr.** Auch wenn sie selbst manchmal an sich zweifelt, auch wenn ihre Erinnerungen ungenau sind, auch wenn das, was sie erzählt, übertrieben scheint, glaub ihr. Frauen denken sich solche Mißbrauchsgeschichten nicht aus. Zeig ihr, daß du offen dafür bist, alles zu hören, was sie mit dir teilen will, und daß du, auch wenn es dir weh tut und dich verstört, bereit bist, diese schwierigen Punkte mit ihr zusammen anzusehen und ihre Worte ernst zu nehmen.

- **Hilf ihr, sich die Beschädigungen bewußt zu machen.** Mißbrauch hat immer ernste Folgen, auch wenn er nicht gewaltsam, eindeutig körperlich oder wiederholt stattgefunden hat. Sexueller Mißbrauch kann niemals eine positive oder bedeutungslose Erfahrung sein.

- **Mach dir klar, daß Mißbrauch niemals die Schuld des Kindes ist.** Kein Kind verführt jemanden. Kinder bitten um Zuneigung und Aufmerksamkeit, nicht um sexuellen Mißbrauch. Selbst wenn ein Kind sexuell reagiert, auch wenn es nicht dazu gezwungen worden ist oder sich nicht gewehrt hat, ist es trotzdem nicht daran schuld. Für den nichtsexuellen Umgang mit einem Kind ist immer der Erwachsene verantwortlich.

- **Informier dich über sexuellen Mißbrauch und den Heilungsprozeß.** Wenn du eine Vorstellung davon hast, was die Überlebende durchmacht, fällt es dir leichter, ihr zu helfen (Vorschläge findest du unter »Literatur und andere Hinweise«).

- **Entwickle keine Sympathien für den Täter.** Für die Überlebende ist es wichtig, daß du ganz auf ihrer Seite stehst.

- **Nimm ihre Gefühle ernst:** ihren Zorn, ihren Schmerz, ihre Angst. Das sind natürliche, gesunde Reaktionen. Sie muß sie fühlen, ausdrücken und mitteilen.

- **Zeig dein Mitgefühl:** deine Wut, dein Mitleid, deinen Schmerz über ihren Schmerz. Teil ihr deine Gefühle mit. Es gibt wohl nichts Tröstlicheres als echtes Mitgefühl. Bedränge sie aber nicht damit.

- **Respektiere, daß sie Zeit und Raum braucht, um zu heilen.** Heilen ist ein langsamer Prozeß, der sich nicht erzwingen läßt.

- **Empfiehl ihr, sich helfen zu lassen.** Zusätzlich zu deiner Hilfe sollte sie noch andere Unterstützung in Anspruch nehmen (siehe »Wo du Hilfe finden kannst«, Seite 331).

- **Hol Hilfe, wenn sie selbstmordgefährdet ist.** Die meisten Überlebenden sind nicht selbstmordgefährdet, aber manchmal kann der Schmerz über den Mißbrauch so übermächtig werden, daß Frauen sich umbringen wollen. Wenn dies der Fall ist, hol sofort Hilfe (siehe »Was du bei Selbstmordgefahr tun kannst«, Seite 308).

- **Akzeptiere es, wenn sich deine Beziehung zu der Überlebenden im Laufe ihrer Heilung deutlich verändert.** Die Überlebende verändert sich, und du wirst dich wahrscheinlich ebenfalls ändern müssen.

- **Widersteh der Versuchung, die Überlebende als Opfer zu betrachten.** Sieh sie weiterhin als eine starke, mutige Frau, die ihr eigenes Leben zurückfordert.

WENN DU EINER ÜBERLEBENDEN HELFEN WILLST

Für Neil, weil du gefragt hast
von Krishnabai

Unruhe, lange meine Feindin,
besucht mich oft
mit langen, weiten Röcken,
in denen ihre Kinder
sich verstecken.
Sie kriechen hervor,
wenn ich den Rücken gewandt hab.
Sie versuchen, mich zu holen.

Der Älteste, Angst,
ist stark und grausam.
Er springt auf meinen Rücken,
die Arme um meine Kehle,
schreit furchtbare Dinge in mein Ohr,
und auf schnellen Füßen spring ich
aus dem Fenster,
schreiend die Straße hinunter
in das Dunkel der Nacht hinein,
und erst viel später kehre ich zurück,
zerlumpt, weinend, allein.

Und willst du mir helfen,
wenn Angst mich im Griff hat:
beweg dich sanft, als gingest du
auf einen Schmetterling zu,
mit warmen, ruhigen Augen,
bewahr dein Gleichgewicht,
bleib raus aus meiner Panik,
und, falls wir irgendwann
diesen sicheren Ort erreichen –
halt mich bloß fest.

Für Familienmitglieder

Es ist schwierig, mit sexuellem Kindesmißbrauch konfrontiert zu werden. Wenn dir eine Überlebende sagt, sie sei mißbraucht worden, werden dich heftige Gefühle überkommen: Schuldgefühle, Wut, Entsetzen oder tiefe Verzweiflung. Vielleicht fühlst du dich bedroht oder ertappt oder glaubst der Überlebenden nicht. Vielleicht fühlst du dich angegriffen oder empfindest es als Vorwurf oder spürst tiefes Mitgefühl und Trauer über ihren Schmerz. Du bist verwirrt oder fühlst dich völlig starr und gefühllos. Wenn der Täter ein Familienmitglied ist (oder war), erschüttert diese Mitteilung dein Bild von deiner Familie. Ist der Täter dein Mann, dein Sohn, Bruder oder Vater, jemand aus deinem engsten Familienkreis, wirst du beängstigende Konsequenzen erwägen und schwerwiegende Entscheidungen treffen müssen hinsichtlich Trennung, Scheidung, Familienzusammenhalt. Dein Leben wird vollkommen durcheinandergebracht.

Dein bisheriges Bild von deiner Familie aufzugeben ist schmerzhaft. Gleichzeitig ist es aber eine Gelegenheit für alle, ungesunde Muster zu erkennen. Wenn ein Kind in einer Familie sexuell mißbraucht wurde und die Familie beschäftigt sich nicht damit, wiederholt sich das oft in den nächsten Generationen. Dieses ernste Problem schädigt die ganze Familie, nicht nur die Überlebende.

Für Eltern, die nicht mißbraucht haben

Obwohl es furchtbar für eine Mutter (oder einen Vater) ist zu erkennen, daß sie ihr Kind nicht beschützt hat, hast du immer noch Gelegenheit, eine gute Mutter zu sein. Wenn deine Tochter dir erzählt, daß sie mißbraucht worden ist, oder wenn sie beginnt, an ihrer Heilung zu arbeiten, hast du Gelegenheit, sie zu unterstützen. Laß dich nicht von Schuldgefühlen oder Reue über das, was du damals nicht getan hast, überwältigen. Du sollst zwar deine eigenen Gefühle ernst nehmen – und dir bei ihrer Bearbeitung eventuell helfen lassen –, aber verlier deine Chance nicht aus dem Auge, deiner Tochter hier und heute eine verständnisvolle Mutter (oder ein verständnisvoller Vater) zu sein. Dein Mitgefühl, dein Mut und deine Bereitschaft, dich zu verändern, sind sehr wertvoll.

Die Überlebende nimmt es dir vielleicht sehr übel, daß du sie nicht beschützt hast. Niemand kann dafür verantwortlich sein, wenn jemand anders ein Kind mißbraucht, aber Kinder haben das Recht zu verlangen, daß sie von ihren Eltern und anderen Personen, denen sie anvertraut sind, beschützt werden.

Wenn du Mutter bist, mach dir bewußt, daß unsere Gesellschaft ihren Zorn lieber auf Frauen richtet als auf Männer. Selbstverständlich ist eine Mutter dafür verantwortlich, wenn sie den Mißbrauch ihres Kindes nicht merkt oder es nicht beschützt, aber sie ist nicht verantwortlich für den Mißbrauch selbst. Schuld ist immer der Mensch, der das Kind mißbraucht (siehe »Die Mütter waren schon immer schuld«, Seite 117).

Nimm die Verantwortung dafür auf dich, daß du deine Tochter nicht beschützt hast. Bitte um Verzeihung. Sag ihr, du würdest wünschen, du wärst wach genug gewesen, um zu sehen, was los war, stark genug, es zu erkennen, und mutig genug, um sie zu verteidigen. Und dann halte jetzt zu ihr. Nimm ihre Gefühle wahr, anstatt dich oder den Täter zu verteidigen. Tritt jetzt für sie ein.

WENN DU EINER ÜBERLEBENDEN HELFEN WILLST

Es ist gut, wenn du dir helfen läßt, deine eigenen vielschichtigen Gefühle zu verarbeiten. Sowohl eine Einzeltherapie als auch eine Gruppe mit anderen Eltern in deiner Situation kann sinnvoll sein.[1]

Geschwister

Wenn deine Schwester von einem Verwandten mißbraucht worden ist, oder wenn sonst bei euch zu Hause destruktives Verhalten eine Rolle gespielt hat (Alkoholismus, körperliche Gewalt, Vernachlässigung), bist du auch in einer Familie aufgewachsen, in der Verrat, Stillschweigen, Schmerz und Angst an der Tagesordnung waren. Du hast gelitten, wenn auch vielleicht auf andere Weise.

Wenn du selbst nicht sexuell mißbraucht worden bist, fühlst du dich vielleicht schuldig und machst dir Vorwürfe, weil du deine Schwester nicht beschützt hast. Oft machen sich diejenigen, die dem Mißbrauch entronnen sind, Vorwürfe. Das gilt generell für Situationen, in denen andere verletzt oder getötet werden: die, die davongekommen sind, quälen sich mit Schuldgefühlen, fragen: »Warum ich?« und plagen sich mit der Frage herum, warum Unglück so ungerecht verteilt ist. Egal, was du fühlst, du wirst Hilfe brauchen. Für alle ist dies eine anstrengende Zeit.

Wenn du selbst mißbraucht worden bist, dich aber noch nicht damit beschäftigt hast, fühlst du dich möglicherweise bedroht oder wirst ärgerlich, wenn deine Schwester darüber spricht und dich dadurch mit deinem eigenen Mißbrauch konfrontiert. Kritisiere sie nicht dafür, daß sie daran arbeiten will. Laß sie nicht im Stich. Hol dir lieber selber Hilfe. Such dir eine Therapeutin, die sich mit sexuellem Mißbrauch auskennt. Auch du hast überlebt und verdienst mehr als bloße Überlebensmechanismen und notdürftige Bandagen. Du verdienst zu heilen.

Viele Kinder reagieren auf Mißbrauch mit Verdrängen. Es kann also sein, daß du selbst auch mißbraucht worden bist und dich noch nicht wieder daran erinnerst. Wenn du in Gesprächen mit deiner Schwester bei diesem Thema besonders unruhig, ärgerlich oder verstört reagierst, dann solltest du nicht ausschließen, daß es dir vielleicht ebenso ergangen ist.

Ob du mißbraucht worden bist oder nicht, ihr seid beide in derselben Familie aufgewachsen, und indem ihr miteinander sprecht, könnt ihr einander eine unschätzbare Hilfe sein. Vielleicht hast du das Gedächtnis, das ihr fehlt. Vielleicht kann sie zu deinem Puzzle ein Stück beitragen. Viele Familien funktionieren auf so eine verdrehte, schmerzhafte und verwirrende Weise, daß es Überlebenden schwerfällt, ihren eigenen Erinnerungen zu trauen. Ihr könnt einander bestätigen, daß alles wirklich so schlimm war, wie es euch vorkam. Und daß keine von euch verrückt ist. Für eine Überlebende ist schon *ein* Familienmitglied, das ihre Wahrnehmung bestätigt, von unschätzbarem Wert. Du bist in der Lage, ihr damit ein wunderbares Geschenk zu machen, und gleichzeitig heilst du vielleicht die Wunden deiner eigenen Kindheit.

---

1 Siehe »Wo du Hilfe finden kannst«, Seite 331. Dort findest du Tips, wie du bei der Suche nach einer Therapie vorgehen solltest. Auch wenn du selbst vielleicht keine Überlebende bist, wirst du trotzdem zu jemandem gehen wollen, die/der Erfahrung mit Kindesmißbrauch hat.

Für Partnerinnen und Partner

Wenn du nicht selbst mit dir im reinen bist, wird der Kontakt mit einer Überlebenden alte Wunden aufreißen und alles in Frage stellen, wofür du heute lebst. Meine Gefühle Barb gegenüber umfassen die gesamte Palette von »Womit hab ich eine Beziehung mit so einer kaputten Frau verdient?« bis zu »Wenn wir durchhalten und es schaffen, wird mein Leben unglaublich reich sein.«

Phil Temples, Ehemann einer Überlebenden

Der Inhalt diese Kapitels gilt für alle Paare: verheiratete und unverheiratete, heterosexuelle und lesbische. Obwohl es beträchtliche Unterschiede hinsichtlich gesellschaftlicher Prägung, Machtverteilung und Rollenerwartung zwischen heterosexuellen und lesbischen Paaren gibt, sind diese Unterschiede unerheblich angesichts des gemeinsamen Problems, das alle Paare zu bewältigen haben, wenn eine oder beide Partnerinnen Überlebende sind.

Dieses Kapitel wendet sich an die PartnerInnen von Überlebenden, aber viele der Vorschläge gelten auch für andere Familienmitglieder und die Überlebenden selbst.

Partner oder Partnerin einer Frau zu sein, die aktiv von sexuellem Kindesmißbrauch heilt, ist problematisch und auch lohnend, obwohl die Probleme oft eher in den Vordergrund treten.

Überlebende haben meistens Probleme mit Vertrauen, Nähe und Sexualität, was eure Beziehung ganz unmittelbar beeinflußt. Oft wird eure gemeinsame Zeit – zumindest für eine Weile – von den Problemen der Überlebenden und ihrer Heilung bestimmt sein. Je nachdem, wie weit die Überlebende in ihrem Heilungsprozeß fortgeschritten ist, kann sie schlecht gelaunt sein, deprimiert oder völlig abwesend, selbstzerstörerisch oder selbstmordgefährdet. (In diesem Fall siehe »Was du bei Selbstmordgefahr tun kannst«, Seite 308.) Vielleicht ist sie auch von dem Bedürfnis getrieben, jeden Bereich ihres Lebens unter Kontrolle zu halten. Manchmal lebt sie die destruktiven Verhaltensmuster aus ihrer Herkunftsfamilie mit dir oder euren Kindern aus.

Als Partner verstehst du vielleicht nicht, was los ist. Du fühlst dich hilflos, weil du nichts dagegen tun kannst, und schuldig, wenn du sie nicht hundertprozentig unterstützt. Vielleicht hast du niemanden, um mal darüber zu reden. PartnerInnen sind oft frustriert, weil die Heilung so lange dauert. Manchmal wirst du dich mit den Mißbrauchern aus der Familie der Überlebenden weiter auseinandersetzen müssen. Dann wieder werden deine eigene Familiengeschichte und die damit verbundenen schmerzhaften Gefühle hochkommen. Und die ganze Zeit über mußt du vielleicht deine eigenen Bedürfnisse zurückstellen.

Seid ihr beide, du und deine Partnerin, sexuell mißbraucht worden, kann eure Beziehung davon auf vielfältige Weise geprägt sein. Je nachdem wie weit ihr in eurem Heilungsprozeß seid, könnt ihr einander unglaublich viel Hilfe leisten, euch bestärken und Verständnis füreinander aufbringen. Andererseits kann jede von euch die Kämpfe der anderen verstärken, Erinnerungen und alte Muster auslösen und sich sonstwie in schmerzhafte Mechanismen verstricken.

Da so viele Frauen mißbraucht worden sind, befinden sich lesbische Paare oft in dieser Situation. Hin und wieder gilt das auch für heterosexuelle Paare, da sich immer mehr Männer mit dem Mißbrauch in ihrer Kindheit beschäftigen. Wenn ihr beide Überlebende seid, habt ihr sowohl Verpflichtungen als auch Möglichkeiten. Seid besonders geduldig und mitfühlend mit euch selbst und miteinander, und zieht eventuell eine Paartherapie in Erwägung.

Die guten Seiten

Es gibt sehr starke positive Gesichtspunkte, die für eine enge Beziehung mit jemandem sprechen, die von sexuellem Kindesmißbrauch heilt, aber manchmal ist es schwer, sie zu sehen. Während eines Workshops für die PartnerInnen von Überlebenden schlug Ellen vor, die TeilnehmerInnen sollten darüber schreiben, in welcher Weise sie von der Beziehung mit einer Überlebenden profitieren: Welche Möglichkeiten ergaben sich daraus für sie? Ein Mann saß während der ganzen fünfzehn Minuten, die für diese Übung vorgesehen waren, nur völlig verblüfft da. Am Ende sagte er: »Ich bin ehrlich verwirrt. Ich bin hierhergekommen, um zu erfahren, wie ich meiner Frau bei ihren Problemen helfen kann, und jetzt soll ich herausfinden, wie ich davon profitieren kann!?«

Es mag verrückt erscheinen zu überlegen, was es an Positivem für dich persönlich in einer Situation gibt, die dir – und der Überlebenden – viel Schmerz bereitet und euch sehr belastet. Aber es gibt diese positiven Aspekte für dich durchaus.

Mit einer Frau zusammenzusein, die aktiv an ihrem Heilungsprozeß arbeitet, bedeutet, daß eure Beziehung sich entwickelt und nicht stagniert.

> Unbewußt suchen sich die Leute ihren Partner oder ihre Partnerin auch nach gemeinsamen »wunden Punkten« aus, die sie beide bearbeiten und heilen müssen, und für uns trifft das ganz bestimmt

Wo steht ihr jetzt?

- Du hast den Verdacht, daß deine Partnerin sexuell mißbraucht wurde und sich dessen noch nicht bewußt ist.
- Deine Partnerin hat gerade erkannt, daß sie eine Überlebende ist. Sie hat erste Erinnerungen, und du bist völlig fassungslos.
- Deine Partnerin gesteht sich ein, daß sie mißbraucht worden ist. Sie sagt aber, das habe nichts mit eurer Beziehung oder mit ihrem heutigen Leben zu tun. Du bist anderer Meinung, aber sie weigert sich, darüber zu sprechen.
- Dir ist klar, daß die Überlebende ein Problem hat, du glaubst aber nicht, daß das irgend etwas mit dir zu tun hat. Du bist bisher davon ausgegangen, daß sie selbst dafür verantwortlich sei, und fängst jetzt langsam an, darüber nachzudenken.
- Ihr arbeitet beide seit mehreren Jahren daran. Ihr könnt gut miteinander darüber sprechen und kommt generell ganz gut damit zurecht, aber ihr hättet gern Hilfe, um ein paar Problembereiche aufzuarbeiten.
- Ihr habt Probleme mit eurer Sexualität und wollt Hilfe.
- Du hast jemanden kennengelernt, die dir dieses Buch in die Hand gedrückt und gesagt hat, du solltest es dir einmal ansehen.
- Ihr steht kurz davor, Schluß zu machen. Das ist euer letzter Versuch.
- Deine Partnerin ist selbstmordgefährdet. Deine Welt bricht zusammen. Alles ist ein einziges Chaos. Du weißt nicht, was du tun sollst.
- Du hast dich gerade von einer Frau getrennt, die Überlebende ist, und willst verstehen, warum es nicht ging.

FÜR PARTNERINNEN UND PARTNER

zu. Bei uns ist es der Bereich um die Sexualität, wo wir beide verletzt worden sind und auch beide besonders unsensibel füreinander sind. Ich würde niemals so tief in meiner eigenen Scheiße wühlen, wenn ich nicht mit Karen darüber sprechen müßte. Wenn wir nicht beide dieses Problem hätten, müßten wir uns beide nicht mit unserer Schattenseite befassen.

Eine Partnerin sah, daß sie Schwierigkeiten hatte, eigenständig zu sein:

> Sie hat keine Probleme mit der Autonomie. Sie weiß, wie sie allein zurechtkommt. Sie hat eher Probleme mit Nähe und Intimität. Da bin ich gut drin. Gib mir irgend jemanden, und ich verschmelze mit ihm. In der Beziehung mit ihr lerne ich, unabhängig zu sein.

Ein anderer Partner lernte, seine Gefühle besser auszudrücken:

> Wenn ich mir die letzten sechs Monate so ansehe, wird mir klar, welch ungeheure Entwicklung wir beide erlebt haben. In puncto Kommunikation kam ich immer nicht so richtig mit. Aber jetzt zeige ich meine Gefühle und bin in einer Weise offen dafür, wie es vorher niemals möglich gewesen wäre. Mitten im Streit kann ich jetzt merken, wann ich nicht mehr sauer bin, sondern statt dessen ganz traurig, und kann dann weinen.

Wenn du es nicht gewohnt bist, über deine eigenen Gcfühlc nachzudenken, über deine Ängste oder darüber, wie deine Kindheit dich beeinflußt hat, ist dir diese eingehende Selbsterforschung vielleicht zunächst unangenehm. Trotzdem kannst du davon sehr profitieren. Und indem du mit deiner Partnerin zusammenarbeitest, bringt euch das einander wahrscheinlich näher und stabilisiert eure Beziehung.

> Als wir das Schlimmste hinter uns hatten, waren wir ganz stolz und konnten sagen: »Wir haben es geschafft!« Wir hatten das Gefühl, gemeinsam weitergekommen zu sein. Und das ist irgendwie das Besondere an unserer Beziehung.

Teilzuhaben an dem Wunder eines intensiven Heilungsprozesses ist Ansporn und Herausforderung zugleich. Es ist anstrengend, aber auch ein Privileg. Das Geben kann ebenso lohnend sein wie das Nehmen.

Nimm es nicht persönlich

In Beziehungen mit Überlebenden ist Nähe ein Widerspruch in sich, vor allem wenn sie von jemand Nahestehendem mißbraucht wurden. Ihre Liebe und ihr Vertrauen wurden verraten. Und je intimer die Beziehung jetzt wird, je mehr sie einer »Familie« ähnelt, um so bedrohlicher wird sie für die Überlebende. Wenn dir diese Dynamik nicht bewußt ist, kann dir das Ganze schon verrückt vorkommen.

Manche Überlebende haben oberflächlichere Beziehungen hinter sich, in denen sie ganz gut zurechtgekommen sind. Sie hatten kurze oder sogar Beziehungen über lange Zeit, bevor sie anfingen, sich aktiv mit dem Mißbrauch auseinanderzusetzen. Ihre Überlebensmechanismen waren immer noch intakt, und wenn sie auch auf eine gewisse Tiefe verzichten mußten, funktionierte doch alles einigermaßen glatt.

Auch wenn ihr zwei euch liebt, kann die Beziehung schwierig sein. Das heißt nicht, daß etwas nicht stimmt, wahrscheinlich eher, daß alles wunderbar ist, so wunderbar, daß sie sich bedroht fühlt. Wenn ihr beide um ihre begründete Angst vor großer Nähe wißt, wirst du dich wohl nicht so schnell abgelehnt fühlen, dich durchsetzen wollen oder Schluß machen.

Überlebende sagen ihren PartnerInnen immer: »Nimm es nicht persönlich.« Das ist wirklich sehr schwierig, weil so vieles davon eben persönlich *ist*.

> Meine sexuellen Ängste waren von jeher mit der Angst vor Ablehnung verbunden.

Ich wirke schon durch meine Größe ziemlich bedrohlich, und teilweise habe ich schreckliche Vorstellungen von mir: »Ich bin ein echtes Monster.« Ich glaubte langsam, daß ich alles verkörperte, was an Männlichkeit furchterregend und böse war. Und wenn Karen sich dann zurückzog, kamen diese ganzen Gefühle wieder hoch.

Wenn die Überlebende sich zurückzieht, verärgert oder traurig ist, eine Weile allein sein will, keine Lust zur Liebe hat, trifft dich das persönlich. Und trotzdem stimmt es, daß ihr Verhalten nicht unbedingt ihre Gefühle für dich oder für eure Beziehung widerspiegelt. In Wirklichkeit wiederholt deine Partnerin entweder Überlebensmuster aus einer Zeit, lange bevor du sie überhaupt kanntest, oder sie tut, was sie tun muß, um zu heilen. Es hat tatsächlich oft sehr wenig mit dir zu tun.

Während ihres Heilungsprozesses ist ein Gleichgewicht zwischen dem gemeinsamen Erleben einerseits und einer vernünftigen Unabhängigkeit und Distanz andererseits eine wichtige Unterstützung. Du mußt versuchen, ihr Mut zu machen, du mußt auch für dich selbst sorgen und gesunde Muster für eine Beziehung entwickeln, die euch nicht nur während dieser Krise, sondern das ganze Leben lang nützlich sein werden.

Die Scham überwinden

In einem Workshop für PartnerInnen wurde Ellen von einem Mann gebeten, etwas zum Thema Scham zu sagen. Also erzählte Ellen ausführlich von der Scham der Überlebenden über ihren Mißbrauch, weil sie sexuelle Erregung dabei verspürt oder weil sie Aufmerksamkeit gesucht hatte oder auf irgendeine andere Art auf den Mißbrauch reagiert hat. Als sie schließlich aufhörte, sah der Mann sie verständnislos an. »War es das, was du hören wolltest?« fragte Ellen.
»Nein«, sagte er, »Ich meine, wie ich mich heute geschämt hab, als ich zu diesem Workshop gehen wollte und meine Kollegen fragten, wohin ich gehe. Ich hab's ihnen nicht gesagt. Ich hab ihnen irgendwas anderes erzählt.«

Ja. Vielleicht schämst du dich auch, weil niemand von dir erwartet, daß du Probleme hast. Es wird vorausgesetzt, daß dein Sexualleben phantastisch ist und deine Beziehung perfekt. Man geht davon aus, daß du keine Therapie, keine Workshops und keine Hilfe brauchst.

Ebenso wie Überlebende finden auch PartnerInnen Gründe, die sie davon abhalten, sich helfen zu lassen – oder auch nur ehrlich zu sagen, wohin sie gehen. Und Scham ist ein Hauptgrund. Aber da ist nichts, wofür du dich schämen müßtest. Warum solltest du dich schämen? – Weil du eine Frau liebst, die an ihrer Heilung von einem Trauma arbeitet? Weil du die Probleme erlebst, die Mißbrauch verursacht? Warum solltest du dich für deinen eigenen Schmerz, deinen Zorn oder deine Angst schämen?

Laß dir helfen

Genauso wie Überlebende während ihres Heilungsprozesses Hilfe brauchen, hast auch du Unterstützung nötig. Zum Teil kann sie von der Überlebenden kommen, aber sie hat eigentlich genug mit ihrer eigenen Heilung zu tun. Du solltest nicht zuviel von ihr verlangen. Eine Überlebende dazu: »Wenn jemand einen Herzanfall hat, gehst du auch nicht ins Krankenhaus und erzählst stundenlang, wie sehr dich sein Herzanfall mitgenommen hat. Du sprichst mit anderen Menschen darüber, und wenn du mit dem Patienten zusammenbist, zeigst du dich zuversichtlich, daß er wieder gesund wird. Genauso mußt du mit Überlebenden umgehen.«

Trotzdem brauchst du manchmal jemanden, die oder der sich deinen Schmerz, deine Ängste, deinen Frust und deine Verwirrung anhört. Du brauchst auch Mitgefühl.

FÜR PARTNERINNEN UND PARTNER

Für den Partner ist es verwirrend. Er bekommt keine Informationen. Er hat keine Möglichkeit, mit dem, was er als Ablehnung erfährt, fertig zu werden. Ich hätte es nie geschafft, so entschlossen ich auch war, diese Beziehung zum Laufen zu bringen, wenn ich nicht gewußt hätte, was los war. Ich hatte eine Freundin, die auch Inzest-Überlebende war. Die Gespräche mit ihr über ihre Gefühle haben mir geholfen zu verstehen, welche Folgen Mißbrauch haben kann.

Es ist absolut notwendig, daß du ab und zu irgendwo deinen Gefühlen gefahrlos Luft machen kannst. Manchmal mußt du aufstampfen und brüllen: »Ich halt das nicht mehr aus!« Die Überlebende muß sich deine Gefühle auch anhören, aber wahrscheinlich nicht so oft, wie du sie ausdrücken mußt.

- **Sprich mit einem Therapeuten/einer Therapeutin.** Paartherapie oder Einzeltherapie können eine wichtige Hilfe sein.
- **Such dir unter deinen Freunden/Freundinnen gute Zuhörer.** Besprich vorher mit deiner Partnerin, wem du was du erzählen kannst. Richte dich danach, aber sprich darüber! Es ist nicht gesund, dich mit deinen Gefühlen abzukapseln.
- **Such dir andere PartnerInnen von Überlebenden.** Sie können dir ungeheuer viel Trost und Unterstützung geben. Vielleicht kennt deine Partnerin andere Überlebende, die Partner oder Partnerinnen haben. Ruf ein Therapiezentrum oder eine Beratungsstelle bei dir in der Nähe an, und versuch, dich zu informieren. Wenn du schon eine Therapie machst, frag deine Therapeutin/deinen Therapeuten, ob sie nicht eine Gruppe für Partnerinnen oder Partner anbieten wollen.

Es gibt noch nicht viele Stellen, an die PartnerInnen sich wenden können, aber es lohnt sich, ein Netzwerk von HelferInnen aufzubauen. Die Möglichkeit, zu reden und zuzuhören, kann eine große Erleichterung sein. Ein Mann dazu: »Du denkst, bei dir stimmt was nicht – du verlangst zuviel, bist zu ungeduldig –, und dann hörst du, daß es allen anderen genauso geht. Als ob eine Last von deinen Schultern fallen würde. Du kannst aufhören, dich als Vergewaltiger zu fühlen, bloß weil du Sex willst. Du brauchst dir nicht mehr so mies vorzukommen.«

Mit-Abhängigkeit

Jeder warmherzige Mensch fühlt den Schmerz eines anderen, den er oder sie liebt, aber übertriebene Identifikation mit dem Schmerz der Überlebenden ist nicht gesund. Manche PartnerInnen beschäftigen sich lieber mit den Problemen der Überlebenden als mit ihren eigenen. Wenn du in deiner Herkunftsfamilie die Rolle derjenigen hattest, die sich um alles kümmerte, machst du das jetzt vielleicht aus Gewohnheit.

Die Partnerinnen von Alkoholikern können ebenfalls abhängig sein – nicht von Alkohol, sondern von dem Alkoholiker in ihrem Leben, von der aufwendigen Fürsorge, die sie davor bewahrt, sich mit ihren eigenen Problemen auseinandersetzen zu müssen. Wenn das dein Muster ist, ist eine – schwierige, aber notwendige – Änderung deiner Perspektive notwendig, damit du lernst, zwischen den Gefühlen, Wünschen oder Bedürfnissen deiner Partnerin und deinen eigenen zu unterscheiden.[2] Sorge dafür, daß du Zeit für dich allein hast, damit du dich unabhängig von deiner Partnerin und ihren Problemen kennenlernst (mehr über die Sucht, gebraucht zu werden unter »Trennung«, auf Seite 218).

---

[2] Al-Anon, die Selbsthilfegruppe für Angehörige von AlkoholikerInnen, kann hier sehr hilfreich sein. Viele PartnerInnen sind zu Treffen von Al-Anon gegangen und haben davon profitiert, auch wenn Alkohol nicht unmittelbar eine Rolle in ihrer Beziehung gespielt hatte.

Verwöhn dich ein bißchen

Viele, wenn nicht die meisten, haben den wichtigsten emotionalen Kontakt und die wichtigste Freundschaft mit ihrem Partner/ihrer Partnerin. Aber während ihrer Heilung hat deine Partnerin vielleicht nicht die Zeit, die Energie, die Fähigkeit oder den Wunsch, deine Bedürfnisse zu erfüllen. Es ist ganz wichtig, daß du als Partnerin oder Partner einer Überlebenden und auch als selbständige Person nicht für alle deine Streicheleinheiten ausschließlich auf deine Geliebte und deine Familie angewiesen bist.

Knüpfe mit Menschen außerhalb deiner Beziehung ernsthafte Kontakte, und such dir eigene Beschäftigungen. Überleg dir, was dir guttut und wozu du regelmäßig Lust hast. Wenn du bisher der Meinung warst, daß nur gemeinsame Unternehmungen Spaß machen, mußt du möglicherweise deine Einstellung ändern, damit du nicht glaubst, daß dir etwas weggenommen wird, und dich ärgerst.

Eine Partnerin erzählte, sie und ihre Geliebte hätten früher immer zusammen Rucksacktouren unternommen, aber jetzt sei die Geliebte so sehr mit anderen Überlebenden und Selbsthilfegruppen beschäftigt, daß sie nicht mehr mit ihr wegfahren wolle. Die Frau war enttäuscht, beschloß aber, eine Rucksacktour mit einer Freundin zu machen. Sie vermißte zwar die Geliebte und war wohl auch traurig, daß sie nicht dabei war, aber die Tour machte ihr viel mehr Spaß als das Herumsitzen zu Hause.

Ellen ist Partnerin einer Überlebenden und hat davon profitiert, daß sie gelernt hat, auch allein zu genießen:

> Ich persönlich bin fast arbeitssüchtig. Wenn ich einen Abend mit meiner Geliebten verbringe, schalte ich den Anrufbeantworter an, schließ die Tür zu meinem Arbeitszimmer und entspann mich. Aber wenn sie weg ist oder allein sein will, lande ich irgendwann an meinem Schreibtisch und »erledige noch schnell ein paar Sachen«. Vor kurzem ist mir klar geworden, was das für eine unbefriedigende Angewohnheit ist: Wenn sie nicht verfügbar ist, fühl ich mich also nicht nur ihrer Gesellschaft beraubt, sondern auch meines Vergnügens und meiner Entspannung.
>
> In den vergangenen Monaten hab ich mir erlaubt, mich abends zu entspannen, wenn ich allein war. Ich kann jetzt Radio hören, sticken, ins Kino gehen oder einen Roman im Bett lesen. Alles Dinge, zu denen ich tagsüber kaum komme. Ich hab gemerkt, daß ich gern allein zu Hause bin, lausche, wie meine Tochter im Nebenzimmer schläft, und die Katze auf meinen Schoß einlade, um sie ein bißchen zu streicheln. Wenn ich einschlafe, fühle ich mich verwöhnt, ganz, zufrieden mit mir und meinem Leben.

Verbündet euch

Du darfst unter gar keinen Umständen vergessen, daß deine Partnerin die Schwierigkeiten, mit denen ihr jetzt beide zu kämpfen habt, nicht verursacht hat.

> Ich hab ihr nie vorgeworfen, sie würde unsere Beziehung mit dem Inzest belasten. Das wäre zu billig gewesen, einfach total gemein, so etwas zu denken. Es stimmt auch nicht. Ihr Vater hat das getan. Nicht sie. Sie hatte keine Liste mit ihren technischen Daten dabei, als wir uns kennenlernten. Keine von uns wußte, was auf uns zukommen würde. Für mich gehört es einfach zum Wachsen und Vertrauen und Sich-Entdecken dazu, und das lag eben hinter einer Tür. Das war Teil des Ganzen.

Obwohl es die Überlebende ist, die mißbraucht wurde, beeinflußt der Mißbrauch auch dein Leben und wird auch zu deiner Angelegenheit. Viele PartnerInnen reagieren verärgert, wenn sie merken, daß sie sich mit Mißbrauch beschäftigen müssen, aber sie zögern vielleicht, diesen Ärger auszudrücken. Ellen hat das in ihrer Beziehung erlebt:

> Als meine Geliebte und ich mitten in den Schwierigkeiten steckten, ermutigte sie mich ständig, es ihr zu sagen, wenn ich ärgerlich wäre. »Halt das nicht zurück«, beharrte sie. »Ich will wissen, wenn du sauer bist.«
> Aber es fiel mir schwer, meinen Ärger zu zeigen. Ich wollte Verständnis für alles haben und ihr eine große Hilfe sein. Schließlich war ich ja Expertin für diese Heilungsprozesse. Hatte ich nicht schon Hunderten von Frauen geholfen, das durchzustehen? Wie konnte ich bloß sauer auf meine Geliebte sein?
> Aber natürlich *war* ich sauer. Und gleichzeitig war ich auf ihrer Seite. Ich war eine ganze Frau, mit vielen unterschiedlichen Reaktionen. Und alle, nicht nur die verständnisvollen, hatten ihre Berechtigung und mußten gezeigt werden.

Es ist sehr wichtig, daß du, während ihr mit all diesen Problemen zu kämpfen habt, deine Gefühle offen mitteilst und auch respektierst. Ihr habt beide, du und deine Partnerin, ernstzunehmende Gefühle und Bedürfnisse. Keine von euch hat Unrecht oder ist schuld. Wenn ihr euch als Verbündete begreifen könnt, mit einem gemeinsamen Problem, anstatt als Gegner in einem Kampf, stehen euch auch Möglichkeiten offen, euren unterschiedlichen Bedürfnissen gerecht zu werden.

Kommunikation

Kommunikation ist für eine gesunde Beziehung unerläßlich. Sie ist wichtig, wenn alles gut läuft, und unverzichtbar, wenn ihr größere Probleme habt. Du mußt deiner Partnerin sagen, wie es dir geht, was du denkst, was in dir vorgeht. Und sie muß dir das auch mitteilen. Kommunikation ist die Basis für Verständnis, Mitgefühl und konstruktive Problemlösungen.

Roger erzählt

Irgendwann wurde die Kommunikation zwischen uns immer spärlicher. Karen machte seit einiger Zeit eine Therapie. Wenn sie wiederkam und ich fragte sie, wie es war, sagte sie immer: »Es tut mir zu weh, davon zu erzählen. Es ist zu anstrengend. Ich will nicht darüber reden.« Dann kam bei mir wieder der alte Mist hoch, und ich fühlte mich zurückgestoßen: Wenn sie mir nicht vertrauen konnte, mußte ich wirklich ein Monster sein.

Ich brauchte einfach mehr Kommunikation mit ihr. Sie mußte mehr auf meine Bedürfnisse achten. Ich brauchte genausoviel Unterstützung und Zuwendung, wie ich gab. Irgendwann explodierte ich. Von diesem Ausbruch sprechen wir heute noch. Ich sagte: »Allgemeine Information reicht mir nicht. Du mußt mir sagen, was du durchmachst. Und du mußt dich auch damit beschäftigen, was bei mir passiert! Ich will Kommunikation, und ein Nein werde ich nicht hinnehmen!« Ich wußte, ich mußte mich durchsetzen. Das war wirklich Zündstoff, denn Karen fühlte sich bedroht, aber ich ließ nicht zu, daß wir uns noch weiter voneinander entfernten.

Danach änderte es sich. Wir sprachen mehr miteinander. Und seitdem hab ich auch wieder mehr Hoffnung. Ich hab eine Vorstellung davon, wo sie steht und was ihr nächstes Ziel ist und wo wir uns in diesem Heilungsprozeß gerade befinden.

Lerne zu bitten

Auch mit einem Kreis von HelferInnen und FreundInnen um dich wird es Zeiten geben, in denen du die Aufmerksamkeit deiner Partnerin willst und brauchst und niemand sie ersetzen kann. Vielleicht willst du, daß ihr Zeit zusammen verbringt, willst die Bestätigung, daß sie dich liebt, oder Unterstützung bei einem deiner eigenen Probleme. Auf jeden Fall mußt du darum bitten.

Vielen PartnerInnen fällt das schwer. Du hast vielleicht Angst, Ansprüche zu stellen, oder das Gefühl, die Überlebende sei zu wenig belastbar. Aber ein Bedürfnis ausdrücken ist nicht dasselbe wie eine Forderung stellen. Deine Bedürfnisse zu benennen ist die wirksamste Art der Kommunikation. Das ist nicht immer leicht, wie ein Mann erzählt:

> Ich bat immer, indem ich mich beschwere: »Du hast mir schon ewig nicht mehr gesagt, daß du mich liebst« oder »Jetzt hast du schon vier Tage lang nicht mit mir geschlafen. Montag hattest du Unterricht, am Dienstag warst du im Kino ...«. Sofort fühlte meine Frau sich angegriffen. Sie hatte das Bedürfnis, sich zu verteidigen, anstatt sich zu öffnen. Ich hatte einfach Angst zu sagen: »Ich möchte dir gern nahe sein« oder »Es wär toll, wenn du mir den Rücken massieren würdest« oder »Ich bin so unsicher. Sagst du mir bitte, daß du mich liebst?«. Kritik auszusprechen fiel mit leichter, als meine Bedürfnisse anzumelden.

Auch wenn deinen Wünschen nicht immer entsprochen wird, verbesserst du doch deine Chancen, indem du auf eindeutig nicht bedrohliche Art fragst. Wenn du dir zum Beispiel von ihrer Seite mehr Aufmerksamkeit wünschst, könntest du deine Partnerin bitten, einen Abend pro Woche für dich zu reservieren, nicht, um über sexuellen Mißbrauch zu sprechen, sondern um einfach nur entspannt mit dir zusammenzusein. An anderen Tagen wirst du dann in dieser Hinsicht keine Erwartungen mehr haben. Vielleicht ist sie einverstanden. Wenn nicht, kannst du ihr eine Stunde oder sogar zehn Minuten vorschlagen. Im letzten Anlauf könntest du fragen: »Bist du zur Zeit in der Lage, mir irgend etwas zu geben?« In schwierigen Phasen kann die Antwort nein lauten, aber wahrscheinlich wird sie meistens zumindest zu einem kurzen Zusammensein imstande sein.

Es gibt PartnerInnen, die monate- und jahrelang gekämpft haben, ohne jemals herauszufinden, was die Überlebende ihnen geben könnte. Es kommt dir vielleicht riskant vor zu fragen, was du genau erwarten kannst und was nicht. Offen darüber zu reden – zu verhandeln –, empfindest du irgendwie als geschäftsmäßig oder kalt. Eventuell hast du auch Angst vor einer Abfuhr. Aber vielleicht ist die Überlebende erleichtert, klar und ohne Kritik zu hören, was du brauchst. Und wenn ihr nicht miteinander redet, könnt ihr auch keine Lösung finden.

Im übrigen ist schon das Reden über eine Schwierigkeit oft ein erster Schritt zur Lösung des Problems.

Grenzen setzen

Wenn du dir vorgenommen hast, deine Partnerin zu unterstützen, heißt das nicht, daß du jetzt bei jeder Krise zur Verfügung stehen und dich um jedes Bedürfnis kümmern mußt. Alles hat seine Grenzen, und für dich gelten deine Grenzen. Wenn du versuchst, mehr zu geben, als du kannst, bist du garantiert irgendwann unzufrieden und verärgert und schmälerst dadurch den Wert dessen, was du gegeben hast. Es ist viel besser, ehrlich zuzugeben, wenn du nicht für sie dasein kannst, ihr zu sagen, daß du sie liebst und an sie glaubst, und dein eigenes Leben weiterzuleben.

Du kannst nicht von dir erwarten, daß du dich um alles kümmerst, nur weil die Überlebende von einem schweren Trauma heilen muß. Eine Beziehung schließt immer zwei Personen ein, auch wenn eine der beiden in einer Krise steckt, und du kannst dich nicht vollkommen zurücknehmen, ohne euch beiden zu schaden.

Vielleicht willst du nicht jede Einzelheit aus ihrem Heilungsprozeß hören. Eine Frau erzählt: »Sie hat furchtbare Dinge erlebt, und manchmal will ich es gar nicht wissen.« Diese Frau fühlt sich deswegen schuldig, aber wir sind alle nur Menschen. Du tust dein Bestes und hast daher auch das Recht, nein zu sagen, genau wie sie.

Wir haben alle unterschiedliche Grenzen. Mach nicht erst den Mund auf, wenn deine Grenze überschritten ist. Sonst bist du bestimmt verärgert, und eure Kommunkation wird noch schlechter. Melde dich lieber, wenn sich deine Grenzen abzeichnen.

Wie sollst du mit ihren Schmerzen, ihrem Kummer und ihren Depressionen umgehen?

Zur Heilung von sexuellem Kindesmißbrauch gehört auch, daß die Überlebende die Schmerzen und den Kummer aus der Zeit ihrer frühen Verwundung spürt. Bei einigen Überlebenden verbirgt sich das alles in einer große Drepression, was für PartnerInnen sehr schwierig sein kann: »Es ist schlimm, soviel Schmerz zu sehen und so hilflos zu sein.«

Die Leute meinen häufig, sie müßten etwas tun, um jemandem bei der Linderung seiner/ihrer Schmerzen zu helfen: Aber oft läßt sich da nicht viel machen. Es gibt einfach Schmerz, der unvermeidlich ist. Dazu gehört auch die Arbeit der Überlebenden an ihrer Veränderung. Du sollst nicht den Schmerz lindern; deine Aufgabe ist es, in harten Zeiten eine liebevolle Partnerin oder ein liebevoller Partner zu sein.

- **Hör zu.**
  Setz dich zu ihr, und laß sie reden.
- **Versuch zu verstehen.**
  Zeig soviel Mitgefühl, wie du kannst.
- **Frag sie, was sie braucht.**
  Sei besonders lieb zu ihr.
- **Ignorier es nicht einfach.**
  Gib ihren Gefühlen Raum.
- **Versuch nicht, zu beschwichtigen und zu lindern.**
- **Beruhige sie.** Sag ihr, daß ihre Gefühle richtig und wichtig sind.
- **Laß dir selber helfen, wenn du merkst, daß es dir an die Nieren geht.**
- **Sei geduldig.**
- **Entlaste sie, wann immer du kannst.** Übernimm zusätzliche Arbeiten im Haushalt. Kümmer dich mehr um die Kinder. Koch ihr was zu essen.

Indem du dich so verhältst, hilfst du der Überlebenden nicht nur, sondern schenkst ihr auch etwas, was ihr vielleicht unbekannt ist: das Erlebnis einer gesunden, konstruktiven Beziehung.

Krisenzeiten

Für viele Überlebende gibt es eine Zeit, in der der Schmerz jedes andere Gefühl ausschaltet. Diese Krisenzeiten kommen oft gleichzeitig mit den ersten Erinnerungen, oder wenn die Überlebende zum ersten Mal die Langzeitfolgen ihres Mißbrauchs klar übersieht oder den Menschen gegenübertritt, die sie verletzt haben. In einer solchen Krisenphase hast auch du viel zu tun (siehe »Chaos«, Seite 57). Es kann sein, daß deine Partnerin nicht in der Lage ist, ihr alltägliches Leben zu bewältigen, sie kann nur noch wenigen ihrer Bedürfnisse gerecht werden und deinen schon gar nicht.

Es ist sehr belastend, eine Frau zu lieben, die unter so großen Schmerzen leidet. Auch wenn du gut auf dich selbst aufpassen kannst, läßt dich das Zusammensein mit jemandem, die sich so quälen muß, nicht ungeschoren. Vielleicht ist die Überlebende außerdem noch böse auf dich. Sie gibt dir die Schuld oder sucht Streit mit dir. Vielleicht fühlst du dich überfordert von den zusätzlichen Aufgaben, die du übernommen hast: die Kinder beruhigen, die Therapie bezahlen, finanziell für sie einspringen, wenn sie nicht arbeiten kann. Und vielleicht hast du Angst und weißt nicht, was tun.

In einem Workshop beschrieb ein Mann seinen Zwiespalt und seine Schuldgefühle, wenn er hin- und hergerissen wurde zwischen der Sorge um seine Frau und der Sorge um sein Kind: »Es kann zum Beispiel sein, daß meine Frau am Samstagnachmittag total hysterisch wird. Ich will sie trösten, aber unsere vierjährige Tochter ist da und leidet unter dem Ganzen. Also geh ich mit meiner Tochter nach draußen – spazieren oder so –, aber ich hab dann so ein schlechtes Gewissen. Ich bin nicht bei meiner Frau und helf ihr nicht. Aber ich kann das Kind doch nicht allein lassen.« Alle in der Gruppe beeilten sich, ihm zu versichern, daß er das Richtige tat. Er kümmerte sich um das Kind und gab seiner Frau Raum, ihre Gefühle zu erleben. Wer sich um das Kind einer Mutter kümmert, die sich in einer Notlage befindet, hilft dieser Mutter. Der Mann war beruhigt, daß er seine Frau nicht im Stich ließ, aber trotzdem war sein Leben immer noch in Aufruhr. »Das kann jederzeit passieren, jeden Tag«, sagte er.

Ein anderer Mann: »Ich weiß, was du meinst. Wenn ich nach Hause komm, weiß ich nie, was mich erwartet. Es ist überhaupt nicht vorherzusehen.«

Und wieder ein anderer: »Ich dachte, ich hätte eine vernünftige Beziehung mit einem vernünftigen Menschen.«

Es ist ganz wichtig, immer daran zu denken, daß eine solche Krise nicht ewig dauert. Sie ist Teil des Heilungsprozesses. Am besten sorgst du dafür, daß ihr beide Unterstützung bekommt und Möglichkeiten findet, auf euch aufzupassen.

Was du bei Selbstmordgefahr tun kannst

Wenn die Überlebende von Selbstmord spricht, Selbstmordversuche hinter sich hat, große Mengen Medikamente, Drogen, Alkohol zu sich nimmt, sich selbst verletzt oder leichtsinnig Auto fährt, ist ihr Leben in Gefahr. Versuch nicht, allein damit zurechtzukommen. Hol Hilfe.

Ruf beim Krisentelefon oder bei der Telefonseelsorge an. Laß dir unbedingt die Telefonnummern der Therapeutin der Überlebenden und der Frauen ihrer Selbsthilfegruppe geben. Ruf dort an. Wenn die Überlebende keine Kontakte hat, werde selbst aktiv, und hilf ihr, gute Leute zu finden, die sie unterstützen. Vereinbare fest mit ihr, daß sie dich oder ihre Therapeutin anruft, bevor sie versucht, sich umzubringen.

Es ist unmöglich, jemanden von Selbstmord abzuhalten, wenn sie oder er dazu entschlossen ist; aber diese Maßnahmen können helfen, der Überlebenden in Zeiten akuter Verzweiflung Halt zu geben. (Mehr zu diesem Thema unter »Bring dich nicht um«, Seite 186.)

Alles unter Kontrolle?

Überlebende haben oft den Drang, alles bis ins Detail zu kontrollieren. Vielleicht hast du den Eindruck, daß deine Partnerin alles selbst bestimmen muß: wann und ob ihr sexuellen Kontakt habt, wie ihr eure Kinder erzieht bis hin zu den Kleinigkeiten des täglichen Lebens, wann und wohin ihr essen geht, welchen Film ihr seht, wo ihr ein Bild an die Wand hängt. Manchmal ist dieses Verhalten offensichtlich, manchmal auch weniger ausgeprägt: zum Beispiel wenn schlechte Laune und mangelndes Interesse dazu dienen, die Oberhand zu behalten.

FÜR PARTNERINNEN UND PARTNER

Du hast es hier mit einem Überlebensmechanismus zu tun, der früher für deine Partnerin absolut notwendig war. Und inzwischen handelt es sich um eine fest eingefahrene Gewohnheit. Wenn du darauf hinarbeiten willst, daß ihr in eurer Beziehung beide gleichermaßen bestimmt, fang damit an, bewußt wahrzunehmen, wie tief dieses Bedürfnis bei ihr verwurzelt ist. Sie ist großgeworden mit der Erfahrung, von einem Erwachsenen mißbraucht worden zu sein, der sich nicht unter Kontrolle hatte und gegen den sie sich nicht durchsetzen konnte. Jetzt hat sie das Gefühl, es sei absolut notwendig, ihr Leben im Griff zu haben. Nur wenn die Überlebende merkt, daß du dieses Bedürfnis verstehst, wird sie in dieser Hinsicht allmählich gelassener werden können.

Geh davon aus, daß sich das nur langsam ändern kann, aber teile deine Bedürfnisse mit. Du kannst zum Beispiel klar sagen, daß sich für dich etwas ändern muß, aber erwarte nicht, daß alles nach deinen Vorstellungen geht. Wenn du mehr Zeit mit deiner Partnerin verbringen willst, versuch zu sagen: »Ich brauch mehr Zeit mit dir zusammen. Wie können wir das machen?« anstatt »Du mußt mit dieser Gymnastik aufhören. Du bist zu oft abends nicht zu Hause«.

Wenn ihr Bedürfnis, sich durchzusetzen, zur Zeit besonders groß ist, kannst du ihr anbieten, mit dir darüber zu reden, was los ist. Falls sie sich in irgendeiner Hinsicht hilflos fühlt, vor etwas Angst hat oder gerade in einer Krise steckt, kann sich ihr Bedürfnis nach Kontrolle verstärken. Oft hilft es dann, ihre Ängste einfach ernst zu nehmen und darüber zu sprechen.

Vertrauen

Sexuell mißbrauchte Kinder sind nicht mehr in der Lage zu vertrauen. Dieses Vertrauen muß jetzt langsam wieder aufgebaut werden. Du kannst nicht einfach sagen: »Vertrau mir, komm schon, vertrau mir doch« und erwarten, daß deine Partnerin sich einen Ruck gibt und dir plötzlich vertraut. Wenn sie das so einfach könnte, hätte sie es schon getan. Den Übergang vom Nichtvertrauen zum Vertrauen muß sie Schritt für Schritt vollziehen (lies »Lernen zu vertrauen«, Seite 209).

Gleichzeitig mußt *du* dir bewußt sein, in welcher Beziehung du vertrauenswürdig bist und in welcher nicht. Sei ganz ehrlich: Worin kann sie dir unbedenklich vertrauen? Wo bist du nachlässig oder unzuverlässig? Rücksichtslos oder ängstlich? Gibt es einen Bereich, in dem du sicher meinst, absolut zuverlässig zu sein, egal, was passiert? Wenn du zum Beispiel pünktlich sein sollst, würdest du lieber eine Stunde zu früh kommen als fünf Minuten zu spät?

Um Vertrauen aufzubauen, müßt ihr zusammenarbeiten. Versuch, ein konkretes Angebot zu machen: »Ich gieß deine Blumen, wenn du im Urlaub bist. Du kannst mir genau sagen, was jede Pflanze braucht, und ich mach das dann ganz sorgfältig.« Oder: »Bitte, vertrau mir, wenn ich anbiete, dich zu massieren, daß ich nicht versuchen werde, dich zu verführen.« Oder: »Ich möchte dir etwas versprechen: Ich werde in Zukunft montags und freitags abends das Abendessen kochen, weil du an diesen Tagen lange arbeitest. Es wird nicht immer etwas Besonderes sein, aber wenn du nach Hause kommst, wird etwas auf dem Tisch stehen.« Du kannst hinzufügen: »Du kannst dich wirklich darauf verlassen.«

Wenn du dein Versprechen hältst, wird sie das beeindrucken. Und wenn du das immer wieder tust, schaffst du Vertrauen.

Verwechslung mit dem Mißbraucher

Oft sehen Überlebende die Person, mit der sie eine Beziehung haben, als ihren Mißbraucher an. Eine ganze Reihe von Dingen kann diese Gleichsetzung auslösen: eine bestimmte Geste, größere Nähe, sexuelle

Leidenschaft, Zorn. Wenn du merkst, daß die Überlebende nicht mehr auf dich reagiert, sondern auf den Mißbraucher aus ihrer Vergangenheit, mußt du sofort einhaken: »Was ist los? Hat dich etwas erschreckt?« Oder einfach: »Wo bist du?«

Kennt ihr die Auslöser erst einmal und könnt sie zu ihrem Ursprung zurückverfolgen, fällt es euch leichter, die Gegenwart von der Vergangenheit zu unterscheiden. Phil erzählt:

> Schon lange hatte Barb mich darum gebeten, mir einen Bart wachsen zu lassen. Sie erzählte mir ständig, wie attraktiv ich dann aussehen würde. Ich war nicht sehr begeistert von der Vorstellung, aber ich fing an, ihn wachsen zu lassen.
>
> Etwa ein halbes Jahr später sagte ich Barb, daß ich daran dächte, ihn wieder abzuschneiden. Sie brach plötzlich in Tränen aus und erzählte mir, das Haar in meinem Gesicht helfe ihr, den Kontakt zur Gegenwart nicht zu verlieren, wenn ab und zu Erinnerungsblitze von ihrem Vater und dem Mißbrauch in unser Liebemachen einbrächen (Barbs Vater war immer glattrasiert). Ich glaub nicht, daß Barb die Bedeutung meines Bartes vor unserem Gespräch ganz bewußt war. Mir ganz bestimmt nicht. Jetzt sah ich meinen Bart aus einer völlig anderen Perspektive. Inzwischen macht es mir richtig Spaß, ihn unterschiedlich zu stutzen und zu trimmen. Aber wichtiger ist, daß ich eine weitere Möglichkeit gefunden habe, etwas für Barb zu tun.

Ihre Entschlossenheit, den Mann, den sie liebte und mit dem sie Liebe machen wollte, von ihrem Vater, der sie belästigt hatte, zu unterscheiden, hatten beide zunächst nicht erkannt.

Wenn der Schuh paßt ...

Ellen erläuterte in einem Workshop für Partner, wie Überlebende oft ihren Partner mit dem Mißbraucher gleichsetzen. Ein Mann bestätigte das für seine Beziehung ausdrücklich. Ellen vergaß allerdings hinzuzufügen, daß Partner manchmal tatsächlich gewalttätig *sind*.

Ein Jahr später erzählte ihr die Frau dieses Workshopteilnehmers, daß jedesmal, wenn sie versuche, ihrem Mann klarzumachen, daß er sie mißbrauche, dieser sie an Ellens Aussage verweise, nach der Frauen ihren Partner mit dem Mißbraucher gleichsetzen würden. Das war nun seine Ausrede geworden, um sich nicht ändern zu müssen.

Schließlich hörte er aber doch auf sie und schloß sich einer Gruppe für Männer an, die ihre Frauen geschlagen hatten. Danach besserte sich ihre Beziehung deutlich.

Wie viele andere Männer war auch dieser nicht offen gewalttätig. Aber er verhielt sich auf subtile Weise bedrohlich, und sein machtausübendes Verhalten war für die Beziehung destruktiv.

Vor allem in heterosexuellen Beziehungen ist ein Machtgefälle Teil der Beziehungsstruktur. Ein gewisses Maß an Herablassung oder Macht Frauen gegenüber wird in unserer Gesellschaft als normal akzeptiert. Auch wenn du kein gewalttätiger Mann bist, provoziert dich vielleicht die Vorstellung, in deiner Familie das Machtgefälle abzubauen. Wenn sich eure Beziehung weiterentwickeln soll, ist das aber absolut notwendig.

Lesbische Beziehungen sind in der Regel gleichberechtigter, aber auch sie sind nicht immun gegen Gewalttätigkeit und Drohungen. Wenn in eurer Beziehung mißbrauchendes Verhalten vorkommt, braucht ihr beide sofort Hilfe.

Die Familie der Überlebenden

Die Gefühle der Überlebenden ihrer Familie gegenüber sind verständlicherweise vielschichtig, und sie findet sich nur schwer darin zurecht. Die Mutter, die sie nicht beschützte, deckte sie nachts auch gut zu und sang sie in den Schlaf. Der Bruder, der sie vergewaltigte, war selbst Opfer des Mißbrauchs durch die Eltern. Möglicherweise ändern sich ihre Gefühle im Laufe ihrer Heilung mehr als einmal.

Auch deine Gefühle können kompliziert sein. Vielleicht empfindest du Loyaliät oder Liebe für die Familie der Überlebenden. Wenn der Mißbraucher jemand ist, den du respektierst, kannst du dir vielleicht nur schwer vorstellen oder gar nicht glauben, daß er diese schreckliche Gewalttat verübt hat. Vielleicht möchtest du, daß die Überlebende dem Täter oder anderen Verwandten verzeiht oder daß deine Beziehungen zu der Familie der Überlebenden unverändert bleiben.

Aber das ist nicht möglich. Im Gegenteil ist es wichtig, daß du den Täter in keiner Weise in Schutz nimmst. Es ist Sache der Überlebenden, und nur der Überlebenden, zu entscheiden, welche Beziehung sie zu dem Mißbraucher haben will, zu den Leuten, die sie nicht beschützt haben oder zu jemand anderem in der Familie, der jetzt ihr Heilen nicht respektiert.

Wenn du das Gefühl hast, du schuldest dem Täter Loyalität, mußt du mit jemand über Deine Gefühle sprechen. Wende dich in diesem Fall nicht an die Überlebende. Sie sollte dich nicht überzeugen müssen, daß der Täter die Schuld trägt oder daß sie ein Recht auf ihren Zorn hat.

Wenn du andererseits so außer dir vor Wut bist, daß du den Täter umbringen könntest, nimmst du der Überlebenden möglicherweise den Raum, den sie braucht, um ihren eigenen zwiespältigen Gefühlen nachzugehen. Sie darf zwar das, was mit ihr geschehen ist, nicht unterschätzen, aber normalerweise dauert es einige Zeit, bis Frauen ihrer Wut freien Lauf lassen.

Manchmal meinen die PartnerInnen von Überlebenden, sie sollten keinen Zorn auf Täter oder Familienmitglieder entwickeln, vor allem wenn die Überlebende noch nicht wütend ist. Aber dein Zorn kann hilfreich sein und das Aufkommen ihres eigenen Zorns beschleunigen. Sie muß hören, daß sie ein Recht auf ihre Wut hat, daß es ungefährlich ist, wütend zu sein, und daß du wütend darüber bist, daß sie verletzt worden ist.

Obwohl du sie keinesfalls mit deinen eigenen Reaktionen überwältigen darfst, ist dein Zorn berechtigt und letzten Endes zu ihrem Besten. Wenn sie dir sagt, daß sie davon nichts hören will, respektiere ihre Bitte, aber suche dir andere GesprächspartnerInnen. Du wärst nicht zornig, wenn du nicht um sie besorgt wärst. Das gehört zur Liebe.

Familiäre Beziehungen pflegen

Manchmal fällt es schwer zu verstehen, warum eine Überlebende den Wunsch hat, den Kontakt zu Menschen aufrechtzuerhalten, die sie mißbraucht oder vernachlässigt haben. Aber letztendlich ist es ihre Entscheidung, ob sie überhaupt eine Beziehung zu ihrer Familie haben will und wenn ja, was für eine.

Du mußt allerdings entscheiden, welche Rolle du dabei spielen willst. Du brauchst dich keiner Demütigung, Heuchelei oder Gefahr auszusetzen. Wenn die Überlebende will, daß du weiterhin freitags abends am Abendessen im Haus der Familie, die sie mißbraucht hat, teilnimmst, wenn sie will, daß du so tust, als sei nichts passiert, die Leute umarmst und Artigkeiten mit ihnen austauschst, und wenn dir bei dem ganzen Theater das Hühnchen im Halse steckenbleibt, dann kannst du ablehnen. Wenn die Überlebende möchte, daß der Bruder, der sie mißbraucht hat, für ein Wochenende zu Besuch kommt, kannst du über die Bedingungen verhandeln: Er kann tagsüber vorbeikommen, soll aber im Hotel schlafen; oder er kann kommen, wenn eure Mädchen im Pfadfinderlager sind; oder er kann kommen, aber du willst offen mit ihm reden können.

Will die Überlebende aber den Kontakt mit dem Täter oder ihrer Familie abbrechen, mußt du dich dieser Entscheidung anschließen, auch wenn du nicht begeistert bist. Weiterhin auf freundschaftlichem Fuß mit jemandem zu verkehren, der deine Partnerin mißbraucht hat oder der die Familienfassade aufrechterhält und den Mißbrauch abstreitet oder herunterspielt, ist Verrat.

Aktive Unterstützung
Du kannst vieles tun, um die Überlebende in ihrer Auseinandersetzung mit ihrer Familie zu unterstützen. Eine Partnerin liest immer die Briefe, die von der Familie ihrer Geliebten kommen. Wichtige Informationen gibt sie weiter und wirft den Breif dann weg. Auf diese Weise hat die Überlebende keinen ungewollten Kontakt. Eine andere Frau ging noch einen Schritt weiter und fing die Anrufe vom Vater ihrer Freundin ab:

> Meine Geliebte ist von ihrem Vater mißbraucht worden. Nachdem sie viele Jahre nicht miteinander gesprochen hatten, rief er eines Tages an. Sie war auf der Arbeit. Er sagte, er würde es abends noch mal versuchen. Sie war völlig fertig, fühlte sich überfallen und wollte nicht mit ihm sprechen. Ich konnte mir vorstellen, ans Telefon zu gehen, hatte aber Angst, sie würde denken, ich wollte mich einmischen und sie bevormunden. Ich dachte, schlimmstenfalls hält sie mich für mackerhaft, und nahm das in Kauf.
> Hinterher stellte sich heraus, daß sie dankbar war. Zum ersten Mal in ihrem Leben hatte jemand versucht, sie zu schützen, zum ersten Mal hatte jemand etwas für sie getan, ohne daß sie erst mühsam darum zu bitten brauchte. Sie war dankbar, und ich freute mich.

Phil schickt regelmäßig Briefe an die Eltern und Verwandten seiner Frau:

> Eine der Methoden, mit denen ich versuche, mit meinem Zorn und meiner Wut zurechtzukommen, ist, Briefe an Barbs Eltern und ihre anderen Verwandten zu schreiben und sie darin zur Rede zu stellen. Ich hab wirklich schon Stunden um Stunden vor meiner Textverarbeitung gesessen und jedes Wort und jeden Satz hin und her gedreht.

Wenn du eine Idee hast, wie du aktiv helfen könntest, frag die Überlebende zuerst, damit sie dir sagen kann, ob dein Vorschlag etwas bringt. Wenn sie gerade das nicht will, brauchst du dich nicht verletzt oder abgelehnt zu fühlen. Du bist hilfsbereit und versuchst es wenigstens, und wahrscheinlich weiß sie deine Absichten zu schätzen.

FÜR PARTNERINNEN UND PARTNER

Gespräch mit dem Vater meiner Geliebten

Im folgenden Brief stellt Carol Anne Dwight den toten Vergewaltiger ihrer Geliebten zur Rede, um damit ihrem eigenen Zorn Luft zu machen:

Lloyd Edwards,
ich möchte kurz mit Ihnen reden. Können wir einen Schritt zur Seite gehen? Nein. Wir brauchen nicht in ein anderes Zimmer zu gehen. Das geht so, danke. Ich mach mir Sorgen um Rhonda, Ihre Tochter.
Lloyd Edwards, Sie haben meine Geliebte vergewaltigt, als sie acht Jahre alt war.
Sie haben es sehr gut verheimlicht. Sie haben gelogen. Sie haben Rhonda belogen. Sie haben die Ärzte belogen. Und später haben Sie sich geweigert, darüber zu sprechen. Sie haben ein massives Kindheitstrauma heruntergespielt, einen Vorfall, der Rhondas Aussichten auf Geborgenheit in der Kindheit und einen sicheren Start in die Erwachsenenwelt zerstört hat. Sie haben ihr all diese Jahre und all ihr Glück gestohlen. Und Sie besaßen die bodenlose Unverschämtheit, sich wegen ihres Verhaltens, von dem wir heute wissen, daß es für sexuellen Kindesmißbrauch symptomatisch ist, eines Verhaltens, das Sie selbst verursacht haben, von ihr loszusagen.
Lloyd Edwards, für all das tragen Sie die Verantwortung. Sie sind verantwortlich für ihren Drogenkonsum. Sie sind verantwortlich für ihre Prostitution. Sie sind verantwortlich für ihre Probleme mit Sexualität, Nähe und Vertrauen. Sie haben ihr die Kindheit verweigert, einen großen Teil ihres Erwachsenenlebens ruiniert und auch mein Leben erschwert. Das stimmt. Als Geliebte und Lebenspartnerin erbe ich einiges von den »Auswirkungen«, die Sie verursacht haben. Nein, ich bin noch nicht fertig. Ich fürchte, Sie müssen noch weitere Beschimpfungen ertragen, Herr Vergewaltiger. Ich hasse Sie, weil Sie die Fähigkeit meiner Geliebten, mir zu vertrauen, beeinträchtigt haben. Ich hasse Sie, weil Sie sie verletzt, vergewaltigt, belogen haben, als sie so verwundbar war. Am meisten hasse ich Sie, weil Sie tot sind, außerhalb meiner Reichweite oder der Reichweite des Gesetzes. Wie können Sie es wagen, sich diesem Urteil zu entziehen!! Weg, ungestraft, nicht mehr bloßzustellen, zu demütigen, keine Buße, Entschuldigung, Erklärung. Wie können Sie es wagen, tot zu sein!
Ich hasse Sie für die Schuldgefühle, die ich habe, wenn ich mich verzweifelt bemühe, Rhonda nicht zu verletzen. Ich hasse Sie, weil ich so vorsichtig sein muß, wenn ich mit meiner Geliebten zärtlich sein, mit ihr schlafen will. Ich hasse Sie, weil Sie es mir so schwer gemacht haben, sie davon zu überzeugen, daß sie auf sich aufpassen muß. Ich hasse Sie für die ungeheure Last, die ich in dieser Beziehung zu tragen habe.
Von mir gibt es keine Vergebung und kein Mitleid. Keine Ihrer guten Taten wird die Vergewaltigung Rhondas wieder gutmachen. Die Möglichkeit, daß auch Sie vielleicht als Kind mißbraucht worden sein könnten, mildert mein Urteil nicht. Wenn Sie noch lebten, würde Rhonda Ihre Entschuldigung, Erklärung, Entschädigung, Liebe vielleicht annehmen – das müßte sie entscheiden. Aber wenn es nach mir ginge, kämen Sie vor Gericht.
So, jetzt bin ich fertig. Aber denken Sie daran, daß Rhonda nicht fertig ist. Vielleicht hat sie noch einiges mehr mit Ihnen zu besprechen.

Sexualität

Am Beginn der Reise: Ellen erzählt

»Ich will nicht, daß du jemals wieder mit mir schläfst, wenn du nicht willst. Ich will nicht, daß du mir etwas vormachst«, sagte ich sehr ernst zu meiner Geliebten. Wir waren damals seit mehr als einem Jahr zusammen. Sie war Überlebende, und ich wußte, daß ihr sexuelles Zusammensein, das sie nicht wollte, schadete.
Sie begann zu zittern: »Ich glaub, das kann ich nicht«, ihre Stimme überschlug sich fast. »Das ist zu hart, ich glaub, du kämst auch nicht damit zurecht.«
»Es ist aber wichtig, daß du nein sagst, wenn du nein sagen willst. Daß du mir gegenüber ehrlich bist und dir gegenüber auch.«
Sie sah mir in die Augen: »Du weißt nicht, um was du da bittest«.
Und damit hatte sie recht.
Aber auch wenn ich es gewußt hätte, hätte ich ihr dasselbe gesagt. Nur nüchterner, mit weniger optimistischer Begeisterung. Denn die gemeinsame Reise, die uns bevorstand, war schmerzhaft, anstrengend und schwierig. Und sie war es wert.

Sexuelle Probleme

Für die meisten Paare, bei denen eine oder beide Partnerinnen von sexuellem Kindesmißbrauch heilen, ist die sexuelle Beziehung besonders schwierig. Die Überlebende ist im Bereich der Sexualität mißbraucht worden, darum ist es nur logisch, wenn dieser besonders konfliktbeladen ist.
Wenn du verstehst, wie sexuelle Heilung abläuft, wird es dir leichterfallen, dich mit der Überlebenden zu verbünden. Viele Überlebende sind in bezug auf Sexualität gespalten: was sie in ihrem Innern spürten, paßte nicht zu dem, wie sie sich nach außen hin verhielten. Um zu heilen, muß die Überlebende aufhören, Dinge zu tun, die sie nicht wirklich fühlt.

Sexuelle Heilung erfordert Zeit, Aufmerksamkeit und die Bereitschaft innezuhalten, langsamer vorzugehen, sich alles immer wieder bewußt zu machen, so daß die Überlebende Zeit hat, die hochkommenden Gefühle, Erinnerungen und Bilder zu verarbeiten.

Wahrscheinlich wirkt sich das radikal auf euer sexuelles Zusammensein aus. Vielleicht will die Überlebende keinen sexuellen Kontakt. Oder nur unter sehr genau abgesprochenen Bedingungen oder nur auf eine ganz bestimmte Art und Weise. Vielleicht will sie dich nur berühren und selbst nicht angefaßt werden oder umgekehrt. Vielleicht will sie nur dann Liebe machen, wenn sie damit anfängt, wenn ihr einander vorher massiert oder nur wenn ihr Zeit habt, vorher oder danach miteinander zu reden. Und manchmal kommt es dir vielleicht so vor, als wollte sie Sexualität nur bei Neumond, wenn es schneit *und* die Kinder im Sommerlager sind.

Vielleicht hat die Überlebende Schwierigkeiten, beim Liebemachen dazubleiben. Partner erzählte: »Wir küssen uns und begehren uns, und dann hab ich plötzlich dieses komische Gefühl, daß ich ganz allein bin.« Vielleicht hat sie Erinnerungsblitze von ihrem Mißbrauch. Vielleicht muß sie plötzlich aufhören. Vielleicht fühlt sie plötzlich gar nichts mehr oder hat nicht die geringste Lust. Vielleicht hat deine Partnerin jetzt keine Orgasmen mehr. Oder sie schreit dabei hysterisch, weil sie mit gewaltigen Haßgefühlen, mit Entsetzen oder Traurigkeit in Kontakt kommt. Es kann sein, daß sie Angst vor Sexualität bekommt oder davon abgestoßen wird. Oder sie schwankt. Wie ein Partner sagte: »Das kommt mir vor wie ein Backofen, der an- und ausgeschaltet wird. Ich weiß bloß nicht, in welche Richtung ich drehen muß.«

FÜR PARTNERINNEN UND PARTNER

Frust: Rogers Geschichte

Wir haben lange hin und her probiert, um herauszufinden, welche Form von Sexualität ungefährlich war. Karen legte die Bedingungen fest. Sie inszenierte unser Liebesspiel, und ich paßte mich an, weil ich sie in ihrer Entfaltung unterstützen wollte.

Ich hatte das Gefühl, da war eine dicke Mauer und darin diese eine enge Zelle, in der wir uns nach bestimmten Regeln lieben konnten. Dann, und nur dann, war alles in Ordnung. Eine Weile schien es richtig hoffnungslos. Die Zelle wurde immer kleiner und kleiner. Es fiel mir sehr schwer, geduldig zu sein, weil ich keine Ahnung hatte, ob sie gerade die ersten zehn Prozent oder die letzten zehn Prozent bearbeitete. Es war, als ob sie sagen würde: »Ich werde an dieser Sache arbeiten. Du mußt den ganzen Sex eben so lange vergessen, bis ich fertig bin. Ich ruf dich dann an und sag dir Bescheid.« Ich wußte, es konnte Jahre dauern. Es kam mir wie eine Ewigkeit vor.

Es schien, als hätte ich nur zwei Möglichkeiten: entweder dichtzumachen oder zu gehen. Ich wollte nicht gehen. Und das Problem mit dem Dichtmachen war: Wenn sie endlich aus ihrem Mist herauskommt und dann steh ich da und hab total dichtgemacht – wie kommt sie dann an mich heran?

Am Anfang schluckte ich meine Bedürfnisse einfach runter und sagte: »Ich warte, bis ich dran bin«, aber dann merkte ich, daß immer jemand vor mir dran war und ich nie an die Reihe kam. Schließlich wurde mir klar, daß ich nicht weiter herumsitzen und geduldig warten und meinen Schwanz in die Schublade packen und einfach vergessen konnte, bis sie soweit war.

Kommunikation ist das beste Vorspiel

Wenn Paare anfangen zuzugeben, daß sie sexuelle Schwierigkeiten haben, sehen sie oft nur zwei Möglichkeiten: Sie schlafen weiter miteinander, als ob nichts wäre, oder sie sind ehrlich und hören damit auf. Wenn sich eine Überlebende vorgenommen hat, ehrlich zu sein, hört sie auf. Dann ist der Partner oder die Partnerin normalerweise verletzt oder wütend und zieht sich mehr oder weniger zurück. Zusätzlich zu ihren Problemen fühlt sich die Überlebende jetzt schuldig und allein.

Das ist ein guter Zeitpunkt, um miteinander ins Gespräch zu kommen. Stellt Fragen. Was ist passiert? Was hat sie verstört? Wann kam diese Gefühllosigkeit? Wann hat sie Angst bekommen? Hatte sie Erinnerungsblitze? Aber erstick sie nicht mit deinen Fragen. Vielleicht ist die Überlebende nicht sofort bereit, darüber zu sprechen oder braucht Zeit, um ihre Gefühle auf sich wirken zu lassen. Vielleicht will sie einen Tag oder zwei warten oder sofort damit herausplatzen. Wichtig ist, daß ihr beide einen Weg findet, über das, was geschehen ist, zu sprechen.

Eine Partnerin erzählt:

Schließlich sagte mir Jesse, ich sollte mich nicht immer einfach wegdrehen, wenn sie keine Lust auf Liebe hätte oder wenn sie währenddessen aussteige. Sie bat mich, mit ihr zu reden und ihr zu helfen, ihre Gefühle zu merken und auszudrücken. Diese unmittelbare Kommunikation half tatsächlich.

Jesse konnte ihre Gefühle langsam immer genauer bestimmen. Anstatt zu sagen: »Ich bin nicht sicher, ob ich Liebe machen will«, sagte sie jetzt: »Ich fühl mich im Moment sehr verschlossen. Ich hab Angst, mich zu öffnen und dich reinzulassen.« Oft merkte sie, daß sie nicht so sehr Angst vor Sexualität hatte, sondern vor der Nähe.

Wenn die Überlebende dir nicht erklärt hat, was sie von dir erwartet, frag nach. Wenn sie es nicht weiß, probiert es zusammen aus. Jede Überlebende hat vor etwas anderem Angst. Indem ihr miteinander redet, könnt ihr die bedrohlichen Aspekte und Möglichkeiten, sie zu überwinden, herausfinden.

WENN DU EINER ÜBERLEBENDEN HELFEN WILLST

Sei kreativ in bezug auf Nähe
Viele von uns sind es gewohnt, ihr Bedürfnis nach Nähe und Intimität durch Sex zu befriedigen. Nur über Sexualität fühlen wir uns wirklich geliebt und ohne sie blockiert. Zeitweise kannst du aber auch Trost und Nähe spüren, wenn dich dein Partner/deine Partnerin einfach im Arm hält oder dir Zärtlichkeiten sagt. Sanfte Entspannung ist vielleicht angebrachter als stürmische Leidenschaft, wenn du mitgenommen von einem schwierigen Tag nach Hause kommst oder wirklich müde bist. Wenn du erst einmal angefangen hast, die vielfältigen Möglichkeiten zu entdecken, die zu Nähe und Intimität führen, wirst du dich ungezwungener, freier und zufriedener fühlen.
Überleg dir, welche Bedürfnisse du durch Sexualität befriedigst. Wir alle brauchen Nähe und Intimität, Berührung, Bestätigung, Freundschaft, Zuneigung, Geborgenheit und Wärme, Vergnügen, intensives Erleben, Liebe, Leidenschaft, Entspannung. Mach dir Gedanken darüber, welche dieser Bedürfnisse du auch auf andere Weise befriedigen kannst.

Wie wär es denn mit . . . ?
Ellens Geschichte

Als meine Geliebte begann, Sex regelmäßig abzulehnen, merkte ich bald, daß ich es nicht hinnehmen konnte, wie sie einfach nein sagte, sich umdrehte und einschlief. Ich wollte *etwas*, von mir aus auch etwas anderes. Und je sexähnlicher, desto besser. Wenn sie nicht wollte, daß wir miteinander schliefen, dann könnte sie mich vielleicht im Arm halten, während ich mich selbst liebte. Wenn sie das nicht könnte, würde ich wollen, daß sie mit mir zusammen ein Bad nähme. Wenn das zu bedrohlich wäre, könnte sie mich vielleicht massieren. Und wenn das zuviel wäre, könnten wir vielleicht Hand in Hand einen Spaziergang machen. Und so weiter.
Und ich wollte auch nicht darum bitten müssen. Es war schwer genug, sie zu fragen und dann die Antwort nein zu bekommen. Ich wollte, daß sie den nächsten Schritt machte:
»Ich will, daß du mir etwas anbietest, irgend etwas, was du glaubst, daß du mir geben kannst. Du kannst sagen: ›Nein, ich will nicht mit dir schlafen, aber wir könnten uns ein bißchen küssen‹ oder ›Nein, aber ich liebe dich sehr‹ oder ›Nein, aber ich massier dir den Rücken.‹«
Das war hart für sie. Wenn sie nein sagte, hatte sie Schuldgefühle. Es fiel ihr schwer, etwas anderes anzubieten, und ihre Vorschläge kamen ihr immer so dürftig vor verglichen mit leidenschaftlichem Sex, den ich ja eigentlich wollte. Wenn sie nein sagte, fühlte sie sich oft überfordert – deswegen sagte sie ja auch nein –, und sie haßte es, sich mit meinen Gefühlen überhaupt beschäftigen zu müssen. Und jetzt bat ich sie, mir etwas zu geben, auch wenn sie das eigentlich gar nicht wollte, und bat sie, ständig daran zu denken, daß wir in dieser Beziehung zu zweit waren.
Am Anfang ging es nicht gerade glatt, aber meine Geliebte lernte es langsam. Nach einer besonders schlimmen Nacht fragte sie: »Soll ich Frühstück machen?« Ich hatte überhaupt keine Lust auf ihr blödes Frühstück. Ich wollte Sex. Aber sie hatte mir das angeboten, was sie im Moment zu bieten hatte. Und sie meinte es ernst. »Ja«, sagte ich. Und wir aßen zusammen unsere Omelettes, während Tina Turner im Radio »Let's stay together« sang. Wir weinten beide. Und ich lernte dabei, daß es Möglichkeiten gibt, einander nahe zu sein, Geborgenheit, Wärme und Liebe zu spüren, die nichts mit Sexualität zu tun haben.

So, jetzt hab ich alles versucht
Manche Bedürfnisse können einfach nur durch sexuelles Zusammensein befriedigt werden. Du willst eben auch Sex, Liebe machen, du willst, daß ihr beide genau auf diese Art zusammenkommt, bei der eure ganzen Körper ergriffen werden. Fußmassa-

FÜR PARTNERINNEN UND PARTNER

gen sind nicht genug. Du bist frustriert und verärgert. Gut. Sei ruhig frustriert und verärgert.
Es ist wichtig, klar zu sagen, was du brauchst, auch wenn du es zur Zeit nicht kriegen kannst. Mach dir nicht vor, du wärst zufrieden, wenn du es nicht bist. Ein Mann, dessen Frau sich noch nicht an ihren Mißbrauch erinnert hatte, erzählt die folgende Geschichte:

> Zu Beginn meiner Ehe gab es eine Zeit, da wollte meine Frau im Zölibat leben, ohne körperliche Liebe, wie Gandhi. Ich kannte mich nicht sehr gut, und deshalb beschloß ich, wenn sie so leben wollte, würde ich das akzeptieren. Ich sagte mir, daß ich sie liebte und daß sie mir wichtiger sei als die Art unserer Beziehung.
> Das war sehr anständig von mir. Und auch ein völliger Fehlschlag. Ich war verletzt, verärgert und enttäuscht von mir und von ihr. Besser wäre es für uns beide gewesen, wenn ich ehrlich gesagt hätte, daß ich, obwohl ich sie liebte, keine solche Ehe wollte. Aber damals wußte ich nicht, daß ich das Recht hatte, etwas zu wollen oder zu brauchen.

Deine Partnerin versucht, etwas über sich selbst zu erfahren, zu lernen, was sie will und was sie nicht will. Während dieser Zeit kannst du dir wunderbar darüber klar werden, was du in einer Beziehung brauchst. Hab immer deine Vorstellung von der befriedigenden Beziehung vor Augen, auf die ihr hinarbeitet, auch wenn sie zur Zeit noch nicht absehbar ist.
Sexuelle Heilung ist meistens ein langwieriger Prozeß, aber, so sagte ein Partner: »Langsam voranzukommen ist immer noch viel schneller als stehenzubleiben.«

Gegenseitige Heilung

Nur wenige von uns fühlen sich völlig gesund, glücklich, rund und frei. Eine Überlebende gab PartnerInnen den Rat: »Gib zu, daß du selbst auch deine Beschädigungen hast. Egal, wie diese Gesellschaft dich mit Sexualität bekanntgemacht hat, verletzt haben sie dich bestimmt dabei. Beschäftige dich einmal ehrlich damit.«
Sowohl die Überlebende als auch der Partner oder die Partnerin haben die Chance, sexuell zu heilen.

> Für mich ist Sex sehr viel schöner und besser geworden, seit meine Geliebte und ich zusammen an ihrer Heilung arbeiten. Jetzt kann ich gar nicht mehr alles einfach so abspulen. Wir sind beide bewußter dabei als jemals vorher. Die sexuellen Hemmungen, Verspannungen, Blockierungen, die ich bei mir kannte, sind viel weniger geworden, weil ich mir meiner selbst bewußt werden mußte. Ich mußte meine Ängste und Verwundbarkeiten zur Kenntnis nehmen. Und so hat sie, obwohl ich ihr geholfen habe, mir ebenso geholfen. Auch aus meiner Sicht hat es sich mehr als gelohnt.

Will ich diese Beziehung überhaupt?

Sei realistisch. Wie wichtig ist dir die Beziehung überhaupt? Bist du bereit, auch schwierige Phasen durchzustehen? Wie lange? Ist das, was dich hält, stark genug, die Probleme zu ertragen, die auf dich zukommen?

> Wenn jemand zu mir käme und mich fragen würde: »Ich hab gerade erfahren, daß meine Partnerin als Kind mißbraucht worden ist und jetzt daran arbeitet. Was soll ich machen?« dann würde ich sagen: »Prüf ernsthaft, wie stark eure Beziehung ist und wieviel du bereit bist hineinzustecken, auch wenn du nicht viel davon hast. Und dann sorge unbedingt dafür, daß deine Partnerin professionelle Hilfe erhält, und überleg dir, ob du nicht auch eine Therapie machen solltest. Auch bei

dir wird vieles hochkommen. Aber überleg dir erst, ob dir eure Beziehung das wert ist. Denn es ist furchtbar. Du mußt stark sein. Du mußt geduldig sein. Und du wirst dich ärgern.«

Während der Zeit, als ich spürte, wie die Kluft zwischen uns immer größer wurde, konnten mich fast nur noch meine Zusage und mein Vorsatz halten: »Ich hab versprochen durchzuhalten, egal, was passiert, und verdammt, ich schaff das auch.« Bei unserer Hochzeit hatten wir geschworen, durch »alle Veränderungen in unserem Leben« gemeinsam zu gehen. Ich hab oft an diese Worte gedacht. Ich würde sie entweder zurücknehmen oder wahr machen müssen.

Wenn mir jemand eine Arbeitsplatzbeschreibung als Partner einer Inzest-Überlebenden gezeigt hätte, hätte ich den Job nie genommen.

Auch wenn ihr verheiratet seid oder in einer festen Beziehung lebt, hast du das Recht, dir zu überlegen, ob du die Beziehung aufrechterhalten willst. Du kannst beschließen zu bleiben, egal, was kommt, oder auch das Versprechen, das du gegeben hast, noch einmal überdenken. Wenn du das Gefühl hast, du sitzt in der Falle, vergiftet dein Ärger die Beziehung wahrscheinlich sowieso.

Die Heilung muß Vorrang haben: Ellen erzählt

Eine Zeitlang wartete ich ungeduldig darauf, daß meine Geliebte an unserer sexuellen Beziehung etwas ändern würde. Sie sollte mich leidenschaftlich begehren. Wir liebten uns nicht so oft, wie ich wollte, und ich sagte ihr, die Durststrecken würden mir nichts ausmachen, wenn wir uns wenigstens *zeitweise* richtig oft lieben könnten. Sie sah mich an, als sei ich dümmer, als sie gedacht hätte, und erklärte mir, um Geduld bemüht: »Ellen, wenn wir uns *zeitweise* richtig oft lieben könnten, könnten wir es vermutlich *immer*. Das Problem ist, daß ich noch nicht soweit bin. Ich will das auch. Aber ich kann nicht einfach einen großen Satz machen. Ich muß Schritt für Schritt gehen.«

Ich kann mich an dieses Gespräch gut erinnern. Wir saßen auf der Couch, sahen einander an. Mir wurde schließlich klar, daß sie tat, was sie konnte, so schnell sie konnte. Sie ging in eine Therapie. Sie arbeitete daran.

»Ich wünsch mir doch genauso, daß ich mich ändere, wie du dir das wünschst«, fuhr sie fort. »Oder mehr. Du kannst jederzeit gehen und dir eine neue Geliebte suchen. Ich hab nur mich. Ich muß mich ändern. Aber ich kann nicht mehr so tun als ob. Ich muß zuerst an meine Heilung denken, auch wenn das bedeutet, dich zu verlieren, und das will ich wirklich nicht.«

In diesem Moment wurden Prioritäten gesetzt. Sie hatte recht. Sie war auf dem Weg der Heilung, und es war meine Sache, ob ich mitkommen wollte oder nicht.

Im selben Gespräch sagte sie mir, sie könne es verstehen, wenn ich nicht bei ihr bleiben wollte: »Ich würde es dir nicht verübeln«.

Das stimmte. Ich brauchte nicht bei ihr zu bleiben. Ich konnte mir eine andere Geliebte suchen. Wenn es mir schwerfiel zu bleiben, war das kein Wunder. Das lag nicht daran, daß ich schwach, gemein oder treulos war. Ich hatte mir eine Situation ausgesucht, die tatsächlich schwierig war, die sich nicht jede aussuchen würde und wofür ich nach diesem Gespräch auch Anerkennung spürte. Dadurch daß meine Geliebte Verständnis dafür gezeigt hat, daß ich vielleicht gehen wollte, hatte ich wirklich die freie Wahl. Natürlich hat uns das einander näher gebracht, und ich hab mich immer wieder neu dafür entschieden zu bleiben.

Nimm deine Zweifel ernst

Irgendwann fragen sich die meisten PartnerInnen, ob sie das Richtige tun, ob die Beziehung das alles überhaupt wert ist oder bezweifeln, daß sie der Überlebenden helfen können; fragen sich, ob die Überlebende

jemals heilen oder die Beziehung sich festigen wird; ob sie mit dem großen Schmerz, der mit der Heilung verbunden ist, überhaupt umgehen können. Eine Partnerin erzählte von den Tagebüchern ihrer Geliebten: »Sie sagt, wenn ich wüßte, was in diesen Heften steht, würde ich sie verlassen. Manchmal denk ich das auch.«
Vielleicht machst du dir Sorgen, du würdest eines von deinen eigenen selbstzerstörerischen Mustern wiederholen. Das würde bedeuten, daß du dir eine Krise ausgesucht hast oder eine Situation, in der deine Bedürfnisse unerfüllt bleiben oder in der du dich auf die Probleme eines anderen Menschen konzentrierst anstatt auf deine eigenen. Eine Partnerin, Tochter eines Alkoholikers, dazu: »Ich glaub einfach nicht, daß es mir guttut, darauf zu warten, daß sich jemand ändert. Das hab ich schon meine ganze Kindheit lang getan.«
Wenn du Zweifel hast, ist es wichtig, sie ernst zu nehmen und darüber zu sprechen. Die Überlebende sollte wissen, was du denkst, aber belaste sie nicht zu sehr damit. Such dir andere, mit denen du reden kannst.

Oft fühlen PartnerInnen sich schuldig, wenn sie gehen wollen. In einem Workshop sagte eine Frau zu Ellen: »Ich möchte weg, aber ich hab das Gefühl, ich sollte bei ihr bleiben. Sie gibt sich solche Mühe.«
Ellen antwortete: »Bloß weil sie sich Mühe gibt, heißt das nicht, daß du verpflichtet bist, sie auf ihrem Weg zu begleiten. Du kannst weggehen und ihr alles Gute wünschen. Es gibt nur einen guten Grund, bei ihr zu bleiben: weil du das wirklich willst. Es hilft ihr nicht, wenn du bleibst, nur weil sie jemanden braucht. Bloß weil jemand dich liebt oder braucht, heißt das nicht, daß du dableiben mußt.«
Du bist nicht unbedingt ein besserer Mensch, wenn du bleibst. Und du bist nicht egoistisch oder grausam, wenn du dich entschließt zu gehen. Wichtig ist, daß du ehrlich bist. Ehrlich zu jemandem zu sein, die mißbraucht worden ist, auch wenn die Wahrheit schmerzhaft und erbärmlich ist, ist unbedingt sinnvoll. Die meisten Überlebenden haben schon zu viele Lügen gehört. Du mußt ehrlich sagen, womit du umgehen kannst und wie weit du dich darauf einlassen willst. Damit habt ihr beide die besten Aussichten, diese Herausforderung gemeinsam durchzustehen und daran zu wachsen. Und wenn sich herausstellt, daß ihr nicht bereit oder in der Lage seid, euren jeweiligen Bedürfnissen einigermaßen gerecht zu werden, könnt ihr euch in gegenseitiger Achtung trennen, auch wenn es weh tut.

Trennung

Manchmal versuchen beide ihr Bestes, und trotzdem klappt es nicht. Eure Bedürfnisse passen nicht zueinander. Ihr streitet und kämpft die ganze Zeit. Ihr dreht euch ständig im Kreis und habt euch festgefahren.
Das ist normal. Kein Paar gleitet völlig problemlos durch den Heilungsprozeß. Aber wenn die schlimmen Zeiten den Fortschritt überwiegen, und ihr habt das Gefühl, ihr steht euch mehr im Weg, als ihr einander helft, dann solltet ihr vielleicht über eine Trennung nachdenken.
Eine Trennung muß nicht endgültig sein. Eine Trennung von einer Woche, einem Monat, sechs Monaten oder einem Jahr kann manchmal beiden den nötigen Freiraum geben und gleichzeitig eine endgültige Trennung verhindern. Auch wenn Trennungen meistens – wenigstens zum Teil – schmerzhaft sind, stellt sich dabei oft starke Erleichterung ein. Beide haben nun die Gelegenheit, ihren Bedürfnissen nachzugehen und ihr eigenes Leben zu leben.
Wie alle wichtigen Entscheidungen erfolgt auch eine Trennung am besten in gegenseitigem Einvernehmen. Wenn du die Überlebende mitten in einer Krise verläßt, tust du ihr keinen Gefallen. Wenn sie gerade von Erinnerungen oder Erinnerungsblitzen überflutet wird und Angst davor hat, allein zu sein, wird sie für deine vernünftigen

Überlegungen im Hinblick auf eine zeitweilige Trennung wenig Verständnis aufbringen. Sobald ihr aber beide der Meinung seid, daß ihr alles andere versucht habt und eine zeitweilige Trennung ansteht, kann das ein positiver Schritt sein, nicht nur für jede/n allein, sondern auch für die Beziehung.

Wenn du dich nicht trennen, aber deutlich machen willst, daß die Beziehung in einer Krise steckt, hilft vielleicht eine Veränderung eures Zusammenlebens. Zum Beispiel kannst du folgendes vorschlagen: »Während der nächsten vier Monate wohnen wir zusammen, aber so wie zwei Schiffe, die nachts aneinander vorüberziehen. Auf diese Weise hast du Raum, um zu heilen, und ich kleb dir nicht ständig an den Fersen. Das wird unsere Beziehung verändern.«

Endgültige Trennung

Die ganzen Schwierigkeiten, die die Arbeit an der Heilung von sexuellem Kindesmißbrauch mit sich bringt, können eine Beziehung überfordern. Möglicherweise hat eine relativ junge Beziehung noch nicht genug Basis, um dem Druck standzuhalten. Oder die Überlebensmuster der Beteiligten sind so ineinander verstrickt, daß kein neuer Anfang möglich ist. Vielleicht hat sich eine von euch – oder beide – so verändert, daß ihr nicht mehr zusammenbleiben wollt. Eine endgültige Trennung oder Scheidung tut weh, aber zusammenzubleiben, obwohl ihr einander wirklich nichts mehr geben könnt, ist für beide noch schlimmer.

Wenn du bleibst

Es kann keine verbindlichen Aussagen über die Dauer des Heilungsprozesses einer Überlebenden geben. Aber wenn deine Partnerin aktiv daran arbeitet – und du auch –, kannst du sicher sein, daß sich etwas ändern wird. Die Probleme, mit denen du heute zu tun hast, sind sicher nicht genau dieselben wie vor sechs Monaten oder in einem Jahr. Die Situation ist nicht statisch. Es verändert sich etwas. Natürlich wird die Überlebende nicht irgendwann plötzlich ganz geheilt sein. Aber du ja auch nicht.

Es ist schwer, geduldig zu sein, wenn du unter Druck bist. Du versuchst zu arbeiten, Kinder großzuziehen, mit ihren Problemen und mit deinen eigenen klarzukommen und alles zusammenzuhalten, ohne dabei verrückt zu werden. Aber die Überlebende muß das Tempo ihrer Heilung selbst bestimmen. Du kannst ihr Mut machen, darfst sie aber nicht drängen. Du kannst sagen, was du brauchst, und darüber verhandeln, was möglich ist, aber machmal wirst du einfach warten müssen.

Und natürlich hilft es, wenn du ab und zu eine Verschnaufpause einlegst. Der Mann einer Überlebenden erzählte: »Ich wär froh, wenn ich das Wort ›Wachstum‹ nie wieder hören müßte.« Wenn es dir auch so geht, wird es Zeit für eine Unterbrechung. Vielleicht braucht die Überlebende ja keine. Nimm dir ein Wochenende frei, und geh fischen. Kauf dir eine Platte, die dir in die Beine geht, und spiel sie oft. Amüsier dich. Und wachs nicht.

Es lohnt sich

Knifflige Situationen gemeinsam bewältigen zu lernen, Ängste und Unsicherheiten einander mitzuteilen, immer mehr Gespür füreinander und für sich selbst zu entwickeln, das ist ein lebenslanger Prozeß. Wenn du dir das von einer langdauernden Partnerschaft wünschst, lohnen sich ein paar schwierige Jahre bestimmt.

> Im Moment hab ich das Gefühl, danach wartet eine erfülltere und aufregendere Beziehung auf uns als die, mit der wir angefangen haben. Wir sind einander jetzt nahe. Ich meine, es entsteht keine Nähe, wenn alles eitel Sonnenschein ist. Erst wenn man etwas gemeinsam durchmacht, schweißt das zusammen. Am

Anfang kommt es dir vor, als müßtest du Berge versetzen. Aber wenn du es auseinandernimmst und daran arbeitest, stellt es sich in Wirklichkeit als ein paar Nummern kleiner heraus. Rückblickend hat es eigentlich nicht sehr lange gedauert. Ich meine, was sind schon ein paar Jahre?

Und – wie eine andere Partnerin deutlich macht – die Situation ändert sich.

Es ist überhaupt nicht ungewöhnlich, daß eine Frau als Kind sexuell mißbraucht worden ist. Schockierend finde ich, daß es zu gewöhnlich ist, um sie damit noch angemessen beschreiben zu können. Wichtig ist nicht mehr, daß es geschehen ist, sondern was sie aus ihrem Leben gemacht hat. Sie ist kein Opfer mehr. Sie ist eine Überlebende. Ich lern sie jetzt kennen, Jahre, nachdem sie das alles aufgearbeitet hat. Sie ist eine gesunde Frau. Ich bin glücklich mit ihr, so wie sie ist.

Was gut und richtig ist

Wenn es ernste Probleme gibt, konzentrierst du dich leicht auf die Schwierigkeiten und verlierst aus den Augen, was gut und richtig zwischen euch ist. Genieße bewußt, was dir an eurer Beziehung gerade gut gefällt. Erwähn diese Dinge auch deiner Partnerin gegenüber. Vergiß bei all dem Wachstum und Wandel nicht, dich an dem zu freuen, was du hast.

Und inzwischen geh davon aus, daß deine Partnerin stark ist. Betrachte sie nicht als Opfer, nicht als schwach, krank oder für immer geschädigt. Betrachte sie als gesundes menschliches Wesen, das einiges durchzukämpfen hat. Betrachte sie als mutig und entschlossen. Konzentrier dich auf ihre Kraft und ihre innere Haltung.[3]

Die Kraft der Überlebenden, die sich in dir widerspiegelt, schenkst du ihr damit zurück. Dieses Geschenk kannst du ihr während des ganzen Heilungsprozesses machen. Auch wenn sie gerade keine direkte Unterstützung von dir will, wenn räumliche Entfernung oder unterschiedliche Gefühle euch trennen, kannst du dein Bild von ihr als gesunde, lebendige Frau vor Augen haben. Von sexuellem Kindesmißbrauch zu heilen ist eine Heldinnentat. Deine Partnerin verdient deinen Respekt, dein Vertrauen und deine Bewunderung.

---

[3] Dieses Konzept stammt von Miriam Smolover and Meryl Lieberman, die ebenfalls Workshops anbieten.

WENN DU EINER ÜBERLEBENDEN HELFEN WILLST

Für BeraterInnen und TherapeutInnen

Wenn du zwanzig KlientInnen hast und ein guter Prozentsatz davon sind Frauen, dann arbeitest du mit ein paar Überlebenden – ob du dir dessen bewußt bist oder nicht. Ich verstehe nicht, wie jemand in diesem Land heute Therapeut oder Therapeutin sein kann und nicht zwangsläufig auf diesem Gebiet arbeitet. Ich hab mich nicht bewußt entschieden, mit Überlebenden zu arbeiten. Ich konnte gar nicht anders. Ich wurde einfach in meiner täglichen Arbeit immer wieder mit diesem Problem konfrontiert.

Patricia Pavlat, Therapeutin

Diese Hinweise richten sich an professionelle HelferInnen – PsychiaterInnen, PsychotherapeutInnen, Ehe- und FamilienberaterInnen, SozialarbeiterInnen –, zu deren Klientinnen Überlebende gehören. Aber auch für BeraterInnen von kirchlicher Seite, ÄrztInnen, Krankenschwestern, andere im medizinischen Bereich tätige, LehrerInnen und andere Angehörige helfender Berufe können sie hilfreich sein.

Glaube daran, daß Heilung möglich ist. Um mit Überlebenden von sexuellem Kindesmißbrauch zu arbeiten, mußt du davon überzeugt sein, daß Überlebende heilen können. Betrachte deine Klientinnen als starke Überlebende, als Frauen, die heilen und wachsen können und die in der Lage sind, sich ein glückliches, erfülltes Leben aufzubauen.

Sei bereit, großen Schmerz mitzuerleben. In der Arbeit mit sexuell mißbrauchten Klientinnen wirst du tiefen und quälenden Schmerz miterleben. Wie du diesen Schmerz verarbeiten kannst, damit er dich nicht auffrißt, mußt du mit der Zeit selbst herausfinden.

Sei bereit, das Unglaubliche zu glauben. Bei der Arbeit mit Überlebenden wirst du auf die krankhaftesten, verdrehtesten Dinge treffen, die Menschen einander antun können. Erwachsene vergewaltigen Säuglinge und Kinder und foltern sie sadistisch. Mit dieser Realität mußt du dich auseinandersetzen, wenn du mit Überlebenden arbeitest.

Viele Überlebende haben in schrecklicher Isolation gelebt, weil sie dachten, ihre Geheimnisse seien zu furchtbar, als daß sie sie jemandem erzählen könnten. Darum ist es absolut erforderlich, daß du bereit bist, das Schlimmste zu hören und zu glauben, auch wenn es dich verstört.

Überprüf Deine eigene Einstellung. Die Arbeit mit sexuellem Kindesmißbrauch zwingt dich, dir deiner eigenen Haltungen bewußt zu werden: deiner Vorurteile gegenüber sexuellem Mißbrauch, deiner persönliche Weltanschauung oder Religion, deiner Einstellung zu Gut und Böse, deiner eigenen Bereiche sexueller Unsicherheit, sexuellen Schmerzes, deiner Gefühle gegenüber Männern, Frauen, deiner Einstellung zu Hetero- und Homosexualität. Was hältst du von

FÜR BERATERINNEN UND THERAPEUTINNEN

Menschen, die Tabus brechen, laut ihre Meinung sagen und auffallen? Du mußt dir darüber im klaren sein, wo du selbst stehst, damit du nicht, ohne es zu merken, deinen Klientinnen deine eigenen Ansichten aufzwingst und eine effektive Arbeit verhinderst.

Reflektiere deine eigene Geschichte und deine Ängste, was sexuellen Mißbrauch betrifft. Wenn du mißbraucht wurdest, bearbeite mit einer guten Therapeutin deine eigenen Schwierigkeiten, damit du nicht deine Probleme mit denen deiner Klientinnen verwechselst. Wenn du gerade dabei bist, deinen eigenen Mißbrauch aufzuarbeiten, überleg dir, ob du nicht eine Weile aufhören solltest, mit Überlebenden zu arbeiten. Mach wenigstens Supervision bei einer erfahrenen Kollegin, damit du den Überblick nicht verlierst.

Wenn du als Kind nicht sexuell mißbraucht worden bist, beschäftige dich mit den Erfahrungen deiner Kindheit, die einem Mißbrauch am nächsten kommen. Das kann emotionale Demütigung sein, körperliche Mißhandlung, Schweigen über gewisse Dinge in eurer Familie, andere Situationen, in denen du als Kind im Stich gelassen wurdest, Vergewaltigung oder Mißbrauch in deinem Erwachsenenleben. Deine Reaktionen und Gefühle im Zusammenhang mit diesen Erfahrungen bilden deine Grundlage, von der aus du deine Klientinnen verstehen kannst.

Sie ist die Expertin. Wenn Kinder mißbraucht werden, sind sie plötzlich machtlos. Dieser Mechanismus darf sich in der Therapiesitzung nicht wiederholen. Die Klientin ist die Expertin für ihre Heilung. Frag sie, was ihr hilft und was nicht. Laß sie das Tempo bestimmen. Ermutige sie, immer wieder eigene Entscheidungen zu treffen. Versichere ihr, daß du nicht willst, daß sie etwas tut, was sie nicht tun will, und daß du jederzeit offen für eine Rückmeldung bist.

Nimm ihre Bedürfnisse ernst. Überlebende sagen normalerweise sehr genau, was sie brauchen. Wenn du ab und zu nicht in der Lage bist, der Klientin zu geben, was sie braucht, bestätige ihr auf jeden Fall, daß du ihre Bedürfnisse ernst nimmst. Als Therapeut kannst zum Beispiel sagen: »Ich weiß, du würdest dich jetzt sicherer fühlen, wenn du mit einer Frau darüber sprechen könntest. Eine Frau kann ich nicht sein, aber ich werde zuhören, so gut ich kann, und wenn du denkst, du solltest besser zu einer Therapeutin gehen, dann helf ich dir, eine gute Frau zu finden.« Werte die Überlebende nicht ab, und denk auch nicht, sie habe unrecht, wenn es um sie selbst geht.

Deine Geschlechtszugehörigkeit kann für die Klientin wichtig sein. Oft wollen Überlebende mit Therapeutinnen arbeiten, manchmal aber auch ausdrücklich mit einem männlichen Therapeuten. Das hängt davon ab, was sie erlebt haben und welchen Bereich sie gerade angehen wollen. Diese Entscheidungen müssen respektiert werden.

Hilf deinen Klientinnen, sich angemessene Hilfe zu suchen. Oft ist es sinnvoll, wenn Überlebende gleichzeitig von verschiedenen Seiten an dem Mißbrauch arbeiten. So kann eine Klientin zum Beispiel eine Einzeltherapie machen, an einer Selbsthilfegruppe für Überlebende teilnehmen und sich regelmäßig massieren lassen. Viele Überlebende sind in einer Familie aufgewachsen, die nach dem Prinzip alles oder nichts funktionierte: Bekamen sie Liebe und Aufmerksamkeit von einem Elternteil, kam dafür nichts von dem anderen. Ermutige deine Klientinnen, auch andere Hilfsquellen zu nutzen.

Gruppenarbeit ist für die Bewältigung von Isolations- und Schuldgefühlen äußerst hilfreich. Informiere dich über die Gruppen in deiner Gegend, und empfiehl sie deinen Klientinnen. Wenn es keine gibt, organisiere selbst mit einer anderen Therapeutin zusammen eine.

WENN DU EINER ÜBERLEBENDEN HELFEN WILLST

Glaub der Überlebenden. Du mußt daran glauben, daß deine Klientin sexuell mißbraucht worden ist, auch wenn sie selbst manchmal daran zweifelt. Zweifel ist Teil der Auseinandersetzung mit dem Mißbrauch. Für deine Klientin ist es notwendig, daß du an diesem Punkt nicht schwankst. Dich den Zweifeln deiner Klientin anzuschließen wäre so, als würdest du einer selbstmordgefährdeten Klientin darin beipflichten, daß Selbstmord die beste Lösung sei.

Wenn eine Klientin nicht sicher ist, aber es für möglich hält, daß sie mißbraucht wurde, geh in deiner Arbeit mit ihr davon aus, daß es stimmt. Unter den Hunderten von Frauen, mit denen wir gesprochen, und den Hunderten, von denen wir gehört haben, war bisher keine einzige, die erst den Verdacht gehabt hätte, sie sei mißbraucht worden, und später nachgeforscht und festgestellt hätte, daß es nicht stimmt.

Mißbrauch denkt sich niemand aus. Weder Kinder noch Frauen denken sich aus, sie wären mißbraucht worden, weil sie sich zu ihren Vätern oder anderen Erwachsenen hingezogen fühlen. Die Ödipustheorie[1] auf diesen Bereich anzuwenden ist unsinnig und schadet den Frauen.

Es gibt einige gründliche Untersuchungen über die Entstehung der Ödipustheorie, die zeigen, wie Freud diese Theorie konstruiert hat, um die Wahrheit über sexuellen Kindesmißbrauch zu verschleiern. Sowohl Florence Rush (*Das bestgehütete Geheimnis: Sexueller Kindesmißbrauch.* Berlin 1982) als auch Jeffrey M. Mason (*Was hat man dir, du armes Kind getan? Sigmund Freuds Unterdrückung der Verführungstheorie.* Reinbek bei Hamburg 1986) beweisen, daß Freud wußte, daß eine große Anzahl seiner Klientinnen in ihrer Kindheit sexuell mißbraucht worden waren und das die Ursache zahlreicher psychischer Erkrankungen war. Außerdem zeigen sie anhand von Freuds eigenen Briefen und anderen Schriften auf, daß er Grund hatte zu glauben, daß auch in seiner eigenen Familie Inzest stattgefunden hatte. Diese umwälzenden Entdeckungen schienen nicht nur Freuds Kollegen zu bedrohlich, er schreckte auch selbst vor den Schlußfolgerungen zurück und rückte von der Verführungstheorie – seiner ursprünglichen These, nach der sexueller Mißbrauch die Ursache für Hysterie sei – ab. Er ersetzte sie durch die Ödipustheorie und verwies damit die Realität des Mißbrauchs in die Phantasie des Kindes. Es gibt keine Belege, die diesen Sinneswandel begründen könnten: Freud war einfach nicht bereit zu glauben, daß so viele Väter – möglicherweise einschließlich seines eigenen – ihre Kinder mißbrauchen. Offensichtlich war Freuds neue Theorie für die Gesellschaft und für den patriarchalischen Berufsstand, in dem er arbeitete, leichter verdaulich. Und sie gestattete es ihm, die Augen vor der schmerzlichen Wahrheit sexuellen Mißbrauchs in seiner eigenen Familie zu verschließen.

Sag nicht, die Klientin sei schuld an ihrem Mißbrauch. Deute so etwas auch nicht an. Kein Kind hat jemals schuld. Und doch glauben die meisten Frauen irgendwann einmal, der Mißbrauch sei ihre Schuld gewesen. Sag ihnen, daß es nicht so ist. Eine Überlebende dazu: »Die Leute haben mir ständig gesagt, es sei nicht meine Schuld gewesen. Aber sie haben mir nie gesagt, *warum* es nicht meine Schuld war.«

Informiere dich selbst über sexuellen Kindesmißbrauch, damit du eine klare Vorstellung darüber hast, warum sie nicht verantwortlich war und warum sie denkt, sie wäre es doch gewesen. Hilf ihr zu verstehen, warum sie nicht wirksam nein sagen konnte.

---

[1] Die Theorie vom Ödipuskomplex beinhaltet, daß Kinder im Alter von fünf bis sechs Jahren den gegengeschlechtlichen Elternteil begehren und gegen den gleichgeschlechtlichen Konkurrenzgefühle bis hin zu Todeswünschen hegen. Den sexuell mißbrauchten Frauen wird auf der Basis dieser These unterstellt, ihre Erinnerungen an den Mißbrauch seien begehrliche Wunschphantasien. (Anm.d.Verl.)

FÜR BERATERINNEN UND THERAPEUTINNEN

Hilf ihr zu sehen, daß die Erwartungen, die sie in sich setzt, unrealistisch sind.

Wenn deine Klientin Lust empfunden hat, hilf ihr, ihre Schuldgefühle zu verlieren. Manchmal spüren Kinder beim Mißbrauch Erregung, Lust oder einen Orgasmus. Das ist für Überlebende oft der schwierigste und schmachvollste Aspekt, mit dem sie sich auseinandersetzen müssen. Erkläre deiner Klientin, daß das eine normale, natürliche Reaktion ist. Mach ihr klar, daß das nicht bedeutet, daß sie mißbraucht werden wollte oder in irgendeiner Weise verantwortlich dafür wäre.

Inzest ist eine kriminelle Handlung mit einem Opfer. Manche Therapeuten analysieren fälschlicherweise jedes Fehlverhalten in einer Familie unter dem Aspekt, daß jedes Mitglied dazu beitrage, die Situation aufrechtzuerhalten, und daher zu einem Teil dafür verantwortlich sei. Dahinter steckt meist das Klischee von der Mutter, die betrunken ist, nachts arbeitet oder von ihrem Mann sexuell nichts wissen will. Vater und Tochter wenden sich nun mit ihren Bedürfnissen einander zu. Und für den Vater schließt das sexuelle Bedürfnisse mit ein.

Auch wenn eine alkoholsüchtige oder nachlässige Mutter nichts Positives ist, ist doch weder das eine noch das andere ein Freibrief für Inzest. Wenn Familienmitglieder den Schutz des Kindes in unverantwortlicher Weise vernachlässigt haben, ist das keine Entschuldigung für den sexuellen Mißbrauch des Kindes. Und egal, was das Kind tut, es ist *niemals* verantwortlich. Der Täter trägt die alleinige Verantwortung für den Mißbrauch (siehe »Die Mütter waren schon immer schuld«, Seite 117).

Verharmlose den Mißbrauch nicht. Bei einem von Ellens Seminaren in einem Sozialamt sagte ein Sozialarbeiter: »Wenn ich mit den Eltern eines mißbrauchten Kindes zu tun habe, sag ich ihnen, sie sollten das nicht überbewerten. Ich frag sie: ›Ist es ihnen nicht lieber, ihre Tochter wird belästigt, als wenn sie einen Arm oder ein Bein verlieren würde?‹ Es gibt schließlich schlimmeres.« Leider ist solches Herunterspielen nicht ungewöhnlich. Sei dir darüber im klaren, daß jeder sexuelle Mißbrauch schadet.

Verschwende keine Zeit damit zu versuchen, den Täter zu verstehen. Die meisten Überlebenden haben schon zuviel Zeit damit zugebracht. Du solltest deine ganze Energie auf die Überlebende verwenden. Du kannst den Täter kurz spiegeln, zum Beispiel: »Das klingt, als sei er jemand, der nicht in der Lage ist, deine Gefühle wahrzunehmen, selbst jetzt nicht.« Aber konzentriere dich weiter auf die Überlebende, ihre Bedürfnisse, ihre Heilung.

Sag nie, die Klientin solle dem Täter vergeben. Und deute das auch nicht an. Verzeihung ist für die Heilung nicht notwendig. Diese Tatsache irritiert viele TherapeutInnen, PfarrerInnen und die breite Öffentlichkeit. Aber es ist völlig richtig. Wenn du glaubst, daß Überlebende dem Täter vergeben müßten, um zu heilen, solltest du nicht mit Überlebenden arbeiten.[2]

Kläre, ob die Überlebende Drogen-, Medikamenten- oder Alkoholprobleme hat. Um effektiv arbeiten zu können, müssen Überlebende zunächst diese Sucht in den Griff bekommen.

Nimm das Überlebensverhalten deiner Klientin ernst. Auch während du sie dabei unterstützt, gesunde Verhaltensmuster zu finden, mußt zu ihr helfen zu verstehen, in

---

[2] Eine ausgezeichnete Analyse der Rolle, die die christliche Vergebung bei der Heilung von sexuellem Kindesmißbrauch spielt, findest du in *Sexual Violence: The Unmentionable Sin* (etwa: »Sexuelle Gewalt: Die unaussprechliche Sünde«, New York 1983) von Marie M. Fortune. Diese Buch kombiniert eine theologische Perspektive mit einer feministischen Analyse sexueller Gewalt.

welchem Kontext und zu welchem Zweck sie ihre Überlebensstrategien entwickelt hat. Zeig ihr auch während des Heilungsprozesses, daß du die Art und Weise, wie sie damals reagiert hat, respektierst.

Mach ihr klar, wie eine gesunde Kindheit aussieht und was ein Kind normalerweise alles bekommen sollte. Viele Überlebende haben ziemlich verquere Vorstellungen davon, wie Kinder behandelt werden sollten. Sie haben so lange von Krümeln gelebt, daß sie glauben, niemand hätte das Recht, mehr als Krümel zu erwarten. Hilf deiner Klientin zu erkennen, daß ihr viel mehr zusteht und daß sie das Recht hat übelzunehmen, daß ihr das alles vorenthalten wurde.

Nimm ihren Zorn wichtig, er ist eine vernünftige, gesunde Reaktion auf den Mißbrauch. Hab keine Angst vor ihrer Wut, sondern ermutige sie, sie zu spüren, auszudrücken und sinnvoll zu nutzen.

Hilf deiner Klientin, sich zu äußern. Hilf ihr, wenn sie ihren Täter zur Rede stellt, Familienmitgliedern sagt, was los ist, vor Gericht geht oder für mißbrauchte Kinder eintritt. Du solltest sie nicht drängen, aber dabei unterstützen, wenn sie den Mund aufmachen will. Deute nie an, sie wolle ihre Eltern damit nur verletzen oder sie solle ihre Gefühle noch einmal überdenken. Und du solltest auch die Probleme, die du vielleicht selbst damit hast, dich zu äußern und dich gegen etwas zur Wehr zu setzen, nicht auf sie übertragen.

Überzeug dich aber davon, daß deine Klientin eine Konfrontation schon durchstehen kann. Wenn nicht, hilf ihr, sich gründlich darauf vorzubereiten. Und sei wenn möglich bereit, deiner Klientin Konfrontationen oder Treffen mit dem Täter oder anderen Verwandten zu erleichtern, indem du anwesend bist.

Hilf der Überlebenden, sich einen Kreis von Menschen aufzubauen, die ihr helfen können. Becky Shuster ist Therapeutin in Boston. Sie schlägt ihren KlientInnen vor, PartnerInnen, Eltern, enge FreundInnen und alle möglichen Menschen mitzubringen, die für sie wichtig sind und sie unterstützen. Während der Sitzungen bekommen die Leute Gelegenheit, ihr Mitgefühl und Verständnis zu zeigen und auch darüber zu sprechen, was sie davon abgehalten hat, der Überlebenden bedingungslos zu helfen. Schon eine einzige solche Sitzung kann eine gute Grundlage für die Unterstützung der Klientin schaffen.

Behaupte von niemandem, seine oder ihre sexuelle Präferenz sei das Ergebnis sexuellen Mißbrauchs. Deute so etwas auch nicht an. Menschen bevorzugen Sexualpartner des gleichen oder des anderen Geschlechts aus einer Vielzahl von Gründen. Manchmal spielt dabei auch sexueller Mißbrauch eine Rolle, aber wenn du die sexuelle Präferenz deiner KlientInnen lediglich als Resultat ihres Mißbrauchs siehst, machst du es dir zu einfach und setzt deine lesbischen Klientinnen damit herab. Solche Meinungen basieren normalerweise auf Homophobie (Angst vor und Abneigung gegen Homosexualität) und auf der falschen Annahme, ohne ein Trauma wäre keine Frau lesbisch (siehe »Lesbisch sein und Überlebende«, Seite 250).

Den Mißbrauch aufdecken

Ignoriere das Thema Mißbrauch nicht. Viele Frauen haben jahrelang Therapie gemacht und nie über ihren Mißbrauch gesprochen, weil sie nie danach gefragt wurden. Anamnesebögen sollten routinemäßig Fragen über sexuellen Mißbrauch enthalten.

Lerne, die Symptome von sexuellem Kindesmißbrauch zu erkennen. Wenn nicht von sexuellem Mißbrauch die Rede ist, bei der Klientin aber Eßstörungen, Alkohol-, Medikamenten- oder Drogensucht, Selbst-

FÜR BERATERINNEN UND THERAPEUTINNEN

mordgedanken oder sexuelle Probleme vorliegen, können das Symptome von sexuellem Mißbrauch sein.

Achte auf Andeutungen deiner Klientin, daß sie mißbraucht worden ist und darüber sprechen möchte. Jede Frau hat ihr eigenes Tempo, und es ist wichtig, sie nicht zu drängen, aber es ist auch wichtig, nicht zu vorsichtig zu sein. Ellen wird oft von TherapeutInnen um Rat gefragt, wie sie das Thema Mißbrauch ansprechen könnten:

> Das ist zwar eine gute Frage, aber oft hab ich das Gefühl, dahinter steckt Angst, solche schmerzhaften Wunden zu berühren. TherapeutInnen sollten ihre Klientinnen nicht drängen, an bestimmten Bereichen zu arbeiten, wenn sie noch nicht soweit sind. Aber übertriebene Vorsicht vermittelt die Botschaft, diese Themen seien zu gefährlich, als daß ihr darüber reden könntet.
> Wenn du mit einer Frau arbeitest, von der du glaubst, sie könnte mißbraucht worden sein, frag sie geradeheraus: »Bist du als Kind sexuell mißbraucht worden?« Du signalisierst damit eindeutig, daß du bereit bist, mit ihr über sexuellen Mißbrauch zu arbeiten.
> Wenn du spürst, daß sich deine Klientin durch eine solche Frage bedroht fühlen würde oder daß sie noch nicht in der Lage ist, ihre Erfahrung als Mißbrauch zu identifizieren, kannst du auch fragen: »Hat dich als Kind irgendwann jemand auf eine Weise angefaßt, die dir nicht recht war?«

Wenn deine Klientin den Mißbrauch schon erwähnt hat, stell ihr Fragen. Frag nach Einzelheiten. Zeig ihr, daß du bereit bist, das Schlimmste zu hören. Es ist schwer für Überlebende, detailliert über ihren Mißbrauch zu sprechen. Es tut ihnen weh, und sie haben Hemmungen, einer anderen Person ihren Schmerz zuzumuten. Normalerweise drücken sich Frauen, die über ihren Mißbrauch sprechen, eher allgemein aus: »Ich wurde von meinem Onkel vergewaltigt.« Aber für ihre Heilung ist es unbedingt notwendig, daß sie in allen Einzelheiten über das sprechen, was sie erlebt haben, wie es tatsächlich war. Und damit die Überlebende einen Schritt aus ihrer Isolation wagt, muß sie spüren, daß du es wirklich wissen willst.

Frag nach sonstigem und früherem Mißbrauch. Oft redet eine Klientin über einen Täter oder über einen Fall von Mißbrauch, aber es gibt noch weitere, vielleicht sogar schlimmere, und sie zögert noch, darüber zu sprechen. Oder sie kann sich noch nicht wieder daran erinnern. Manchmal erinnern Frauen sich zunächst an den Mißbrauch, der ihnen am wenigsten bedrohlich erscheint. Es kann länger dauern, bis ihnen der Mißbrauch durch ein enges Mitglied der Familie, wie den Vater oder die Mutter, oder ein gewalttätigerer Fall wieder einfällt. Geh immer davon aus, daß der Mißbrauch, an dem ihr gerade arbeitet, möglicherweise nicht alles ist. Wenn du deinen Klientinnen diese Möglichkeit offenläßt, machst du es ihnen leichter, sich auch an andere Fälle von Mißbrauch zu erinnern.

Die folgenden Fragen können dabei helfen:

- Was war das schlimmste, was passiert ist?
- War das das erste Mal, daß so etwas passiert ist?
- Hat dich sonst schon einmal jemand mißbraucht?
- War sonst noch jemand im Zimmer? Hat jemand zugesehen oder Photos gemacht?
- Bist du als Erwachsene schon einmal vergewaltigt worden?

Wenn deine Klientin sagt, sie sei nicht mißbraucht worden, und du hast trotzdem den Verdacht, frag später noch einmal. Kinder unterdrücken die Erinnerung an sexuellen

327

Mißbrauch oft, und vielleicht rufen deine Fragen diese Erinnerungen wach, entweder sofort oder später. »Nein, bin ich nicht«, kann heißen »Nein, ich erinnere mich noch nicht daran«. (Mehr über verschüttete Erinnerungen unter »Das Erinnern« auf S. 62.)

Wenn eine Klientin einmal das Thema Mißbrauch anschneidet und dann nie wieder davon spricht, bring du es wieder zur Sprache. Geh nicht davon aus, daß es vollständig verarbeitet ist, weil sie es ein- oder zweimal erwähnt hat. Wenn sie sagt, sie sei mit diesem Thema fertig, muß das nicht in jeder Hinsicht stimmen.

Mach ihr Mut zu fühlen. Es reicht nicht, wenn sich Klientinnen völlig unbeteiligt »erinnern« und ohne gefühlsmäßige Beteiligung erzählen. Um zu heilen, müssen Überlebende die zu den Erinnerungen gehörenden Gefühle spüren.

Sei kreativ. Wenn die Überlebende nicht mit Worten sagen kann, daß sie mißbraucht wurde, sei erfinderisch und geduldig. Schlag ihr vor, mit Buntstiften zu malen, mit Ton zu modellieren oder durch unterschiedliche Körperhaltungen ihre Gefühle auszudrücken.

Eine Überlebende, die kurz vor ihrem fünfzigsten Geburtstag begann, sich zu erinnern, konnte während der ersten Sitzungen mit ihrer Therapeutin überhaupt nicht sprechen. Die Therapeutin schlug ihr vor, sich zu bewegen, ihre Gefühle zu tanzen, und das konnte sie. Und während der ganzen Zeit war sie still. Als sie dann schließlich bereit war zu sprechen, konnte sie ihre Therapeutin nicht ansehen. Deshalb saßen sie einige Sitzungen lang Rücken an Rücken, bis sie sich zu allem auf einmal in der Lage fühlte: zu sprechen, zu sehen und und gesehen zu werden.

Kein sexueller Kontakt mit Klientinnen. *Jeder sexuelle Kontakt mit einer Klientin muß völlig ausgeschlossen sein, egal, ob während der Therapie oder nachdem sie abgeschlossen ist.* Es ist schlimm, daß wir das überhaupt betonen müssen, aber viele, viele Frauen sind durch sexuelle Beziehungen mit ihren Therapeuten stark geschädigt worden. Das bedeutet eine Wiederholung des ursprünglichen Mißbrauchs, einen Bruch des Vertrauens, das die Überlebende sich so hart erarbeitet hat. In dieser Hinsicht entsprechen die Wünsche der Überlebenden nicht unbedingt dem, was für eine heilende Beziehung notwendig ist.

Auch nach Abschluß der Therapie ist es äußerst schädlich für deine Klientin, wenn du eine sexuelle Beziehung zu ihr aufnimmst. Du nutzt deine Macht zur Überschreitung ihrer Grenzen und wiederholst damit den ursprünglichen sexuellen Mißbrauch.

Körperkontakt. Körperkontakt nichtsexueller Art kann in der Therapie eine wichtige Rolle spielen, *wenn – und nur dann – die Klientin bestimmt, was geschieht.* Ellen sagt den Teilnehmerinnen in ihren Workshops, daß sie jederzeit zu sicherem, ungefährlichem Körperkontakt bereit ist:

> Ich sag den Frauen, mit denen ich arbeite, daß ich sie in den Arm nehme und sie festhalte, wenn sie das wollen. Ich betone auch, daß dabei bei mir auf keinen Fall sexuell etwas ablaufen wird. Manchmal sehen mich die Frauen an, als sei ich verrückt: »Wer kommt denn auf so einen Gedanken!?«, aber einige haben sich auch schon für meine deutlichen Worte bedankt. Und wenn ich sie umarmt oder festgehalten habe, sagen mir Frauen oft hinterher, wie wichtig diese ungefährliche Berührung für sie sei. Für manche Frauen ist diese Umarmung die allererste körperliche Zuwendung in ihrem Leben, die nichts mit Sexualität zu tun hat. Viele der Frauen waren ganz ausgehungert nach sicherem Körperkontakt.

Wenn du dich dabei nicht wohl fühlst, verzichte auf Körperkontakt. Wenn die Klientin spürt, daß du sie mit gemischten Gefühlen anfaßt, ist das viel schlimmer, als wenn du sie gar nicht berührst. Aber erwecke nicht den Eindruck, es wäre falsch, Körperkontakt zu wollen.

Die Macht der Liebe
Die Hinweise dieses Kapitels sind außerordentlich wichtig, wenn du erfolgreich mit Frauen, die sexuell mißbraucht worden sind, arbeiten willst. Aber wenn du für deine Klientinnen keine Liebe empfindest, bleiben das alles leere Worte.
Zum einen braucht die erwachsene Frau aufrichtiges Mitgefühl, zum anderen hungert aber auch das Kind in ihr danach, daß sich jemand aufrichtig um sie kümmert. Jayne Habe kennt das aus eigener Erfahrung:

> Weiß du, im Grunde brauche ich nur Liebe, um zu wachsen. So einfach ist das und so schwierig.
> Ich glaub wirklich, das Mädchen in mir muß erst von anderen Menschen geliebt werden – so wie eine gute Mutter liebt –, bevor sie weiß, daß sie ein Recht hat auf ihr Leben. Klar muß ich mich selbst auch lieben, aber wenn ich das alleine schaffen könnte, bräuchte ich nicht diese jahrelange Therapie und hätte auch nicht dieses große Bedürfnis nach so einer Verbindung. Ich brauch so viel Liebe, daß mir das selbst Angst macht, aber allein komm ich an das kleine Mädchen nicht ran.

Hab keine Angst davor, deine Klientinnen gern zu haben. Natürlich darfst du gewisse Grenzen nicht überschreiten, aber dein Herz sollst du ruhig öffnen. Ellen:

> Wenn ich eine Überlebende mit Liebe ansehe, kann ich die Antwort darauf in ihren Augen sehen. Zweifel, Hoffnung, Erleichterung, Dankbarkeit, Freude, innere Ruhe – eins nach dem anderen und manchmal auch miteinander vermischt –, und schließlich kommt eine Welle der Liebe zurück.

Es gibt so viele Frauen, die noch nie gleichzeitig Sicherheit und Liebe gespürt haben. Wir brauchen Liebe, um zu fühlen, daß wir etwas Besonderes und Kostbares sind. Die ganzen Techniken und Methoden sind im Grunde nur Hilfsmittel, um mit der Liebe umzugehen. Die Liebe ist es, die heilt.

Paß auf dich auf

Mit Überlebenden von sexuellem Kindesmißbrauch zu arbeiten ist nicht einfach – sich die Geschichten anzuhören, den Schmerz mitzuerleben, die Verantwortung zu tragen, die mit deiner Hilfe verbunden ist. Deswegen greifen manche TherapeutInnen zu extremen Maßnahmen: Entweder sie schützen sich so gründlich, daß sie für ihre Klientinnen gar nicht wirklich da sind, oder sie nehmen wie ein Schwamm all den Schmerz in sich auf und machen sich damit kaputt. Keins von beiden ist angemessen. Es ist wichtig, gleichzeitig offen und geschützt zu sein. Das wünschst du deinen Klientinnen, und das brauchst du selbst auch.

Wie ich mich schütze: Ellen

Als ich damals begann, Ich-hab-es-nie-jemand-erzählt-Workshops anzubieten, fühlte ich mich danach immer belebt und zutiefst zufrieden, aber auch irgendwie vergiftet. Die Geschichten der Frauen, mit denen ich gearbeitet hatte, verfolgten mich in meinen Träumen, überfielen mich bei der Liebe, setzten sich in meinem Körper fest. Ich wußte nicht, wie ich sie loswerden könnte.
In den ersten zwei Jahren waren meine Gefühle nach den Workshops oft in Aufruhr. Ich hab geweint, getobt und auf Kissen herumgehauen. Es ist unmöglich, menschliche Gefühle zu haben, ohne Wut und Schmerz darüber zu empfinden, was Überlebende ertragen mußten. Ich wußte, ich mußte unbedingt Raum schaffen, um diese Gefühle ausdrücken zu können. Genau wie wir unsere Klientinnen dazu anleiten, müssen wir uns das auch selbst zugestehen.

Freundinnen haben mir dann gesagt, ich müsse lernen, mich selbst zu schützen, und das habe ich versucht. Ich habe geübt, immer in Berührung mit meinen Grenzen zu bleiben. Ich habe gelernt, mir der äußeren Umrisse meines Körpers ständig bewußt zu sein, mich bewußt als getrennt von der Frau zu empfinden, der ich zuhörte, die ich in meinen Armen hielt. Ich habe nicht mehr vergessen zu atmen. Mit jedem Ausatmen ließ ich den Schmerz los, schickte ihn hinunter, durch meinen Körper in den Boden. Ich ließ ihre Geschichten durch mich hindurchziehen wie einen Fluß. Und wenn ich einatmete, spürte ich, wie ich die Energie des Universums, den Geist des Lebens in mich aufnahm. Ich habe gelernt, mich zu schützen und meine Kräfte zu erneuern. Jetzt bin ich nicht mehr so schnell erschöpft und nehme auch viel weniger Schmerz in mich auf.

Loslassen
Wir alle müssen eine Möglichkeit finden, loszulassen. Es kostet zuviel Kraft, wenn du ständig den Schmerz all deiner Klientinnen mit dir herumschleppst. Wenn ihr so miteinander verschmelzt, ist das weder gesund für sie noch für dich.
Die Leiterin eines Frauenhauses erzählte, wenn sie von der Arbeit nach Hause fahre, stelle sie sich vor, wie alle Probleme und Menschen und der ganze Schmerz hinter ihrem Auto mit dem Wind verwehten. Bis sie in dem Dorf ankomme, in dem sie wohne, sei alles weg.
Ellen hat dazu ihr eigenes Ritual entwickelt:

> Ich nehme sofort eine Dusche oder ein Bad. Ich spüre, wie das Wasser alles abspült. Ich stelle mir nacheinander jede Frau aus dem Workshop einzeln vor, denke kurz daran, was sie getan und gesagt hat, was noch an Arbeit vor ihr liegt, wie meine Gefühle, meine Beziehung zu ihr, meine Wünsche für sie aussehen, und dann entlasse ich sie in ihre weitere Heilung, in ihr eigenes Leben. Ich lasse los. Das alles dauert nicht lange, gerade lange genug, um sie mir im Geiste vorzustellen, Verbindung aufzunehmen und loszulassen.
> Wenn da eine Frau ist, die ich nicht so leicht loslassen kann, untersuche ich, was mich noch hält. Manchmal kann ich etwas aus dieser Situation lernen, manchmal muß ich mir noch einmal versichern, daß sie es schaffen wird, daß ich nicht mehr tun kann. Ab und zu wird mir auch bewußt, daß ich ihr noch etwas sagen muß, und ich notiere mir das im Geiste.
> Zum Schluß spüle ich mit klarem Wasser nach, trockne mich ab, ziehe saubere Kleider an, putz mir die Zähne, und dann bin ich fertig. Es passiert mir jetzt nur noch selten, daß ich während dieser rituellen Reinigung meine Gefühle nicht loslassen kann.

Du kannst auch bei etwas ganz anderem gut loslassen – wenn du dich bewegst, dich amüsierst. Rose Z. Moonwater:

> Ich muß abschalten, von allem weg, genauso intensiv ausgelassen sein können, wie ich arbeite. Wenn ich das nicht mache, bekomme ich das Gefühl, die ganze Welt ist so wie die Geschichten, die ich höre. Dann gehe ich die Straße entlang und sehe in jedem Gesicht nur noch Schmerz. Als ob ich immer dasselbe Programm eingeschaltet hätte. Und darum muß ich Spaß haben, lachen und Blödsinn machen, mich draußen in der Natur mit anderen Menschen zusammen fröhlich, locker und entspannt bewegen.

Sorge für dich selbst. Das Vorbild einer gehetzten, ausgebrannten Sozialarbeiterin motiviert deine Klientinnen bestimmt nicht besonders. Du verdienst es nicht nur, dich wohl zu fühlen, du mußt dir für dich selber auch ein lebendiges, ausgeglichenes Leben schaffen, wenn du deinen Klientinnen helfen willst, sich um so ein Leben zu bemühen.

Wo du Hilfe finden kannst

Eine Therapeutin sagte zu mir: »Im Mittelpunkt deines Heilungsprozesses stehst du selbst. Ich bin nur eines deiner Werkzeuge.« Das hat mir gefallen. So sollte Heilung sein.

Saphyre

Es gibt vieles, was dir bei deinem Heilungsprozeß wertvolle Hilfe leisten kann. In diesem Kapitel geht es um Einzeltherapie, Gruppen, Selbsthilfegruppen. Anschließend findest du Adressen, Literaturvorschläge zu einzelnen Themenbereichen und andere Hinweise.

Einzeltherapie

Du kannst unter unterschiedlichen TherapeutInnen und BeraterInnen auswählen: es gibt selbstverwaltete, kirchliche und staatliche Beratungsstellen; TherapeutInnen mit und ohne wissenschaftliche Ausbildung; TherapeutInnen für bestimmte – vor allem jugendliche – Zielgruppen, PsychiaterInnen, Ehe- und FamilienberaterInnen, KindertherapeutInnen, SozialarbeiterInnen und –pädagogInnen und PsychologInnen.

Es gibt auch unterschiedliche therapeutische Richtungen: In der Gesprächstherapie sprichst du mit deiner Therapeutin über das, was du erlebt hast, und drückst deine Gefühle aus.
Andere TherapeutInnen nutzen zusätzlich Massage, Atemarbeit, Körperarbeit, Bewegung oder Rollenspiel. Manche arbeiten mit künstlerischem Gestalten, kreativem Schreiben oder Theater, andere verwenden Hypnose, um verschüttete Erinnerungen wieder auszugraben.[1]

Wenn du eine Therapie beginnst und nicht zufrieden bist, such dir jemand anders. Vielleicht willst du auch zunächst mit einer Person arbeiten und später, wenn deine Heilung fortgeschritten ist, mit einer anderen. Wahrscheinlich ändern sich deine Bedürfnisse mit der Zeit.

Wie findest du eine gute Therapeutin (einen guten Therapeuten)?

Am besten wäre natürlich jemand, die oder der sich sehr gut mit sexuellem Kindesmißbrauch auskennt. Aber notwendig ist das nicht. Wichtig ist, daß diese Person fähig und vertrauenswürdig ist.
Gib dir bei der Suche Mühe. Sieh dir mehrere an. Selbst in einer Krisensituation – wenn du meinst, du hältst es keinen Tag länger aus – laß dich nicht auf eine langfristige Therapie ein, ohne dich vorher gründlich umgeschaut zu haben.
Laß dir von FreundInnen, anderen Überlebenden oder Familienmitgliedern jemanden

---

[1] Hypnose ist oft effektiv, aber im allgemeinen lassen deine Schutzmechanismen nur die Erinnerungen zu, die du auch bewältigen kannst. (Manche Frauen reagieren auch gar nicht auf Hypnose.)
Wenn du eine Hypnose machen willst, dann nur bei einer Therapeutin (einem Therapeuten). Oder nimm deine Therapeutin mit. Paß auf, es sind schon Frauen unter Hypnose sexuell mißbraucht worden. Laß dir jemanden empfehlen.

WO DU HILFE FINDEN KANNST

empfehlen, oder nimm Kontakt zu der nächsten Beratungsstelle für sexuell mißbrauchte Frauen und Mädchen, zu einem Frauentherapie- oder Gesundheitszentrum auf. Dort kannst du sowohl Therapeutinnen finden als auch die Adressen kompetenter und engagierter TherapeutInnen in deiner Nähe erfahren. Du kannst dich auch an die psychologischen Beratungsstellen der Kirche, staatliche Einrichtungen, Erziehungsberatungsstellen oder an den Ortsverband des Kinderschutzbundes wenden. Auch Frauenhäuser oder der Notruf für vergewaltigte Frauen (diese Einrichtungen gibt es inzwischen fast in jeder Stadt), Eltern- und andere Graueninitiativen können dir jemanden nennen.

Du sparst Geld und Zeit, wenn du die TherapeutInnen zunächst anrufst. Viele reden zehn oder fünfzehn Minuten am Telefon mit dir, ohne daß du dafür bezahlen mußt. Vergleiche, in welcher Richtung sie arbeiten, wie sympathisch sie dir sind und was eine Sitzung bei ihnen kostet.

Zu den zwei oder drei, die dir am besten gefallen haben, gehst du dann hin. Eine Frau hat sich sechs TherapeutInnen angesehen, jede Woche jemand anders, bis sie die Therapeutin fand, mit der sie arbeiten wollte. Schreib dir auf, nach was du fragen willst:

- Haben sie schon mal mit Überlebenden gearbeitet? Welche Ausbildung haben sie auf diesem Gebiet?
- Wie arbeiten sie mit Überlebenden? Mit welchen Techniken?
- Wenn sie bisher nicht mit Überlebenden gearbeitet haben, wie würden sie sich in dieses Thema einarbeiten?
- Was würden sie davon halten, wenn ich mich zusätzlich einer Gruppe für Überlebende anschließen würde?
- Glauben sie, daß Sex mit Erwachsenen Kindern immer schadet?
- Halten sie es für möglich, daß Kinder bewußt und freiwillig sexuellen Kontakt mit Erwachsenen haben?
- Halten sie es für möglich, daß Frauen sich Mißbrauch ausdenken oder ihn übertreiben?
- Halten sie die Versöhnung mit der Familie für ein erstrebenswertes Ziel? Warum (oder warum nicht)?
- Welche Rolle spielt ihrer Meinung nach Verzeihung für den Heilungsprozeß?
- Was halten sie von Körperkontakt mit Klientinnen?
- *Für lesbische Klientinnen.* Haben sie schon mit vielen lesbischen Frauen gearbeitet? Ist Lesbischsein für sie Therapiegegenstand? Glauben sie, daß die sexuelle Orientierung etwas mit dem Kindesmißbrauch zu tun hat?
- Finden sie es in Ordnung, wenn Therapeutin/Therapeut und Klientin sich während der Therapie oder danach auch privat treffen oder sich befreunden? Können sie sich vorstellen, daß eine sexuelle Beziehung unter Umständen unbedenklich sein könnte?
- Was kostet eine Sitzung? (Vielleicht gibt es Ermäßigungen oder du kannst eine Leistung als Ausgleich erbringen oder es besteht die Möglichkeit, daß die Krankenkasse bezahlt.)
- Kann ich sie zu Hause anrufen? Im Notfall kurzfristig eine Sitzung vereinbaren?

Stell die Fragen, die für dich am wichtigsten sind. Überleg dir weitere, um herauszufinden, ob die Person für Themen, an denen du gegebenenfalls mit ihr oder ihm arbeiten willst, aufgeschlossen ist. Vielleicht willst du zum Beispiel jemanden mit Erfahrung in bezug auf Alkoholismus oder Eßstörungen.

Viele Überlebende arbeiten lieber mit einer Frau, weil sie sich sicherer fühlen oder weil sie von einem Mann belästigt worden sind oder weil sie über persönliche Gefühle einfach lieber mit einer Frau sprechen. Andere Frauen haben erfolgreich mit einem Mann gearbeitet, weil sie dabei lernen konnten, einem Mann zu vertrauen und eine gute Beziehung zu ihm zu entwickeln. Du kannst dir aussuchen, ob du lieber mit einer Frau oder einem Mann arbeiten willst. Oder mit jemandem deiner Nationalität, deiner Schicht, deiner sexuellen Präferenz oder Religion.

> Als Nonne war ich froh, daß ich zu einer Nonne gehen konnte. Sonst sagen sie dir womöglich: »Religion, Aberglaube. Es gibt keinen Gott.« Meine Therapeutin war selbst Nonne. Unsere ganze Gruppe bestand aus Nonnen, die vergewaltigt worden waren. Deshalb brauchten wir gar nicht erst über unsere Ehepartner oder SexualpartnerInnen zu sprechen. Wir hatten alle das Problem, daß wir »gut« sein wollten, und viele gemeinsame Schuldgefühle. Als Ordensfrau wäre es mir auch schwergefallen, in einer weltlichen Gruppe über Sexualität zu reden. Die anderen hätten mich immer nur als Nonne gesehen. Unsere Gruppe war optimal. Wir konnten uns auf das konzentrieren, was wichtig war.

Deine Bedürfnisse sind wahrscheinlich nicht so ausgefallen, und auch das Angebot ist überall unterschiedlich. Aber versuch unbedingt, diejenige Person zu finden, die für dich am besten ist.

Wenn du überall gewesen bist, überleg dir, wie du dich während der einzelnen Gespräche gefühlt hast. Mit wem hast du dich am besten verstanden? Wo hast du dich besonders wohlgefühlt? Wie haben die einzelnen Personen auf deine Fragen geantwortet?

Bist du es nicht gewöhnt, so wählerisch zu sein? Denk daran, daß diese Leute eine Dienstleistung erbringen. Du bezahlst dafür. Und du mußt damit leben. Also triff deine Wahl in aller Ruhe.

Woher weiß ich,
daß die Therapie etwas bringt?

Wenn du mit einer guten Therapeutin oder einem guten Therapeuten arbeitest, fühlst du dich verstanden und unterstützt. Ihr werdet relativ schnell miteinander warm. Trotzdem kannst du nicht aus einem momentanen Gefühl heraus beurteilen, ob eine Therapie gut ist. Manche Frauen empfinden Therapie als einen Ort der Geborgenheit und können gar nicht genug davon bekommen. Andere fürchten jede Sitzung und müssen sich zwingen hinzugehen: »Manchmal hatte ich so eine wahnsinnige Angst davor. Ich weiß gar nicht, wie ich das geschafft hab: hinfahren, aus dem Auto steigen, reingehen.«

Therapie ist nicht immer angenehm, aber wenn du mit der Zeit lernst, immer besser für dich und deine Heilung zu sorgen, weißt du, du bist in guten Händen. Du lernst, deine eigenen Muster zu erkennen und deine Gefühle zu spüren und zu verstehen. Möglicherweise erlebst du am Anfang eine starke Abhängigkeit, aber nach und nach solltest du unabhängiger werden. Frank Lanou hat Gizelle dabei geholfen:

> Ich verdanke meinem Therapeuten viel. Wenn ich nicht mehr weiterwußte und ständig fragte: »Was jetzt? Was soll ich machen?« sagte er: »Vertrau auf deine Heilung. Vertrau dir. Du weißt es selbst am besten.« Er erinnerte mich immer wieder an mein eigenes Wissen, meine Kraft und meine eigene Fähigkeit zu heilen. Die Antworten hat er mir nie gegeben. *Er* hat mich nicht geheilt. Es ist wichtig, mit Menschen zu arbeiten, die dir helfen, deine Kraft, dein Vertrauen in deinen Körper, in deine Instinkte, in deinen gesunden Menschenverstand, in deine Stimme, in *dich* wiederzugewinnen.

Wenn du merkst, da ist etwas
nicht in Ordnung

Wenn du dich nicht anerkannt oder nicht verstanden fühlst oder wenn das, was du erlebt hast, verharmlost oder verdreht wird, ist die Therapie nicht gut, oder ihr paßt einfach nicht zusammen. Wenn du das Gefühl hast, das Verhältnis zwischen dir und der Therapeutin (oder dem Therapeuten) sei nicht besonders gut, oder wenn du dich über sie oder ihn ärgerst, sprich während der Sitzung darüber. Hinterher solltest du dich verstanden fühlen. Wenn dein Gegenüber deine Gefühle abwertet oder ausweichend antwortet, wirst du nicht genügend respektiert. Such dir jemand anders.

Sollte ein Therapeut oder eine Therapeutin jemals versuchen, eine sexuelle Beziehung mit dir anzuknüpfen, brich die Therapie sofort ab. Melde das der Ärztekammer oder den Stellen, die dir den Therapeuten empfohlen haben. Wenn du während der Therapie schlechte Erfahrungen gemacht hast oder sogar mißbraucht worden bist, hast du allen Grund, wütend zu sein. Und wenn du dich für eine neue Therapie entscheidest, lies die Hinweise für die TherapeutInnen-Suche noch einmal ganz gründlich durch, damit dir das nicht wieder passiert.

Wenn du einer Therapie bisher aus dem Weg gegangen bist

Du mußt sorgfältig auswählen, aber sei nicht so vorsichtig, daß niemand deine Anforderungen erfüllen kann.

> Ich hab mir immer wieder TherapeutInnen ausgesucht, die ich leicht wieder loswerden konnte. Ich hab mir sieben angesehen, immer für eine oder zwei Sitzungen. Mit Vorliebe bin ich zu Leuten gegangen, zu denen ich weit fahren mußte, dann konnte ich sagen: »Ach, das ist mir viel zu weit.«
>
> Und weil ich nicht an meinem Mißbrauch arbeiten wollte, hab ich mir keine herkömmlichen Therapien ausgesucht. Einmal hab ich mich in einer Therapie mit meinen früheren Leben beschäftigt, und es gab weiß Gott Dringenderes.
>
> Die erste Sitzung vereinbarte ich immer, wenn ich ganz verzweifelt war. Und nach ein, zwei Sitzungen ging es mir dann nicht mehr ganz so schlecht, und ich brach ab.

Soledad wollte unbedingt eine lesbische Therapeutin lateinamerikanischer Abstammung, die schon mit sexuell mißbrauchten Frauen gearbeitet hatte. Diese Forderungen konnten da, wo sie wohnte, nicht erfüllt werden. Aber statt deshalb auf eine Therapie zu verzichten, beschloß sie, es sei wichtiger, sich helfen zu lassen. Sie machte einen Kompromiß und fand eine fähige Frau, die tatsächlich sehr zu ihrer Heilung beigetragen hat.

Therapiekosten

Therapie kann teuer sein, aber wenn du dich etwas umsiehst, gibt es oft auch preisgünstige Möglichkeiten. Frauentherapiezentren, Frauenberatungsstellen, auch TherapeutInnen und Institute für Psychotherapie sind manchmal bereit, deine Einkommensverhältnisse zu berücksichtigen oder dir eine Ermäßigung zu gewähren. Manchmal kannst auch deine Arbeit als Bezahlung anbieten: ein Zimmer renovieren, den Zaun ausbessern, eine Stunde Computerkurs. Oder du zahlst in Raten. Eine Frau zahlte ihrer Therapeutin jeden Monat pauschal die gleiche Summe, egal, wie viele Sitzungen sie hatte. Und vielleicht trägt ja auch deine Krankenkasse einen Teil der Kosten. Aber vergiß nicht: auch wenn die Therapie umsonst oder preiswert ist, hast du trotzdem Anspruch auf eine gute, tüchtige Therapeutin (oder einen Therapeuten). Schlechte Hilfe bringt dir nichts, egal, wie billig sie ist.

Mit einer Schadensersatz- und Schmerzensgeldklage kann sich eine Frau manchmal die Erstattung von Therapiekosten erstreiten. Voraussetzung ist allerdings, daß diese Klage vor Ablauf von drei Jahren nach der Tat, nach dem Bekanntwerden des Täters oder dem Bewußtwerden der Tat eingereicht wird (siehe dazu auch »Anzeige und Gerichtsverfahren«, Seite 290). Es gibt auch öffentliche Gelder und Stiftungen für Opfer krimineller Gewalttaten, aus denen die entstandenen Kosten, Einkommensverluste, die Teilnahme an Rehabilitationsprogrammen und anderes bezahlt werden können. Auskünfte bezüglich des »Opferentschädigungsgesetzes« kannst du bei der Staatsanwaltschaft erhalten.

Selbsthilfegruppen

Der Kontakt mit anderen Überlebenden ist sehr wichtig für den Heilungsprozeß, und in einer Gruppe kannst du mit anderen mißbrauchten Frauen optimal zusammenarbeiten. Vor allem die Auseinandersetzung mit Scham, Isolation und Geheimhaltung ist in der Gruppe sinnvoll. Und wenn du noch nicht genau weißt, was dir als Kind passiert ist, können die Geschichten der anderen Frauen an deine Erinnerungen rühren. Ihre Worte können unterdrückte Gefühle zutage fördern, und im Gespräch mit ihnen findest du auch Lösungen für deine Probleme. Denn *eine* Frau ist bestimmt in der Gruppe, die genau das schon einmal duchgemacht hat.

Die Frauen treffen sich in diesen Gruppen regelmäßig, um sich gegenseitig bei der Heilung zu unterstützen. Bei manchen Gruppen wird vorher festgelegt, wie viele Wochen sie dauern sollen, andere gehen immer weiter. Sie können sich gezielt mit einem bestimmten Thema beschäftigen – wie Wut oder Sexualität – oder allgemeiner gehalten sein. In nicht-geleiteten Gruppen (meistens kostenlos) sind alle Frauen gemeinsam für die Gruppe verantwortlich. Für Gruppen unter der Leitung einer ausgebildeten Therapeutin wird ein wöchentlicher oder monatlicher Beitrag fällig.

Was die Gruppe für mich bedeutet: Jennierose Lavender

Als ich mich einer Gruppe mit Überlebenden anschloß, hatte ich zum ersten Mal wirklich Kontakt zu anderen Menschen. Mein Leben lang hatte ich mich allein gefühlt und niemals jemandem vertraut. Ich hatte mich immer isoliert. Während meiner jahrelangen Therapie hatte ich mit meinen PsychiaterInnen bloß gespielt. Ich hatte ihnen einfach gesagt, was sie hören wollten. Über meine Ängste oder meine wirklichen Probleme konnte ich mit ihnen nie sprechen.

Und jetzt war ich nicht mehr alleine. Es gab andere Frauen, die die gleichen Symptome wie ich hatten und aus den gleichen Gründen. Wir wurden Freundinnen, und ich fühlte mich unglaublich erleichtert.

Die Arbeit in der Gruppe ist die erste Therapie, die mir geholfen hat, und ich bin seit meinem sechsten Lebensjahr in Therapie, seit einundvierzig Jahren. Die Gruppe ist besser als Einzeltherapie, weil andere Überlebende dich wirklich verstehen – sie sind nicht bloß darin *ausgebildet*. Und die Geschichten der anderen Frauen lösen bei mir Erinnerungen aus. Ich seh schon, ich werde die nächsten paar Jahre nur noch Gruppen machen, vielleicht mein Leben lang. So eine Gruppe ist eine wunderbare Unterstützung.

Eine Gruppe gründen

Wenn es in deiner Gegend keine Gruppe gibt, überleg dir, ob du nicht eine organisieren willst. Sprich mit deinen Bekannten, und bitte sie, es weiterzuerzählen. Setz eine Kleinanzeige in die Zeitung, mach Aushänge, und informiere die Stellen, die du damals um Empfehlungen gebeten hattest. Die Initiativen gegen sexuellen Mißbrauch und die Beratungsstellen für Überlebende helfen bei der Gründung von Selbsthilfegruppen. Ein *Leitfaden zum Aufbau einer Selbsthilfegruppe* ist bei Wildwasser Wiesbaden e.V. erhältlich (siehe Adressenliste).

Literatur und andere Hinweise

Die Originalausgabe enthält eine Bibliographie der zahlreichen Veröffentlichungen zu sexuellem Kindesmißbrauch und verwandten Themen in den USA. In die folgende Literaturliste haben wir nur einige wenige englischsprachige Titel aufgenommen.*

Über Sexuellen Mißbrauch

Michael C. Baurmann: *Sexualität, Gewalt und psychische Folgen.* Wiesbaden 1983.
ders.: *Praxisbezogene Zusammenfassung von o.g. Band.* Wiesbaden 1985.
Sandra Butler: *Conspiracy of Silence.* San Francisco 1985.
David Finkelhor: *Sexually Victimized Children.* New York 1979.
ders. u.a.: *A Sourcebook on Child Sexual Abuse.* Beverly Hills 1986.
Marie M. Fortune: *Sexual Violence: The Unmentionable Sin: An Ethic and Pastoral Perspective.* New York 1983.
Anke Gutjahr/Elke Schrader: *Sexueller Mädchenmißbrauch. Ursachen, Erscheinungen, Folgewirkungen und Interventionsmöglichkeiten.* Köln 1988.
Barbara Kavemann/Ingrid Lohstöter: *Väter als Täter. Sexuelle Gewalt gegen Mädchen. »Erinnerungen sind wie eine Zeitbombe«.* Reinbek bei Hamburg 1984.
Barbara Kavemann u.a. (Hg.): *Sexualität - Unterdrückung statt Entfaltung.* Opladen 1985.
Cornelia Kazis (Hg.): *Dem Schweigen ein Ende. Sexuelle Ausbeutung von Kindern in der Familie.* Basel 1988.
Jeffrey M. Masson: *Was hat man dir, du armes Kind, getan? Sigmund Freuds Unterdrückung der Verführungstheorie.* Reinbek bei Hamburg 1986.
Marion Mebes/Gabi Jeuck: *Sexueller Mißbrauch und Sucht.* Berlin 1989.
Alice Miller: *Du sollst nicht merken.* Frankfurt a.M. 1983.
Josephine Rijnaarts: *Lots Töchter. Über den Vater-Tochter-Inzest.* Düsseldorf 1988.
Florence Rush: *Das bestgehütete Geheimnis: Sexueller Kindesmißbrauch.* Berlin 1982.
Diana Russel: *The Secret Trauma: Incest in the Lives of Girls and Women.* New York 1986.
Leila Sebbar: *Gewalt an kleinen Mädchen.* Naumburg 1980.
Rosemarie Steinhage: *Sexueller Mißbrauch an Mädchen. Ein Handbuch für Beratung und Therapie.* Reinbek bei Hamburg 1989.
Elisabeth Trube-Becker: *Gewalt gegen das Kind.* Heidelberg 1982.
Joachim Walter (Hg.): *Sexueller Mißbrauch im Kindesalter.* Heidelberg 1989.

---

* Bei Donna Vita, Fachhandel für Materialien gegen sexuellen Mißbrauch (Postfach 117, 1000 Berlin 61) sind neben vielen deutschsprachigen auch einige englischsprachige Titel erhältlich. (Anm. d. Verl.)

LITERATUR UND ANDERE HINWEISE

Wildwasser/Wannseeheim für Jugendarbeit: *Sexueller Mißbrauch von Mädchen. Strategien zur Befreiung.* Berlin 1985.
Wildwasser Wiesbaden e.V.: *Sexueller Mißbrauch an Mädchen ist Gewalt. Dokumentation eines Öffentlichkeitsprojektes.* Wiesbaden 1989.
Wildwasser Marburg e.V.: *Sexueller Mißbrauch.* Marburg 1988.

Prävention

Es gibt ein Faltblatt und Informationsmaterial bei RotCAPPchen e.V., Verein zur Prävention von sexuellem Kindesmißbrauch an Mädchen und Jungen, Oberntorwall 14, 4800 Bielefeld, Tel. 0521/64183.

Weitere Vereine:
MEDUSA, Verein zur Befreiung von sexueller Gewalt gegen Mädchen und Frauen,
Venloerstr. 405-407, 5000 Köln 30,
Tel. 0221/542139

Zündfunke e. V., Verein zur Prävention von sexuellem Mißbrauch an Kindern und Frauen,
Feldstr. 29, 2000 Hamburg 6,
Tel. 040/436464

Py Bateman: *Acquaintance Rape: Awareness and Prevention for Teenagers.* Seattle o.J.
Gisela Braun: *Ich sag Nein.* Materialien für die Präventionsarbeit für Kindergarten und Grundschule. Mühlheim/Ruhr 1989.
Child Assault Prevention Projekt: *Strategies for Free Children: A Leader's Guide to Child Assault Prevention.* Columbus 1985.
Malte Dahrendorf / Peter Zimmermann (Hg.): *Sexueller Mißbrauch. Unterrichtseinheit.* (Zu dem Band Steenfatt: *Nele. Ein Mädchen ist nicht zu gebrauchen.* Siehe bei Literatur für Kinder und Jugendliche.) Reinbek 1987.
Marie M. Fortune: *Sexual Abuse Prevention: A Study for Teenagers.* New York 1984.

Mary Nelson/Kay Clark (Hg.).: *The Educator's Guide to Prevention Child Sexual Abuse.* Santa Cruz 1987.
Ingrid Roth/Helma Schultz-Fehrmann: *Gewalt im Spiel.* Theater Rote Grütze. Berlin 1988.
Stück für Stück von Marion Mebes.
Ein Würfelspiel für die Arbeit mit Mädchen und Frauen ab 12 Jahren rund um die persönliche Sicherheit. Berlin 1988.

Für Kinder

Aliki: *Gefühle sind wie Farben.* Weinheim 1988.
Ellen Bass: *I Like You to Make Jokes with Me, But I Don't Want You to Touch Me.* Chapel Hill, Barclay 1981.
Ellen Howard: *Lilians Geheimnis.* Wien/Heidelberg 1988.
Marion Mebes/Lydia Sandrockh: *Kein Küßchen auf Kommando.* Ein Bilder-Malbuch. Berlin 1988.
Oralee Wachter: *Heimlich ist mir unheimlich.* Zürich/Köln 1985.

Theaterstücke:

Theater Rote Grütze: *Gewalt im Spiel.* Begleitheft zum Stück. Berlin 1987.
Theaterproduktion Wilde Mischung Berlin, Lilly Walden/Attila Hertz: *Der Schatten der Lawine.* Ein Stück über Gewalt und Vergewaltigung und unseren Umgang damit. Berlin 1987.
Fundus-Theater, Silvia Deinert/ajs Hamburg: *Das Familienalbum.* Informationen zum Theaterstück über sexuellen Mißbrauch. Hamburg 1986.
Schnürschuh Theater: *Püppchen.* Ein Stück über sexuelle Gewalt gegen Mädchen.
Liebe ist ein Fluß in Preußen. (Kontakt über das Stuttgarter Schauspielhaus.)

LITERATUR UND ANDERE HINWEISE

Romane und Erzählungen

Louise Armstong: *Kiss Daddy Goodnight. Aussprache über Inzest.* Frankfurt a.M. 1985.
Ingeborg Bachmann: *Malina.* Frankfurt a.M. 1988.
Ellen Bass/Louise Thornton (Hg.): *I Never Told Anyone: Writings by Women Survivors of Child Abuse.* New York 1983.
Marie Cardinal: *Schattenmund.* Reinbek bei Hamburg 1979.
Elly Danica: *Nicht!* München 1989
Liane Dirks: *Die liebe Angst.* Hamburg 1986.
Christel Dorpat: *Welche Frau wird so geliebt wie du?* Berlin 1982.
Sylvia Fraser: *Meines Vaters Haus. Die Geschichte eines Inzests.* Düsseldorf 1988.
Iris Galey: *Ich weinte nicht, als Vater starb.* Bern 1988.
Angelika Gardiner-Sirtl (Hg.): *Als Kind mißbraucht. Frauen brechen das Schweigen.* München 1983.
Toni McNaron/Yarrow Morgan (Hg.): *Voices in the Night: Women Speaking About Incest.* Minneapolis 1982.
Deborah Moggach: *Rot vor Scham. Geschichte einer zerstörten Unschuld.* Reinbek bei Hamburg 1985.
Michelle Morris: *Diesmal überlebe ich.* Berlin 1988.
Toni Morrison: *Sehr blaue Augen.* Reinbek bei Hamburg 1979.
Saliha Scheinhardt: *Drei Zypressen.* Berlin 1983.
Nawal El Saadawi: *Ich spucke auf euch. Bericht einer Frau am Punkt Null.* München 1984.
Jacqueline Spring: *Zu der Angst kommt die Scham. Die Geschichte einer mißbrauchten Tochter.* München 1988.
Alice Walker: *Die Farbe Lila.* Reinbek bei Hamburg 1984.
Herbjørg Wassmo: *Das Haus mit der blinden Glasveranda.* München 1984.
dies.: *Der stumme Raum.* München 1985.
dies.: *Gefühlloser Himmel.* München 1987.

Für Kinder und Jugendliche

Babette Cole: *Prinzessin Pfiffigunde.* Reinbek 1988.
dies.: *Prinz Pfifferling.* Reinbek 1988.
Elly Brink/Els Korver: *Ninas M. Ein Mädchenbuch über Menstruation.* Berlin 1987.
Grethe Fagerström/Gunilla Hansson: *Peter, Ida und Minimum.* Ravensburg 1977.
Irwin Hadley: *Liebste Abby.* Weinheim 1986.
Antje Kunstmann/Fränze Krauch: *Mädchen. Das Aufklärungsbuch.* München 1986.
Gloria D. Miklowitz: *Hast du schon gehört, was mit Andrea passiert ist?* Bergisch-Gladbach 1987.
Björn Graf v. Rosen.: Das *Märchen von der ungehorsamen Adeli-Sofi und ihre furchtbare Begegnung mit dem Wassermann.* Zürich 1987.
Margret Steenfatt: *Nele. Ein Mädchen ist nicht zu gebrauchen.* Reinbek 1986.

Selbsthilfe und Therapie

Ursula Baumgardt: *Kinderzeichnungen – Spiegel der Seele. Kinder zeichnen Konflikte ihrer Familie.* Zürich 1985.
Roswitha Burgard: *Mut zur Wut. Befreiung aus Gewaltbeziehungen.* Berlin 1988.
Roswitha Burgard/Birgit Rommelspacher (Hg.): *Leideunlust. Der Mythos vom weiblichen Masochismus.* Berlin 1989.
Sheila Ernst/Lucy Goodison: *Selbsthilfe Therapie. Ein Handbuch für Frauen.* München 1982
Jörg Fegert/Marion Mebes: *Sexueller Mißbrauch an Mädchen und Jungen. Anatomisch korrekte Puppen zur Therapie und Diagnostik.* Berlin 1988.
Karen Lison/Carol Poston: *Weiterleben nach dem Inzest - Traumabewältigung und Selbstheilung.* Hamburg 1989.
Ginni NiCarthy: *Getting Free: A Handbook for Women in Abusive Relationships.* Seattle 1986.

LITERATUR UND HINWEISE

Ginni NiCarthy/Karen Merriam/Sandra Coffman: *Talking It Out: A Guide to Groups for Abused Women.* Seattle 1984.
Robin Norwood: *Wenn Frauen zu sehr lieben. Die heimliche Sucht, gebraucht zu werden.* Reinbek bei Hamburg 1986.
Sharon Wegscheider-Cruse: *Choice-Making: For Co-Dependents, Adult Children, and Spirituality Seekers.* Pompano Beach 1985.
dies.: *Es gibt doch eine Chance. Hoffnung und Heilung für die Alkoho(liker)-Familie.* Wildberg/Württ. 1988.
Ursula Wirtz: *Seelenmord/Inzest und Therapie.* Stuttgart 1989.
Hogie Wyckoff: *Solving Women's Problems Through Awareness, Action and Contact.* New York 1980.

Körper und Sexualität

Leonie Barbach: *For Yourself. Die Erfüllung weiblicher Sexualität.* Berlin 1982.
Boston Women's Health Book Collective: *Unser Körper, unser Leben.* Bd.1 und 2. Reinbek bei Hamburg 1980.
Roswitha Burgard/Birgit Rommelspacher (Hg.): *Leideunlust. Der Mythos vom weiblichen Masochismus.* Berlin 1989.
Clio - periodische Zeitschrift zur Selbsthilfe. Hrsg. vom Feministischen Frauen Gesundheits Zentrum Berlin.
Betty Dodson: *Die Lust am eigenen Körper.* München 1989.
Föderation der Feministischen Frauen Gesundheits Zentren (USA) (Hg.): *Frauenkörper neu gesehen. Ein illustriertes Handbuch.* Berlin 1987.
JoAnn Loulan: *Lesbian Sex.* San Francisco 1984.
Anne Kent Rush: *Getting Clear. Ein Therapiehandbuch für Frauen.* München 1978.
Mariana Valverde: *Sex, Macht und Lust.* Berlin 1989.

Selbstverteidigung

Bei folgenden Adressen kannst du in Erfahrung bringen,
wann in deiner näheren Umgebung Selbstverteidigungskurse für Frauen angeboten werden.

Wen-Do
c/o Selbstverteidigungsverein
für Frauen
Hauptstr. 9
1000 Berlin 62

Selbstverteidigung für Frauen e.V.
Sudbrachstr. 36
4800 Bielefeld 1

Frauen in Bewegung e.V.
Selbstverteidigung
und Tae-Kwon-Do
Gaußstr. 12
6000 Frankfurt 1

Wen-Do-Gruppe
c/o Frauenbuchladen
Bismarckstr. 98
2000 Hamburg 20

Wen-Do
c/o Lillemor's Frauenbuchladen
Arcisstr. 57
8000 München 40

Schweiz:
Wen-Do
c/o Beratungsstelle
für vergewaltigte Frauen
Postfach
3001 Bern

Adressen

Im folgenden sind Beratungsstellen für sexuell mißbrauchte Frauen und Mädchen und Initiativen gegen sexuellen Mißbrauch aufgelistet. Ebenso aufgeführt sind einige Frauentherapie- und Gesundheitszentren, die dir bei vielen Problemen weiterhelfen können.

BRD

5100 **Aachen**
Notruf für Frauen und Mädchen
Harscampstr. 5 b
0241/34411

8750 **Aschaffenburg**
SEFRA e.V.
Selbsthilfe und Beratung
Karlstr. 21
06021/24728

1000 **Berlin**
Wildwasser e.V.
Mehringdamm 50, 1-61
030/7865017 - Mädchenberatung
030/7865019 - Frauenberatung

PSIFF (Psychosoziale Initiative für Frauen)
Horstweg 27, 1-12
030/3219870

THERA-PSIFF e.V.
(Therapiezentrum für Frauen)
Kufsteiner Str. 16, 1-62
030/8542434

TUBFF
(Therapie und Beratung für Frauen)
Mommsenstr. 52, 1-12
030/3235039

Frauengesundheitszentrum
Bamberger Str. 51, 1-30
030/2139597

4800 **Bielefeld**
Notruf für Frauen und Mädchen
Nordstr. 37
0521/124248

5300 **Bonn**
Frauen gegen Gewalt e.V.
Berliner Platz 31
0228/635524

TUBF, Therapie und Beratung
Dorotheenstr. 1-3
0228/653222

3300 **Braunschweig**
Notruf und Beratung
Magnikirchstr. 4
0531/43302

2800 **Bremen**
Schattenriß e.V.
Bremerhavener Str. 90
0421/393930

Frauentherapiezentrum
Humboldtstr. 88
0421/76405

Frauengesundheitszentrum
Graf-Waldersee-Str. 40
0421/443540

6100 **Darmstadt**
Wildwasser e.V.
Liebigstr. 8
06151/376814

4930 **Detmold**
Alraune
Treffpunkt, Beratung,
Hilfe für Frauen und Kinder
Freiligrathstr. 24
05231/20177

4600 **Dortmund**
Wildwasser e.V.
Adlerstr. 81
0231/148877

ADRESSEN

8017 Ebersberg
Frauen helfen Frauen e.V.
Peiner Str. 9
08092/22070

8520 Erlangen
Frauenreferat der Uni
09131/85695

4300 Essen
Distel - Treffpunkt,
Beratung und Hilfe
für Frauen und Kinder
Brasserstr. 44
0201/776777

Notruf und Beratung für Frauen
und Mädchen
Waldhausenstr. 13
0201/235469

2390 Flensburg
Notruf
Postfach 1545
0461/29001

6000 Frankfurt
Verein für feministische Mädchenarbeit
Hinter den Ulmen 19
069/519171

Feministisches Frauengesundheitszentrum
Hamburger Allee 45
069/701218

7800 Freiburg
Wildwasser
Schwarzwaldstr. 107
0761/33339

Wendepunkt
Talstr. 21
0761/72200

7990 Friedrichshafen
Notruf für Frauen und Mädchen
Postfach 1472
07541/21800

4560 Gelsenkirchen
Notruf für Frauen und Mädchen
Wiehagen 83
0209/136166

3380 Goslar
Frauen-Informations- und Beratungsstelle
Zehntstr. 24
05321/42255

3400 Göttingen
Sabine Morgenroth
Eisenacher Str. 17
0551/796602

Therapeutische Frauenberatung
Weender Str. 20
0551/45615

5800 Hagen
Frauen helfen Frauen
Postfach 210
02334/4848

Frauenhausberatungsstelle
Bahnhofstr. 41
02331/15888

2000 Hamburg
Dolle Deerns e.V.
Juliusstr. 16, 2-50
040/4394150

BIFF Winterhude
Flotowstr. 23, 2-60
040/2295045

Mädchenhaus
040/63200265

Frauengesundheitszentrum
Bismarckstr. 122
040/4203434

4700 Hamm
Frauenberatung e.V.
Ostenwall 11
02381/13104

ADRESSEN

3000 **Hannover 1**
Frauen helfen Frauen e.V.
Postfach 2005
0511/664477

6900 **Heidelberg**
Notruf
06221/13643

3200 **Hildesheim**
Frauenhausinitiative
Kaiserstr. 9
05121/515546

3500 **Kassel**
Notruf für Frauen und Mädchen
0561/772244

Schwarze Winkel
Postfach 101103
0561/898889

2300 **Kiel**
Notruf für Frauen und Mädchen
Knooper Weg 32
0431/91144

5000 **Köln**
Wildwasser
Herwarthstr. 12
0221/527081

Zartbitter
Zülpicherstr. 177
0221/447412

Frauen lernen leben
Beratung, Therapie und Bildung
Hansemannstr. 42
0221/521579

6700 **Ludwigshafen**
Wildwasser
Schützenstr. 26
0621/565721

Kinderschutzbund
Hemshofstr. 69
0621/525211

7140 **Ludwigsburg**
Mädchentreff der AWO
Hahnenstr. 47
07141/32651

6500 **Mainz**
Psycho-Hexen
Beratung in psychosozialen Konflikten
Goethestr. 38
06131/613676

6800 **Mannheim**
Notruf e.V.
Eichendorffstr. 15 a
0621/379700

3550 **Marburg**
Wildwasser e.V.
Postfach 2329
06421/63183

Psychoberatung und Selbsthilfe
Renthof 18
06421/63570

4330 **Mülheim/Ruhr**
Notruf für Frauen und Mädchen
Teinerstr. 16
0208/384273

8000 **München**
Notruf für Frauen und Mädchen
Güllstr. 3
089/763737

Zufluchtstelle für Mädchen
089/183609

I.M.M.A. e.V.
Baldestr. 8
089/2014770

Frauentherapiezentrum
Güllstr. 3, 8-2
089/7252550

4400 Münster
Zartbitter
Rothenburg 35
0251/58419

Frauen helfen Frauen e.V.
Klosterstr. 18
0251/44474

8500 Nürnberg
Wildwasser e.V.
Roritzerstr. 22
0911/331330

Frauengesundheitszentrum
Fürther Str. 154
0911/328262

7440 Nürtingen
Feministisches Frauentherapie-
und Gesundheitszentrum
Postfach 1101

7448 Wolfschlugen
07022/54743

2900 Oldenburg
Wildwasser
Cloppenburger Str. 35

Therapie- und
Beratungszentrum für Frauen
Huntestr. 22
0441/25928

4500 Osnabrück
Frauenberatungsstelle
Kommenderiestr. 41
0541/29300

8400 Regensburg
Frauenprojekthaus
Prüfeningerstr. 32
0941/24171

Frauen helfen Frauen e.V.
Postfach 110204
0941/24000

5630 Remscheid
Frauen helfen Frauen e.V.
Heugasse 2
02191/662466

6090 Rüsselsheim
Mädchentreff
Weisenauerstr. 19
06142/68442

6600 Saarbrücken
Notruf für Frauen und Mädchen
Dellengartenstr. 14
0681/36767

8720 Schweinfurt
Frauenhaus
Postfach 4162
09721/16598

3060 Stadthagen
Notruf
Windmühlenstr. 31
05721/91048

3320 Salzgitter
Frauenberatungsstelle
Am Schölkegraben 34

6720 Speyer
Notruf und Beratung
Herdstr. 7
06232/28833

7000 Stuttgart
Beratungsladen für Mädchen
Hackstr. 2
0711/284598

Wildwasser
Kernerstr. 31
0711/296432

ADRESSEN

KOBRA
Gerokstr. 8
0711/243865

6300 **Wetzlar**
Mädchenberatung
Kornmarkt 6
06441/45107

7858 **Weil/Rhein**
Diakonisches Werk
Goethestr. 4
07621/72709

6200 **Wiesbaden**
Wildwasser e.V.
Walluferstr. 1
06121/808619

8700 **Würzburg**
Notruf und Wildwasser
Pedrinistr. 15
0931/284180

5600 **Wuppertal**
Dröppel Femina e.V.
Am Brögel 1
0202/87707

Frauenberatung
Kieselstr. 41
0202/423946

Österreich

8020 **Graz**
Notruf und Beratung
0316/912545

Verein Beratung und Selbsthilfe
Friesenstr. 97
0316/27319

6020 **Innsbruck**
Arbeitsgruppe
gegen sexuellen Mißbrauch
Postfach 15

4020 **Linz**
Notruf und Frauenhaus
0732/231515

5020 **Salzburg**
Notruf und Beratung
Hadystr. 6
0662/881100

1040 **Wien**
Frauen beraten Frauen
Lehargasse 9/2/2/17
0222/586750

1080 **Wien**
Feministisches Therapiezentrum
c/o Marion Breitner
Georg-Mendel-Str. 13/3/6
0222/3449184

Schweiz

4000 **Basel**
Triangel, Hilfe für Inzest-Betroffene
Postfach 36

3000 **Bern**
Nottelefon und Beratungsstelle
Postfach 4007
031/210707

1200 **Genf/Genève**
Nottelefon
022/971010 und 336363

Frauengesundheitszentrum Rosa Canina
Rue du Môele 4
022/867575

8000 **Zürich**
Psychologische Beratungsstelle
Vogelsangstr. 52
01/3638511

8057 **Zürich**
Verein gegen sexuellen Mißbrauch
von Kindern und Jugendlichen
Postfach 8052

Weitere Adressen:

4800 Bielefeld 1
Psychologisches Beratungszentrum
für Frauen e.V.
Ernst-Rein-Str. 33
0521/121597

4420 Coesfeld
Zartbitter Coesfeld e.V.
Bernhard-von-Galen-Str. 10
02541/83252

6900 Heidelberg
Pro Familia
Deutsche Gesellschaft für Sexualberatung und Familienplanung
Ortsverband Heidelberg e.V.
Friedrich-Ebert-Anlage 19
06221/14440

Anonyme Alkoholiker (AA)-Gruppen gibt es überall. Die Adressen sind in der lokalen Presse, bei Beratungsstellen oder bei der Zentralen Kontaktstelle der AA in der BRD zu erfahren:

Postfach 10 04 22,
8000 München 1,
089/555685

Al-Anon-Gruppen für die Angehörigen von AlkoholikerInnen sind ebenfalls weit verbreitet. Die Adresse des zentralen Dienstbüros der Al-Anon-Familiengruppen:

Emilienstr. 4,
4300 Essen,
0201/773007

Suchtberatungsstellen und andere kirchliche oder staatliche Beratungsstellen gibt es in jeder Stadt. Dort kannst du auch die Adressen weiterer Gruppen erfahren.

Die stets aktuelle Adressenliste bitte direkt anfordern bei:

DONNA VITA
Fachhandel und Verlag
für Materialien gegen sexuellen Mißbrauch
Willibald-Alexis-Str. 1
1000 Berlin 61
030/6929882

STICHWORTVERZEICHNIS

Abhängigkeit, s. Drogenmiß-
brauch, Klammern, Suchtver-
halten
Abheben (Spacing out), 40, 211
Abspalten (Splitting), 191ff.,
200ff.
In deinen Körper zurück-
finden, 201
Abstand, 211
Abstreiten, s. Überleben, Ver-
leugnen
»Änderungen« (Bass), 162
Ärger, s. Wut, Zorn
Al-Anon, 144
Alkoholismus, 32, 43f., 183, 198
Anfassen (nichtsexuell, unge-
fährlich), 194
Angst
vor der Konfrontation, 124,
129-132
vor Veränderungen, 159
vor Gefühlen, 189
vor Ruhe und Zufriedenheit, 189
vor Liebe, 212
Anonyme Alkoholiker (AA), 144
Anorexie (Magersucht), 44, 202f.
Anzeige erstatten gegen den Miß-
braucher, 290ff., 334
Artemis (Pseud.), 192
Asherah, Karen, 18
Atmung, Atemübungen
Körperarbeit zur Freisetzung
von Gefühlen, 181ff.
Wenn du in Panik gerätst, 184
Um in deinem Körper zu blei-
ben, 193
Von der Empfindungslosigkeit
zum Fühlen, 194
Wie nehme ich mit meinem
Körper Kontakt auf? 200f.
Bauchatmung, 200
Entspannungsübungen, 200
Erdungsübungen (Grounding),
200
Körperarbeit statt Selbstver-
letzung, 204
Aufarbeiten und Weitergehen, 51,
149-157
Stabilisierung, 149
Die Beziehung zu Tätern und
zur Familie klären, 150
Nicht an der Beschädigung
festhalten, 150
Was geschieht jetzt mit dem
Kind in dir? 151

Integration, 152
Die Krisen verabschieden, 152
Ich fühle mich plötzlich so
orientierungslos, 153
In der Gegenwart leben, 153
*Autobiographie in fünf kurzen
Kapiteln* (Nelson), 168

Barclay, Esther, 119, 120
Bass, Ellen, 162
Bat Or, Rachel, 55, 173f., 191
Bauchatmung, 200
BeraterInnen und TherapeutIn-
nen, 322-330, s.a. Therapie
Bereitschaft zu Sex, 236f.
Berührung (nichtsexuell, unge-
fährlich), 194, 259, 328
Gesunder Körperkontakt mit
Kindern, 259
Beruhigen - wie du dich beruhi-
gen kannst, 185-188
Besessenheit: Wenn du an nichts
anderes mehr denken kannst,
57-60, 144f.
Bestätigung, 78-83, 168f., 192,
320f.
Selbstverletzung und Bestäti-
gung, 203f.
Besuche bei Eltern und Verwand-
ten, 278
»Bete für die Menschen« (Low),
260
Beziehungen und Freundschaften
Laß dir helfen! 188, 194
Vertrauen und Nähe, 207
Bioenergetik, 181
Bloßstellung, s. Enthüllung und
Konfrontation
Brister, Jude, 90
»Bubba Esther« (Whitman), 99
Bulimie (Eß- und Brechsucht),
44, 198-203
Butler, Sandra, 138, 191

C.A.P. (Child Assault Prevention
Project), 263 Fn.
Carey, 84, 85
Catherine, 58f., 86f., 133
Celia, 124
Chaos
als Überlebenstechnik, 39
als Stadium im Heilungs-
prozeß, 50, 57-61
PartnerInnen in Krisenzeiten,
307f.

Child Sexual Abuse (Finkelhor),
89 Fn.
Choice-Making (Wegscheider-
Cruse), 218
Co-dependency (Mit-
Abhängigkeit) 218f., 303f., s.a.
Klammern
Colao, Flora, 265
Conspiracy of Silence (Butler),
138

Dana, 70, 267, 275
*Das bestgehütete Geheimnis:
Sexueller Kindesmißbrauch*
(Rush), 324
Davis, Laura, 68f.
Depressionen, 169
Destruktive Beziehungen,
216-219
Die Gabe des Wassers (Vaughn),
247
»Die Schwestern Rachels« (Bat
Or), 173f.
Distanz halten, 211
Dran arbeiten, 220
Drogenmißbrauch, 198
Drogen und Gewalt, 183
Durchbruch - Wenn die Wolken-
decke aufreißt, 145
Durphy, Michael, 182
Dwight, Carol Anne, 313

Ehemänner, s. PartnerInnen von
Überlebenden
Eileen, 213
»Ein Name für mich« (Bat Or),
173f.
»Einhundertsiebenundfünfzig
Arten, meine Inzest-Geschichte
zu erzählen« (Levy), 93ff.
Ella, 66, 90, 253
Eltern und Verwandte, 271-293
Die Folgen sexuellen Kindes-
mißbrauchs für Eltern und Ver-
wandte, 32
Schreibübung: Rekonstruiere
die Geschichte deiner Familie,
141
Deine Kinder und deine Eltern,
263
Bestandsaufnahme der Bezie-
hung zu deiner Familie, 271f.

STICHWORTVERZEICHNIS

Entfremdung von deiner Familie, 273
Besuche, 278
Festtage, 279f.
Aber mein Schatz, ich hab dich doch lieb, 282
Die Reaktion deiner Familie, 282f.
Gib dich keinen unrealistischen Hoffnungen hin, 284-287
Trennungen, 285-288
Grenzen setzen, 272-275, 278
Ersatz für deine Familie, 288
Schreibübung: Deine Familie jetzt, 289
Familienmitglieder, die Überlebenden helfen wollen, 297f.
Partnerinnen und die Familie der Überlebenden, 310ff.
Emily, 82
Emotionaler Mißbrauch in der Gegenwart, s. destruktive Beziehungen
Empfindungen, die du in deinem Körper spürst; s. Körperwahrnehmungen
Empfindungslosigkeit 175, 191, 194f.
Vergiß nicht zu atmen, 193
Zwanghaftes Essen, um Gefühle zu betäuben, 198f.
Entfremdung von Eltern und Verwandten, 273f.
Enthüllung und Konfrontation, 51, 123-138
Wie du dich auf die Konfrontation vorbereitest, 126ff.
Dein inneres Gleichgewicht behalten, 128
Es gibt viele Möglichkeiten der Konfrontation, 128
Die erste Konfrontation, 129
Du schützt andere Kinder, 123, 130, 266
Aber er wird sich rächen, 129
Wenn du auf eine Konfrontation verzichtest, 132-133
Was tun, wenn der Täter nicht mehr da ist? 132
Symbolische Konfrontation, 133
Schreibübung: Enthüllung und Konfrontation, 135
Entscheidung
Der Entschluß zu heilen, 50, 52-56

Für PartnerInnen: Bist du bereit, auch schwierige Phasen durchzustehen? 317ff.
Entspannungsübungen, 200
Entwöhnen: Bedeutung des Wortes, 273
Erdungsübungen (Grounding), 200
Erinnern (Erinnerungen), 50, 62-77
Erinnerungsblitze (Flashbacks), 64-65
Regression, 65
Der Körper merkt sich, was das Bewußtsein vergessen will, 66
Lassen sich Erinnerungen steuern? 71ff.
»Aber ich kann mich an nichts erinnern« 73f.
Schreibübung zur Erinnerung, 74f.
Glauben, daß es geschehen ist, 78-83
»Erstes Licht« (Morales), 81f.
»Es gibt Dinge« (Schweig), 80
Eßprobleme 44, 198-203
ETR Associates (Education, Training, Research), 263 Fn.
Eva, 170

Finkelhor, David, 89 Fn.
Featherdancing, Kyos, 242f.
Festtage mit Eltern und Verwandten, 279f.
Flashbacks (Erinnerungsblitze), s.a. Erinnern
und Selbstbefriedigung, 225
mit einer Partnerin oder einem Partner, 231, 235
Flucht, s. Überleben; Religion und Spiritualität
Fortune, Marie, 14o Fn., 325 Fn.
Freßsucht, s. Überleben
Frauen, s.a. unter einzelnen Stichwörtern
Mißbrauch durch Frauen, 88, 267f.
und Zorn, 113
Frauen-gegen-Vergewaltigung, 129
Freud, Sigmund, 324
Freundschaft, s. Beziehungen
Frustrierte ParterInnen von Überlebenden, 315ff.
Fühlen kontra Denken, 178
»Für Neil, weil du gefragt hast« (Krishnabai), 296

Fuller, Ely, 52, 206

Geben und Nehmen in einer Beziehung, 215f.
Geduld während des Veränderungsprozesses, 161
Gefühle, 175-190, s.a. unter einzelnen Stichwörtern
Die Folgen deines Mißbrauchs für dein Fühlen, 29
Erinnerungen und Gefühle, 70f.
Unterdrückung von Gefühlen, Empfindungslosigkeit 175, 191, 194
bilden eine Einheit, 175
Mit deinen Gefühlen Kontakt aufnehmen, 176, 182f.
Male deine Gefühle, 178
identifizieren, 178
Fühlen kontra Denken, 178
Such dir Unterstützung, um zu fühlen, 180
Deine Gefühle zeigen, 180f.
Körperarbeit zur Freisetzung von Gefühlen, 181ff.
Kummer, Schmerz, Trauer, 182
Fühlst du dich verspannt? 182f.
Ärger, Wut, Zorn, 182ff., 186f.
Angst vor Gefühlen, 183, 189f.
Panik, 184
Bring dich nicht um! 186f.
Positive Gefühle, 189
Abspalten (Splitting), 193
Geh für eine Stunde weg (Lernen, ohne Gewalt zu leben), 183
Gehen, 200f.
Geliebte, s. PartnerInnen von Überlebenden
Gerechtigkeit, 28
Gerichtsverfahren gegen den Mißbraucher, 290-293
Geschlechtsspezifische Sozialisation von Mißbrauchern, 89 Fn.
Geschwister, 298, s.a. Eltern und Verwandte
Gespräch mit dem Vater meiner Geliebten (Dwight), 313
Getting Free (NiCarthy), 217f., 242
Gewalt
Lernen, ohne Gewalt zu leben, 182f.
Geh für eine Stunde weg, 183
Alkohol, Medikamente, Drogen und Gewalt, 183
Zorn und Gewalt, 114, 116, 118f., 182-185

STICHWORTVERZEICHNIS

und Sexualität, 243
Gewalt gegen Frauen, 204f.
Gibbs, Experience, 18
Gizelle (Pseud.), 104
Glaub an deine Heilung. Du schaffst das! 144ff., s.a. Religion und Spiritualität
Glauben, daß es geschehen ist, 50, 78-83
   als Teil des Heilungsprozesses, 80ff.
   als kontinuierliches Erwachen, 83
   für BeraterInnen und TherapeutInnen, 322ff.
Glücksspiel s. Überleben
Grenzen, 28, 166ff., 213f.
   setzen, 166ff.
   Du brauchst auf mich keine Rücksicht zu nehmen, 214
   zwischen deinen Kindern und dir, 257
   gegenüber Eltern und Verwandten, 272-275, 278
   Auch PartnerInnen müssen Grenzen setzen, 306f.
Grounding (Erdungsübungen), 200
Gruppen für Überlebende, s. Selbsthilfegruppen

Habe, Jayne, 196, 329
Hamilton, Barbara, 56, 119, 264f.
Heilende Krisen, 57-61
   Die Krisen verabschieden, 152
   Auch heilende Krisen belasten Beziehungen, 216
Heilungsprozeß, 49-156, s.a. Zorn; Aufarbeiten und Weitergehen; Enthüllung und Konfrontation; Glauben, daß es geschehen ist; Das Kind in dir; Religion und Spiritualität; Schmerz und Trauer; Schuld; Sprechen: das Schweigen brechen; Vergeben; Zorn; s.a. unter einzelnen Stichwörtern
   Entscheidung: Der Entschluß zu heilen, 50, 52-56
   Die verschiedenen Stadien der Heilung, 50f.
   Chaos, 50, 57-61
   Heilung ist nicht leicht, 53ff.
   Krisenzeiten, 57-61
   Bestätigung für deinen Verdacht, 80ff.
   Dir selbst vertrauen während des Heilens, 51, 107f.

Die nötige Sicherheit und Unterstützung zum Heilen, 110
Was war am schlimmsten? 136
Völlige Heilung gibt es nicht, 154
Gemeinsam etwas tun, 155
Dein Selbstwertgefühl, 163f.
Mach mal Pause, 170
Sexuelle Heilung braucht Zeit, 248
Hilfe - Laß dir helfen
   in Panik, 188
   wenn du aussteigst (Splitting), 193
Hilfe - wo du Hilfe finden kannst, 331-335, s.a. unter einzelnen Stichwörtern
   Therapie, 331-335
   Selbsthilfegruppen, 335
Hörensagen: Zeugen vom Hörensagen vor Gericht, 85
Hoffnung, s. Mut
Hornig, Edith, 7, 12o, 276f.
Hosansky, Tamar, 265
Hoyal, Maggie, 17 Fn., 18
Humor als Überlebensmuster, s. Überleben
Hypnose, 331, 331 Fn.

»Ich danke dem Himmel« (Strong), 76f.
Ich hab es nie jemand erzählt, 130
Identität als Überlebende von sexuellem Mißbrauch, 150
Innere Stimme, 108
Integration, 152
   Mangelnde Integration als Überlebensmuster, s. Überleben
Intimität, s. Vertrauen und Nähe

Jesse, 315

Käthe Kollwitz (Rukeyser), 84
Kaplan, Helen Singer, 236
Kinder
   Wie kommst du mit Kindern zurecht? 32
   Verantwortung der Erwachsenen für die Kinder, 99
   Schau dir die Kinder an, 100f.
   als Zeugen bei Gericht, 85 Fn.
   Wie können wir Kinder schützen? 123, 130, 261f.
   Von Kindern kannst du lernen, 253

Offen miteinander reden, 255
Wenn du mit deinen Kindern über deinen Mißbrauch sprichst, 256
Grenzen setzen zwischen deinen Kindern und dir, 257ff.
Gesunder Körperkontakt, 259
Kindern beibringen, selbst auf sich aufzupassen, 262f.
Wenn dein Kind es dir sagt, 263ff.
Umgang mit deinen Eltern bzw. dem Mißbraucher, 263
Kindesmißbrauch durch andere, 264-267
Wenn du selbst ein Kind mißbraucht hast, 267ff.
Die Entscheidung für oder gegen Kinder, 271
PartnerInnen und Kinder, 307f.
Das Kind in dir, 51, 102-106, 325
   Mit dem Kind in dir Frieden schließen, 102f.
   Das Kind kennenlernen, 105
   Schreibübung: Das Kind in dir, 106
   Du bist wütend auf das Kind in dir, 114
   Das Kind in dir beruhigen, 151
Du und deine Kinder, 252-270
   Die Folgen deines Mißbrauchs für deine Einstellung zu Kindern, 31
   Jetzt, als Mutter, erinnerst du dich, 70
   Die Entscheidung für oder gegen Kinder, 252
   Lernen, eine gute Mutter zu sein, 253
   Mach dir deine Stärken und Schwächen bewußt, 254f.
   Offen mit deinen Kindern reden, 255
   Wenn du mit deinen Kindern über deinen Mißbrauch sprichst, 256
   Deine Kinder beschützen, 261-267
   Wenn du selbst ein Kind mißbraucht hast, 267ff.
   Grenzen setzen zwischen deinen Kindern und dir, 257-261
   Du kannst auch heute noch zu deiner Tochter halten, 297
King, Susan, 152
Kingsolver, Barbara, 147

STICHWORTVERZEICHNIS

Klammern - Abhängigkeit von einer anderen Person, 212ff., s.a. Mit-Abhängigkeit (Co-dependency)
Klauen als Überlebensmuster, s. Überleben
Klepfisz, Irena, 143
Körper (dein Verhältnis zu deinem Körper), 191-205, s.a. unter einzelnen Stichwörtern
Auswirkungen deines sexuellen Mißbrauchs auf deinen Körper, 30
Deinen Körper abspalten, verlassen (Splitting), 40
Dein Körper und Eßprobleme, 44
Körpererinnerungen, 66
und Gefühle, 175-180
Körperarbeit zur Freisetzung von Gefühlen, 181ff.
Splitting - Was du gegen das Abspalten tun kannst, 191-194
Deinen Körper nicht mehr hassen, sondern lieben, 191
Die Zwei-Fingerbreit-Übung, 191
Bestätigungen, 192
Schau in den Spiegel, 192
Male oder zeichne dich, 192
Massage, 194
Hör auf deinen Körper, 195
Beweg dich, 196
Schlaflosigkeit, 196
Vom Gesunden des Körpers, 197
Eßprobleme, 198-203
Lernen, sich nicht mehr selbst zu verletzen, 203
Selbstverteidigung, 204-205
Körperarbeit zur Freisetzung von Gefühlen, 181ff.
zur Freisetzung von Ärger, Wut, Zorn, 181ff.
statt Selbstverletzung, 204
Körperkontakt (nichtsexuell, ungefährlich), 194
Gesunder Körperkontakt mit Kindern, 259
in der Therapie, 328
Körperliche Gewalt in deinen jetzigen Beziehungen, 217
Körperliche Schäden und Krankheiten, 197
Körperwahrnehmungen, 175-177, 182-183, s.a. unter einzelnen Stichwörtern

Anzeichen für Ärger, Wut, Zorn, 182
Empfindungslosigkeit, 175, 191, 194
Anzeichen für Panik, 188
Kommunikation
und Sex, 228, 315
mit deinen Kindern, 255f.
mit deinem Partner oder deiner Partnerin, 305f.
Konflikte, s. Wut
Konfrontation, s. Enthüllung und Konfrontation; Sprechen
Kontrolle
als Überlebenstechnik, 39ff.
Sex: »Es muß so laufen, wie ich es will«, 239
PartnerInnen von Überlebenden und Kontrolle, 308
Kreativität
Schöpferische Tätigkeiten helfen dir, mit deinen Gefühlen Kontakt aufzunehmen, 178
Sex und Kreativität: Laß dir was einfallen, 231
Krishnabai, 296
Kummer, s. Schmerz und Trauer

Laufen, 200f.
Laux, Dorianne, 7, 35, 38, 91
Lavender, Jennierose, 27, 67, 100, 269f., 335
Leppers, Gisela, 290-293
Lernen, ohne Gewalt zu leben (Sonkin u. Durphy), 182f.
Lesbische Beziehungen, 250f., 326
Lesbischsein ist völlig in Ordnung, 250
Wir sind beide Überlebende, 300f.
Destruktive lesbische Beziehungen, 310
Leugnen, s. Überleben
Levy, Emily, 93ff.
Liebe, s.a. Vertrauen und Nähe
Zorn und Liebe, 127
Liebe ist nicht von irgendwelchen Menschen abhängig, 148
Angst vor Liebe, 212
Lieberman, Meryl, 324 Fn.
Liebevolle Eltern (Übung), 171
Liebhaber, s. Vertrauen und Nähe; PartnerInnen von Überlebenden
Littleford, Barbara, 119
Louise, 127
Loulan, JoAnn, 226 Fn., 235ff.

Lover, s. Lesbische Beziehungen; Vertrauen und Nähe; PartnerInnen von Überlebenden; Sexualität
Low, Denise, 260
Lügen als Überlebensmuster, s. Überleben

Männer, s.a. Vertrauen und Nähe; Liebe; PartnerInnen von Überlebenden; Sexualität
Männliche Überlebende von sexuellem Kindesmißbrauch, 23
Angst vor männlichen Geschlechtsorganen, 238
Malen
Male deine Gefühle, 178
Male oder zeichne dich, 192
Malcolm, Evie (Pseud.), 151,
Marilyn, 47
Mary, 98, 145
Masson, Jeffrey, 324
Masters und Johnson, 236
Masturbation, s. Selbstbefriedigung
McNaron, Tony, 98 Fn.
Medien - Das Thema »Sexueller Mißbrauch« in den Medien, 67
Medikamente, s. Drogenmißbrauch
Mehrfach-Persönlichkeit, s. Multiple Persönlichkeit
Mines, Julie, 104
Mißbraucher, s. Täter
Mit-Abhängigkeit (Co-dependency), 218f., 303f., s.a. Klammern
Mitgefühl, s. Vergeben
Model Mugging, s. Selbstverteidigung
Moonwater, Rose Z., 330
Morales, Aurora Levins, 81f.
Morgan, Yarrow, 98 Fn.
Multiple Persönlichkeit, 37
Munyon, Jerilyn, 39, 210
Mut
Was mir Mut gemacht hat, 61
Mutter
Die Mütter waren schon immer schuld, 117
Deiner Mutter vergeben, 141
Mutterschaft, s. Kinder: Du und deine Kinder
Mutter-Tochter-Inzest, 88ff.

Nebenklage, 290
Neinsagen, 28, 166ff., s.a. Grenzen setzen

STICHWORTVERZEICHNIS

Sex: Lerne, nein zu sagen, 222
Nelson, Portia, 168
NiCarthy, Ginny, 217, 242
Nichtsexuelle Bedürfnisse und Sexualität, 242
Norwood, Robin, 218f.

Oben-ohne-Tänzerinnen, 243
Obsession, s. Besessenheit
Onanie, s. Selbstbefriedigung
Opferentschädigungsgesetz, 335
Orgasmus und Selbstbefriedigung, 224f.

Panik, 184-189
  Wie du dich beruhigen kannst, 184ff.
  Atmen, 184ff.
  Schaff dir einen sicheren Ort, 188
  Sinnesreize können Panik auslösen, 188
  Was du vermeiden solltest, 189
  Was war der Anlaß für deine Gefühle? 188-189
  Selbstverletzung und Panik, 204
PartnerInnen von Überlebenden, 299-322, s.a. Vertrauen und Nähe; Sex
  Wenn du deinem Partner davon erzählst, 90
  und Zorn, 114, 304f., 316f.
  in Krisenzeiten, 216
  Liebende können zu Verbündeten werden, 233, 240f.
  Wenn dein Partner dich mißbraucht, 300
  Die guten Seiten, 300f., 317, 320f.
  Nimm es nicht persönlich, 301
  Vielleicht schämst du dich auch, 302
  Laß dir auch helfen, 302f.
  Abhängigkeit von der Beziehung (Co-Dependency), 303
  Verbündet euch, 304
  Kommunikation, 305
  Bedürfnisse der PartnerInnen, 305f., 315ff.
  Grenzen setzen, 306
  und Kinder, 307f.
  Wie sollst du mit ihrem Schmerz umgehen? 307
  Selbstmordgefahr, 308
  Alles unter Kontrolle? 308
  Vertrauen, 309

  Verwechslung mit dem Mißbraucher, 309f.
  und die Familie der Überlebenden, 310ff.
  und der Kontakt mit dem Mißbraucher, 311f.
  Aktive Unterstützung durch PartnerInnen, 312f.
  Konfrontation durch PartnerInnen, 312f.
  Sexualität, 314-317
  Frustrierte PartnerInnen, 315ff.
  Will ich diese Beziehung überhaupt? 317ff.
  Trennung, 319f.
  Leg eine Verschnaufpause ein, 320
  Geh davon aus, daß deine Partnerin stark ist, 320f.
Patricia, 121
Pavlat, Patricia, 322
Phil, 312
Pine. Amy, 178, 182 Fn.,200 Fn.
Positive Gefühle können Angst machen, 189
Prävention
  C.A.P., 262 Fn.
Primärtherapie, 181
Probe: Den Partner auf die Probe stellen, 210
Programme zur Verhinderung von Kindesmißbrauch, 99, 108
Prostitution, 242
Psychische Störungen, s.a. Therapie; Eßprobleme; Multiple Persönlichkeit; und unter einzelnen Stichwörtern
  als Überlebensmuster, 42
Psychodrama, 181, s.a. Rollenspiel

Rauchen: das Rauchen aufgeben, 198
Rechtliche Situation
  Zeugenaussagen von Kindern vor Gericht, 85
  Anzeige und Gerichtsverfahren gegen den Mißbraucher, 290-293
  Schadensersatz- und Schmerzensgeldklage, 334
  Rache: gesetzliche Schranken und Möglichkeiten, 128
Rache 118f., 128
Rastlosigkeit als Überlebenstechnik, 41
Regression, 65

Religion und Spiritualität, 51, 144-148, s.a. Glauben
  Glaube, 144
  Definition, 144f.
  Den Überblick wiedergewinnen, 145
  Mit deinen spirituellen Kräften Kontakt aufnehmen, 146,
  Liebe und Spiritualität, 148
  Spiritualität ist keine Flucht, 148
  Glaube ist eine sehr persönliche Sache, 148
  als Überlebensmuster, s. Überleben
Rich, Adrienne, 114
Rituale, 171-174
  Rituale helfen dir, deinen Kummer zuzulassen, 111
  Denk dir ein Ärger-Ritual aus, 120
  Trennungsritual von der Familie, 288
Roger, 305
Rogers, Carl, 12
Rollenspiel, s.a. Psychodrama
  und Zorn, 116
  als Vorbereitung auf die Konfrontation, 127
  Grenzen setzen, 166
Rukeyser, Muriel, 84
Rush, Florence, 324
Russell, Diana, 89

Sado-Masochismus (SM), 245
Sag es dir laut, oder stell es dir bildlich vor, 169
Sagen, s. Sprechen
Saphyre, 98, 149, 158, 206, 245f., 331
Schadensersatz und Schmerzensgeld, 293
Scham, 96ff., s.a. Schuldgefühle
  überwinden, 100
  Auch PartnerInnen schämen sich, 302
Schlagen
  Wenn du um dich schlägst, 114
Schmerz und Trauer, 51
  Kummer und Schmerz können sich verwandeln, 110
  Rituale helfen dir, deinen Kummer zuzulassen, 111
  Schreibübung: Trauern, 112
  Körperarbeit zur Freisetzung von Kummer, Schmerz, Trauer, 181f.
Schmerzensgeld, 293

STICHWORTVERZEICHNIS

Schreibübungen 24ff.
  Die Auswirkungen, 33
  Verhalten in Not, 48
  Was dir passiert ist, 74f.
  Das Kind in dir, 106
  Trauern, 112
  Enthüllung und Konfrontation, 135
  Rekonstruiere die Geschichte deiner Familie, 142
  Änderung der Verhaltensmuster, 162
  Deine Familie jetzt, 289
Schreib-Workshops für Überlebende, 138, 191
Schuldgefühle, s.a. Scham
  Du gibst dir selbst die Schuld, 51, 96-101
  weil du Zuwendung brauchtest, 97
  weil du Lust empfunden hast, als du mißbraucht wurdest, 97f.
  in der Therapie, 324f.
  Die Mütter waren schon immer schuld, 117
Schwartz, Patricia Roth, 111f.
Schweig, Lisa, 80
Secret Trauma, The (Russell), 89 Fn.
Sei gut zu dir selbst, 172
  Verwöhn deinen Körper, 191ff.
  Welche Bedürfnisse erfüllt dein zwanghaftes Essen? 198f.
Seifert, Jaroslav, 38
Selbstbefriedigung, 222-225
  Erinnerungsblitze (Flashbacks) und Selbstbefriedigung, 225
  Orgasmus und Selbstbefriedigung, 225
Selbstbewußtsein, s. Selbstwertgefühl
Selbstbild: Entwirf ein positives Bild von dir selbst, 168ff.
Selbsthaß, 164, 169
Selbsthilfegruppen
  In der Gruppe über deinen Mißbrauch sprechen, 90f.
  In der Gruppe deine Scham überwinden, 100
  Selbsthilfegruppen, 295, 323, 335
Selbstmassage, 194
Selbstmord, 185ff.
  Bring dich nicht um, 185ff.
  als einziger Ausweg, s. Überleben

Was PartnerInnen bei Selbstmordgefahr tun können, 308
Selbstverletzung, 42
Selbstverteidigung, 122, 132, 204f.
Selbstvertrauen: Dir selbst vertrauen, 116f., 208f.
Selbstwertgefühl, 163-174
  und persönliche Kraft, 28
  Folgen deines Mißbrauchs als Kind für dein Selbstwertgefühl, 28
  Verinnerlichte Botschaften, 164ff.
  Grenzen setzen, 166
  Lebe für dich selbst, 168
  Tu Dinge, auf die du stolz sein kannst, 169
  Sag es dir laut, oder stell es dir bildlich vor, 169
  Mach mal Pause, 170
  Selbstachtung in Beziehungen, 170-173
  Sei gut zu dir selbst, 172
Selbstzerstörung, 164
Sex, Sexualität, 221-251, s.a. Vertrauen und Nähe; Lesbische Beziehungen; Liebe; PartnerInnen von Überlebenden
  Zwanghaftes Suchen oder Vermeiden von Sexualität als Überlebensmuster, 48
  Folgen deines Mißbrauchs als Kind für deine Sexualität, 31
  Sexuelle Reaktion auf Mißbrauch, 97f., 222f.,
  Verzichte für eine Weile auf Sex, 222f., 235
  Lerne, nein zu sagen, 222
  Warum willst du dich ändern? 226
  Was ist Sex denn schon? 226
  Wenn du eine neue Beziehung anfängst, 227
  Geht behutsam vor, 227f.
  Sprecht miteinander, 228, 315,
  Spacing out (Abheben, Aussteigen) oder Splitting (Abspalten) während des Sex, 230
  Erinnerungsblitze (Flashbacks) mit einer Partnerin oder einem Partner, 231, 235
  Laß dir was einfallen, 231
  Liebende können zu Verbündeten werden, 233, 240
  Schaff deiner Lust Raum, 234-237
  Bereitschaft zu Sex, 236f.

  Angst vor Sex, 237
  Sex, Vertrauen und Nähe, 238
  Es muß so laufen, wie ich es will, 239
  Süchtig nach Sex, 241
  Nichtsexuelle Bedürfnisse und Sex, 241f.
  Wiederholung des Mißbrauchs, 242-245
  Gewalt und Sex, 243
  Mißbrauch und Phantasien, 244
  Sado-Masochismus, 244ff.
  Frei gewählte Sexualität, 245
  Sexuelle Heilung braucht Zeit, 248
  Sexuelle Grenzen im Umgang mit Kindern, 258
  Sex mit deinem Therapeuten, 328
Sexual Violence: The Unmentionable Sin (Fortune), 140 Fn., 325 Fn.
Sexueller Mißbrauch, s.a. unter einzelnen Stichworten
  Definition, 21
  als Erwachsene, 217
Shama, 113
Shuster, Becky, 326
Sicherheit
  Ein sicherer Ort, 188
  Zwanghaftes Essen, 198f.
  als Überlebensmuster, s. Überleben
Simone, Nina, 61, 224
Die Sinne erinnern sich, 66
Smith, Eva (Pseud.), 116
Smolover, Miriam, 321 Fn.
Soledad (Pseud.), 7, 128
Solving Women's Problems (Wyckoff), 171
Sonkin, Daniel Jay, 182
Spacing out (Abheben), s.a. Überleben, 211
  Wenn du während des Sex aussteigst, 230
Spannung: Entspannungsübungen, 200
Spaß: Ist es denn auch manchmal schön? 220
Spiegel: Schau in den Spiegel, 192
Spiritualität, s. Religion und Spiritualität
Splitting (Abspalten), s.a. Überleben, 191-194
  Vergiß nicht zu atmen, 193

STICHWORTVERZEICHNIS

Paß auf, wann du aussteigst, 193
Laß dir helfen, 194
Von der Empfindungslosigkeit zum Fühlen, 194
In deinen Körper zurückfinden, 201
Wenn du während des Sex aussteigst, 230
Sport, 196
Sprechen: das Schweigen brechen, 50, 84f., s.a. Enthüllung und Konfrontation
Wie du zum Schweigen gebracht wurdest, 84f.
Wenn Kinder sprechen, 84f., 262f.
Es verändert dich, wenn du darüber sprichst, 87
Unterschiedliche Ebenen des Erzählens, 90
In welchem Rahmen willst du es erzählen? 90ff.
Wem willst du es erzählen, 90
Wie sagst du es? 91f.
Die Spreu vom Weizen trennen, 92
Sprich es öffentlich aus, 100
Sprecht miteinander, s. Kommunikation
Stehlen als Überlebensmuster, s. Überleben
Stevens, Anna (Pseud.), 70
Stripperinnen, 243
Strong, Teresa, 76f.
Suchtverhalten, 198f., 202
als Überlebenstechnik, 43
Süchte können Erinnerung abblocken, 70
Wenn Frauen zu sehr lieben, 218
Co-dependency (Mit-Abhängigkeit) 218f., 303f.
Süchtig nach Sex, 241
Sunny, 43

Täter (Mißbraucher), s.a. unter den einzelnen Stichwörtern
Der Umgang mit dem Mißbraucher, 278
Für Mißbraucher: Richtlinien für den respektvollen Umgang mit Überlebenden, 280ff.
Verständnis für den Täter, 114
Den Täter zur Rede stellen, s. Enthüllung und Konfrontation
Taylor, Randi (Pseud.), 184
Temples, Phil, 299

Therapie
Zum ersten Mal darüber sprechen, 90f.
Für BeraterInnen und TherapeutInnen, 322-330
Glauben, daß Heilung möglich ist, 322
Der Schmerz der Überlebenden, 322, 329f.
Der Überlebenden glauben, 322ff.
Einstellung der TherapeutInnen zu sexuellem Mißbrauch, 323
Empathie, 323
Nimm die Bedürfnisse der Klientin ernst, 323f.
Deine Geschlechtszugehörigkeit kann für die Klientin wichtig sein, 323
Dynamik der Beziehung Klientin/TherapeutIn, 323
Sag nicht, die Klientin sei schuld gewesen, 324
Schuldgefühle, 325
Dem Täter vergeben? 325
Drogen-, Medikamenten- oder Alkoholprobleme? 325
Nimm das Überlebensverhalten deiner Klientin ernst, 325f.
Nimm ihren Zorn wichtig, 326
Hilf deiner Klientin, sich zu äußern, 326
Hilf deiner Klientin, sich einen Kreis von Menschen aufzubauen, die ihr helfen können, 326
Sexuelle Präferenz, 326
Den Mißbrauch aufdecken, 326-329
Sexueller Kontakt mit Klientinnen, 328, 333
Körperkontakt in der Therapie, 328
Die Klientin braucht deine Sorge und deine Liebe, 329
Einzeltherapie, 331
Hypnose, 331, 331 Fn.
Wie findest du eine gute Therapeutin? 331ff.
Woher weiß ich, daß die Therapie etwas bringt? 333
Probleme mit der Therapie, 333
Wenn du einer Therapie bisher aus dem Weg gegangen bist, 334
Therapiekosten, 334

Thomas, Matt, 205
Tod des Täters, 70f., 132
Toribio, Julio, 122
Trauer, s. Schmerz und Trauer
Trennung, 218
von Eltern und Verwandten, 285
von Partner oder Partnerin, 319f.

Überfall, 204f.
Überleben (Überlebensmuster), 34-48, s.a. unter einzelnen Stichwörtern
Verharmlosen, 34
Rationalisieren (Vernunftgründe suchen), 35f.
Leugnen, Abstreiten, Ungeschehenmachen, 36
Vergessen, 36
Mangelnde Integration, 36
Abspalten (Splitting), 36
Deinen Körper verlassen, 37
Kontrolle - Mußt du immer alles im Griff haben? 39
Chaos als Überlebensmuster, 39
Abheben (Spacing out), 40
Ständige Wachsamkeit, 40
Humor, 41
Rastlosigkeit - Hast du ständig etwas zu tun? 41
Flucht, 41
Psychische Störungen, 42
Selbstverletzung, 42
Selbstmordversuche, 43
Sucht und Isolation, 43
Eßprobleme, 44, 198f.
Lügen, 45
Klauen, 45
Glücksspiel, 45
Arbeitssüchtig (Workaholic), 45
Sicherheit um jeden Preis, 46
Vermeidung von Nähe, 46
Die gute alte Religion, 47
Zwanghaftes Suchen oder Vermeiden von Sexualität, 48
Du kannst dich ändern, 48
Schreibübung: Verhalten in Not, 48
Übertriebene Fürsorge deinen Kindern gegenüber, 262
Übung: Liebevolle Eltern, 171
Ungeschehenmachen, s. Überleben
Unruhe, s. Panik

STICHWORTVERZEICHNIS

Unterstützung
  Der Zorn anderer kann dich unterstützen, 120f.

Vaughn, Jeanne Marie, 247
Veränderungsprozeß, 158-162
  Was wird jetzt aus deinen Überlebenstechniken? 48
  Die wichtigsten Schritte, 159
  Was Veränderungen behindern kann, 159ff.
    Gesteh dir deine Angst ein, 160
    Alte Muster wehren sich, 160
    Hab Geduld, 161
    Erkenne deine Leistungen an, 161
    Schreibübung: Änderung der Verhaltensmuster, 162
  Deine Veränderungen wirken sich auf deine Beziehungen aus, 208, 218f.
Verantwortung für Kinder, 99
Verbale Kränkungen, 114
Vergeben, 51, 139-143
  Dir selbst vergeben, 139, 141, 143
  Definition von Vergebung, 139
  Der Druck zu vergeben, 140f.
  Aus einem Gefühl der Freiheit heraus vergeben können, 141f.
  Deiner Mutter vergeben, 141
  Schreibübung, 142
Vergessen als Überlebensmuster, s. Überleben
Vergewaltigung: Selbstverteidigung, damit dich keiner mehr aufs Kreuz legt, 204f.
»Vergiß nicht, Luna überlebt« (Kingsolver), 147
Verharmlosen als Überlebensmuster, s. Überleben
Verinnerlichte Botschaften, 164ff.
Verleugnen, 78-83
  Deinen Zorn verleugnen, 113
Verschmelzen, s. Vertrauen und Nähe; Grenzen
»Versöhnung« (Wade), 153
Vertrauen, 206, 208ff.
  Laß dir helfen, 188, 194
  Auf die Probe stellen, 210
  PartnerInnen von Überlebenden und Vertrauen, 309
Vertrauen und Nähe, 206-220, 301. s.a. PartnerInnen von Überlebenden; Sexualität
  Vermeidung von Nähe als Verhaltensmuster, s. Überleben

  Isolation als Überlebensmuster, s. Überleben
  Folgen deines sexuellen Mißbrauchs für Vertrauen und Nähe, 30
  Laß dir helfen, 188, 194
  In einer engen Freundschaft kannst du ganz viel über Vertrauen und Nähe lernen, 207
  Wie sieht eine funktionierende Beziehung aus? 207
  Deine Veränderungen wirken sich auf deine Beziehungen aus, 208
  Das Risiko einschätzen, 208
  Vertrauen lernen, 206, 209f.
  Wenn Vergangenheit und Gegenwart durcheinandergeraten, 211
  Komm mir nicht zu nahe, 211f.
  Eine ungesunde Abhängigkeit, 213f., 218f.
  Grenzen setzen, 213f.
  Verschmelzen: in einem anderen Menschen aufgehen, 213
  Mit Konflikten umgehen, 214
  Geben und Nehmen in einer Beziehung, 215
  Auch heilende Krisen belasten Beziehungen, 216
  Wie erkenne ich eine destruktive Beziehung? 216ff.
  Beziehungsmuster, 216-219
  Trennung, 218
  Dran arbeiten..., 220
  Emotionale Nähe zu deinen Kindern, 258
Verwöhn dich, 171
  Verwöhn deinen Körper, 191ff.
  Welche Bedürfnisse erfüllt dein zwanghaftes Essen? 198f.
Verzeihen, s. Vergeben
Vibrator, 225
Vicki, 82f., 125
Voices in the Night (McNaron and Morgan), 98

»Während der Liebe« (Davis), 68f.
Wachsamkeit (ständige), s. Überleben
Wade, Cheryl Marie, 153
Was deine Kinder wissen sollten (Colao und Hosansky), 265
Was hat man dir, du armes Kind getan? Sigmund Freuds Unterdrückung der Verführungstheorie. (Masson), 324

»Was mein Vater mir gesagt hat« (Laux), 35
Wegscheider-Cruse, Sharon, 218
Wenn du einer Überlebenden helfen willst
  Grundsätzliches, 294ff.
  Für Eltern und Geschwister, 297f.
  Für Partnerinnen und Partner, 299-321
Wenn Frauen zu sehr lieben. Die heimliche Sucht, gebraucht zu werden (Norwood), 218f.
Whitman, Ruth, 99
Wicked Stance, 220 Fn.
Williams, Jean, 149
Workaholismus (Arbeitssucht) als Überlebenstechnik, s. Überleben
Work on it, 220
Workshop: Ich-hab-es-nie-jemanden-erzählt, 12, 24
Wut, s.a. Ärger; Zorn
  Die Kraft der Wut, 119
  Wie du deine Wut konstruktiv ausdrücken kannst, 120
  und der Entschluß zu handeln, 122

Zorn, 51, 122-132, s.a. Ärger; Wut
  als angemessene, gesunde Reaktion, 113
  verleugnen, 113
  Gewalt und Zorn, 114, 116, 118, 181-185
  Sagst du im Zorn schlimme, beleidigende Dinge? 114
  dorthin richten, wo er hingehört, 114
  Nimm mit deinem Zorn Kontakt auf, 115f.
  Rollenspiel und Zorn, 116
  Angst vor Zorn, 116
  auf die Mutter, 117
  fühlen und damit umgehen, 118
  und Liebe, 118
  und der Wunsch nach Rache, 118
  Der Zorn anderer kann dich unterstützen, 120
  selbstverständlicher Teil deines Lebens, 121
  Körperarbeit zur Freisetzung von Wut, 181f.
  Körperliche Anzeichen und Verhaltenssignale für Ärger, 182f.

STICHWORTVERZEICHNIS

Bring dich nicht um, 186f.
Ärger und Selbstverletzung, 203
  Konflikte in engen Beziehungen, 214f.
  PartnerInnen reagieren verärgert, 304f., 316f.
Wyckoff, Hogie, 171
Zeichnen, s. Malen
Zwanghaftes Essen, 44
»Zwei Bilder von meiner Schwester« (Laux), 38
Zwölf-Punkte-Programme, 144 Fn.

Copyrights und Quellen

Wir danken folgenden Verlagen und AutorInnen für ihre Nachdruckerlaubnis:

Auszüge aus Ellen Bass/Louise Thornton (Hg): *I Never Told Anyone*. © Ellen Bass, Louise Thornton, Jude Brister, Grace Hammond, Vicky Lamb, 1983. Nachdruck mit freundlicher Genehmigung des Verlags Harper & Row, Inc.

Auszüge aus Flora Colao/Tamar Hosansky: *Your Children Should Know*. © Flora Colao, Tamar Hosansky, 1983, 1987. Nachdruck mit freundlicher Genehmigung des Verlags Harper & Row, Inc.

»Remember the Moon survives« von Barbara Kingsolver. © Barbara Kingsolver, 1985. Erstmals veröffentlicht in *CALYX, A Journal of Art and Literature by Women*, 9, Nr. 1, 1985.

»157 Ways to Tell My Incest Story« von Emily Levy erschien erstmals in: *Sinister Wisdom*, Ausg. 31, Winter 1987. Nachdruck mit freundlicher Genehmigung der Autorin.

Auszüge aus JoAnn Loulan: *Lesbian Sex*. © JoAnn Loulan, 1984. Nachdruck mit freundlicher Genehmigung von Spinsters/Aunt Lute.

»Autobiography in Five Short Chapters« von Portia Nelson. © Portia Nelson, 1985.

Auszüge aus Ginny NiCarthy: *Getting Free: A Handbook for Women in Abusive Relationships*. © Ginny NiCarthy, 1986. Nachdruck mit freundlicher Genehmigung von Seal Press.

Auszüge aus »Multiple Personality - Mirrors of a New Model of Mind?« von Brendan O'Regan and Thomas J. Hurley III in: *Investigations*, 1, 3/4. © The Institute of Noetic Sciences, 1985. Nachdruck mit freundlicher Genehmigung des Institute of Noetic Sciences.

Auszüge aus »Käthe Kollwitz« in Muriel Rukeyser: *The Speed of Darkness*. © Muriel Rukeyser, 1968. Nachdruck mit freundlicher Genehmigung von International Creative Management, Inc.

»Bubba Esther« von Ruth Whitman Sacks. © Ruth Whitman Sacks, 1980. »Bubba Esther« erschien erstmals in *The Radcliffe Quarterly* und später in Ruth Whitman Sacks: *Permanent Address: New Poems 1973-1980* (Alice James Books, 1980). Nachdruck mit freundlicher Genehmigung der Autorin.

Auszüge aus Daniel Jay Sonkin/Michael Durphy: *Learning to Live Without Violence: A Handbook for Men*. © Daniel Jay Sonkin, Michael Durphy, 1982, 1985. Nachdruck mit freundlicher Genehmigung von Volcano Press, San Francisco.

Auszug aus Hogie Wyckoff: *Solving Problems Together*. © Hogie Wyckoff, 1980. Nachdruck mit freundlicher Genehmigung von Grove Press.

In Ihrer Hand halten Sie einen ungewöhnlichen Katalog ...

... so eröffnete **Marion Mebes** im März 1988 erstmals ihr Angebot: **Donna Vita**, Fachhandel für Materialien gegen sexuellen Mißbrauch. Es war entstanden aus ihrer langjährigen Erfahrung in der Arbeit mit Mädchen und Frauen bei **Wildwasser-Berlin** und an anderen Orten, Reisen in die USA und ungezählten Gesprächen mit Frauen und Männern, die aus beruflicher und eigener Betroffenheit zu Fachleuten wurden.

Donna Vita bietet eine Zusammenstellung von **Sach- und Fachbüchern, Broschüren, Theaterstücken, Romanen, Biographien** sowie **Arbeitsmitteln** zum Problemkreis sexueller Mißbrauch und angrenzenden Themenbereichen. Kommentare und Rezensionen des Kataloges wurden von Fachfrauen und -männern erstellt, die schon lange auf diesem Gebiet tätig sind.

Sexueller Mißbrauch ist ein komplexes Thema, das oft hilflos macht. Wir möchten für Sie Quellen nutzbar machen, die in der Arbeit mit sexuell mißbrauchten Mädchen, Jungen und Frauen hilfreich sind und neue Perspektiven zeigen.

Die Resonanz ist groß; in Briefen und Gesprächen erfahren wir immer wieder, wie hilfreich die kommentierte Zusammenfassung von Materialien zur **Prävention und Intervention, Romanen und Arbeitsmitteln** empfunden und **Donna Vita** als zentrale Quelle für Informationen zur Thematik sexueller Mißbrauch begrüßt wird. Auch der Buchhandel greift auf den Katalog zurück, wenn es um Information und qualifizierte Beratung zu einem immer breiter werdenden Angebot von Literatur geht.

Unser Angebot von therapeutischen Materialien haben wir ausgedehnt. Ergänzend zu den **Teach·A·Bodies®**, anatomisch ausgebildete **Puppen,** die in den USA hergestellt werden und für die wir die Alleinvertretung in der Bundesrepublik, Österreich und der Schweiz übernommen haben, kommen jetzt auch **Handpuppen** und **-tiere** dazu, die die therapeutischen und diagnostischen Möglichkeiten erweitern können.

In der zurückliegenden Zeit ist noch mehr geschehen. **Donna Vita** hat einen Verlagszweig aufgebaut. Die Kinderbücher **Kein Küßchen auf Kommando** und **Kein Anfassen auf Kommando** haben sich in den letzten Jahren als »Renner« erwiesen – sie nehmen Erwachsenen, Mädchen und Jungen Berührungsängste mit dem Thema und tragen auf diese Weise zur Prävention von sexuellem Mißbrauch bei. Die **Schriftenreihe Sexueller Mißbrauch** wurde weitergeführt – die nächsten Bände sind in Vorbereitung.

Seit im Frühjahr 1990 das Buch **Trotz allem** im Orlanda Frauenverlag veröffentlicht wurde, herausgegeben in Zusammenarbeit mit **Donna Vita,** haben wir unser Verlagsprogramm ständig ausgebaut; weitere **Kinderbücher,** aber auch **Jugend-** und **Sachliteratur** sind hinzugekommen.

Donna Vita wächst, hier wird es eng – einen Teil unseres Betriebes setzen wir deshalb »an die Luft« – an bessere Luft – in den Norden, nach Schleswig-Holstein. Dies bedeutet bessere Arbeitsmöglichkeiten für uns und damit besseren Service für Sie. Rufen Sie an – wir beraten Sie gern.

Donna Vita Verlag
Marion Mebes
Willibald-Alexis-Str. 1
Postfach 61 0117
1000 Berlin 61
Telefon: 030/692 98 82
Telefax: 030/694 33 86

Donna Vita Fachhandel
Marion Mebes
Geschäftsführung
Silke Noack
Ruhnmark 11
2395 Maasbüll
bei Flensburg
Telefon: 046 34/1717
Telefax: 046 34/1702

WIDER DIE ALLTÄGLICHE GEWALT

FLORENCE RUSH

DAS BESTGEHÜTETE GEHEIMNIS: SEXUELLER KINDESMISSBRAUCH

VORSPANN
CE MILLER IM GESPRÄCH MIT DER AUTORIN

Orlanda Frauenverlag

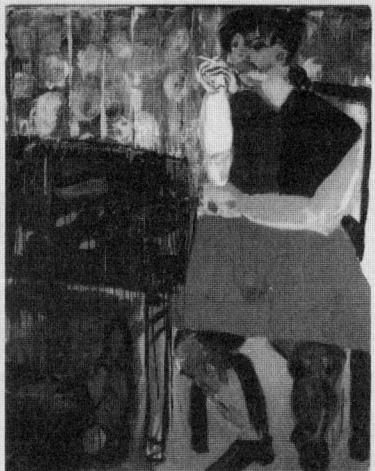

MICHELLE MORRIS
DIESMAL ÜBERLEBE ICH
ROMAN

Orlanda Frauenverlag

Das bestgehütete Geheimnis: Sexueller Kindesmißbrauch

Florence Rush

Aus dem Englischen von Alexandra Bartoszko

Florence Rush dokumentiert und analysiert wie unsere Gesellschaft, beeinflußt von Mythen und Medien, Wissenschaft und Bibel, stillschweigend sexuellen Kindesmißbrauch duldet. Interviews zeigen die möglichen verheerenden Folgen für Mädchen und Frauen auf.

Diesmal überlebe ich

Michelle Morris

Aus dem Englischen von Margarete Längsfeld

Ein Roman über sexuellen Mißbrauch durch den Vater und dessen dramatische Auflösung.

DIE KONFRON-
TATION

Leona Gom
Unverhoffte Ankunft
Ein Kriminalroman

Aus dem kanadischen Englisch
von Margarete Längsfeld

Für Pat Duvalier wird ein Alptraum Wirklichkeit: Sie wird entführt! Parallel dazu entfaltet sich die Geschichte von Pats Tochter Chris, deren Beziehung zur Mutter seit vielen Jahren von Enttäuschung geprägt ist: die Mutter wollte ihre Erfahrung sexuellen Mißbrauchs nie wahrhaben. Im Laufe der dramatischen Ereignisse entwickeln beide Frauen ungeahnte Kräfte und wachsen über sich selbst hinaus.

Weit mehr als nur ein Kriminalroman, ein Roman voll psychischer Spannung, beißendem Humor und scharfer Charakterzeichnung, in dem Frauen ihre Opferrolle besiegen.

«Ein hintergründiger Krimi - UNVERHOFFTE ANKUNFT behandelt sexuellen Mißbrauch, Vergewaltigung und Entführung auf kluge Weise.» *Quill and Quie*

Orlanda Frauenverlag
Großgörschenstraße 40 · 1000 Berlin 62

Bei sexuellem Mißbrauch bleiben die Opfer in ihrer Not allein. Doch auch Mütter, Väter, PädagogInnen, ÄrztInnen und JuristInnen spüren bei der Konfrontation mit sexueller Gewalt gegen Kinder ihre Sprachlosigkeit und Ohnmacht.

»Weil das Buch mehr zu bieten hat als die meisten anderen Veröffentlichungen zum Thema des sexuellen Mißbrauchs, gehört es in die Hände aller, die mit Kindern leben und arbeiten!« (Dr. Joachim Weiner, Deutschlandfunk)

Ursula Enders (Hrsg.)
ZART WAR ICH, BITTER WAR'S
Sexueller Mißbrauch an Mädchen und Jungen Erkennen-Schützen-Beraten

304 Seiten, Festeinband, DM 39,80
ISBN 3-923243-47-2, 2. Auflage

Das Buch will helfen. Es beschreibt nicht nur Ursachen, Ausmaß und Folgen des sexuellen Mißbrauchs an Mädchen und Jungen, sondern vermittelt vor allem konkrete Anleitungen für die praktische Arbeit mit Betroffenen.

Sachsenring 2-4   5000 Köln 1
VOLKSBLATT VERLAG
Tel. 0221 / 31 70 87   Fax 31 47 11